UNDERSTANDING INDUSTRIAL RELATIONS IN A GLOBAL AGE

글로벌시대

노사관계의 이해

윤대혁 · 박중규

탑북스

머리말

지난 10여 년간 우리나라의 노동시장과 노사관계 정책에는 많은 변화가 있었다. 향후 다가올 10년간은 더욱 큰 변화가 예상된다. 지난날의 극심한 경기침체는 이전에 우리가 경험해 보지 못한 대량실업과 기업경쟁력의 급속한 악화 등 심각한 위기상황을 초래하기도 하였다. 이러한 위기상황을 슬기롭게 극복하기 위해서는 대량실업이나 일자리 창출 등 당면한 노동문제뿐만 아니라 장기적인 경영전략 하에서의 대안이 마련되어야 할 것이다. 이를 위해 노동시장의 유연성 제고나 지식경제하에서 경쟁력의 기반인 인적자원의 개발과 새로운 노사문화의 창출, 그리고 바람직한 노사관계의 재정립이나 인적자원관리의 혁신 등 해결해야 할 많은 과제들이 있다.

이제 노 · 사는 신뢰를 바탕으로 생산과 분배와 질서에 참여하여 이익을 얻을 수 있는 방안을 찾아내어야 하고, 정도와 선의의 경쟁을 통한 공감대를 형성함으로써 공동체의식이 구호만이 아닌 행동으로 뿌리내려져야 할 때이다.

본서는 이러한 시대적인 상황인식을 바탕으로 대학이나 대학원에서 한 학기 교재로서 사용할 수 있도록 전체 내용을 구성해 보았다. 제1장은 노사관계론의 기초로써 노사관계의 의의와 연구방법론, 노사관계의 발전과정, 노사관계의 형태 및 노사관계 시스템에 대한 개괄적인 이해를 중심으로 다루었고, 제2장은 노동운동의 발전에 관한 내용으로써 노동관의 이해, 산업사회의 이해와 공장노동자의 등장 및 노동운동의 전개과정에 대한 내용을 다루어 보았다. 제3장에서는 노동조합에 관한 내용을 다루었고, 제4장에서는 단체교섭제도를 고찰하였고, 제5장은 단체협약에 관한 내용을, 제6장은 노동쟁의와 쟁의행위의 문제를, 제7장은 경영참가제도를, 제8장은 한국의 노사협의 제도를, 제9장은 노동시장의 유연성 문제를, 제10장은 근로생활의 질(QWL)의 문제를, 제11장은 협력적 노사관계 문제를, 제12장은 근로자복지와 사회보장제도를, 제13장은 무노조기업과 공공기업의 노사관계 문제를, 마지막 제14장에서는 외국인 근로자의 고용관리 문제를 다루었다.

여기에 외국의 문헌이나 연구물 그리고 시의적절한 사례만 첨가한다면, 대학과 대학원에서 한 학기 교재로서 유용하게 활용할 수 있을 것이라 생각한다.

필자의 淺學非才한 탓으로 표현방법이 미숙하여 서술 면에서 미흡한 부분이 많을 것이라 사료된다. 이러한 점에 대해서는 독자 여러분의 아낌없는 질타와 편단 있기를 바라며, 향후 더욱 연구 · 노력하여 보다 충실한 내용이 될 수 있도록 개정 · 보완할 것을 다짐한다.

끝으로 본서를 출판해 주신 도서출판 탑북스의 김광식 대표님과 편집과 교정을 담당해 주신 편집부의 여러분께도 진심으로 감사의 마음을 전하는 바이다.

2020년 1월

자자 씀

차 례

제1장 노사관계론의 기초

제2장 노동운동의 발전

제3장 노동조합

제4장 단체교섭제도

제5장 단체협약

제8장 한국의 노사협의제도

제9장 노동시장의 유연성

제10장 근로생활의 질(QWL)

제11장 협력적 노사관계

제12장 근로자복지와 사회보장제도

제13장 무노조기업과 공공기업의 노사관계

제14장 외국인 근로자의 고용관리

제 1 장 노사관계론의 기초

제1장 노사관계론의 기초

제1절 노사관계의 의의

1. 노사관계의 개념

오늘날 널리 일상적으로 사용되고 있는 노사관계(employer–employee relations, labour relations)란 용어는 1912~1915년 경 미국에서 처음 등장하였으나 이를 공식적으로 널리 사용하게된 것은 아마도 제2차 세계대전 후의 일이라 생각된다.

인사관리(personnel management)가 개별적인 종업원과의 관계를 대상으로 하여, 능률을 향상시키는 것을 그 바탕으로 하는 것이라고 한다면, 노사관계는 근로자와 사용자가 집단적인 힘을 배경으로 대등한 입장에서 임금, 복지후생 및 근로 제 조건에 대하여 교섭(bargaining)하는 거래관계로 볼 수 있다. 그러나 이러한 거래관계는 상품에 대한 거래관계와는 달리 노동력의 판매자인 근로자로부터 완전히 분리되지 않은 채 그것을 구매자인 사용자가 사용해야 하기 때문에 특수한 관계를 갖게 된다.

일반적으로 노사관계의 개념은 다음과 같은 세 가지 측면에서 이해할 수 있다.

첫째는 계급적 대립관계를 뜻하는 노자관계(labour–capital relations)로써 이는 노동자와 자본가(소유경영자) 사이에 서로의 이익을 성취하기 위한 대립・투쟁의 관계이다. 이는 마르크스주의자들이 사용하고 있는 개념으로서 생산수단의 소유자인 부르주아(bourgeois)와 무산자인 프롤레타리아(proletariat) 두 계급간의 착취와 피착취의 관계, 지배와 종속의 관계를 뜻하는 것으로 사적 소유가 없어지지 않는 한 대립관계는 지속될 수밖에 없다.

둘째는 사업주 역할을 대신하는 감독자와 노동자와의 관계이다. 이는 노동력의 효과적·능률적인 이용을 목표로 하는 노무관리(labor management)활동을 뜻한다.

셋째는 일반적인 의미의 노사관계로 기업경영자(사장, 중역)와 피고용자인 근로자(노동조합)와의 관계이다. 이는 근로자와 경영자가 대립·적대·협력적 관계를 포함한 대등한 입장에서의 개인적 교섭관계를 의미하는 노사관계(employer-employee management)와 근로자 조직과 산업경영자 조직, 정부뿐만 아니라 인사·노무 전반경영관리 등 산업에 있어서 제반 관계를 포함하는 복합적인 개념으로서의 총체적 노사관계를 뜻하는 산업관계(industrial relation)를 포함한 개념이다.

하버드대학교 노사관계연구소의 던롭(J. T. Dunlop)교수는 현대 노사관계의 개념적 틀을 [그림 1-1]과 같이 도식화하고 있다. 던롭 교수는 노사관계를 노사관계 당사자(勞·使·政)와 그 당사자들 공통의 이데올로기 및 환경 즉, 기술, 시장, 권력들의 상호작용 속에서 규칙의 망(web of rule)이 산출되어지는 하나의 전체적인 시스템으로 보고 있다.[1)]

그림 1-1. 던롭의 노사관계의 기본적 틀

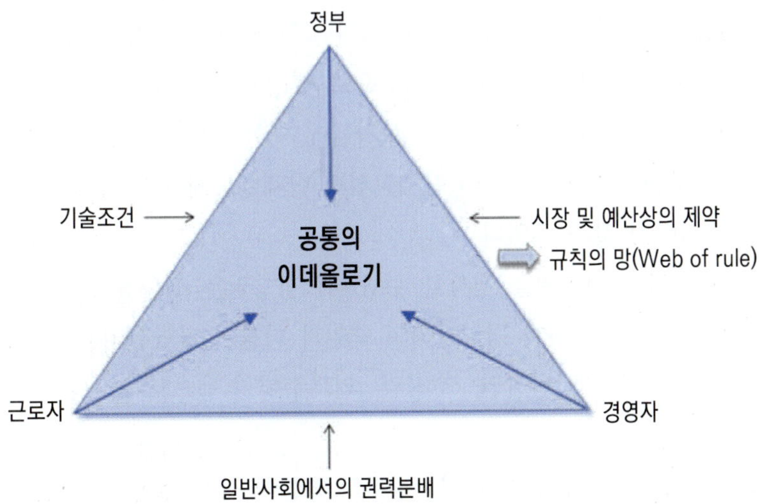

1) J. T. Dunlop, *Industrial Relations System*, 1958, p. 4.

그리고 그는 노사가 함께 준수해야 할 임금, 고과, 해고 등에 관한 제 규정이 어떻게 설정되고, 노・사・정이 따라야 할 노동조합의 설립정책과 단체교섭 및 노사분쟁 해결절차를 어떻게 설정하고 지켜 나가느냐에 관한 내용이 노사관계시스템의 핵심이라고 하였다.

2. 현대 노사관계의 기본구조

인간생활에서 노동의 문제가 주요한 사회문제로 대두하게 된 것은 자본주의 사회가 등장한 이후의 일이다. 자본주의 사회가 성립되면서 사용자와 근로자는 자유로운 고용계약은 할 수 있었지만, 경제적으로 종속된 노동자들은 정당한 노동의 대가를 받을 수 없었다. 따라서 경제적 약자인 근로자들은 고용 및 근로조건의 유지・개선을 목적으로 노동조합을 조직하게 되었고, 노동기본권인 단결권, 단체교섭권, 단체행동권이 법률적인 보장을 받게 됨에 따라 근로자의 권익은 더욱 강화될 수 있었다. 따라서 노사관계는 조직화된 힘을 바탕으로 한 집단적 대등한 입장으로 발전하게 되었다.

오늘날 현대산업사회에서는 노・사간의 대립되는 조직화된 힘과 이를 배경으로 전개되는 교섭력이 노・사간에 힘의 균형을 유지하고, 산업평화를 통한 바람직한 노사관계의 틀을 형성하는 원동력이 되고 있다. 그러므로 현대적 의미의 노사관계는 이를 이해하는 노・사간의 상호인식을 바탕으로 형성되어야 한다.

현대사회 대부분의 국가에서는 근로자들에 대한 노동기본권의 보장을 헌법에 명시하고 있어 노동조합은 근로자의 단체교섭과 단체행동에 대한 정당성을 바탕으로 보다 강력한 교섭력을 갖게 되었다.

한편, 사용자는 경영권을 행사할 수 있다. 경영권은 소유경영자뿐만 아니라 경영권을 위임받은 전문경영자가 경영관리의 책임과 더불어 경영관리활동의 제 분야에서 행사할 수 있는 관리권, 인사권, 조직권, 업무수행권 등으로 노사관계에서의 영향력은 막중하다.

그리고 오늘날의 노사관계에서는 정부의 역할이 점차 증대되고 있는데, 정부는 노동조합과 경영자의 힘이 균형, 조정되도록 노동조합을 보호 육성하고, 노사문제에 관한 정부의 고유권한으로 공익을 실천하는 초연한 입장에서 문제를 해결하고 지도할 수 있어야 한다.

그림 1-2. 현대 노사관계의 기본구조

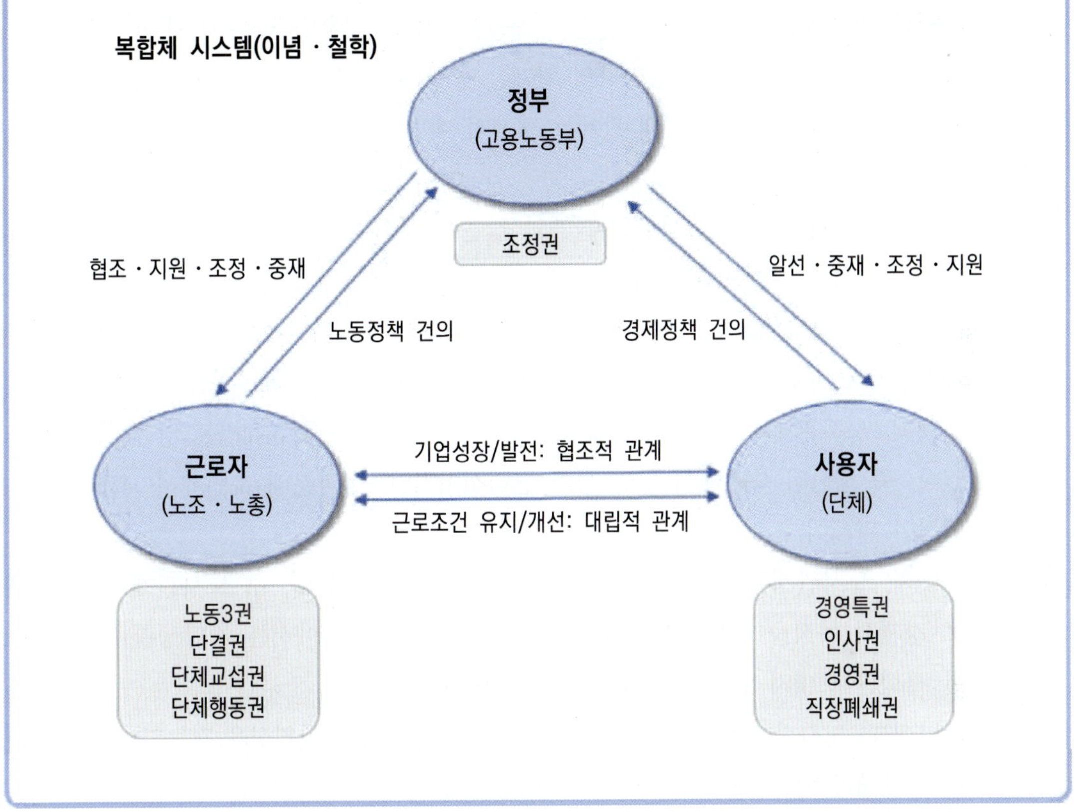

[그림 1-2]에서 보는 바와 같이 현대노사관계에서는 노 · 사간에 대립되는 힘과 이를 바탕으로 전개되는 교섭력은 산업평화를 지향하는 노사관계의 기본 틀을 제공하는 원동력이 되고 있음을 알 수 있다. 그리고 노 · 사 · 정 세 주역을 상호 협조적인 관계에서 결합시킬 수 있는 이념과 철학이 필요하며, 산업현장에서 당사자들을 통제할 목적으로 만들어진 규칙은 합리적이어야 한다.

3. 노사관계의 이원성(양면성)

노사문제의 당사자는 사용자와 근로자 그리고 정부의 3자관계이기는 하지만, 이들 중에서도 가장 핵심적인 관계는 사용자와 근로자의 관계이다. 따라서 좁은 의미에서 노사관계를 말할 때에는 사용자와 근로자 또는 노동조합과의 관계를 말한다. 여기에서 근로자는 종업원임과 동시에 노동조합원인 관계로 이원성(양면성)을 갖게 되는데 구체적인 내용은 다음과 같다.

첫째, 노사관계는 근로자와 경영자, 또는 조합원과 경영자라는 이원적인 관계를 갖는다. 여기에서 근로자와 경영자의 관계는 공동체인 협동관계, 개별관계, 종속관계이지만, 근로자와 노동조합과의 관계는 경쟁적 대립관계, 집단관계, 대등한 관계를 이루게 된다.

둘째, 노사관계는 개별적 노사관계와 집단적 노사관계라는 측면이 있다. 종업원 개인과 경영자의 관계는 개별적 고용계약에 바탕을 둔 협동관계(생산면) 내지 경제적 관계(임금)이지만, 집단적 노사관계는 노동조합과 사용자 단체와의 관계로서 집단적 고용계약(노사협약)에 바탕을 둔 대립적 관계(분배면) 내지 사회관계(노조참여)이다.

셋째, 노사관계는 그 성질 면에서 협력적 관계와 대립적 관계라는 양면성을 지니고 있다. 즉 생산적 측면에서 보면 상호 협력적이지만, 성과분배 측면에서 보면 상호 대립적인 관계이다.

넷째, 노사관계는 경제와 사회의 양면적인 관계를 갖는다. 즉 노사관계는 기본적으로 경제적 목적을 달성하기 위한 관계이지만, 다른 한편에서는 집단생활을 바탕으로 한 사회관계 내지 인간적 관계가 더불어 형성된다.

다섯째, 노사관계는 대등한 관계와 종속적인 관계라는 이원성을 갖는다. 단체교섭이나 단체협약에서 사용자와 근로자의 대등한 관계가 법적으로 보장되어 있다. 그러나 다른 한편에서 근로자는 경영목적을 달성하기 위해 경영자의 지휘·명령에 복종해야만 한다.

4. 노사관계와 산업평화

1) 산업평화를 위한 노사관계의 기본 목표

선진국의 노사관계는 산업평화라는 공익성을 바탕으로 노·사 대응한 이념의 정립, 생산성 향상과 공정한 성과배분의 실현, 노사관계의 안정에 노사관계의 기본 목표를 두고 있다.

그림 1-3. 산업평화를 위한 노사관계의 기본목표

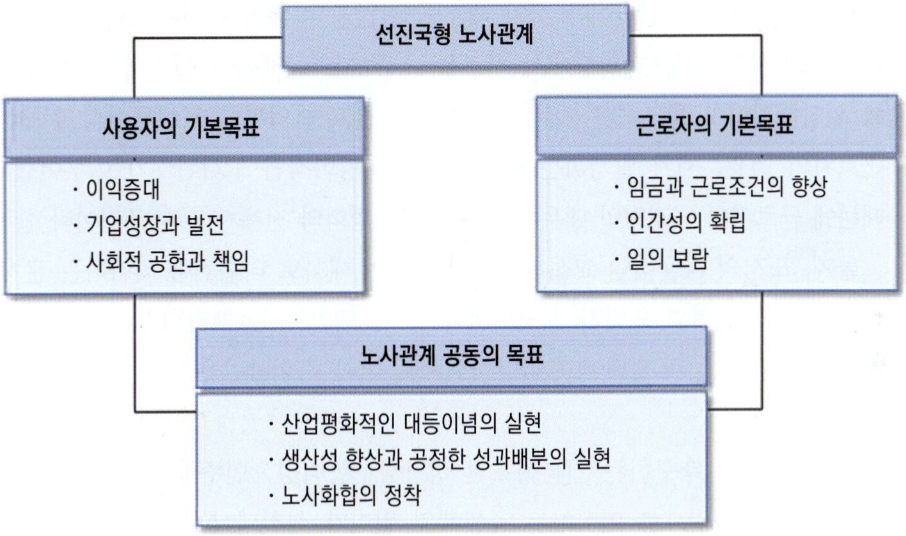

여기서 노사관계의 공익성이란 이해가 상반되는 대등관계에서 노 · 사 각자의 이익만을 추구하는 것이 아니라 노사관계를 둘러싼 이해집단의 이해조정자, 즉, 소비자집단, 출자자집단, 지역사회, 금융기관, 정부기관 등에도 많은 영향을 미치고 있기 때문에 이들 이해관계자 집단까지도 종합적으로 고려하여 조정해가는 상호협력의 의무를 뜻한다.

따라서 사용자의 기업경영 목표는 이익증대, 성장과 발전, 사회적 공헌과 책임에 두어야 하고, 근로자는 임금 및 근로조건의 향상, 인간성의 확립, 일의 보람에 기본목표를 두어야 한다. 이와 같이 노 · 사 양측이 추구하는 목표를 동시에 만족시키려면, 산업평화적인 이념의 정립, 생산성 향상과 공정한 성과배분의 실현 및 노사관계의 안정에 기본목표를 두어야 할 것이다.

2) 산업평화를 위한 노 · 사 공동의 목표

(1) 산업평화적인 대등이념의 실현

선진노사관계의 정립을 위한 노사공동의 목표는 산업민주화를 실현하려는 이념을 바탕으로 산업평화의 실현에 두어야 한다. 산업평화의 실현을 위한 기본원리는 인간성 존중의 원리, 대화와 타협의 원리, 공동체의 원리이다.

첫째, 산업민주화를 실현하기 위해서는 근로자에 대한 인격의 평등과 개인의 자유를 보장하는 정신이 우선되어야 하기 때문에 인간성 존중의 원리가 실천되어야 한다. 따라서 노·사는 대등한 입장에서 서로를 존중하고 이해하여야 하며, 사용자가 근로자를 억압하거나 노동조합을 약체화 시켜서는 결코 산업평화가 이루어질 수 없다. 특히 근로자의 인권문제가 발생하는 곳에서는 산업평화적인 노사관계가 이루어질 수 없기 때문에 근로자의 인격적인 대우나 존중은 산업평화의 전제가 되는 조건이라 할 수 있다.

둘째, 노사의 자율적인 교섭관계는 지속적인 대화로 타협점을 찾아가는 문제해결 방식인 대화와 타협의 원리가 실천되어야 한다. 대화를 통해 타협점을 찾아가는 기본원리가 실천된다면, 투쟁적이고 극단적인 행동이나 사회불안을 야기하는 대립관계는 사라질 것이다.

셋째, 기업이 추구하는 기본목표인 성장성·합리성·민주성은 경영자와 근로자 모두가 공동의 책임으로 인식하는 공동체의 원리가 실천되어야 한다. 이는 기업발전의 성패가 노사 공동의 책임이며, 이는 기업이 존속함으로써 근로자나 사용자가 존재할 수 있고 기업이 유지되기 때문이다. 따라서 공동체의 원리는 산업평화를 실현하려는 노사관계의 결정체가 된다.

(2) 생산성 향상과 공정한 성과배분의 실현

산업민주화의 실현은 생산성 향상과 공정한 성과배분의 실현을 통해 이루어진다. 생산성 향상에는 시설, 기술, 경영관리도 중요하지만, 바람직한 노사관계가 더욱 중요하다. 생산성 향상을 저해하는 요인에는 작업환경의 미비, 낮은 임금수준과 임금격차, 노·사간의 대화부족, 근무시간과 휴일의 단축, 표준작업의 미설정, 부당한 노동행위, 근로자의 바람직하지 못한 가치관·직업관 등이 있지만, 바람직한 의식구조의 부재가 가장 큰 문제점으로 지적될 수 있다.

그리고 노사관계의 주요 쟁점은 경영성과에 대한 배분의 공정성이다. 임금을 비롯한 여러 가지 근로조건의 문제는 종국적으로는 기업비용과 관계되므로 경영자는 이를 최적화하는데 노력을 집중하고 있다. 그러나 근로자는 임금과 근로조건이 소득의 원천이자 근로생활의 질을 좌우하는 핵심 변수이기 때문에 보다 많은 임금과 유리한 근로조건을 확립하려고 노력한다. 여기서 노사대립의 문제와 임금의 양면성이 존재하게 되는 것이다.

사용자가 임금을 비용으로만 인식하여 이를 낮추려고 한다면, 저임금은 근로자의 소득을 감소시켜 구매력을 약화시킬 것이고, 기업은 판매증진을 위해 제품가격을 낮추고 이는 기업이윤 저하로 연결되어 합리적인 투자를 어렵게 하여 생산성 증대나 기업성장을 저해하는 요인으로 작용하게 된다. 이러한 모순과 악순환을 시정하려면 이제 사용자는 임금을 비용의 개념이 아닌 투자의 개념으로 인식하여 생산성 향상을 통한 보다 높은 수준의 임금을 지급할 수 있는 경영패러다임의 근본적인 변화를 실천하여야 할 것이다.

따라서 근로자는 생산성 향상에 중심을 두고, 사용자는 공정한 소득배분의 실현과 증대에 기본목표를 둔다면, 이는 상생적인 노사관계를 형성하여 기업발전과 성장의 원동력이 될 수 있을 것이다.

(3) 노사화합의 정착

오늘날 선진국들은 산업평화를 위한 노사화합의 정착에 노사관계의 기본목표를 두고 있다. 상생적인 노사관계의 정착을 위해서는 노사분규의 원인이 되는 제 문제를 제거하고 합리적인 상호관계를 설정하여 질서를 유지시켜야 한다.

특히, 노사관계에서 권력과 파워게임의 문제는 노동조합의 안정과 경영의 안정이 전제되어야 하고, 경제적·물질적 문제의 해결은 적정임금수준과 복지후생, 고용과 직장의 안정이 기본 바탕이 되어야 한다. 그리고 사회·정신적 문제는 인간적 소외를 해방시켜주는 원동력이 되기 때문에 근로생활의 질(quality of working life)향상과 생활의 보람(quality of life)을 느낄 수 있도록 하여야 한다. 지식기반사회에서 근로자에게 일이란 자기 생계를 영위케 하는 소득의 원천이기도 하지만, 일생을 통한 자아실현의 행위이며, 삶의 보람을 가져다주는 과정이기도 하다.

근로자들이 산업현장에서 직장생활의 보람을 느낄 때 노사분규는 사라지게 되며 산업평화가 유지될 것이다. 따라서 노사관계의 안정은 상호신뢰의 바탕에서 분쟁의 원인을 제거하고 노·사 쌍방이 사회적 책임을 자각하여 실행할 때 이룩된다.

3) 상생의 노사협력 관계의 영향요인

상생의 노사협력 관계에 영향을 미치는 내·외적인 요인은 매우 다양하지만, 이들 요인 중 보다 중요한 요인은 외적 환경일 것이다. 노·사 당사자가 전반적으로 힘의 균형을 이루지 못하고 있거나, 안정된 조직을 갖지 못하고 어느 한 쪽이 합법성을 인정하지 않거나, 긍정적인 노사관계의 역사를 가진 경험이 없을 때에는 협력적인 노사

관계가 조성되기 어렵다.[2)]

그리고 노사협력 관계에 영향을 미치는 내적 요인으로는 노·사간의 상호신뢰의 정신과 특정문제의 해결을 위한 중립적인 전문가의 적극적인 활용자세가 확립되어야 한다. 경영자와 노동조합에 부과된 난제들을 성공적으로 해결할 때 협력적인 노사분위기는 촉진될 수 있다.

산업평화적인 노사관계란 상생의 노사협력관계가 이루어지는 것을 의미하며, 이를 통해 노사갈등은 해소될 수 있다. 특히, 노·사가 공동의 목표를 발견하고 문제해결을 위해 공동 노력하여 얻은 경영성과는 공정하게 배분되어야만 한다.

지난날 우리나라의 노사분규가 대형화되고 장기화되었던 근본 원인은 과거 산업의 비민주화의 요소를 제거하기 위한 전환기적·시대적 사조로 받아들이는 일시적 혼란으로 볼 것이 아니라, 산업평화적인 노사관계를 저해하는 상생의 노사협력관계의 영향요인이 결여되었기 때문이라고 보는 것이 보다 합리적일 것이다.

상생의 노사관계가 이룩되지 못한 근본 원인에는 ① 생계비수준의 미달하는 저임금수준, ② 체불임금의 미지급, ③ 유급휴가제 실시의 미흡, ④ 근로조건의 개선문제 등 전반적으로 이익분쟁의 성격을 띠고 있으며, ⑤ 어용노조 퇴진과 민주노조의 인정, ⑥ 노조결성 방해 중단 등을 요구하는 조직 환경에서 비롯된 복합적인 노사분규를 특징으로 하고 있다.

우리나라는 지난날 산업평화적인 노사관계의 안정을 송두리째 뒤흔들어 놓았던 노사분규의 발생 원인을 양적인 경제성장의 과정에서 나타난 상대적인 소득격차와 인간성 상실 등 질적 성장의 낙후성에서 비롯된 경제사회적 영향으로 분석되고 있다.

아직도 산업현장에서는 ① 차별적 대우를 받고 있는 여성근로자와 장애자, 외국근로자, ② 생계비 수준 이하의 비정규직 저임금 근로자, ③ 장시간 노동과 부당해고, ④ 직업 공해병으로 늘어나는 산업재해의 증가, ⑤ 성장 지상주의에 가리어 표류하였던 국가경쟁력 노동정책의 상실, ⑥ 고임금 어용노동조합의 활동, ⑦ 방향을 잃고 표류하고 있는 비정규직에 대한 노동정책 등이 노사관계의 선진화를 가로막고 있는 주요 요인으로 나타나고 있다.

따라서 이러한 노사관계의 저해요인을 제거하는 일이 국가의 신인도를 향상시키는 지름길이 될 것이다.

---

2) 김성수, 『신노사관계론』, 탑북스, 2013, pp. 35-50.

제2절 노사관계 연구방법론의 동향

최근의 노사관계는 여러 가지 측면에서 중요한 변화를 거듭해 왔다. 임금, 복지, 작업환경, 고용안정 등의 협상은 물론 근로자 경영참가의 새로운 양상과 함께, 기업 상위계층의 의사결정에 있어서도 변화가 나타나고 있다. 이러한 맥락과 함께 노사관계에 대한 연구의 내용과 방법론에 있어서도 지속적인 변화의 추세를 보이고 있다. 특히 미국의 노사관계에 대한 연구는 과거 20년에 걸쳐 많은 변화를 거듭해 왔다. 이 시기의 변화는 그 이전의 변화에 비해 보다 근본적 변화이며, 특히 노사관계 행동을 어떻게 설명할 것인가에 대한 여러 가정들이 변화 발전되어 왔다. 이러한 노사관계 연구의 변화는 분석모형, 분석수준과 연구에 있어서 학문의 성격, 시대적 배경으로 인한 공공정책상의 필요성 등에 따라 그 성격을 분류해 볼 수 있을 것이다.

1. 노사관계 연구모형의 변화

노사관계이론에 대한 논의는 금세기 초에서부터 비롯된 바, 이 시기에는 고전 경제학이 고용관계를 설명하는데 대한 유용성에 있어서 도전을 받게 되었다. 즉 다원론자들은 사용자와 노동자의 이해가 상충된다는 것을 인식하게 되었으며, 이는 30년대 노동관련법에 있어서 논리의 기초를 이루었었다. 이후 1958년 던롭(J. T. Dunlop)의 노사관계 시스템(Industrial Relations System)은 환경 분석을 통해 노사관계의 틀을 제시하였는데, 이를 토대로 노사관계 행위주체들의 특성과 상호작용을 이해하고 노사관계를 지배, 통제하는 규칙에 대해서 설명하였다.

던롭의 연구 이후, 1960연대를 전후한 노사관계 연구의 범위를 구분해 볼 때, 1960연대 이전에는 연구의 범위가 일반이론이 주류를 이루었다면, 1960연대 이후에는 노사관계 현상을 보다 전체적으로 파악하기 위한 흐름의 연구로써 시스템적 접근법과 행동과학적 접근법 등과 같은 중범위이론(middle-range theory)이 지배적 현상이었다. 따라서 종전의 일반이론은 단체협약의 과정과 결과에서 변인을 설명하고자 하는 사회과학의 중범위이론 모델로 이행되었다.[3]

---

3) T. A. Kochan, D. J. B. Mitchell, and L. Dyer, "Appraising a Decades Research: An

그러나 이러한 이론적 모형으로 현행 노사관계의 이례적인 측면을 설명할 수 없는 부분이 많이 있다. 그 예로 코캔(T. A. Kochan)등은 노사관계의 보다 현실적이면서 새로운 모델을 제시하였다. 그에 따르면 노동조합의 압력에 대해 경영자가 반응하고 대응하는 전통적인 관점과는 달리 노사관계를 형성하는데 있어서 경영자가 적극적인 역할을 인식해야 하며 또한, 기업, 근로자, 정부 조직 내에서 발생하는 다양한 수준의 의사결정과 이것이 노사관계 성과에 미치는 독립적인 영향도 인식할 수 있어야 한다고 설명하였다.[4)]

2. 노사관계 연구방법론의 변화

노사관계 연구는 그 접근방법에 따라 연역적 접근방법과 귀납적 접근방법으로 분류할 수 있다. 연역적 접근방법은 조직수준에 초점을 두고 이론과 설명을 전개하고 있으며, 귀납적 접근방법은 사회과학에 기원을 두면서 개인행동 차원에 초점을 두고 있다.

초기에는 연역적 접근방법이 주류를 이루고 있었으나 점차 귀납적 접근방법으로 이행되는 변화의 과정을 거쳤으며 이러한 변화는 방법론적 가정에 기인하며 연구자체에 중요한 영향을 미쳐왔다.

1) 연역적 접근방법

특히 미국에 있어서의 초기 노사관계 연구는 연역적 접근방법이 지배적이었고, 그 예로는 코몬(J. R. Common)의 연구[5)]와 팔만(S. Perlman)의 연구[6)] 등을 들 수 있다. 전후에도 이러한 추세는 지속되었으며 그 방향이 산업별 노동조합의 성장으로 인한 새로운 노사관계 환경에 초점을 두게 되었다. 이러한 관점에서의 대표적인 연구로는 골든(M. E. Golden)과 파커(V. D. Parker)의 연구인 "산업평화의 요인"을 들 수 있다. 이 연구에서는 몇 개의 특정기업을 통해서 안정적인 노사관계에 대한 논의를 하고 있다.[7)]

Overview," *Industrial Relations Research in the 1970s : Review and Appraisal*, Madison, WI: Industrial Relations Research Association, 1982, pp. 355-375.

4) T. A. Kochan, R. B. Mckersie, and Peter Cappell, "Strategic Choice and Industrial Relations Theory," *ndustrial Relations*, Vol. 23, No. 1(Witer, 1984), pp. 19-21.

5) J. R. Common, "American Shoemakers, 1948-1985: A Sketch of Industrial Evolution," *Quarterly Journal of Economics*, XXIV(November, 1909), pp. 39-84.

6) S. Perlman, *A Theory of the Labor Movement*, New York: Kelley, 1928, p. 27.

이외에도 더버(M. Derber), 로스(A. Ross), 커어(C. Kerr), 던롭(J. T. Dunlop), 하비슨(F. H. Harbinson), 마이어즈(C. A. Myers) 등의 연구[8]와 레비슨(H. Levinson)[9]의 연구 등을 들 수 있다.

한편, 1970연대 초반부터는 연구방법에 있어서 혁신적인 변화의 움직임이 나타나기 시작했다. 당시의 연구는 대부분이 이론적 특성을 가지고 있었으므로 이러한 한계점을 극복하기 위해 단순한 통계적 관계를 설명하는 연구방법을 이용하게 되었다. 코캔(T. A. Kochan), 미첼(D. I. B. Mitchell), 디어(L. Dyer) 등의 연구[10]가 그 예에 해당된다.

2) 귀납적 접근방법

노사관계 연구에 있어서 귀납적 접근방법으로의 이행은 전반적인 사회과학이 귀납적 접근방법의 응용으로 변화하는 추세와 밀접하게 관련된다.

귀납적 연구방법은 현실적으로 관찰 가능하고 반복할 수 있는 현상의 실증적 관찰과 관련성을 가지면서 특정한 가설을 설정하게 된다. 논리적 오류가 없고 일반법칙이 타당하면 설정한 가설도 통계적 추론을 이용해서 실증적으로 검증될 수 있으며 그 타당성을 가지게 된다.

이러한 방법을 귀납적–규범적(Deductive–Normative) 모델이라고 하며, 그 목적은 어떤 특별한 경우의 행동을 설명하기보다는 일반법칙을 검증하는데 있다.

귀납적 접근방법은 행동에 대한 관점이나 견해의 근거를 명확하게 해 준다는 관점에서 기능적인 측면이 있으나 관련성에 대한 정확한 논리적 기반이 규명되지 않는다면, 귀납적 접근방법은 이용될 수 없다. 노사관계 연구에서의 귀납적 접근방법의 적용상 문제점은 연구의 초점이 되는 관련성에 대한 논리적 토대를 명확하게 규명하기가 어렵다. 따라서 귀납적 접근방법을 이용하기 위해서는 관련변수에 대한 논리적 관계를 규명하는 것이 무엇보다 중요할 것이다.

---

7) M. E. Golden, and V. D. Peker, *The Causes of Industrial Peace*, New York: Harper, 1955, p. 72.

8) C. Kerr, J. T. Dunlop, F. H. Harbison, and C. A. Myers, *Industrialism and Industrial Man,* Cambridge, MA: Harvard University Press, 1960, pp. 181–192.

9) H. Levinson, *Determining Forces in Collective Bargaining*, Berkeley, CA: University of California Press, 1968, pp. 46–72.

10) T. A. Kochan, D. J. B. Mitchell, and L. Dyer, *op. cit.*, pp. 355–375.

3. 국가정책에 따른 노사관계 연구주제의 변화

스트라우스와 퓨일(G. Strauss & P. Feuille), 더버(M. Derber), 던롭(J. T. Dunlop), 미첼(O. S. Mitchell) 등은 노사관계의 연구주제가 전통적으로 정책의 변화에 따르게 된다고 주장했다. 특히, 노사관계 시스템의 기본적인 구조는 오랫동안 지속적인 정책의 논점이 되어 왔다. 따라서 연구의 방법 또한 이와 유사하게 적응 변화했다고 볼 수 있다. 즉 국가정책 문제의 해결을 위한 연구의 필요성이 그 변화의 동인이 되는 것이다.

스트라우스와 퓨일은 이러한 맥락에서 특히 미국을 중심으로 뉴딜(new deal)정책 이전의 시기, 황금기, 정체기, 부흥기로 구분하고 있다. 뉴딜정책 이전 시기는 근로자의 복지증진을 위한 노동조합 운동의 설명, 합법성 및 사회 개혁적 입법에 초점을 두는 사회적 정의를 위한 개혁운동에 대한 연구가 주류를 이루었다.

황금기는 뉴딜정책 이후부터 1959년까지로 노동조합의 재무, 회계, 기금관리에 대한 보고의무화, 노동조합 활동 보고서 제출의 의무화, 일반노동조합원의 권리보호 등을 골자로 하고 있다. 이 시기에는 노사갈등을 사회적으로 관리 가능한 수준에 포함시키는 방법에 초점을 두면서 특히 이론과 실제의 관련성, 학제적 연구관점의 대두, 이데올로기의 거부, 정책 등에 관한 연구가 주요 흐름이었다.

1960연대에서 1970연대 걸친 정체시기는 노사관계가 어느 정도 안정적인 시기였다. 던롭, 커어, 하비슨, 마이어즈 등이 주축이 되면서 단체교섭이 임금 및 인사정책에 미치는 영향과 인력, 실업 등 사회의 전반적인 문제에 초점을 두었다.

부흥기는 1980연대 이후의 시기로 연방정부 공무원 및 공기업의 노동조합 결성이 인정됨으로써 행동과학 분야에서 많은 연구가 활발히 이루어졌다.

4. 노사관계와 그 분석단위

노사관계에 대한 연구는 그 분석단위에 초점을 두면서 분석 및 접근방법에 차이를 보이고 있다. 사회과학의 여러 학문분야에서는 논리적 틀을 구체화하기 위해 관련분석단위를 명확하게 설정하고 있다.

경제학과 심리학은 개별적 실체로서 개인의 관점에 따라 문제에 접근을 하고 있으며, 사회과학, 정치학은 집단의 관점에서 문제를 해결하고자 한다. 그러나 현행 노사관계 연구에 있어서는 집단수준의 관점에서 보다는 개별적 수준의 관점에서의 연구가 지배적 추세를 이루고 있다. 특히 레윈과 퓨일은 노동조합이 임금과 생산성에 미치는 영향에 관한 경제학적 연구와 근로자들의 태도, 협상과정, 갈등 해소 등에 초점을 두는 비경제학적 연구를 주로 하였다.

김치영은 레윈과 퓨일의 연구를 바탕으로 노사관계의 연구동향을 〈표 1-1〉과 같이 정리하였다.

〈표 1-1〉 노사관계의 연구동향

차 원	경제학적 연구	조직행동론적 연구
이론적 틀	신고전주의의 경제이론, 최적 행동의 강조	개인, 집단, 조직수준의 OB이론, 태도와 행동의 상황적 성격 강조
연구 설계	가용데이터에 맞도록 조작된 설계	설계에 맞도록 조작된 데이터
주요 종속변수	임금, 혜택, 이직, 생산성	작업과 노조에 대한 태도, 조직구조, 단체교섭과정, 임금외의 교섭결과
자료수집	개인, 가계, 기업, 노조에 대한 조사	설문조사, 면접, 참여자 관찰기록과 문서분석
활용자료	2차 자료	1차 자료
분석기법	다중회귀분석과 같은 이코노메트릭기법에 주로 의존	광범위한 기법

자료: 김치영, 근로자와 커미트먼트와 충성심의 영향요소에 관한 연구, 연세대학교 대학원 박사학위논문, p. 6.

노사관계에 관한 경제학적 연구에 있어서는 주로 임금, 혜택, 이직, 생산성의 문제들을 2차 자료를 활용한 회귀분석방법으로 분석하는 경향이 있다. 그러나 조직행동론적 연구에서는 작업과 노조에 대한 태도, 조직구조, 단체교섭 과정, 임금교섭 결과 등의 문제를 설문조사, 면접, 참여자 관찰 등의 방법으로 수집한 1차 자료를 광범위하게 분석한다.

심리학적 관점에서는 노사관계에 있어서 조직행동이 주류를 이루고 있으며 조직행동은 인간관계에서 비롯된다고 보고 있다. 이러한 관점에서 스트라우스(G. Strauss) 등은 모든 조직행동 연구는 개인과 조직의 관련성에 대한 공통된 관심을 기울이고 있다고 주장하고 있으며,[11] 페퍼(J. Peffer)[12]는 조직에 대한 연구에서조차도 대부분의 연구가 분석단위로서의 개인에 초점을 두고 있다고 설명하고 있다.

11) G. Strauss, R. E. Milles, C. C. Snow and A Tannenbaum, eds., *Organization Behavior Research and Issues*, Madison, WI: IRRA, pp. 217-232.

12) J. Peffer, *Organizations and Organizational Theory*, Boston, MA: Pitman, pp. 162-171.

제3절 노사관계의 발전과정

노사관계는 산업혁명 이후 공업화과정을 배경으로 성립된 것이기 때문에[13] 그 시대와 사회에 따라 독특한 양상을 보이고 있다. 노사관계의 발전과정은 대체로 전제적 노사관계 → 온정적 노사관계 → 완화적 노사관계 → 민주적 노사관계로 발전의 경로를 손꼽을 수 있다.

1. 전제적 노사관계

전제적 노사관계란 자본주의 초기에 성행하여 대체로 19세기 중엽까지 존재하였던 노사관계 형태로 고용주 혹은 자본가에 의하여 임금·작업 내지는 노동조건이 전제적으로 결정되던 단계를 말한다. 즉 이 단계에서는 자본의 성질이 인적요소와 결합된 개인회사 또는 합명·합자회사의 형태였으므로 자유로운 자본시장이 충분히 형성되지 못하였고, 그 결과 경영은 대부분 '소유자 경영'(owner management)의 단계에 지나지 않아 전제적 성격을 띠는 것이 일반적 특색이다.

뿐만 아니라 노동력도 농촌에서 완전히 분리되지 않아 근대적 노동시장이 성립되었다고는 볼 수 없으며, 기능 또한 개인적인 것일 뿐 전반적으로 신뢰할만한 수준은 아니었다. 따라서 고용이 주로 연고 내지는 구인의 형태로 이루어졌기 때문에 당연히 노동조건의 결정은 자본에 의해 일방적으로 이루어질 수밖에 없었다. 그래서 이때의 노사관계는 절대명령과 절대복종이 있을 뿐이었다.

따라서 노동자와 사용자의 관계는 대립적 또는 주종관계가 존속되었다. 생산성 향상을 위한 노사관계는 역행되었고, 노동자들은 임금, 노동시간 등을 착취당했기 때문에 노동자들의 저항을 가졌던 시기였다. 이 시기의 노동자의 저항은 처음에는 높은 결근율, 노동이동 등 근로자의 개인적 반응으로부터 시작하여 점차 분규·시위·폭동 등으로 변화·집단화되었고 종래에는 노동조합 생성의 기초가 된 시기이다.

---

13) C. Kerr, J. T. Dunlop, F. Harbison and C. A. Myers, *Industrialism and Industrial Man*(Cambridge: Harvard University Press, p. 131.

2. 온정적 노사관계

온정적 노사관계는 19세기 초 영국의 사회주의자이자 산업자본가로서 '고임금의 경제론'을 주장하면서 이것을 기업경영에서 실천했던 로버트 오엔(Robert Owen)에서 비롯하여 20세기 초까지 존재하였던 노사관계의 형태로 이는 한편에서는 경영의 자본효율을 높이고, 다른 한편에서는 노동조합의 형성을 저지시키는 가부장적 · 온정주의적 노사관계를 행하는 단계이다. 다시 말해 자본주의가 발달함에 따라 정착근로자가 증대되었고, 그로 인해 종래의 전제적 노사관계로는 근로자의 협조를 더 이상 얻을 수 없게 되자 사용자는 생산성 증대를 위하여 근로자에게 주택, 음료, 의료 등 가부장적 온정주의에 입각한 복리후생시설을 마련하게 되었다. 이러한 사상은 봉건영주가 농민의 충성에 대하여 복지를 책임진다는 봉건제적 전통을 반영한 것이며, 근로자는 사용자가 베푸는 은혜에 보답함으로써 노사관계는 평화롭게 유지될 수 있다고 생각했던 시기이다. 오늘날에도 이러한 온정주의적 · 가부장적인 노사관계는 일본과 독일에서 흔히 볼 수 있다.

3. 완화적 노사관계

산업혁명 이후 근대적인 기업형태로서 주식회사 제도가 보편화되는 단계에 이르면 기업규모가 확대되고, 관리의 합리화도 추진되며, 자본의 집중에 의한 경영과 자본의 분리를 촉진할 정도가 되지 못하고, 경영도 전문경영자가 아닌 주주에 의한 경영(stockholder management)으로서 어느 정도 경영직능이 분화되기는 하였으나 아직 개별자본의 성격이 강하게 나타나던 시기였다. 완화적 노사관계는 자본과 경영의 분리에 따라 한편으로는 노동조합의 형성과 발전을, 다른 한편으로는 경영자 단체의 형성과 발전을 기하는 근대적 노무관리로서 종업원의 복지증진과 의사소통을 매체로 하여 노사 양자간의 대립을 완화하는 노사관계의 단계이다.

이 단계에서는 약간의 합리주의를 발전시키면서도 다른 한편으로는 종래의 온정적 · 가족주의적 관리가 잔존하는 상태의 노사관계가 형성되는데 흔히 이를 근대적 노사관계라고 부른다.

4. 계급투쟁적 노사관계

이 시기는 독점자본주의에 반기를 든 칼 막스(K. Marx)의 사회주의적 혁명이 파급되어 노동자계급이 강력한 힘을 전개한 시기이다. 예컨대 러시아에서는 1917년 볼세비키(Bolsheviki)혁명시기인 2월과 11월 사이, 독일에서는 1918년에서 1919년 바이마르 헌법 제정까지의 시기, 제2차 세계대전 후 1947년까지의 프랑스나 이탈리아에 있어서 경제위원회 성립까지의 시기에 나타났던 노사관계의 형태이며, 이를 계급투쟁적인 노사관계로 규정한다.

이 시기의 특징은 노동자계급과 자본가계급의 양대 계급이 형성되어 대립과 격화된 계급투쟁으로 노동운동은 개별기업에서 전개되었으며, 고용조건은 오직 노동자의 투쟁적 결과에 의해서만 결정되었고, 임금결정을 둘러싼 대립적 투쟁이 매우 강한 성격을 띠게 되었다. 공장이나 사업장에서 자본가나 경영자를 추출하고 노동자에 의하여 직접 기업의 경영관리가 이루어졌던 소위 생산관리의 형태의 분류가 지배적으로 나타난 시기였다. 다시 말해 노동자나 노동조합의 지도자들이 공장을 접수하여 경영하는 노사분규의 한 형태인 생산관리방식이 성행하던 시기이다.

따라서 사회주의적 노사관계의 형태를 띠었으나 종국에 가서는 노동자가 지배하는 공산주의식 절대적 노사관계를 나타내었던 시대의 사회주의 노사관계를 의미한다.

5. 민주적 노사관계

1929년 제1차 세계경제공황 이후, 세계 각국은 자본주의가 전반적으로 심각한 위기에 처하게 되자 각국 정부는 노사관계에 더욱 개입하기 시작하였으며 노동조합에 대한 적극적인 보호육성정책을 채택하였다. 또한 산업사회학이나 조직사회학 등에서 논의되는 경영협동이론을 강조하고, 조직행동론, 인간관계론이 도입되어 이른바 건설적 노사관계를 주장하는 시가가 도래하였다. 이러한 형태의 전형적인 예가 영국이나 미국에서 나타난 단체교섭제도인데, 단체교섭이야 말로 민주적 노사관계를 규정하는 최고의 방법이라고 믿기 시작한 시기이다.

이와 같이 자본의 집중·독점화가 고도로 진전되고, 경영규모도 더욱 확대되면서 '자본과 경영의 분리'가 촉진되어 경영 직능의 분화·전문화, 전문경영자의 출현, 경영자 집단의 조직화 등이 보편화되었다. 한편, 노동도 경영규모의 확대에 따라 기능의 획일화·사회화 및 산업별 노동조직의 발전이 이루어졌다. 특히 산업별 노동조합과 경영자단체와의 통일적 단체협약이 발전됨에 따라 노동의 성격도 종래의 개개 기업의 종업원이었던 성격에서 점차로 계급 적대적 성격을 띠게 된 것이다.

따라서 민주적 노사관계는 이미 미숙련노동자의 대다수에 따른 산업별 노동조합(industrial union)의 발전으로 노동조합과 기업의 전문경영자 사이의 대등의식의 입장에서 임금, 작업 내지는 노동조건을 공동으로 결정하는 노사관계의 단계이다.[14]

지금까지 노사관계의 발전 형태에 대해 살펴보았는데 우리나라의 노사관계의 발전 단계별 실태 조사결과를 요약해보면 그 내용은 〈표 1-2〉와 같다.

〈표 1-2〉 한국 노사관계의 발전단계별 실태

구분 / 단계	성별		가입 여부		대상	
	남	여	조합원	비조합원	근로자	경영자
전제적 노사관계	21.4	20.8	20.9	22.0	22.1	16.9
온정적 노사관계	25.5	18.4	23.1	24.1	24.2	20.3
완화적 노사관계	31.5	28.2	27.5	37.2	28.4	43.5
민주적 노사관계	21.5	32.6	28.5	16.7	25.3	19.3
통계 값	$\chi^2=21.30$ $p<0.001$		$\chi^2=27.37$ $p<0.001$		$\chi^2=19.26$ $p<0.001$	

자료: 이덕로, "한국기업의 노사관계 특성에 관한 실증적 연구," 연세대학교, 박사학위논문, 1998. p. 125.

이처럼 노사관계의 발전단계는 전제적·온정적 노사관계가 전개되고 있는 것은 근로자를 경제활동의 주체라는 인간적인 면에서 평가하지 않고 다만, 생산의 일 요소로써 주종적 신분관계로 인식하여 일방적인 사용자 우위관계가 지배적인 경향이 되었기 때문인 것으로 볼 수 있다.[15]

14) 西尾一郎, 「經營勞務 理論 實際」, 中央經濟社, 東京, 昭和 50年, pp. 126-197.
15) 金裕培, "成熟期를 향한 韓國經濟의 課題," 「經濟學研究」, 韓國經濟學會, 1987, p. 259.

〈표 1-3〉 노사관계의 발전과정

단계	발전과정 형태	시기	특 징
제1단계	전제적 노사관계	~19세기 초·중기	① 자본시장과 노동시장의 미성립 ② 자본소유자에 의한 경영 ③ 자본이 생산양식의 절대적 권한행사 도구 ④ 근로자의 노동조건·자본가의 일방적인 의사결정 ·종속적 노사관계 ·노동자의 인간적 요소 무시 ·노동자는 자본가의 이윤극대화의 추구로 맹종
제2단계	온정적 노사관계	~19세기 중기	① 사용자 : 노동생산성 증대 요구 노동자 : 인간의 기본적 욕구(임금, 인간적 대우 등) 요구 ② 은혜적 보답의 온정주의적 사고방식의 경영관리 ③ 임금을 은혜에 보답해야 한다는 생각이 팽배 : 그 대가는 노동생산성 향상 ④ 로버트 오엔(R. Owen)에 의한 노사관계 형태 ·고임금 경제론 주장 ·실제 기업경영에 실천한 영국의 산업 자본가
제3단계	완화적 노사관계 ·직업별노동조합 생성 ·근대적 노동시장형성 ·노동력이 집중화 ·사회화 실현	19세기 말(산업혁명이 끝날 무렵)	① 종래의 자본주의 전제방식 완화, 합리주의 생성과 온정적 가족주의 토착화 ② 유한회사와 주식회사가 등장 ③ F.W. Taylor의 과학적 관리법 등장 ④ H. Fayol의 근대적 경영관리 등장 ⑤ 경영합리화가 기업경영의 중심과제
제4단계	계급투쟁적 노사관계 ·볼세비키혁명 1917 ·독일바이마르헌법 제정시기(1918-1919) ·프랑스, 이탈리아 2차대전-1947년까지 경제위원회성립시기	1917. 2.11. 시작 (볼세비키혁명)	① 사회주의 변혁: 계급투쟁적 노사관계 ② 노동자계급과 자본가계급의 대립과 격화 ③ 고용조건-노동자의 투쟁적 실력대결 결정 ④ 공장, 사업장에서 자본가, 경영자 축출 : 생산관리 형태 지배
제5단계	민주적 노사관계 1:1의 대등한 노사관계	1930년대 이후	① 정부: 노사관계 개입 ② 노동조합 보호육성정책 채택 ③ 단체교섭제도의 성립 ④ 소유와 경영의 분리 ⑤ 산업별 노동조합 형태 등장

자료: 김성수, 신노사관계론, 2013, p. 44.

제4절 노사관계의 형태

노사관계는 다양한 분류기준에 따라 여러 가지 형태로 나누어 볼 수 있다.

1. 노사관계의 국가별 분류

컬(Clark Keer)은 역사적 발전과정에 관계없이 각국의 노사관계를 다음과 같이 분류[16] 하였다.

1) 절대적 노사관계

절대적 노사관계란 근로조건이 사용자측의 일방적 의사에 따라 결정이 이루어지는 경우를 말하는데 오늘날 이러한 형태의 노사관계 유형은 소련을 비롯한 사회주의 제국가에서 찾아 볼 수 있다.

2) 친권적 노사관계

친권적 노사관계는 기업 내에서 노사관계가 마치 가족관계와 같이 유지되는 경우인데 오늘날 서독의 노사관계에서 이의 전형적인 예를 찾아 볼 수 있다.

3) 계급 투쟁적 노사관계

컬(Keer)은 계급 투쟁적 노사관계의 예로서 프랑스의 노동조합을 들고 있다. 프랑스의 노동조합은 출발부터 계급투쟁의 색채가 농후하였던 전통이 오늘날에도 남아 있으며, 또 그런 경우의 노동조합은 사용자에 대하여 생활감정을 전혀 달리하는 이질적 집단인 까닭에 노사관계는 상대적인 관계라기보다 절대적인 성격을 지니게 마련이다.

---

16) C. Keer et al., *op. cit.*, pp. 98–113.

4) 경쟁적 노사관계

경쟁적 노사관계는 노사가 서로 상대방의 입장을 인정하는 가운데 노사간의 모든 문제를 교섭에 의해 해결해 가는 형태이다. 민주주의의 원리에 입각하는 자유국가의 노사관계는 이러한 경쟁적 유형이 가장 정상적이라고 할 수 있다. 경쟁적인 노사관계에 있어서 단체교섭이야말로 노사관계를 규정하는 최고의 방법으로 알고 있으며, 영국이나 미국은 이 형태의 전형적인 국가라고 할 수 있다. 그것은 이러한 나라의 노사관계가 반드시 안정되어 있음을 의미하는 것은 아니지만 노사가 자기들의 문제를 스스로 결정한다는 원리, 즉 임의주의가 존중된다는 것을 말한다.

이상과 같은 네 가지 형태의 노사관계가 현실적으로는 각각 따로 존재하는 것이 아니라 어느 것이든 조금씩 다른 형태의 것과 혼합되는 것이 통례이다.

2. 민주적 노사관계의 제 형태

자본주의사회에 있어서의 노사관계는 통상 민주적 노사관계로 보아도 무방하다. 그러나 민주적 노사관계도 노사 쌍방의 태도가 성숙(maturity of labor and management)한 정도에 따라, 다시 다음과 같은 몇 가지 유형으로 구분할 수 있다.

1) 무장휴전형(armed truce)

경영자측은 조합을 인정하고 있기는 하나 시대의 추세에 따를 뿐이며, 노사관계는 힘과 힘의 대립관계에 있다. 그렇다고 무턱대고 정면대립을 하는 것은 아니며, 단체교섭을 투쟁의 억제수단으로 생각하고 있다. 이것은 공업화 단계의 초기에 각 기업에서 많이 볼 수 있었던 노사관계의 형태로 미국의 대기업에서 가장 많이 볼 수 있고, 우리나라에서도 무장휴전형의 노사관계를 유지하고 있는 경우는 많다. 그리고 무장휴전형의 특징은 다음과 같다.

① 경영자 측은 조합과의 단체교섭은 근대산업사회의 필요악이라고 생각한다.

② 근로자들은 노동조합의 주요 임무를 경영자의 활동에 대항하여 투쟁하는데 있다고 생각한다.

③ 단체교섭의 범위와 공동결정사항에 대한 노사의 의견은 기본적으로 일치되지 않고 있다.

④ 단체교섭에 의해서 의견차이의 타결 점은 노사의 세력관계에 의해서 이루어진다는 것을 노사쌍방이 솔직히 인정하고 있다.

⑤ 근로자의 충성 내지 협조를 얻으려고 노사가 서로 경쟁하고 있다.

⑥ 협약을 추진함으로써 노사분쟁 · 상이점 등의 질서 있는 조정방식을 고안하고자 노사쌍방이 희망하고 있다.

2) 노사 조화형(working harmony)

무장휴전형과 노사협력형의 중간형으로서 파업을 부정하지는 않는다. 그러나 노사가 서로 상대방의 입장을 이해하고 타협해야 할 일은 타협한다는 현실적인 태도를 취하고 있다. 그 특징을 보면 다음과 같다.

① 경영자는 노동조합을 기업경영상의 채무인 동시에 자산이기도 하다는 것을 믿고 단체교섭을 받아들인다.

② 노동조합 측은 조합의 목적달성이 상대방 기업의 번영과 복지에 의존한다고 확신한다.

③ 노사쌍방은 노사의 목적이 중요한 문제에서 대립되어도, 상호의 이익증진을 위해서는 양보가 가능하도록 한다.

④ 경영자는 기업경영의 중심적 기능수행에 있어 단독적 책임을 지며, 조합 측은 경영자의 활동을 감시하되, 생산장애의 제거에 활동범위를 국한하고 있다.

⑤ 공동토의와 절충범위의 확대를 위해 노사쌍방이 다 같이 힘쓴다. 즉, 노사쌍방이 내부문제의 복잡성을 인정하고 있어, 곤란한 문제의 해결에는 서로 협조를 아끼지 않는다.

3) 노사 협력형(union-management corporation)

이는 조합과 경영자가 각각 자기 측의 입장을 고려함이 없이 능률증진을 위해 일심동체가 되는 유형으로서, 중소기업에서 흔히 볼 수 있는데 주요 특징은 다음과 같다.

① 경영자는 노동조합 측이 비용인하와 능률증진을 가진 것으로 확신한다. 특히 경영자는 노조대표에게 1:1의 대등한 관계에서 경영기능의 일부를 분담시킬 용의도 가지고 있다.

② 노동조합 측은 유형·무형의 혜택을 받는 대신에, 사기앙양을 맡은 기관이 되고자 열의를 보인다.

③ 노사쌍방이 생산문제의 해결이나 능률증진의 장애제거에 공동책임을 진다.

④ 능률증진을 위한 노사협력은 경영성장의 기본이 되며, 상호 존중의 뜻을 갖는다. 노사관계가 협력적이라는 것은 경영과 노동조합과의 상호관계에 있어 안정적이며, 발전적인 관계를 형성하도록 노사쌍방의 태도나 행동을 조정하고, 또 바람직한 제도나 규범을 수립해 감으로써 양자사이의 긴장이나 분쟁을 예방·해결하도록 상호 협조적 노력에 의해 산업경제의 지속적인 발전을 가능케 하는 활동을 뜻한다.

4) 정면 대결형(open conflict)

정면대결형의 노사관계는 경영자들이 노동조합과 정면대결하고, 노조에게 조금의 양보도 하지 않으려는 태도를 견지하고 있는 경우를 말하는데 그 특징은 다음과 같다.

① 선진국에서는 제2차 대전 이전에 나타났던 노사관계의 유형으로 경영자가 노조를 불신하거나 노조에 대한 경험과 지식이 없었던 시대에 나타났던 노사관계이다.

② 근로자들의 행동이 극단적이거나 경영자들의 행동이 노동조합법에 규정된 단체교섭의 거부나, 부당노동행위의 사례로 노사간의 대립이 정면대결형으로 치닫는 상황은 오늘날 흔히 볼 수 있다.

③ 노사관계의 정면대결형은 경영자 측이나 노동조합 측 모두 큰 상처를 남기고, 기업을 파행으로 이끌고 가는 것을 종종 볼 수 있다.

이상에서 노사관계의 여러 형태를 검토한 바와 같이 가장 바람직한 노사관계의 유형은 일반적으로 노사협력형이라고 말할 수 있지만 그러나 반드시 노사협력형이 가장 좋은 형태라고는 할 수 없다. 왜냐하면 이 유형은 중소기업이 파탄에 직면했을 때, 노조측이 자멸을 모면하기 위해 적극적으로 취하는 경우가 많은데 이러한 비상사태가 해소되고 나면 노사의 협력관계는 사실상 영속하기 어렵기 때문이다.

건설적이라는 표현의 의미를 자유주의에서는 ① 경제적인 발전이 모든 사람에게 조화롭게 분배되는 것. ② 개인의 존엄과 가치와 자유를 최대한 증진하는 것. ③ 개인이 그 자신의 의견을 널리 발표할 수 있는 민주적 제도를 확보·강화하는 것으로 해석할 수 있는데 이런 의미에서 본다면 단체교섭의 모든 경우가 건설적이라고는 할 수 없고, 때로는 파괴적일 경우도 있을 수 있다. 그러므로 비교적 안정적인 동시에 건설적인 노사관계의 유형으로는 역시 두 번째의 노사조화형이 좋을 것이다.

가장 이상적인 노사관계에 대해 밀즈(Daniel Quinn Mills)가 지적한 몇 가지 요소를 보면 다음과 같다.

① 산업평화를 지속적으로 유지할 수 있어야 한다.

② 노사쌍방은 이미 정해진 체제에 대해서는 상호 신뢰성 있게 인정해야 한다.

③ 노사쌍방은 상호관계를 공정하고 정직하게 해야 한다.

④ 노사의 상호관계는 긍정적 효과가 소비자나 공중에게 해독을 주지 않아야 한다.

⑤ 노사쌍방의 협력과 조화는 기업의 생산성을 향상시키고, 기업 번영과 더 나아가 사회 안정 및 경제발전에 기여할 수 있어야 한다.

제5절 노사관계 시스템

노사관계 현상은 여러 시각에서 연구될 수 있는데 던롭(J. T. Dunlop)의 노사관계시스템은 노사관계의 일반이론을 제시하고, 노사관계 현상과 실제의 광범위한 범위까지 이해하고 해석하려는 분석도구를 제공하고 있다.

노사관계를 하나의 시스템으로 파악할 때 그 시스템의 산출물은 산업사회의 질서인 규칙(rule)이 된다. 이렇게 노사관계를 시스템적 접근방법에 의해 접근한 대표적인 학자가 던롭이다.

던롭은 노사관계 연구가 뚜렷한 경계, 범위 그리고 그 속에 담길 내용, 주제에 관한 합의를 얻지 못하고 있는 가운데 하나의 통일된 일반적 개념도식을 제공하려고 노력하였다. 그는 파슨즈(T. Parsons)의 사회시스템론, 특히 질서의 문제와 권력의 문제에 크게 영향을 받아 "노사관계시스템을 노·사·정 당사자가 기술적 특성이나 시장이나 예산상의 제약, 사회내의 권력배분 및 당사자들이 공유하는 이데올로기(ideology)에 의해 규정되는 특정한 환경 속에서 작업장과 근로공동체(work community)의 공동규칙을 만드는 시스템"으로 정의하고 있다.[17]

---

17) J. T. Dunlop, *Industrial Relation and Industrial Society in Unions, Management and the Public* ed. by Kon and Anrod(Harcourt Brace & World, 1960), pp. 2–8.

1. 노사관계의 당사자

노사관계는 노사관계의 당사자(사용자 · 근로자 · 정부), 상호 관련되는 환경(기술환경, 시장환경, 권력환경), 노사관계를 결합시키는 이념(ideology), 근로현장에서 당사자를 통제하고 다스릴 목적으로 만든 규칙 등으로 이루어진다.

① **사용자** : 사용자 조직은 자본의 소유와 반드시 관계가 있는 것이 아니고 공기업이나 사기업의 경영자 등도 모두 포함된다.

② **노동자** : 노동자 조직에는 공식적 조직인 노동조합뿐만 아니라 비공식적 조직인 사용자와 노조간부 사이의 교우, 문화, 체육, 오락 등을 위한 클럽활동 등이 포함된다. 그리고 광의에서 비공식조직은 정당, 각종 압력단체, 각종 언론기관, 기타 지역사회의 모든 조직, 소비자나 투자가 등의 비공식 조직도 노사관계에 크게 영향을 미치고 있다.

③ **정부** : 정부는 어떤 노사관계제도 내에서는 사용자나 노동조합을 능가할 정도로 결정적인 기능과 영향력을 발휘하고, 어떤 경우에 있어서는 전혀 역할이 적고 제한되기도 한다.

2. 상호 관련된 환경

노사관계의 당사자들은 다음과 같은 환경조건을 포함하는 일정한 관계속에서 행동하며, 이들의 상호관계는 노사 당사자들이 설정하는 모든 규칙을 형성하는데 결정적인 역할을 한다.

① **기술적 환경**(technological contexts) : 이는 생산과정에 관련된 환경요인들로서 ㉠ 생산물의 유형과 그것에 필요한 노동력의 규모, 노동력의 지역적 집합, 노동이동, ㉡ 숙련도와 교육수준, ㉢ 노동력의 숙련정도, ㉣ 성별 및 연령별 구성 등이 있다.

② **시장환경**(market contexts) : 노사관계는 노동시장의 조건이 경쟁적이냐, 독점적 경쟁이냐, 독점이냐에 따라 크게 영향을 받는다.

③ **권력환경**(power contexts) : 노사관계의 힘의 배분관계는 그것이 포함되어 있는 보다 큰 사회 속의 힘의 배분에 대응하고 있다.

3. 제규칙(rules)

노사관계의 당사자 간에는 노동 현장이나 산업사회의 질서를 다스릴 수 있는 공식 또는 비공식의 규칙(rule)이 존재한다. 노사관계 당사자들이 이 규칙을 제정하고 이것에 의해 산업사회가 유지 · 경영된다. 이러한 규칙은 법률, 노동조합규정, 단체교섭 그리고 사용자의 결정 등으로 나타난다.

4. 이념(ideology)

노사관계 당사자들이 공통으로 가지는 이데올로기, 즉 사상과 신조는 노사관계를 전체로 통합하는데 도움이 된다. 각 당사자들이 어떤 공통적 이데올로기를 가지지 않을 때 노사관계는 안정성을 잃게 된다.

이와 같은 던롭의 노사관계시스템 모형은 플랜더스(A. Flanders), 워커(C. Walker), 소머스(G. C. Sommers), 블래인(A. N. J. Blain), 앤더슨(J. C. Anderson), 굿맨(J. F. B. Goodman) 등에 의해 폭넓은 지지를 받았으나, 배인(G. S. Bain), 클레그(H. A. Clegg), 크래이크(J. C. Craig), 싱(R. Singh), 하이만(R. Hyman) 등에 의해서는 적지 않은 비판을 받기도 하였다.

지금까지 살펴 본 던롭의 노사관계시스템을 단순화시켜 도시하면 그 내용은 다음과 같다.

그림 1-4. 던롭의 노사관계시스템 모형

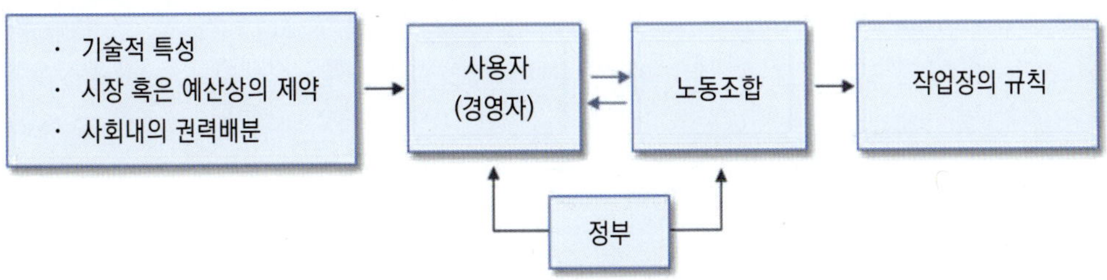

제 2 장 노동운동의 발전

제2장 노동운동의 발전

제1절 노동관의 이해

노동운동을 논의하기 위해서는 먼저 노동에 대한 이해가 전제되어야 한다. 폴 마샬(Paul Mashall)은 '우리가 일을 어떻게 생각 하는가'와 '사회가 일을 어떻게 보는 가'하는 것(노동관)이 일(노동)에 중요한 영향을 미친다는 점을 지적하면서, 노동에 대한 세 가지 입장을 제시한 바 있다.[1)]

첫째, 일을 싫어하고 미워하는 견해로 지적·정신적 활동은 가치 있는 것이지만, 육체적 활동은 하찮게 여기는 입장이다. 이는 정신과 육체를 구분하는 이원론에 기초를 둔 것으로 고대 헬라인들과 동양사상 속에서 찾아 볼 수 있다.

둘째, 일을 긍정적인 것으로 보고, 일을 즐거워하고 좋아하는 견해이다. 특히 서구의 종교개혁을 통해 강조되었는데 이러한 사상은 다른 한편으로 왜곡되어 노동을 우상화하거나 일중독에 빠지는 현상 등이 나타나기도 하였다.

셋째, 일이란 나쁜 것이고, 피해야 할 것이지만 어떤 좋은 것을 얻기 위해서는 할 수 없이 해야 되는 '필요악'처럼 생각하는 견해이다. 이는 노동을 여가와 쾌락을 위한 수단으로 생각하는 현대인들이 노동에 대해 취하는 보편적인 입장이기도 하다.

---

1) Paul Mashall, 『성경적인 노동관』, 목회와 신학, 1990. p. 178.

1. 우리나라의 전통적 노동관

삼국시대부터 우리 선조들의 삶과 정신세계에 깊이 영향을 미친 불교와 유교는 지금도 우리의 의식과 무의식 속에 체질화되어 있고, 이들 사상들의 노동관은 지금도 노동에 대한 우리의 이해에 적지 않은 영향을 미치는 것으로 보인다.

먼저, 불교는 인간의 삶을 부정적인 것으로 본다. 즉 현실을 고해로 보고 깨달음을 통해 열반의 경지에 들어가는 것을 추구한다. 그 결과 노동에 대해서도 부정적인 입장을 보이게 되는데, 승려에게 있어서 무소유와 절제는 미덕으로 여겨졌고, 육체노동은 생명을 죽일 우려가 있는 것으로 여겨졌다. 그러나 출가하지 않은 사람들에게서는 생산을 위한 일은 장려되었다. 이는 그 자신과 가족의 필요를 채우고 군주에게 세금을 내며 수도자를 공양하기 위해서였다. 이처럼 불교에서는 출가하여 수행하는 것과 노동 사이의 엄격한 이분법적 구도에서 전자는 가치 있는 것이지만, 후자는 하찮은 것으로 본다. 또한 출가하지 않은 사람의 일도 다른 목적이나 더 좋은 것을 위한 수단으로 여기고 있다.

한편, 유교적 노동관에서는 이러한 이분법적 구도에서 노동을 보는 입장이 더욱 뚜렷하다. 공자는 그의 제자 '번지'가 농사짓는 법을 가르쳐 달라고 하자 그를 소인이라고 꾸짖었다고 한다.

또 맹자는 '노심자(勞心者)는 남을 다스리고, 노력자(勞力者)는 남에게 다스림을 받는다'[2]라고 하여 정신노동과 육체노동을 구분하면서 정신노동이 더 우월한 것임을 표현했다. 또한 "군자는 정신으로 일하고 소인은 육체로 일 한다"라고 하였는데, 이는 지배자가 자기의 지배를 정당화하기 위하여 했던 주장이었다.

이와 같은 유교의 사상은 조선시대의 통치이념으로 수용되었고, 그 결과 우리사회에도 사농공상(士農工商)의 차별이 존재하게 되었다. 이와 같은 노동관은 당시의 계급사회를 지탱하는 사상이었는데 오늘날의 관점에서는 정신과 육체를 구별하는 이원론적 사고와 연결되어 있다고 평가할 수 있다.

2) 맹자, 『滕文公』, 장123-124항; 김재영, 『직업과 소명』, p. 35에서 재인용.

2. 자본주의적 노동관

아담 스미스(Adam Smith)의 경제학에 있어서 가장 큰 문제는 생산에 관한 것이었다. 그 당시는 산업혁명의 초기단계로 물자의 빈곤을 겪었기 때문이다. 스미스는 생산성의 증대를 위해 분업을 주장하였는데, 이를 통해 노동자의 기술이 향상되고 한 작업에서 다른 작업으로 이동하는 시간이 절약되며 기계의 발명이 용이하게 된다고 하였다.[3] 그러나 스미스는 분업이 가져 올 비인간화의 문제나 생산성의 증대로 창출된 이익의 분배문제를 다루는 데는 소홀하였다.

자본주의 노동관의 핵심은 노동시장과 노동계약에서 찾을 수 있다. 개인은 노동시장에서 자신의 노동을 팔아 기업을 위해 일주일에 몇 시간 노동하겠다는 계약을 맺는다. 개인의 이기심 추구를 사회발전의 원동력으로 보았던 스미스에게 있어서 노동은 이익을 추구하는 수단이 되었고, 노동시장 메커니즘에 의해 조절되는 것으로 이해되었다.

이와 같은 자본주의 노동관은 첫째로, 인간을 그의 노동으로부터 소외시키는 결과를 초래한다. 생산증대와 효율성 추구라는 목적은 노동자를 비인간화시키는 결과를 초래했고, 비인간화시키는 생산방식까지도 채택하게 되는 것이다. 또 노동자는 자신을 고용한 기업의 의사결정, 심지어는 자신의 고용조건에 직접적으로 영향을 미치는 문제에 있어서도 전혀 참여할 수 없다.

둘째, 기업 소유자와 노동자 사이의 갈등을 초래한다. 스미스가 말한 자기 이익추구의 원리는 노동자로 하여금 보다 적은 노동에 대해 높은 임금을 요구하게 하고, 기업 소유자에게는 자신의 이윤을 증가시키기 위해 임금을 삭감하도록 만들게 된다. 문제는 노동자와 기업 소유자간의 힘이 대등하지 않다는 데서 더욱 심각해진다. 노동자는 열악한 환경에서 낮은 임금을 받고도 일해야 했고, 여자와 유아에 대한 장시간 노동의 문제도 발생하였다. 사용자의 사익추구를 정당하게 보는 순수한 자본주의체제 속에서는 이러한 문제들을 막을 장치가 없다.

셋째, 자본주의 체제하에서는 노동 그 자체보다 노동을 통해 성취되는 물질적 진보에 초점을 둔다. 노동자는 노동의 결과 주어지는 임금과 여가, 소비를 위해 일을 하게 된다. 여기에서 임금은 단지 노동의 대가일 뿐이다. 이는 노동자체에 가치를 두는 것

3) 주명건, 『경제학사』, pp. 176-179.

이 아니라, 노동을 통해 얻게 되는 어떤 것에 가치를 두는 것으로 노동을 '필요 악'으로 간주하는 범주에 포함된다.

3. 사회주의적 노동관

자본주의에서 노동은 생산성 증대를 위한 하나의 수단에 불과하다. 그러나 마르크스는 각 상품의 교환가치는 그 상품의 생산에 소요된 노동량에 의해 결정된다고 보고 생산 양식 중에서도 노동을 가장 중요하게 여겼다. 또한 그는 역사를 발전시키는 원동력이 노동에 있다고 하였다. 또 인간의 본질을 노동에서 찾아 인간을 노동하는 존재로 보았다. 노동을 통해서만이 인간은 충만한 의미의 인간이 된다는 것이다.

이러한 노동에 대한 마르크스의 생각은 그의 추종자들에 의해 노동의 신격화로 나아가게 된다. 엥겔스(Friedrich Engels) 및 그의 추종자들 다수는 점차적으로 노동자체를 목적으로 높이기 시작하였다. 그 결과 마르크스주의 국가들에서는 노동자와 그의 노동이 종교적인 의미를 띠게 되었다.

그러나 다른 한편 마르크스에게서도 노동을 하나의 수단 또는 필요악으로 보는 입장이 나타난다. 그는 『자본론』 마지막 장에서 '언젠가 모든 사람이 철학자와 같이 될 것'이라 했고, 현재 우리는 필요의 영역에 살고 있지만 언젠가 장래에는 모든 것으로부터 해방된 자유로운 상태에서 살게 될 것이라고 하였다. 또한 노동 그 자체는 그 의도에 관한 한 현재의 조건에서 뿐 아니라 보편적으로도 단지 부의 증진일 뿐이며 유해하고 유독한 것이다[4]라고 하였다.

자본주의적 시각이 노동을 시장에서 매매되는 상품으로 그 가치를 축소시킨 반면 마르크스주의의 노동관은 노동을 신격화하면서 노동의 소외의 궁극적 원인이 사적 소유에 있다고 봄으로써 인간 노동의 가능성을 축소시켰고, 다른 한편 새 시대가 도래하기까지 생산력의 발달을 실현하는 수단에 불과한 것으로 간주함으로써 노동이 갖는 풍부한 의미를 축소시켰다. 다시 말해 사회주의의 노동관은 노동의 신격화와 함께 노동을 새 시대를 향한 수단으로 보고 있다.

---

4) Paul Mashall, "소명, 노동 그리고 쉼", Paul Mashall 글 모음, ; 유해신, 기독교적 노동관과 노동운동, p. 8.에서 재인용.

4. 캘빈의 노동관

캘빈은 인간의 노동을 '하나님의 일'이라고 하여 노동을 천시하거나 미워해야 할 대상이 아님을 강조하였다. 또한 노동을 인간과 분리하여 하나의 상품으로 간주하는 것도 정당화될 수 없다고 하였다. 그러나 인간 타락의 결과는 인간의 노동에도 미치게 되어 일은 하나님이 의도하셨던 바대로의 순수한 즐거움이 될 수 없게 되었다. 따라서 노동은 고통을 수반하게 되었고, 착취와 압제의 수단이 될 수 있고, 반대로 우상이 될 수도 있다. 캘빈의 관점에서는 일중독이나 노동의 신격화는 모두 타락의 결과로 이해된다.

종교개혁자인 루터는 직업을 '소명'으로 이해하여 세속적인 일들의 가치를 주장하면서 인간은 두 가지 소명을 신으로부터 받았다고 하였다. 첫 번째 소명은 영적인 소명으로써 복음의 부르심이고, 두 번째의 소명은 외적인 소명으로써 직업이라고 하였다. 이러한 루터의 사상은 당시 수도승들의 특권의식을 배제하는 것이었고, '죄 없는' 직업은 어떤 것이든 하나님 앞에서 기본적으로 동일한 가치를 갖는 것임을 강조한 것이다.[5)]

직업의 이동성이 증가하고, 직업이 더 이상 신분을 표현하지 않는 현대사회 속에서 직업을 '소명'으로 이해하는 것에 대한 의문이 제기되고 있지만, 그럼에도 불구하고 많은 사람들은 하나님의 계획 속에 자신들의 다양한 직업이 들어 있다고 확신하면서 그들의 직업을 추구하고 있기에 그들의 직업을 소명으로 여길 정당한 권리가 있는 것이다.

이러한 맥락에서 인간의 노동은 다음과 같은 여러 차원의 의미를 갖는다.

먼저, 노동의 범위와 관련하여 노동은 우리가 하는 모든 생산적인 활동을 다 포함하는 것으로 보아야 한다. 이는 봉급을 받는 직업만을 의미하는 것이 아니다. 가사일이나 자원봉사도 모두 노동에 포함되며, 그 가치에 있어서 유급노동과 차이가 없다. 모든 노동에 가치를 부여하는 것은 종교개혁자들의 공로라고 할 수 있다.

둘째, 인간의 노동은 문화명령의 수행이라는 의미를 갖는다. 캘빈은 노동은 모든 거슬리는 것과 시련을 참고 견디며 극복하는 가운데 일상생활의 예배로 이해될 수 있다고 하였다.

셋째, 노동은 이웃에 대한 봉사의 의미를 갖는다. 인간은 자신이 만든 상품을 다른

---

5) Miroslav Volf, 노동과 은사, 신학사상, 1989, pp. 77-78.

사람들에게 공급하는 것으로서, 또한 일의 보수를 선하게 사용함으로써 가난한 사람을 섬기고 봉사할 수 있게 된다. 상업 또한 인간의 상호의존성과 연대성을 보여주는 것으로 이웃에 대한 봉사가 된다.

그 밖에도 노동은 인간으로서의 자기실현의 중요한 부분을 일 속에서 찾을 수 있다고 하였다. 캘빈은 노동을 천시하지도 않으며, 우상화하지도 않고, 보수의 많고 적음에 따라 일의 가치를 평가하지도 않는다. 힘들고 고된 노동일지라도 그것은 이웃에 대한 봉사이고 신에 대한 충성이기 때문에 그 속에서 기쁨과 행복을 발견할 수 있는 것이다.

제2절 산업사회의 의의와 공장노동자의 등장

1. 산업화의 의의

현대사회의 노동문제는 근본적으로 산업화에 따르는 기술적 · 사회적 · 정치적 · 경제적 변화에서 비롯되었다고 할 수 있다. 그러므로 노동문제를 이해하기 위해서는 산업화(industrialization)의 주된 특징을 이해할 필요가 있다.

일찍이 산업화를 경험했던 국가들을 보면, 영국은 18세기 후반에 이르러 산업화가 어느 정도 진전되었고, 19세기 초에는 프랑스 · 이탈리아 · 미국 등에서 급속한 산업화가 이루어졌다. 19세기 중반에는 독일, 19세기 후반에는 오스트레일리아와 뉴질랜드, 그리고 유럽의 여러 나라 및 남미 제국까지 산업화가 확대되었다.

산업화 이전에는 농업이 경제의 기반이었고, 노동력의 대부분은 자급자족적이고 가족적인 생산형태의 농업이었다. 수공업단계에 머물렀던 제조업은 산업혁명이후 대규모 공장제공업이 발달하게 되자 공장에서는 대규모 임금노동자를 고용하게 되었다.

영국에서는 산업화 과정에서 나타난 상업부르주아들이 인클로저 운동(enclosure movement)을 통하여 농민을 토지로부터 추방하였고, 이렇게 토지에서 추방된 농민들은 가난한 실업자가 되어 새롭게 발생한 공장제 공업에서의 저임금노동의 공급원이 되었다.

종획 운동(enclosure movement)은 16세기와 18세기 두 차례에 걸쳐 영국을 중심으로 일어났던 자본주의적 농업의 성립과정을 말하는 것으로 1차는 지주들이 양모를 얻기 위하여, 2차는 곡물가격의 등귀에 따른 곡물생산 증대를 목적으로 자본가에 의해 자영농민들이 토지를 잃게 되었던 것을 말한다. 이로 인해 농업자본주의가 가능하게 되었고, 토지를 잃고 임금노동자로 전락한 자영농민들은 산업혁명을 대규모로 진행시키는데 크게 공헌하였다.

자본주의의 변천과정을 보면, 농업자본주의에서 상업자본주의(공장제 수공업발달)→ 산업자본주의(산업혁명으로 자본주의 성립, 자유경쟁, 대량생산체제 확립)→ 독점자본주의(기업집중으로 독점기업 출현, 금융자본이 산업자본을 지배)→ 수정자본주의(자본주의 폐단인 실업, 공황을 극복하고자 국가가 경제를 수정 통제)→ 감성자본주의(4.0자본주의)로 발전되어 왔다.

자본주의에서 노동문제를 야기한 근본적인 동인은 임금노동의 출현이라 할 수 있는데 이는 다음과 같은 이유로 노동문제와 밀접한 관련을 갖게 된다.

첫째, 가난하기는 하지만 최저생활만은 보장되었던 농민의 지위를 잃어버리고 생활자체가 불안정한 임금생활자로 전락하게 되었다.

둘째, 공업도시의 생활은 이전의 농촌생활과는 판이하여 급격한 생활환경의 변화를 강요하였다.

셋째, 공장에서의 작업은 자신의 페이스에 따른 노동을 허용하지 않으며 기계의 속도에 자신을 맞추어야만 한다.

따라서 경제생활의 기반이 된 공장의 기계에 반감을 가지게 되고, 많은 공장에서 기계파괴운동이 속출하게 되었다. 산업화 초기에 공장에서 일하는 임금노동자의 노동조건은 상상할 수 없을 정도로 열악하여 노동자들은 노동력을 유지할 수도 없는 상황에 부딪치게 되었다. 이러한 것들이 산업사회의 노동문제를 초래하는 근본적인 동인이 되었던 것이다.

2. 산업사회의 특성과 과제

산업화의 진전에 따라 임금노동이 형성되었으며, 각 산업부문간 취업구조가 변화한다. 산업화의 과정은 모든 국가에 동일하게 진행된 것이 아니며, 국가별로 상이한 경제적 · 정치적 · 사회적 특성과 문제를 제기하고 있다. 그럼에도 경제적인 측면에 국한하여 본다면 산업화 과정이 유사성 때문에 산업화된 국가의 노동문제는 대체적으로 유사한 양상을 보인다.

1) 고용형태

산업화된 사회에서는 노동력들이 대부분 제조업 · 건축업 · 공공사업 및 정부기관에 고용된다. 농업에 종사하는 인구는 점차 감소하고 상업종사자들이 급격히 증가하지만 대규모 유통기구들이 소상인들을 점차 대체해 나간다. 산업화가 진전되면서 사회적 분업이 확산되어 고도로 전문화되고 다양한 직종들이 나타나며 상당한 기술과 지식을 요구하는 직종들이 많아진다.

직종은 사무직, 기술직, 전문직 등이며 화이트칼라가 블루칼라를 차지하는 비중보다 현저하게 증가한다. 이런 현상은 다른 산업화된 모든 국가에서 동일하게 나타나고 있다.

2) 총생산량과 국민소득

대규모적인 자본집약적인 생산단위들은 노동자 1인당 생산량을 현저히 증가시켰다. 따라서 노동자들의 실질임금과 생활수준은 향상되었다. 우리나라 경우 1인당 GNP가 1960년 58$, 1976년 765$, 1995년 10,076$이었다. 산업화가 빨랐던 미국이나 일본은 1995년 27,516$와 40,895$로써 우리나라보다 2-4배가 높았다.

1995년부터 경제성장의 중심 지표로써 GDP[6)]를 사용하고 있는데 2018년 현재 세계 1인당 GDP순위를 보면, 1위 룩셈부르크 12만 61$, 스위스 8만 6,835$, 3위 아이슬란드 8만 4,675$, 4위 노르웨이 8만 2,711$, 5위 아일랜드 8만 641$, 8위 미국 6만 2,152$, 23위 일본 4만 849$, 27위 대한민국 3만 2,775$ 순이다.

그리고 국민소득이 증가하면 필연적으로 분배문제가 대두된다. 즉 자본을 제공한 측과 노동을 제공한 측과의 분배의 몫을 어느 정도로 나눌 것이며, 고용되어 노동을 제공한 노동자들 사이에서도 직종이나 계층에 따라 어느 정도의 차이를 둘 것인가 등의 문제가 제기된다.

3) 고용자들의 종속적 지위

자영농민이나 직인들이 임금노동자가 된다는 것은 과거의 신분 예속적인 상태에 해

6) GDP : Gross Domestic Product의 약자. 국내총생산을 의미. 국내에서 외국자본으로 생산된 재화나 서비스도 그 나라 GDP에 속하게 됨(자국민이 국내에서 벌이들인 소득+외국인이 국내에서 벌어들인 소득). 한편, GNP : Gross National Product의 약자. 국민총생산을 의미. (자국인이 국내에서 벌어들인 소득+자국인이 해외에서 벌이들인 소득).

당된다는 것을 의미한다. 즉, 봉건시대에는 사회적 신분이 고착되어 있어서 신분간의 이동이 힘들뿐만 아니라 신분 내에서도 직업선택의 자유가 없었다.

그러나 산업화가 진전되면서 신분간의 벽이 허물어졌고, 자유롭게 직장을 구할 수 있게 되었다. 그리고 생활수준을 높일 수 있었으며, 보다 좋은 직종으로의 이동이 가능하게 되었다. 그러나 이로 인하여 자영농민이나 직인들은 나름대로의 독립적인 지위를 상실하게 되었다. 농민들의 경우 수확에 따라 그럭저럭 생활을 꾸려갈 수 있었지만, 임금노동자로 전락하여 직장을 구하지 못할 경우 생계위협을 받게 된다. 그리고 임금소득자의 경우 작업에 있어 세부적인 부분까지 사용자측의 통제를 받게 된다. 노동자들은 작업시간, 작업의 성격, 사용할 원료와 장비, 작업속도, 생산의 목표량 및 질 등 세세한 부분까지 통제를 받게 된다. 그래서 노동자들은 작업에 있어 종속적 지위에 처하게 되는 것이다.

4) 통제와 제규정

고용자들의 종속적 지위는 노동자들에게만 해당되는 것이 아니라, 감독자들도 마찬가지다. 직장, 공장장, 부사장 등도 일정한 통제를 받게 된다. 심지어 주식회사에서는 대표이사도 주주들에 대해 책임을 져야 한다.

기업이 대규모화되면서 고용, 승진, 해고 등 인사관리를 비롯한 경영관리 전반을 규제하는 규칙들이 형성되고 기업은 이러한 규칙들에 의해 움직여진다. 노동자들은 감독자의 권위에 복종하는 한편, 제규정들을 준수해야 할 의무가 주어는 것이다.

5) 노동자의 항의와 조직화

회사의 규정들은 대부분 사용자에 의해 일방적으로 작성된 경우가 대부분이며, 그 내용도 상당히 조악하였다. 노동자들이 이 규정을 그대로 따른다는 것은 상당히 어려운 일이다. 따라서 노동자들의 자발적이고 개인적인 항의가 나타났다.

이러한 항의는 포기, 과격한 행동, 감독자에 대한 불복종, 직무태만 등의 형태로 나타났다. 또 수많은 노동자들이 파업 또는 폭동 등을 일으키기도 했다.

이러한 과정에서 노동자들은 단결하고 조직을 결성하기 시작하였으며, 이러한 방식에 의한 것이 보다 효과적이라는 사실도 깨닫게 되었다. 산업화 초기에 있어서 노동조합의 목표는 사회개혁이라는 정치적 행동과 공장 안에서의 노동자 이익을 보호하는데 있었다.

6) 불안정성과 이동성

산업사회는 변화를 특징으로 한다. 생산량, 공장의 위치, 기술에 대한 수요 등이 변할 뿐만 아니라 공장이 새로 설립되는 한편 사라지기도 한다. 이러한 변화는 기회의 범위를 넓혀서 생산성과 소득의 향상을 가져온다. 일반적으로 새로운 공장이나 산업은 과거의 공장이나 산업에 비해 훨씬 효율적이고 생산적인 직업과 임금을 제공하게 된다.

이러한 변화는 개인적으로 불안정성을 유발하기도 한다. 공장이 도산되고 폐쇄되고, 과거 제품들이 진부화 되며, 기술의 변화로 인해 기존의 직업들이 사라짐에 따라 개인적으로는 실업이나 취업의 곤란함을 겪게 될 수 있기 때문이다.

새로운 지역으로의 공장이 이동하면, 새로운 일자리를 찾아 인구가 이동하여야 하며, 자녀들의 교육이나 생활에의 적응이라는 문제를 야기하기도 한다.

7) 노동시장의 등장

노예사회나 봉건사회에서의 노동자들은 스스로는 이동이 자유를 갖지 못했다. 주인이나 영주의 지시에 의해서만 이동이 가능했다. 그러나 산업사회에서는 노동자들은 스스로 자유롭게 직장을 선택하는 한편, 기업들도 자유롭게 노동자들을 채용하는 것이 일반적인 법칙이다.

기업이 노동자들을 모집하는 중요한 수단은 임금이며, 노동자들도 임금을 비롯한 여러 가지 정보를 분석하고 수집하여 직장을 선택하게 된다. 이렇게 기업과 노동자들을 연결하는 중요한 수단인 임금은 대체적으로 노동력의 수요와 공급의 상황에 따라 영향을 받게 된다.

노동시장은 노동력의 수요와 공급이 만나 임금을 결정하는 곳으로서 현대 산업사회에서 노동의 이동은 바로 노동시장을 통해 이루어지게 된다.

3. 산업사회에서의 노동문제

1) 노동수요의 적정선 유지

노동수용의 적정선을 유지한다는 것은 일하고자 하는 노동자들을 모두 고용할 수 있는 노동수요를 창출하고 유지한다는 것을 의미한다. 자발적으로 일하기를 포기하거나 직장 선택을 포기한 사람들을 제외한 노동자들에게 일을 할 수 있는 기회를 부여한다는 것이다.

자본주의 경제체제 하에서는 경제 불황이 가끔 발생한다. 이런 경우 국민총생산이 크게 감소하여 노동자의 소득이 감소하고 새로운 투자가 이루어지지 않아 신규고용은 물론 직장에서의 승진기회가 감소하여 생활수준이 하락하게 된다. 더욱 심각한 것은 실업의 위협에 직면할 수도 있다. 완전고용의 수준이 구체적으로 어느 정도의 실업률을 말하는 것인가? 고용수준의 목표가 높으면 높을수록 물가상승의 압력은 커지게 마련이다.

실업과 물가상승의 위협 중 어느 것을 더욱 경계해야 하는가에 대해서는 이해관계자들의 합의를 도출하기가 쉽지 않다. 노동자의 지도자들은 일차적으로 실업의 위협을 보다 경계하는 데 반해, 연금수령자들은 물가상승의 위협을 보다 심각하게 받아들일 가능성이 높기 때문이다.

2) 효율적인 노동시장의 개발

산업사회를 움직이는 기본적인 메커니즘은 시장이다. 시장경제가 원활하게 움직이기 위해서는 ① 노동자의 직업선택의 자유, ② 소비자의 제품선택의 자유, ③ 기업가의 경제행위의 자유가 완전히 보장되어야 한다.

현실적으로 노동시장은 상품시장에 비해 비효율적이다. 노동시장에서 노동자들은 현실적으로 ① 무지와 ② 불확실한 정보와 ③ 불안정한 상태에서 자신들의 노동을 팔고, 또 노동시장에서의 정보의 불충분 등으로 노동력의 구매자인 사용자들도 원하는 우수한 노동력을 확보하기가 쉽지 않다. 이러한 문제를 해결하기 위해서 노동력의 수요와 공급을 적절하게 연결시켜 줄 수 있는 효율적인 노동시장의 개발이 가장 중요하다. 따라서 정부는 고용알선 업무를 확대하고 개선하여 노동시장의 효율성을 증진시키고자 노력해야 한다.

3) 훈련 · 조직 · 동기부여

효율적인 노동시장은 노동수요에 따라 산업과 공장 그리고 지역간에 노동력을 적절하게 배분해 주는 기능을 수행할 수 있다. 유입된 노동력이 하나의 작업팀을 구성하여 효율적으로 생산 활동을 수행하기 위해서는 훈련, 조직, 감독 및 동기부여가 필요하다.

제3절 노동운동의 전개

1. 노동운동의 의미

노동운동의 발생자체는 노동행위 자체가 인간 삶의 행위의 연장이기 때문에 인간 발전의 자연현상으로 받아들일 수도 있다. 따라서 본 절에서는 노동운동 자체의 의미를 먼저 규명해 보고 노동운동의 발생 자체를 일반적 측면과 한국적 특수상황으로 구분하여 논의해 보기로 한다.

노동운동의 변천을 연구함에 있어 먼저 제기되는 문제는 노동운동이 무엇이냐 하는 문제다. 통상적으로 노동운동이란 노동자들이 전개하는 하나의 사회운동이라고 간단하게 대답할 수도 있지만 사실의 측면에서는 그렇지 않다. 이러한 노동운동과 관련하여 보면 인간은 노동을 하면서 스스로의 삶을 꾸려 감을 알 수 있다. 다양한 논의와 함께 노동운동의 발생과 발전에 관하여 보면 노동운동도 하나의 사회발전 운동임을 알 수 있다.

노동자란 광의에서는 노동을 하는 사람을 지칭하는 단어이지만, 그렇다고 노동을 하는 모든 사람을 노동자라고 하지는 않는다. 역사적으로 형성된 일정한 조건하에서 일하는 특정한 사람들을 지칭하는 단어이다. 그러면 역사적으로 일정한 조건이란 무엇인가? 토지에 대한 소유가 성립하기 이전의 옛날에는 사람들이 산이나 들에서 잎과 열매를 따고 짐승을 잡고 하는 데에 아무런 제약이 없었다. 오직 자기가 힘들여 일한 결과로 자기 생활의 필요를 충족시키면 족했던 것이다. 그러나 토지가 어떤 사람에 의해서 배타적으로 소유되게 되면서부터 한 사회는 토지를 소유한 사람과 그렇지 못한 사람의 두 부류의 사람들이 있게 되었으며, 토지를 갖지 못한 사람은 매여서 살 수 밖에 없었는데 그 매인 모습에 따라 노예의 형태를 띤다. 그런데 이들 노예나 농노가 주인에게 매인 모습의 공통점은 그들이 모두 신분적으로 자유롭지 못했다는 점이다. 이러한 주장의 본질적 의미는 사회자체가 자본주의화 되면서 노동자들이 노동력을 자본가들에게 팔면서 불리한 위치에 있는 노동자들이 자신들의 사회 경제적 위치를 변화시키려는 움직임으로써 노동운동이 발전하였다고 보고 있다.

이러한 관점과는 달리 자본주의적 생산의 발전과정에서 보면, 자본주의적 생산의 발전과 자본의 축적과정은 생산과 노동의 사회화를 촉진시키게 되고, 이와 더불어 노동자의 수를 증대시키게 되며, 또한 사회적 빈곤을 축적하게 됨으로써 노동자계급의 조직적 결집의 계기와 조건을 발전시키게 된다. 즉 자본축적에 의한 노동의 사회화는 노동자 집단에 대한 빈곤, 억압, 예속, 타락, 지배를 심화시키게 되고 다른 한편에서는 부단히 팽창하면서 자본주의적 생산과정의 기구에 의해 훈련되고 결합되고 조직된 노동자계급의 저항도 또한 증대되게 되었다.

이와 같은 사실에 기초하여 노동운동은 자본주의적 생산의 발전이 귀결 지운 객관적 조건들을 토대로 하여 자본가 집단에 대한 노동자 집단의 제반 투쟁을 통해서 발전하게 되었다고 본다. 이와 같은 주장의 연장선에서 노동운동의 발전에 대한 이론적 접근에 있어서는 자본주의적 생산의 발전과 노동운동 발전과정과의 상호관련성에 대한 해명이 가장 우선적인 과제가 될 것이며, 여기에 있어서는 노동의 사회화와 노동운동의 필연성에 대한 분석이 중심적인 대상으로 되어야 할 것이다. 그러나 노동운동의 발전이라는 것 자체는 하나의 역사적 발전 혹은 진행과정에 해당하며, 한국 사회의 성장 및 발전의 법칙에 종결될 수밖에 없다. 즉 이런 현실 속에서 자본주의적 생산과 노동운동의 상호 관련적인 발전은 하나의 역사적 과정이며 동시에 복잡하고 다면적인 요인들에 의해 규정되는 과정이라고 할 수 있겠다.

현대자본주의적 구체적 조건하에서의 노동운동의 합법적 발전을 어떠한 시각에서 그리고 어떠한 접근방식에 의해 파악할 것인가가 또한 중요한 분석대상의 하나가 된다. 이에 관한 문제제기의 의미는 노동발전의 현재 상황에 대한 올바른 인식과 현대의 노동자계급을 둘러싼 이론적 문제들에 대한 해명이 노동운동의 문제에서 선행되어야 한다고 할 수 있다.

다음은 노동운동의 의미 자체를 산업민주주의에서 기원에서 찾고 있는 입장이다. 하이만(R. Himan)은 노동운동 자체를 낙관적 전통과 비관적 전통의 두 가지 측면에서 보고 있는데[7] 그는 공산주의자인 엥겔스의 노동자들은 실제로 동료 제조업자들과 경쟁을 해야 하기 때문에 임금을 인하할 수밖에 없고, 임금은 이내 최저수준까지 떨어지게 된다. 그러나 제조업자 상호간의 이러한 경쟁은 평균적 조건 하에서는 노동자들의 저항에 의해서 다수 제약을 받는다는 주장을 인용하여, 노동자들의 결속이 운동을 통해서 자본주의 자체를 근본적으로 타격을 가할 것으로 보았다. 이는 노동운동에 대한 긍정적 접근이다.

7) R. Himan, 이홍승 역, 『노동운동의 이론』, 서울; 미래사, 1986, p. 15.

다음은 부정적 측면으로 막스와 엥겔스의 사망이후에도 계속된 노동운동과 자본주의사회의 발전에 따른 관점에서 미첼스(R.W.E. Michels)는 노동조합을 직접 민주주의 원칙에 입각하여 운영하는 것은 불가능하다고 하면서 단체교섭이나 동맹파업을 전개하기 위해서는 전문적인 경험과 지식을 겸비한 간부들이 지도하는 조직이 필요하다고 보았다. 그는 노조의 규모가 커지면 커질수록 관료적 지도력의 필요성은 더욱 증대하며, 과두지배의 철의 법칙이 존재한다며 부정적으로 보았다. 결국 노동운동 자체는 지배계층의 이데올로기에 종속 될 수밖에 없는 것으로 보았다.

2. 노동운동의 의의

노동운동(labor movement)이란 노동자가 노동자 조직을 결성하여 자신의 작업 조건을 유지하고 향상시키기 위하여 사용자 및 사용자 단체와 교섭, 투쟁활동을 전개하는 것을 말한다.

넓은 의미로 노동운동을 말할 때에는 노동조합운동, 협동조합운동, 공제조합운동 및 노동정당운동 등을 모두 포함한다고 볼 수 있다. 이중 협동조합운동은 노동자만의 특유한 운동이 아니다. 노동자나 독립된 군소 생산자가 유통과정에서의 상업자본, 고리대금의 중간착취를 배제하고 생산자와 소비자의 직접적 연결을 도모함으로써 스스로의 이익을 얻으려는 조직적인 운동이다.

공제조합운동은 질병, 상해, 양로, 사망, 실업 등과 같은 불시의 지출을 해결하기 위하여 노동자기금(labor fund)을 조성하거나 혹은 정부, 고용주 등의 보조금을 받아서 상호부조를 도모하는 조직 활동이다.

노동정당운동은 노동자의 인간다운 생활의 보장이 노동조합운동의 힘만으로는 달성하기 어렵기 때문에 노동자 정당을 조직하여 도움을 받으려는 운동이다.

그러나 좁은 의미의 노동운동은 노동조합운동만을 말한다. 노동조합운동은 노동자 특유의 조직운동이다. 자본주의 초기의 임금노동자는 처음에는 개별 자본가나 현장 노무관리자의 고립 분산적인 투쟁을 했다. 그 뒤 '부르주아' 민주주의 혁명에 의해 '부르주아'의 지배권이 확립되어 산업자본의 자유로운 발전이 촉진되면서 노동자의 생활이 위태롭게 파괴되자 이에 대한 자기방위의 투쟁 속에서 노동자의 공통 이해에 기반을 둔 투쟁조직으로 노동조합으로 조직하여 노동자 상호간의 경쟁 제한, 단결력으로 임금인상,

노동시간의 단축, 기타 노동조건의 개선을 쟁취하기 위한 운동으로 전개하게 된 것이다.

결국 노동운동이란 노동조합운동이 그 중심을 이루고 있는 것이 보통이다. 따라서 노동운동은 결국 노동조직 즉, 노동조합의 활동과 그 체계적 이해가 귀일 된다고 할 수 있으며 노동운동론이란 노동조합운동에 관한 설명논리라고 할 수 있겠다.

3. 노동운동의 기본적 성격과 변화

1) 노동운동의 기본적 성격

노동운동에는 다음과 같은 기본적인 성격과 내용이 포함된다.

첫째, 노동운동은 산업화과정에서 출현한 임금노동자가 조직적 활동을 통하여 더욱 효율적으로 노동문제를 개선하려는 운동이라고 볼 수 있다. 그러므로 산업화 이전에는 다만 개별종업원이 사용자에 대한 주종관계에서 불평과 불만이 있다 하더라도 노동조건을 개선하려는 운동을 전개할 수 없었던 것이다. 그러나 산업화가 되면서 산업자본가의 등장과 임금노동자의 형성을 보게 되었고, 임금노동자는 조직적인 활동을 통해서 노동조건의 개선을 주장할 수 있게 된 것이다.

둘째, 노동운동은 노동자의 단결을 통한 노동조합 결성과 확대를 위한 운동이다. 노동조합의 결성은 노동자의 지위를 주종관계에서 평등관계로 상향조정하는 힘을 가지고 있다. 노동조합조직은 일정한 지역이나 직장을 범위로 하는 것으로부터 전국을 범위로 하는 것에 이르기까지 그리고 특정한 인적 범위에 한정된 것으로부터 전국의 모든 노동자를 포함한 것에 이르기까지 여러 가지 형태가 있다. 그러나 일반적으로 노동조합 조직은 좁은 범위로부터 광범위하고 전국적인 규모에로 확장되는 운동이 전개되었다. 이와 같이 노동자의 조직력 즉, 노동조합의 힘이 강하여지게 되면 사용자 및 경영자는 노동조합에 상호 의존성을 갖게 되고, 노동자는 보다 유리한 입장에서 노동문제를 협상, 결정할 수 있다.

셋째, 노동운동은 노동자 조직이 임금 기타 노동조건의 유지 및 향상을 위하여 단체교섭, 투쟁무기(파업, picketing, boycott 등)의 사용, 기타 투쟁활동을 전개하는 것이다.

여기에 임금 기타 노동조건이란 임금노동자의 노동력 제공에 대한 반대급부인 보상과 노동시간 휴식시간 · 휴일 · 근무시간외 근무 · 복지후생 등 노동관련 제 조건을 말한다. 노동자가 최소한도의 인간다운 문화생활을 영위하기 위하여서는 이들 노동조건이 잘

보장되어야 한다. 원래 노동운동은 이들 노동조건이 열악하고 불리한 조건에서 노동자들이 가혹한 착취의 대상이 되었기 때문에 제기된 것이다. 오늘날과 같이 산업민주화 사회에서는 사용자나 경영자 측에서도 이들 노동자와 조합 측에서 요구하는 노동조건을 합리적인 선에서 타결하고 공존 공영할 수 있는 산업평화가 유지되는 가운데서 적정이윤확보를 도모하는 것이 바람직하다고 할 수 있다.

노동운동에서 중요한 것은 단체교섭이다. 이는 노사 쌍방 단체의 대표가 교섭사항을 놓고 민주적으로 협상하는 활동을 말한다. 이 단체교섭이야말로 노동자에게 산업민주주의 실현에의 길을 터주는 중요한 교섭절차이다. 만약에 이 절차에 의하여 원만한 타결이 이루어지지 못할 때에는 파업, 피케팅, 보이콧 등의 경제무기를 활용하게 된다.

이와 같은 극단적인 경우에까지 이르게 되면 노사 쌍방 어느 쪽이나 모두 불리한 손실을 입게 되기 때문에 가급적이면 협상테이블에서 타결을 보는 것이 바람직한 일이다. 그 밖에도 노동 정당에 노동조합의 대표를 진출시켜 노동자를 위한 입법 활동을 전개하는 운동도 한다. 이러한 정치활동이 활발하여 지면 노동정당이 집권을 하는 경우도 흔히 볼 수 있다.

2) 노동운동의 성격변화

자본주의가 형성되는 과정에서 인간의 노동이 지배와 복종 혹은 고용의 관계가 되었다. 이 때문에 노동운동 자체는 처음부터 자본주의와 자본가에 대한 노동자의 저항이라는 의미로 출발하였다. 그렇다면 그것의 구체적 성격의 문제는 어떻게 규정할 수 있는가가 문제로 부각될 수밖에 없다.

노동운동에 대한 성격을 규명하다 보면, 크게 노동운동의 배가를 위한 조합주의 그리고 자본주의의 문제점을 지적하는 측면 그리고 노동자가 권력과 부의 중심 축 역할을 수행하는 사회주의적 노동운동으로 정의할 수 있다. 그렇다면 이를 좀 더 자세히 설명해 보면 그 내용은 다음과 같다.

첫째는 조합주의적인 성격의 노동운동이다. 조합주의적 노동운동이란 노동자들이 단결된 힘으로 여러 가지 집단적 행동을 취하면 생산수단에 대한 자본가적 사적 소유를 인정한 조건 하에서도 노동자들의 불이익을 시정할 수 있다는 생각에 기초한 노동운동을 말한다.

그러나 조합주의적 노동운동이 노동자들을 위해 어느 정도 유익한 역할을 하고 또 노동조건의 결정을 쌍방의 합의에 의해서 결정하는 것으로 보게 한다고 해서, 그것이 노동자들의 모든 불이익을 제거하는 것이라고 볼 수는 없다. 비록 일반상품이 당사자의 합의에 의해 매매나 교환이 되었다 하더라도 그것이 쌍방을 모두 만족시킬 수 있는 공정한 거래가 아닌 경우가 있을 수 있다. 따라서 조합주의적 노동운동이란 노동자들이 노동조합을 중심으로 굳게 단결하기만 하면 노동력 상품의 거래조건은 노동자에게 유리하게 이루어질 수 있다는 생각이다. 그렇게 되면 노동자들이 생산수단을 소유하지 못한 데서 초래되는 불이익은 거의 해결될 수 있다는 신념에 기초한 논리다. 그러나 이러한 문제 역시 경제 전체가 위기에 처할 때, 노동자가 주장하는 모든 문제를 해결할 수 있는 수단이 아니라는 한계점을 내포하게 된다.

둘째는 수정자본주의적 성격의 노동운동이다. 수정자본주의적 노동운동이란 자본주의 사회에서 자기의 노동력 이외에는 아무런 생산수단도 소유하지 못한 임금노동자들이 노동조합을 결성하여 단결된 힘으로 자신의 노동 가치를 상승시키는데 기여하고자 하는 성격을 가지고 있다. 그러나 수정자본주의적 방식만으로는 노동자들의 문제가 완전히 해결될 수 없다는 시각에서부터 출발한 노동운동이 수정자본주의하의 노동운동이다.

실제로 자본주의사회가 가지고 있는 생산수단에 대한 사적 소유제도 자체를 부인하거나 변혁하려는 것이 아닌 과도기의 상태가 수정자본주의하의 노동운동이다. 즉, 자본가에 의한 생산수단의 사유를 인정하나 재산권의 행사에 있어서 자본가의 자유를 무제한 방임할 것이 아니라 어떤 형태로 그것을 제한하는 것이 불가피하다고 생각하는 것이다.

협의의 노동조합주의에 의하면, 노동조건이 결정되는 것은 노동력 상품에 대한 판매자와 구매자간의 쌍무계약에 의하는 것으로, 노동자들이 단결해서 거래에 임하기만 하면, 노동력 상품의 매매는 공정하게 이루어지며 노동자들의 피해는 최소화할 수 있다고 보는 견해이다.

결과적으로 노동자 보호적 입법을 추구하는 수정자본주의적 노동운동이란 노동조합이 단결된 힘으로 국가 입법기관에 압력을 가하여 국가로 하여금 노동력 상품의 거래과정에서 사회경제적으로 약자의 처지에 있는 노동자를 보호케 함으로써 노동자와 사용자의 상방이 대등한 처지에서 거래를 할 수 있도록 보호해 주려는 노동운동을 의미한다.

셋째는 사회주의적 노동운동이다. 실질적 측면에서 볼 때에는 공산주의적 시각에서 본 평소 견해와 다른 노동운동이다.

우리나라의 노동운동 자체는 일제 제국주의에 저항하는 수단과 논리를 바탕으로 발전한 관계로 처음부터 공산주의적 형태를 보였던 것이 사실이다. 조합주의적 노동운동이나 수정자본주의적 노동운동은 그것이 모두 자본주의 체제의 기초가 되고 있는 생산수단에 대한 사적소유 제도를 긍정하면서, 노동자들의 사회 경제적 지위를 향상시키려는 공통성을 가지고 있다. 이에 반하여 사회주의적 노동운동이란 자본주의 체제에 부정적이다. 즉, 사회주의란 생산수단의 자본가적 소유를 부인하고, 이것을 사회화해야 한다고 주장하는 것이다. 따라서 사회주의적 노동운동은 생산수단을 소유하지 못한 노동자들의 문제는 그 생산수단의 사적 소유를 폐지하고 사회적 공유를 실시해야만 그것이 근본적으로 해결된다고 보는 것이다. 즉, 생산 활동의 주체인 노동자가 제반 경제생활을 중심으로 하는 사회생활의 주체가 되어야 한다는 의미이다.

결국 노동운동이란 자기의 노동력 이외에는 아무런 생산수단도 갖지 못한 노동자들이 노동조건을 개선유지 하거나, 생산수단의 소유나 관리에 참여를 실현함으로써 생산수단을 소유하지 못한 데서 초래되는 불이익을 제거하고 모든 노동자들의 삶의 기본조건을 충족시키려는 제반 과정이다. 이러한 계급투쟁 지향의 노동운동은 흔히 경제전쟁의 시기라 불리어지는 세계화 시대의 한국사회 노동운동에서 강력하게 나타나고 있으며 한국 경제발전의 장애로 작용하고 있다.

제4절 한국의 노동운동

우리나라 중소·영세기업의 대다수 노동자들은 최저생계비에도 미달하는 저임금, 정상적인 생활을 불가능하게 하는 장시간노동, 열악한 노동조건하의 높은 산업재해발생률 그리고 노동3권의 제약 등으로 특징 되는 노동관계 속에서 살아 왔다.

이러한 노동관계의 현실은 그 동안 한국자본주의의 발전과정에서 구조적으로 확대재생산되어 온 것이지만, 그것은 필연적으로 자신들에게 부정적인 현실을 극복하기 위한 노동자들의 주체적 대응을 불러 일으켜왔다. 임금인상, 노동시간 단축, 노동조건 개선, 노동법의 개정 및 노동3권의 완전한 보장 등을 목표로 하는 노동자들의 지속적인 투쟁이 바로 그것이다.

그런데 그 동안의 노동자들의 주체적 대응은 경제적인 측면에서 부분적으로 약간의 생활개선을 가능케 했을 뿐 노동자계급 전체의 사회경제적 지위를 근본적으로 향상시키는 것으로 발전되지는 못하였다. 그러면 그 원인은 어디에 있었던가? 유감스럽게도

이 문제는 아직 이론적 · 실천적으로 철저히 해명되고 있지 못한 것 같다. 구체적인 원인 규명이 철저히 진행되지 않은 상태에서 제시되는 이론적 지침과 실천적 대응방향은 혼란만 가중시킬 뿐이라는 것은 두말할 필요도 없다. '무엇이 존재 하는가', '어떻게 해야 하는가'를 알기 위해서는 먼저 '무엇이 존재 하는가', '어떻게 존재 하는가'를 알 필요가 있다.

이와 같이 볼 때, 자신들에게 부정적인 노동관계 현실을 극복하기 위한 노동자들의 주체적 대응방향은 지금까지의 주체적 대응의 성공과 실패의 역사에 대한 철저한 반성의 기초 위에서 주어질 수 있다. 그런데 이런 의미에서의 노동자들의 주체적 대응은 당연히 노동자들의 계급으로서의 형성이 전제되지 않을 수 없다. 그리고 그 주체적 대응의 역량은 자본운동에 의해 규정되는 노동자계급의 양적 · 질적 성장과 그 내부구성의 변화에 의존한다.

노동자계급의 형성과 그 내부구성의 변화를 고찰하는 의의는 바로 그들의 주체적 대응 방식과 그 역량을 분석하고 금후의 주체적 대응방향과 그 역량의 증대방안을 탐구하는데 있다.

따라서 본 장에서는 이러한 관점에서 한국에서의 노동자계급의 형성과정과 한국노동운동의 전개과정 및 향후 노동운동의 발전을 위한 과제와 전망에 대하여 고찰해 보고자 한다.

1. 식민지하의 노동자계급의 창출과 형성

노동자계급은 생산자와 생산수단의 역사적 분리과정인 자본의 본원적 축적에 의해 창출된다. 본원적 축적과정 혹은 노동자계급의 창출과정은 논리적으로도 역사적으로도 직접적 생산자가 일체의 생산수단으로부터 분리되는 과정 곧 무산자의 창출과, 생산수단과 노동력의 자본과 임금 노동력에로의 전환 곧 자본주의적 경영의 출현이라는 두 개의 국면으로 이루어진다. 전자는 노동자계급 창출의 필요조건, 후자는 그 충분조건이라 할 수 있다.

그러면 한국의 노동자계급은 어떻게 창출되었는가? 한국에서의 근대적 임금노동자의 창출의 기원은 이조후기 봉건적 토지소유의 혼란과 농민층 내부의 계층분화의 심화, 그리고 봉건적 신분제도의 해체라는 일련의 과정 속에서 출현한 자본주의 맹아와 발전에서 찾을 수 있다.

이조후기 임금노동은 농업에서는 고공(머슴살이), 광업에서는 금점군・은점군・동점군, 그리고 수공업에서는 모작 혹은 모작배의 형태로 존재하였다. 그러나 이조후기(18C 후반)에서 개항 전까지의 임금노동자의 일반적 성격은 '반농 반노'의 형태를 취하고 노동조직 내에는 항상 봉건적 계층질서가 반영되고 있었다. 따라서 개항 전까지의 임금노동자는 일반적으로 생산수단으로부터 완전히 분리되고 봉건적 여러 속박으로부터 자유로운, 이른바 이중의 의미에서의 자유로운 근대적 임금노동자라고 보기 어렵다.

한국에서 근대적 임금노동자계급의 출현을 이야기할 수 있는 것은 개항 후부터라 할 수 있다. 한국이 외국자본주의의 침입에 의해 반식민지로 전락되어 간 개항기(1876–1910)에는 무역업과 교통업을 비롯한 상업이 활발하게 발전하였고, 비록 메뉴펙처 단계에 있었지만 자본주의적 공장이 다수 설립되었는데, 이에 따라 부두노동자와 철도노동자를 중심으로 한 임금노동자의 수가 급격히 증가하였고, 공장노동자도 다소 출현하였다.

그러나 이 시기까지는 근대적 임금노동자의 비중은 아직 극히 미약하여 무시할 만한 정도였다. 즉, 이 시기까지는 직접적 생산자의 대부분이 봉건적인 지주–소작관계 하에 생산수단이 토지에 국한되어 있었고, 봉건적인 제 속박에 구속당하고 있었다. 따라서 노동자계급 창출의 필요조건인 무산자의 창출은 극히 부분적으로 완만하게 진행되는 현상에 불과하였고, 그 충분조건인 자본주의적 경영의 출현은 훨씬 더 미약하였다.

한국에서 직접적 생산자가 생산수단으로부터 분리되는 결정적 계기를 마련해 준 것은 일제의 식민지로 전락된 직후 실시된 토지조사사업이었다. 일본제국주의가 식민지지배의 물질적 토대를 구축하기 위해 실시한 1910–1918년의 토지조사사업은 기본적으로 직접적 생산자인 농민을 토지점유권으로부터 폭력적으로 분리시키고, 그들을 반봉건적인 지주–소작관계 하에 소작농으로 재편성시키는 과정이었다. 이러한 토지조사사업은 토지의 상품화를 합법화한 사적 토지소유권의 법인에 의해 반봉건적 토지소유를 전면적으로 확립함으로써 농민층 분화가 본격적으로 전개될 수 있는 기반을 조성하였다.[8)]

토지조사사업은 그 자체가 결코 농민을 생산수단인 토지로부터 완전히 분리시킨 것도 아니고, 고전적 농민층 분해의 기점을 이루는 분할지 소유를 확립시킨 것도 아니다. 그러나 그것은 반봉건적 토지소유제도하의 고율 소작료에 의한 가혹한 소작농 수탈, 토지상품화의 합법화에 의한 토지집중의 가속화에 따른 소작농의 증대를 통해 전체 한

8) 朴文圭, 「農村社會分化の起點としての土地調査事業に就じて」, 경성제대법문학회, 『조선사회경제사 연구』, 1933 참조.

국농민을 계급적으로 몰락시킨 계기가 되었다.

토지조사사업에 의해 반봉건적 영세농 및 소작농으로 재편성된 농민은 그 후 일본 독점자본의 압력 하에 반무산자화 혹은 무산자화 되어 갔다. 즉, 일본 독점자본의 상품의 농촌침입에 의한 농촌 가내수공업의 파괴 및 농촌경제의 화폐경제화, 은행자본 · 고리대자본 · 상업자본의 농민수탈, 그리고 조세제도 · 전매제도 · 수리조합 등에 의한 농민수탈로 인하여 광범한 자작농 및 자작 겸 소작농이 몰락하여 반무산자화 내지 무산자화 되고, 그에 따라 무산자인 소작농은 급격히 증가하고 아울러 농업 노동자와 이촌 농민도 크게 증가하였다.

이와 같이 한국에서는 노동자계급 창출의 필요조건이 직접적 생산자의 생산수단으로부터의 역사적 분리과정이 식민지적 상황 속에서 소작농 및 영세자작농의 반무산자화 내지 무산자화라는 형태로 진행되었다. 반무산자화한 영세자작농은 일편의 토지를 소유하고 있었지만 그 자체가 '자본을 위한 예농'으로서 조건만 주어지면 언제라도 임금노동자화 될 수 있는 존재였다.

실제 당시 이들 중 상당부분은 임금노동자로서 토목 · 건설업에 계절적으로 취업하는 반농 반노의 반프로적인 농민군이었다. 그리고 완전 무산자화한 농민은 대부분 농촌에서 소작농 혹은 농업노동자로 체류하였지만 그 상당부분은 유리걸식하며 방랑하거나 일본 · 만주 등지의 국외로 이주하였으며, 일부는 광산 혹은 도시로 유출하여 광산노동자, 부두노동자, 토목 · 건설노동자, 서비스노동자, 공장노동자 등으로 임금 노동자화 되었다.

식민지 공업화가 본격적으로 전개된 1930연대에 들어오면, 이들 반무산자화 혹은 무산자화한 농민대중이 대량으로 도시에 유출하여 노동자계급으로 전화된다. 1906년 이후 자본주의적 공업의 본격적 설립에 의해 노동자계급이 독자적 계급으로서 형성됨에 따라 근대적 노동조합이 출현하고, 독자적인 계급적 요구를 가지는 노동쟁의를 중심으로 한 노동운동이 등장하게 된다. 1910년대까지의 노동운동은 아직 극히 소규모적이고 자연발생적인 성격이 강하며 운동역량이 극히 미약하였다.

그러나 한국의 노동자계급은 3 · 1운동을 통해 정치적으로 크게 각성하게 되고, 1920연대 후반에 들어와 노동운동은 크게 앙양된다. 3 · 1운동을 통한 노동자계급의 정치적 각성, 1920연대의 산업의 일정한 발전에 따른 노동자계급의 양적 성장, 일본 독점자본의 초과착취에 의한 노동자계급의 절대적 · 상대적 궁핍화, 사회주의적 정당의 설립, 그리고 마르크스-레닌주의에 기초한 국제노동운동의 영향 등에 의해 이 시기의 노동운동은 그 이전 시기보다 조직성·격렬성·지속성이 훨씬 강했고, 더욱이 반일 민족해방운동의 일환으로서 전개되는 양상을 두드러지게 나타내었다.

이 시기에 들어와 결성된 노동계몽 운동은 노동자계급의 질적 성장과 노동운동의 발전에 일정한 기여를 하였다. 이러한 1920년대 후반의 조직적 노동운동을 통해 한국 노동자계급은 바야흐로 반제·반자의 변혁주체로서 자신을 형성해가기 시작했다.

1930연대의 급속한 공업화의 진전에 따른 노동자계급의 급격한 양적 성장으로 노동운동은 폭력적인 파업투쟁을 통한 비합법적 정치투쟁으로 새로운 방향전환을 하게 된다. 우선 1930연대 전반기의 노동운동의 방향전환은 "원산 총파업을 통한 자각적 경험과 1928년의 코민테른 12월 테에제, 1930년 9월의 이른바 푸로핀테른(Profintern) 테에제, 1931년의 태평양노조 10월 통신" 등의 지침이 크게 작용하였다.

합법적 노동조직이 존재할 여지가 없었던 이 시기에 있어서 노동운동가들은 국내외의 사회주의운동의 영향 하에 비합법적 좌익 적색 노동조합운동이 주류를 형성하게 되고, 일부는 항일 무장투쟁으로 발전하기도 하였다. 1930연대 후반 중·일 전쟁 발발 이후에는 일제의 혹독한 군사 파쇼적 탄압 하에 조직적 노동운동이 크게 어려웠지만 노동자들은 파업, 직장이탈, 태업, 폭행, 파괴행위 등 갖가지 방법으로 투쟁을 계속하였다.

이와 같이 1930연대에 들어와 한국의 노동운동은 혁명적 노동조합운동으로 발전하였고, 노동자계급은 반제·반자의 변혁주체로서 뚜렷이 자기형성을 하였으며, 그 주체적 역량이 그전보다 크게 증대되었다. 그러나 일제말기까지의 한국 노동자계급의 주체적 역량은 아직 민족모순과 계급모순을 해결할 만큼 충분히 성숙되지 못했다. 그럼에도 불구하고 한국 노동운동의 응축된 역량은 일제가 패망한 8·15해방을 맞아 전면에 표출되면서 현대 한국노동운동의 역사적 갈림길로 되었던 미군정기 노동운동으로 연결된다.

2. 해방 이후의 한국노동운동의 전개과정

1) 해방 후~1960년까지의 노동운동

1945년 10월 30일 군정법령 제19호 국가긴급사태선언에서 노동조합의 결성을 보장하고 파업·태업 그리고 직장폐쇄 등의 쟁의행위를 허용하였다. 그러자 일제하에서 강력한 탄압에 의해 잠복되었던 노동운동이 매우 활발하게 전개되기 시작했다. 1945년 11월 5일에는 좌익진영에 의해 '조선노동조합전국평의회'(전평)가 결성되었는데, 행동

강령은 주로 임금 및 노동조건에 관한 기본적 요구와 초보적인 민주화 조건에 관한 것이었다. 그리고 다소 한정적이긴 하지만, 일제와 친일파 소유기업의 공장위원회에 의한 보관·관리라는 사회주의적 요구를 포괄하는 것이었다. 그러나 전평 주도의 노동운동은 실제상 정치투쟁을 경제투쟁에 선행시켰으며 총파업을 통하여 정치적 목표를 실현하려 하였다.

전평의 조직이 확대되자 남로당의 전위로서 당시 노동대중을 선봉으로 삼는 전평의 세력을 타도하기 위해 새로운 노동운동체로서 미군정의 지원을 받아 관·공영·대사업장을 중심으로 민주진영에 의해 1946년 3월 10일 결성된 것이 바로 대한독립촉성노동총연맹(대한노총)이다.

대한노총의 행동강령은 '민주주의와 신민족주의'를 원칙으로 삼고, "혈한불석[9]으로 노자(勞資)간 친선을 기한다"는 노사협조주의와 건국에 헌신하기 위해 반공·反전평을 주된 내용으로 제시하였다.[10] 이와 같이 대한노총은 창립 당시부터 조직체계가 하향적이고 반공정치단체로서의 성격을 강하게 띠고 있었다.

이때 전평과 대한노총간의 치열한 싸움이 전개되는데 전평이 1946년 9월과 1947년 3월 두 차례의 총파업을 일으킴으로써 1947년 3월 미군정포고령에 의해 불법화되었으며 1949년 완전 해체될 때까지 지하로 잠입하고 말았다.

정부수립 이후 대한노총은 좌익운동세력을 종식시키고, 산업화과정과 더불어 본연의 노동운동 방향을 모색했어야 했지만, 불행하게도 6·25동란이란 국가의 비운으로 생산시설의 전면적 파괴와 1953년 휴전 이후에는 전후복구라는 경제사회의 어려운 시기 때문에 정상적 발전의 기회를 잃고 말았다.

이러한 불리한 여건에서도 노동3권이 우리나라 제헌헌법에 제정 된지 5년 만에 처음으로 노동조합법, 노동쟁의조정법, 노동위원회법(1953. 3. 8) 및 근로기준법(1953. 5. 10) 등이 제정됨으로써 외형적으로는 민주적이고 자유로운 노사관계 방식이 도입되었다. 그러나 당시의 정치·사회적 여건, 제도와 현실의 문화적 차이 및 노동조합의 계속적인 내부분열과 분규로 혼돈과 공전을 거듭하였다.

이러한 과정에서도 노동조합이 양적으로 크게 발전한 것은 사실이다. 우선 1947연 말 당시 조합 수 683개에 조합원 수 127,662명이었다. 이것이 1955년에는 조합 수 914개, 조합원수 321,097명으로 거의 3배로 증가하였으며, 노동쟁의 또한 해를 거듭

9) 혈한불석(血汗不惜) : 피와 땀을 아끼지 않는다는 뜻으로 최선의 노력을 경주한다는 의미임.
10) 한국노동조합총연맹, 「한국노동조합운동사」, 1979, p. 280.

할수록 증가하였는데 그 구체적인 실태는 다음과 같다.

〈표 2-1〉 노동쟁의 실태

년도	발생상황		쟁의원인별								쟁의유형별				
	발생건수	참가인원	총수	임금	근로시간	보건후생	감독자배척	해고반대	공장패쇄반대	기타	총수	동매파업	태업	직장폐쇄	기타
1945	9	2,271	9	9	–	–	–	–	–	–	9	2	1	–	6
1957	45	9,394	77	38	28	–	1	3	2	5	45	–	–	1	44
1958	41	10,031	41	21	–	–	–	13	–	7	41	2	–	–	39
1959	95	49,813	113	76	8	4	4	11	1	9	95	1	1	–	94
1960	227	64,335	256	127	6	2	10	33	4	14	227	44	2	1	180

자료: 「조선일보」, 1957. 3. 10; 보건사회부, 「보건사회통계년보」, 1962.

이 시기의 노동운동의 특징을 요약하면 다음과 같다.

첫째, 노동자 자신의 요구보다는 '전평'과의 이데올로기적 대결, 새 정부수립과 노동입법 등 외부적 정치 환경 조건이 노동운동의 이념 및 전략을 결정하는 타율적 발전 과정을 밟았다.

둘째, 독자적 이데올로기와 조직형태가 개발되지 못하고 당시 대한노총은 반공, 노사협조를 운동기조로 했고, 조합 형태는 주로 기업별 조합의 형태를 취하였다.

셋째, 조합민주주의와 같은 이념에 주목할 여유가 없었고 단지 노동입법에 따른 행정지배 하에 하향적 조직이 수행되었다.

넷째, 당시의 정치적 특수성으로 말미암아 반공, 노사협조를 하지 않는 노동운동은 허용되지 않았고 주로 단일 조직체제가 유지되었다.

다섯째, 경제적 교섭에 역점을 두지 않았고 근로조건은 단체협약보다는 취업규칙으로 결정되었다.

여섯째, 노동운동의 보수적 체질로 인해 노동운동이 나쁜 환경에도 쟁의건수는 비교적 한정되었다.[11)]

2) 1960년대의 노동운동

이 시기는 자유기업주의적인 정책이 경제개발계획을 통하여 '지도 받는 자본주의 체

11) 대한상공회의소, 「한국자본주의: 현상과 과제」, 1990, p. 321.

제'라는 이름 아래 정부주도형, 외자의존형, 저임금의존형, 국력배양형의 개발정책으로 전환된 시기로,[12] 고도성장을 이룩하여 경제규모 확대 및 산업구조 고도화를 기했지만 한국의 사회・경제에 유해한 충격을 던져줌으로써 노사관계는 새로운 시기를 맞게 되었다.

5・16혁명 직후 혁명포고령 제6호에 의해 해체되었던 노동단체가 8월 30일 어용간부의 배제와 파벌지양 및 전국단일산업별노조의 형성을 주요 내용으로 하는 임시조치법이 공포됨으로써 11개의 산업별 노동조합이 결성되었으며 현재의 한국노동조합총연맹(한국노총)이 조직되었다. 1963년 4월과 12월 두 차례에 걸쳐 노동조합법 및 노동위원회법이 개정되었는데 주요한 내용은 다음과 같다.

첫째, 기업별 노동조합에서 산업별 노동조합으로 전환하였다.

둘째, 노동조합의 설립 및 노동위원회의 결정에 국가가 개입할 수 있는 여지를 마련하였다.

셋째, 노동조합의 단체 활동을 제한하였다.

넷째, 노사협의제를 적극 권장하였다는 것 등이다.

이러한 규정은 노사협의제나 단체협약에 대한 제도적인 혼란을 주었고, 집단적인 노사관계에서 단체교섭을 제한하고자 하는데 의도가 있었던 것으로 사료된다.

1969년 12월 외자유치를 위해 외국인 투자기관에서의 노동조합의 설립과 활동을 제한하는 임시특례법이 제정되었고, 이로 인하여 외국인 투자기업체에서의 노동쟁의는 제약되었다. 1971년 12월 6일 국가비상사태의 선포와 함께 12월 27일 국가보위에 관한 특별조치법이 국회를 통과함으로써, 단체교섭과 단체행동권이 크게 제약됨으로써 사실상 합법적인 노동운동은 불가능하게 되었다.

결국 이 시기의 노동입법의 특징은 경제성장이라는 목표의 달성을 위해 노동조합 활동을 제약하고 정부가 노사관계 내지 노동문제에 적극 개입하였다는 점이다.

1960년대의 고도성장 속에서도 성장의 원동력이자 생산의 직접적인 주체인 근로자들의 근로조건은 매우 열악하였다. 예컨대 광공업의 평균 노동시간은 1969년을 기준으로 9.5시간이었지만 영세기업이나 중소기업의 경우에는 10-12시간이었고[13] 산업재해와 직업병도 해마다 증가하였다.

그리고 노동조합의 조직실태를 보면, 1963년 노동조합의 수가 1,820개, 조합원수

---

12) 임종철, "해방 후 한국의 공업발전,"「경제논집」, 서울대학교 경제연구소, 제14권, 제2호, 1975, pp. 1-21.

13) 김윤환, "한국경제의 근대화와 노동운동,"「노동문제논집」, 고려대 노동문제연구소, 제3집, 1972, p. 12.

224,420명에서 1965년 2,250개의 노동조합, 301,533명의 조합원 그리고 1971년 3,062개 노동조합, 497,000명의 조합원으로 늘어났다. 노사분규현황을 보면 1963년에 89건, 1966년 104건, 1968년 135건, 1971년 109건이 발생하였는데 50년대에 비하여 크게 증가하였음을 알 수 있다.

이러한 60년대의 노동운동의 특징을 요약하면 다음과 같다.

첫째, 정부의존적인 체질의 산업별 전국연맹체와 일선노동자 사이의 의견・이해대립이 생겨나 노동운동조직의 이중구조가 형성되기 시작하였다.

둘째, 정부의 기업우선적인 노사관계정책이 기업의 인사, 노무관리 합리화를 지연시킨 결과를 가져와 체불임금, 부당노동행위가 증대되는 경향을 빚었다.

셋째, 노사의 자율교섭보다는 노사협의회를 통한 산업평화의 유지와 단체교섭의 대행경향이 생겨났다.

넷째, 노동쟁의가 대량화・대형화되기 시작하였다는 것[14] 등이다.

3) 1970년대의 노동운동

이 시기에서는 노동운동의 구조적 모순이 표출되기 시작하였고, 닉슨 독트린를 비롯한 국제 정치경제 환경의 악화는 국민경제의 어려움을 더욱 부각시켰다. 그 결과 사회 전반에 걸친 국가통제가 강화되었으며, 특히 에너지 파동과 무리한 중화학공업육성책의 추진으로 인한 어려움과 국제경쟁력 등을 이유로 노동운동에 대한 통제는 그 정도가 더욱 심화되었다.[15]

1971년 12월 27일 공포된 '국가보위에 관한 특별조치법' 제9조는 노동조합의 핵심기능인 단체교섭권과 단체행동권을 완전히 규제하고 행정관청이 이들의 기능을 대행하도록 하였다.[16] 1973년과 1975년에는 노동조합법, 노동위원회법 등이 개정되었는데 노사협의회를 노동조합의 기능과 분리시켜 노사협조주의를 유도하여 평화적 노사관계의 정립을 모색하였다는 점이 특기할만한 일이다.

이 시기에 평균임금상승률은 9.6%로 국민총생산의 성장률을 약간 앞서 있으나 이것이 주로 성장산업의 고급인력을 중심으로 이루어져 왔기 때문에 산업, 학력 및 남・여 간

---

14) 대한상공회의소, 「한국자본주의: 현상과 과제」, 1990, p. 322.
15) 최장집, 「한국의 노동운동과 국가」. 열음사, 1988, pp. 180-184.
16) 옥원호, "산업민주주의의 시각에서 본 한국의 노동운동," 「노동복지연구」 경남대학교 노동복지연구소, 제6집, 1987, p. 13.

임금격차를 심화시킴으로써 계층간 임금격차의 합리적 유도가 정부의 정책이나 개별 기업의 경영관리 면에서도 보다 중요한 과제로 대두하게 되었다.[17)]

또 이시기의 산업재해의 발생을 보면, 1972년의 45,973건에서 1979년 128,457건으로 급증하고 있으며, 특히 제조업과 광업에서 이 비중이 전체의 68%를 차지하고 있다.[18)] 노동조합 활동이 상당히 제약을 받았음에도 불구하고 조합이 크게 신장되어 1972년 17개 산별노조, 430개 지부, 2,961분회, 조합원수 515,000명에서 1979년에는 17개 산별노조, 553지부, 4,392분회에 조합원 100만 명(1,097,209)을 돌파하였다. 그뿐만 아니라 노사분규도 계속 증가해 왔는데, 이슈별로 보면, 〈표 2-2〉에서 보는 바와 같이 임금관계가 전체의 3분의 2를 차지하고 있다.

〈표 2-2〉 70연대 노사분규의 연도별 이슈구성비 추이

구분＼연도	1972	1973	1974	1975	1976	1977	1978	1979
임금관계	49.4	27.2	55.6	48.1	61.8	68.8	70.6	63.8
권력분쟁	21.3	31.0	16.0	21.8	18.2	13.5	11.8	9.5
해고반대	11.0	17.1	7.8	7.5	2.7	4.2	1.0	5.7
근로시간	17.0	22.0	6.3	3.0	3.6	2.1	4.9	-
기타	1.2	2.7	14.18	19.6	13.7	11.4	11.7	21.0
계	**100.0**	**100.0**	**100.0**	**100.0**	**100.0**	**100.0**	**100.0**	**100.0**

자료 : 한국경영자총협회, 「88 노동경제연감」, 1988, p. 84.

이 시기의 노동운동의 특징을 요약하면 다음과 같다.

첫째, 일선 노동운동이 극한적인 형태를 취했다는 점이다. 1970년 11월 13일에 있었던 평화시장의 전태일 분신자살사건, 동년 11월 15일 조선호텔 이상찬 분신자살기도사건, 1973년 12월 19일 조일철강사 최재형 자살기도사건, 1974년 2월 대동신철공업사 정세달 자살사건 등이 그 대표적 사례라 할 수 있겠다.

둘째, 노동운동이 폭발적 때로는 폭력적 행태를 취했다는 점이다. 이를테면, 한진상사 KAL빌딩 방화사건, 1974년 현대조선소 폭동사태, 동일방직사건, 그리고 YH사건 등이 그 예이다.

셋째, 정상적인 노동운동이 이루어지지 않음에 따라 기존 노동조합운동에 대한 비판과 어용노조 시비가 일어나게 되었다는 점이다. 1972년 한국모방 근로자의 어용노조

17) 한국경영자총협의회, 「저성장과 노동정책과제」, 1980, pp. 11-12.
18) 노동부, 「노동통계년감」 1981, p. 334.

축출사건, 1973년 기존노조를 무시한 삼립식품 파업사건, 1977년 기존 노조활동과는 별도의 임금지급과 근로조건 개선을 요구한 방림방적사건 등이다.

넷째, 노동조합운동에 대한 사회로부터의 비판과 관심이 고조되었다는 점이다. 예컨대 1974년 동아일보·한국일보기자를 중심으로 한 언론노조결성사건에 의한 지식인의 운동참여, 1973-1975년에 걸친 그리고 그 이후의 기독교 도시산업선교연합회나 신·구교 노동문제 공동협의회에 의한 한국노총의 노동운동방향에 대한 비난성명 등이 그 대표적인 예이다.[19)]

4) 1980년대의 노동운동

1979년 10·26사태 이후의 정치적 공백상태 하에서 우리나라의 노동운동은 80년 4월의 폭력적인 사북 탄광 노동쟁의를 시발점으로 동국제강 노동쟁의 등 노사분규는 급증하는 양상을 보이기 시작하였다. 그러나 이는 노조를 중심으로 한 조직적 노동운동이 되지 못하고 사업장 중심의 자연발생적 쟁의수준에 머무를 정도였다.

1980년 5월 비상계엄의 전국 확대에 뒤이어 국가보위입법회의에서 동년 12월 노동관계법의 개정이 이루어졌다. 그 주요 내용은 산업별 노조체제에서 기업별 노조체제로의 전환, 노동조합의 설립과 운영에의 제3자 개입금지, 단체교섭권의 위임금지, 노동조합 결성요건의 강화, 노조임원의 자격제한, 단체협약 유효기간의 연장, 유니온 숍(union shop)의 불인정, 노동조합 재무사항 공개의무 등이었다. 이 개정에서는 노동운동을 약화시키고 쟁의활동을 최소화시키는 등 규제적인 측면이 강조되었다. 게다가 비상계엄령 하에 정부에 의해 지역지부가 해산되고 노조 정화 조치로 많은 노조지도자들이 노동운동계를 떠나게 되었다. 이러한 일련의 움직임들은 노조의 무력화와 노사관계의 불균형을 가져왔다.

1981년 노동청이 노동부로 승격되었고, 동년 12월 27일 '국가보위에 관한 특별조치법'이 폐지되었다. 노동부의 승격에 따라 노동문제는 경제문제의 중요부분으로 국정에 반영될 수 있게 되었다. 그리고 국가보위법의 폐지로 말미암아 단체교섭권과 단체행동권의 유보가 해제되었으며, 1982년 7월에는 '노동조합운영지침'이 폐지되었다.

그러나 정부의 공권력 개입으로 대표되는 불리한 여건으로 인하여 좀처럼 활성화되지

---

19) 김윤환, "한국노동자운동의 성격", 한국기독교 사회문제연구원 편, 「노동자운동과 산업민주주의」, 민중사, 1983, pp. 75-81.

못하던 노동조합운동은, 1983년에 들어서면서 고도성장기 동안 누적되어 온 분배의 불평등, 여전히 열악한 근로조건, 저임금 및 노동정책의 미비 등에 대한 불만이 표출되면서 점차 집단적인 노사분규의 양상을 띠기 시작하였다. 하지만 노동자들의 이러한 저항은 조직적으로 발생 하였다기보다는 돌발적이고 산발적인 양상으로 표출되는데 그쳤다. 이는 공권력의 개입으로 나타나는 정부의 직접적인 탄압과 민주적 노조운영의 경험부족에 기인한다고 볼 수 있을 것이다.

1987년 6・29선언 이후 정치민주화에 발맞추어 발생한 7・8월 노동자 대 투쟁은 노동쟁의의 양・질, 조직형태와 규모, 그리고 노동운동의 성격 등 모든 면에서 일대 획기적 변화를 일으키는 계기가 되었다. 특히, 1987년의 3,600건에 달했던 폭발적인 노사분규는 지금까지 경험해 보지 못했던 새로운 노동자들의 저항과 불만의 강력한 표출이었다. 그리고 이는 정부와 기업으로 하여금 이에 대한 근본적인 대응책이 마련되지 않는 한 노사분규가 계속 고질적인 불안요인으로 남아 있을 것이라는 인식을 심어주었다.[20] 즉 과거와 같은 권위주의적이고 타율적인 노사관계는 불안정할 수밖에 없으며, 현재의 변화된 노사관계의 여건 하에서는 더 이상 유지될 수 없는 것임을 확인시켜 주었다.

결국, 지금까지 정부의 기업위주의 노동정책과 기업 내에서의 사용자 절대 우위 속에서 표면적으로는 안정적인 노사관계로 보였으나, 내면적으로는 정부의 공권력에 의하여 억압되어 온 불안정한 노사관계였기 때문에 6・29선언 이후의 힘의 공백상태에서 여지없이 그 실제 모습을 드러냈던 것이다.

이상과 같은 1987년 하반기에 전개된 노동자들의 극렬한 투쟁은 1970년대 이후의 산업화과정에서 누적되어 온 노동자들의 불만과 의식의 변화가 당시의 사회분위기에 힘입어 폭발적으로 분출되면서 발생하였다. 실제적으로 이러한 노동자들의 저항은 단순히 예외적인 현상으로 치부될 수 없으며 권위주의적 기업풍토와 가부장적 노사관계 속에서 희생만을 강요받아 온 노동자들에게는 필연적 결과로 비추어졌다.

1987년 7월에서 9월까지 전개된 노동운동의 특징적인 면을 요약하면 다음과 같다.

첫째, 노동조합의 양적 성장과 조직률의 급격한 증가를 들 수 있다. 즉, 1987년 6・29선언 이전의 2,725개 단위 노동조합수가 6개월만에 4,086개로 늘어나 약 50%의 조직상승률을 기록할 정도였다. 이러한 증가추세는 노동조합원수로 표시되는 노동조합조직률에서도 같은 기간 동안 14.3%에서 17.3%로 증가한 것에서도 확인될 수 있다.

20) 김황조, "노동경제의 왜곡과 노사갈등", 『현대사회 37』, 1990 가을・겨울호, 현대사회연구소, p. 58.

둘째, 기존 노동조합조직에 대한 교체요구가 강력하게 제기되었다. 이러한 현상은 단위노동조합의 경우 노조의 민주화를 신진노동자들에 의해 집행부가 교체되는 양상으로 나타났다. 노동부가 1987년 여름에 실시한 조사에 의하면 분규발생사업장의 약 13.5%가 조직분규와 관련된 것으로 나타났다. 이러한 노동조합의 대표성 문제는 다양한 노사분규의 직·간접적 원인이 되었다. 이와 함께 전국적 노조조직차원에서도 기존 노총의 노선에 반기를 들고 새로운 노동조합의 연대조직을 건설하려는 움직임이 본격화되었다. 특히 지난날 노총이 노사관계에 있어서 보여 주었던 권력 지향적이고 타율적인 활동으로 인해 실제로 상당한 노동자들에게 자신의 대표성을 의심받는 상황이 초래되었다.

셋째, 생산직은 물론 사무직과 전문기술직을 포함하는 다양한 분야의 노동조합운동이 활성화되었다. 이러한 변화는 1980년대 들어 화이트칼라의 양적인 증가가 급속히 이루어졌을 뿐 아니라, 기업업무의 단순화와 경영에서의 소외로 인한 자기정체성의 상실에서 그 원인을 찾을 수 있다. 이와 함께 주목할 사항은 대기업의 노조 조직률이 급속히 확장되었으며, 젊은 노동자들이 노조의 중심세력으로 나서게 되었다는 사실이다. 이는 1988년 이후 전개되는 대기업에서의 노사분규에 대한 이해에 중요한 시사점을 주고 있다.

정부는 급속히 성장한 노동운동의 압력과 여론의 민주화 요구를 수용하는 차원에서 1987년 11월 28일 노동조합법을 비롯하여 노동쟁의조정법, 노사협의회법 및 근로기준법을 대폭 개정하였다. 이는 1980년대 이후 사회 각 부문의 발전과 근로자들의 권리의식 및 욕구구조의 변화에 부응하고, 자율적 노사관행을 조속히 정착시키기 위한 것이었다. 또 6·29이후 과거의 노동관계법들이 산업현장에서의 노사관계 및 노동쟁의를 올바르게 조절할 수 없을 정도로 구체적 현실과 유리되었다고 판단하였기 때문이었다. 분명한 사실은 6·29선언을 분기점으로, 이제까지 정부가 노사관계에 직접개입하고 간섭하던 정책과, 노동운동을 규제하는 공권력의 남용이 더 이상 설자리가 없게 되었다는 점과, 나아가서는 노사간의 자율적인 교섭을 위한 제반 노동환경의 조성이 절실히 요구되었다는 점이다.

1987년 직선대통령제를 통한 합법적인 절차로 정부를 수립한 제6공화국은 이전의 군사정권과 다른 노동정책을 수행하고자 하였다. 이러한 노동정책의 변화는 노동3권의 제한과 노동통제에 의한 노사관계의 인위적인 안정화가 불가능하게 된 정치·사회적 조건에 기인한다. 또한 경제적 환경의 변화로 인하여 정부는 기존의 고도성장기에 있어 주요한 정책수단이었던 강력한 임금억제와 노동력수급조정이 힘들어지면서 노동조합체제 하에서의 안정을 주요한 노동정책의 기조로 삼게 되었다.

하지만, 1980년대 말로 접어들면서 노사간의 세력균형은 또다시 역전되었다. 특히 1989년의 문익환 목사의 방북을 계기로 전개된 '공안정국'의 분위기는 여론을 통한 이데올로기공세와 맞물리면서 노사분규에 대한 정부의 직접적 개입으로 표출되었다. 당시에 풍산금속 안강 공장에 경찰병력을 투입한 것을 필두로, 사업장내 노동쟁의가 격렬한 양상을 보이면 정부가 즉각적으로 물리적 공권력을 행사하는 사례가 속출하였다. 그리하여 1989년 1월부터 8월 사이에 구속된 노동자의 수가 무려 409명이었으며 이러한 수치는 1988년 한 해 동안 구속된 노동자수 111명보다 4배 가까운 것으로 당시 노동운동의 양상을 극명히 표현하고 있다.[21)]

5) 1990년대의 노동운동

1990년대 한국의 정치·사회적 상황을 전망하는데 있어 중요한 사건은, 1990년 1월 22일 동시에 그 모습을 나타낸 전국노동조합협의회의 창립과 민주자유당의 창당이다. 이는 지난 1980년대 사회갈등의 주요 당사자인 노·사·정간의 세력관계가 재편되고 있다는 사실뿐만 아니라, 향후 노사관계에 심대한 영향을 끼칠 노동정책의 변화를 포함하고 있기 때문이다.

1990년대에 들어 지난 3년간의 급격한 임금인상이 국제경쟁력의 약화요인으로 작용하였다는 진단이 제기되면서 임금인상이 자제되는 분위기가 되었다. 따라서 합리적 임금결정, 기업 규모간의 임금격차 해소가 당시의 중요한 임금정책의 방향이었다. 특히 기업과 정부는 대기업의 경우 3% 이내, 중소기업의 경우 생산성 범위 내에서 적정임금이 결정되도록 유도하였다. 이러한 정부의 임금억제정책은 1992년에 총액임금제의 도입으로 더욱 가속화되었는데, 당시 정부방침에 대해 비제도권 노동운동은 물론 노총까지 강력한 거부의사를 표명하여 노·사간의 갈등이 심화되었다. 하지만 당시 총액임금 적용대상 사업장의 다수가 5% 이내에서 임금을 결정함으로써 일단 총액임금제가 성공한 것으로 보인다.[22)]

총액임금제에 대한 노동계의 강력한 반대에도 불구하고 노사분규의 발생빈도는 1990년 이후 약간의 감소추세를 보이고 있으며, 분규의 선행지표인 쟁의발생 신고건수가 약 20% 내외의 감소치를 나타내고 있다. 이러한 노사분규의 뚜렷한 감소현상은,

21) 황수경, "제6공화국의 노동통제정책과 노동법개악", 『동향과 전망』, 1991 겨울호, p. 118.
22) 한국노동연구원, 「분기별 노동동향분석」, 1992년 4/4분기, pp. 40-50.

노사가 지난 수 년간 축적된 협상경험을 토대로 극단적 대립을 피하고 대화와 타협을 통한 문제해결을 선호하게 되었기 때문이다. 또한 경제적 환경의 어려움을 극복하기 위해 명분보다는 실리를 추구하는 노조의 교섭전략과 사용자의 노사갈등에 대한 합리적 해결을 위한 노력이 이러한 노사관계의 안정화에 일조 하였다.

1993년 노사관계의 양상은 정권교체기라는 불안정한 여건에도 불구하고 안정적 기조를 유지하였다. 이러한 안정적 노사관계에는 과거의 정권과는 달리 국민다수의 지지를 바탕으로 금융실명제의 실시, 공직자 재산공개 등 과감한 개혁을 추진했던 정치적 측면뿐만 아니라 경기침체, 국제경쟁력의 약화와 이에 따른 '고통분담론'에 근거한 경제주체들의 욕구억제 등과 같은 경제적 측면 또한 큰 영향을 끼쳤다.

이상과 같은 배경 하에서 전개된 1993년 노동운동의 특징을 요약하면 다음과 같다.[23)]

첫째, 정부는 지금까지 많은 문제점이 노출되었던 노동관계법에 대한 개정을 추진하였다. 특히 ILO로부터 수차 권고를 받았던 제3자 개입금지조항, 복수로조금지조항 등에 대한 개정논의가 본격화되면서 정부는 '노동관계법 연구위원회'를 구성하여 현행법에 대한 구체적인 검토작업에 착수하기도 하였다. 특히 UR타결 이후 선진국으로부터 제기되는 사회조항(social clause)내의 노동기준의 존중이 국제적 여론에 의해서 촉발되면서, 기존의 노사간의 이해가 첨예화되고 경기회복에 심각한 부담이 될 수 있다는 판단에 의해 노동관계법의 개정은 유보된다.

둘째, 1993년 4월 1일에 체결된 노총과 경총의 임금인상률에 대한 합의를 들 수 있다. 이것은 전국중앙노사단체간의 최초의 임금인상폭에 대한 합의로서 노사관계에 대한 사회적 정합성을 제고시킬 수 있는 토대를 마련한 것으로 평가된다. 노총과 경총간의 늦게 시작되어 합의가 도출되는 과정이 지연되었고, 노조와 기업에 대한 두 단체의 영향력이 미비했으며, 비제도권 노동조합의 반발이라는 문제가 있었지만, 단위 기업 고용불안을 지지하는 여론에 의해 비교적 순조롭게 진행된 편이었고, 실제임금인상률도 전년도에 비해 낮은 편이었다. 실제 임금교섭의 양상을 보면, 1993년 6월초 현대정공의 직권조인 사태로 불붙기 시작한 현대계열사 노동조합의 전면파업이 종결되면서 타결속도가 급진전되어 순조롭게 진행되었다. 당시의 현대계열사의 파업은 해고자 복직문제, 전국노동조합대표자회의의 노동법 개정 요구 등과 연관되어 장기화되었지만, '고통분담론'과 함께 국민적 여론이 노동조합에 불리한 방향으로 전개되었을 뿐 아니라 정부가 긴급조정권을 발동함으로써 결국 종결되었다.

23) 한국노동연구원, 「분기별 노동동향분석」, 1993년 4/4분기, pp. 49-50.

셋째, 노조의 조직구조에 있어 중요한 변화가 일어났다. 즉 이전까지 비합법적 활동을 전개하던 언론노련을 비롯한 5개 산별연맹이 신고필증을 교부받음으로써 한국산별연맹이 21개에서 26개로 증가하였고, 비제도권 노동조합을 대표하던 기존의 전노협, 업종회의, 현총련, 대노협 등이 전국노조대표자회의(전노대)를 결성하여 본격적인 활동을 벌이게 된 것이다. 이러한 노동조합내 조직구조의 변화는 현행노동법상의 복수노조금지조항과 관련하여 볼때 큰 의미를 지닌다고 할 수 있다. 즉, 비제도권 노동조합이 합법적인 절차를 거쳐 제도권에 진입하였다는 사실뿐만 아니라, 이러한 비노총계 산별연맹이 노총에 비판적인 시각을 가지고 있기 때문에, 향후 제2노총의 건설을 중요한 조직전망으로 삼고 있는 전노대와 긴밀한 관계를 맺게 된 것이다.

1994년에 들어서면서 한국의 노동운동은 이전과는 다른 몇 가지 특징을 보이게 되는데 이를 요약하면 다음과 같다.

첫째, 임금교섭의 경우 전반적으로 교섭진도률이 전년도에 비해 빨라졌고 타결 인상률 또한 증가한 것으로 나타났다. 이는 경총과 노총간에 합의를 본 임금인상 가이드라인이 개별기업의 지불능력이 향상되었기 때문이다. 노사분규에 있어서는 철도와 전국지하철노동조합협의회(전지협)의 연대파업, 현대중공업을 중심으로 한 현대그룹계열사의 장기파업을 예외로 한다면 그 발생건수가 1990년 이후 꾸준히 감소하고 있다. 다만, 분규건수는 줄지만 일단 분규가 발생하면 장기화·대형화된다는 1990년대의 특징에서 1994년 또한 예외는 아니었다.

둘째, 노사중앙단체간의 임금 및 제도 정책개선에 관한 사회적 합의가 다시 추진되었고, 3월 30일 전년도와 달리 제도와 정책의 개선에 관한 합의까지 도출하였다. 하지만 이러한 노총·경총간의 사회적 합의는 합의된 사항에 대한 구속력이 부재하다는 원인으로 인해 그 실효성을 의심받게 되었고, 이는 결국 노총의 조직적 위상이 약화되는 결과를 초래하였다. 이러한 노총의 딜레마는 결국 1994년 11월 17일 소집된 전국노조대표자회의에서 1995년에는 사회적 합의를 거부하겠다는 선언으로 이어지게 된다.

셋째, 1994년 초반 현대중공업을 포함한 6개 조선업종기업의 노조가 만든 조선업종노동조합협의회(조선노협)를 필두로 하여 각 지역 업종 그룹이 연대조직을 형성하려는 조직재정비를 강화하게 된다. 이는 비노총성향의 노조가 1990년 이후 지속되고 있는 조직적 한계와 퇴조현상을 막기 위해 내놓은 자구책인 동시에, 임금가이드라인에 대한 불만으로 누적된 일반노조원들의 반노총적 분위기를 몰아 노총 탈퇴운동, 나아가 제2노총의 건설이라는 조직적 과제를 성취하기 위한 사전정지작업이라고 할 수 있다. 이러한 과정의 결과로 1994년 11월 13일 민주노총준비위원회라는 비노총계열의 전국중앙조직을 결성하기에 이른다.

1996년 4월 대통령의 '신노사관계구상' 발표로 공동선의 극대화, 참여와 협력의 증진, 자율과 책임의식 제고, 교육중시와 인간존중, 제도와 의식의 세계화라는 노사관계 개혁 5대 원칙이 제시되었고, 이후 1996년 5월 노사대표와 학계대표, 공익대표로 구성된 '노사관계개혁위원회'가 발족되어 약 6개월 동안 노동관계법 개정방안을 논의하였다.

그러나 노동계, 산업계 및 정부안이 서로 달라 합의에 이르지 못하자 정부는 국회에서의 충분한 논의를 거치지 않은 채 1996년 12월 26일 여당 단독으로 의결을 거쳐 공포하였다. 그러나 이 개정안에 대한 재 심의를 요구하는 여론이 비등하고 노사분규가 빈발하자 1997년 초 국회에서 노동관계법에 대한 재개정 작업에 착수하여 1997년 3월 여・야합의에 의하여 노동관계법을 신법제정의 형식으로 개정, 신노동관계법이 시행되기에 이르렀다.[24)]

6) 민주화의 정착과 노동운동

1993년부터 오늘에 이르기까지에 해당하며, 정치적 민주화를 이룬 상태의 진보급진 노동운동은 조직화 합법화를 이룬 시기의 노동운동에 해당한다.

초기에는 노동운동 자체를 전체의 민주화 운동의 일부로서 규정하고 그에 대한 대처 역시 과거의 규제 일변도에서 완화 일변도로 나갔다. 후반기 들어서 오히려 과거보다 좀 더 강력하게 규제를 시행하려고 했다. 그러나 이미 급진과격노동운동의 측면에서 조직화되고 자생력을 갖춘 세력집단의 경우는 당국에 의해서 일방적으로 규제할 수 없는 상태에 이르게 되었다. 그 이유는,

첫째, 당국의 급진노동운동에 대한 규제의 일방적인 해제조치와는 관련 없이 그들의 경우, 김영삼 문민정권 초기의 완화된 분위기를 역으로 이용, 오히려 노골적인 체제부정의 의사를 드러냈다. 이와 관련된 내용을 그대로 옮기면 다음과 같다.

"짓밟힌 세월 속에 살아있는 노동자, 민중의 분노는 이제 역사의 거대한 파도가 되어 남한 사회주의 변혁운동의 주체로 당당히 나서고 있다. 이제 노동자, 민중은 미래에 대한 희망으로 사회주의 건설이라는 근본적 목표와 현실의 과제로 노동자, 민중의 투쟁과 단결의 결정체인 사회주의 노동자 대중정당 건설의 깃발을 휘날리는 벅찬 감동

24) 정종진・이덕노, 『인적자원관리』 제2판, 법문사, 1998, pp. 430-431.

의 시기를 지니고 있다"[25]는 내용에서 분명히 드러나는 것처럼, 김영삼의 문민정권과 대한민국의 체제자체를 부정하고 있다. 이와 연계하여 그들이 전개할 투쟁으로서는 전국노동자 대표자회의(전노대)를 중심으로 하여 노동악법의 철폐와 그것의 존속을 가능케 할 노동법 개정의 투쟁을 목숨을 걸고 이루어 내자고 주장하였다.

둘째, 노골적인 공산주의 혁명투쟁으로서의 노동운동의 규정이다. 직접적인 급진 노동운동 단체가 아닌 차원에서 보면, 한국사회에서의 과거 노동운동은 곧바로 공산주의 혁명투쟁이다.

"직접적으로는 자본가적인 개혁을 주도하고 있는 김영삼 정권에 파열구를 내고 반문민정권의 전선을 굳건히 하기 위해서 노동법 개정 투쟁과 함께 국가보안법 철폐투쟁을 힘차게 전개합시다."[26] 이는 이른바 박해받는 노동자의 해방 사회주의 노동자동맹의(사노맹)의 주장이다. 다수의 노동자가 참여하는 일반적인 노동운동까지를 십분 활용하여, 남한 사회에서의 공산주의 혁명투쟁을 이루어 내자는 관점이다.

셋째, 제2의 노총과 산별노조 건설의 측면이다. 과거 1987년의 전대협 결성시기까지 학생운동은 하나의 민주화 운동의 투쟁체였다. 그러나 1987년의 8월 충남대에서 전대협이라는 통일운동으로 위장된 하나의 전국적인 투쟁조직이 되면서 강한 투쟁성향을 보였고, 결국 1996년 8월의 연세대 해방구 사건이라는 전무후무한 과격의 좌익 투쟁체가 되었다. 그들은 최종적으로 대법원에서까지 1998년 7월 이적단체로 판시가 되었다.

노동계에서도 이런 움직임이 있었다. 1994~1995년의 시점이다. 그것의 하나가 민주노총의 건설이며, 다른 하나는 산업별 노조의 건설이다. 산업별 노조는, 기업별노조의 산업, 업종별 연맹에 안주해서는 안 된다며 우리는 민주노총의 건설과 동시에 산별노조 건설이라는 질적 비약을 준비하고 추진해 나가야 한다고 주장한다. 그리고 정규직과 비정규직, 대기업과 중소기업, 모기업과 하청노동자, 취업노동자와 실업자, 은퇴노동자까지 구분하지 않고 광범위한 노동자대중을 계급적으로 묶어세움으로써 다수 노동자의 계급적 대중운동으로 전진해야 한다.[27]는 주장에서 드러나는 것처럼 산별노조의 결성 자체는 노동운동 자체를 체제부정의 계급투쟁 측면에서 보는 것임을 분명하게 하였다.

25) "민중정치연합 영남지역 민중결의 대회 결의문", 1993. 10. 17.
26) "힘찬 노동법 개정 투쟁으로 반 김영삼 정권의 전선을 굳건히 세우자", 사노맹 합법성쟁취 영남 특별위원회, 1993. 9. 8.
27) "민주노총건설과 함께 산별노조건설로, 노동자의 정치화", 전국노동운동단체협의회, 1994. 11. 13.

다음은 민주노총의 결성과 관련한 주장이다. 이러한 현실 속에서 민주노총의 경우는 순수한 형태의 노동운동보다는 사회민주화와 눈앞에 닥친 평화통일이 주요한 장에 매김 될 것으로 보여 진다. 이 과제들을 실현하기 위해 평화통일을 위한 연대파업, 남북노동자 자주교류 추진사업이나 국가보안법을 비롯한 각종 악법개폐사업, 사회 각 분야의 비리척결 사업 등의 구체적인 사업내용이 민주 토총건설 과정에서 중요하게 자리잡아야 하는 실천과제인 것이다.[28] 이는 주로 정치투쟁을 과제로 제시했음을 알 수 있다.

분단시대에는 순수한 의미의 노동운동보다는 노동자를 주군으로 한 계급투쟁 지향의 노동운동으로 나가야 할 것을 강권하고 있다. 실제로 민주노총의 경우도 자신들의 탄생 및 향후 진로와 관련하여, 광복이후 좌익의 정치투쟁을 위해서 전문적으로 투쟁했던 전국노동자 평의회의 후신으로 스스로 자리 매김하고 있다.

그들은 과거의 노동운동과 다른 계급적이며, 진보적인 노동운동을 주장하며 종래의 체제를 거부한다. 그리고 공산주의 노동운동단체인 전국노동조합 평의회(전평)를 민족해방투쟁의 주역이었고 반공의 부당함을 거부한 기수라고 긍정적 평가를 한다.

결과적으로 민주노총은 자신들의 연원을 전국의 계급투쟁 지향 노동운동조직을 총괄한 전국노조대표자회의(전노대)에서 찾고 있으며, 전평의 후신임을 밝히고 있다. 관련된 부분을 그대로 옮겨 보면, 직업별 노조로부터 산업별 노조로 나아가는 과정은 격렬한 계급투쟁의 산물이었다며 일본이나 미국은 계급투쟁(공산혁명의 다른 표현)이 패배하여, 오늘 기업별 노조에 한정하고 있다고 주장하고 있다. 그리고 전평을 없애고 그 자리에 들어서 반공과 보수 어용의 노선을 걷고 있는 한국노총에 대한 반대임을 분명히 하고 있다. 또한, 현재는 복수노총 운운하지만 종당에 가서는 한국노총을 민주노총에 통합시키겠다는 주장을 공언하고 있다.

다른 한편, 노동자들의 측면에서 노동운동을 긍정적으로 보고자 하는 다수의 사람들까지를 혼란에 빠지게 하는 부분이다.

실제로 이러한 과격한 민주노총 주도하의 투쟁은 1996년 12월과 1997년 1월 사이 한국경제의 기반자체를 뒤흔들 정도의 엄청난 기세로써 전국적인 투쟁으로 불타올랐었고, 오늘날 우리경제 위기의 일면이 그때의 급진의 파격투쟁에 기인하는 측면이 있음은 부인할 수 없는 현실이다. 실제로 1996~1997년 시점에서 민주노총주도에 의한 과격 급진노동의 현장에는 계급투쟁에 의한 노동운동의 승리로 노동자의 정부를 수립하자는 주장까지 등장했었다.

28) 민정연, 「노동자 대학, 교안 모음집」, 1994, 1. pp. 48-54.

제5절 한국노동운동의 특성

한국노동운동의 전개과정에서 귀결된 특성을 운동이념과 기조, 조직 및 조합 활동의 측면에서 살펴보고자 한다.

1. 운동이념과 기조상의 특성

한국노동운동의 이념적 기초는 노동조합주의에 근거하고 있다. 일반적인 개념으로서의 노동조합운동은 조합의 활동을 단체교섭에 집중하고 파업 등의 쟁의행위도 경제투쟁에 국한시키며, 자본주의체제의 틀 내에서 부분적인 개선을 통해 노동 제 조건 및 경제적·사회적 지위의 향상을 도모하는 것을 노동운동의 목적으로 하여 정치투쟁을 부정하는 경제주의적인 입장을 말한다.

노동조합주의는 영국에서의 노동조합주의(trade unionism)에서 그 전형을 찾을 수 있는데, 그것은 영국노동조합회의(TUC)의 경제주의와 노동당의 의회주의라는 개량주의의 두 개의 기둥에 뿌리를 두고 있다. 미국의 노동조합주의는 실리적 조합주의(business union ism)로 불리어지고 있는데, 이 실리적 조합주의는 이론가 혹시(R. F. Hoxie)가 지적하고 있는 바와 같이 계급의식보다는 직업적 의식에 기초하고 있으며, 그 주된 목적은 특정 직종, 특정 산업에 속하고 있는 조합원의 일상적인 이익의 증진에 주어지고 있고 조합원외의 노동자의 이익에 대해서는 냉담한 태도를 취하고 있다. 또한 실리적 조합주의는 자본주의체제와 임금제도를 용인하는 보수주의이며, 극히 온건한 경제주의라고 할 수 있다. 이러한 유형에 속하는 노동조합의 주된 요구획득 수단은 단체교섭이며, 파업투쟁도 가능한 한 회피하고 직접적인 정치적 행동을 취하지 않는다는 특징을 보이고 있다.

이와 같이 각국에 있어서의 노동조합주의는 다양한 특징을 나타내고 있는데, 사실상 노동조합은 당초 노동자계급의 절실한 경제적 요구의 실현을 목표로 하여 조직된 것이며, 고도로 자본주의가 발달한 오늘날에 있어서도 경제투쟁이 갖는 그 중요성은 결코 낮게 평가될 수는 없다.

그러나 노동조합은 정치투쟁의 전개를 본래적인 자기임무로 하고 있으며, 특히 국가독점자본주의적인 체제 하에서는 경제투쟁과 정치투쟁을 결합시킴으로써만이 실질적으로 노동자의 생활과 권리를 개선해 나갈 수 있는 것이며, 그것의 근본적인 해결을 이룩할 수 있는 것이다.

이러한 관점에서 볼 때, 한국의 노동운동이 표방하고 있는 노동조합주의는 역사적인 자기근거를 갖고 있지도 못하며, 장구한 투쟁속에서 축적된 제 원칙들을 수용하고 있지도 못할 뿐 아니라 노동조합의 본래적인 임무와 시대적 주요과제에 적극적으로 대결하려는 노력을 스스로 방기하는 입장을 취하고 있는 것으로 평가될 수 있다.

이 같은 사실은 노동운동의 대내외적 조건에 의해 경제투쟁도 맹렬히 전개하지 못하고 있고, 정치투쟁에 대해서는 구체적 방침마저 설정하지 못하고 있는 데서도 명백하게 드러나고 있다.

또한 노동운동의 기본목표와 활동방침으로써 ① 노동권과 생활권의 확보, ② 노동조합 기본권의 확보와 산업 민주주의적 개혁, ③ 관련정책 및 제도상의 개선, ④ 사회복지의 확충, ⑤ 민주주의와 평화의 옹호, ⑥ 민주 노동운동의 새로운 도약과 발전이 설정되고 있다.

이 같은 운동기조나 방침은 노동운동이 그 목표로서 설정할 수 있는 1차적이고도 기초적인 것이라 할 수 있겠으나, 그것 또한 조직적 역량을 기초로 한 강한 실천성과 직결되지 못한 채 정책 의존적 경향을 다분히 내포하고 있다.

이와 같은 운동이념이나 운동기조에서 보듯, 한국의 노동운동은 노동기본권을 박탈당한 채 노・사간에 엄연히 존재하는 대립적인 측면을 거의 도외시하고 노사협조주의에 따른 무원칙한 타협을 심화시키게 되었다.

자본 측과 국가권력에 대한 이처럼 무원칙한 타협은 굴종과 종속을 의미할 뿐이고, 운동에 참여하는 노동자들의 현실적인 요구 실현을 외면하게 됨으로써 노동운동 그 자체를 허구화시키고 노동귀족에 의한 노동조합 지배를 정당화시키게 된다는 것이다.

다시 말해서 투철한 운동 이념이나 올바른 운동방향의 정립 없이는 조합 상층간부들의 파벌싸움과 어용화의 의지 속이 있을 뿐 민주노동운동의 발전을 기대하기는 어려운 것이다.

2. 조직상의 특성

한국 노동운동의 조직적인 측면에서의 특성으로써는 낮은 조직률과 기업단위 노동조합 조직체계를 들 수 있겠다.

1960년대 이래의 경제개발계획 추진과정에서 경제규모의 확대와 산업구조의 고도화에 따른 임금노동자의 양적 성장에도 불구하고 노동조합운동은 불과 13~14%의 낮은 조직률을 보이고 있다. 이 같은 저조한 조직률은 각종 법률에 의해 조직대상의 범위가 한정되고 있고, 언론기관의 경우와 같이 법률상의 단결권이 보장되고 있으나 정치권력에 의한 강력한 규제에 의해 노동조합조직이 사실상 곤란하게 되어 있으며, 일반 사업체의 경우에 있어서도 정부당국의 비호 하에 사용자의 부당노동행위가 악랄하게 자행됨으로써 조직화가 봉쇄당하는 등의 노동운동 외적 조건에 의해 연유된 면도 크다고 하겠으나, 노동운동 내부에 있어서의 조직 활동과 조직역량이 각종 제약을 극복하지 못한 결과라고 할 수 있다. 또한 노동운동이 활발하게 추진되지 못하였기 때문에 노동자들의 노동운동에의 참여의식이 낮았던 것도 조직 확대가 효과적으로 이루어지지 못한 원인의 하나였다고 보여 진다.

이와 같이 노동조합의 조직률이 낮고 노동운동에의 참여의식이 약하다는 사실은 노동운동의 주체적 역량 확대를 제약하는 결정적인 요인으로 되며, 노동자계급의 유일한 사회적 힘인 수의 다수를 결집함에 있어 그 한계를 드러내는 것이라 하겠다.

다음으로 조직체계상 특징을 살펴보면, 1980년 노동조합법의 개정에 따라 노동조합의 조직형태는 기업단위 노동조합체계로 법령에 의해 강제화 되게 되었다. 법 개정 이전에 있어서도 우리나라 노동조합의 조직형태는 외형상 또는 형식상으로는 산별 체제로 되어 있었으나, 실제상으로는 기업단위 체제를 완전히 탈피치 못하고 있었다. 즉, 노동조합에의 가입은 산별노조에 하는 것으로 되어 있고 또한, 산별 조직의 통제력도 강했으나 노동조합의 가장 중요한 기능인 단체교섭은 대부분의 경우 기업단위에서 행하여지고 있었다. 이와 같은 조직체계상의 형식과 내용의 괴리는 상부조직과 하부조직 간의 갈등과 마찰을 심화시키게 되었고 외부적인 지배나 개입을 용이하게 하였을 뿐 아니라 노동조합 상층부의 무원칙한 타협과 정치권력과의 밀착을 촉진하게 되었던 것이다.

이러한 조직형태가 법 개정에 따라 명실상부한 기업단위 노동조합체계로 전환되게 되었다. 기업별 노동조합은 공통적으로 다음과 같은 문제점을 지니는 것으로 지적되고 있다.

첫째로, 노동조합의 단위가 기업마다에 조직되어 있기 때문에 기업내부에서의 교섭이나 투쟁만이 노동조합 활동의 중심으로 되며, 조합간부와 회사 측의 밀착이 이루어지기 쉽다.

둘째로, 거대한 독점자본에 대항하기 위한 산업별 공동투쟁이나 통일투쟁을 발전시키기가 곤란할 뿐 아니라 정치적인 과제들을 해결해 나가기가 어렵다.

셋째로, 종업원 중심 조합이기 때문에 직장조직이나 현장조직이 확립되어 있지 않은 경우에 있어서는 조합원들은 사실상 미조직 상태와 같이 조합 활동에의 참여를 배제당한 채 방치되게 된다. 거기서는 독점자본이나 경영자에 의한 기업주의나 노사협조주의에 대항하기 위한 투쟁이 거의 불가능하게 된다.

넷째로, 조합원의 범위가 그 기업의 정규 종업원에 대해서만 한정되는 경우가 많고, 동일한 사업장 종사하고 있는 노동자라 할지라도 임시공, 사외공, 하청 및 정시제(part time) 노동자 등은 노동조합원으로서 제외되는 중요한 약점을 안고 있다.

이와 같은 기업별 노동조합이 갖는 노동운동에 있어서의 부정적 요소는 우리나라의 경우에 있어서는 더 한층 두드러지게 나타나고 있다.

전체 기업에 있어 압도적 비중을 차지하는 중소기업의 경우 기업별 노동조합의 존립이나 활동전개가 시실상 어려우며, 노동조합 기본권이 대폭 침해당하고 있고 사용자측에 의한 부당노동행위가 노골적으로 자행되고 있는 상황 하에서 대기업의 경우에 있어서도 또한 노동조합의 조직과 투쟁의 전개가 큰 난관에 봉착되고 있는 실정이다. 뿐만 아니라 국가권력이나 총체적 자본으로부터의 자주성과 주체성을 확보하지 못하고 있는 상급조직은 그 가맹조직인 기업단위 노동조합들에 대해 올바른 지도력과 통제력을 행사하지 못하게 됨으로써 각급 조직 간의 깊은 단절현상을 빚게 되었고, 산업별 또는 지역별 공동투쟁이나 통일투쟁을 조직, 발전시키지 못하고 있다.

3. 주체적 조건과 기능상의 특성

먼저 노동운동의 주체적 · 조직 내적 조건에 있어 또 하나의 특성으로 지적할 수 있는 것은 노동조합의 절대적 요건이라 할 수 있는 자주성을 확보하지 못하고 있고, 또한 노동운동의 최초의 원칙이라 할 수 있는 조합 민주주의를 충실하게 실현하지 못하고 있다는 사실이다.

노동조합의 자주성은 그것의 기본적인 성격임과 동시에 절대적인 요건으로서 외부로부터의 어떠한 지배나 억압도 배격하여 노동조합의 조직운영을 주체적으로 수행해 나가는 것을 의미한다. 여기서 말하는 지배나 억압이란 정치권력과 자본 측 및 그 대행자인 경영자로부터의 그것을 말한다. 노동조합의 기본성격인 대중성과 계급성도 노동조합의 자주성 확보 없이는 결코 보장될 수 없는 것이다.

한국 노동운동의 전개과정에서 볼 때, 해방 이후 대한노총의 성립에서부터 오늘날에 이르기까지 노동조합의 자주성 확보를 위한 뚜렷한 투쟁적 계기는 성취되지 않았다. 전평 분쇄를 목적으로 한 반공단체로서의 대한노총의 성립 동기와 정치권력의 기관단체화, 5・16이후의 정부 당국에 의한 하향적인 조직의 재편성 과정, 1980년의 강력한 행정조치와 노동관계법의 대폭적인 개정, 노동운동에 대한 직접・간접적인 강력한 규제 및 노동조합의 투항적인 노사협조주의의 견지 등은 노동조합의 자주성 확보를 제약하고 침해하는 주요한 조건이었던 것이다.

그리고 노동운동에 있어서 조합민주주의는 노동조합의 철저한 민주적 운영을 확립함으로써 조합원을 노동조합의 진정한 주인공으로 되게 하는 불가결한 요건인 것이며, 조합 활동에 대한 높은 자각과 강한 책임의식을 계발하여 노동운동에의 자발적이고 적극적인 참여를 가능케 하는 최고원칙이다.

조합민주주의를 노동운동의 최고원칙이라고 규정하는 이유는 조합민주주의의 확립을 통해서만이 노동조합의 대중성과 노동자의 자발적인 적극성은 전면적으로 발휘될 수 있고 노동조합의 투쟁역량이 강화될 수 있기 때문이다. 그런데 한국 노동운동의 전개에 있어서는 그 최고원칙인 조합민주주의가 아직도 확립되지 못한 채 그것이 조직의 운영과 활동 면에 있어 충실하게 실현되지 못하고 있다. 그 이유는 앞에서 살펴본 바와 같은 운동이념이나 운동기조, 조직역량이나 체계상의 특성에서도 찾을 수 있겠으나, 그간에 있었던 여러 차례에 걸친 노동운동의 단절과 조직 내외의 제 조건에 의한 자주성의 상실, 그리고 광범한 노동자들의 현실적인 요구에 기초한 지속적이고 줄기찬 투쟁이 전개되지 못했던 데서 찾을 수 있겠다.

노동운동에 있어서의 조합민주주의의 미확립은 조합운영의 관료화를 조장하게 되었고, 조합 상층간부들에 의한 맹목적이고 전횡적인 조합지배를 심화시키게 되었으며, 조직역량의 강력한 결집을 크게 저해하는 요인으로 작용하게 되었다.

다음으로 노동조합의 기능적 측면에서의 특성을 살펴보기로 하겠다. 이미 앞에서도 강조한 바 있지만 경제투쟁과 정치투쟁의 결합은 노동자계급이 전개하는 투쟁에 있어서의 행동원칙이고 노동자계급의 근본적인 요구 해결을 목표로 하는 노동운동의 기본임무에도 불구하고, 한국의 노동운동은 경제투쟁을 산업별, 공동투쟁이나 통일투쟁을 통해 적극적으로 전개하지 못하고 있으며, 정치투쟁도 법률적인 금지조치를 명분 삼아 전혀 포기하고 있는 실정이다.

그 결과 경제투쟁의 집약적 표현이라고 할 수 있는 단체협약의 내용이 매우 불충실한 상태에 놓이게 되었다. 단체협약의 가장 핵심적 부분인 규범적 부분(임금 기타 노동조건에 관한 내용)은 그 내용이 매우 저차원적이어서 근로기준법에서 규정하고 있는 최저기준을 상회하고 있지 못하다. 이 같은 사실은 사용자의 노동조합에 대한 지배적 요소가 강하고, 노동조합 활동의 기업 귀속적 성격이 짙다는 것을 여실히 반영해 주는 것이며, 노동조합의 경제투쟁이 효과적으로 추진되지 못하고 있음을 의미하는 것이라 하겠다. 그리고 노동운동의 정치투쟁을 포기하게 됨으로써 노동조합 기본권이 크게 제약되어 왔고, 노동자계급의 노동·생활조건이 개선되지 못하고 있을 뿐만 아니라, 근로대중을 비롯한 민중전체의 정치적 요구 실현에 있어 대중운동 추진의 중심적 조직으로서의 자기역할과 임무를 상실하게 되었다.

제6절 한국노동운동의 현실과 문제점

1. 운동집단의 체계화와 구체화

1998년 초반의 국민의 정부 출범이후부터 오늘의 시점까지이며 길게는 일제의 식민지 하에서부터 오늘날까지, 계속되는 과격노동운동에 왜 우리사회가 시달려야 되는가? 의문을 제기하지 않을 수 없다. 비록 일제하의 시점에서는 일본의 식민지 지배에 저항하는 투쟁의 일부였다고 변명할 수도 있으나 최근에는 여·야가 수평적 정권교체를 하였으므로 명실상부한 민주정부가 수립되었다. 그렇기 때문에 과격 노동운동에 대한 이해가 가지 않는 부분이 있다.

실제 최근의 진보·급진노동운동의 특성을 살펴보면 그 내용은 다음과 같다.

급진의 과격 노동운동을 선동하는 배후 집단의 존재와 투쟁주체의 공개화다. 과거에는 노동운동 역시 그것의 본질을 벗어나 민주화 투쟁에 나섰던 적이 있다. 그러나 여·야 수평적 정권교체에 의한 민주정부가 들어선 오늘의 시점에서 보면, 이치에 맞지 않는 점이 있다. 그런데 우리의 현실에서 보면, 아직도 민주화 등을 외치며 일반의 순수한 노동자를 과격 투쟁 혹은 계급투쟁 지향의 변혁투쟁으로 선동하는 세력들이 있다.

2. 투쟁집단의 공개화와 합법화

1996년 12월 당시 정부여당주도에 의한 노동관계법의 변칙적 처리와 관련한 노동자들의 과격한 파업투쟁이 있었다. 그 당시 민주노총 산하의 100여 노조는 제도상의 하자(사실상 그 후 유사한 내용의 노동관계법은 국회를 재차 통과했음)을 빌미로 하여, 과격 노동운동 진영은 1996년 12월~1997년 2월까지 극단적인 과격투쟁을 전개했었다. 그러나 그것이 노동자들의 순수한 의사가 아님이 곧 들어났다.

일부 언론사의 경우는 공산주의 핵심인물에 해당하는 K. Marx의 공산당선언의 내용을 인용하며, 이제 관속에 묻혀버린 듯 했던 하나의 경구를 되살렸다. "노동자들이여 단결하라. 잃은 것은 예속의 쇠사슬이고 얻은 것은 세상이다". (한겨레 1997. 1. 8. p. 11)를 운운하며, 노동자들을 선동했다.

노동자들에게 계급투쟁 지향의 과격투쟁을 선동하는 내용이다. 그 당시 과격운동의 현장에는 어느 곳이나 노동자들의 과격투쟁을 부추기는 노래 선전대가 동원되었고, 이런 과격 노동운동의 전체적 특성을 보면, 파국에 이른 임기 말 정권 상대의 계급투쟁 지향의 총력투쟁 바로 그것이었다.

이런 과거와는 전혀 성격이 다른 과격 일변도의 투쟁 그리고 그것을 일거에 제압하지 못하는 공권력의 나약함을 목격하면서 외국의 언론들은 총파업의 최대 패배자는 대통령(일본의 아사이 신문), 한국의 기로(Korea Cross Road; 미국의 월스트리트 저널)를 운운하면서 한국의 현실을 비관적으로 조명했다. 뒤이어 한국의 정쟁에 위기를 느낀 외국자본들은 돌연 썰물처럼 빠져 나갔다. 실제로 과격 일변도의 투쟁이 있었던 1997년 2월의 투쟁이후, 한국의 경제는 도처에서 파경의 징후를 드러냈었고 결국은 IMF관리체제라는 비극적인 상황을 맞게 되었다. 이를 구체적으로 살펴보면 다음과 같다.

첫째, 민주화된 정부와 합법화한 민주노총까지를 거부하는 과격세력의 실체의 등장이다. 흔히 일반 국민들의 경우는 민주노총자체를 과격 노동운동의 본체로 생각한다. 산업화된 나라의 경우는 항상 나타날 수 있는 개연성이 있는 과격 노동운동을 이제부터라도 좀 더 원인적인 측면을 중심으로 심층적으로 다각도에서 알아 볼 필요성이 절실하다.

앞서 언급한 것처럼 그 중에 하나가 이 땅의 노동운동을 대변한다고 생각하며 민주노총까지를 거부하는 세력들에 대한 실상이다.

우선 과격 노동운동 현장에 나타난 조직의 하나는 국제사회주의자(ISFH로 통칭됨)라 불리는 집단이다. 그들은 노동자 연대라는 자체 기관지를 발간하며, 자신들의 한국사회 대상 공산혁명투쟁의 의지를 공개적으로 선전하고 있으므로 이하에서는 이들 기관지를 중심으로 그들의 성향을 분석해 보겠다.

1998년 1월 5일자(통권 80호)의 일부내용이다. 3쪽에서는 제목자체가 1997년 계급투쟁 평가와 1998년 전망이다. 여기서는 민주노총 지도자들의 갑작스런 파업취소로 참가자들이 오히려 어리둥절했다(IS노동자연대, 1998, 3. p. 3-55)면서, 노동자들은 이제부터 본격적인 공산혁명에 투신하라고 주장하고 있다. 연장선상에서 김대중 대통령 당선자의 경우도 자본가들을 선택했으며, 재벌들에 대한 일련의 정책은 노동자들의 공산혁명을 막아보려는 고육지책이었다고 주장하고 있다.

한편, 김대중 정권이 출범하고 발간된 IS의 노동자 연대의 경우는 더욱더 강한 좌익혁명투쟁의 색채를 띠고 있다. 김대중 대통령을 친일파라 매도하면서, 김대중 정부의 경우는 자본가들의 정부인바 노동자를 중심으로 한 계급투쟁으로 타도해야 한다고 주장하였던 것이다.[29] 역시 공산주의혁명투쟁을 기필코 승리로 이끌자는 연장선상에서, 민주노총의 노・사・정위원회에 참여하는 것 자체를 애초부터 부정하고 있다.

결국, 이들의 경우는 노동자의 계급투쟁이 상승하면, 수구파는 물론 개혁파도 반동의 이빨을 드러낸다.[30] 과거 정권 그리고 현재의 정권 역시 동일한 맥락이라는 것이다. 과격 혁명투쟁을 주장하는 이들의 경우 어느 선진국이나 제3세계국가의 좌익들과 다른 측면은, 과거와 현재의 대한민국 체제 자체를 정면으로 부정하며, 남한사회 대상 공산혁명투쟁을 당연시 한다는 측면이다.

둘째, 조직화하는 과격노동운동세력의 등장이다. 초기 노동운동 자체는 불행한 역사적

29) 「IS노동자연대」, 1998, 3. pp. 3-56.
30) 「IS노동자연대」, 1998. 5. p. 15.

산물로서 일제의 식민지 지배에 대한 저항과 함께 출발했고, 일부 노동운동의 경우는 처음부터 일본의 제국주의의 지배에 저항하는 좌파적 관점에서 발전해 온 것이 사실이다.

1945년의 광복이후 전국 노동자평의회(전평)의 탄생도 동일한 맥락이다. 그러나 1950~53년의 공산주의자들에 의한 6·25사변의 도발과 만행으로 자취를 감추었다.

그 후 당국의 강력한 규제 속에 좌파노동운동은 더딘 행보를 내디딜 수밖에 없었다. 이에 처음에는 학생운동의 조직력을 받아서 그리고 조교운동의 일부로써 위장하여 활동해왔던 것이 사실이다. 그러나 1980년대 이후 사회의 민주화분위기에 편승하여 기존의 정부주도에 의한 한국노총을 거부하는 단체들이 등장했고, 그 중에 하나가 민주노총이었다. 그러나 시간이 경과하면서 민주노총은 현재 체제 내에 합법화됐다.

따라서 오늘의 현실에서 민주노총 자체를 좌익으로 문제 삼는 사람은 없다. 단, 구성원 중의 일부를 문제 삼고 있기는 하다. 그만큼 우리사회의 민주역량이 성숙했고 발전한 것이다.

그러나 최근 들어 체제 내로 합법화된 세력과는 달리, 오히려 제대로 합법화를 거부하는 좌익 노동운동 단체들이 다수 등장하고 있다. 그들이 과격한 노동운동을 조정하고 있다고 볼 수가 있다. 당면하고 있는 우리의 노동문제의 근본적인 해결책에 대한 접근을 위해 그들의 실체가 알려져야 하며, 역으로 우리의 일반 노동자들의 경우도 그들의 실체는 알아야 할 사항이다.

현재 가장 활발한 활동을 전개하고 있는 조직이 국제사회주의자들(IS)이다. 조직자체의 명칭이 시사하는 것처럼 그들의 경우는 우리사회의 공산화뿐만 아니라 전 세계의 공산화를 획책하고 있다. 그들 자체는 부르주아 민주주의도 노동자에게는 부르주아 독재이다.[31)]

이들은 현 정권을 노골적으로 부정하며, 명분만 살려주는 노·사·정위원회에 민주노총이 참여해서는 안 된다는 점을 강조했었다. 노동자 중심의 공산혁명 투쟁의 실천만이 유일한 대안이라 주장했었다.[32)] 결국 이들의 경우는 공산주의 이론을 제대로 배워 현재의 한국을 공산화하는 것이 목표라 주장하고 있다.[33)]

다음은 혁명자사회주의자 그룹(RS)이다. 앞서 언급한 국제사회주의자들 보다 현 한국사회의 공산화를 전제한 혁명투쟁을 과격하게 선도하고 있다. 현재의 의회민주주의

31) 「IS노동자연대」, 1998. 3. p. 138.
32) 전게서, p. 80.
33) 전게서, p. 171.

제도 혹은 자본주의자체를 거부하는 강력한 투쟁을 주장하고 있다. 그리하여 현 사회를 노동자가 중심이 된 공산사회로 만들자고 주장하고 있다.[34)]

이외에 유사한 단체로 1998년 5월에 들어서 노동해방이라는 조직이 등장했으며, 노동자들의 파업자체를 정권타도 차원의 계급투쟁으로 언급하고 있다.[35)] 이 중에는 노동자와 연대하여 한국사회의 공산화를 이루어내자는 학생조직체인 전국학생연대도 있다. 이들은 엄밀하게는 RDR(인민민주혁명의 약칭)의 관점에서 현재의 남한사회를 공산화하려는 광산혁명 선동의 조직체이나, 본질의 측면에서는 노동자와 직접 연대한 혁명투쟁을 주장하는 단체이다. 이들의 경우는 자신들이 중심이 되어 남한사회를 대상으로 한 공산주의 혁명투쟁을 승리로 이끌기 위한 선전을 목표로 COMMUNG(공동체: 공산주의라는 의미로도 표현됨)라는 간행물을 수시로 간행하며 공산주의 혁명투쟁의 강력한 실천을 주장하고 있다.

그러나 이들 역시 공개된 것들이고, 따라서 약간은 온건한 투쟁단체라는 것이 관계당국이나 전문가들의 견해이다. 한 당국자의 경우는 구체적으로 한강이남 경기지역의 크고 작은 민주나 진보위장의 좌익적 성격의 모임이 1,000여 개에 달하고 그중 절반이 노동운동 관련조직이라고 한다.

따라서 오늘의 현 시기는 대한민국이 여러 가지 측면에서 민주화된 만큼, 과격계급투쟁 위주의 제반투쟁 집단을 정부당국의 행정의 힘만으로 규제할 수 있는 시기는 지났으며, 전문가들의 의견을 다양하고 진솔하게 수용하고 반영한 전문적 제시가 어느 때보다 필요하게 되었다.

3. 노동운동으로써 세계화 반대투쟁

세계화의 흐름에 대한 반대투쟁은 한국사회에서 신자유주의에 대한 반대 그리고 국제화에 대한 반대운동의 흐름 속에 몇 년 전부터 가시화되고 있다. 특히, 2000년 아셈대회를 필두로 급격히 대두되었으며 FTA(자유무역협정)이 급진전 되면서 투쟁은 보다 강화되고 있다. 세계화는 현재 어떤 형태든 교통통신의 발달로 지구촌화 된 오늘의 시점에서 거역할 수 없는 명제이며 이를 정확히 이해하고 대처하는 것이 필요하다.

34) "혁명적 사회주의(RS)", 활화산, 1997, p. 152.
35) 「노동해방」, 제2호, 1998, 5. 16.

1) 세계화 반대투쟁의 기본방침

세계화 반대투쟁은 국내 운동권 진영이 처한 입장에 따라서 각각 상이하거나 일치하는 공통점이 있다. 여기서는 세계화에 대한 신자유주의로의 규정에 따른 반대, 현 정권의 통치이념 반대 및 직접적인 노동자 계급 혁명투쟁의 도구화, 국제적인 연대투쟁, 현 체제와 현 정권 타도투쟁 실천의 3가지 관점에서 논의해 보겠다.

신자유주의 도구로의 규정에 따른 반대와 자본주의 정치체제에 대한 전면적 부정이다. 2000년 서울에서 개최된 아셈회의에 반대하는 투쟁에는 국내의 변혁투쟁체들이 총 집결했다.

이들은 미국의 패권에서 벗어나기 위해 만든 아셈이 미국의 신자유주의를 그대로 답습해 자본의 이유만을 위해 제3세계 노동자와 민중의 생존을 파탄시키고 있다고[36] 과격투쟁의 이유를 밝히고 있다. 따라서 여기서는 신자유주의에 대한 선 규명이 필요하다.

하이데는 신자유주의적 공세는 결코 IMF에만 국한되는 것이 아니며, 자본주의 나라에서 신자유주의 교의를 설파하여, 노조를 아무런 저항 없이 무력화하는 제도적 장치로[37] 규정하고 있다. 서울대 김세균 교수는 신자유주의를 1930년대의 고전적인 자유주의, 대공항이후의 군대적 자유주의에 뒤이은, 1970년대 이후 구체화한 새로운 형태의 자유주의라고 규정하고 있다.[38]

최형익[39]은 신자유주의 이념은 무엇보다도 시장경제 논리에 대한 숭배와 시장의 경제오류에 정부와 개인이 종속되는 의미로 규정하였다. 신자유주의에 대한 반대투쟁 논리는 자본의 세계화를 반대하는 논리다. 이를 구체적으로 살펴보면 다음과 같다.

첫째, 신자유주의와 세계화를 동일개념화 하면서, 동시에 반대하는 관점이다. 제3차 아셈 개막일인 20일 밤 아셈단체들 행사장 주변에서 신자유주의와 세계화를 동시에 반대하는 대규모 시위를 벌인 바 있다는[40] 보도 내용처럼, 국내의 세계화 반대투쟁논자들 대부분은 세계화 자체를 신자유주의와 동일시하는 관점에서 반대하였다.

둘째, 자본주의 경제를 축으로 하는 모든 정치구조 자체에 대한 부정이다. 결국 세계화 반대투쟁의 본질은 현 미국을 악덕 제국주의로 규정하며, 미국이 세계 정치·경제에 많은 영향력을 행사하는 것을 부정하는 데에 목적을 두고 있다.

---

36) 중앙일보, 2000. 10. 20.
37) "신자유주의 IMF 그리고 국제연합", 서울국제민중회의조직위 편, p. 20.
38) 김세균, "신자유주의 정치이론의 연구경향과 문제점·이론", 1996, 여름, 가을호, 참조.
39) 최형익, "신자유주의란 무엇이며, 어떻게 싸울 것인가", 1997, p. 698.
40) 동아일보, 2000. 10. 20.

2) 구체적인 투쟁목표

세계화의 모순론에 입각한 체제부정 투쟁은 신자유주의의 공세의 분쇄와 민중기본권의 쟁취, 민족자주권 쟁취와 조국통일운동의 촉진, 민중운동이 중심이 되어 미국과 신자유주의 정책에 반대하는 모든 세력이 결집한 대중투쟁 전선을 구축, 이를 통한 민중기본권 보장과 민중의 민족자유의식과 정치의식의 고양을 통한 민족민주(민중운동)진영의 정치세력화를 지향하고 있다.[41)]

이들의 기본목표는 첫째, 미제와 미제의 하수인에 대항하는 현 정권의 제반정책에 대한 체제 부정적인 반대이며, 실천을 위해서 대중투쟁 전선을 구축한다는 것이다.

둘째, 국내와 모든 단체와의 연대를 전제한 투쟁이다. 과거 국내 체제부정의 투쟁자들은 투쟁의 노선을 달리했다. 그러나 세계화에 반대하는 신자유주의 반대투쟁 논자들은, 제반 국내와 계파간의 연대에 의한 총력의 투쟁을 주장하고 있다. 계급모순과 민족모순의 투쟁집단이 하나의 투쟁체로 연대한 형태이다.

셋째, 세계적 연대의 노동운동을 표방하는 정치투쟁이다. 외형상 세계화의 반대 그리고 그와 맥을 같이하는 것으로 판단하는 신자유주의 반대투쟁을 명분으로 내걸고 있다.

신자유주의 반대, 민중생존권 쟁취 및 공공성 확대와 사회보장 확대, 공기업 민영화 및 해외 매각 반대, 개방농정 철폐 등 경제주권 수호투쟁, 노동악법 개정, 노임사대개혁입법, 국가보안법 폐지 투쟁 등 반민주 악법 철폐 및 민주개혁 입법투쟁, 한미/한일 투자협정 반대, WTO반대, 한·칠레협정 반대, 한·EU/한·미 등 자유무역협정 반대 등 제국주의와 신자유주의, 세계화·개방화 공세에 반대하는 투쟁, 주한미국 철수와 평화협정 및 평화군축, 소파 개정, 매향리 미군 폭격장 폐쇄, 양민학살 진상규명, 독도 주권 사수 등을 중심으로 한 반미반제투쟁[42)]으로 집약된다.

이러한 주장들을 종합해 볼 때, 한국사회에서 세계화 반대투쟁의 노동운동은 결코 단순한 노동자들의 권익의 신장을 위한 노동운동과는 거리가 멀다는 것을 알 수 있다.

이는 여타 다른 국가들의 세계화 반대투쟁과도 그것의 의미가 다르며, 한국사회를 대상으로 하는 체제부정의 민족 모순과 계급모순의 혼합된 형태의 변혁투쟁임을 알 수 있다.

정치·경제의 양측 면이 선진화된 노동운동 그리고 대부분의 제도권화 된 노동운동

---

41) "신자유주의 반대, 민중생존권 쟁취 민중대의원회 명칭" 자료집, 2000. 11. 3. p. 7.
42) 「전국 현장 연대투쟁단전선/돌파」, 2000. pp. 18-19.

은 정부 당국과의 합리적 대화를 통해서 한국경제의 발전 그리고 노동자의 권익을 위해서 노력하고 있는 상태다.

그러나 극히 일부 노동운동의 경우는 외형과는 다른 것을 알 수 있으며, 이는 상대적으로 바람직한 의미의 노동운동을 저해하는 역기능을 초래하고 있다.

4. 한국 노동운동의 당면과제와 전망

오늘날 한국에서의 노동운동은 대내외적인 중대 도전에 직면하여 오랜 침체와 거듭된 단절에서 벗어나 과감한 자기부정을 통한 새로운 발전의 계기를 마련하지 않으면 안 될 전환점에 처해 있는 것으로 보여 진다. 이 같은 중요한 시점에서 노동운동은 지난날 무수한 과오와 왜곡된 운동노선에 대한 냉철한 자기반성과 새로운 운동태세의 확립을 기본 바탕으로 삼아 노동조합의 보편적인 성격과 임무에 기초한 과학적 운동이념과 방향을 정립하여 경제투쟁과 정치투쟁을 통합적으로 맹렬히 전개하지 않으면 안 되게 되었다.

향후 노동운동의 발전을 전개해 나감에 있어서 다음과 같은 일들이 주체적 과제가 된다고 하겠다.

첫째로, 과학적이고 올바른 운동이념과 운동방향을 정립하는 일이다. 노동운동의 이념은 노동조합의 본래적인 성격과 임무의 수행을 전제로 하는 바탕 위에서 설정되어야 하고 노동자계급의 근본적인 요구를 실현할 수 있는 과학적인 근거를 바탕으로 정립되어야 할 것이다. 여기서는 물론 노동조합주의의 한계성을 탈피할 수 있는 그러한 것이어야 한다. 또한 노동운동의 전개 방향은 노동자계급의 현실적인 요구와 운동에서 추구하는 구체적 목표들을 대내외적 제 조건 하에서 달성할 수 있는 것이어야 하며, 역사적 경험을 집약한 토대 위에서 설정되어야 하고 구체적인 투쟁역량과 합치될 수 있어야만 한다.

둘째로, 노동조합 조직률을 제고시키는 일이다. 구미 선진국들의 오랜 산업관계의 역사가 말해 주듯이 노동조합의 조직률에 있어서나 사용자와 어느 정도의 대등한 관계를 확보하지 못할 경우, 진정한 의미의 노사협력이 이루어지기 어렵다.[43] 따라서 산업화의 진행과 더불어 각국은 노동조합의 설립 및 노동조합 조직률의 제고에 역점을 두어왔다.

43) 정종진・이덕노, 『인적자원관리』, 제2판, 법문사, pp. 430-431.

우리나라에 있어서도 노동조합의 필요성에 대한 이런 연구에서 60연대 40%, 70연대 86%, 80연대 90%로[44] 해를 거듭 할수록 높은 반응을 보여 많은 근로자들이 노조의 설립에 대해 비교적 좋은 반응을 보이고 있음을 알 수 있다.

그럼에도 불구하고 6·29 이전만 하더라도 노동조합 조직률은 15%를 밑돌 정도였으나 6·29민주화선언 이후 노동조합 조직률은 급신장하여 지난 10년간 10%대를 유지하고 있는데 2017년 현재 노동조합 조직률은 10.7%인 것으로 나타났다.

〈표 2-3〉에서 보는 바와 같이 미국[45]과 프랑스를 제외하고 스웨덴, 덴마크, 노르웨이뿐만 아니라 일본, 독일, 영국, 벨기에, 대만, 싱가포르 그리고 캐나다 등과 비교해 볼 때 우리나라는 여전히 낮은 실정이다.

따라서 노동력이라는 상품을 생계의 유일한 수단으로 삼고 있는 근로자들이 막강한 자본의 힘과 대등한 관계를 유지하기 위해서는 앞으로도 조직화운동에 박차를 가해야 할 것이다.

〈표 2-3〉 국가별 노조조직률

(단위 : %)

국 가	비 중	국 가	비 중
스웨덴	85.3	포르투갈	30.0
덴마크	73.2	인도	28.0
노르웨이	65.0	대만	28.0
오스트리아	61.0	멕시코	26.0
벨기에	53.0	베네수엘라	25.0
아일랜드	52.4	일본	25.0
룩셈부르크	49.7	그리스	25.0
영국	42.0	네덜란드	25.0
오스트레일리아	41.1	레바논	20.0
이탈리아	40.0	싱가포르	16.5
폴란드	40.0	스페인	16.0
캐나다	35.0	프랑스	12.0
독일	35.0	미국	12.0

자료: M. Rothman, D. Briscoe, and R. N. Nacamulli eds, *Industrial Relations Around the World*(Berlin: Walter de Gruyter); J. Visser, "Trade Union in Western Europe: Present Situation and Prospects," *Labour and Society*, Vol. 13, No. 2, pp. 125-128; OECD, *Employment Outlook*, Pari; R. Briscoe, *International Human Resource Management*(Englewood Cliffs, NJ: Prentice-Hall, p. 154.

44) J. Barbaxh, "Reflections on Positive Collective Bargaining," *Labor and Society*, January-March, p. 81.

45) 이덕로, "미국노동운동의 전개과정과 당면과제,"「인사관리연구」, 한국인사관리학회, 제15집, 5, pp. 307-329.

셋째로, 경제투쟁과 정치투쟁을 통합적으로 전개하는 일이다. 현재 한국에서의 현실적 상황 하에서는 경제투쟁의 전개도 국가권력과 자본 측에 의해 조성된 규제적 조건에 의해 난관에 봉착해 있으며, 더욱이 정치투쟁은 그동안 합법적 영역을 박탈당하고 있었으며, 98년에 이르러 노동법 개정으로 정치활동이 허용되었다. 바로 이 같은 조건과 상황 때문에도 경제투쟁과 정치투쟁의 통합적 전개가 강하게 요구되고 절실하게 강조되는 것이다. 현시점에서 볼 때, 노동대중 사이에는 노동조합 조직을 요구하는 광범한 요구가 증대되고 있고, 또한 노동조합이 추구하는 목적의 본질로 보아 노동조합은 광범한 대중을 조직하기 위해 노력해야 한다. 이 경우 경제투쟁은 노동운동의 중요한 구성요소이고, 노동조합에 의한 노동자계급의 조직화에 있어 필수적인 요건인 것이다. 노동조합에 의한 경제투쟁은 노동자들의 생활 상태를 확실하게 개선하고 이들의 진정한 계급적 조직화를 강화하기 위해 정치투쟁과 올바로 결합되지 않으면 안 된다.

넷째로, 노동조합의 자주성을 확보하고 조합민주주의를 확립하는 일이다. 모름지기 노조는 그 결성과 운영에 있어서 대내적인 민주성과 대외적인 자주성을 확보하여야 한다. 왜냐하면 노동조합의 대내적인 민주성이 없는 한 대외적인 자주성을 확보할 수 없고 이에 따라 노동조합의 본질적인 기능을 상실하게 되기 때문이다.[46]

특히 민주주의 국가에서 노조는 민주주의를 배우는 실습장이기 때문에 노조집행부가 조합원들의 다양한 이해를 집약하고 대표할 수 있기 위해서는 보다 더 민주적 운영이 요구된다. 그러나 우리나라 노조 중에는 조합원과 지도부 사이에 원활한 의사소통이 이루어지지 않음으로써 노조가 표방하고 있는 조합원의 권익옹호보다는 조합의 주도권 쟁탈전에 몰두한다든지 한번 지도부를 잡으면 장기 재임하려는 경향[47] 등으로 평조합원의 불신의 대상이 되어 자연 노조에의 결속력과 대외적인 추진력의 약화를 초래한 적이 많았다.

이제 민주화시대를 맞아 노조 자신부터 거듭나지 않으면 안 된다. 그렇게 하기 위해서는 조합원의 지위와 권리, 조합의 의사결정, 조합의 단체 활동, 재정운영 및 조합의 존립 등은 민주적인 바탕 위에서 법이 요구하는 조합원의 총의와 규약에 정해진 절차에 따라야 하며 어떤 이유로도 집행부의 독선이나 전횡에 좌우되어서는 안 된다.

한편, 노동운동은 어떤 특정 이데올로기나 사상의 노예가 되어서도 안 되며, 정치세력이나 기타 사회 변혁적 세력의 영향 하에서 움직이는 것도 소망스럽지 못하다. 따라

46) 이병태, "노동조합의 민주성과 노사관계," 아산사회복지사업재단, 「복지사회와 노사관계」, p. 13.
47) 배무기, "경제발전과 노사관계," 조순 외, 「한국경제의 이론과 현실」, 서울대학교 출판부, pp. 117-123.

서 조합원이 확고한 단결과 협력을 바탕으로 스스로 선택한 길을 꿋꿋하게 나아가는 힘을 길러야 한다.

그럼에도 과거의 많은 노조가 민주성의 결여로 외부로부터, 특히 사용자로부터 부당한 간섭을 받거나 지배개입에 맹종하는 경우가 비일비재한 나머지 어용노조에 대한 시비가 주요 쟁점이 되어왔다.[48)]

어용성에 대한 시비는 비단 단위노조뿐만 아니라 상급단체로까지 확대되었다는 데 문제의 심각성이 있다. "권리 위에 잠자는 자는 보호받을 가치가 없다"고 했다. 따라서 노조가 소속 구성원들로부터 폭넓은 지지를 받는 가운데 대등한 입장에서 떳떳하게 그들의 권익을 확보해 나가기 위해서는 조직과 운영에 있어서 국가·정당 및 사용자들로부터 자주성을 확보하는 데 힘써야 한다.

다섯째는 노동관계법의 발전적 개정이다. 웨브 부처(Sidney Webb & Beatrice Webb)가 노동조합의 기능으로써 상호보험, 단체교섭과 함께 입법 활동을 들고 있듯이[49)] 오늘날 많은 선진 각국의 노동조합은 활발한 정치활동을 통해 각종 법의 개정·제정·폐기 등을 가져옴으로써 그들의 경제적 지위를 유지·고양시킬 수 있다.

이렇듯 선진자본주의 국가에 있어서의 노동법은 대체로 오랜 조직 노동운동을 통하여 쟁취한 면이 강하기 때문에 그 내용에 있어서도 노동운동에 대한 제한보다는 보장 쪽에 초점이 맞추어져 왔다고 볼 수 있다. 이와 같이 노동3권이 자유롭게 보장됨으로써 노·사간에 대등성을 바탕으로 한 건전한 질서가 형성될 수 있었다.

그러나 유감스럽게도 우리나라의 경우 법 개정이 이루어질 때마다 오히려 노동3권에 대한 제약은 더해 갔고, 그에 따라 노·사간의 힘의 불균형 상태는 심화될 수밖에 없었다. 6·29 이후의 노사분규는 경제성장과 안보를 이유로 노동3권을 극도로 제한한 채 일방적인 노사협조만을 강요해 온 결과가 얼마나 허구적이었는가를 극명하게 보여주고 있다.[50)]

다행히 6·29선언을 전후한 노동운동과정에서 1987년 11월 28일 마침내 노동관계법이 현실에 맞게끔 대폭 개정되어 과거에 비해 노동기본권이 크게 신장되었다. 실제로 1996년과 1997년의 법 개정으로 노조의 정치활동, 방위산업체 근로자의 쟁의행위,

48) 최종태, "한국기업의 국제화과정에 있어서 노무 및 노사정책 과제와 전개방향," 「경영논집」, 서울대학교 경영연구소, 제21권 제3호, 9, pp. 68-69.

49) F. R. Marshall, A. G. King and V. M. Briggs, Jr., *Labor Economics: Wage, Employment and Trade Unionism,* 4th ed. (Homewood, IL: Irwin, p. 31.

50) 윤성천, "노동립법과 노사관계," 아산사회복지재단, 「복지사회의 노사관계」, pp. 437-438.

제3자 개입금지, 노사협의회 구성방법, 단체교섭과 노사협의제의 혼재 등에 대해 많은 개선과 구체화가 있었다.[51] 그러나 아직도 기업경영의 투명성 제고, 경영참가, 공무원의 부분적인 노동 3권을 비롯하여 적지 않은 논란이 있는바, 제도적 뒷받침이 이루어질 수 있도록 노동법의 발전적 개정에 역량을 강화해야 할 것이다.

여섯째는 노동운동이념을 재정립하는 문제이다. 노동운동은 일종의 조직운동이기 때문에 무엇보다도 확고한 이념과 운동노선·운동 목표가 매우 중요하다. 그 이념과 목표는 물론 경제민주주의여야 하겠지만 이것을 기초로 운동노선의 기조도 노동자계급의 직접적인 총체적 지위향상을 위해서는 종래의 허구적인 노동조합주의, 특히 실리적 조합주의의 노선을 시급히 탈피하여 반독점투쟁은 물론 경제투쟁과 정치투쟁을 과학적·통일적으로 전개함으로써 정치적 조합주의의 노선도 생각해 봐야만 할 것이다.

다행히 6·29선언 이후의 노동운동의 투쟁목적 내지 운동이념에 있어서 임금인상 등 종래 경제투쟁 일변도의 '실리적 조합주의'에서 벗어나 구속자 석방, 노동법 개정, 무노동·무임금철폐, 인사 및 경영관리 참가, 참교육실현 등에서부터 토지공개념 도입, 근로소득세 초과징수분 반환 등에 이르기까지 각종 정치투쟁을 내걸 뿐만 아니라 일부 변혁지향적인 방향까지 모색하고 있어 '정치적 조합주의'로의 전환가능성이 점차 높아지고 있는 실정이다. 돌이켜 보건대 선진국의 노동이념은 과거의 혁명적이거나 급진적인 정치투쟁 일변도에서 실용주의 내지 실리적 노동조합주의를 표방하는 경제주의로 발전하고, 그것은 다시 조합원의 이익과 국민 경제적 고려를 동시에 충족시키는 국민주의 등으로 발전하는 것으로 지적되어 왔다.[52]

이렇게 볼 때 한국노총을 주축으로 하는 계통의 노동조합은 지나치게 경제주의에만 안주하기보다는 정치·사회적 문제에 대해서도 나름대로 사회적 세력으로서의 영향력을 발휘하도록 그 운동이념을 발전시켜야 할 것이다. 뿐만 아니라 재야노동운동 또한 지금까지 견지해 온 노동해방 내지 혁명적인 사고와 운동방식에서 탈피하여 진보적인 성격은 유지한다 하더라도 노사공존과 타협의 논리도 아울러 받아들이도록 이념이 재정립되지 않으면 안 될 것이다.

일곱째로는 이해를 같이하는 국내 타 대중운동과 국제노동운동과의 강한 연대를 달성하는 일이다. 노동운동은 사회적 대중운동으로써 국민 일반으로부터의 튼튼한 지지

---

51) 이덕로, 「한국기업의 노사관계 특성에 관한 실증적 연구」, 박사학위론문, 연세대학교 대학원, p. 162.

52) 박세일, "우리나라의 노동조합운동의 이념적 발전방향," 노동운동의 발전방향에 관한 토론회 발표론문, 한국노동연구원, p. 4.

기반을 획득할 수 있어야 하며, 특히 농민운동, 청년운동, 학생운동, 여성운동, 문화운동 등의 민중운동·민주화운동·통일운동과의 통일적 협력관계를 강화해야 하고, 계급적·민주적 운동역량의 주축으로써의 자기역할과 임무를 수행할 수 있어야 한다.

또한 한국의 노동운동은 각국의 진보적 노동운동과 국제노동운동과의 강력한 연대를 획득함으로써 광범한 협력기반을 획득하는 한편, 세계평화의 옹호에 있어서나 세계적 규모의 거대독점자본의 지배에 대한 투쟁에 있어서 국제적인 기여를 행할 수 있어야 할 것이다. 외환 위기나 금융위기를 슬기롭게 극복하고 21세기 민족의 염원인 통일시대를 활짝 열기 위해서 한국노동운동은 대담한 자기쇄신을 통해 노동전선의 통일을 기필코 이룩해야만 한다.

그러나 아직도 우리나라 노동운동은 여·야 갈등을 반영하여 어용이었느냐 아니냐 하는 선명성이 문제가 되고 있다. 그리고 자본주의체제의 혁명적 개혁이냐 수정적 개혁이냐 또는 기존노선을 굳게 지키느냐 하는 문제를 둘러싸고 노동운동에 있어서 좌우갈등이 있다고 할 수 있다. 예컨대 기존노조나 한국노총은 장년층이, 신규노조나 전노협은 청년층이 차지하고 있어 이것이 세대 간의 거리감을 좁히지 못해 노동 운동계의 상호이해를 가로막는 요인이 되기도 한다.

따라서 신규노조는 급진적인 노선에서 기성세대의 요구를 받아들여 보다 현실주의 노선을 취할 필요가 있고, 기존노조는 젊은 세대의 요구를 대변할 수 있어야 한다. 이와 같이 노동운동이 바른 운동방향에서 조직 강화를 토대로 노동자의 지위향상에만 전념한다면 노동운동계 안에서의 여야갈등, 좌우갈등, 세대갈등은 점차 해소되어 분열된 노동운동계는 통일된 노동운동으로 전환될 수 있을 것으로 사료된다.[53]

결론적으로 이상에서 제시된 노동운동 발전에 있어서의 주체적인 주요과제들은 현재의 운동노선이나 노동조합 활동의 틀 속에서는 해결되기가 지극히 어려울 것을 생각되며, 노동운동에 내재되어 있는 각종 모순의 지양, 즉 내부로부터의 철저한 자기부정을 통해서만이 가능하게 될 것이다. 자기부정을 통한 새로운 발전의 추진과정에 있어서는 엄청난 진통이 수반될 수밖에 없을 것이다. 그리고 이와 같은 노동운동의 새로운 발전의 계기는 노동자계급의 성장과 과학적인 지도이념의 정립을 통해서 뒷받침되어야 하고, 또한 그럴 때만 그것은 확실하게 획득될 수 있을 것이다.

실로 한국의 노동운동은 일제 식민지시대부터 오늘에 이르기까지 숱한 탄압과 좌절

53) 김윤환, "90년대 노동조합운동 방향과 노동조합의 사회경제정책 방향," 노총정책세미나 발표논문」, 한국노동조합총연맹, pp. 18-20.

그리고 오욕의 역사를 거쳐 이제 21세기 새로운 지평을 여는 대전환의 장을 맞고 있다. 이러한 새로운 시작을 함에 있어서 한국의 노동운동은 우선 일제 하 노동운동의 정통성의 맥을 되살리는 가운데 무엇보다도 과거에 대한 철저한 자기반성과 자기부정 위에서 출발해야 한다. 왜냐하면 일제하의 노동운동은 그 혹독한 탄압에도 불구하고 노동해방과 노동자의 총체적 지위향상이라는 노동운동의 대의를 저버리지 않았을 뿐 아니라 그 세력이 한 번도 분열되지 않았기 때문이다.[54] 돌이켜 보건대 우리나라의 노동운동은 일제의 압박, 6·25전쟁, 경제성장, 국가안보 전근대적인 노사관행 그리고 외환위기와 금융위기 등과 같은 온갖 어려운 여건에도 불구하고 양적인 면과 질적인 면 모두에 있어서 괄목할만한 발전을 가져 왔었다.

그러나 노동운동세력의 분열, 법적 테두리를 벗어난 노동운동, 공식적이고도 단편적인 노동이념, 끈임 없는 어용성 시비 및 비민주적인 운영방식 등에 있어서 적지 않은 비판을 받아온 것 또한 사실이다.

노동자의 권익을 신장시키는 길은 정부의 노동입법이나 노동정책 그리고 기업의 인사노무관리 등에 의해서도 가능하겠지만 거기에는 나름대로의 적지 않은 한계가 있기 마련이다. 따라서 노동자 스스로가 단결된 힘을 바탕으로 그들의 지위향상을 도모하려는 의식적이고도 주체적인 활동이 필요한데, 그러기 위해서는 각별한 노력을 경주하지 않으면 안 된다.

21세기에 있어서 우리나라의 노동운동은 급변하는 국내외의 환경변화에 신속히 대응하면서 바람직한 노동운동의 진로를 모색하는 방향으로 전개되어야 하는데 그러기 위해서는 풀어야 할 많은 과제들이 있다. 예컨대 대내외적인 민주성의 확보 문제라든가 노동운동 이념의 재정립의 문제, 노동관계법이 발전적 개정 문제, 노동운동의 통일전선 구축 문제 이밖에도 노동운동 목표의 다양화, 노동조합의 자주성확립 문제, 경영참가의 증대 등의 과제일 것이다.

그리고 노사자치의 원칙, 노사대등의 원칙 등에 입각하여 민주적 노사관계로 변신해야 한다는 중대한 과제도 안고 있다. 왜냐하면 민주적인 노사관계형성을 배경으로 경제민주화가 열매를 맺을 수 있을 때, 비로소 대내·외의 급격한 환경변화를 극복하고 한국자본주의는 건전한 발전을 이룩할 수 있을 것이며, 나아가 바람직한 복지사회를 실현할 수 있을 것이기 때문이다. 따라서 향후 한국의 노동운동은 이러한 제 문제들을 해결하는데 모든 지혜와 역량을 집결해야 할 것으로 사료된다.

---

54) 배손근, 전게서, p. 101.

제7절 국제노동운동

1. 국제노동운동의 전개

오늘날에는 세계화의 진전으로 지구촌시대를 형성하면서 국경이 없는 무한 경쟁이 가속화되고 있다. 따라서 각국의 노동운동은 또 다른 이념적·종교적 차이에 의해 동일한 체제 내에서도 경제의 국가적 수준에 따라 그 내용을 달리하고 있다. 즉, 경제·정치·사회문화·전통·국민성 등에 따라 상이한 노동운동을 전개하고 있다.

국가 간 교역이 확대되고 경쟁이 격화되면서 자본주의 경제가 고도로 발달하여 각국의 무역과 경제교류가 왕성해짐에 따라 근로자들은 자신들의 생활을 지키고 근로조건을 개선하기 위해 노동조합을 결성하고 연합하여 공동의 목적달성을 위해 보다 큰 영향력을 행사하려고 한다. 노조가 강해지고 세력이 확장되면서 노동운동은 보다 왕성해지면서 이제는 국경을 넘어서까지 노동운동의 범위를 확대시켜 가고 있다.

1) 제1차 국제노동운동

영국에서 시작된 조직적인 노동운동은 서구제국에서도 뿌리를 내리기 시작할 무렵인 1830~40년대에는 세계 각국의 노동자들이 상호 연대하려는 시도가 나타나기 시작하였는데, 대표적인 사례로써 1847년 6월 결성된 공산주의동맹에 속한 마르크스와 엥겔스는 1848년 2월 공산당선언(The Comunism Manifesto)을 발표하고 "만국의 노동자들이여 단결하라"는 제창과 더불어 이른바 과학적 사회주의를 확립하고 노동운동의 국제적 연대성을 이론화하였다. 노동운동의 국제적 연대에 대한 요구가 높아지면서 1863년에는 폴란드의 반란을 진압하는 데 항의하는 영국과 프랑스의 노동자 집회를 기회로 그 지역의 망명사회주의자도 참여하여 1864년 9월 28일 런던에서 국제노동자협회(International Working mens Association)를 창설하였는데 이것이 국제노동운동의 시초이다.

국제노동자협회는 프롤레타리아 최초의 국제적인 대중적 혁명조직으로써 각국의 사회주의자 그룹, 노동조합, 협동조합, 노동자 교육단체 등을 결집하였다. 마르크스와 엥겔스는 이론적 지도자로서 협회를 중앙집권적 조직으로 통합하고 종전의 사회주의의 각 흐름을 마르크스주의로 흡수하여 단일의 프롤레타리아당 창설에 주력하였다.

제1인터내셔널(The First International)이 결성된 후 1870년에 발생한 보불전쟁에 대한 활동을 하면서, 토지 · 광산 · 교통기관의 자유화 폐지, 조세제도의 개혁 등과 같은 정치문제를 들고 나와 국제적 운동으로 확산시켰다. 그러나 이 조직은 처음부터 사회주의자, 무정부주의자 등 다양한 사람들이 모였기 때문에 행동통일이 어려웠고 그로 인해 세력은 점차 약화되어 1872년 활동을 중지하였다.

2) 제2차 국제노동운동

제1인터내셔널(The First International)이 활동을 중지한 이후 노동운동의 국제적 연대는 없었으나 1870년~1900년의 약 30년간은 자본주의의 상향적 발전이 이루어졌던 독점자본주의의 형성기이다. 이 시기에 서구 각국에서는 사회주의 정당이 결성되었고 이에 노동조합도 전국적인 중앙조직이 결성되었으며 이를 기초로 국제적인 노동운동의 부활이 시작되었다.

1889년 7월 프랑스 혁명 100주년 기념일에 20개국 395명의 사회주의자 대표들이 파리에 결집하여 제2인터내셔널(The Second International)을 결성하였다. 1890년 'May Day'에는 8시간제의 국제적 노동운동을 전개하였다. 그러나 20세기에 접어들면서 제2인터내셔널(The Second International) 및 국제노동조합의 내부에는 노 · 사 협조적 개량주의가 뿌리 내리기 시작하였고, 자본주의의 평온한 발전과 정치 · 경제의 양면에 걸쳐 근로자에게 부분적 양보가 이루어지면서 혁명적 정세는 사라지게 되었다.

20세기에 접어들어 제국주의 침략전쟁이 시작되자 난맥상에 빠져 있던 제2인터내셔널은 전쟁반대의 결의를 하였으나 유효한 행동을 조직화하지는 못했고, 오히려 제국주의의 식민지 억압에 사실상의 협력을 하고 말았다.

3) 제3차 국제노동운동

제1차 세계대전 중에 프롤레타리아의 전쟁반대에 호응하여 제2인터내셔널 좌파를 중심으로 한 국제조직재건을 위한 노력이 있었다. 1919년 3월 모스코바에서 20여 개국 대표가 참석하여 제3인터내셔널(Third Communist International: Comintern)을 결성하였다. 이 조직은 민주적 중앙집권의 조직원칙에 따르는 혁명적 포롤레타리아의 국제조직으로써 프롤레타리아독재를 주장했던 제2인터내셔널과는 구별된다.

제3인터내셔널(코민테른; 국제공산당)은 1921년 혁명적 노동조합운동의 국제조직인 적색운동조합 인터내셔널(The Red International of Labor Union)을 조직하였는데 약칭 '프로핀테른'이라고도 한다.

적색노동조합은 계급투쟁 및 산업별 조합주의를 제창하고 생산적 노동자를 조직의 중심으로 할 것과 식민지제국의 노동조합운동에 특히 관심을 가질 것 등을 주장하면서 정치적 노동운동을 기본목표로 하였다.

이때부터 노동운동은 국제무대에서 유럽에 국한되지 않고 아시아 및 기타 식민지에도 노동자들이 조직적으로 활동하기 시작하였다.

4) 국제적 노동조합기구의 탄생

국제적 노동조합기구는 1902년 결성되어 1909년 개칭한 국제노동조합연맹(IFTU)이 최초이고, 이후 1923년 제2인터내셔널과 제2反인터내셔널이 합동으로 설립한 사회주의 노동자 인터내셔널(SLI), 그리고 독일 나치스에 대한 저항수단으로 코민테른이 프랑스를 중심으로 결성하였던 인민전선 등이 있다.

1933년 히틀러가 정권을 잡으면서 독일에서 노동조합은 혹심한 탄압을 받았는데 많은 노동운동 지도자들이 체포·투옥·처형되거나 혹은 외국으로 망명하였다. 뿐만 아니라 제2차 세계대전으로 히틀러의 나치스군대에 짓밟힌 많은 나라에서 민주적 노동운동은 말살되었다. 그러나 제2차 세계대전이 끝난 1945년, 세계노동조합연합(WFTU)이 런던과 파리 대회에서 결성되었다. 미국의 노동조합으로는 산업별 노동조합회의(CIO)가 참가하였고, 구소련의 노동조합을 진실한 노동조합으로 인정하지 않았던 미국 노동조합연맹(AFL)은 참가하지 않았다.

제2차 세계대전 이후 구소련과 서구제국 사이에 이루어졌던 제휴가 무너지면서 세계노동조합연합의 긴장은 고조되었는데, 1947년 6월 서구의 재건을 목표로 한 마샬 플랜의 발표는 이러한 내적 긴장을 위기로 몰아넣고 말았다. 세계노동조합연합 사무국과 집행위원회의 다수파가 마샬 플랜의 토의를 거부하자, 미국 노동조합과 영국의 노동조합이 주축이 되어 마샬 플랜과 협력하는 별도의 국제조직을 형성하게 되었다.

그리하여 1949년 1월 프랑스 파리에서 열린 집행국 회의에서 세계노동조합연합은 마침내 분열하고 말았다. 그 결과 공산주의국가의 노동조합들과 친공적 노동조합에 의해 이 기구는 운영되었다.

세계노동조합연합에서 이탈한 비공산주의 노동조합들이 1949년 11월 영국 런던에서 국제자유노동조합연맹(ICFTU)을 창설하였다. 현재 우리나라의 노총도 회원국으로 가입하였다. 국제자유노동조합연맹은 공산주의 국가의 노동조합 및 공산주의적 노동조합과 대립하여 자유민주주의적 국제노동운동의 총본산 역할을 담당하고 있다.

미국의 노총은 서구의 노동조합들이 공산당 계열의 노동조합과 유대를 강화하고 이들과 교류를 넓힘으로써 서구에서의 자유노동조합원칙들이 무너지고 있기 때문에 1969년 국제자유노련에서 탈퇴하였다. 그러나 미국의 노총은 국제자유노련 남미지역기구(ORIT)에 참여하여 그 활동을 지원하고 있으며 3개의 노동개발기구를 통하여 아시아 · 아프리카 · 중남미의 민주노동운동에 대한 지원을 계속하고 있는 실정이다.

또한 가톨릭계열의 노동조합연합인 국제기독교노동연합서기국(ISCTU)이 1908년 설립되었으며, 1920년에는 오늘날의 국제기독교노동조합연맹(IFCTU)이 헤이그에서 창설되었다. 국제기독교노동조합연맹은 전통적으로 구주제국에서 발달하고 있었으며, 벨기에 · 네덜란드 · 독일 · 프랑스 등에서 강한 조직을 가지고 있다. 이 연맹은 전면적 국유화 및 집단적 소유제에 반대하고 근로자와 사용자의 공동경영을 지도이념으로 하고 있다.

2. 국제노동운동의 이론

노동운동이나 노동조합은 흔히 공업화로 말미암은 정치 · 경제 및 사회 환경의 변화, 특히, 19세기적 자본주의나 극한적인 사회계층간의 갈등에서 비롯되는 것이라고 풀이되어 왔다.[55] 그러나 초기에 반체제적인 운동(Anti-Establishment Movement)으로 출발한 노조는 이제 기성체제내의 조직으로 동화하고 있으며 이에 따라 조합은 오늘의 사회, 경제 및 정치질서 위에 깊이 뿌리박게 되었다.

이하에서는 ① 노동조합이 결성을 보게 되는 까닭, ② 노조의 목표결정이나 전략결정 방법, ③ 조합원의 조합에 대한 태도 결정, ④ 환경이나 문화적 배경이 노동운동에 어떠한 영향을 미치는지 등에 관한 각종 이론과 학설들을 그러한 이론이 발생한 배경과 더불어 살펴보기로 한다.

---

55) David I, Sills, *International Encyclopedia of Social Science,* The MacMillan & The Free Press, Vol. 8, p. 968, pp. 516-519.

1) 산업민주주의 이론

영국의 사회개혁가 웨브 부처(S. J. Webb, 1859-1947, Beatrice Webb, 1859-1943)의 저서인 「산업민주주의」(Industrial Democracy, 1897)는 노동운동의 성전이라 일컬어지고 있다. 웨브 부처는 노동운동의 기원을 마르크스와 마찬가지로 독립된 노동계급의 형성에서 찾았고, 노동조합이란 "임금노동자가 자신의 작업조건을 유지 · 향상시킬 목적으로 단결한 항구적 단체이다"라고 하였다. 뿐만 아니라 노동운동은 정치적 민주화의 기본이 되는 산업민주화의 연장이며, 경영자 독재를 극복하고자 하는 경영민주화의 일원으로 보고 있다. 따라서 노동운동은 근로자들이 교섭(bargaining)에 참가하도록 함으로써 그들의 자유를 강화하고, 결과적으로는 생활수준 및 작업환경을 스스로 추진해야 한다고 보는 것이다.

근로자들이 교섭력을 상실하면, 자유와 평등이란 사회의 기본적 규칙(rule)이 깨어져 종속적 · 노예적 상황에 직면하게 된다는 우려에 대하여 정치적 민주화뿐만 아니라 산업사회의 민주화도 이루어져야 한다는 데 이론적 근거를 내세우고 있다.

산업민주주의 이론은 교섭기구로써의 노조가 갖는 두 가지 수단을 노조원수의 제한(the restriction of numbers)과 기업별 최저기준(minimum standards)을 설정하는 데 있다고 보았으며, 전자는 비경제적 · 비민주적이라는 이유로 사용하지 않았고, 후자는 임금 및 노동조건의 최저기준을 향상시키는 방향으로 추진되고 있다.

또한 웨브 부처는 노동조합주의라는 점진주의를 신봉하였다. 즉, 노동조합이란 민주주의의 원칙을 근로 현장에 도입하고 궁극적으로는 경제전반에 확대시키는 매개수단이라고 믿었던 것이다. 이러한 이론은 지난날 영국의 노동운동에 대한 연구와 노동조직에 대한 몇 가지 발전단계를 조사한 결과에서 도출되었다. 이러한 단계들은 노동조합이 자신의 조건을 유지하고 향상시키기 위하여 고안해 낸 '수단 또는 규율'이라는 것으로 특징 지워진다.

웨브 부처가 말하는 수단이란 인원수의 제한으로 임금수준을 유지하려는 것이지만, 비능률적이고 경제에 해를 준다고 생각하였다. 그리고 규율은 상호보험(mutual insurance), 단체교섭(collective bargaining), 입법조치(labor Act) 등의 방법으로 유지되어 왔는데, 첫째, 상호 보험은 몇몇 근로자들에 의해 그들의 조건을 유지하고 향상시킬 수가 있었다. 그러나 이 방법은 사용자 또는 경쟁시장에 의하여 통제된 조건에 아무런 작용도 하지 못한다.

둘째, 단체교섭은 근로자들이 시장에서 착취당하는 것으로부터 보호하기 위한 방법으로 등장하였다. 그리고 단체교섭은 노동자들에게 산업민주주의의 길을 터주는 데 유익하다는 것을 입증하였다. 그러나 그는 모든 노동자를 대상으로 하지 않았다는 단점이 있으며, 또한 공모와 파업에 의한 혼란으로부터 공중을 보호하지 못한다는 단점이 있다.

셋째, 입법조치의 방법은 궁극적으로는 단체교섭과 상호보험 제도를 보완하는 기능을 갖는 것이며, 결코 이들을 대체할 수는 없다.

웨브 부처에 의하면 노동조합은 일반규칙을 강요함으로써 산업파업을 증대시키고, 사용자로 하여금 임금인하의 방법을 채용하지 못하게 하며, 결과적으로는 사용자로 하여금 능률 증진을 통해 경쟁력 강화를 추구해 가도록 작용한다는 것이다. 그리고 노동자에 대한 실업의 위험은 노동조합이 무리한 임금인상 요구를 하지 못하게 하는 효과가 있다는 것도 지적하고 있다.

따라서 노동조합과 사용자는 궁극적으로는 단체교섭을 통하여 임금을 적정수준에서 안정시키고, 생산능률을 증대시키며, 결과적으로는 경제발전을 가져오게 한다는 산업민주주의 이론을 확립하였던 것이다.[56)]

2) 정치적 혁명이론

노동조합에 대한 마르크스(Karl Marx, 1818-1883)의 견해는 그의 자본주의에 대한 일반이론의 한 부분이다. 이 이론에 따르면 노동조합은 노동자계급 또는 프롤레타리아(proletariate)의 등장에서 비롯된 것이라고 본다. 이러한 프롤레타리아는 농업과 공업에 있어서 자본주의적 생산양식이 노동자를 토지에 예속시켰던 봉건체제를 파괴하고 또한 자본가와 노동자계급의 간격을 더욱 확대시켰을 때 형성된 것이라고 한다. 뿐만 아니라 그들은 생존을 위하여 자신의 노동력을 자유노동시장에서 매각하지 않으면 안 되는 비참한 신세로 전락하였다고 보고 있다.

따라서 노동자들은 각 개인이 갖고 있는 노동력에 대한 처분능력이 있으나, 반대로 자본에는 사회적 권력이 따르게 됨으로써 자본과 노동 사이의 협약을 공정할 수 없다는 것이다. 이에 대해서 노동자들이 지니는 유일한 사회적인 힘(social force)은 수적 우세에 있는 노동자의 세력에 있는데, 이러한 힘은 그들이 단결하여 상호 경쟁을 배제하

56) 이준범, 『현대노사관계론』, 박영사, pp. 77-78 참조.

는 경우에 얻을 수 있는 노동조합이라고 하였다.

마르크스는 이러한 점에 착안하여 노동조합을 단결의 출발점이 되는 조직화 구심점으로 보았으며, 조직적인 노동운동을 프롤레타리아(임금노동자 · 무산계급)가 부르주아지(bourgeoisie : 자본가 · 유산계급)를 전복시키려는 계급투쟁(class struggle)의 중간단계로 지적하고 있어 노동운동을 계급투쟁의 도구로 중요시하였던 것이다.[57)]

마르크스는 노동자계급을 산업현대화의 파수꾼(wards)으로 추대하고 부르주아지에 대항 할 수 있는 유일한 계층으로 보았으며, 이들의 계급투쟁을 정치적 투쟁으로써 의미를 부여하고 있다.

그리고 노동조합은 그 자체의 유지가 목적이 아니고, 또한 평등한 사회에서 노동자들의 권리를 보호하기 위한 기관이 아니라 노동자 우위의 공산주의 사회 건설을 위하여 노동자들을 단결시키는 정치적 기관으로 보았다.[58)]

이와 같이 마르크스는 노동운동(movements of labor party)을 계급투쟁에 목표를 둔 정치적 혁명에 두고 있으며, 사회주의의 경제법칙에 비추어 볼 때 노동문제에 대한 항구적인 해결책은 자본주의의 체제의 전복에 있다고 역설한 것이다.

따라서 마르크스의 이론에 의하면 노동조합의 기본적인 역할은 근로자를 조직화하고 계급투쟁을 격화시키는 데 있으며, 그 목적은 사회주의의 최종단계인 공산주의의 수립에 있다고 주장하였다.

결론적으로 마르크스의 정치적 혁명이론은 잘못된 노동운동이론이며 산업민주주의 노동운동이론과는 근본적으로 상이한 이론으로 평가되고 있다.

3) 환경특성이론

코먼즈(J. R. Commons)는 1904년에서 1930년까지 미국 위스콘신대학의 교수였으며, 미국에 있어서 노동경제학의 기초를 세운 한 사람으로 평가받고 있다. 그는 노동운동의 내용은 자본주의 발전단계에 따라 다르며, 그 환경의 특성에서 나타난 특징을 갖고 있다고 설명하였다. 따라서 코먼즈는 노동운동을 자본주의의 발달에 따라 다음과 같은 세 단계의 과정으로 보고 있다. 즉, 상업자본주의(merchant capitalism), 사용자자

57) J. T. Dunlop, *The Development of Labor Organization : A Theoretical Framework in Reading in Labor Economics and Labor Relation*, Richard L., Rowan, ed., Home-wood, Illinois : Richard D. Irwin Inc., p. 47.

58) Orme W. Phelps, *Introduction to Labor Economics*, 2nd ed., New York : McGraw-Hill Book Co., Inc., p. 206.

본주의(employer capitalism), 은행가자본주의(banker capitalism) 등이다.[59]

(1) 상업자본주의의 노동운동

노동운동은 상업자본주의 기간에 등장하였고, 시장팽창에 기인한다고 보았다. 상업자본가는 더 넓은 시장을 통제하며, 과거에는 서로 격리되었던 사용자로 하여금 상호 경쟁을 강요하였다. 이에 따라 기업경영은 더욱 비인간적이고 기계적이 되면서, 사용자는 자신의 이윤 확보를 위해 근로자를 억압하게 되었다. 따라서 코먼즈는 노동조합을 경쟁으로부터 근로자를 보호하기 위한 수단으로 보았던 것이다.

(2) 사용자자본주의 노동운동

이 단계에서는 자본가가 기계와 공장을 소유하게 되고, 시장팽창을 수반하여 전문화와 대량생산을 가능케 함으로써 숙련공의 고용조건은 전문화, 기계화 및 대량생산에 의해 위협을 받게 되었다. 그리고 이 단계에서는 노동운동 지도자들 사이에 자본가와 교섭하려고 하는 사람과 자본주의 체제의 전복을 기도하는 사람과의 사이에 분열이 발생하기도 한다.

이 단계의 두드러진 특징으로는 단체교섭이 경제상황이 어려운 공황 때에는 극단론자가 승리하는 경우가 있지만, 경제상황이 좋은 호경기 때에는 단체교섭이 지배적이었다는 사실이다.

(3) 은행가자본주의 노동운동

국제노동운동은 은행가자본주의의 팽창에서부터 비롯되었다. 은행가자본주의 이론에 따르면 국제노동운동은 세계적 은행가, 투자가 및 투기꾼들이 세계적인 조직을 통해 생산을 통제하기 때문에 근로자들은 국제적인 은행자본가로부터 자신들을 보호하기 위하여 국제적인 노동운동을 전개하였다는 것이다.

코먼즈가 자본주의의 반응으로 나타난 노동운동의 몇 가지 일반적 특징을 인정하고 있는 것은 사실이나, 각각의 노동운동은 각자의 환경의 특성에서 나타난 독특한 특징을 갖고 있다고 생각된다.

결국 코먼즈는 노동운동의 출현을 새로운 교섭계층(bargaining class)으로서 임금노

59) A. M. Carter and F. R. Marshall, *Labor Economics*, Homewood, Illinois : Richard D. Irwin Inc., p. 32.; 이준범, 전게서, p. 79. 참조.

동자와 고용주의 대두에서 찾고 또한 이러한 교섭계층의 변화는 시장의 확대와 이에 따른 생산방식의 변화에 있다고 보았던 것이다. 다시 말해 노동운동의 시초가 되는 교섭계층의 출현은 시장 확대 → 생산방식의 변화 → 새로운 교섭계층의 출현과 같은 연계관계가 있다고 보았다.[60)]

4) 펄만의 기회추구이론

펄만(Selig Perman)은 코만즈의 제자로 임금근로자에 대한 장기간의 연구를 통해 노동운동의 세력을 결정짓는 세 가지 주요 세력, 즉 자본가 또는 기업가(capitalist or entrepreneur) · 육체노동자(manual worker) · 지식인(intellectuals)이 있음을 발견하고, 이들 세력들이 나라마다 상이한 방법으로 얽혀져 상이한 결과를 가져온다는 주장하였다.

(1) 자본가 또는 기업가계급

자본가 또는 기업가계급의 특징적인 의식은 얻을 수 있는 최대의 것을 얻고자 하는 기회의식(opportunity consciousness) 또는 기회의 풍요의식(abundance consciousness of opportunity)이라 할 수 있다.

펄만의 주장에 따르면 기업가에게 있어서 경제생활이란 모험으로 간주된다. 다시 말해 기업가의 경제활동은 예측할 수 없는 불확실성 속에서 수많은 도전의 연속으로 이어지는 도박과 같은 제로 섬(zero sum)게임으로 간주되었다. 어떤 사회의 기업가계급이 이런 세계관을 소유하게 되면 강도가 강하면 강할수록 그 사회는 이런 세계의 존속에 필요한 여러 제도를 더욱 확장하고 또한 그를 부인하려고 하는 세력으로부터 그를 방어하고자 하는 의사가 강할 것이다. 반대로 그런 세계관이 약하면 약할수록 그런 제도를 확장하고 또한 방어하고자 하는 의사가 약할 것이다. 즉 기회의식이 강하면 자본주의의 저항력도 강하다는 것이다.

(2) 노동자계급

펄만이 주장한 두 번째 세력은 근로자 또는 노동조합이다. 이들은 근본적으로 현실적이며, 사용자뿐만 아니라 지식인에게도 반항한다. 어느 시기, 어느 나라에서나 육체적인 근로자 집단의 특징적인 의식은 기회의 희소의식(scarcity consciousness of

---

60) J. T. Dunlop, *op. cit.*, pp. 46–47.

opportunity)이다. 이들의 희소의식은 기업가의 특징적 의식인 풍요의식과는 근본적으로 대립되는 것으로 기회는 적고 경쟁자는 많다는 것이다.

따라서 노동자들의 목적은 보다 안정감을 줄 수 있도록 직업기회를 관리·통제하는데 있으며, 이것은 노동조합을 통해서만이 가능하다고 믿고 있다.

펄만은 노동자들의 이런 태도를 유기적 노동의 철학(philosophy of organic labor) 또는 유기적 조합주의(organic unionism)이라고 하였다. 여기서 유기적이라 함은 노동자나 노동조합은 결코 혁명적 또는 혁신적 견해를 갖지 않으며, 만일 그렇게 되었다면 그것은 그들이 심성을 변경시켰기 때문이 아니고, 외부의 영향을 받은 때문이라는 것이다.

(3) 지식인계급

마지막으로 지식인계급이란 학자나 정신적 직업에 종사하는 자를 말하는 것이 아니고, 현존하는 사회제도에 불만을 품고 있고 그것을 새로운 것으로 개혁하고자 하는 사람들을 포함하는 포괄적인 용어이다. 이들은 반자본주의적 영향을 형성하며, 자신들의 이념을 노동자에게 강요하려고 하며, 또한 중간계급을 설득함으로써 자본주의에 대한 지지를 철회시키려고 한다. 즉 지식인들은 개혁자(reformist)이다.

이상의 내용을 종합해 보면, 자본가나 기업가는 기회의식을 가지고 있고, 노동자는 희소의식을 가지며, 지식인은 혁신주의의 방향의식을 가지고 있다. 따라서 어떤 나라에서나 노동운동은 위와 같은 세 집단 간의 상관적 힘과 영향력에 의해 그 형태가 형성된다는 것이다.

5) 산업화집단이론

산업화집단이론은 커어(C. Kerr), 던롭(J. T. Dunlop), 하비슨(Frederick Harbison), 마이어즈(Charles A. Myers)등에 의해 공통으로 주장되고 있는 이론이다. 이들이 행한 분석의 중심개념은 ① 공업화과정과 ② 산업화집단이라고 이름 한 그 사회에 공업화를 도입하는데 지도적 역할을 담당한 엘리트집단이다. 공업화가 노동운동에 미치는 영향은 그것을 뒷받침하는 엘리트 집단의 성격에 달려 있다. 엘리트집단이 자국의 산업화를 위하여 설정한 특정한 전략은 다음과 같다.

(1) 왕조엘리트(dynastic elite)

왕조엘리트는 토지귀족사회 내지 과거 군인사회에 나오는 엘리트로서 지난날 독일 및 일본의 산업화과정에서 그 예를 찾아 볼 수 있다. 왕조적 지도자는 가부장적 사고에 따라 사용자에게 복종이 강요되는 친권적 사회(paternalistic society)를 만들었는데, 이 사회에서의 노동운동은 자연히 왕조엘리트에 의해 억제되었다. 따라서 여기서는 민주적인 변화란 기대할 수 없고 극단적인 노동운동을 유발시키게 된다.

(2) 중산층엘리트(middle-class elite)

중산층엘리트집단은 미국과 영국에서 산업화를 이끌어 온 중심 세력으로서 개인주의와 자유방임주의를 강조하며, 산업화의 중요결정을 하는 데 있어서도 시장기능에 의존하려고 하였다. 따라서 노동운동은 직무나 업무의 통제부터 시작하였기 때문에 경제문제를 둘러싸고 동맹파업이 발생하였다. 그리고 이 집단의 제한적 분규는 사회에서의 긍정적 역할이라 보고, 또한 단체교섭을 인정한다.

(3) 혁명적 지식엘리트(revolutionary intellectual elite)

이 집단은 구소련과 중국 등과 같은 공산국가에서 산업화과정을 영도하였다. 그들은 급속한 공업화를 강요하며, 기존질서를 단시일 내에 말살시키려고 시도한다. 노사관계를 비롯한 모든 산업화 기능은 혁명적 지식엘리트에 의하여 영도되는 유일한 당과 국가에 복종할 것이 요구한다.

(4) 식민지 관리자(colonial administrator)

식민지 관리자는 자신이 통치하는 나라보다는 모국의 이익에 관심을 집중시킨다. 따라서 이러한 식민지 관리자가 산업화사회를 이끌고 가는 나라에 있어서 노동운동은 반식민주의 극복을 위한 투쟁조직으로 변한다. 이와 같은 예는 우리나라가 일제식민지하에서 일으켰던 노동운동에서 찾을 수 있다.

(5) 민족적 엘리트(nationalistic elite)

민족적 엘리트는 인도를 비롯하여 신생독립국가의 영도자에 의해서 특징지어진다. 민족주의자가 산업사회를 영도하는 나라에서는 민족주의가 노동운동을 위한 지도원칙이 되는 경우가 많다. 한편, 노동조합의 시위는 평화적으로 진행되는 것이 일반적이다. 그러나 그들은 항의시위와 같은 것은 민족주의 이념과 경제발전에 일치되지 않는다고 생각한다.

이상에서 살펴 본 바와 같이 산업화집단이론에서는 각국가와 사회에 따라 산업화과정을 이끌어 가는 엘리트는 각각 다르며, 산업화과정이 진전됨에 따라 노동운동의 이념과 목적에 따라 산업엘리트 자체에도 심각한 변화가 일어난다고 보고 있다.

6) 기능적 분류이론

혹시(R. F. Hoxie)는 유사한 사회경제적 환경에 대한 임금노동자들은 사회적 상황에 대한 공통된 이해를 갖는다고 전제하고 노동조합도 집단감정이 집약화 된 존재로 보았다. 따라서 집약화 된 공통의 이해 또는 기능에 따라서 노동운동을 다음과 같이 분류하였다.

(1) 기업 노조운동(business unionism)

공통의 이해를 가진 동일직업 또는 동일산업에 있어서 임금·작업시간·작업조건 등의 향상을 목적으로 하며, 노동조합 자체는 교섭기관으로 간주된다.

(2) 이상 노조운동(uplift unionism)

노동운동의 기본목표를 도덕적·사회적 가치의 조화로 개인의 인격, 여가활동, 문화 및 생활수준을 향상시키는데 둔다. 이러한 유형의 노조운동은 직업화 또는 계층화된 작업집단에서 발견될 수 있으며, 이러한 노조운동의 주요 활동으로는 복지계획, 정치적 행동, 생산자와 소비자 간의 협동 등을 예로 들 수 있다.

(3) 혁명적 노조운동(revolutionary unionism)

계급 의식적 노조운동으로 기존의 사회·경제 질서를 경멸하고 이를 새로운 혁신시키는데 목표를 둔다. 혁명적 노조운동의 중심적 테마는 기술수준이나 생활수준에 관계없이 모든 근로자들의 이해관계를 완전히 조화하는 데 있다. 그 이행방법으로는 중간단계로서 단체교섭과 정치적 행동이 있으며, 직접적 행동으로는 동맹파업, 불매운동, 태업 및 폭력 등이 있다.

(4) 약탈적 노조운동(predatory unionism)

약탈적 노조운동은 사회적, 정치적, 경제적 극도의 혼란기에서 찾아 볼 수 있는 형태로 어떤 원칙을 따른다기보다는 단기적인 목적 달성에 중점을 둔 노동운동을 말한다. 주요 행동수단으로는 뇌물수수, 왜곡, 고용주와의 독점적인 결탁 등이고, 주로 불법적인 행동에 의존한다.

(5) 의존적 노조운동(dependent unionism)

이는 노동조합이 고용주의 지원에 의존하여 운영되고 있을 때 나타나는 노동운동의 형태를 말한다. 이때 고용주들은 다른 노동집단이나 노조의 존재가 이익이 된다고 판단하기 때문에 노동조합을 지원한다.

이상과 같은 여러 가지 노동운동이론 가운데 어느 것이 타당하며, 어느 것이 시대적인 환경에 적합한지는 노동운동의 성격을 규명하는 논리에서 달라질 수 있다. 그리고 이론적인 배경과 노동운동의 발전과정에 영향을 미치는 요인, 즉 경제 · 정치 · 사회적 성격, 산업 및 개인주의적 · 사회주의적인 체제와 각국의 노동운동의 발달과 특성에 따라 달라질 수 있음을 간과해서는 안 된다.

3. 국제적 노동조합기구의 결성

대표적인 국제적 노동조합기구에는 1901년에 결성된 국제노동조합연맹(IFTU), 1945년에 창설된 세계노동조합연맹(WFTU), 1949년에 결성된 국제자유노동조합연맹(ICFTU), 1920년에 창설된 국제기독교노동조합연맹(IFCTU)등이 있으며, 제1차 세계대전 후 1919년 베르사유 평화조약에 의하여 설립된 국제노동기구(ILO)가 있다.

1) 국제노동조합연맹(IFTU)

1919년 창립된 노동조합의 국제단체로서 자본주의의 모순을 점진적으로 수정하자는 개량주의적 성격을 띠고 있다. 1903년 유럽 여러 나라에 있었던 노동조합은 각국 노동조합의 연락정보기관 역할을 하는 국제서기국을 설치하였으며, 1913년 국제노동조합연맹(International Federation of Trade Unions; IFTU)으로 명칭을 바꾸었다.

제1차 세계대전으로 한때 조직이 해체되었다가, 세계대전이 끝난 후 1919년 네덜란드 암스테르담에서 다시 설립하였다. 1931년까지 본부를 암스테르담에 두었고, 줄곧 제2인터내셔널을 지지한 코민테른 소속의 프로핀테른(Profintern)과 대립하였으며, 전성기에는 2300만 명의 조합원이 가입할 정도로 대규모였다. 가맹 조직은 주로 유럽과 북아메리카에 한정되었고, 제2차 세계대전이 일어나기 전에 이미 모든 활동이 중단되었으며, 1945년 세계노동조합연맹(World Federation of Trade Unions: WFTU)이 전 세계노동조합의 통일조직으로서 창립된 후 정식으로 해체되었다.

2) 세계노동조합연맹(WFTU)

제2차 세계대전 중인 1945년 10월에 프랑스 파리에서 열린 세계노동조합회의(World Trade Union Congress; WTUC)에서 파쇼에 투쟁하는 연합국 노동조합들이 협력하여 결성하였는데 약칭으로 WFTU 또는 세계노련이라고도 하며 본부는 체코의 프라하에 있다.

세계노동조합연맹은 제국주의·식민지주의·신식민주의에 반대하며 사회진보·민족독립·평화수호를 슬로건으로 내걸었다. 세계의 노동조합을 통일하고 사회체제의 차이를 극복하여 여러 나라의 노동조합 중앙조직을 결집하는 것을 목표로 삼고 있다.

처음에는 미국·영국·소련 등 56개국에서 6700만 명의 노동자가 참여하여 결성하였으나 1949년 유럽부흥계획(Marshall Plan)을 지지하지 않는 세계노동조합연맹의 방침에 반대한 영국의 노동조합회의(Trade Union Congress), 미국의 산업별노동조합회의(Congress of Industrial Organizations), 네덜란드의 노동총동맹(NVV)이 탈퇴하였다. 같은 해 11월 국제자유노동조합연맹(ICFTU)이 결성됨으로써 세계의 노동조합은 2개로 분열되었다.

4년마다 세계노동조합대회, 2년마다 총평의회, 매년 평의회 집행위원회를 열며 상설기관으로 정·부의장, 정·부서기장으로 구성되는 집행국과 서기국이 있으며, 하부기관으로 WFTU의 목적에 따라 자주적으로 활동하는 산업별 노동조합 인터내셔널이 있다.

3) 세계자유노동조합연맹(ICFTU)

국제자유노동조합연맹(International Confederation of Free Trad Union; ICFTU)은 1949년 53개국이 런던에 모여 결성한 국제적 노동단체로 약칭으로 세계노련이라고도

하며 본부는 브뤼셀(Brussels)에 있다. 1996년 현재 137개국 1억2천4백만 명의 조합원을 대표하는 노조가 가입해 있으며, ICFTU는 노・사・정이 함께 하는, UN산하 국제노동기구인 ILO와의 관계를 중시하며, 그 외 UN산하 각종 기구와 국제통화기금(IMF) 및 세계은행과 WTO회담에도 대표를 파견한다.

상설기구로서 총서기국이 관할하는 서기국본부는 브뤼셀에 있으며, 그 밖에도 제네바, 워싱턴, 뉴욕에 상설 사무실을 두고, 기타 주요지역에는 특수 대표국을 두고 있다. 그 중 제3세계 지원과 지역이해 대변조직으로는 다음과 같은 기구들이 있다. 즉, ① 싱가포르 주재 아시아・태평양지역기구(the Asian and Pacific Regional Organization; APRO), ② 케냐 주재 아프리카지역기구(the African Regional Organization; AFRO), ③ 베네주엘라 주재 아메리카국가지역기구; (the Inter-American Regional Organization of WorkersORIT) 등이다.

특히 3세계 노동조합의 자유권과 민주주의 확대에 있어 국제자유노동조합연맹의 활동은 매우 적극적이다. 노동자 생활조건의 개선과 자유권 및 평화를 기본노선으로 하는 국제자유노동조합연맹은 1996년 제16차 국제대의원대회에서 자본의 지구화에 대한 대응을 진지하게 수용함과 동시에, 민주주의의 보호와 남녀평등의 확대 및 노동조합 권리의 보호를 주요 당면과제로 설정하였다.

그러나 국제자유노동조합연맹(ICFTU)의 성격은 "빵-자유-평화"라는 조직헌장상의 목표를 통해 잘 드러난다. 반공노선을 고수하는 노조가 중심이 되어 WFTU의 대응조직으로 건설된 국제연맹체로서 자본주의체제를 근본적으로 문제 삼지 않는 ICFTU는 유럽에서와 같은 다양한 사회운동 이념들을 포괄하지 못하는 한계를 지니고 있다고 볼 수 있다. 그에 따라 ICFTU의 주요 활동방식은 UN이나 각종 국제기구 및 지역경제기구들과의 공식관계를 통해 세계노동자들의 이해를 대변하는 것으로 나타났다. 또한 선진산업국 내의 전투적 노동운동보다 부르주아 민주주의가 발전하지 못한 3세계의 민주화운동이나, 그 중에서도 신흥 공업국들의 노동운동을 적극적으로 지원하는 것은 그러한 한계와 무관하지 않다.

4) 국제기독교노동조합연맹(IFCTU)

국제기독교노동조합연맹(International Federation of Christian Trade Unions; IFCTU)은 1920년 헤이그에서 약 336만 명의 회원으로 창립하였다. 전통적으로 유럽 여러 나라에 발달하고 있으며 특히 네덜란드, 벨기에, 독일, 프랑스 등에 강한 조직을 갖고 있다. 그리고 대다수의 노동조합, 특히 네덜란드와 벨기에의 노동조합은 가톨릭과 프로테스탄트 목사와 긴밀한 유대를 갖고 있으며, 보수적 성격이 강하고 사회주의와는 적대관계이다.

기독교와 사회주의는 양립할 수 없는데, 그것은 사회주의자들이 주장하는 물질주의적 개념, 계급투쟁의 원리, 국가통제확대와 국가우위의 주장, 사유재산의 부인 등이 기독교 교리와 배치되기 때문이다.

그리고 아프리카, 아시아, 남미지역에 있는 IFCTU는 반공적 노동조합으로 다만 식민지정책에 반대하고 있다. 이들 연맹의 지도이념은 전면적 국유화 및 집단적 소유제도에 반대하고 노동자와 사용자의 공동경영을 주장한다.[61)]

5) 국제노동기구(ILO)

(1) 설립

국제노동기구(International Labour Organization; ILO)는 전 세계적으로 사회정의의 향상과 노동조건의 개선 및 생활수준 향상을 목적으로 만든 유엔 전문기구의 하나이다.

제1차 세계대전 직후인 1919년에 창설되었으며 베르사유 평화조약 제13조(노동)에 따라 국제연맹에 속하게 되었다. 제2차 세계대전 후 국제연맹은 없어졌으나 1946년 ILO는 국제연합과 협정을 맺고 노동문제에 관한 전문기관으로 활동하게 되었다.

정부간 국제기구 가운데서 ILO는 회원국 대표가 그 나라 정부뿐만 아니라 전국적인 사용자·노동자 대표들 특히 노동조합 대표들로 이루어진다는 점에서 독특하다.

2000년 8월 현재 회원국 수는 160개국에 달하며, 미국은 1977년 탈퇴하였다가 1980년 6월 총회에 다시 복귀하였으며, 우리나라는 1983년 6월부터 공식적 옵저버단을 파견하여 왔으며 1991년 12월 9일 152번째 회원국으로 정식 가입하였다.

(2) 주요활동

ILO의 주요 활동내용으로는 각국의 노동입법 수준을 발전·향상시켜 노동조건과 생활수준을 보장하고 개선하는 역할을 하며 사회정책과 행정, 인력자원 훈련 및 활용에 대한 기술지원을 하거나 협동조직과 농촌공장 설립을 촉진한다. 그리고 노동통계자

61) 이준범, 전게서, pp. 144-145.

료를 모으고 국제경쟁, 실업과 불완전 고용, 노사관계, 경제발전, 자동화를 비롯한 기술변화 문제에 관한 연구를 진행한다. 뿐만 아니라 국제적인 계절노동자를 보호하고 노조의 권리와 인권을 보장하고, 사회경제정책 결정에서 노동자를 고려하도록 하는 사업도 벌이고 있으며 이 밖에도 전 세계 정부·노동자·사용자 대표들 및 ILO자체 요원들이 끊임없이 의견교환을 하도록 촉구하는 활동을 하고 있다.

1969년 ILO는 이러한 폭넓고 건설적인 활동이 인정되어 노벨 평화상을 받기도 했다.

ILO는 설립된 뒤 첫 10년간 무엇보다도 입법 활동과 인구사업, 회원국들이 채택하기에 적합한 최소한의 노동법 기준을 정하고 발전시키는 사업과, 노동자·사용자·정부대표·ILO 사무국 요원들 사이의 협력을 중재하는 사업 등에 힘을 쏟았다. 1930년대에는 세계적으로 실업과 경제 불황을 극복하기 위한 방안을 제시하기도 했으나 당시 ILO가 내놓은 제안은 너무 시대에 앞서 있어 각국의 정책결정자들이 받아들여 시행할 수가 없었다.

제2차 세계대전이 끝난 뒤 식민지에 기반을 둔 유럽 제국주의가 무너지면서 발전하기 시작한 독립국들의 요청에 따라 ILO는 새로운 과제를 떠맡게 되었다. 선진 유럽국가가 대부분이던 회원국 상황이 새로이 독립된 제3세계 국가가 점점 늘어나는 방향으로 바뀌기 시작했던 것이다.

ILO의 집행기구는 정무국이며, 이 회의에서 임원을 뽑는다. 그리고 종신서기와 전문요원들로 이루어진 제네바 주재 국제노동사무소에서 ILO의 일상 업무를 처리한다. 사무소는 선임된 사무총장의 지휘 아래 국제사무관과 기술지원전문가를 세계 여러 나라에 두어 일하게 한다. ILO가 하는 다양한 활동은 자체 내에서 발간되는 「간행물 목록 Catalogue of Publications」의 최근호를 통해 알 수 있는데 가장 많이 쓰이는 것은 월간 「국제노동평론 International Labour Review」과 「노동통계연감 Year Book of Labour Statistics」이다.

(3) 조직

ILO의 조직을 보면, 최고의결기구인 총회와 사업의 집행기관인 이사회, 그리고 상설 국제노동사무국으로 구성되어 있다.

① **총회** : 총회는 최고의결기구로서 가맹회원국의 대표단에 의해 구성되며, 매년 6월 첫째 수요일에 3주간의 회기로 정기총회가 열린다. 총회에 파견되는 가맹 회원국의

대표단은 정부대표 2인, 사용자대표 1인, 노동자대표 1인으로 구성하게 되어있는데, 구소련을 비롯한 공산국가에서는 모든 대표가 정부대표인 셈이므로, 이것이 가끔 문제가 되기도 한다.

② **이사회** : 통상적으로 이사회는 매년 제네바에서 3회 개최되고 있는데 정부를 대표하는 28명, 사용자대표와 노동자대표 각 14명 도합 56명의 이사로 구성되며, 임기는 각각 3년이다.

그리고 상임이사회는 미국, 영국, 러시아, 캐나다, 프랑스, 중국, 이탈리아, 인도, 독일, 일본 등 선진 10대 산업국으로 구성되고, 정부대표가 아닌 사용자 및 근로자대표는 개인자격으로 선출된다.

이사회의 주요활동은 ① 총회의 의제선정, ② 사무총장의 임명, ③ 사무국 기타의 일반적 감독, ④ ILO의 예산안 작성 등이다.

ILO의 상설 사무국인 국제노동사무국(International Labour Office)은 총회의 의제에 관한 서류작성, 서류의 수집・배포, 각국의 산업노동사정의 조사, 그에 따른 참고간행물의 발행 등의 업무를 수행한다. 한편, 미주, 아시아, 아프리카 및 유럽 등 4개 지역회의가 별도로 개최되고 있는데 아시아지역사무소는 태국의 방콕에 있다.

(4) 정책결정과 기능

ILO의 정책결정은 조약 및 권고의 형태로 이루어지며, 3분의 2 이상의 찬성을 요한다. 1919년 제1차 총회이래 채택된 조약과 권고의 수는 현재 조약이 170여건, 권고가 180여건이다.

조약의 비준 여부는 각국의 자유이나, 일단 비준이 되면 당해 국가를 구속하는 효력을 갖는다. 한편, 권고는 국제협약을 발생시킨 것은 아니나 회원국에 국내적인 입법 내지 행정활동에 기준과 지표를 제시한다는 데 큰 의의가 있다.

ILO의 또 다른 중요한 기능은 조사와 정보, 기술원조이다. 사실 ILO의 전문직원들은 전 세계에 걸쳐 회원국 정부 등을 통하여 노동조건에 관한 정보를 수집하고, 조사・분석하고, 그를 편집・출판하여 각국에 배포하는 일을 하고 있다. 그리고 또한 UN과 제휴하여 각국에 전문가를 파견하여 기능공 훈련, 노동시장의 발전, 사회보장제도의 개발 등에 관하여 각국을 지원하고 있다.[62]

---

62) Edwin E. Beal & James P. Begin, *op. cit.*, pp. 163-164.; 이준범, 전게서, pp. 147-148. 참조.

(5) ILO 헌장

국제노동기구헌장은 ILO의 헌법으로 전문과 제1장 조직, 제2장 수속, 제3장 일반규칙, 제4장 잡칙 및 부속서류로 되어 있다. 전문과 부속서류에서는 ILO의 목적과 기본정신이 반영되고 있으나 ILO에 과해진 엄숙한 의무로서 다음 10항목이 제시되고 있다.[63]

① 완전고용 및 생활수준의 향상, ② 숙련 및 기능을 최대한으로 발휘할 수가 있고, 또한 일반복지에 최대의 공헌을 할 수 있는 작업에의 고용, ③ 직업혼란을 위한 편의, 또한 노동자의 이동을 위한 편의 공여, ④ 임금, 노동시간 기타 노동조건에 관하여 모든 사람에게 진보의 성과를 공정하게 분배하는 보호 및 최저생활임금의 보장, ⑤ 단체교섭권의 승인 및 생산능률의 부단한 개선에 관한 노사의 협력, ⑥ 사회보장의 확장, ⑦ 모든 직업에 있어서 노동자의 생명과 건강의 충분한 보호, ⑧ 아동의 복리 및 모성의 보호를 위한 조치, ⑨ 충분한 영양, 주거, 레크리에이션 및 문화시설의 제공, ⑩ 교육 및 작업에 있어서 기회균등의 보장 등이다.

이와 같은 ILO헌장은 세계 각국의 노동기구의 기본이념이 되고 있으며 노동자조합운동의 기본적 철학이 되고 있다.

---

63) 大宮五郎, 전게서, pp. 166-167.

제 3 장 노동조합

제3장 노동조합

제1절 노동조합의 의의와 기능

1. 노동조합의 의의

노동조합에 대한 개념은 학자에 따라 그 정의를 달리하고 있는데, 웨브 부처(Sidney Webb & Beatrice Webb)는 「노동조합주의의 역사」에서 "노동조합이란 임금근로자들이 그들의 근로생활의 제 조건을 유지·개선할 목적으로 조직한 항구적인 단체(A trade union is a continuous association of wage earners for the purpose of maintaining or improving the conditions of their working lives.)"라고 정의하고 있다.[1] 또 콜올(D. H. Cole)은 노동조합을 "한 종류 또는 두 종류 이상의 직업에 취업하는 노동자의 결사이며, 그 조합원의 일상적인 작업에 관련된 경제적 이익의 보존을 추진하는 것을 주요 목적으로 하여 운영되고 있다는 결사이다"라고 정의하였고, 국제자유노동조합연맹(ICFUT)에서는 "노동조합이란 노동자가 직장에서 단체교섭을 통하여 노동조건을 개선하고 보다 잘 살 수 있도록 하는 한편, 사회문제에 대하여 노동자들의 의사를 대변함으로써 노동자들의 권익을 보호하고자 조직된 계속적, 항구적, 민주적 그리고 자주적 단체"라고 보았다. 그리고 헤네만과 요더(H. Heneman, Jr. & Dale Yoder)는 "노동조합이란 사용자와의 협상을 통해서 양보를 얻어내고, 그 협상결과의 집행을 감시하기

---

1) Sidney Webb and Beatrice Webb, *The History of Trade Unionism*(New York: Longmans Green, p. 1.

위하여 만들어진 조직된 노동자들의 상설단체"라고 정의하였다.[2)]

이상의 노동조합에 대한 학자들의 정의를 통해서 노동조합은 다음과 같은 세 가지 공통된 의미를 지니고 있음을 알 수 있다.

첫째, 노동조합은 근로자의 자주적인 단체이다.

둘째, 노동조합은 어디까지나 근로조건의 유지나 개선을 주목적으로 해야 한다. 비록 근로자나 주체가 되어 자주적으로 조직된 단체라 하더라도 그 목적하는 바가 순전히 정치적 또는 종교적 이념을 실현하고자 하는 단체라면 노조라고 말할 수 없다. 이러한 맥락에서 근로자 상호간에 공제만을 위한 단체도 공제조합이지 결코 노조는 아닌 것이다.

셋째, 노동조합은 항구적인 단체라야 한다. 일시적으로 존재해서는 그 목적을 제대로 달성할 수 없다. 따라서 특별한 일이 없는 한 항구적으로 존재하는 단체라야 한다.

이러한 정의를 잘 반영하듯 우리나라 노동조합 및 노동관계조정법(약칭: 노동조합법) 제2조 제4항에서 "노동조합이라 함은 근로자가 주체가 되어 자주적으로 단결하여 근로조건의 유지・개선 기타 근로자의 경제적・사회적 지위의 향상을 도모함을 목적으로 조직하는 단체 또는 그 연합단체를 말한다."라고 규정하고 있다.

그리고 다음에 해당하는 경우에는 노동조합으로 보지 않는다고 명시하였다.

① 사용자 또는 항상 그의 이익을 대표하여 행동하는 자의 참가를 허용하는 경우

② 경비의 주된 부분을 사용자로부터 원조 받는 경우

③ 공제・수양 기타 복리사업만을 목적으로 하는 경우

④ 근로자가 아닌 자의 가입을 허용하는 경우 다만, 해고된 자가 노동위원회에 부당노동행위의 구제신청을 한 경우에는 중앙노동위원회의 재심판정이 있을 때까지는 근로자가 아닌 자로 해석하여서는 아니 된다.

⑤ 주로 정치운동을 목적으로 하는 경우에는 노동조합으로 보지 않는다.

2) Herbert G. Heneman, Jr. and Dale Yoder, *Labor Economics* (Cincinati: South Western Publishing Co., p. 175.

2. 노동조합의 기능

노동조합의 활동은 경제사회의 발전과 더불어 많은 변화를 거듭하여 왔다. 따라서 노동조합의 기능을 다양하게 분류해 볼 수 있으나 이를 간단히 분류하면 경제적 기능, 공제적 기능 및 정치적 기능으로 대별할 수 있다. 그러나 오늘날의 노동조합은 종래의 전통적・본원적 기능만으로는 설명할 수 없는 여러 가지 기능을 수행하고 있다. 특히 노동조합 자체를 조직하고, 이를 유지하는 기능이 가장 기본적인 기능임에도 불구하고 종래에는 등한시되어 왔다. 따라서 노동조합의 기능은 기본기능, 집행기능, 참모기능으로 분류하는 방법이 합리적이라고 본다.

1) 기본적 기능(제1차적 기능)

기본적 기능이란 노동조합을 조직하고 그 조직을 유지・확장하는 기능을 말한다. 노동조합의 목적이 단체교섭을 통한 근로조건의 개선에 있다면, 노동조합을 조직하는 조직기능이야 말로 가장 기본적인 핵심기능이라 할 수 있을 것이다.

이러한 노동조합 조직기능은 다시 '근로자기능'과 '노동조합기능'으로 대별할 수 있다. 여기에서 근로자기능이란 노동조합을 형성하기 위하여 비조합원인 근로자를 조합원으로 확보하여 조직화하는 제1차적 기능이고, 노동조합기능이란 노동조합이 조직된 후에 조합을 유지하는 제2차적 기능이다. 그리고 기존 노동조합의 조직 확장기능은 '근로자기능'에 해당하며, 가입된 조합원들을 관리하는 기능은 '노동조합기능'에 해당한다.

2) 집행기능(제2차적 기능)

집행기능이란 노동조합이 결성된 후에 조합의 목적인 근로조건의 유지・개선을 위해 활동하는 기능으로 단체교섭, 경제활동(공제기능), 정치활동(특정 법률의 제정 및 개정 촉구) 등을 예로 들 수 있겠다.

(1) 경제적 기능

경제적 기능이란 사용자들로 하여금 노동조합과의 교섭을 통하지 않고서는 필요한 노동력을 조달할 수 없도록 하는 노동조합의 기능으로 이를 산업적 기능이라고도 한다. 노동시장의 통제기능은 노동조합의 3대 기능중의 하나이며 이는 사용자와의 단체교섭을 통해서만 달성될 수 있다. 노동조합의 이러한 기능이 충분히 발휘되기 위해서는 먼저 사용자가 노동조합을 대등한 교섭단체로서 인정할 필요가 있으며, 아울러 노동조합의 교섭을 끝까지 뒷받침하는 쟁의권이 보장되어야 한다.

(2) 공제적 기능

공제적 기능은 사회보장제도가 발달하지 못한 초기 단계에서 성행하였는데 노동자가 예기치 않은 질병이나 재난을 당하거나 직장을 잃고 실업자가 되거나 노동력을 상실하였을 경우 등을 대비하여 평소 상호부조를 위한 조합기금을 마련하고 이를 질병, 상해, 실업, 재난, 노령자의 부양이나 구직을 위한 여비, 작업도구의 교환비 등에 지불하는 것을 말한다.

(3) 정치적 기능

노동조합의 정치적 기능은 경제적 기능과 불가분의 관계에서 발생하는 기능으로써 노동조합은 경제적 목적을 달성하기 위해서는 부득이 정치적인 활동을 전개하지 않을 수 없다. 다시 말해 노동관계법의 개정과 제정, 세제, 물가정책, 사회보험제도, 임금가이드라인, 기타 사회복지정책의 개정이나 집행과 관련하여 그들에게 유리한 방향으로 이루어지도록 하기 위해서 특정 정당을 지지하거나 반대하는 활동을 전개하게 된다.

그러나 여기서 유의할 것은 노동조합은 어디까지나 경제적 기능, 즉 단체교섭 기능을 중추적인 기능으로 하는 단체라야 한다는 점이다. 이러한 맥락에서 우리나라의 舊 노동조합법 제12조에서는 노동조합의 공직선거에 있어서 특정 정당의 지지, 특정인을 당선시키기 위한 행위, 조합원으로부터의 정치자금의 징수 및 노동조합기금의 정치자금에의 유용 등의 정치활동을 각각 금지해 왔다.

그러나 근로조건을 유지·향상시키기 위한 노동조합의 목적이 반드시 경제적 기능만으로 실현될 수 있는 것은 아니므로 노동조합 본연의 목적달성을 위한 부수적 정치활동이 허용되어야 한다는 주장이 받아들여져 1997년 개정 노동법에서는 정치활동 제한 규정을 삭제하였다. 그 대신 개정 노동법은 노동조합이 정치단체화 하는 것을 방지하기 위하여 노동조합의 결격사유의 하나로 '주로 정치활동을 목적으로 하는 경우'를 신설하였다(노조 및 조정법 제2조 제4호). 그러다가 1998년 2월 7일 IMF극복을 위한 노사정위원회의 대 타협으로 향후 노조의 정치활동을 자유화하게 되었다.

3) 참모적 기능(제3차적 기능)

참모적 기능이란 노동조합의 기본적 기능과 집행기능을 보조하는 기능을 의미하는데 그 예로는 교육활동, 선전활동, 조사・연구 활동, 사회봉사활동 등을 들 수 있다.

(1) 교육활동

교육활동은 조합간부에 대한 교육과 일반조합원에 대한 교육으로 구분하여 생각할 수 있는데, 먼저 조합간부에 대한 교육을 실시함으로써 노사관계이론은 물론 경영 전반에 걸친 지식을 넓혀 그들의 리더십을 개발하고 효과적인 단체교섭을 실시할 수 있게 한다.

다음으로 조합원에 대한 교육을 통해서, 노동조합을 바르게 인식시키고, 그들의 충성심을 배양하며, 또한 직업훈련을 통해서 생산성향상의 중요성을 인식케 한다.

(2) 선전활동

선전활동은 뉴스레터, 사내신문, 홍보지 등의 발간을 통하여 조합원에게 조합정신을 중심으로 단결케 하고, 적극적인 노동조합활동을 유도한다. 한편, 사회봉사활동을 통하여 노동조합의 주요 정책적 이슈를 알린다.

(3) 조사・연구 활동

오늘날에는 노사간 단체교섭의 범위가 점차 확대되고 복잡해져가고 있으며, 노사관계에 대한 공공정책 또한 광범위하게 확대되고 있다. 이러한 상황에서 각 조합들은 해당 부문의 전문가를 확보하고 경제 동향에 관한 자료수집, 임금・근로시간・근로조건 등에 관련된 조사활동은 물론 공공정책의 방향과 내용에 관한 것까지도 연구하고 있는 실정이다.

4) 사회봉사활동

현대사회에서는 노동조합도 사회와 긴밀히 협력하면서 활동을 해야 한다. 따라서 사회봉사활동의 일환으로 노동조합은 근로자의 어려운 문제를 상담해 주기 위하여 상담소를 설치하기도 하며, 지역사회에 대한 봉사활동을 통하여 노동조합 활동에 대한 인식을 새롭게 하는데 기여하며, 조합원과 그 가족들에 대한 휴양시설, 장학사업 등을 만들어 도와주는 등 각종 사회봉사활동을 하고 있다.

제2절 조합원 확보방법과 조합비 징수

1. 조합원의 확보방법

노동조합이 정치적·사회적 및 경제적으로 하나의 합법적 조직으로 인정을 받기까지는 많은 기간이 걸렸음을 노동운동의 역사를 통하여 이미 살펴보았다. 이러한 노동조합이 조직체로서 갖는 힘은 두 가지 점에서 찾아 볼 수 있는데, 그 하나는 조합원의 확보이고 또 다른 하나는 조합 활동에 필요한 재정의 확보이다. 이처럼 노동조합에의 가입방법과 조합비징수방법에 관한 문제는 노동조합이 대사용자와의 관계에서 교섭력을 결정하는 중요한 요인이 되기 때문에 법적으로 명문화하는 경우가 많다.

노동조합원의 확보를 제도적으로 뒷받침하고 있는 기본적인 숍(shop)제도에는 오픈 숍(open shop), 유니온 숍(union shop), 클로즈드 숍(closed shop) 제도가 있고, 그리고 변형된 숍 제도에는 에이전시 숍(agency shop), 프레퍼랜셜 숍(preferential shop), 매인터넌스 숍(maintenance of membership shop)제도 등이 있다. 이에 대한 구체적인 내용은 다음과 같다.

1) 오픈 숍(open shop)

고용관계에 있어서 고용주가 노동조합에 가입한 조합원뿐만 아니라 비조합원도 자유롭게 고용할 수 있는 제도이다. 따라서 노동조합의 가입과 탈퇴는 근로자의 자유의사에 맡기고, 고용주는 노동조합원 아닌 자도 자유로이 고용할 수 있으므로 노동조합원 수가 감소하는 경향이 있다.

우리나라는 노동조합법 제81조 2항에 근로자가 어느 노동조합에 가입하지 아니할 것 또는 탈퇴할 것을 고용조건으로 하거나 특정한 노동조합의 조합원이 될 것을 고용조건으로 하는 행위를 부당노동행위로 규정함으로써 오픈 숍(open shop)제도를 적용하고 있다.

미국의 경우에는 와거너법(Wagner Act, 1935)으로 오픈 숍제를 불법화하고 있다.

2) 유니온 숍(union shop)

이 제도의 순수형은 사용자의 자유로운 채용이 허용되나, 일단 채용된 후 일정한 견습기간이 지나 정식직원이 되면 반드시 노동조합에 가입해야만 하는 제도이다. 만약 본인들이 노조가입을 거부하거나 노조가 제명하면 해당 종업원은 해고를 당하게 된다.

그러나 오늘날 현실적으로 노동조합이 제명하였다고 해서 경영자가 종업원을 해고시켜야 한다는 조항은 실시되고 있지 않으며, 다만 종업원이 자동적으로 조합원이 되는 제도로 수정하여 시행되고 있다.

미국의 경우 태프트-하틀리법(Taft-Hartely Act)은 종업원이 조합비를 납부하지 않아 제명되었거나 또는 노동조합 가입비를 납부하지 않아 가입이 인정되지 않는 경우를 제외하고는 노동조합이 제명한 조합원을 회사가 해고하지 않아도 되도록 규정하고 있다.

우리나라의 경우 노동조합법(제81조 2호)에서는 유니온 숍제를 부당노동행위로 규정하여 금지해 왔으나, 1987년 노동법 개정을 통해서 근로자 3분의 2 이상을 대표하는 노동조합인 경우에는 유니온 숍제를 인정할 수 있도록 단서조항을 두었다.

따라서 우리나라는 1987년 노동법 개정으로 유니온 숍제를 시행할 수 있는 길이 열리게 됨에 따라 많은 노동조합들이 이를 채택하고 있다. 1997년 3월 13일에 개정·공포된 현행 노동조합법에서도 이 조항의 내용은 동일하게 규정하고 있다.

3) 클로즈드 숍(closed shop)

이 제도는 결원보충이나 신규채용에 있어서 사용자가 조합원 중에서 고용하지 않으면 안 되는 것을 말한다. 즉, 조합가입이 고용의 전제조건이 되기 때문에 조합원 확보방법으로는 가장 강력한 제도이다. 클로즈드 숍제 하에서는 노동조합이 노동의 공급을 통제할 수 있어 노동가격(임금)을 상승시킬 수도 있다. 미국의 경우 1947년 태프트-하트리법(Taft-Hartely Act)에 의해 이 제도는 불법화되었으며, 다만 건설업·해운업·인쇄업 등에 국한해서 1959년에 이를 합법화하였다.

4) 에이전시 숍(agency shop)

대리기관 숍 제도라고도 하는데, 조합원이든 비조합원이든 간에 모든 종업원은 단체교섭의 당사자인 노동조합에 조합비를 납부할 것을 요구하는 제도를 말한다. 이 제도가 실시되면 비조합원들이 조합비를 납부하지 않고서도 조합원과 동일한 혜택을 받으려는 무임승차 편승심리를 제거할 수 있고, 한편으로는 노동조합의 재원확보와 안정에 도움을 받을 수 있다.

5) 프레퍼랜셜 숍(preferential shop)

특혜 숍 제도라고도 한다. 이는 기업이 종업원을 채용할 때 노동조합원에게 우선적으로 채용의 기회를 부여하는 종업원 특혜제도로써 클로즈드 숍제의 변형된 형태이다.

6) 매인터넌스 숍(maintenance of membership shop)

조합원유지 숍 제도라고도 한다. 이는 일단 단체협약이 체결되면 기존 조합원은 물론 단체협약이 체결된 이후에 가입한 조합원도 협약이 유효한 기간 동안은 조합원으로 머물러 있어야 한다는 제도이다. 이 제도는 제2차 세계대전 중 미국의 전시노동성이 노동조합의 클로즈드 숍 제도의 요구에 대한 절충안으로써 제시된 제도이다.

2. 조합비 징수방법

숍 제도가 노동조합원의 확보를 뒷받침해주는 제도라고 한다면, 체크오프(check-off)제도는 노동조합의 자금 확보를 뒷받침해 주는 대표적인 제도이다.

단체협약상에 사용자의 동의가 있으면 조합은 그의 세력 확보와 수단으로서 체크오프(check-off)의 조항을 둘 수 있다.

노동조합이 조합비를 징수하는 방법에는 크게 개별징수방법과 조합원 3분의 2 이상의 동의가 있으면 회사는 급여 계산 시 종업원의 월급에서 조합비를 일괄 공제하여 노동조합에 인도하는 방법이 있는데 후자를 체크 오프제도라 한다. 우리나라 노동조합은 거의 대부분은 체크 오프제도를 채택하고 있으며, 미국의 경우에도 이 제도를 채택하고 있는 조합의 수가 최근에는 90% 이상이 되고 있다.

우리나라는 노동조합법 제22조 조합원의 권리와 의무조항에서 “노동조합의 조합원은 균등하게 그 노동조합의 모든 문제에 참여할 권리와 의무를 가진다. 다만, 노동조합은 그 규약으로 조합비를 납부하지 아니하는 조합원의 권리와 의무를 제한할 수 있다”라고 규정하고 있어 조합비 납부의무를 명백히 하고 있다.

그리고 구 노동조합법 제24조의 조합비 항목에는 "노동조합의 조합비는 매월 그 조합원 임금의 100분의 2를 초과할 수 없다"고 규정하여 조합원들에 대한 조합비 의무부담을 확실히 하고 있으며, 한편으로 근로자들의 조합비의 과중한 부담을 경감하고자 하는 의미도 담고 있다. 그러나 1997년 3월 13일 개정된 노동조합법에서는 조합비의 상한규정을 삭제하였다.

제3절 노동조합의 형태

노동조합은 형태상으로 직종별 조합에서부터 발달하여 산업별 조합으로 발전하여 온 것이 일반적 흐름이다. 그러나 국가마다 특수성에 따라서 독특한 형태를 이루어 발달하여 온 것을 알 수 있다.

노동조합의 일반적 조직형태에는 직업별 노동조합(craft labor union), 일반노동조합(general labor union), 산업별 노동조합(industrial labor union), 기업별 노동조합(company labor union) 등이 있다. 그리고 결합방식에 의한 노조형태는 단일조직, 연합체조직 등으로 구분할 수 있다.

1. 직업별 노동조합(craft union)

가장 오랜 역사를 가진 노동조합의 형태로써 초기 산업화 단계에서 일반화되었던 노동조합 형태인데 이를 직종별 노동조합이라고도 한다. 기계적 생산방식이 보급되지 않았던 수공업단계에서 산업·기계에 관계없이 동일한 직능을 갖는 숙련노동자들이 소속 회사를 초월하여 자기들의 직업안정과 경제적 이익을 확보하기 위하여 횡적으로 조직한 배타적 노동조합이다.

직업별 노동조합은 고용관계에 있어서의 독점적 지위확보와 노동력의 공급제한을 활동지침으로 삼았기 때문에 미숙련 노동자의 가입을 제한하였다.

이와 같은 직업별 노동조합의 장점을 정리해 보면 그 내용은 다음과 같다.

첫째, 동일한 직종의 근로자로 조직되었기 때문에 동일한 이해관계를 가지고 단체교섭사항과 그 내용이 명확하다는 점이다.

둘째, 조합원은 모두 동일직종에 종사하기 때문에 상호 유대감과 단결력이 강하여 어용 노조가 될 위험이 매우 낮다.

셋째, 직장단위의 조직이 아니므로 실직한 경우에도 조합가입이 가능하고, 조합원의 실업을 예방할 수도 있다.

그러나 직업별 노동조합은 다음과 같은 단점을 갖는다.

첫째, 노조가 지나치게 배타적·독점적 성격을 띠고 있기 때문에 산업사회에서 전체 근로자의 분열을 초래할 가능성이 높다.

둘째, 기업을 초월한 조직이기 때문에 사용자와의 관계가 희박하다.

따라서 직업별 노동조합의 기본원리는 숙련공들의 기득권(doctrine of vested interest)의 보호와 노동력의 공급제한에서 찾을 수 있는데, 이를 위해 노동조합에서는 도제제도(apprentice system)를 도입하여 직무자격자에 대한 규제를 강화하였다.

즉 노동조합은 엄격한 도제제도를 실시하여 도제의 수와 기능습득기간을 정하고, 그들의 임금수준을 낮게 함으로써 숙련근로자의 과잉공급을 방지함과 동시에 조합원의 높은 임금수준을 확보할 수 있었다. 그리고 도제기간이 경과하지 않는 자는 모두 무자격자로서 엄격한 규제대상이 되며 조합원의 직장에서 배척한다.

2. 산업별 노동조합(industrial union)

대량생산체제가 확립되면서 종래 부문작업을 수행하던 반숙련 근로자(semi-skilled labor)가 일반화하여, 대량생산 산업은 반숙련 직종을 방대화하면서 발전하였다. 이에 따라 직업별 노동조합의 조합원이 유지하던 숙련은 분해되고, 직종이나 계층, 기업에 관계없이 동일산업에 종사하는 모든 근로자가 하나의 노동조합을 조직하는 새로운 형태의 산업별 노동조합이 태동하게 되었다.

산업별 노동조합은 노동시장의 공급통제를 목적으로 숙련, 미숙련을 불문하고 동일산업의 모든 근로자를 하나로 하여 조직하는 노동조합이다. 예컨대 자동차산업, 전자산업, 철강 산업, 반도체산업 등에 종사하는 근로자가 기업 또는 직종에 관계없이 산업을 중심으로 노동조합을 조직하는 형태를 말한다.

우리나라는 1963년 개정된 노동조합법에 의해 종래 기업별 노동조합에서 산업별 노동조합으로 개편되었으나 대부분이 기업별 조직으로 되어 있어 명목상 산업별이라고 하는 일종의 연합체와 같은 형식을 유지해 왔던 것이다. 그러나 이것도 1980년 노동조합법의 개정으로 인하여 모두 실질적인 기업별 조직으로 다시 개편되었다. 그러다가 1987년 이후에는 근로자들의 자율의사에 맡기는 것으로 또다시 개정되었다.

1989년 2월 현재 우리나라 산업별 연맹은 섬유 · 광산 · 통신 · 항운 · 선원 · 금융 · 화학 · 금속 · 연합출판 · 자동차 · 관광 · 보험 · 택시 · 고무 · 사무금융 등 17개이며, 산업별 단위노동조합은 철도 · 전력 · 전매 · 체신 등 4개이다.

산업별 노동조합은 현대 노동조합의 대표적인 형태로써 다음과 같은 장점을 갖는다.

첫째, 산업별 노동조합은 기업과 직종을 초월한 조직이기 때문에 조합원의 수적인 면에 있어서 거대한 조직이며, 단결력을 강화시켜 커다란 압력단체로써의 지위를 확보할 수 있다.

둘째, 산업발전에 따른 자본집중화에 대응하여 교섭력의 산업적 통일화를 유지할 수 있다.

그러나 이와는 반대로 각 산업별 조직의 내부에서 직종 간에 이해대립과 반목을 초래할 염려가 있으며, 이와 관련하여 조직이 형식적인 단결에 그치면 큰 힘을 발휘할 수 없다는 등의 단점을 갖는다.

3. 기업별 노동조합(company labor union)

동일한 기업에 종사하는 근로자들이 직종이나 직능의 차이를 가리지 않고, 또 숙련의 정도를 무시하고 조직하는 형태의 노동조합으로써 개별기업을 존립의 기반으로 하고 있다.

기업별 노동조합은 단체교섭의 상대자인 사용자에 대하여 보다 직접적인 영향력을 행사할 수 있어, 기업의 근로조건을 전반적으로 일정한 수준 이상으로 개선 · 향상하는 것을 기본목표로 하고 있다.

그러나 기업별 노동조합은 개별기업을 존립기반으로 하는 것이므로 노동시장에 대한 지배력이 전혀 없으며, 또 조직으로서의 역량도 한계를 지니고 있다고 하겠다.

따라서 기업별 노동조합은 근로자의 의식이 아직 횡단적 연대의식을 확고히 하지 못하는 단계에 있으며, 또한 사용자 측이 외부세력의 침투를 예방하기 위하여 사용자 측의 주도 하에 조직되기도 하는데 이 경우에는 어용 노동조합의 성격을 띠기 쉽다.

그러나 기업별 노동조합은 다음과 같은 장점을 지닌다.

첫째, 노동조합원이 모두 당해 기업의 종업원들이기 때문에 근로조건을 통일적·종합적으로 용이하게 결정할 수 있다.

둘째, 노동조합이 평소 회사의 형편과 사정에 정통하므로 무리한 요구로 인한 노사분규가 나타나지 않는다.

셋째, 사용자와의 관계가 밀접하기 때문에 노사공동체의식을 통한 노사협조에 공헌할 수 있다는 점을 지적할 수 있다.

이와는 반대로 기업별 노동조합은 다음과 같은 단점을 지닌다.

첫째, 조합원이 모두 사용자와 종속관계에 있는 종업원이기 때문에 쉽게 어용 노동조합을 꾀할 수 있다는 점이다.

둘째, 기업별 노동조합은 기업 내 직종을 무시한 조직이므로 직종간의 구체적인 요구조건을 공평하게 처리하기 어렵고, 이로 인해 직종간의 반목과 대립을 초래할 염려가 있다.

셋째, 종업원만이 노동조합에 가입할 수 있기 때문에 유니온 숍 협정이 체결되어 있을 때에는 특정한 노조가 조직을 독점할 가능성이 있다는 점을 생각하지 않을 수 없다.

이러한 기업별 노동조합은 일본에서 크게 발달하고 있는데 그 원인은 ① 종신고용제도, ② 만성적 실업, ③ 노동시장의 이중구조, ④ 가족중심의 和·忠의 사고방식 등에 기인한다고 본다.

4. 일반노동조합(general labor union)

이는 기업이나 숙련, 직능과는 관계없이 하나 또는 몇 개의 산업에 걸쳐 흩어져 있는 일정한 지역 내의 일반 근로자들을 폭넓게 규합하는 형태의 노동조합이다.

초기단계에서는 직업별 노동조합에서 배제된 미숙련 근로자들이 중심이 되어 자신들의 입장을 옹호할 목적으로 조직하였다. 또 다른 한편으로는 근대산업이 종래의 개인적 기능이나 숙련노동을 필요로 하지 않고, 점차 생산 활동에서 분업화·단순화·표준화를 확대시킴에 따라 일반 근로자들이 이른바 노동의 대체성을 보장받으면서, 점차 산업분야에서 주체의식을 확고히 하게 되어 일반노동조합이 그 생성을 보게 된 것이다.

역사적으로는 산업별 노동조합과 같이 대량생산산업의 성립과 더불어 창출된 미숙련 근로자를 조직하기 위하여 19세기 말경부터 영국에서 발달하였으며, 미국의 노동기사단(knights of labor)을 비롯하여 AFL-CIO(Amrican Fedration of Labor and Congress of Industrial Organization) 산하의 일부 노동조합도 일반노동조합이다.[3] 그리고 일본에서도 그 예를 찾아 볼 수 있으며,[4] 우리나라의 경우에는 종전의 연합노동조합이 이에 해당된다고 본다.

이러한 일반노동조합의 특징을 요약해 보면 다음과 같다.

첫째, 능률을 확보하는데 필요한 최저한도의 권리, 즉 생활임금의 원리(최저생활권보장)를 기초로 한다.

둘째, 노동생활을 영위하기 위한 최저생활의 필요조건을 확보하는 것으로, 안정된 고용의 확보, 근로시간의 최고한도 규제, 임금의 최저한도 규제 등이다.

셋째, 조직상의 주체적 약체성 때문에 입법규제를 중시한다.

그러나 일반노동조합은 다음과 같은 두 가지 문제점을 갖는다.

첫째, 조합민주주의가 희박하다. 왜냐하면 대부분의 조합원이 유동적이고, 조직된 교육과 훈련을 거치지 않은 미숙련 근로자를 결속시켜야 하는데, 노동조합의식이 미약하여 강력한 지도체제가 요구된다. 여기에 중앙집권적 관료체제가 등장할 수 있는 요소를 배제할 수 없기 때문에 조합민주주의는 희박해진다고 볼 수 있다.

둘째, 단체교섭기능이 미약하다. 일반노동조합은 양적으로는 팽창할 수 있으나 통일과 단결이 약하며, 이해관계를 달리하는 여러 집단의 결합으로 인해 종합적·공통적 의견을 도출하기 어려우며, 특히 노사 간의 이해가 달려 있는 임금·근로조건 등 경제적·물질적 중요한 이슈에 대한 단체교섭기능에서 모든 역할을 다할 수 없다는 단점을 지닌다. 따라서 입법규제에 의한 근로조건의 균일화를 도모하지 않을 수 없다.

5. 결합방식에 의한 노동조합 형태

일정한 지역이나 전국을 대상으로 노동조합을 조직할 경우, 조합구성원의 자격을 개별

3) D. Q. Mills, *Labor and Management Relations,* 2nd ed., McGraw-Hill Books Company, p. 203.

4) 入江虎男, 「勞使關係論」, 日本生産性本部, 昭和 41年, p. 81.

근로자로 하느냐 아니면 노동조합에 한정하느냐에 따라 두 가지 유형, 즉 단일조직과 연합체조직으로 구분된다.

1) 단일조직

단일조직(unitary organization)이라 함은 개별 근로자가 개인 가입의 형식을 취하는 노동조합으로서 지부 · 분회 등 하부구조를 갖는 것을 말한다. 이때의 지부나 분회는 하부조직일 뿐 상부단체의 구성원이 되는 것은 아니다. 따라서 지부나 분회는 의결권이나 집행권과 같은 자주적인 결정권을 행사할 수는 없다.

우리나라의 산업별 노동조합은 대개 개인자격으로 가입하고, 기업별 지부나 분회는 하부조직에 불과하므로 단일조직이라 할 수 있다.

2) 연합조직

연합조직(federation)이라 함은 각 지역별 노동조합 또는 각 기업별 노동조합이 독립된 노동조합의 자격을 가지면서 전국적인 연합조직의 구성원이 되는 조직형태를 말한다.

이 경우 전국적인 연합조직의 구성원인 노동조합을 단위조합이라 하며, 지역적 또는 전국적 조직을 연합조직이라 한다.

현재 우리나라의 노동조합 형태를 보면, 단위노동조합을 기업별 조합으로 하고, 그들이 산업별로 20개의 전국연합조합을 구성하고 있으며, 각 산업별 조합을 구성원으로 갖는 한국노동조합총연맹과 민주노동조합총연맹이 있다. 참고적으로 미국의 AFL-CIO, 영국의 TUC 등도 모두 전국적 규모의 연합조직인 것이다.

제4절 노동조합의 자격

노동조합법 제2조에서는 노동조합의 자격에 관하여 규정하고 있다. 즉, 제2조 4항에서 "노동조합이라 함은 근로자가 주체가 되어 자주적으로 단결하여 근로조건의 유지 · 개선 기타 근로자의 경제적 · 사회적 지위의 향상을 도모함을 목적으로 조직하는 단체 또는 그 연합체를 말한다."고 규정함으로써 노동조합의 자격요건을 규정하고 있다.

또한, 제2조 4항의 단서조항에서는 ㉮ 사용자 또는 항상 그 이익을 대표하여 행동하는 자의 참가를 허용하는 경우, ㉯ 그 경비지출에 있어 주된 부분을 사용자의 원조를 받는 경우, ㉰ 공제 · 수양 기타 복리사업만을 목적으로 하는 경우, ㉱ 근로자가 아닌 자의 가입을 허용하는 경우, 다만, 해고된 자가 노동위원회에 부당노동행위의 구제신청을 한 경우에는 중앙노동위원회의 재심판정이 있을 때까지는 근로자가 아닌 자로 해석하여서는 아니 된다. ㉲ 주로 정치운동을 목적으로 하는 경우 등을 노동조합의 결격요건으로 규정함으로써, 이에 해당하는 노동단체에 대해서는 노동조합이 아니라고 하고 있다.

이처럼 노동조합이 적법한 노동조합으로 인정받기 위해서는 관련법상의 실질적 요건을 갖추어야 하며, 또한 관련법규에 따라 신고증서를 교부받고, 관계서류를 비치하는 등 형식적 요건을 갖추어야 한다.

1. 노동조합의 실질적 요건

노동조합이 노동법상 조합으로 인정되기 위해서는 실질적 요건, 즉 노동조합법 제2조 4항의 적극적 요건을 갖추어야 함은 물론 단서 조항의 소극적 요건에 해당되지 않아야 한다.

여기서 적극적 요건이란 노동조합으로 인정받기 위하여 「그렇게 되지 않으면 안 된다」이 하는 요건, 즉 적극적으로 갖추어야 할 요건을 말하고, 소극적 요건은 「그렇게 되어서는 안 된다」이 하는 요건, 즉 갖추어서는 안 된다고 하는 결격요건을 뜻한다.

1) 적극적 요건

노동조합은 근로자가 주체가 되어 자주적으로 조직한 단체이어야 한다. 이를 조직상의 요건이라고 하는데, 여기서 근로자라 함은 직업의 종류를 불문하고 임금 · 급료 기타 이에 준하는 수입에 의하여 생활하는 자를 말한다. 한편 근로자가 '주체가 되어' 조직하는 단체라고 함은 근로자로서 조직되고 제3자 특히 노동관계의 당사자인 사용자로부터의 독립성을 유지하는 단체라는 뜻이다. 또한 '자주적으로' 조직하는 단체라고 함은 대내적으로 근로자가 스스로의 의사에 의하여 조직하고, 대외적으로는 그 운영에 있어서 사용자는 물론 행정관청, 정당, 또는 교회 등으로부터 독립할 것을 요건으로 한다.

노동조합은 위에서 말한 조직상의 요건을 갖추고 있는 단체로서 근로자의 근로조건의 유지 · 개선 등을 목적으로 하여야 하는데, 이를 목적상의 요건이라 한다. 이러한 목적을 달성하는 방법으로는 사용자와의 단체교섭 · 단체협약의 체결 그리고 쟁의행위 등이 있다. 한편 노동조합이 근로조건의 유지 · 개선이라는 경제적인 목적을 주목적으로 하는 한 부차적으로 공제 · 복지 기타의 문화적인 사업을 하는 것은 무방하다.

2) 소극적 요건(결격요건)

노동조합이 노동조합법상의 조합으로 인정되고자 한다면 노동조합법 제2조 4항의 단서조항에서 규정하는 결격요건에 해당되지 않아야 한다. 단서조항의 구체적인 내용은 다음과 같다.

① 사용자 또는 그의 이익을 대표하는 자가 참가하지 않아야 한다. 이것은 노동조합의 결정 · 운영에 있어서 노동조합의 자주성을 확보하고, 조합의 어용화를 방지하자는 것이다. 여기서 사용자의 이익을 대표하는 자의 범위에 관하여는 각 기업에 있어서 노동운동의 실태에 따라 구체적으로 이를 판단할 수밖에 없지만, 일반적으로는 기업의 인사 · 급여 · 후생 · 노무관리 등의 근로조건 결정이나 업무명령 · 지휘감독 등의 사항에 관하여 사업주로부터 직접 · 간접으로 일정한 책임과 권한이 부여된 자를 이익대표자로 본다.

현실적으로 기업의 부장 · 과장급은 그 소속을 불문하고 모두 이에 해당된다고 보며, 인사과, 노무과, 기획과 등에 있어서는 주무급 이상이, 그리고 중역실의 비서 등은 모두 포함된다고 보고 있다.[5)]

② 조합경비의 주된 부분을 사용자로부터 원조 받지 않아야 한다. 이는 노동조합의 자주성을 확보하고 어용화를 방지하자는 데 있다. 여기서 경비라고 함은 조합운영을 위한 경비이므로 조합사무소의 설비 · 비품 등의 비용과 인건비, 즉 조합간부(전임임원)를 비롯한 종업원의 급료 · 출장비의 지급을 포함한다. 다만, 근로자가 노동시간 중에 사용자와 협의 또는 교섭하는 것은 사용자가 허용함은 무방하며, 또한 근로자의 후생자금 또는 경제상의 불행 기타의 재앙의 방지와 구제 등을 위한 기금의 기부와 최소한의 규모의 조합사무실의 제공은 이에 해당되지 않는다.

5) 박상필, 『한국노동법』, 대왕사, p. 144.; 김형배, 『노동법』, 박영사, p. 333.

③ 공제 · 수양 기타 복리사업만을 목적으로 하지 않아야 한다. 노동조합은 경제적인 목적을 제1차적인 목적으로 하는 근로자의 단체이므로, 이를 도외시하고 공제 · 수양 또는 복지사업만을 목적으로 하는 경우에는 노동조합이라고 할 수 없다는 것이다.

④ 근로자가 아닌 자의 가입이 허용되지 않아야 한다. 여기서 근로자의 범위에 관하여 실업중인 근로자도 포함되느냐가 문제가 된다. 노동조합법에 있어서 근로자는 근로기준법에 있어서의 근로자와는 달리 실업중인 근로자도 포함하는 개념이다. 또한, 직업별 노동조합 및 산업별 노동조합에 있어서는 실업중인 근로자에게도 구성원의 자격을 부여하고 있는 것이 일반적이다. 그러나 우리나라에 있어서는 개정노동조합법에 의하여 조합의 설립은 기업별 노동조합을 원칙으로 하고 있기 때문에 실업중인 근로자가 노동조합에 가입할 수 없다는 것이며, 만일 가입하면 제3자의 개입이라는 문제가 제기될 것이다.

⑤ 주로 정치활동을 목적으로 해서는 안 된다. 노동조합은 정치성을 띤 정치운동을 할 수 없도록 되어 있다. 노동조합법 제2조 4항 ㉤호에 의하여 주로 정치운동을 목적으로 해서는 안 된다고 규정하고 있다. 노동조합은 조합원의 공익을 위하여 정당에 가입할 수 없으며, 정당을 목적으로 조합비를 징수하는 행위 그리고 노동조합기금을 정치자금에 유용 하는 행위는 금지하고 있다. 특히 특정 정당의 파당성을 띤 선거행위를 집단적으로 해서는 안 된다.

2. 노동조합의 형식적 요건

노동조합이 노동법상의 보호를 받고자 한다면, 실질적 요건 이외에 노동조합법 제10조의 규정에 따라 작성된 노동조합 설립신고서와 제11조에서 규정한 필요적 기재사항을 갖춘 규약을 첨부하여 관할 행정관청에 제출하여야 한다. 이를 노동조합의 형식적 요건이라 하며, 이는 노동조합내의 민주적 운영을 촉진시키기 위함이다.

1) 노동조합의 설립 신고

노동조합법 제2조의 실질적 요건을 갖춘 노동조합은 조합규약을 첨부하여 노동조합 설립신고서를 행정관청에 제출하여야 하여야 한다. 설립신고서는 연합단체인 노동조합과 2개 도(道) 이상에 걸치는 단위노동조합은 고용노동부장관에게, 그 외의 노동조합은 특별시장·광역시장·도지사에게 제출한다. 그리고 근로조건의 결정권이 있는 독립된 사업 또는 사업장에 조직된 근로단체는 지부·분회 등의 명칭 여하에 상관없이 설립신고를 할 수 있다. 행정관청이 설립신고서류를 접수한 때에는 제12조 제2항 전단 및 제3항의 경우를 제외하고는 3일 이내에 신고증을 교부하여야 한다(1998. 2. 20. 본항개정). 따라서 우리나라 노동조합법 제12조 제4항의 규정에 따라 노동조합이 신고증을 교부받은 경우에는 설립신고서가 행정관청에 접수된 날에 설립된 것으로 간주한다.

그리고 노동조합 신고서에 기재할 내용은 다음과 같다.

① 명칭, ② 주된 사무소의 소재지, ③ 조합원 수, ④ 임원의 성명과 주소, ⑤ 소속된 연합단체가 있는 경우에는 그 명칭, ⑥ 연합단체인 노동조합에 있어서는 그 구성노동단체의 명칭, 조합원 수, 주된 사무소의 소재지 및 임원의 성명·주소 등을 기재한다. 여기에서 연합단체인 노동조합은 동종 산업의 산위 노동조합을 구성원으로 하는 산업별 연합단체와 전국규모의 산업별 단위 노동조합을 구성원으로 하는 총연합단체를 말한다.

2) 노동조합의 규약

노동조합의 규약은 노동조합의 조직과 운영을 위한 헌법이라 할 수 있다. 그러므로 노동조합은 그 조직의 자주적·민주적 운영을 보장하기 위하여 당해 노동조합의 규약에 노동조합법 제11조에서 규정하고 있는 15개의 필요적 기재사항을 반드시 기재해야만 노동법상의 조합으로서 완전한 보호를 받을 수 있게 된다.

당해 노동조합규약에 기재할 구체적인 내용은 다음과 같다.

① 명칭, ② 목적과 사업, ③ 주된 사무소의 소재지, ④ 조합원에 관한 사항(연합단체인 노동조합에 있어서는 그 구성단체에 관한 사항), ⑤ 소속된 연합단체가 있는 경우에는 그 명칭, ⑥ 대의원회를 두는 경우에는 대의원회에 관한 사항, ⑦ 회의에 관한 사항, ⑧ 대표자와 임원에 관한 사항, ⑨ 조합비 기타 회계에 관한 사항, ⑩ 규약변경에 관한 사항, ⑪ 해산에 관한 사항, ⑫ 쟁의행위와 관련된 찬반투표 결과의 공개, 투표자 명부 및 투표용지 등의 보존·열람에 관한 사항, ⑬ 대표자와 임원의 규약위반에 대한 탄핵에 관한 사항, ⑭ 임원 및 대의원의 선거절차에 관한 사항, ⑮ 규율과 통제에 관한 사항 등이다.

3) 신고증명서의 교부 및 설립 신고주의

고용노동부장관 또는 특별시장·광역시장·도지사는 노동조합법의 규정에 의한 설립신고 증명서를 접수한 때에는 3일 이내에 반드시 신고증명서를 교부하여야 한다. 이와 같이 설립신고를 하고 신고증명서를 받도록 규정함으로써 우리나라는 노동조합의 설립에 대하여 설립신고주의를 채택하고 있다.

그러나 이러한 설립신고제도는 노동조합의 자유로운 설립에 대하여 제한이 되어 왔다. 따라서 노동조합의 설립에 있어서는 자유설립제도인 자유설립주의를 원칙으로 하는 신고제도가 가미되어야 한다. 이와 같은 사실은 설립신고서 또는 규약에 기재사항의 누락 등 보완이 필요한 경우에는 대통령령이 정하는 바에 따라 20일 이내의 기간을 정하여 보완을 요구하도록 하고 있어 자유로운 설립에 대하여 제한적 사항으로 지적되고 있다. 그리고 보완된 설립신고서 또는 규약을 접수한 때에는 3일 이내에 신고증명서를 교부하여야 한다. 행정관청(고용노동부장관 또는 특별시장, 광역시장, 도지사 등)은 설립하고자 하는 노동조합이 노동조합의 결격요건이 있거나 기간 내에 보완을 요구하지 아니한 경우는 설립신고서를 반려하도록 규정되어 있어 자유설립제도를 제한하고 있다.

따라서 우리나라 노동조합법(제12조 제4항의 규정)은 노동조합이 신고증명서를 교부받은 경우에만 설립신고서가 접수된 때로부터 노동조합이 설립된 것으로 본다.

제5절 노동조합의 관리

1. 노동조합의 기관

노동조합의 기관의 구성과 운영에 대해서는 대폭적인 자주성을 인정하고 있다. 즉, 조합의 운영은 원칙적으로 민주화된 노동조합의 자주적 결정에 맡기고, 다만 노동조합의 규약이 법령을 위반하거나 공익을 해할 염려가 있는 경우에만 행정관청(고용노동부장관 또는 특별시장·광역시장·도지사 등)은 적절한 조치를 취할 수 있다.

노동조합의 기관에는 의결기관·집행기관·감사기관·보조기관 및 특별기관이 있는데, 가장 중요한 기관은 의결기관인 총회와 대의원회이다.

1) 총회

(1) 총회의 소집

총회는 노동조합의 최고의결기관이다. 일반적으로 총회는 조합원 전원에 의하여 구성되지만 조합원 전원의 참가가 어려운 대규모의 조합에 있어서는 총회에 갈음하여 대의원회를 둘 수 있다.

총회는 정기총회와 임시총회가 있는데, 정기총회는 단위노동조합은 매년 1회 이상, 연합단체인 노동조합은 3년마다 1회 이상 개최하여야 하며, 조합의 대표자는 총회의 의장이 된다. 임시총회는 노동조합의 대표자가 필요하다고 인정한 때와 조합원 또는 대의원의 3분의 1 이상이 소집권자의 지명을 요구한 때에는 15일 이내에 노동위원회의 의결을 요청하고 의결이 있을 때에는 지체 없이 회의의 소집권자를 지명하여야 한다(1998. 2. 20. 본항개정). 노동조합의 대표자가 회의의 소집을 고의로 기피하거나 이를 해태 한 경우에는 행정관청은 노동위원회의 승인을 얻어 소집할 자를 15일 이내에 지명하여 임시총회를 소집하게 할 수 있다(제18조).

(2) 총회의 의결사항

노동조합법 제16조에서 규정하고 있는 총회 결의사항은 다음과 같다.

① 규약의 제정과 변경에 관한 사항, ② 임원의 선거와 해임에 관한 사항, ③ 단체협약에 관한 사항, ④ 예산・결산에 관한 사항, ⑤ 기금의 설치・관리 또는 처분에 관한 사항, ⑥ 연합단체의 설립・가입 또는 탈퇴에 관한 사항, ⑦ 합병・분할 또는 해산에 관한 사항, ⑧ 조직형태의 변경에 관한 사항, ⑨ 기타 중요한 사항 등이다.

총회의 의결사항은 원칙적으로 재적 조합원 과반수의 출석과 출석조합원 과반수의 찬성으로 의결한다. 다만, 규약의 제정・변경, 임원의 해임, 합병・분할・해산 및 조직형태의 변경에 관한 사항은 재적조합원 과반수의 출석과 출석조합원 3분의 2 이상의 찬성이 있어야 한다.

그리고 임원의 선거에 있어서 출석조합원 과반수의 찬성을 얻은 자가 없는 경우에는 규약이 정하는 바에 따라 결선투표를 실시하여 다수의 찬성을 얻은 자를 임원으로 선출할 수 있다. 또한, 규약의 제정・변경과 임원의 선거・해임에 관한 사항은 조합원의 직접・비밀・무기명투표에 의하여야 한다.

2) 대의원회

대의원회도 노동조합의 최고의결기관인데, 노동조합법 제17조 제1항에 노동조합은 규약으로 총회에 갈음할 대의원회를 둘 수 있다고 규정하였다. 즉, 대의원회는 노동조합의 규모나 성격으로 보아 총회의 소집이 불가능하거나 곤란한 것에 대비하여 총회에 갈음하여 설치하는 기관이다. 대의원회를 구성하는 대의원은 반드시 조합원의 직접·비밀·무기명투표에 의하여 선거되어야 하는데, 이것은 조합원의 권리가 대의원을 통하여 간접적으로 행사되기 때문이다. 노동조합의 대의원회를 설치한 때에는 노동조합법의 총회에 관한 규정은 대의원회에 준용된다. 그리고 대의원의 임기는 규약으로 정하되 3년을 초과할 수 없도록 되어 있다.

3) 임원의 선거

노동조합법 제23조에서는 노동조합의 임원은 그 조합원 중에서 선출되어야 하며, 임원의 임기는 규약으로 정하되 3년을 초과할 수 없다고 규정하고 있다.

따라서 임원선거에 관한 사항은 총회 결의사항이며, 조합원의 직접·비밀·무기명투표에 의하여 선출된다.

2. 노동조합의 회계감사

노동조합법 제25조에서는 "노동조합의 대표자는 그 회계감사원으로 하여금 6월에 1회 이상 당해 노동조합의 모든 재원 및 용도, 주요한 기부자의 성명, 현재의 경리상황 등에 대한 회계감사를 실시하게 하고 그 내용과 감사결과를 전체 조합원에게 공개하여야 한다"고 규정하고 있다.

따라서 노동조합의 회계감사원은 필요하다고 인정할 경우에는 당해 노동조합의 회계감사를 실시하고 그 결과를 공개할 수 있도록 하고 있다.

3. 조합원의 권리와 의무

노동조합원은 조합원으로서의 권리와 의무를 부담하게 된다. 1997년 3월 13일(법률 제5310호) 개정된 노동조합법 제22조에서는 "노동조합원의 조합원은 균등하게 그 노동조합의 모든 문제에 참여할 권리와 의무를 진다. 다만, 노동조합은 규약으로 조합비를 납부하지 아니한 조합원의 권리를 제한할 수 있다"라고 규정하고 있다.

따라서 조합원은 임원선거권과 피선거권을 갖고 있음은 물론 총회에 출석하여 발언 · 의결에 관한 권리를 가진다. 이 밖에도 조합원은 조합운영상황의 공개를 요구할 권한도 갖는다(제26조). 그러나 조합비를 납부하지 않는 조합원의 권리는 조합규약으로 제한 받을 수 있다.

4. 노동조합의 전임자

노동조합법 제24조에서는 "근로자는 단체협약으로 정하거나 사용자의 동의가 있는 경우에는 근로계약 소정의 근로를 제공하지 아니하고 노동조합의 업무에만 종사할 수 있다"라고 규정하고 있다. 그리고 동조 제2항에서는 이 규정에 의하여 노동조합의 업무에만 종사하는 자(이하 "전임자"라 한다)는 그 전임기간동안 사용자로부터 어떠한 급여도 지급 받아서는 아니 된다고 되어 있다.

그러나 노동조합 전임자에 관한 문제는 구 노동조합 및 노동조합관계법(법률 제9930호, 2010.1.1) 부칙 8조에 의한 노동조합 전임자에 관한 적용의 특례규정에 따라 사용자는 노동조합 전임자의 급여를 지원하고 있는 사업, 또는 사업장의 경우에는 2010년 7월부터 일정기간 원칙적으로 전임자 임금을 금지하되 타임오프제(근로시간면제제도)를 허용한다.

타임오프제란?

유급 근로시간 면제, 즉 노동조합원이 근무를 안 해도 임금을 지급받는 시간총량(타임오프)을 정한 제도를 말한다. 2010년 7월부터 사용자는 타임오프 한도 안에서만 노조전임자 임금을 지급할 수 있으며, 상한선을 넘기면 처벌 받는다. 조합원 300명 이하인 경우 전임자를 2명까지 둘 수 있다.

◇ 타임오프제 시행사례(A사의 노조지원의 변화)

시행 전	시행 후
전임자 및 준전임자 총 181명 임금지급	타임오프 한도인 18명 제외한 163명 임금 중단
조합운영용 차량 27대 세차비, 유류비	차량 모두 회수
아파트 3채 보증금 및 관리비	아파트 전부 회수
노조사무실 통신비, 각종 전산기기	사무실만 제공

주: A회사는 연간 노조에 지원해 온 것은 현금 120억 원, 현물 12억 원 등 총 132억 원.
자료: 조선일보, A4, 2010년 6월 25일 판(수) 52판.

그러나 동법은 노동조합의 전임자는 전임기간 동안 사용자로부터 어떠한 급여도 받아서는 안 된다고 규정하고 있다. 전임자 급여 지급 시 사용자는 처벌받도록 되어 있다.

따라서 지금까지 전임자에게 사용자가 급여를 지급한 경우에는 급여 지원 규모를 점진적으로 축소하도록 하여야 하며, 노동조합은 재정자립에 노력하여야 한다. 다만 법령이 정한 기준 내 급여지원이 가능하도록 개선방안을 찾아야 한다. 참고로 선진국은 무노동 무임금(No work No pay)원칙에 따라 노조전임자는 사용자로부터 임금을 받지 않고 있다. 다만 중소기업 노조 등의 조합비의 부족으로 전임자 임금을 지불할 수 없기 때문에 중소기업 협회 등에서 보조금으로 지원받거나 경영자 단체, 중소기업청 등 정부 관계기관에서 중소기업 지원 자금을 통해 해결하는 방법도 있다. 또한 타임오프제를 통하여 노조활동을 근무시간으로 인정하는 국가도 있다. 이러한 타임오프제는 전임자가 노동조합의 업무수행시간을 어느 정도 노동 시간제를 인정하는 것으로 노조전임자의 임금을 허용하기도 한다.

5. 노동조합의 자료제출

노동조합법(제27조)은 노동조합이 행정관청이 요구하는 경우에는 결산결과와 운영사항을 보고하여야 한다. 왜냐하면 노동조합의 운영은 조합비로 지출되기 때문에 모든 자료는 특히 결산결과와 운영사항은 투명하게 공개되어야 한다.

6. 노동조합의 해산

노동조합법 제28조에서 규정하고 있는 노동조합의 해산 사유는 다음과 같다.

첫째, 규약에서 정한 해산사유가 발생한 경우

둘째, 합병 또는 분할로 소멸한 경우

셋째, 총회 또는 대의원회의 해산결의가 있는 경우

넷째, 노동조합의 임원이 없고 노동조합으로서의 활동을 1년 이상 하지 아니한 것으로 인정되는 경우로써 행정관청이 노동위원회의 의결을 얻은 경우 등이다.

그리고 노동조합이 해산되면 그 대표자는 해산한 날로부터 15일 이내에 행정관청에 해산을 신고해야만 한다.

7. 노동조합의 통제권

1) 통제권이란?

노동조합은 사용자에 대한 대항단체로서 근로조건의 유지·개선이라는 기본목적을 달성하기 위해 사용자와 단체교섭·쟁의행위 등의 방법을 사용한다. 따라서 노동조합은 견고한 단결력을 보유하여야 하며, 조합원의 통일적·집단적 행위의 전개를 위하여 조합의 지시·명령에 위반하거나 또는 단결의 유지·강화에 반하는 행위를 하는 조합원에 대하여는 제재(징계)를 가하지 않을 수 없다. 이를 노동조합의 통제권이라 한다.

2) 통제권 행사의 정당성

노동조합의 내부의 통제를 유지하기 위하여 그 위반자에게 과하는 제재에 관해서는 조합규약에 규정하는 것이 일반적이다. 그 종류에는 견책, 제재금의 부과, 권리정지, 제명 등이 있다.

한편, 노동조합의 통제권행사로서의 제재에는 그 이유와 절차에 있어서 정당성이 있어야 한다. 특히 제명은 조합원으로서의 권리와 자격을 박탈하는 것이기 때문에 신중하여야 한다. 그리고 부당한 제명은 조합운영의 비민주성을 유발하는 사유가 됨으로써 이는 반드시 총회나 대의원회에서 다루어져야 한다.

3) 통제권 행사의 민주성과 공정성

통제권 행사에 있어서의 제재절차는 민주적 절차에 의하여 공정성이 확보되도록 마련한다. 조합규약에 제재절차에 관한 규정이 있을 때에는 반드시 이에 따라야 하고, 규약에 이에 관한 규정이 없을 때에는 조합의 본질과 운영의 기본원리에 따라 일정한 절차가 마련되어야 할 것이다. 절차상 중대한 하자가 있을 때에는 그 제재는 무효가 된다. 그리고 제명은 조합원에 대한 축출이기 때문에 규약에서 총회 또는 대의원회의 다수결의 원칙에 따라 결정되어야 하고, 무기명투표에 의하여 결정되어야 한다.

참고자료

▣ 우리나라 노동조합의 조직현황(2016년12월 현재)

2016년 말 기준 우리나라 노동조합 조직률을 보면, 전체조합원수(196만6천명)/조직대상 근로자수(1917만2천명)×100 =10.3%로 나타났다.

여기에서 조직대상 근로자수는 임금근로자수에서 노조가입이 금지되는 공무원(5급 이상, 군인·경찰 등)·교원(교장, 교감 등) 제외한 수를 말한다.

고용노동부가 발표한 '2016년 전국 노동조합 조직현황'에 따르면 전체 조합원수는 196만6천명으로 전년도의 193만9천명에 비해 2만8천명 1.5% 증가하였고 노동조합 조직대상 근로자수도 1917만2천명으로 전년 대비 14만5천명으로 0.8% 증가하여 노동조합 조직률은 전년보다 증가한 것으로 나타났다.

상급단체별 조직현황은 한국노총 42.8%(84만2천명), 민주노총 33.0%(64만9천명), 공공노총 1.0%(2만 명), 전국노총 0.7%(1만3천명) 순이며 상급단체에 소속되지 않은 노동조합(미가맹)이 22.5%(44만2천명)을 차지하는 것으로 나타났다.

노동조합 조직현황을 세부적으로 살펴보면 △부분별 조직률은 민간부문 9.1%, 공무원 부문 67.6%로 나타나 공무원 부문 조직률이 상당히 높게 나타났고, △사업장 규모별 조직률은 300명 이상 55.1%, 100~299명 15.0%, 30~99명 3.5% 등으로 사업장 규모가 작을수록 낮게 나타났으며, △조직형태별로는 초기업노조 소속 조합원이 108만8천명 55.3%로 노동조합의 절반 이상이 초기업노조인 것으로 나타났다.

노동조합 조직률은 1989년 19.8%를 정점으로 하락하는 추세를 보여 2010년도에 최초로 한자리수인 9.8%까지 떨어졌으나 2011년 복수노조 허용 등 영향으로 10%대를 회복한 이후 계속 10%대를 유지하고 있다. 이는 설립신고 된 노동조합이 지방고용노동관서 및 지방자치단체 등 행정관청에 통보한 2016년 말 기준 노동조합 현황자료를 한국비교노동법학회에 의뢰하여 분석한 결과이다.

▶ 조합원수(천명)

2012년 1,781 → 2013년 1,848 → 2014년 1,905 → 2015년 1,939 → 2016년 1,966

제 4 장 단체교섭제도

제4장 단체교섭제도

제1절 단체교섭의 의의와 기능

1. 단체교섭의 의의

최근 노사분규는 생활 및 교육수준의 향상에 따른 근로자의 의식구조와 노동관계 이념 사이의 괴리에서 발생된 것이다. 따라서 진정한 노사문제의 해결과 노사 간의 협력을 도모하기 위해서는 온정적・권위주의적인 노사관(勞使觀)으로부터 합리적・민주적 노사관으로의 새로운 이념 정립과 실천 노력이 필요하다고 본다.

다시 말해 노동조합과의 상호 대립적 관계에서 상호 협력적 관계로의 인식전환과 건전한 노동조합 육성을 통해 민주적 단결력과 자율성을 높여 기업발전을 도모하고, 모든 처우를 객관적 기준에 따라 시행하며, 성실한 단체교섭을 통해 공동이익을 추구하는 동반자로서의 신뢰기반을 구축함으로써 노사관계의 획기적 전환을 기해야 할 것이다.

그러나 지금까지 수차례 노동관계 법률은 수정・보완되어 왔고, 이에 대한 많은 노력이 있었음에도 불구하고, 아직도 단체교섭을 둘러싼 노사관계는 큰 진전을 보지 못하고 있는 것이 사실이다. 그것은 노사간 분쟁이 장외 확산 방지에만 급급한 파행적 노사정책과 사용자 우위적 노사관계에서 오는 사용자측의 소극적 태도가 복합적으로 작용했기 때문인 것으로 판단된다.

단체교섭(collective bargaining)이란 용어는 1881년 영국의 포터(Beatrice Portter)가 그의 저서 "Cooperative Movement in Great Britain"에서 처음으로 사용하였다.

이에 대한 학자들의 견해를 살펴보면, 시드니와 웨브(Sidney & Webb)은 단체교섭을 노사가 대등한 입장에서 행하는 노동조건의 집단적 거래관계 내지 집단적 타협의 절차로 규정짓고 개별교섭에서 단체교섭으로 이행되는 과정을 경제적 절차로만 파악하였다.

후렌더스(A. Flanders)는 직무규제에 관하여 노·사간 공동규제(joint regulation)의 과정으로 보고 있으며 필요하면 실력에 호소하는 관계(power relationship)인 노·사간의 정치적 기구로 파악하였다.[1] 그리고 데즐러(G. Dessler)는 단체교섭은 경영자와 노동조합의 대표가 노동협약을 체결하기 위하여 교섭하는 과정이라 하였고,[2] 캔조와 로빈스(De Cenzo & Robbins)는 단체교섭은 일정기간 적용되는 노·사간의 성문협약을 양측 대표가 단체적으로 협의, 체결, 관리, 해석하는 것이라고 정의하였다.[3]

2. 단체교섭의 기능

헌법 제33조에 의거하여 보장된 단체교섭권은 근로자의 근로조건을 유지·개선하고, 근로자의 복지를 증진함으로써 그 경제적·사회적 지위향상을 도모하기 위한 수단이 된다. 따라서 단체교섭은 근로자의 단체가 근로자들의 경제적 지위향상을 도모할 목적으로 사용자 또는 사용자단체와 단결의 힘을 배경으로 교섭하는 것이라고 할 수 있다.

단체교섭은 집단적 노사관계의 핵심과정으로써 통일적 노동조건의 결정을 가능케 하고, 경영활동에 대한 견제와 자극을 통해 효과적이고 능률적인 기업경영을 유도하며, 노사 상호간 타협의 장으로써 의사소통 내지 노사자치 및 산업평화를 유지하는 원동력이 되기도 한다. 따라서 오늘날 기업경영에 있어서 단체교섭이 갖는 중요한 기능을 보다 구체적으로 정리해 보면 그 내용은 다음과 같다.

첫째, 근로관계의 규칙을 제정하고, 수정하고, 관리하는 절차로서의 기능을 갖는다.

둘째, 근로자의 임금 및 보상을 결정하는 과정으로서의 기능을 갖는다.

셋째, 근로조건을 통일적이고 일률적으로 개선하는 기능을 갖는다.

---

1) A. Flanders, *Collective Bargaining: A Theoretical Analysis*, Management and Unions, p. 220.

2) Gary Dessler, *Human Resource Management*(9th ed), Prentice-Hall, p. 555.

3) De Cenzo & Robbins, *Human Resource Management*(5th ed.), John Wiley & Sons, p. 492.

넷째, 근로자의 근로생활의 질(quality of working life)을 향상시키는 기능을 수행함으로써 조직유효성 증대에 기여한다.

다섯째, 근로자의 불만을 조정하는 기능 즉, 노조는 근로자의 불만해소를 위한 장으로서 단체교섭을 활용하기도 한다.

여섯째, 경영에 건전한 자극 또는 신선한 충격을 주는 기능을 갖는다.

일곱째, 노사관계를 대등한 관계로 발전시킴과 동시에 협동적인 관계로 발전하는 데 공헌한다.

3. 단체교섭의 영향

단체교섭은 근로자의 욕구와 불만을 조정하고, 근로조건의 통일적 형성하며, 경영합리화의 조정 및 노사 공동체 의식을 조장한다.

1) 근로자의 욕구와 불만 조정

노동조합은 근로자의 욕구와 불만을 검토하여 집약하고, 정책적 배려를 가하여 취사선택한다. 따라서 근로자의 욕구를 종합하여 사용자에게 전달함으로써 단체교섭이 행해지게 된다. 만약 단체교섭이 행해지지 않으면 근로자의 욕구나 불만은 여러 가지 형태로 나타나 시기저하는 물론 생산성 저하를 가져오는 결근이나 근무태만, 이직 등의 원인이 된다.

2) 근로조건의 통일적 형성

노동조합이 근로자의 힘을 집단적으로 조직하고 통제하며, 사용자와 단체교섭을 함으로써 근로조건은 개별적인 근로자에 의하여 제각기 결정되지 않아 통일적으로 형성됨으로써 노・사간의 공동체적 의견을 가질 수 있다.

3) 경영합리화의 조정기능

단체교섭의 중심적 과제는 근로조건의 결정에 있으므로 경영의 제반분야에 중대한 영향을 미치는 경우도 있다. 예컨대 단체교섭에 의한 임금수준의 인상은 일단 생산원가의 증대라는 측면에 압박을 가져오지만, 한편에서는 종업원의 사기앙양과 경영합리화라는 측면에서 생산성 향상이라는 효과도 가져온다. 따라서 단체교섭은 경영합리화의 조정기능의 열쇠가 되기도 한다.

4) 노 · 사공동체 의식의 조성

단체교섭을 통하여 노 · 사간의 의사소통을 도모하고 상호 이해와 협력분위기를 조성한다. 따라서 근로자는 불만과 욕구가 조정되고, 사용자는 경영의 합리화로 생산성이 향상되어 종국에는 노 · 사간의 공동체의식이 조성되어 기업발전으로 이어지게 된다.

4. 단체교섭권의 보장

노동자의 노동3권 즉, 단결권, 단체교섭권, 단체행동권은 근로자의 기본권으로서 헌법에 보장되어 있다. 특히, 노동조합법은 헌법을 근거로 하여 단체교섭권을 다음과 같이 구체적으로 보장하고 있다.

1) 노동3권 보장(노동조합법 제1조)

근로자의 단결권, 단체교섭권, 단체행동권 등 노동3권을 보장하며, 근로조건의 유지 · 개선 등 근로자들의 경제적 · 사회적 지위의 향상을 도모하고, 노동관계를 공정하게 조정하여 노동쟁의를 예방 · 해결함으로써 산업평화의 유지와 국민경제 발전에 이바지 한다.

2) 단체교섭 체결권한(노동조합법 제29조)

① 노동조합의 대표자는 그 노동조합 또는 조합원을 위하여 사용자나 사용자단체와 교섭하고 단체협약을 체결할 권한을 가진다.

② 노동조합과 사용자 또는 사용자 단체로부터 교섭 또는 단체협약의 체결에 관한 권한을 위임받은 자는 그 노동조합과 사용자 또는 사용자단체를 위하여 위임받은 범위 안에서 그 권한을 행사할 수 있다.

3) 단체교섭 남용과 협약체결 거부 금지(노동조합법 제30조)

① 노동조합과 사용자 또는 사용자단체는 신의에 따라 성실히 교섭하고 단체협약을 체결하여야 하며, 그 권한을 남용하여서는 안 된다.

② 노동조합과 사용자 또는 사용자단체는 정당한 이유 없이 교섭 또는 단체협약의 체결을 거부하거나 해태하여서는 안 된다.

제2절 단체교섭의 주체와 범위

1. 단체교섭의 주체

노동조합법 제30조 교섭 등의 원칙에 관한 규정을 보면, 노동조합과 사용자 또는 사용자단체는 신의에 따라 성실히 교섭하고, 단체협약을 체결하여야 하며 그 권한을 남용해서는 아니 되고, 정당한 이유 없이 교섭 또는 단체협약의 체결을 거부하거나 해태하여서는 아니 된다고 규정하고 있다.

따라서 단체교섭의 주체는 노동조합, 사용자 또는 사용자단체라 할 수 있는데, 여기서 노동조합이라 함은 노동조합과 관련하여 근로자가 직접 그 구성원이 되는 단위노동조합을 의미한다. 그리고 단체교섭의 주체로서 근로자집단은 단순한 근로자들의 모임 내지 집단 그 자체만으로는 부족하다. 즉, 근로자들의 통일적 의사형성이 가능해야만 된다.

다만 그 구성원인 근로자들은 사용자와의 사이에 직접적인 종속노동관계를 성립시키는 고용계약은 필요 없고, 노・사간은 이해대립의 관계뿐만 아니라 공존협력의 관계임도 부정할 수 없으므로 대립적 노사관계의 존재가 인정되면 충분하다.

그러나 노동조합이 단체교섭의 주체로서 지위에 대하여는 많은 문제점이 제기될 수 있다.

첫째, 근로자 단체가 노동조합으로서의 구비요건을 갖고 있으면 비록 법외조합이라고 하더라도 단체협약의 체결능력을 부여받고 교섭의 주체가 될 수 있다.

둘째, 노동조합이 소수의 근로자로서 구성되어 있는 경우에도 단체교섭권을 가지며 단체교섭의 주체가 된다.

셋째, 개개의 근로자가 직접 구성원이 되어 있는 직업별 또는 산업별 단일조합인 경우 그 단일조합이 교섭의 주체가 된다. 그리고 그 하부조직의 지부, 분회 등이 기초적 교섭의 주체가 될 수 있다.

넷째, 노동조합은 사용자와의 단체협약에서 자기조합만이 유일한 교섭단체로 인정하는 유일교섭 단체협정을 체결하는 수가 있다. 그러나 사용자가 제2노조와의 단체교섭을 정당한 이유 없이 거부하거나 해태 하는 것은 불법노동행위가 된다.

다음으로 단체교섭의 교섭담당자에 관한 내용을 살펴보기로 하자.

단체교섭의 담당자에 관한 내용은 노동조합법 제29조에서 규정하고 있는데, 먼저 노동조합의 대표자 또는 단위노동조합으로부터 위임을 받은 자는 교섭할 권한이 있으므로 근로자 측의 단체교섭의 담당자가 될 수 있다.

그리고 사용자 또는 사용자단체의 대표자는 사용자측의 교섭담당자가 된다. 개인기업의 사용자 내지 주식회사의 대표이사가 직접 단체교섭을 담당하는 경우에는 그들이 단체교섭의 주체가 되므로 문제가 되지 않는다.

그러나 본부 또는 지점의 지배인이 단체교섭을 담당하는 경우에는 기업대리권으로서의 포괄적 대리권(상법 제11조) 또는 특별한 위임을 기초로 하여 단체교섭의 담당자가 될 수 있다. 주식회사의 노무담당중역·이사·노무부장·과장도 일정한 범위의 대리권 또는 특별한 전권위임을 근거로 단체교섭의 담당자가 될 수 있다.

따라서 사용자단체가 규약 내지 협약을 만들어 또는 개별적인 위임을 받아 교섭의 담당자가 될 수 있다. 그리고 노동조합에 대한 단체교섭의 당사자가 되는 사용자는 근로계약에 의하여 근로자들을 채용한 계약상의 당사자이다. 그러므로 사용자는 개인인 경우를 비롯하여 주식회사 등의 영리법인이냐 또는 비영리법인이냐는 묻지 않는다.

2. 단체교섭의 범위

단체교섭의 범위에 관해서는 보편화된 일반적인 기준을 설정하기란 어렵다. 노동조합의 요구사항이 단체교섭의 대상으로써 합당한 것이냐 아니냐 하는 것은 교섭거부라는 문제와 관련해서 노·사간의 분쟁으로 되기도 한다.

그러나 건전한 노사관계를 위해서는 노・사간의 정상적인 질서유지라는 목적에 따라 사전에 협의된 규칙(rule)을 근거로 하여 단체교섭은 진행되어야 한다.

첫째, 단체교섭의 대상이 광의의 근로조건 전반으로 집단성을 띠고 있어야 한다. 근로자 개인에게 국한된 고충처리는 노사협의의 대상은 될 수 있어도 단체교섭은 될 수 없다. 따라서 조합원 전체에 관한 임금, 근로시간 기타 근로조건은 물론 작업시설, 근로환경, 복지후생시설에 관한 사항과 조합 활동, 조합원확보제도 등은 단체교섭의 대상이 될 수 있다.

둘째, 노사의 자주적 결정에 따라 단체교섭의 범위를 정할 수도 있다.

셋째, 노동조합은 단체협약을 위한 단순한 교섭 그 이상의 기능을 수행해야 한다. 노동조합 지도자는 노동조합을 구성하는 일반근로자의 욕망에 대한 책임과 계속조직으로써의 조합의 필요성에 대한 책임을 모두 갖는다. 따라서 단순히 조합원의 요구사항을 성취시켜주는 것만이 아니라 조합자체의 장기적인 건전성과 발전을 동시에 고려하여야 한다.

책임 있는 노동조합 간부는 다음 사항을 고려해야 할 것이다.

첫째, 현재의 필요성과 미래에 대한 관심

둘째, 교섭단위 인사, 지부노조, 전국노조, 산업전체의 이해관계를 포함한 넓은 이해관계에 대한 관심

셋째, 단기적인 이해관계보다는 하나의 과정으로서의 단체교섭의 건전화에 대한 관심 등이다.

제3절 단체교섭의 종류

단체교섭은 노사의 힘의 관계를 배경으로 하는 거래와 협상의 관계이다. 따라서 단체교섭의 방법 또는 형태는 노동운동의 성격과 노동조합의 조직형태에 따라 여러 가지 상이한 양상을 띠게 된다. 즉, 노동조합이 전국적 또는 지역적인 규모의 산업별로 또는 직업별의 조직에 의하여 노동시장에 정착하고 있는 경우와 우리나라와 같이 그 조직이 기업별로 되어 있는 경우에는 단체교섭의 방식도 자연 달라지는 것이다. 또한 기업조직 규모의 대・소와 노동시장의 형태가 단일적이냐 다원적이냐에 따라서도 교섭

방식은 달라지게 마련이다. 단체교섭이 행해지는 방향과 당사자의 수에 따라 단체교섭의 유형을 살펴보면 다음과 같다.

1. 기업별 교섭(company bargaining)

기업별 단체교섭이란 특정기업 또는 사업장단위로 조직된 독립된 노동조합이 단체교섭의 당사자가 되어 기업주와 교섭하는 방식을 말한다. 우리나라에서는 공무원 노동조합을 제외하고는 대부분의 단체교섭이 기업별로 이루어지고 있으며, 일본의 경우에도 흔히 볼 수 있는 단체교섭의 유형이다.

2. 통일교섭(multi-employer bargaining)

통일교섭이란 복수사용자교섭(multi-employer bargaining)이라고도 하는데, 이는 전국적 또는 지역적인 산업별 또는 지역별 노동조합과 이에 대응하는 전국적 또는 지역적 사용자단체간에 이루어지는 교섭방식을 말한다. 노동조합이 산업별 또는 지역별로 전국적 또는 지역적인 노동시장을 지배하고 있는 반면에 기업의 규모는 크지 않고 재정력도 약하며, 또한 시장에의 상호경쟁이 극심한 중소기업의 경우에 있어서 흔히 볼 수 있는 교섭방식이다.

미국과 영국을 비롯한 유럽 각국에서 흔히 찾아볼 수 있는 단체교섭 유형인데, 우리나라에서는 현재 공무원 노동조합을 비롯하여 산업별 노동조합의 성격이 강한 21개 산업별 노동조합연맹 중 금융 · 철도 · 지하철 · 전력 · 채신 · 통신 · 담배 · 인삼 · 항운 등의 노동조합에서 통일교섭이 이루어지고 있다.

3. 대각선 교섭(diagonal bargaining)

산업별 노동조합이 개별기업과 개별적으로 교섭하는 경우를 말한다. 이것은 산업별 노동조합에 대응할 만한 사용자단체가 없거나 또는 이러한 사용자단체가 있더라도 각 기업에 특수한 사정이 있을 때에 이 방식이 사용된다.

미국의 경우에는 General Motors(GM), U.S. Steel 등 대규모회사의 경우 흔히 대각선 단체교섭을 하고 있는데, 이는 단독의 힘만으로도 전국노조와 대결할 수 있다고 믿기 때문이다. 우리나라에서는 섬유업체가 임금에 대하여는 전국 섬유노조와 방직협회가 통일교섭 방식을 취하고 있으나 기타 사항은 단체협약 기준 안을 작성하여 각 기업체별 또는 사업장별로 다시 협약을 체결하고 있는데, 이런 경우에는 통일교섭과 대각선 교섭이 혼재하고 있다고 볼 수 있다.

그림 4-1. 기업별 · 통일 · 대각선 교섭방식

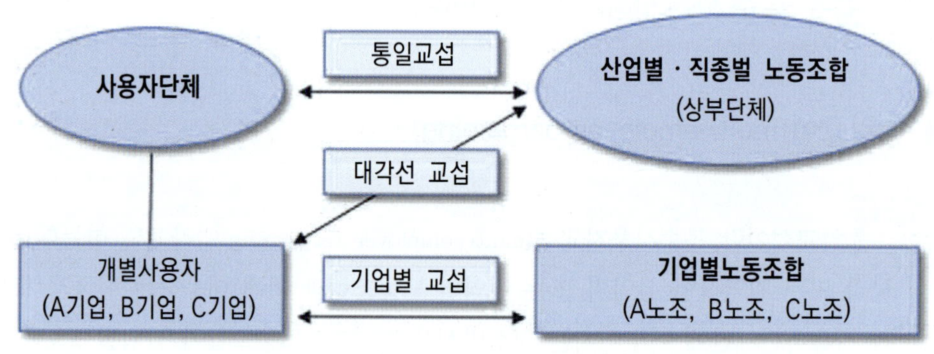

4. 공동교섭(joint bargaining)

공동교섭이란 일명 연명교섭(連名交涉)이라고도 하는데, 이는 노동조합이 기업별 노조로 구성되어 있는 경우 또는 산업별 또는 직업별 노조의 경우에 있어서는 기업단위의 지부가 당해 기업과 단체교섭을 하는 경우 상부단체인 전국노동조합이 이에 참가하는 것을 말한다. 다시 말하면 상부조합과 지부가 공동으로 사용자와 교섭하는 방식이다.

이 방식은 우리나라에서도 흔히 찾아볼 수 있으며, 기업별 노동조합에 있어서는 기업별 교섭이 갖는 약점을 어느 정도 보완해 줄 수도 있다.

그림 4-2. 공동교섭 방식

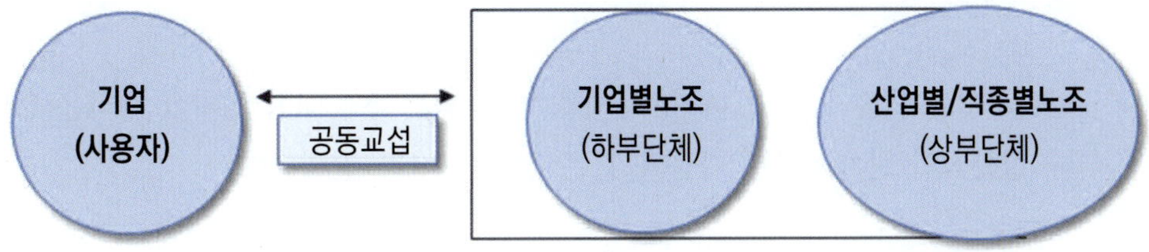

5. 집단교섭(united bargaining)

집단교섭이란 연합교섭이라고도 하는데, 수 개의 노동조합 지부가 공동으로 이에 대응하는 수 개의 기업집단과 집단적으로 교섭하는 형태를 말한다. 이 방식은 유럽 각국에서 흔히 찾아볼 수 있는 형태로 노동조합 측이나 사용자 측이 산업별로 연합전선을 형성하여 단체교섭을 하기 때문에 교섭의 내용이 표준화되어 기업 간 또는 조합 간 격차를 줄일 수 있으나 여러 노동조합 간 또는 여러 기업 간에 의견통일이 어렵다는 단점이 있다.

그림 4-3. 집단교섭 방식

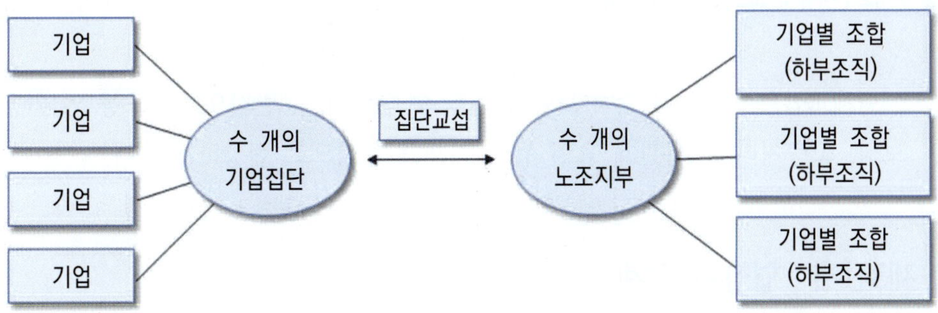

제4절 단체교섭의 절차

단체교섭을 어떻게 해야 하며, 무엇을 해야 되는지에 대한 정확한 형식은 없다. 그러나 일반적인 단체교섭은 다음과 같은 절차에 따라 진행된다.

1. 제1단계 : 교섭의 준비

노사관계에 직면하고 있는 복잡한 이슈@때문에 공식적인 협상이 시작되기 전에 세심한 준비가 마련되어져야 한다.

① **교섭 의무 이슈**(mandatory issues) : 근로자의 일에 즉각적, 직접적 효과를 가져다 주는 문제로 예를 들면 임금, 노동시간, 고용조건, 기타 조건 등이 있다.

② **교섭 허용 이슈**(permissive issues) : 제기되고 있으나 교섭이 될 것이라고 할 수 없는 것으로 예를 들면 회사의 가격정책에 노조의 참여, 해고근로자의 건강혜택 등이 있다.

③ **교섭 금지 이슈**(prohibited issues) : 클로즈드 숍(closed shop), 노조에 의해 제조된 제품만을 요구한다.

2. 제2단계 : 교섭의 문제

단체교섭은 유일한 표준적 모형이 있을 수 없으나, 일반적으로는 노동조합활동 보장, 보상, 고충처리, 직무관계 요인 등의 문제를 중심으로 협상하게 된다.

3. 제3단계 : 협상화 단계

단체교섭은 문제해결 활동이므로 훌륭한 의사소통이 협상의 성공에 필수적이다. 그러므로 비밀(privacy)이 보장되는 장소에서 협상을 하는 것이 좋다.

4. 제4단계 : 교섭파기(결렬)

단체교섭이 결렬되는 것을 방지하기 위한 제도적 장치로는 조정이나 중재, 알선 등의 제도가 마련되어 있다. 따라서 단체교섭의 파기는 제3자의 개입이나 노동조합의 전술 등에 의해서 효과적으로 극복할 수도 있다.

5. 제5단계 : 단체협약

단체교섭을 통해 교섭당사자간 합의가 이루어지면 서면상의 계약형식을 띤 단체협약을 체결하게 된다.

그림 4-4. 단체교섭의 절차 모델

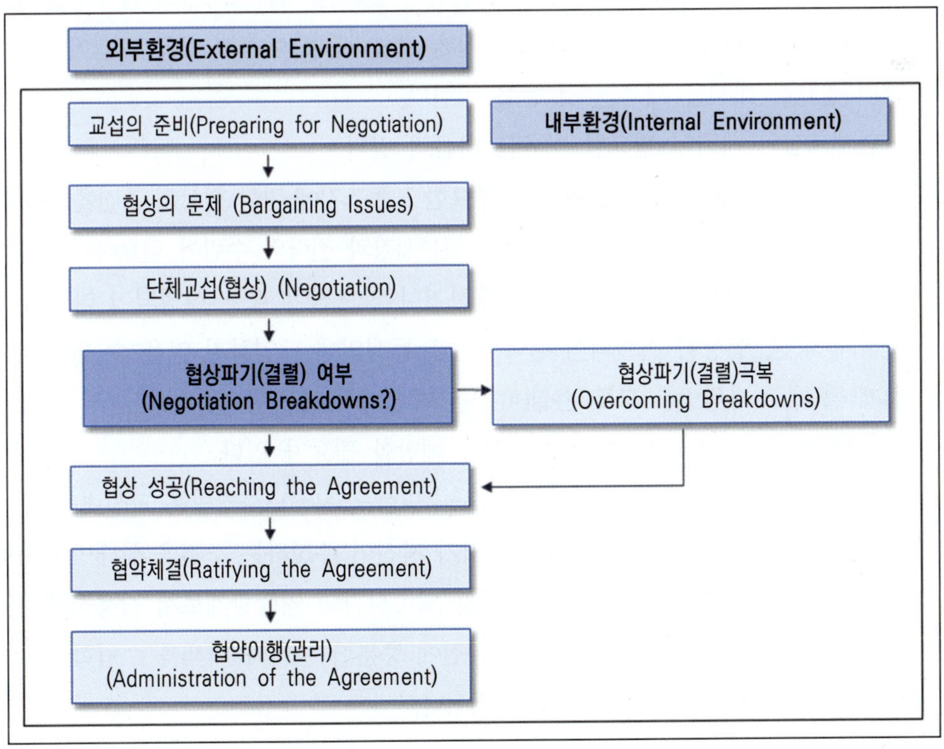

6. 제6단계 : 협약의 실행

단체교섭의 마지막 단계는 당사자 간의 협약내용을 협약 당사자가 성실하게 이행하는 것으로써 단체교섭의 다른 어떤 부문보다도 중요하다.

제5절 단체교섭의 대책

1. 단체교섭대책의 필요성

단체교섭의 대책(counter-plan of collective bargaining)이란 노사가 단체교섭의 절차에 따라 성공적으로 교섭을 추진하기 위하여 필요한 대책으로 교섭담당자를 선정・구성하고, 교섭사항을 정리하고, 구성원에게 교섭내용을 이해시키고, 교섭이 결렬되었을 때의 필요한 대책을 세우는 것 등을 말한다.

단체교섭의 대책이 필요한 이유는 다음과 같다.

첫째, 단체교섭은 노・사간에 가장 중요한 노동조건에 관한 협상의 추진을 내용으로 하고 있는데, 여기에는 쌍방 간에 일정한 기본입장과 전략의 수립이 필요하기 때문이다.

둘째, 단체교섭에 대한 대책이 소홀하거나 양보점이 잘못 설정되어 타협점을 찾지 못하게 되면, 협상이 결렬되어 결국에는 노동쟁의에 도입하지 않을 수 없게 된다. 이렇게 될 때 노사쌍방은 모두 손실(비용)을 예상하지 않을 수 없다. 따라서 사전에 충분한 대책을 수립함으로써 이러한 손실을 예방할 필요가 있다.

셋째, 단체교섭에 대한 충분한 대책을 수립함으로써 노사쌍방은 교섭력을 충분히 발휘할 수가 있다. 교섭력이란 교섭당사자가 자신이 주장하는 조건을 상대방이 동의하도록 유도하는 합의유인을 말하는데, 이는 노・사간의 역학관계로서 작용하게 된다. 따라서 단체교섭에 임하는 노사쌍방은 사전에 충분한 준비와 대책을 수립함으로써 합의점을 보다 쉽게 이끌어 낼 수 있을 것이다.

2. 노동조합 측의 교섭대책

1) 교섭위원회의 구성

(1) 교섭위원의 선정

노·사간에 단체교섭을 하려면 먼저 교섭을 위한 자체조직을 구성해야 한다. 즉, 노동조합 측은 단체교섭에 있어서의 요구사항을 확정하고, 교섭대표자를 선정하여 단체교섭을 진행하여 나가는데 있어서 여러 가지 전략을 수립해 놓아야 한다. 여기서 가장 먼저 해 두어야 할 일은 교섭위원회(bargaining committee)를 구성하는 일이다.

교섭위원회의 위원은 보통 총회에서 선정하는데, 단위노동조합이 단체교섭을 담당하는 경우뿐만 아니라 지부나 또는 분회에서 담당하는 경우에도 꼭 필요하다. 교섭위원으로 노동조합 임원이 참석하는 것은 당연한 일이지만, 단체교섭을 위하여 특별히 선임된 일반 조합원을 보충하는 것도 하나의 이상적인 방안이 될 것이다. 왜냐하면 교섭위원의 선정이란 조합 내부에서 하나의 정치적 과정이기 때문이다. 따라서 교섭위원회는 노동조합 내에서 여러 중요 이해집단의 대표를 참여시킬 필요가 있다.

(2) 교섭위원회의 기능

교섭위원회의 1차적 기능은 노동자의 요구사항을 경영자 측에 전달하는 일이다. 따라서 교섭위원회의 본질적 기능은 단체협약을 완성하는 일이 될 것이다. 즉, 조합원으로부터 제기된 문제를 발전시키고 사용자와 합의를 유도하고 합의된 사항은 노동자들에게 제시하여 그들의 동의를 얻어야 하나. 조합원은 일반적으로 단체교섭에서 많은 것을 요구하고 또 그것이 모두 쟁취되기를 희망한다. 따라서 단체교섭과정에서 관철되지 못한 요구사항에 대하여서는 그 이유를 설명하고 납득시키는 것이 사용자와 협의하는 일보다 더 어려다.

우리나라의 노동조합법에서도 단체협약은 노동조합 총회의 의결사항으로 규정하고 있어 교섭사항이 총회에서 지지를 받지 못하면 단체교섭은 다시 시작할 수밖에 없다. 따라서 교섭위원회는 다음과 같은 중요한 세 가지 기능을 수행하여야 한다.[4]

---

4) Daniel Quinn Mills, *Labor Management Relations*, 2nd ed., McGraw-Hill Books Co., 1982, p. 247.

첫째, 노동조합의 요구사항을 사용자에게 제시하여야 한다.

둘째, 잠정적인 단체협약을 협의하여야 한다.

셋째, 해결방안으로 쟁취된 것과 쟁취되지 못한 사항을 조합원에게 설명하고 동의를 얻어야 한다.

2) 요구사항의 정리

(1) 요구사항의 목록작성

교섭위원회는 먼저 총회를 통하여 노동조합의 요구사항을 수집하여 목록을 작성한다. 따라서 모든 조합원은 총회에 출석하여 자신의 의견을 제시할 수 있으며, 조합원이 제시한 의견이 요구사항 목록에 수록된다.

(2) 요구사항의 선별

수록된 요구사항 목록을 그대로 사용자와의 교섭에 상정해서는 안 된다. 즉, 조합원의 요구사항을 취사선택하여 사용자와의 효과적인 교섭을 위하여 전략적 차원에서 정리할 필요가 있다. 예컨대 교섭위원회나 조합 사무당국이 희망목록에서 우선순위를 정하고 이를 다시 총회에 회부하여 조합원의 동의를 얻는 것과 같은 정리가 필요하다. 흔히 이와 같이 조합원의 요구사항을 축소하고 합리화하는 과정에서는 조합원의 공격을 받을 위험이 있으나, 유능한 교섭위원일수록 무질서한 요구사항을 적절히 취사선택하여 사용자와의 단체교섭을 보다 성공적으로 진전시킨다.

(3) 요구사항의 개별화

요구사항에 대하여 노동조합 측은 하나의 전체로써 비용계산이 되지 않는데 반하여, 사용자 측은 자신이 제공할 수 있는 총비용의 입장에서 문제를 처리하고 개별적 항목에 대한 배분은 그다지 문제시하지 않는 것이 일반적이다. 따라서 노동조합은 문제를 개별적으로 토의하려 하는 반면에, 사용자는 전체를 총비용의 입장에서 다루려는 성향이 강하다.

3) 파업의 결정

파업의 결정은 교섭위원회가 결정하는 사항 중 가장 중요한 사항이다. 노동조합 지도자들은 단체교섭에서 교섭력을 강화시키기 위해 파업이라는 무기로 위협하기도 하나 파업자체는 노사쌍방에게 많은 위험이 된다.

다시 말해 파업은 첫째, 피켓라인(picket line)에서 문제를 발생시킨다. 둘째, 파업이 되면 노사문제에 공권력(경찰과 법원)이 개입될 가능성이 커진다. 셋째, 파업이 장기화되면 조합원에 대한 생계보조 등으로 조합기금이 고갈되고, 파업이탈자가 발생한다.

이와 같은 위험과 어려움이 있음에도 불구하고 파업이 발생하는 이유는 조합원의 요구를 사용자가 일방적으로 거절한다는 감정적인 대립측면과 노·사간의 이해부족 및 상호 그릇된 판단에서 비롯되는 경우가 많다. 따라서 경험 있는 유능한 지도자는 파업 예상기간, 파업으로 인한 손실·비용 규모, 이득과 손실 등에 대한 남다른 통찰력을 가진다.

3. 사용자 측의 교섭대책

1) 교섭담당자의 선정

단체교섭은 일반적으로 노사관계의 전문가가 일선 관리자의 자문과 협조를 얻어 진행하는 것이 일반적이다. 최고경영자는 교섭으로부터 멀리 떨어져서 진행과정에 대한 장기적인 보고를 받고 실제 교섭책임은 하부 경영층에 위임하는 것이 일반적이다.

다시 말해 대기업에서는 교섭권한을 전문가 참모에게 위임하여 그들이 단체교섭에서 중요한 기능을 수행하고 있지만, 소수 기업에서는 공장장이 단체교섭의 권한을 갖는 경우가 있다.

그러나 단체교섭의 권한을 각 공장에 위임하면, 많은 복합공장을 갖고 있는 경우에는 공장간 불균형상태가 예상되기 때문에 본부의 노사관계전문가가 각 공장의 교섭과정을 감독한다. 그러나 중소기업의 경우에는 노사관계 전문가가 없기 때문에 경영 관리자가 교섭일선에 나서고 있다.

그리고 최고경영자는 단체교섭의 진행과정에서 다음과 같은 사항에 관심을 갖고 업무처리를 해야 한다.

① **비용문제**(cost issues) : 단체교섭의 결과는 회사에 막대한 비용부담을 가져오는 경우가 있다. 단체교섭 결과에 따라 단체협약이 체결되고 나면 최고경영자가 이를 번복하거나 수정하기란 매우 어렵다. 따라서 최고경영자는 노동조합과의 합의된 해결방안을 심의, 승인, 거절할 권한을 갖고 있어야 한다.

② **내부갈등**(internal conflict) : 교섭과정에서 노사관계 참모와 회사 현장 책임자 사이에 갈등이 일어날 가능성이 있으며, 만약 이러한 내부갈등이 일어날 때에는 교섭 상대방에게 허점이 노출될 뿐만 아니라 교섭력이 약화되어 회사 측에 불리한 교섭결과를 가져 올 가능성이 있다. 따라서 이와 같은 내부갈등이 야기될 조짐이 보일 때에는 최고경영자가 일선에 나서 중재·조정하여 해결해야만 한다.

③ **회사목표**(firm objectives) : 회사조직은 설립할 때 회사의 비전과 가치관이 밑받침된다. 또 단체교섭을 할 때에도 일정한 목표수준이 있다. 최고경영자는 이와 같은 회사목표를 반영시켜야 한다.

④ **인적 조직의 유지**(maintenance of human organizations) : 경영자는 관리자 및 종업원의 태도를 포함한 인적조직을 유지하는 것이 회사의 책임이라는 것을 명심하고 그의 유지에 노력하여야 할 것이다.

2) 교섭의 준비

성공적인 단체교섭을 위해서는 사용자 측이나 노동조합 측 모두에게 충분한 사전준비가 필요하다. 왜냐하면 단체교섭은 단순한 토론의 장이 아니며 문제해결활동이기 때문이다. 따라서 단체교섭을 준비함에 있어서 기초적인 단계로는 다음과 같은 세 단계가 있다.

첫째, 회사는 가능한 한 교섭업무에 가장 적합한 인재들로 교섭단이나 지원단을 구성하여야 한다. 이론적으로나 실무적으로 교섭능력을 두루 갖춘 인재로 교섭 팀을 구성하는 것이 가장 이상적이겠지만, 현실적으로 교섭능력을 두루 갖춘 인재를 구하기란 쉽지 않기 때문에 교섭 팀을 구성함에 있어서는 특별히 신중을 기하여야 할 것이다.

둘째, 회사는 교섭에 대한 사전준비를 철저히 해 두어야 한다. 이를 위하여 회사의 기본입장을 결정하고, 연구하고 또 파업의 발생가능성에 대한 대비책도 충분히 강구해 두는 것이 좋다.

셋째, 회사는 단체교섭의 방향을 결정하고 가능한 한 그 방향으로 단체교섭이 진행되도록 노력하여야 한다. 따라서 교섭책임자를 미리 선정하고 교섭과정에서 능동적으로 대처하여야 한다.

성공적인 단체교섭을 위하여 회사가 준비할 사항은 다음과 같다.

① 종전의 노동조합 측의 단체교섭과정을 종합하여 참고할 정보를 얻는다.

② 개별적으로 되어 있는 여러 단체협약을 수록한 책자를 제작한다.

③ 단체협약 조항에 따르는 인건비에 관련된 회사의 내부 자료를 정리한다.

④ 대상 노동조합과 역사·재정상태·리더십 및 교섭에서의 노동조합 역할에 관련된 특수 환경 등을 파악한다.

⑤ 노동조합의 예상요구사항 및 그것이 회사에 주는 영향을 파악한다.

⑥ 제안된 단체협약의 변화가 회사의 운영 및 비용 면에서 회사에 주는 영향을 정확하고 신속하게 파악할 수 있는 요원의 확보 등이다.

끝으로 단체교섭에 대한 준비단계에서 가장 중요한 것은 모든 활동이 소정의 기간 내에 조정되고 통일된 교섭 안이 완성될 수 있도록 단체교섭에 대한 일정표(schedule)를 작성하는 일이다. 특히 단체협약의 유효기간이 장기화되고 또 교섭대상이 복잡해 감에 따라 단체교섭에 대비한 준비기간을 충분히 설정하여 보다 세밀한 연구·분석이 되도록 해야 할 것이다.

그리고 단체교섭의 목표를 작성할 때에는 구체적이면서도 실천 가능하게 만들어야 한다. 예를 들자면, 일정별, 추진사항별, 활동·담당자별, 예상효과별로 도표를 작성하여 일정에 따라 확인할 수 있도록 만드는 것 등이다.

제6절 단체교섭의 기초적 조건

1. 노·사 일체의 의식

노·사간의 신뢰관계나 노사일체의 기업관 등이 단체교섭을 자주적이고 적극적인 것으로 이끌어 가는 기저라 하더라도, 그 기저의 형성은 단지 관념이나 추상론의 반복만으로 구현하기란 어렵다.

자주적이고 적극적으로 성공적인 단체교섭을 하기 위해서는, 무엇보다도 먼저 단체교섭의 방식이나 형태에 관한 내용을 정확하게 이해하는 것이 중요하다. 보다 구체적으로는 '단체교섭권'과 '단체행동권'은 언제나 떼어놓을 수 없는 일체적인 것으로만 이해하고 있는 지금까지의 견해나 신조를 바로잡아 둘 필요가 있다. 그래서 단체교섭권과 단체행동권과의 사이에 일정한 거리·간격을 두게 할 필요가 있다. 즉, 단체교섭의

'장'을 쟁의행위나 기타 실력행사의 울타리 밖에 두어, 독립적인 무대로 만드는 것이 소망스럽다. 그렇게 하지 않으면 단체교섭이 경솔하게 다루어져서, 단지 실력행사를 위한 예비절차가 되기 쉽다.

단체교섭이 확연히 독자적인 경지를 갖고, 단체교섭 자체의 완결과정이 정비되어 있고, 그로 인하여 쟁의행위에의 이행이 복잡하고 어렵다면, 그 만큼 단체교섭의 비중이 커져 대화를 위한 서로의 노력도 한층 더 진솔해지고 또 강화될 것이다. 다시 말해 단체교섭은 단체교섭 나름의 독자적이고 독립된 영역과 경계를 가져야 한다는 것이다.

물론 단체교섭이 쟁의권을 배경으로 하거나 쟁의의 압력을 통해서 교섭을 하는 것이 근본적으로 잘못되었다는 것은 아니다. 다만 객관적 입장에서 볼 때, 단체교섭권만으로써 충분히 독립적인 압력의 기능을 가질 수 있는 것이다. 노사가 상호 진솔하고 진지한 노력을 다한다면, 단체교섭권에 독립된 위치와 기능을 부여하는 일은 그리 어려운 일이 아닐 것이다.

2. 노사협의제의 활성화

노사협의제의 활성화를 통하여 노·사간의 모든 문제를 원만히 해결하는 것이 가장 소망스런 일이다. 노사협의제도가 활성화되려면 노사협의가 진행되는 기간 중에는 노동조합은 '쟁의권'을 억제하고, 사용자는 '경영권'을 억제하는 가운데서 쌍방의 협의 내지 교섭을 통해 문제의 결말을 얻으려는 성실한 노력을 하지 않으면 안 된다. 이렇게 노사가 열의와 성실로 자주적 교섭을 진전시킨다면, 쟁의행위 없이도 노사문제를 해결할 수 있는 실마리는 쉽게 찾을 수 있을 것이다.

노사협의 제도를 바람직하게 정비하고 충실히 운영할 수 있게 하기 위해서는 노동조합으로 하여금 그 기업의 실체에 대해 올바른 인식과 이해를 갖도록 하는 일이 무엇보다 중요하다. 그러므로 사용자는 경영내용에 대한 설명 내지 보고를 구체적이고도 성실하게 해야 하며, 경영에 관한 노조의 의견이나 요망사항·비판 등에 대해서도 성실하게 귀를 기울이면서 허심탄회하게 노·사간의 모든 문제가 논의될 수 있도록 해야 한다.

기업에 대한 노사의 일체감을 조성하고, 나아가 생활공동체로서 기업을 의식케 하기 위해서는 항상 기업경영의 실체나 기본 선을 충분히 이해할 만큼의 지식 내지 정보가 제공되지 않으면 안 된다.

노동조합 측의 의견이나 태도를 개선시키기 위해서는 사용자 측이 먼저 진지한 반응을 보이고 또 적절한 구현수단을 강구하면서 일체적 감각을 견지하는 것이 매우 중요하다.

노동조합 측의 사정도 마찬가지이다. 노동조합의 주된 목적이 근로조건의 개선과 향상에 있다고 해서, 기업의 실정은 외면한 채 일방적인 요구만을 내세우는 일방적 태도는 성실한 교섭이나 진지한 대화를 가능케 하는 공통의 기저 또는 공통의 자료 자체를 얻을 수 없게 한다.

따라서 노동조합이 노사협의 제도를 통해 경영에 참가하여 기업에 대한 충분한 이해를 갖게 된다면, 자연히 노동조합은 무리하고 무모한 요구나 쟁의행위를 할 수 없을 것이다.

그러므로 노사협의 제도를 활성화시켜 노동조합의 경영참가 빈도를 높이면 높일수록 경영에 대한 노동조합의 책임도 확대될 것이고, 더 나아가 기업 실정과는 동떨어진 위치에서 무책임하고 일방적인 요구만을 주장하던 노동조합일지라도 점차 책임 있는 성실한 태도를 익혀가게 될 것이다.

3. 성의 있는 교섭태도

노 · 사간의 문제는 항상 진전과 향상을 도모하면서 장래의 희망과 전망을 찾는 것으로 이해되어야 한다. 노사문제는 복잡한 욕망과 불만의 실상을 무시해 버리느냐 그렇지 않느냐에 따라 상이한 양태를 보인다. 즉, 사소한 욕망과 불만이 뭉쳐서 마침내 노도 · 광란으로 악화될 때까지 그대로 방치해 두느냐 그렇지 않느냐에 근본적인 문제가 있는 것이다.

많은 사용자들이 여러 가지 핑계로 일상적인 작은 문제들을 방치하고 있다. 그러나 노사문제가 아무리 사소하고, 상대방이 이해심이 없고 수준이 낮다고 하더라도 끊임없는 관심을 기울이고 최선을 다해 좋은 유대관계를 유지하도록 인내심을 가지고 힘써 노력해야만 한다.

우리는 종종 사용자가 교섭에 즈음하여 "회사는 노조를 믿는다든가", 또는 "충분한 이해를 갖고 최대한으로 협조하려는 것이 기본 방침이다"는 등의 말을 되풀이하는 것을 볼 때가 있다. 하지만 그러한 말들이 노사문제 해결에는 별로 도움이 되지 않고 있음을 보아왔다. 평상시의 부단한 실천이 문제이지, 그 같이 하루아침에 급조된 노사협조의 구호는 오히려 반발심만을 불러일으킨다.

결국 노・사간의 신뢰관계나 노・사간의 일체감을 형성하도록 평소 성의 있는 자세를 견지하는 것이 무엇보다 중요함을 사용자는 잊지 말아야 한다.

4. 진실성의 확립

사용자는 노동조합의 의견이나 주장에 대해 언제나 진실한 태도로써 귀를 기울여야 한다. 뿐만 아니라 노동조합이 제시하는 문제에 대해서는 항상 성의를 갖고 해결책을 강구하는 자세를 가져야 한다.

사용자는 "보다 일하기 좋고, 생활하기 좋고, 미래에 대한 희망을 가질 수 있도록 힘쓰고 있다"는 것을 종업원들이 실감할 수 있도록 할 때 기업이나 사용자에 대한 신뢰감이나 일체감은 다져지는 것이다.

단체교섭이 일시적인 묘책이나 임기응변적인 술수에 의해 좌우되는 측면은 아주 적다. 그렇기 때문에 평상시에 사용자가 노사문제에 어떻게 대처하느냐가 매우 중요하다. 다시 말해 단체교섭의 경위나 내용은 이미 그 기저를 이루고 있는 '노사관계의 특질'에 따라 대체의 성격이 규정된다고 할 수 있는 것이다.

제7절 단체교섭과 교섭력

단체교섭에서 노동조합 측이나 사용자 측은 서로 자기 측에 유리한 방향으로 교섭을 진행시키려고 노력한다. 따라서 노사 쌍방은 보다 강력한 교섭력을 갖기를 원한다.

교섭력(bargaining power)이란 자신의 주장에 대해 상대방이 동의할 수 있도록 하는 능력을 말하며, 교섭력의 강도는 주장하는 조건에 대한 상대방의 태도에 의해 평가된다. 다시 말해 교섭력은 상대가 제시하는 조건을 수용하지 않음으로서 발생하는 비용 또는 손실의 크기와 수용함으로써 발생하는 비용 또는 손실의 크기에 의해 결정되는 것이다.

동의 비용과 부동의(不同意) 비용의 비교에 의해 결정되는 교섭력을 수식으로 나타내면 다음과 같다.

$$\text{사용자의 교섭 태도} = \frac{\text{조합에 동의하지 않은데 따른 비용}}{\text{조합에 동의하는데 따른 비용}}$$

$$\text{조합의 교섭 태도} = \frac{\text{사용자에 동의하지 않은데 따른 비용}}{\text{사용자에 동의하는데 따른 비용}}$$

여기서 동의비용은 상대방에게 양보함으로써 발생되는 비용을 말하며, 상대방이 주장하는 조건과 자기의 목표와의 차이에 의해 계산된다.

그리고 동의하지 않는데 따른 비용이란 파업에 의해서 일어나게 되는 비용을 말하는데, 파업으로 인한 쌍방의 직접비용은 사용자 측에서는 파업 중의 영업 손실이, 노동조합 측에서는 파업기간에 해당하되 임금공제액이 된다. 이러한 금액을 파업일 수로 곱하면 총 파업비용이 계산된다.

따라서 단체교섭에서는 파업비용과 동의비용을 비교하여 동의비용이 큰 경우에는 강경한 교섭태도를, 반대로 파업비용이 큰 경우에는 유연한 교섭태도를 갖는 것이 일반적이다.

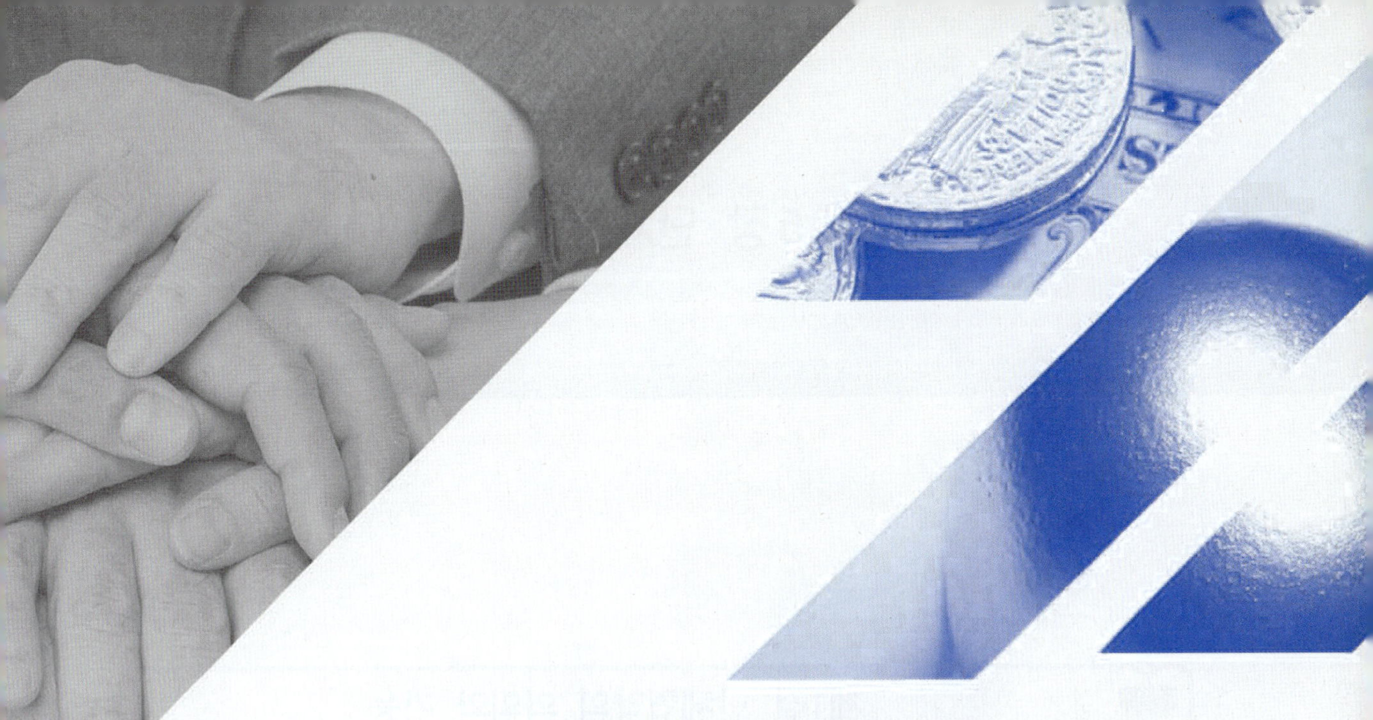

제 5 장　단체협약

제5장 단체협약

제1절 단체협약의 의의와 기능

1. 단체협약의 의의

단체협약(collective contract, labor contract, collective agreement)이란 노동조합과 사용자 또는 사용자단체간의 단체교섭에서 합의를 도출함으로써 성립된다. 따라서 단체협약은 근로조건, 기타 근로자의 대우에 관한 기준을 정하고 협약당사자 상호간에 채권·채무를 설정시키는 것을 목적으로 한다.

[그림 5-1]에서 보는 바와 같이 단체협약은 단체교섭의 연장선에서 중요한 역할을 담당하고 있다. 단체교섭의 절차를 보면, 노조와 사용자가 사전 준비단계에서부터 협상 그리고 중재·화해 등의 교섭과정을 거쳐 협약의 체결·인준을 하게 되는데, 이러한 협상과정에서의 모든 노력은 궁극적으로 효과적인 단체협상을 체결하기 위한 것이라고 볼 수 있다. 일단, 단체협약이 체결되고 나면, 합의된 협약을 해석·적용하는 '협약관리과정'을 거쳐야 하는데, 이때에는 다시 다음 협상을 위한 노사양측의 사전준비행위가 병행되어 진다.

이상의 단체협약에 의한 노사관계의 연속적인 형태에서 단체협약이 중심적인 역할을 수행하고 있음을 알 수 있을 것이다. 그 중요한 기능으로는 근로조건을 개선하는 기능과 노사관계의 안정성을 확보하는 기능 등이다.

그림 5-1. 단체협약의 체결 과정

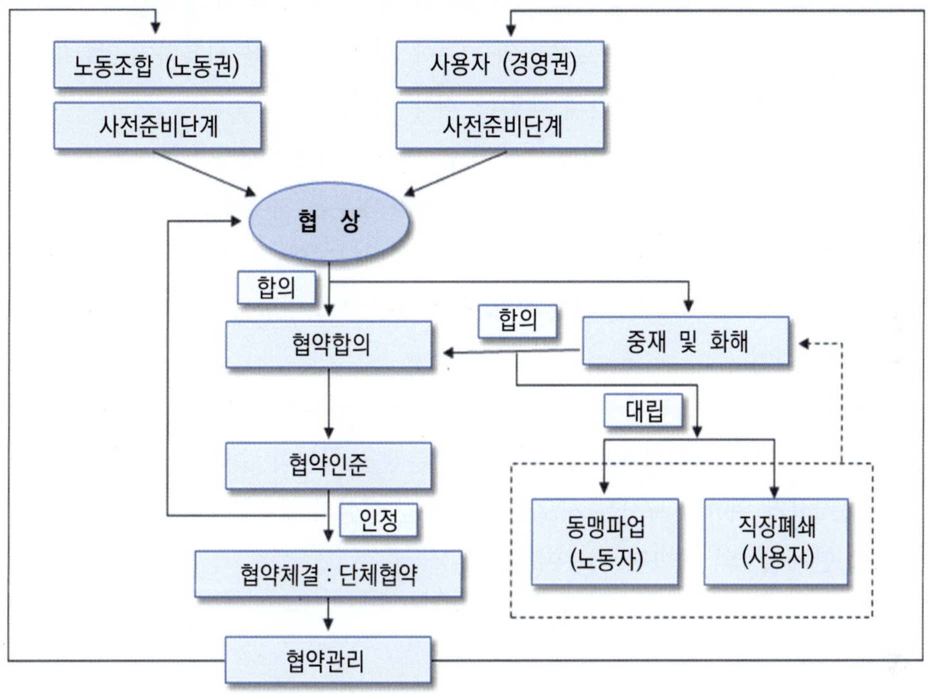

2. 단체협약의 기능

단체협약은 노사관계에 여러 가지 기능을 하고 또한 이익을 가져다준다. 대표적인 단체협약의 기능은 노동조건의 개선기능과 평화적 기능이다.

여기서 노동조건의 개선기능이라 함은 근로자가 개별적으로 사용자와 교섭하여 얻을 수 없는 보다 좋은 노동조건이 단체협약의 유효기간 중 확보된다는 것이다.

단체협약이란 노동조합의 단결력이나 쟁의행위라는 투쟁력을 배경으로 이루어지는 것이므로, 협약에서 정한 근로조건상의 기준은 근로자와 사용자 사이의 개별교섭에서는 기대할 수 없는 보다 나은 근로조건을 확보하게 될 것이다.[1]

1) 민경호, 『노사관계론』, 무역경영사, 2017, p. 272.

그리고 단체협약의 평화적 기능이란 사용자가 협약에서 설정된 근로조건상의 기준에 따라 협약의 유효기간 중 조합원인 근로자를 사용할 것을 노동조합에 대해서 약속한 것이며, 그 약속대로 조합원을 다루어야 함은 사용자에게 부과된 당연한 의무이다.

만약 사용자가 약정된 근로조건의 기준에 따라 종업원을 사용하지 않는다면, 사용자는 조합에 대해서 약속위반의 책임을 져야 한다.

단체협약의 내용을 성실히 준수해야 할 의무는 사용자에게만 부과되는 것은 물론 아니다. 노동조합 내지 근로자도 동일한 수준의 의무를 져야 한다. 즉, 사용자 측이 협약으로써 규정한 노동조건의 기준에 따라 조합원인 근로자를 사용하고 그 밖의 협약을 지켜 가는 한, 협약의 유효기간 중에는 근로자 측도 새로운 분규나 쟁의를 일으켜서는 안 되는 것이다.

이와 같이 단체협약에 의하여 일정기간 동안 근로조건 등에 관하여 일정한 기준을 설정해 놓으면 그 기간 내에는 무의미한 분쟁을 회피할 수 있을 뿐만 아니라 그 기준을 유지하기 위하여 노사는 서로 협약내용을 성실히 준수할 의무를 지게 된다. 이것이 바로 단체협약의 평화적 기능이다.

제2절 단체협약의 성립

단체협약의 형태를 보면 노사 양측이 상호 합의하는 협정, 각서, 양해사항, 확인서 등 여러 가지가 있다. 그러나 단체협상이 법률적 효력을 가지려면, 우선 법률적 요건부터 갖추어야 한다. 물론 단체협약이 법률적 요건을 구비하지 않았더라도 협약내용이 반사회적인 것이 아니면 그 협약은 실질적, 사회적으로 의의를 가진다. 하지만 우리나라에서는 협약 당사자의 자치를 방임하지 않고 법적 조항을 두어 이를 규제하고 있다.

1. 단체협약의 당사자

단체협약의 당사자란 법률적으로 단체협약을 체결할 수 있는 능력의 소유자를 말한다. 노동조합법 제29조 제1항을 보면 "노동조합의 대표자는 그 노동조합 또는 조합원을 위하여 사용자나 사용자단체와 교섭하고 단체협약을 체결할 권한을 가진다"라고 되어 있다. 따라서 단체협약의 당사자는 노동조합의 대표자, 사용자 또는 사용자 단체가 된다. 따라서 개개 근로자는 단체협약의 당사자가 될 수 없다.

1) 노동조합 측의 당사자

노동조합법상의 노동조합, 즉 적격조합은 당연히 단체협약의 당사자가 된다. 그러나 다음의 경우에는 당사자로서의 지위에 관하여 문제가 된다.[2)]

첫째, 무자격조합, 즉 법외조합에 대하여 협약능력을 인정할 것인가에 대하여 문제가 발생하는데, 노동조합법 제2조 본문의 요건, 즉 노동조합으로서의 적극적 요건을 갖추고 있지 않은 비자주적 · 비노동적 조합과, 제2조의 단서 조항에서 규정하고 있는 "공제 · 수양 기타 복리사업만을 목적으로 하는 노동단체" 이외에는 협약능력을 인정하여야 한다.

둘째, 단위조직의 노동조합 또는 연합체인 노동조합이 협약능력을 가지는 것은 당연하다. 노동조합이 산업별 또는 직종별 조합인 경우에 기업단위의 지부 또는 분회가 협약능력을 가지느냐 하는 문제가 발생하는데, 지부 또는 분회가 독자적인 규약을 가지고 조합으로서의 실체를 가지는 경우에는 협약능력을 인정하여야 한다.

셋째, 쟁의권과 같이 근로자가 특정한 목적을 위하여 일시적으로 단결한 일시적인 노동단체는 노동조합이 아니기 때문에 협약능력이 없다. 그러므로 사용자와 쟁의단체 간에 체결된 협약은 노동조합법에서 인정하는 단체협약으로서의 효력은 없다. 그리고 노동조합의 연합단체는 노동조합법 제2조 본문의 요건을 갖추고 있는 한 단결권을 향유할 수는 있으나, 동법 제29조 제2항의 규정에 의하여 단위노조의 위임을 받아 교섭권한을 행사할 수 있다. 이 때 교섭권한을 위임받은 연합단체는 단체교섭의 담당자로서의 지위를 갖는 것이지 협약능력을 갖는 당사자는 아니라고 해석하고 있다.[3)]

2) 사용자 측의 당사자

사용자 또는 사용자 단체는 단체협약의 당사자가 된다. 기업별 조합인 경우에는 개개인의 사용자 또는 법인의 대표이사가 협약당사자가 되며, 산업별 또는 직종별 조합인

---

2) 박상필, 『한국노동법』, 대왕사, pp. 435-436.
3) 김형태, "운수분야의 노동쟁의 현황", 대한변호사협회지 144호, p. 25.

경우에는 사용자단체가 당사자가 되는 것이 일반적이다. 그러므로 개인기업의 경우에는 개인이, 법인 내지 회사형태 기업의 경우에는 그 법인 내지 회사가 사용자로 된다. 그리고 사용자 단체도 협약 당사자가 될 수는 있으나, 일반적으로는 그 단체 고유의 권한에 기초하여 노동조합과 단체교섭을 행하여 단체협약을 체결할 것을 목적으로 조직된 단체이거나 또는 단체교섭·협약체결이라는 활동 면에서 그 구성원에 대해 실질적인 통제력을 행사할 수 있는 조건을 갖춘 단체가 해당될 수 있다.[4)]

우리나라의 경우 당해 사업자가 사업주인 사용자가 당사자가 되는 것이 통례이며 사용자단체가 단체협약의 당사자가 되는 경우는 거의 없다.

2. 단체협약의 작성

단체협약은 서면으로 작성하여 당사자 쌍방이 서명·날인하여야 한다(노동조합법 제31조). 또한 협약당사자는 협약체결 후 15일 이내에 이를 행정관청에 신고하여야 한다(노동조합법 제31조 2항). 그리고 행정관청은 단체협약의 내용 중 위법한 내용이 있는 경우에는 노동위원회의 의결을 얻어 그 시정을 명할 수 있다(노동조합법 제31조 3항).

1) 서면작성

단체협약은 반드시 서면으로 작성하여야 한다. 노사관계의 전체에 걸치는 총괄적인 협정과 임금협정·퇴직협정과 같은 개별적 협정을 막론하고 모두 서면으로 작성하여야 한다.

서면의 형식·명칭 등은 불문한다. 즉 어떠한 형식을 취하든 어떠한 명칭을 사용하든지 간에 협약이 서면으로 작성되어 있는 한, 단체협약으로서의 효력은 발생된다.

이렇게 단체협약에 대하여 서면작성을 요구하는 것은 법률상의 효력을 부여하고 있는 한, 협정의 설립·내용 등이 명확하지 않으면 당사자 간에 무용한 분쟁을 일으키게 하고 노사관계의 안정을 방해할 것이라는 우려에서 비롯한 것이라고 할 수 있다. 따라서 서면으로 작성하지 않은 협정에는 일체의 법률상의 효력을 인정하지 않는다고 보는 것이 입법취지에도 부합된다고 본다.[5)]

---

4) 정재훈, 『노사관계의 이해』, 대명문화사, pp. 282-284.
5) 심태식, 『노동법개론』, 법문사, p. 176.

2) 당사자의 서명과 날인

단체협약서에는 양당사자의 서명·날인이 있어야 한다. 서명·날인이 없는 단체협약은 서면으로 작성되지 않은 협약의 경우와 마찬가지로 노동조합법상의 효력이 발생하지 않는다. 서명·날인은 당사자를 명백히 함과 동시에 양당사자의 최종적인 의사를 확인하기 위한 것이기도 하다.

3) 신고

단체협약은 행정관청에 신고하여야 한다. 즉 노동조합법 제31조 제2항에서 "단체협약의 당사자는 단체협약의 체결일로부터 15일 이내에 이를 행정관청에 신고하여야 한다."고 규정하고 있다. 그러나 행정관청에의 신고가 단체협약의 효력요건은 아니다.

행정관청은 단체협약의 내용 중에 위법, 부당한 것이 있는 경우에는 노동위원회의 의결을 얻어 그 시정을 명할 수 있다.(노동조합법 제31조 제3항)

단체협약은 노사자치에 의하여 이루어지는 것이므로 협약의 내용 중에 위법, 부당한 것이 있을 때에는 협약당사자들이 이를 스스로 시정하거나 무효·취소를 주장할 수 있는데, 구태여 행정관청에 대하여 변경·취소권을 준다는 것은 별 의미가 없을 것이라 사료된다.

제3절 단체협약의 효력

1. 단체협약의 효력

단체협약을 체결한 후 경영자가 이를 위반한 사례가 자주 발생하게 되자, 국가가 이를 방지하고 원활한 노사관계를 유지하기 위해, 단체협약이 단체협약으로서의 본래 기능을 발휘할 수 있도록 뒷받침하는 역할을 수행하게 되었는데, 이것이 단체협약의 법률적 효력에 관한 문제이다.

그리고 국가가 단체협약을 보호해 주는 정도와 방법은 영미형과 대륙형으로 구분할 수 있다.

영미형의 단체협약은 신사협정이라고 하는데, 이는 가능한 한 국가가 법률적으로 간섭하지 않는 형태다. 이러한 유형의 국가들은 노조의 형태가 기업별 조직이 아니라 전산업적 조직이기 때문에 힘이 막강하여 기업 측이 협약을 위반할 때는 노조의 실력행사로 이를 저지할 수 있는 경우가 보통이다. 1947년 이전의 미국과 1971년 이전의 영국을 그 예로 들 수 있겠다.

대륙형의 단체협약이란 국가가 법률로서 단체협약에 일정한 효력을 부여하여 보호하는 형태를 말한다. 그 예로는 독일, 프랑스, 오스트리아, 스위스 등의 경우를 들 수 있다.

하지만, 미국의 경우 1947년 Taft-Hartley법에서 단체협약의 법적 효력을 인정하고, 영국의 경우에도 1971년 이후부터는 단체협약의 법적 효력을 인정하게 되었다.

2. 규범적 효력

규범적 효력이란 단체협약이 강제법규와 같이 근로자 개인의 근로조건을 규율하는 효력이 있음을 의미한다.

노동조합법 제33조 제1항에서는 "단체협약에 정한 근로조건 기타 근로자의 대우에 관한 기준에 위반하는 취업규칙, 또는 근로계약의 부분은 이를 무효로 한다."라고 규정하고 있고, 제2항에서는 "제1항의 경우에 무효로 된 부분은 단체협약에 정한 기준에 의한다. 근로계약에 규정되지 아니한 사항에 대하여도 또한 같다"라고 규정하고 있다.

근로조건 기타 근로자의 대우에 관한 기준에 위반하는 취업규칙 또는 근로계약의 부분은 이를 무효라고 하는데 이를 강행적 효력이라고 한다. 또한 무효로 된 부분은 단체협약에 정한 기준에 의하며, 근로계약에 규정되지 않은 사항도 단체협약에 정한 기준에 의한다고 하고 있는데, 이를 직접적 효력이라고 한다. 그리고 이 강행적 효력과 직접적 효력은 근로계약에 의하여 배제할 수 없으며, 어떠한 상황에서도 근로관계를 지배한다는 의미에서 이를 단체협약의 직접적 또는 불가변적 효력이라고 한다.

1) 강행적 효력

강행적 효력이라 함은 노동조합법 제33조 제1항에 규정된 효력을 말한다. 즉, 단체협약에 정해진 기준을 위반하는 근로계약 또는 위법규칙을 무효로 하는 효력으로써 보다 구체적으로는 다음의 경우를 예로 들 수 있다.

첫째, 사용자와 조합원과의 기존의 근로계약이 단체협약의 규범적 부분에 위반될 때

둘째, 단체협약의 규범적 부분에 위반하는 근로계약이 새로 성립될 때

셋째, 기존의 근로계약을 단체협약에 위반하여 변경하는 경우에 강행적 효력이 미친다.

이 밖에도 사용자가 탈법행위 등에 의하여 단체협약의 기준에 위반하는 행위를 하는 경우에도 강행적 효력이 미친다.[6)]

2) 직접적 효력

직접적 효력이라 함은 단체협약이 개별적 근로관계에 관하여 직접 지배적인 효력을 미치는 것을 말한다. 즉 개별적 근로계약에 아무 약정이 없는 경우 또는 단체규약의 강행적 효력에 의하여 개별적 근로계약의 일부가 무효로 된 경우에 이를 직접적으로 보충하는 효력을 말한다.

직접적 효력은 협약의 구속을 받는 근로자 등의 이에 대한 개별적인 합의나 동의, 또는 인식을 전제로 하지 않는다. 직접적 효력의 기간은 단체협약의 효력 존속기간과 동일하므로 단체협약 성립 전부터 근로계약이 존속하고 있거나, 또는 단체협약 종료 전에 근로계약이 체결되는 경우에 한하여 직접적 효력도 문제된다.

일반적으로 직접적 효력과 강행적 효력은 근로계약에 대하여 동시에 발생하는 것이 보통이지만, 경우에 따라서는 그 중의 하나만이 발생하는 경우도 있다. 예를 들면 개별적인 근로계약 내에 규범적 부분과 상충하는 규정이 전혀 없을 때에는 직접적 효과만이 생기게 된다. 이에 반하여 단체협약 내에 어떤 금지규정만이 있고 그에 대처할 보충규정을 두고 있지 않은 한, 그 부분의 단체협약은 강행적 효력만을 가진다.

6) 박상필, 전게서, p. 442.

3. 단체협약의 채무적 부분과 효력

단체협약의 채무적 부분이란 협약체결로 당사자가 상호 부담하게 되는 채권·채무에 관하여 정한 부분으로 '집단적 노동관계'를 적용의 대상으로 하는 조항 혹은 '노사대항관계'를 규정하는 부분 등이 이에 해당한다. 보통 유일단체교섭조항, 제3자 교섭위임조항, 조합 활동조항, 평화조항, 쟁의관계조항 등이 이에 포함된다.

단체협약의 본질상 이러한 채무적 부분으로 구성되는 단체협약은 엄격한 의미에서는 노동조합법상 단체협약이라 할 수 없으나, 체결된 것에 대한 채무적 효력을 부인해서는 안 된다.

채무적 효력은 규범적 효력에 대응하는 효력으로써, 노동조합법에는 이에 대한 아무런 규정이 없기 때문에 협약의 계약적 성격에 따라 판단할 수밖에 없다. 따라서 단체협약은 협의당사자간의 약속임에 따라서 발생하는 일정한 작위·부작위의 의무부담을 근거로, 그 위반에 대해서 계약의 일반이론에 의한 채무불이행에 따른 법률효과를 부여하려는 것이다.

채무적 효력에 의해 부과되는 의무에는 먼저 단체협약의 안정적 기능에 내재하는 의무인 '평화의무'가 있다.

평화의무는 단체협약의 당사자가 협약의 유효기간 중에는 협약에 정한 사항의 변경·폐지 등을 이유로 하여 쟁의행위를 하지 못하게 하는 의무(보통 상대적 평화의무라고 한다)를 말한다.

그리고 채무적 효력은 자기의무와 영향의무로 나누어진다. 먼저 '자기의무'란 협약체결 당사자가 부담하는 당연한 의무를 말하고, 영향의무란 협약당사자가 그들이 대표한 집단구성원들로 하여금 단체협약의 준수사항을 사실상 지키도록 하기 위한 의무로 협약사실을 집단구성원에게 알리고 지키도록 종용하는 의무를 말한다.[7)]

채무적 부분은 명백하지도 않으며 현행 노동법에도 이에 대한 아무런 조항이 없다. 일반적으로 채무적 부분은 단체협약 내용 중 조합보장, 조합 활동보장, 협의규칙이나 단체교섭의 규칙, 쟁의행위의 보장 등을 포함한다고 볼 수 있다. 이러한 채무적 부분이 지니는 효력은 민법과 민사소송법에 따른다.

---

7) 이준범, 전게서, p. 265.

4. 조직적 부분과 효력

조직적 부분이란 경영에 있어서의 제도·기관의 조직과 운영 등에 관한 단체협약의 부분이며 이를 제도적 부분이라고 한다. 주로 조합원인 종업원의 해고에 관한 협의·동의조항·경영협의회와 고충처리기구 등의 조직과 운영에 관한 조항 내지 협정을 말한다. 이와 같은 조직조항은 개인으로서의 조합원의 개별적 근로관계의 내용을 정하는 조항이 아니고, 집단적 근로관계에서 전개되는 제도적인 사항을 정하는 조항이다.

우리나라는 1997년 3월 13일 노사협의회법을 "근로자참여 및 협력 등에 관한 법률"의 개정으로 근로자의 복지증진, 교육훈련, 노사분규예방, 고충처리 등에 관한 사항뿐만 아니라 이와 관련하여 징계, 해고 등 인사에 관한 협의기관의 구성 및 운영도 노사협의 대상이 되었으므로 단체협약에서 조직적 부문의 효력은 악화되었다고 볼 수 있다. 그러나 사용자에 의한 징계·해고 권한의 남용을 견제하기 위하여 해고협의조항을 설정할 수 있다.

원래 근로자의 채용, 배치·전환, 해고 등과 같은 인사권은 사용자의 고유권한에 속하지만 근로기준법 제30조(해고 등의 제한)에 의하면 사용자는 근로자에 대하여 정당한 이유 없이 해고, 휴직, 정직, 전직, 감봉 기타 징벌은 정당한 이유가 없이는 이를 행할 수 없다. 따라서 단체협약 내에 해고협의(또는 동의) 조항을 노동조합과 사용자가 약정한다는 것은 근로기준법의 규정을 전제로 해서 이루어지는 것이다. 따라서 정당한 이유, 동의 및 협의에 대해서는 전문가적 입장에서 법률적으로 해석하는 것이 타당하리라고 본다.

제4절 단체협약의 유효기간 및 효력확장

1. 단체협약의 유효기간

단체협약은 협약체결당시의 사회적·경제적 사정 하에서 노사의 역학관계가 반영되어 결정되는 것이다. 그러므로 사회적·경제적 사정과 노사쌍방이 변동되었을 때에는 그 단체협약의 내용이 과연 타당한가를 즉각적으로 고려하지 않을 수 없다. 그러나 유효기간이 너무 짧으면 단체협약의 평화적 기능이 약화되어 노사관계의 안정성을 잃게 된다.

노사관계의 안정성과 협약내용의 구체적 타당성의 조화를 위해 노동조합법 제32조 제1항에서는 "단체협약에는 2년을 초과하는 유효기간을 정할 수 없다."라고 규정하고 있다. 그리고 제2항에서는 단체협약의 유효기간을 정하지 아니한 경우 또는 제1항의 기간을 초과하는 유효기간을 정한 경우에 그 유효기간은 2년으로 한다고 규정하고 있다. 따라서 각 기업은 기업의 사정을 감안하여 법의 테두리 안에서 협약의 유효기간을 규정하는 것이 바람직하다.

2. 자동갱신협정

자동갱신협정이란 예컨대 "이 협약의 기간 만료 30일 전까지 당사자의 일방이 단체협약 개폐의 의사표시, 또는 변경 안의 제시가 없는 경우에는 기간 만료일로부터 다시 몇 년 간 유효한 것으로 본다."고 하는 협정을 말한다.

따라서 단체협약의 당사자가 단체협약 개폐의 의사표시를 할 수 있었음에도 불구하고 의사표시를 하지 않았다는 것은 기존 단체협약의 내용을 묵시적으로 인정하는 것이나 다를 바 없기 때문에 구협약과 동일한 新협약을 체결하는 절차를 생략한 것이라고 볼 수 있다. 그러므로 舊협약의 유효기간의 만료와 함께 新단체협약이 다시 체결되었다고 보아야 하며, 자동갱신협정은 단체교섭을 둘러싼 노사문제를 사전에 예방하는 기능을 하므로 단체협약에 이러한 규정을 명기하는 것이 좋다.

3. 자동연장협정

자동연장협정이란 "이 협약은 새로운 협약이 성립할 때까지 유효하다"라는 내용의 협정을 말하는데, 이는 단체협약의 기간이 만료된 후 무협약적 상태의 도래를 사전에 예방하려는 것이다.

노동조합법 제32조 제3항에는 새로운 단체협약이 체결되지 아니한 때에는 별도의 약정이 있는 경우를 제외하고는 종전의 단체협약이 그 만료일로부터 3개월까지 계속 효력을 가진다고 규정하고 있다. 그러나 3개월이 지난 후에도 단체협약이 체결되지 않으면 무협약상태가 지속되어 노사관계가 불안정해질 우려가 있다. 이에 대비하여 각 기업은 자동연장협정을 체결할 필요가 있는 것이다. 만약 당사자 일방이 단체협약을 해지하고자 할 때는 6개월 전에 상대방에게 해지 통고를 하면 된다.

4. 단체협약의 효력확장

단체협약의 효력확장이란 노동조합법상의 일반적 구속력은 협약의 당사자의 범위를 넘어 널리 확장하여 적용된다는 뜻이다. 단체협약은 사용자와 노동조합 간에 체결된 협정이므로 비조합원에게는 그 효력이 미치지 않는다. 그러나 노동조합법에서는 이 원칙에 대하여 두 개의 예외를 인정하고 있다.

첫째, 단체협약은 일정한 경우에 사업장 단위로 그 효력의 확장을 인정하게 되는데, 이것이 사업장단위의 일반적 구속력이라 한다.(동법 제35조)

비노조원에게 효력이 미치지 않는 경우 노조원과 비노조원에 적용되는 근로조건 등이 달라질 수도 있는데, 이를 해결하려면 한 공장이나 사업장들을 단위로 하여 동종의 근로자의 반수 이상이 하나의 단체협약에 적용을 받게 될 때에는 나머지 동종 근로자에게도 자동적으로 적용되게 하는 것을 말한다.

둘째, 단체협약은 일정한 경우에 지역단위로 그 효력이 확장될 것을 인정하는데, 이것을 지역단위의 일반적 구속력이라 한다.

이는 하나의 지역에 있어서 종사하는 동종의 근로자의 3분의 2 이상이 하나의 단체협약에 적용을 받게 될 때, 행정관청은 당해 단체협약 쌍방 또는 일방의 신청에 의하거나 그 직권으로 노동위원회의 의결을 거쳐 당해 지역에서 종사하는 다른 동종의 근로자의 사용자에 대해서도 당해 단체협약을 적용한다는 결정을 할 수 있다. 이 지역적 구속력은 협약에 관여하지 않는 사용자에게까지 그 구속력이 미친다는 점이 큰 특색이다.

이러한 일반적 지역적 구속력은 노조 측에는 조직외부로 근로조건의 통일을 확산할 수 있고, 또 조직의 힘이 강화될 수 있으며, 기업 측에는 기업 간의 과다경쟁을 막을 수 있는 효과가 있다.

제5절 단체협약의 내용

단체협약의 내용은 매우 다양하게 나타난다. 양 당사자 간에 어떠한 항목에 대하여 협약을 체결하면 그 내용이 노동기본법과 같은 노동법규 및 사회통념에 어긋나지 않는 한 그 협약은 유효하다. 그러나 일반적으로 단체협약의 내용은 주로 산업의 성격과 규모, 조합의 규모와 성격, 그리고 경영의 태도와 목적에 의하여 그 차이가 발생한다. 현재 우리나라에서 많이 사용하고 있는 단체협약의 내용을 살펴보면 그 내용은 다음과 같다.

1. 노동조합의 안정과 경영권

노・사간에 협약체결의 목적이 상이함은 주지의 사실이다. 사용자 측은 노사협조, 평화협정 등을 내걸어 일방적인 협조 쪽으로 협약목적을 유도하려고 하는 한편 노동조합 측은 진정한 노사대등의 입장확보를 하려고 노력하면서 뜻이 모호하거나 불필요한 어귀를 사용하지 않으려고 노력한다. 이 규정 자체는 규범적인 효력을 갖는 것은 아니지만, 양당사자간의 관계나 자세를 표현하는 것이다.

일반적으로 노동조합은 그 활동의 안정을 보장하기 위하여 첫째, 조합원 수를 어떻게 용이하게 많이 확보하는가, 둘째, 조합원의 활동을 보다 자유스럽게 할 수 있는 방안 등을 모색하고 있다. 사용자는 만일 노동조합이 경영자의 의사결정영역에 점점 더 많은 참여를 요구하게 되면 침식될지도 모를 경영권을 보호하는 데 관심을 갖고 있다.

이와 같이 노사 쌍방이 스스로의 권익을 보호하고 안정된 지위확보를 위해 노동조합 측에서는 ① 유일교섭단체, ② 숍제도, ③ 노동조합 활동조항 등에 대하여, 사용자 측은 경영권에 대하여 다음과 같은 구체적인 내용을 밝히고 있다.

1) 유일교섭단체

유일교섭단체 조항의 의미는 협약을 체결한 조합만을 교섭의 상대로 인정하고 다른 조합과는 교섭하지 않을 것을 서로 정하는 것을 말한다. 이 조항은 유니온 숍 협정 등과 함께 조합의 단결・강화를 목적으로 규정되었던 것이다. 처음엔 사용자에 대하여 교섭권을 확인시키고 또한 개별노동자들에 대해서는 노동조합을 무시한 채 교섭하는 것을 저지하기 위한 것이었으나 점차 조합의 분열이나 제2조합의 결성에 대처하여 배타적인 교섭권을 확보하기 위한 것으로 바뀌었다.

2) 숍제도

숍(shop)제도는 비조합원의 존재로 인한 노조활동의 불이익을 막기 위하여 취해지는 것이 보통이다. 우리나라는 1987년 11월 28일 개정된 노동법에서는 지금까지 금지해왔던 유니온 숍(union shop)제도를 부분적으로나마 허용하고 있다. 노동조합이 당해 사업장에 종사하는 근로자의 3분의 2 이상을 대표하고 있을 때는 유니온 숍에 의한 고용을 부당노동행위의 예외라고 규정하여(노동조합법 제81조) 협약내용에 유니온 숍 제도를 규정할 수 있게 되었다.

3) 노동조합활동 조항

✦ 조합 활동의 보장 : 조합 활동은 헌법 제33조와 노동조합법 제5조에 의하여 보장되고 있으나 대부분의 단체협약은 '조합 활동의 자유' 또는 '조합 활동의 자유 및 불이익 처우의 금지' 등의 규정을 설정하고 있다. 이는 노조의 사용자에 대한 힘의 상대적 열세에 기인한 실태라고 할 수 있다.

✦ 근무시간 중의 조합 활동 : 기업별 노동조합의 경우 조합원이 동시에 종업원이기 때문에 종업원은 근로계약에 기초하여 취업 중에는 사용자의 지휘명령 하에 노무를 제공할 의무가 있으므로 당연히 노동조합 활동은 근무시간 외에 행하는 것이 계약상의 원칙으로 간주된다. 그러나 노동조합은 단결의 유지·강화를 위한 일상활동과 필요한 기본활동을 취업시간 중에 추진할 필요가 제기될 경우가 있는데, 이에 따라 취업시간중의 조합 활동에 대하여 노·사간의 협의와 교섭이 필요하게 된다. 특히 노동조합 비전임자인 노조원들이 근무시간 중에 노조업무를 수행하거나 노조업무로 인한 출장을 가야할 경우, 이를 유급으로 인정하느냐가 주요 쟁점이 되고 있다.

✦ 기업시설물의 이용 : 노조사무실, 게시판, 통신기구, 조합 집회를 위한 회의실 사용, 기타 시설, 비품을 노조가 사용할 수 있도록 하는 조항이다.

✦ 조합비 공제 편의제공 : 조합비일괄공제제도(check off system)를 규정하는 것으로

조합재정의 안정을 위해 거의 모든 조합이 이를 채택하고 있다.

✦ 조합전임자 : 기업별 노동조합이 지배적인 현재 노동조합의 형태에 있어서는 노동조합의 활동이 기업 테두리를 그 근거지로 하고 있으나 조합 활동의 진전이나 규모의 확충에 따라 조합 활동에 전임할 수 있는 임원이나 간부를 필요로 한다. 이에 따라 기업별 조합에서는 노・사간의 협정에 의해 종업원으로서 신분을 가지면서도 조합업무에 전임할 수 있는 조합전임제를 두게 된다. 이 때 주요쟁점이 되는 것은 전임자의 수, 인선에의 부당한 간섭배제, 전임중의 급여와 노동조건에 관한 사항, 전임소멸 후 직장복귀시의 처리, 전임기간 등에 대한 규정들이다.

4) 경영권과 노동권

경영권이란 사용자가 가진 회사운영과 노동력 지휘 등에 관하여 사용자가 가진 전통적인 기능인 인사권이나 관리권을 통틀어 말하는 것으로, 우리나라의 경우 경영권을 사용자의 고유권한이라 하여 노조가 간섭할 수 없도록 규정하고 있는 경우가 많다.

그러나 오늘날 기업의 발전과 노동운동의 진전으로 노동조합의 경영참가를 확대하는 경향이 세계적인 추세라 할 수 있다.

미국의 경우 경영자에 귀속되는 경영권의 내용을 보면, ① 생산과 노동력 수준의 결정권, ② 적절한 이유에 의한 고용징계 또는 면직, ③ 관리자 및 경영자 선발, ④ 작업일정 그리고 작업방법 등의 항목을 들 수 있다. 그러나 우리나라에서는 경영권에 대한 명확한 정의가 내려져 있지 않으나 이제 우리나라에서도 경영권의 추상적인 개념으로 노동권과 대비시켜 금지시키려고만 할 것이 아니라 노사가 실질적으로 대등한 관계를 유지할 수 있도록 해야 할 것이다.

2. 보수

임금을 비롯하여 일시금(상여금 또는 기말수당)과 퇴직금에 관한 사항은 단체협약에서 가장 중심 되는 부분이다. 그러나 우리나라의 단체협약에서 보수에 대해 구체적으로 규정하고 있는 협약은 매우 적은 편이다. 그 대신 구체적인 부분에 대해서는 별도로 정한 임금협정, 임금협약 또는 취업규칙에서 다루고 있으며, 단체협약에서는 그 골격이 되는 원칙적 사항이 주로 규정되고 있다.

1) 임금조항

임금조항을 규정하고 있는 협약은 비교적 드문 편이다. 대체적으로 임금협정을 별도로 정하도록 규정한 협약이나 취업규칙, 또는 회사의 임금규정에 위임하고 있는 경우가 많다.

임금의 지급방법과 종류 등을 명시한 협약 역시 매우 적고, 별도의 협약이나 취업규칙 등에 위임하고 있거나 “근로기준법에 따른다.”고 명시한 협약이 많다.

임금지급형태는 회사 사정에 따라 월급 · 주급 · 일급 · 시간급 중 어느 것을 선택할 것인지를 결정하면 된다.

임금공제항목은, ① 조세공과금, ② 본인부담 각종 보험료, ③ 본인부담 각종 대부상환금, ④ 본인부담 각종 저축금과 상환금, ⑤ 회사가 지출한 각종 채무상환금, ⑥ 기타 회사와 노조가 합의한 항목 등이 있다.

그 밖에 단체협약에 본인의 청구가 있을 때 급료 지급일 전이라도 기왕 근로일수에 대한 임금을 미리 지급할 수 있는 비상지불에 대한 조항 및 휴업수당에 관한 조항을 명시할 수 있다.

2) 상여 및 일시금 조항

노동조합은 생활보조금 또는 생활일시금의 성격을 갖는 상여금을 요구하는데, 그 수준이나 금액은 단체교섭을 통하여 결정되는 것이 일반적이다.

상여금 지급을 명시하고 있는 경우에 우리나라에서는 대체로 상여금의 지급액, 지급방법과 지급시기에 대해여 회사의 경영실적에 따라 지급한다고 규정한 경우가 비교적 많다.

3) 퇴직금 조항

근로기준법 제34조에서는 “사용자는 계속근로 연수 1년에 대하여 30일분 이상의 평균임금을 퇴직금으로써 퇴직하는 근로자에게 지급할 수 있는 제도를 설정하여야 한다. 다만, 근로연수가 1년 미만인 경우에는 그러하지 아니하다.”라고 규정하고 있다.

우리나라 기업들의 퇴직금 규정을 살펴보면, 우리나라에서는 대체로 근속연수 1년에 30일분의 평균임금을 지급한다고 규정한 것이 가장 많고, 다음으로 퇴직금을 규정한 협약이 비교적 많다.

3. 인사조항

종업원이 기업에 채용된 후부터 퇴직할 때까지의 기간 중 신분이나 대우 등을 규정하고 있는 것이 인사조항이다. 이 인사조항은 일반적으로 사용자측이 행사코자 하는 이른바 경영권, 또는 인사권에 관하여 조합원으로서의 입장을 확보하고자 하는 노동조합 측과 경영효율을 높이고 직장질서를 유지함과 동시에 가능한 한 능률적이고 적절한 인사를 실현하고자 하는 사용자측의 의도의 접점으로써 중요한 의미를 가진다.

노동조합의 지위가 확고하고 경영자 측이 노동조합 측의 의사를 중시하는 경우에는 채용·이동·해고 등에 대해 조합의 동의 내지는 승인을 받도록 하는 협약조항을 들 수 있다.

그러나 인사조항이라고 해도 사용자 측의 방침이나 노동조합의 관심도 등에 따라 노동조합이 관여하는 정도나 방법에는 많은 차이가 있다. 일반적인 인사조항으로 다음과 같은 사항을 들 수 있다.

1) 수습기간

채용 후 일정한 수습기간을 규정하고 있는 협약인데, 대체로 우리나라에서는 취업규칙에 위임하거나 이 조항의 명시가 없는 경우가 많다. 그러나 수습기간을 두고 있는 경우에는 대체로 3개월 이내로 규정하고 있다.

2) 승진 및 승급

승진과 승급은 노동자의 꿈이고 희망이며 가장 민감한 관심사항이다. 이러한 승진 및 승급이 경영자의 전권에 의해 무질서하고 불공평하게 이루어지거나 기준 없이 행하여져 노동자 스스로가 자기의 미래를 설계할 수 없을 때에 노동자의 사기는 저하되고 말 것이다. 우리나라의 경우 승급·승진을 규정하고 있지 않은 협약이 전체의 70%를 차지하여 사용자 측이 이른바 경영권과 인사권을 지나치게 일방적으로 행사하고 있으며, 노동조합 측은 교섭력의 취약으로 인해 이에 대한 개선의 노력을 소홀히 하고 있음을 반증해 주고 있다.[8)]

---

8) 정재훈, 전게서, p. 296.

3) 해고

해고에 대해서는 "조합의 동의를 요한다."라고 규정하고 있는 경우가 많다. 일반적으로 해고에는 보통해고, 징계해고 그리고 정리해고가 있다.

첫째, 보통해고는 저능률 내지 근무성적불량 등을 이유로 하여 단행되면서 퇴직금이 지불되는 해고이다.

둘째, 징계해고는 직장 질서의 문란을 이유로 하여 단행되는 제재로써 퇴직금이 지불되지 않는다.

셋째, 정리해고는 경영난을 이유로 하는 인원정리(감원)를 위한 해고로써 퇴직금이 지불된다.

어느 경우든 단지 조합의 동의 내지는 조합과의 협의만을 거쳐 실시하는 것은 객관적 타당성을 확보하지 못할 우려가 있으므로, 사전에 구체적이고 합리적인 해고기준을 정해 놓고, 그에 해당하는지의 여부를 같이 심사한 뒤에 결정하는 것이 바람직하다.

4. 작업안전 · 건강조항

산업재해가 급증하면서 산업안전과 보건문제가 노동조합의 중대 관심사항이 되고 있다. 따라서 노동조합으로서는 단체교섭과정에서 작업환경 및 시설의 개선, 임금 · 노동조건의 개선, 관리체계의 합리화, 산업안전, 보건에 대한 교육기회의 확대 등을 중요하게 다루지 않을 수 없게 되었다.

1) 안전 · 보건위원회 구성

산업안전보건법 제19조와 동법 시행령 제25조에 의하면 산업안전보건위원회를 설치 · 운영하여야 할 사업장은 상시 100인 이상의 근로자를 사용하는 사업장으로 하되, 노사협의회법에 의한 노사협의회가 구성되어 있는 사업장에 있어서는 당해 노사협의회를 산업안전 · 보건위원회로 본다고 규정하고 있다.

2) 안전 · 보건관리자

산업안전보건법 제15조 및 제16조와 동법 시행령 제15조 및 제16조에 의하면, 상시

50인 이상의 근로자를 사용하는 사업장과 상시 50인 미만의 근로자를 사용하는 사업장으로서 고용노동부령이 정하는 사업장에는 안전 관리자와 보건관리자를 두도록 규정하고 있다.

3) 건강진단

산업안전보건법 제43조에서는 사업주는 정기적으로 근로자에 대한 건강진단을 실시하여야 한다. 근로자를 채용할 때에는 또한 같다. 이 경우 "근로자대표의 요구가 있을 때에는 건강진단에 근로자대표를 입회시켜야 한다."라고 규정하고 있다(1996. 12. 31. 본항개정).

4) 안전 · 건강교육

산업안전보건법 제31조와 동법 시행규칙 제3장 제3절에 의해 사업주는 당해 사업장의 근로자에 대하여 고용노동부령이 정하는 바에 의하여 정기적으로 안전 · 보건교육을 실시하여야 하고, 또 채용할 때와 작업내용을 변경할 때에는 당해 근로자에 대하여 고용노동부령이 정하는 바에 의하여 "당해 업무와 관계되는 안전 · 보건에 관한 교육을 실시하여야 한다."라고 규정하고 있다.

그 밖에 유해 · 위험사업장 기준설정과 보건위생시설, 안전보건장비 등에 대하여 노 · 사간에 주요협약규정대상이 될 수 있다.

5. 근로조건

1) 근로시간

근로시간에는 사용자의 지휘명령 하에서 노무를 제공하는 시간만을 가리키는 경우와 노무의 제공에서 벗어나는 휴식시간을 포함시키는 경우가 있는데, 전자를 실무시간이라고 하고 후자를 구속시간이라고 한다.

우리나라에서는 예외 없이 근로시간에 대하여 규정하고 있는데 전체의 80% 이상이 주 48시간으로써 가장 많은 비중을 차지하고 있으며, 주 44시간을 규정하고 있는 경우가 다음으로 많다.

근로기준법 제50조에 규정된 근로시간을 보면, ① 1주간의 근로시간은 휴게시간을 제외하고 40시간을 초과할 수 없다. ② 1일의 근로시간은 휴게시간을 제외하고 8시간을 초과할 수 없다. ③ 제1항과 제2항에 따른 근로시간을 산정함에 있어 작업을 위하여 근로자가 사용자의 지휘·감독 아래에 있는 대기시간 등은 근로시간으로 본다.

그러나 근로기준법 제51조에 의한 탄력적 근로시간제 및 제52조에 의한 선택적 근로시간제에 관한 규정과 제53조에 의한 '당사자 간 합의가 있는 경우' 및 '특별한 사정이 있는 경우'의 시간외 근로에 관한 규정에 따라 근로시간의 연장은 가능하도록 되어 있다.

먼저 근로기준법 제51조(탄력적 근로시간제)의 내용을 살펴보면, ① 사용자는 취업규칙(취업규칙에 준하는 것을 포함한다)에서 정하는 바에 따라 2주 이내의 일정한 단위기간을 평균하여 1주간의 근로시간이 제50조제1항의 근로시간을 초과하지 아니하는 범위에서 특정한 주에 제50조제1항의 근로시간을, 특정한 날에 제50조제2항의 근로시간을 초과하여 근로하게 할 수 있다. 다만, 특정한 주의 근로시간은 48시간을 초과할 수 없다.

② 사용자는 근로자대표와의 서면 합의에 따라 다음 각 호의 사항을 정하면 3개월 이내의 단위기간을 평균하여 1주간의 근로시간이 제50조제1항의 근로시간을 초과하지 아니하는 범위에서 특정한 주에 제50조제1항의 근로시간을, 특정한 날에 제50조제2항의 근로시간을 초과하여 근로하게 할 수 있다. 다만, 특정한 주의 근로시간은 52시간을, 특정한 날의 근로시간은 12시간을 초과할 수 없다고 규정하고 있다.

그리고 근로기준법 제52조(선택적 근로시간제)에서는 사용자는 취업규칙(취업규칙에 준하는 것을 포함한다)에 따라 업무의 시작 및 종료 시각을 근로자의 결정에 맡기기로 한 근로자에 대하여 근로자대표와의 서면 합의에 따라 다음 각 호의 사항을 정하면 1개월 이내의 정산기간을 평균하여 1주간의 근로시간이 제50조제1항의 근로시간을 초과하지 아니하는 범위에서 1주간에 제50조제1항의 근로시간을, 1일에 제50조제2항의 근로시간을 초과하여 근로하게 할 수 있다고 규정하고 있다. 단, 대상 근로자의 범위에서 15세 이상 18세 미만의 근로자는 제외한다고 명시하였다.

끝으로 근로기준법 제53조(연장 근로의 제한)의 내용을 살펴보면, ① 당사자 간에 합의하면 1주간에 12시간을 한도로 제50조의 근로시간을 연장할 수 있다.

② 당사자 간에 합의하면 1주간에 12시간을 한도로 제51조의 근로시간을 연장할 수 있고, 제52조제2호의 정산기간을 평균하여 1주간에 12시간을 초과하지 아니하는

범위에서 제52조의 근로시간을 연장할 수 있다.

③ 상시 30명 미만의 근로자를 사용하는 사용자는 다음 각 호에 대하여 근로자대표와 서면으로 합의한 경우 제1항 또는 제2항에 따라 연장된 근로시간에 더하여 1주간에 8시간을 초과하지 아니하는 범위에서 근로시간을 연장할 수 있다. [신설 2018.3.20] [시행일 2021.7.1.], [2022.12.31까지 유효, 2018.3.20 제15513호 부칙 제2조]

④ 사용자는 특별한 사정이 있으면 고용노동부장관의 인가와 근로자의 동의를 받아 제1항과 제2항의 근로시간을 연장할 수 있다. 다만, 사태가 급박하여 고용노동부장관의 인가를 받을 시간이 없는 경우에는 사후에 지체 없이 승인을 받아야 한다. [개정 2010.6.4 제10339호(정부조직법), 2018.3.20]

⑤ 고용노동부장관은 제4항에 따른 근로시간의 연장이 부적당하다고 인정하면 그 후 연장시간에 상당하는 휴게시간이나 휴일을 줄 것을 명할 수 있다. [개정 2010.6.4 제10339호(정부조직법), 2018.3.20]

⑥ 제3항은 15세 이상 18세 미만의 근로자에 대하여는 적용하지 아니한다고 명시하고 있다. [신설 2018.3.20] [시행일 2021.7.1] [2022.12.31까지 유효, 2018.3.20 제15513호 부칙 제2조]

2) 휴일

휴일은 근로자가 사용자의 지휘명령으로부터 완전히 이탈하는 날을 말하며, 근로자의 건강유지와 문화적 생활의 향상을 위하여 마련된 것이다.

우리나라에서는 대부분의 기업이 주휴일, 국경일 기타 공휴일을 단체협약으로 규정하고 있으며, 이 중 60일 이상이 전체의 3분의 2를 차지하고 있다.

3) 휴가

단체협약에서 규정하고 있는 유급휴가에는 연·월차 휴가, 하기휴가, 생리휴가, 산전·산후 휴가 및 기타 휴가 등이 있다. 그리고 근로기준법에 규정하고 있지 아니한 기타 휴가로는 특별 경·조 휴가가 대부분이다.

제6절 단체협약의 관리

노사관계는 노동조합과 사용자가 단체교섭을 하고, 그 결과로써 단체협약을 체결하는 것으로 끝나는 것이 아니고 그 이상의 것을 포함하고 있다.

단체협약 관리에 있어서 근본적으로 문제가 되는 것은 단체협약에서 경영자가 확보하고 있다고 믿는 권리와 노동조합이 획득했다고 생각한 권리에 대한 해석 내지 집행상에 있어서의 차이에서 오는 분쟁이다. 그리하여 우리는 이것을 권리분쟁(rights dispute)이라 하고, 이를 단체교섭에서 이익으로 쟁취하려고 하는 이권분쟁(interest dispute)과 구분하고 있다. 즉 이익분쟁이란 임금 및 근로조건에 관한 새로운 계약을 체결하기 위하여 노사가 단체교섭을 하는 과정에서 합의에 도달하지 못함으로써 일어나는 분쟁을 말한다. 이에 비하여, 권리분쟁은 계약체결 이후 근로계약의 이행이나 계약문구의 해석 및 집행과정에서 일어나는 분쟁을 말한다.

단체교섭에 있어서 협상을 통한 협약체결은 노사협약을 성립시키기 위해 활동하는 '입법적 활동'이라고 본다면 기업의 고용관계 관리는 협약실시를 위한 '행정적 활동'이며, 협약의 해석 및 적용에 관한 '사법적 활동'은 고충처리 및 중재를 주축으로 한 협약관리가 된다.[9)]

1. 고충처리제도

1) 고충의 개념과 의의

고충이란 종업원의 근로조건이나 직장환경, 관리자의 종업원에 대한 불공평한 대우, 또는 단체협약이나 취업규칙의 해석·적용에 관하여 갖고 있는 불평·불만이라 하겠다. 그러나 이런 불평·불만 중에서도 전체 근로자가 아닌 개별 근로자의 개별적이고 특수적인 불평·불만이 노사협의의 취급사항이다. 근로자참여 및 협력증진에 관한 법률은 노사협의회와는 별도로 고충처리위원회제도를 두도록 하고 있다. 이 제도는 개개 근로자의 기업 내에서의 종업원으로서의 고충을 해결하고자 하는 제도이다.

---

9) 최종태, 『현대노사관계론』, 경문사, pp. 174-76.

근로자참여법 제25조, 제26조에 의하면 모든 사업 또는 사업장에는 근로자의 고충을 청취하고 이를 처리하기 위하여 노사를 대표하는 3인 이내의 고충처리위원을 두도록 규정하고 있는데, 협의회가 설치되어 있는 사업 또는 사업장의 경우에는 협의회가 그 위원 중에서 선임하고, 협의회가 설치되어 있지 않은 사업 또는 사업장의 경우에는 사용자가 위촉한다.[10)]

그리고 고충처리위원은 근로자로부터 고충사항을 청취한 때에는 10일 이내에 조치사항 기타 처리결과를 당해 근로자에게 통보하여야 하며, 고충처리위원이 처리하기 곤란한 사항에 대하여는 협의회에 부의 하여 협의처리 하도록 되어 있다.[11)]

2) 고충의 원인과 영향

고충의 원인에는 ① 임금부족과 승진기회의 지연, ② 노력・공헌의 대가부족, ③ 능률의 상승과 이윤배분의 불균형, ④ 상사의 인사고과 편애와 자질 미비, ⑤ 근로조건의 불량과 과도한 작업, ⑥ 장래에 대한 기대감과 만족감의 결여 등으로 나타난다.

이러한 고충의 영향은 ① 근로자의 사기저하, ② 타인의 불만불평 증가, ③ 노사문제의 원인, ④ 품질의 저하와 국제경쟁력의 악화 등으로 나타난다.

특히, 고충의 징후가 나타나는 지표는 대부분 종업원의 능률저하가 발생하기 시작하며 작업의 계획차질, 빈번한 지각과 계획적 결근, 근로자간의 알력, 종업원과 감독자의 불화, 작업의 기피 등에서 찾아볼 수 있다.

3) 고충처리의 방법

고충처리라 함은 직장에서 근로자의 작업조건이나 노동협약 기타 취업규정의 해석・적용에 있어서 근로자 개인의 불평・불만, 즉 고충을 사용자에게 전하면 사용자는 이에 대해 어떤 해결조치를 평화적으로 신속하게 강구하는 인간관계적 관리기법의 하나이다.

이러한 고충처리에 대하여 해결방법은 제3자의 중재에 의한 방법, 노・사간에 직접 해결하는 방법 등이 있다. 특히, 고충처리의 방법으로는 미국이나 유럽의 경우와 같이 이를 단체교섭의 연장이라는 차원에서 취급하는 방법도 있고 독일과 일본의 경우처럼

---

10) 「근로자참여법」 제26조.
11) 「근로자참여법」 제27조.

노사협의회에서 다루는 방법도 있다.

그러나 일반적으로 어떠한 고충처리기관을 설치할 것인가의 문제는 당사자의 자유로써 협약 내지 노・사간의 협의에 의해 결정됨이 일반적이다. 제3자에 의한 고충중재기관으로서는 상임중재자, 임시중재자, 중재위원회 등이 있다.

직접해결기관 내지 제도로는 직장위원회제도, 직장 내지 공장위원회, 경영협의회, 고충처리위원회 등이 있는데, 일반적으로 직접해결기관을 통해 처리되고, 여기에서 해결이 안 되는 경우에는 제3자에 의한 중재기관을 통해 해결하도록 한다.

4) 고충처리기구와 절차

지식정보화시대에 맞는 고충처리 기구는 미국이나 유럽 등에서 어떠한 형태든지 단체협약제도로서 해결하고 있다. 그런데 이 기구의 상호공통적인 목적은 다음과 같다.

첫째, 협약기간 중 발생한 모든 분쟁은 해결한다.

둘째, 개별근로자의 고충을 처리하는데 있어서 노동조합의 역할을 규정한다.

셋째, 노사분쟁을 처리하기 위한 질서적 방법은 확산된다.

넷째, 노사당사자로 하여금 고충협의 결과를 최종적이며 또한 구속력 있는 결정에 도달할 때까지 단계적으로 항소할 수 있다.

미국에서는 고충처리 기구로서 가장 완전하고 정교한 다음과 같은 5단계의 절차를 두고 있다.

〈표 5-1〉에서 보는 바와 같이 각 단계에서 경영자 측 및 조합 측이 의사결정을 하는데 소비할 수 있는 최고 제한시간을 표시하고 있다. 그러나 실제에 있어서 고충처리

〈표 5-1〉 고충처리기구 5단계

단계	조합대표	회사대표	경영자의 결정을 위한 제한시간	조합승인을 위한 제한시간
1단계	작업자와 조합위원	감독자	3일	3일
2단계	조합・공장위원	부장 또는 공장장	5일	5일
3단계	고충처리위원회 대표	인사담당이사	5일	5일
4단계	고충처리 위원회 대표 및 전국 노조대표	최고 책임자	10일	10일
5단계	중립자에 의한 중재			

자료: Daniel Quinn, Mills(1982), Labor-Management Relations, 2rd ed., McGraw-Hill, p. 228.

기구의 단계로써 5단계까지를 두고 있는 경우는 그다지 많지 않다. 일반적으로는 3단계이며 그 다음 중재의 단계를 두고 있다.

즉, 통계적으로 보아 고충처리 단계의 빈도는 전체적으로 보아 3단계가 45%로 가장 많고, 2단계 및 4단계가 각각 20%, 1단계가 8%, 5단계까지 두고 있는 경우는 4%에 불과하다. 여기가지에서 해결되지 않는 경우는 마지막 단계로서 중립적인 중재자에게 의뢰하고 있다. 전형적인 세 단계의 고충처리기구의 예는 다음과 같다.

그림 5-2. 고충처리 기구

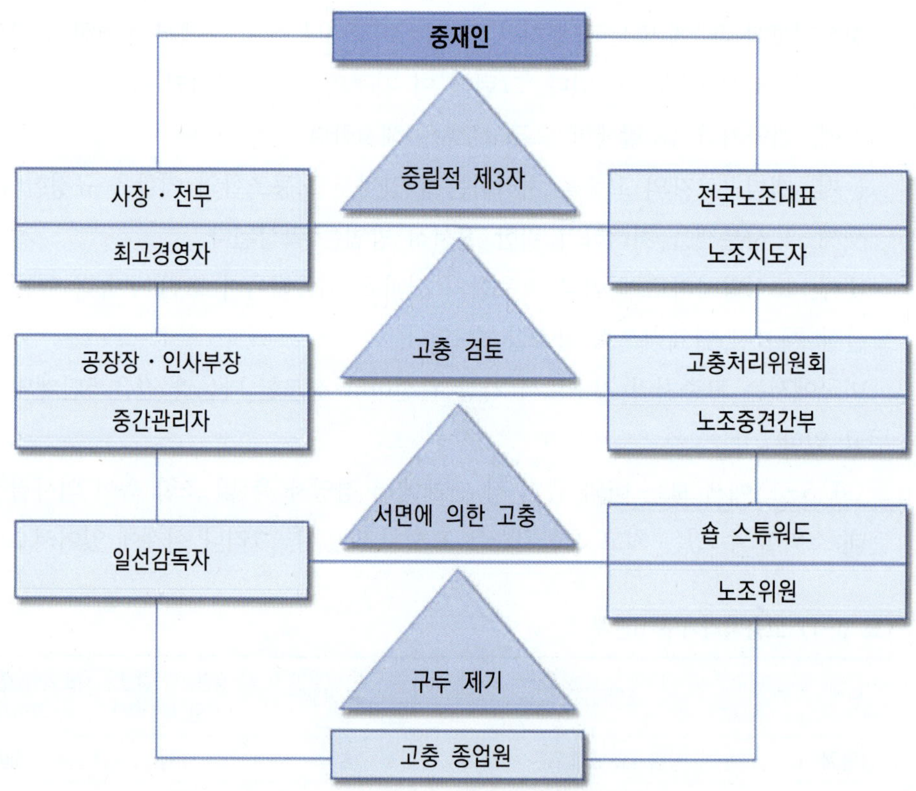

(1) **제1단계** : 단체협약의 위반에 대해 불만이 있는 종업원이 그것을 고충으로 정식 제기하는 데서부터 시작된다. 그는 자신이 속해 있는 부서의 일선감독자에게 직접 제기할 수도 있고, 조합위원을 통하여 제기할 수도 있는데 후자의 경우가 일반적이다.

고충을 제기 받은 조합위원은 이를 일선 감독자에게 정식으로 제기하고 해결을 위하여 협의한다.

(2) 제2단계 이상 : 만일 문제가 제1단계에서 해결되지 않으면, 다시 조합 측은 제2단계 절차를 밟아 공장위원 또는 기업위원을 통하여 제기하며, 다시 고충처리위원회 등 절차를 밟아 위로 올라가게 된다. 그리고 고충처리에 있어 이와 같이 여러 단계를 두는 이유는 문제를 더 높은 차원에서 또는 새로운 측면에서 다각적으로 신중하게 검토하자는 데 있다.

(3) 고충이 노・사간 최고위 계층에서 해결되지 않을 경우는 다음 세 가지의 대안이 있게 된다.

첫째는 노조가 일시적 또는 영구적으로 문제가 되는 고충을 포기하는 것이다.

둘째는 단체협약이다. 법규상의 한도 내에서 파업과 같은 실력행사를 발동하는 것이다.

셋째는 제3자인 중재자에게 조정을 의뢰하는 것이다.

이 가운데 중재에 의한 경우는 1인의 중재자 또는 노사대표 각 1인과 제3자의 중재자 1인으로 구성하는 것이 일반적이다.

한국은 독일이나 일본과 같이 노사협의회를 통하여 고충처리가 이루어진다. 근로자참여법 제26조에 의하면 "모든 사업 또는 사업장에는 근로자의 고충을 청취하고 이를 처리하기 위하여 고충처리위원을 두어야 한다."고 규정하였다.

동법 제27조에 의하면, 그 구성 및 임기에 대한 규정으로서 "고충처리 위원은 노사를 대표하는 3인 이내의 위원으로 구성하되, 협의회가 설치되어 있는 사업이나 사업장의 경우에는 협의회가 그 위원 중에서 선임하고, 협의회가 설치되어 있지 않은 사업이나 사업장의 경우에는 사용자가 위촉 한다"고 하였다. 고충처리위원의 임기는 3년으로 하되 연임할 수 있다.

그리고 동법 제28조 제1항의 고청처리규정에는 "고충처리위원은 근로자로부터 고충사항으로 청취한 때에는 10일 이내에 조치사항과 그 밖의 처리결과를 해당 근로자에게 통보하여야 한다." 그리고 제2항에는 "고충처리위원이 처리하기 곤란한 사항은 협의회의 회의에 부쳐 협의 처리한다."라고 규정하고 있다.

따라서 우리나라의 신고 된 고충을 처리・심의하는 유형으로는 ① 협의결정형, ② 사용자결정형, ③ 제3자중재형, ④ 혼합형 가운데 혼합형을 취하고 있음이 근로자 참여 및 협력증진에 관한 법률상의 특징이라고 볼 수 있을 것이다.

2. 중재제도

중재제도는 알선 · 조정과는 달리, 중재위원회에서 내리는 중재재정(仲裁裁定)이 관계당사자를 구속하는 점에 있어서 당사자의 자주적 해결의 원칙이 적용되지 않는 조정제도이다.

중재(仲裁)에는 임의중재와 강제중재가 있는데, 임의중재는 관계당사자의 신청이 있을 때 이루어지는 중재를 말하고, 강제중재는 관계당사자의 신청이 없어도 강제적으로 중재절차가 개시되는 중재이다.

그리고 중재는 노동위원회에 설치되는 중재위원회가 담당하며, 중재위원회는 중재위원 3인으로 구성되는데, 당해 노동위원회의 공익을 대표하는 위원과 공익을 대표하는 특별조정위원 중에서 관계당사자의 합의로 선정된 자에 대하여 노동위원회의 위원장이 지명한다. 그러나 관계당사자의 합의가 없는 경우에는 노동위원회의 공익을 대표하는 위원과 공익을 대표하는 특별조정위원 중에서 위원장이 지명한다.

그리고 중재위원회의 위원을 공익위원만으로 구성하는 것은 법률적 구속력을 부여하는 중재재정을 함에 있어서 중립성을 보장하기 위함이다. 중재위원회 위원장은 공익을 대표하는 노동위원회의 위원인 중재위원 중에서 호선하며, 협의는 구성원 전원의 출석으로 개의하고 출석의원 과반수의 찬성으로 결의한다.

그리고 중재재정은 효력발생 기일을 명시하여 반드시 서면으로 작성하여야 한다. 또한 중재재정서는 지체 없이 관계당사자에게 송달하여야 하며, 단체협약과 동일한 효력을 갖는다. 그러나 관계당사자는 중재재정이 위법이거나 월권에 의한 것이라고 인정하는 경우에는 중앙노동위원회에 재심을 신청하거나 또는 행정소송을 제기할 수 있다.

3. 단체협약 관리의 문제점

우리나라 노사분쟁의 중요 이슈로는 임금을 비롯한 경제적 · 물질적 이슈와 단체협약체결을 비롯한 권력 · 파워적 이슈를 들 수 있다. 특히 1987년도의 전국적 · 집중적인 노사분규가 6 · 29선언 이후의 민주화 분위기에 편승하여 그동안 누적되었던 근로자들의 불만이 일시에 폭발한 현상이었다는 점에 대해서는 노사가 의견을 같이 하고 있으나, 그 양상이 과격화・폭력화로 치닫게 된 이유에 대해서는 노・사간의 의견을 달리하고 있다. 즉 근로자들은 노사분규가 격렬하게 된 주된 원인은 사용자의 권위주의적 태도라고 지적하고 있는데 반하여 사용자들은 외세개입을 지적하고 있다. 그러면서도 노사 모두가 상대편의 지적을 어느 정도 수긍하고 있는 것이다. 이러한 문제는 결국 상호간의 불신에 기인하는 경우가 대부분이다. 그러므로 단체협약을 체결한 후에는 어떤 손해를 감수하고라도 이를 준수하여 상호 신뢰를 가질 수 있도록 하는 것이 무엇보다 중요하다고 본다. 여기에서 우리나라의 단체협약관리의 문제점을 보다 구체적으로 지적해 보면 다음과 같다.

첫째, 단체협약에서 채무적 부분은 상당한 수준에 도달하고 있으나 근로시간, 휴일, 휴가, 임금, 안전, 건강 등 규범적 부분에 있어서는 아직 초보적 단계를 벗어나지 못하고 있는 점이다.

따라서 근로시간조항과 임금조항이 보장되어야 하며, 정년의 연장과 선임권보장 제도를 도입하여 공정한 인사 처리로 종업원의 사기함양과 생산성 향상에 기여하도록 해야 한다. 그리고 고충처리조항과 안전・보건조항을 보강하여 사용자 및 근로자의 책임을 규정함으로써 상호의무이행을 촉구하여 노동력을 보호하여야 한다.[12)]

둘째, 단체교섭이 노동쟁의의 선행요건으로 전략되어 가고 있다는 점이다. 이는 상호간의 불신에 기인된 것으로써 이를 개선시키려면 무엇보다도 협약내용에 대한 성실한 이행이 전제되어야 할 것이다.

셋째, 노동조합의 교섭력이 취약하다는 점이다. 전근대적 노사관념을 전제로 노동력이 상품으로 평가되지 못하고, 산업의 불균형 발달에서 오는 이중경제구조 및 기업별 조직의 교섭력 약화는 한국적 노사관계의 특수성으로 협약의 수준향상과 이행상태가 문제점으로 되고 있다.

현행 기업별 노조의 교섭력 약화에서 오는 근로조건의 답보상태를 배제하기 위해서는 단위 교섭이 바람직하며 국민 경제수준 향상의 사회적 책임을 가지고 교섭을 전개하여야 하겠다.

---

12) 이병행 외 6인, 『노사관계론』, 형설출판사, p. 98.

제6장 노동쟁의와 쟁의행위

제6장 노동쟁의와 쟁의행위

제1절 노동쟁의

1. 노동쟁의의 의의

노동조합법 제2조 제5항에서는 '노동쟁의(labour dispute)라 함은 노동조합과 사용자 또는 사용자단체(노동관계 당사자)간에 임금 · 노동시간 · 복지 · 해고 기타 대우 등 근로조건의 결정에 관한 주장의 불일치로 인하여 발생한 분쟁상태를 말한다. 이 경우 주장의 불일치라 함은 당사자 간에 합의를 위한 노력을 계속하여도 더 이상 자주적 교섭에 의한 합의 여지가 없는 경우를 말한다.'라고 규정하고 있다.

다시 말해 노동쟁의는 구체적인 실력행사로써의 파업 등 쟁의행위와는 구별되는 것으로, 단지 교섭 내지 절충과정에서 의견이 상충되어 노사 당사자 간에 정상적인 대화나 교류가 이루어지지 못하는 긴장상태를 말하는 것이다.

그러나 이와 유사한 쟁의행위는 노동조합 또는 사용자가 분쟁상태를 자기 측에 유리하게 전개하려고 하는 투쟁행위로서 노동조합법 제2조 제6항에서는 '파업, 태업, 직장폐쇄 기타 노동관계 당사자가 그 주장을 관철할 목적으로 행하는 행위와 이에 대항하는 행위로써 업무의 정상적인 운영을 저해하는 행위를 말한다.'라고 규정하고 있다.

또한 우리나라에서는 노동쟁의가 권리분쟁인가 또는 이익분쟁인가를 구별하지 않는다. 단체교섭 시 노 · 사간에 이해관계의 불일치로 인하여 발생하는 분쟁이 이익분쟁이며, 일단 단체협약이 체결된 후 그의 해석이나 성실한 이행여부와 관련하여 노 · 사간에 주장의 불일치로 발생하는 것이 권리분쟁이다. 우리나라의 경우에는 단지 "근로조건에 관한 노동관계 당사자 간의 주장의 불일치로 인한 분쟁상태"라고만 규정되어 있기 때문에 양자를 구별하지 않는 것으로 해석한다.

그림 6-1. 노동쟁의의 개념

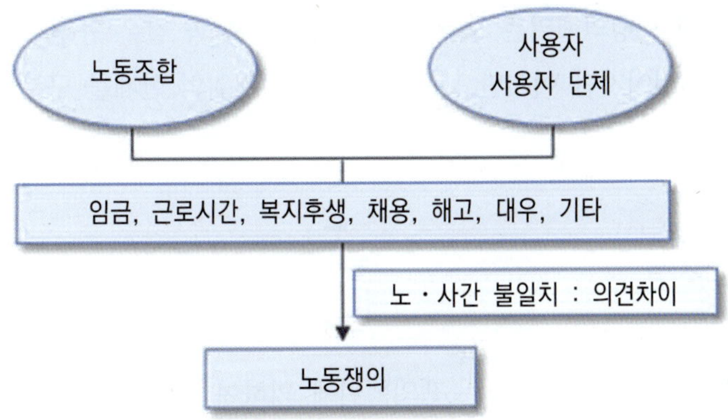

그리고 최근 개정된 노동조합법에서 노동쟁의는 평화적 해결을 도모하는 한편, 노동위원회로 하여금 결정에 따른 쟁의행위를 담당하도록 하고 있다.

2. 쟁의권 보장의 근거

쟁의권이란 근로자가 사용자에 대하여 근로조건에 관한 자신들의 요구를 실현시키기 위하여 단결력을 배경으로 각종 쟁의행위를 할 수 있는 권리를 말한다. 쟁의권은 경제적으로 힘 있는 위치에 서 있는 사용자와 힘이 없는 열세에 서 있는 근로자를 1:1의 대등한 입장으로 유지하기 위해서 헌법이 보장한 권리이다.

헌법에서 보장하고 있는 노동자의 기본권으로서 근로자는 "단체행동권을 가진다."라고 명백히 쟁의권을 보장하고 있다. 또한, 노동조합법 제39조(근로자의 구속제한) 등에 의거하면 근로자는 쟁의행위 기간 중에는 현행범 외에는 이 법의 위반을 이유로 구속되지 아니한다. 그러나 동법 제42조(폭력행위 등의 금지) 규정에서는 어떠한 경우에도 폭력이나 파괴행위는 금지된다고 규정하고 있다.

그리고 노동조합법 제39조에서는 "근로자의 구속제한"을, 동법 제43조에서는 "사용자의 채용제한규정"으로 사용자는 쟁의기간 중 그 쟁의행위로 중단된 업무의 수행을 위해 당해 사업과 관계없는 자의 채용 또는 인력을 대체할 수 없도록 제한을 규정하여 쟁의권의 정상적인 행사를 뒷받침하고 있으며, 노동조합법 제81조 제1항에서는 "정당한 쟁의행위를 이유로 한 해고 및 기타의 불이익대우를 금지하여 쟁의행위에 대한 보장"을 하고 있다.

우리나라에서 쟁의행위는 노동조합법 제41조 등과 같은 규정이 쟁의행위의 제한과 금지에 관한 것이지만 이것만으로 정당한 쟁의행위의 한계를 구분할 수 있는 것은 아니다.

3. 노동쟁의 조정

노동쟁의가 발생하면 노사는 쟁의행위에 의하여 상호 자기들의 주장을 관철하려고 한다. 따라서 기업의 정상적인 운영은 일시적이지만 정지되고, 이로 말미암아 쌍방의 경제적 손실은 물론 국민경제에도 막대한 손실을 초래하게 된다. 그러므로 노동쟁의는 가급적 노사 쌍방의 노력에 의하여 사전에 방지하는 것이 가장 바람직한 일이며, 쟁의행위가 발생하게 된 경우에도 노사가 자주적으로 이를 신속하게 해결하지 않으면 안 된다.

노동쟁의의 조정에 있어서 그 기본은 노사 쌍방의 노력에 의한 자주적 해결을 전제로 한다. 그리하여 노동조합법 제48조에서는 "노동쟁의가 발생한 때에는 이를 자주적으로 해결하도록 노력하여야 한다."라고 규정함으로써 이를 당사자의 책무로 하고 있다. 또한 동법 제49조에서는 "국가 또는 지방자치단체는 노동관계 당사자 간에 노동관계에 관한 주장이 일치하지 아니할 경우에 노동관계 당사자가 이를 자주적으로 조정할 수 있도록 조력함으로써 쟁의행위를 가능한 한 예방하고 노동쟁의의 신속·공정한 해결에 노력하여야 한다."라고 규정하고 있다.

그러나 노동쟁의를 노·사간에 자주적으로 해결하는 것이 이상적이긴 하지만 실제로는 노사의 자주적인 노력만으로 노동분쟁이 해결되기 어렵다. 그래서 오늘날에는 국가가 입법에 의하여 당사자들 간의 자주적인 해결을 원조·촉진하고, 경우에 따라서는 강제적으로 쟁의를 조정하는 제도를 설정하는 것이 일반적이다. 즉 노동쟁의가 국민경제에 중대한 영향을 준다든가, 공익을 해친다고 인정될 때에는 입법에 의해서 쟁의행위를 제한하거나 금지하는 것과 같이, 쟁의의 조정에도 국가가 개입하는 것이 당연하다는 것이다.

4. 쟁의조정의 유형

노동쟁의조정의 유형에는 알선, 조정 및 중재의 세 가지 유형이 있다.

1) 알선(斡旋, conciliation)

알선이란 분쟁당사자를 설득하여 다시 화합하고 문제를 토론하게 하는 것을 말한다. 알선의 목적은 분쟁당사자의 중개자가 되는 것이며, 당사자들을 만나게 하여 스스로 분쟁을 해결할 수 있는 방안을 모색토록 하는 방법이다.

2) 조정(調整, mediation)

조정은 알선보다 적극적인 과정을 취한다. 조정자는 관계 당사자의 의견을 들어 조정안을 작성하여 노사가 수락하도록 권고한다. 그러나 강제성이 없기 때문에 수락여부는 당사자들이 임의로 결정한다.

3) 중재(仲裁, arbitration)

중재는 알선이나 조정과는 달리 관계당사자를 구속한다. 중재는 준사법적 절차로서 판결문과 같은 효력을 지니며, 관계당사자는 일단 그에 따를 수밖에 없다. 다만 불만이 있을 경우에는 재심이나 행정소송을 제기할 수 있다.

5. 한국의 노동쟁의 조정

1) 노동쟁의 조정의 절차

한국의 노동쟁의조정제도는 노동조합법에 의해 규정하고 있다. 현행 노동조합법에서는 조정·중재 및 긴급조정의 세 가지 조정제도를 두고 있으며, 그 절차를 예시하면 [그림 6-2]와 같다.

그림 6-2. 노동쟁의 조정의 절차

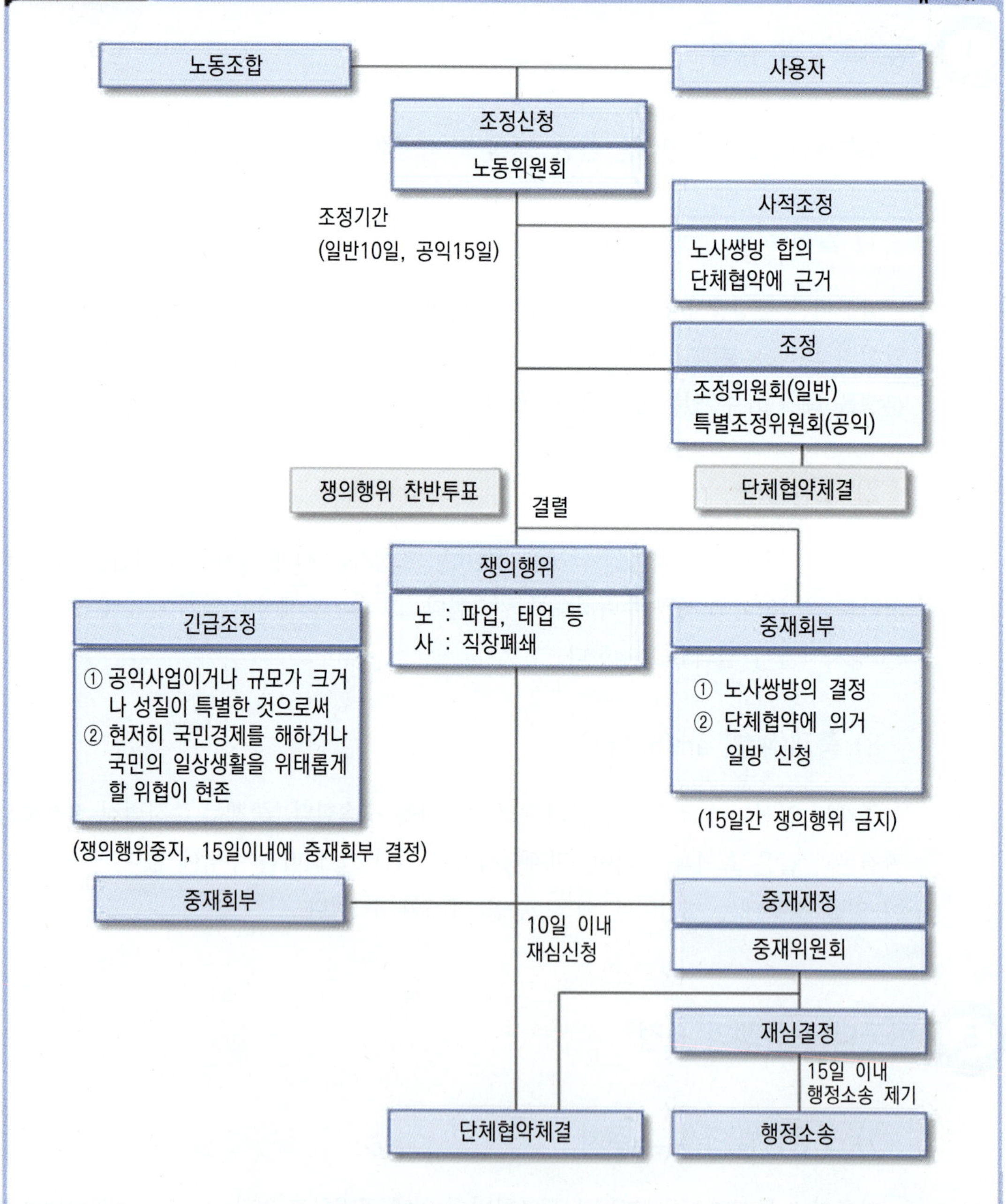

단체교섭이 결렬되면 노동쟁의가 발생한 것이 된다. 따라서 행정관청과 노동위원회에 즉시 신고를 해야 한다. 신고가 접수되면 노동위원회는 쟁의행위금지기간 즉, 조정기간 동안 조정에 착수하게 된다. 노동위원회에 의한 조정의 방법 외에도 노사 쌍방은 임의조정제도에 따라 조정→ 중재의 절차를 밟을 수도 있다. 이 경우에는 노동위원회에 신고를 해야 하며, 조정에 대해서 동일한 조정기간이 적용된다.

노동위원회의 조정이 실패하면, 조합원 과반수의 찬성을 얻어 노동조합 측에서 쟁의행위를 할 수 있으나 노동위원회에 쟁의신고를 하여야 한다. 사용자 측은 노동조합의 쟁의행위가 개시되고 난 후에 직장폐쇄를 할 수 있다.

한편, 노동위원회의 조정이 실패하였을 경우에는 몇 가지 중재개시 여건이 충족되면 노동위원회에서 중재를 하게 되며, 이 때 쟁의행위는 15일간 금지된다. 중재위원회가 중재재정서(仲裁裁定書)를 당사자에게 전달하고, 관계당사자가 그에 대해 불만이 있을 경우에는 수령 후 10일 이내에 중앙노동위원회에 재심신청을 할 수 있으며, 재심의 결과가 위법이거나 월권에 의한 것이라고 인정되는 경우에는 15일 이내에 고등법원에 행정소송을 제기할 수 있다.

2) 우리나라 노동쟁의조정의 유형[1)]

(1) 조정

조정(mediation)은 알선보다는 적극적인 조정방식인데 관계당사자의 의견을 듣고 조정안을 작성하여 노사의 수락을 권고하는 형태를 취한다. 조정은 노사의 자주적 해결의 정신을 기본으로 한다.

① **조정의 요건과 개시** : 노동위원회는 관계당사자의 일방이 노동쟁의의 조정을 신청할 때에는 지체 없이 조정을 개시하여야 하며 관계 당사자 쌍방은 이에 성실히 임하여야 한다(노동조합법 제53조).

이 밖에도 쟁의행위가 공익사업에 관한 것이거나, 그 규모가 크거나 그 성질이 특별한 것으로서 현저히 국민경제를 해하거나 국민의 일상생활을 위태롭게 할 위험이 현존하는 때에는 고용노동부장관이 긴급조정을 결정할 수 있다. 만약 고용노동부장관이 긴급조정의 결정을 한 때에는 지체 없이 그 이유를 붙여 이를 공표함과 동시에 중앙노동

1) 김형배, 전게서, pp. 502-512에서 참고.

위원회와 관계 당사자에게 각각 통고하여야 한다(노동조합법 제72조).

② **조정의 기관과 활동** : 조정은 노동위원회에서 구성된 조정위원회에서 담당한다(동법 제55조). 조정위원회는 조정위원 3인으로 구성되며, 위원은 당해 노동위원회의 위원이나 특별조정위원 중에서 사용자를 대표하는 자, 근로자를 대표하는 자 및 공익을 대표하는 자를 각각 1인씩 노동위원회의 위원장이 지명하되 근로자를 대표하는 노동위원은 사용자가, 사용자를 대표하는 노동위원은 노동조합이 각각 희망하는 노동위원 중에서 지명하여야 한다. 다만, 회의 3일전까지 관계당사자가 희망하는 위원의 명단 제출이 없을 때에는 당해 위원을 위원장이 따로 지명할 수 있다.

그리고 조정위원회의 위원장은 공익을 대표하는 조정위원이 된다.(동법 제56조) 조정위원회는 당사자의 의견청취를 위하여 기일을 정하여 관계당사자를 조정위원회에 출석하게 할 수 있고(동법 제58조), 조정위원회의 위원장은 관계당사자와 참고인 이외의 자의 회의출석을 금하며, 그 회의의 공정한 진행을 방해하는 자의 퇴장을 명할 수 있다(동법 제59조).

조정위원회의 가장 중요한 활동은 조정안을 작성하여 이를 관계당사자에게 제시하고, 그 수락을 권고하는 일이다. 이때 조정위원회는 조정안에 이유를 붙여 공표할 수 있으며, 필요한 경우에는 신문 또는 방송에 의한 협력을 요청할 수 있다(동법 제60조 제1항).

조정안이 관계당사자 쌍방에 의해 수락되면, 그 해석 또는 이행방법에 관하여 관계당사자간에 의견의 불일치가 생긴 때에는 관계당사자는 당해 조정위원회에 그 해석, 이행방법에 관한 명확한 견해의 제시를 요청하여야 하며(동법 제60조 제3항), 조정위원회는 요청을 받은 후 7일 이내에 명확한 견해를 제시하여야 한다(동법 제60조 제4항). 그리고 조정위원회의 유권해석이 제시될 때까지는 조정안의 해석, 또는 이행방법에 관하여 쟁의행위를 할 수 없다(동법 제60조 제5항).

조정절차가 진행되는 도중일지라도 노동쟁의조정법 제54조의 조정기간(일반사업 10일, 공익사업 15일)이 경과하면 관계당사자는 언제라도 쟁의행위를 할 수 있다.

그러나 조정서가 작성되어 단체협약과 동일한 효력을 갖게 되면, 그 때부터 단체협약의 당사자는 평화의무를 부담하기 때문에 쟁의행위를 할 수 없다.

③ **조정서의 효력** : 조정안을 관계당사자가 수락하면, 조정위원 전원은 조정서를 작성하고 관계당사자와 함께 서명·날인하여야 한다(동법 61조 제1항). 그리고 이 조정서는 단체협약과 동일한 효력을 갖는다(동법 제61조 제2항).

(2) 중재

중재(arbitration)는 알선이나 조정과는 달리 당사자를 구속하는 법률상의 효력을 갖는다. 따라서 중재는 조정과는 달리 노사의 자주적 해결의 원칙과는 가장 거리가 먼 조정제도이나 현행법에서는 노동위원회가 관계당사자의 쌍방이 함께 신청이 있을 때에 그 절차가 개시되는 중재와 관계당사자의 일방이 단체협약에 의하여 중재를 신청할 때 중재를 행한다. 노동조합법 제62조 중재의 개시는 노동위원회는 ① 관계당사자의 상방이 함께 중재를 신청한 때, ② 관계당사자의 일방이 단체협약에 의하여 중재를 신청할 때에는 중재를 한다. 중재 시의 쟁의행위의 금지는 노동쟁의가 중재에 회부된 데에는 그 날로부터 15일간은 쟁의행위를 할 수 없다.(동법 제63조)

① **중재의 요건과 개시** : 노동위원회는 다음의 경우에 중재를 개시한다.

첫째, 관계당사자의 쌍방이 중재신청을 할 때

둘째, 관계당사자의 일방이 단체협약에 의하여 중재신청을 할 때

그리고 중재를 하게 된 때에는 지체 없이 이를 서면으로 관계당사자에게 각각 통지해야 하고, 중재절차가 개시되고 나면 조정기간이 경과한 경우에도 그 날로부터 15일간은 쟁의행위를 할 수 없다(동법 제63조).

② **중재위원회의 구성** : 노동쟁의의 중재 또는 재심을 위하여 노동위원회에 중재위원회를 둔다. 동위원회는 공익을 대표하는 노동위원회의 위원 중에서 관계당사자의 합의에 따라 노동위원회의 위원장이 지명한 3인의 위원으로 구성된다.(동법 제64조 1항~3항).

③ **중재의 기관과 활동** : 중재는 중재위원회가 담당한다. 중재위원회는 중재위원 3인으로 구성되며, 중재위원은 당해 노동위원회의 공익을 대표하는 위원과 공익을 대표하는 특별조정위원 중에서 관계당사자의 합의로 선정한 자에 대하여 그 노동위원회의 위원장이 지명하되, 당사자 간에 합의가 성립되지 아니한 경우에는 노동위원회의 위원장이 지명한다(동법 제64조).

중재위원회의 위원장은 공익을 대표하는 노동위원회의 위원인 중재위원 중에서 호선하나(동법 제65조). 중재절차가 개시된 때에는 알선이나 조정의 단계를 이미 거친 후이기 때문에 사실관계에 대해서는 분쟁해결을 위한 충분한 자료가 준비되어 있는 것이 보통이다. 그러므로 현행법에서는 관계당사자의 의견을 직접 청취하지 않고 관계당사자가 지명한 노동위원회의 사용자를 대표하는 위원이나 특별조정위원이 중재위원회의

동의를 얻어 의견을 진술할 수 있는 기회를 부여하고 있다(동법 제66조1항, 2항). 그리고 중재위원회의 위원장은 관계 당사자와 참고인 외의 자의 회의출석을 금할 수 있다.(동법 67조)

④ **중재재정의 효력** : 중재재정은 반드시 서면으로 작성해야 하고, 효력발생 기일을 명시하여야 한다(동법 제68조).

관계당사자는 지방노동위원회 또는 특별노동위원회의 중재재정이 위법이거나 월권에 의한 것이라고 인정하는 경우에는, 그 중재재정서의 송달을 받은 날로부터 10일 이내에 중앙노동위원회에 그 재심을 신청할 수 있다. 그리고 중앙노동위원회의 중재재정이나 재심결정이 위법이거나 월권에 의한 것이라고 인정하는 경우에는 그 중재재정서 또는 재심결정서의 송달을 받은 날로부터 15일 이내에 행정소송을 제기할 수 있다.(동법 제69조).

그러나 중재재정에 대해서 재심신청을 하거나 행정소송을 제기하더라도 그 효력이 정지되지 않으므로 관계당사자는 여전히 구속되며, 중재재정 또는 재심결정의 내용은 단체협약과 동일한 효력을 가진다(동법 제 70조).

그리고 중재재정의 효력기간에 대한 법률적 규정은 없으나 효력기간을 정하지 않은 때에는 3년으로 본다. 단, 임금에 관한 부분은 1년의 유효기간을 갖는 것으로 해석하는 것이 상례이다.

(3) 긴급조정

쟁의행위가 공익사업에 관한 것이거나 그 규모가 크고 중대한 것이어서 국민경제나 국민의 일상생활을 위태롭게 할 위협이 있는 경우에는 긴급조정이 행하여질 수 있다. 이 절차는 쟁의당사자의 의사를 묻지 아니하고 고용노동부장관의 결정에 의하여 강제적으로 개시되는 것이므로 쟁의권에 대한 중대한 제약이다.

긴급조정제도는 국민경제와 국민생활에 크게 영향을 미치는 쟁의행위의 장기화를 막기 위한 것이기 때문에, 이 제도의 운영에 있어서는 모든 대규모의 쟁의행위가 다 금지되는 일이 없도록 법의 해석이나 적용을 엄격하게 하여야 할 것이다.

① **긴급조정의 요건** : 노동조합법 제76조에 의하면 "고용노동부장관은 쟁의행위가 공익사업[2]에 관한 것이거나 그 규모가 크거나 그 성질이 특별한 것으로써 현저히 국

2) 공익사업에는 공중운수사업, 수도, 전기, 가스 및 정유 사업, 공중위생 및 의료사업, 은행사업,

민경제를 해하거나 국민의 일상생활을 위태롭게 할 위험이 현존하는 때에는 긴급조정의 결정을 할 수 있다"라고 규정하고 있다.

그리고 고용노동부장관이 긴급조정을 결정하고자 할 때에는 미리 중앙노동위원회의 의견을 들어야 하는데(동법 제76조 제2항 참조), 이는 중앙노동위원회의 의견에 구속된다는 의미가 아니라 긴급조정을 담당하게 될 중앙노동위원회의 의견을 충분히 존중한다는 의미로 해석되어야 할 것이다.

만약, 고용노동부장관이 긴급조정의 절차를 개시할 특별한 이유가 없음에도 긴급조정의 결정을 내린 때에는 행정소송을 통하여 이를 바로잡을 수 있다.

〈표 6-1〉 공익사업과 필수 공익사업의 구분

공익사업	필수 공익사업
노동조합법 제71조 1항	노동조합법 제71조 2항
· 공중의 일상생활과 밀접한 관련사업 · 국민경제에 미치는 영향이 큰 사업 1. 정기노선 여객운수업 및 항공운수사업 2. 수도·전기·가스·석유정제 및 석유 공급사업 3. 공중위생 및 의료사업 및 혈액공급사업 4. 은행 및 조폐사업 5. 방송 및 통신사업	· 공익사업의 업무정지, 폐지가 국민의 생활을 현저하게 위태롭게 하는 사업 · 국민경제를 현저히 저해하고, 그 업무의 대체가 용이하지 아니한 사업 1. 철도사업, 도시철도 사업 및 항공운수사업 2. 수도·전기·가스·석유정제 및 석유 공급 사업 3. 병원사업 및 혈액공급시설 4. 한국은행사업 5. 통신사업

② **긴급조정의 절차** : 노동조합법 제76조 제3항에서는 "고용노동부장관이 긴급조정을 결정한 때에는 그 이유를 붙여 이를 공표함과 동시에 중앙노동위원회와 관계당사자에게 각각 통고하여야 한다."라고 규정하고 있다.

중앙노동위원회는 고용노동부장관의 통고를 받으면 지체 없이 조정을 개시하여야 한다(동법 제78조). 그러나 조정이 성립될 가능성이 없다고 인정되는 경우에는 긴급조정 결정의 통고를 받은 날로부터 15일 이내에 중재에 회부할 것인지를 결정하여야 한다(동법 제79조). 그리고 중앙노동위원회는 당해 관계당사자로부터 중재신청이 있거나 중재회부의 결정을 한 때에는 지체 없이 중재를 행하여야 한다(동법 제80조).

③ **긴급조정과 쟁의행위의 금지** : 관계당사자는 긴급조정의 결정이 공표 된 때에는 즉시 쟁의행위를 중지하여야 하며, 공표 일로부터 30일이 경과하지 아니하면 쟁의

방송, 통신사업 등이 포함된다(노동조합법 제71조 참조).

행위를 재개할 수 없다(동법 제77조).

④ **긴급조정의 효력** : 긴급조정에 의한 조정안을 관계당사자가 수락하거나 중재재정이 내려지면 단체협약과 동일한 효력을 갖는다.

이와 같은 긴급조정제도는 미국의 태프트-하틀리법(Taft-Hartley Act)의 국가긴급조항을 모방한 것으로써 쟁의 당사자의 의사에 관계없이 공익사업에 관한 것이거나 그 규모가 크거나 그 성질이 특별하여 국민경제나 국민생활에 중대한 영향을 미치는 쟁의행위를 정지시켜 중앙노동위원회에 의하여 강제적으로 쟁의의 조정을 행하는 제도이다.

(4) 사적조정 · 중재

노사가 당사자의 합의에 의하거나 또는 단체협약에 근거하여 노동위원회가 아닌 사람이나 단체로부터도 사적 조정 또는 중재를 받을 수 있다.

사적 조정 시에도 공적 조정의 조정전치기간, 중재 시 쟁의행위 금지 규정이 적용되며, 사적 조정이 이루어진 경우 공적 조정과 같이 단체협약과 동일한 효력이 발생한다. 노사 당사자는 사적 조정 또는 중재가 진행되는 도중이라도 당사자 간의 합의로 노동위원회에 조정 또는 중재 신청이 가능하다.

6. 특별조정위원회의 설치

1) 특별조정위원회의 구성

노동조합법 제72조에서는 공익사업의 노동쟁의의 조정을 위하여 노동위원회에 특별조정위원회를 두도록 되어 있다. 이 특별조정위원회는 특별조정위원 3인으로 구성되는데, 노동위원회의 공익을 대표하는 위원 중에서 노동조합과 사용자가 순차적으로 배제하고 남은 3인 내지 5인 중에서 노동위원회의 위원장이 지명한다. 그러나 관계 당사자가 합의로 당해 노동위원회 위원이 아닌 자를 추천하는 경우에는 그 추천자를 지명한다.

2) 중재회부의 권고

특별조정위원회의 위원장은 공익을 대표하는 노동위원회의 위원인 특별조정위원 중에 호선하고, 당해 노동위원회의 위원이 아닌 자만으로 구성된 경우에는 그 중에서 호선한다. 다만, 공익을 대표하는 위원인 특별조정위원이 1인인 경우에는 당해 위원이 위원장이 된다.(동법 73조 2항). 특별조정위원회는 필수공익사업에 있어서 조정이 성립될 가망이 없다고 인정한 경우에는 결정에 의하여 그 사건의 중재회부를 당해 노동위원회에 권고할 수 있다. 이 권고는(제54조 규정) 조정의 신청이 있는 날로부터 조정기간이 만료되기 전에 하여야 한다(동법 제74조 1항, 2항).

3) 중재회부의 결정

노동조합법 제75조 중재회부의 결정 규정은 노동위원회 위원장이 동법 제74조 2항의 규정의 의한 권고가 있는 경우에는 공익위원이 의견을 들어 그 사건을 중재에 회부할 것인가의 여부를 결정하여야 한다.

7. 필수공익사업장별 필수유지업무

1) 내용

파업을 할 때에 필수업무는 최소한 인원을 유지해 업무가 중단되는 일이 발생하지 않도록 한 제도이다. 필수유지업무는 2006년 노사정이 합의한 노사관계법・제도 선진화 방안에 의해 2008년부터 필수공익사업장에 적용되었던 직권중재제도가 폐지됨에 따라 그 보완책으로 지정되었다. 병원과 항공운수, 철도 등 필수공익사업장에서도 합법파업이 가능하지만, 응급실이나 항공기 조정, 철도, 지하철의 운영업무 등에 대해서는 최소한의 인원을 유지해야 한다. 필수유지업무의 유지 수준과 대상 직무, 인원 등 구체적 운용 방법은 노사가 자율적으로 정하되 노사 합의가 이뤄지지 않으면 노동위원회가 결정한다.

노동조합이 필수유지업무 유지의무를 지키지 않을 때는 3년 이하 징역 또는 3000만원 이하 벌금이 부과된다. 이와 함께 현행 노동법상에서는 합법 파업 중인 사업장에서 대체근로를 시킬 수 없지만 앞으로 필수공익사업장에서 쟁의행위가 발생했을 때는 파업 참가 인원의 50% 범위에서 대체근로가 허용된다.

고용노동부는 필수공익사업장 업무 중 파업이 최소한으로 제한되는 필수유지업무 범위를 지정하는 내용의 노동조합법 시행령 개정안을 입법예고한 바 있다.

노동조합법에 규정된 필수 공익사업은 ① 철도, 도시철도 ② 항공운수 ③ 수도 ④ 전기 ⑤ 가스 ⑥ 석유 ⑦ 병원 ⑧ 혈액공급 ⑨ 한국은행 ⑩ 통신 ⑪ 우정사업 등이다.

필수공익사업장에 대해 15일 동안 파업을 금지할 수 있는 직권중재는 그동안 노조 파업권을 사전에 제한한다는 국내외 비판을 받아왔다. 필수업무는 파업을 하더라도 최소한의 인원을 유지해 업무가 중단되는 일이 발생해서는 안 된다.

필수유지업무의 유지수준과 대상 직무, 인원 등 구체적 운용방법은 노사가 자율적으로 정하되 노사합의가 이루어지지 않으면 노동위원회가 결정한다.

그리고 노동조합이 필수유지업무 의무를 준수하지 않을 때에는 3년 이하 징역 또는 3000만 원 이하 벌금이 부과된다.

이와 함께 현행 노동법상에서는 합법파업 중인 사업장에서 대체근로를 시킬 수 없지만 앞으로 필수공익사업장에서 쟁의행위가 발생했을 때는 파업참가인원의 50% 범위에서 대체근로가 허용된다.

2) 비판

(1) 노동계

노동계는 필수유지업무 범위가 지나치게 광범위하여 노조 단체행동권을 심각하게 제약하게 될 것이라고 비판하고 있다.

① **한국노총** : 필수유지업무의 범위는 쟁의권이 보장될 수 있도록 엄격하게 한정적으로 지정되어야 함에도 불구하고 정부는 시행령에서 필수공익사업에 해당된다고 볼 수 없는 철도, 도시철도, 항공, 우정사업 등 업무 전반을 필수유지업무로 지정했다고 비판하고 있다.

② **민주노총** : "필수공익사업장 내 대다수 업무가 필수유지업무로 규정되어 있어 노동자 노동기본권을 정면으로 부정하고 있다"며, "공공부문 노동자들이 파업을 하게 되면 대체근로가 허용될 뿐 아니라 긴급조정과 강제중재도 뒤따르게 되는 상황에서 이 같은 시행령 개정안은 필수공익사업장의 노동자단체행동권을 무력화 시켰다"고 비판한다.

(2) 재계

재계는 노동계 주장만 반영했다고 불만을 드러내고 필수공익사업장별 필수유지업무에 대해서는 파업금지 조치를 해야 한다고 주장하고 있다.

경영자총협회(경총)는 "국민의 생명과 안전을 보장하기 위한 필수 유지업무를 유지하기 위해 더욱 포괄적인 규정방식을 취해야 한다."고 지적하고 있다. 또한 향후 필수공익사업장에서 노사불안이 국민생명과 안전을 위협하지 않도록 하는 데 정부노력이 필요하다"고 역설하고 있다.

21세기 글로벌시대에 전 세계 선・후진국을 막론하고 필수공익사업장별 필수유지업무는 노・사간 신중을 기하고 파업금지조치를 단행하는 국가들이 증가하고 있다.

제2절 쟁의행위

1. 쟁의행위의 의의

쟁의행위(labour disputes)란 "파업・태업・직장폐쇄 기타 노동관계 당사자가 그 주장을 관철할 목적으로 행하는 행위와 이에 대항하는 행위로써 업무의 정상적인 운영을 저해하는 행위"라고 규정하고 있다(노동조합법 제2조 제6항). 따라서 합법적인 쟁의행위가 성립되려면 다음과 같은 내용을 갖추고 있어야 한다.

1) 주체

쟁의행위를 할 수 있는 노동관계당사자는 근로자 측에서는 노동조합이고, 사용자 측에서는 사용자 개인 또는 사용자단체이다.

쟁의행위는 단체교섭이 결렬되어 협약체결이 실패한 경우에만 할 수 있다. 따라서 단체교섭의 당사자와 쟁의행위의 당사자는 동일하다. 그러므로 단체교섭의 권한이 없는 실질적인 근로자단체나 쟁의단 또는 근로자 개인은 현행법에서 이야기하는 노동관계당사자가 될 수 없다.

2) 목적

쟁의행위의 목적은 단체교섭에 의해 타결하려던 임금, 근로시간, 후생, 해고, 기타 대우 등 근로조건의 유지·개선에 있다. 따라서 제3자를 위한 동정파업이나 정치파업은 노동조합법에서 말하는 쟁의행위가 아니며, 사용자의 인사권과 경영권의 부분적 쟁취를 목적으로 하는 실력행사도 쟁의행위가 될 수 없다.

한편, 대항행위란 근로자 측이 노동력의 제공을 정지하는데 대항하여 사용자 측이 노동력의 수령을 거부하는 행위를 말한다.

3) 수단

쟁의행위는 업무의 정상적인 운영을 저해하는 행위이므로 동맹파업과 같이 집단적인 노무제공의 거부이거나, 혹은 직장폐쇄와 같이 근로자들의 조업을 집단적으로 봉쇄하는 것이어야 한다. 그러므로 업무를 정상적으로 운영하면서 완장 또는 리본 착용 등에 의한 시위적인 단체행동을 하는 것은 노동조합법에서 말하는 쟁의행위가 아니며, 근로관계를 궁극적으로 종료시키는 일괄총사직도 쟁의행위는 아니다.

2. 쟁의행위의 제한과 금지

현행 노동조합법 제4장 쟁의행위 조항은 제41조 쟁의행위의 제한과 금지 제42조 폭력행위 등의 금지, 제43조 사용자의 채용제한 등 쟁의행위로 중단된 업무의 채용 또는 대체제한, 제44조 쟁의행위기간 중의 임금 지급 요구의 금지 등이 행하여지고 있어 노동조합의 지도와 책임이 중요하다. 특히, 제41조 제2항의 방위산업법에 의하여 지정된 주요 방위업체에 종사하는 근로자 중 전력, 용수 및 주로 방산물자를 생산하는 업무에 종사하는 자는 쟁의행위를 할 수 없다.

이 규정을 위반한 자는 중벌로 다스려지고 있다. 특히 ① 국가의 안보적 차원, ② 경제적 위기, ③ 사회적 불안조성 등을 목적으로 하는 쟁의행위는 반드시 금지되어야 하며, ④ 산업평화를 해치는 쟁의행위 등도 금지되어야 한다.

노동조합법에서 제한 또는 금지하고 있는 쟁의행위에 대한 보다 구체적인 내용을 정리해 보면 다음과 같다.

첫째, 노동조합법 제41조 제1항 : 쟁의행위는 그 조합원의 직접·비밀·무기명투표에 의한 조합원 과반수의 찬성으로 결정해야 한다. 만약 그렇지 아니한 경우에는 쟁의행위를 할 수 없다.

둘째, 방위산업에 관한 특별조치법에 의하여 지정된 주요방위산업체에 종사하는 근로자 중 전력, 용수 및 주로 방산물자를 생산하는 업무에 종사하는 자는 쟁의행위를 할 수 없으며, 방산물자의 생산에 종사하는 자의 범위는 대통령령으로 정한다(동법 제41조 제2항).

셋째, 근로자는 쟁의행위 기간 중에는 현행범이 아닌 한 구속되지 아니한다(동법 제39조)

넷째, 사용자는 쟁의행위 기간 중 그 쟁의행위로 중단된 업무의 수행을 위하여 당해 사업과 관계없는 자를 채용 또는 대체할 수 없다(동법 제42조).

이외에도 제42조 폭력행위 등의 금지, 제44조 쟁의행위기간 중의 입금지급 요구의 금지 등이 행하여지고 있어 노동조합의 지도와 책임이 중요하다.

3. 쟁의행위의 유형

1) 노동자 측의 쟁의행위

(1) 동맹파업(strike)

동맹파업은 근로자 측의 쟁의행위 가운데 가장 역사가 오래되고 널리 행해지고 있는 보편적인 형태의 쟁의행위로써 단순히 파업이라고 한다.

이는 근로자가 단결하여 근로조건의 유지·개선을 달성하기 위하여 집단적으로 노무의 제공을 거부하는 쟁의행위다. 근로자들이 집단적으로 노무제공을 거부하는 것은 개선된 근로조건 하에서 근무를 다시 계속할 것을 전제로 하고 있다.

또한 파업은 노동조합 또는 쟁의단과 같은 근로자단체의 통제 하에 조합원, 또는 그 구성원들이 집단적으로 노무의 제공을 일시적으로 정지한다는 점에서 다른 쟁의행위와 구별되고 있다.

동맹파업은 여러 가지 관점에서 분류해 볼 수 있으나 여기에서는 가장 일반적인 유형들만 살펴보기로 한다.

첫째, 동맹파업의 형태를 참가범위에 따라 구분해보면 이에는 부분파업, 지명파업, 전면파업, 총파업 등이 있다.

① **부분파업** : 특정산업의 일부 또는 기업의 핵심이 되는 중요 부서 일부를 파업에 참가하도록 하여 근로자들의 희생을 가능한 최소화하고 기업에게는 최대의 타격을 주기 위해 실시된다.

② **지명파업** : 이는 부분파업의 극단적인 방법으로써 조합원 한 사람 한 사람을 지명하여 작업을 금지시키는 것을 말한다.

③ **전면파업 혹은 전체파업** : 특정 산업이나 기업의 전체 근로자들이 모두 파업에 동참하는 형태의 파업을 말한다.

④ **총파업** : 전국적 노동조합 연합체 또는 전국적 규모의 근로자가 일제히 공동의 요구사항을 내걸고 전국적으로 파업에 참가하는 것을 총파업이라 한다. 즉, 산업별 노동조합 산하의 전체 노동조합이 전국적인 규모로 일제히 파업에 들어가는 것을 말한다.

따라서 산업별 노조들이 전국적으로 일제히 파업에 들어가는 것을 '산업별 총파업'이라 하고, 한 지방의 노동자들이 모두 파업에 참가하는 것을 '지방적 총파업'이라고도 한다.

둘째, 조직상의 구분에 따른 파업형태에는 조합원파업과 비조합원파업이 있다.

① **조합원파업 혹은 조직파업** : 노동조합의 조직 하에서 행하여지는 파업을 말한다.

② **비조합원파업** : 비조합원은 물론 조합원들의 파업이라 하더라도 노동조합이 주도하지 않는 것은 모두 비조합원파업에 해당된다. 특히 파업이 노조에 의해 주도되지 않거나 소수 조합원들에 의해 행하여지는 파업을 불법 혹은 살쾡이 파업(out-low or wild-cat strike)이라고 한다.

셋째, 투쟁목적에 따라 파업의 형태를 구분해보면, 이에는 투쟁파업, 시위파업, 경제파업, 부당노동행위파업 등이 있다.

① **투쟁파업과 시위파업** : 투쟁파업이란 사용자의 주장을 굴복시켜 자신의 주장을 관철하려는 목적으로 행해지는 파업을 말하고, 시위파업은 사용자에 대한 직접적인 투쟁목적이 없이 행하는 파업을 말한다.[3] 따라서 정치적 파업이나 단순한 시위파업은 쟁의행위로 보지 않는다.

② **경제파업과 부당노동행위파업** : 경제파업(economic strike)은 그 목적이 임금 등의 노동조건에 관한 자신의 주장을 관철하여 단체협약을 체결시키기 위한 파업을 말하고, 부당노동행위파업(unfair labor practice strike)은 사용자의 단체협약 위반을 시정

3) 투쟁파업과 시위파업의 구분은 이론상 어려운 점이 많다.

하기 위해 실시되는 파업을 말한다.

이 밖에도 다른 기업 내지 조직에서 벌이고 있는 쟁의를 지지하는 의미에서 행하는 동정파업(sympathetic strike)과 어떤 노조원이 경고도 없이 갑자기 일을 중단하고 쟁의를 벌이는 돌발파업(flash strike) 등이 있는데 동정파업은 연대파업이라고도 하는데 이것들은 근로쟁의조정법상의 쟁의행위로는 보지 않는다.

그리고 파업은 다음과 같은 사항을 갖추었을 때 비로소 적법한 파업으로 인정되고, 노동조합법 제3조 및 제4조에 의한 형사상·민사상의 면책을 받게 된다.

① 쟁의의 내용이 노동조합과 사용자 사이의 문제, 즉 경제적 지위의 향상에 관한 것이어야 한다.

② 사회적 통념에 비추어 부당하거나 불가능한, 또는 과대한 요구를 내세운 쟁의가 아니어야 한다.

③ 파업결정을 위해서는 노동조합 조합원의 직접·비밀·무기명 투표에 의한 과반수의 찬성을 받아야 한다.

④ 살인·상해·협박·불법감금 등 시민법상의 개인의 법익을 침해하는 행위가 아니어야 한다(동법 제 4조).

(2) 태업

태업(soldiering)이란 불완전한 형태의 노무를 제공하는 것을 말한다. 즉 사용자의 지배 하에 있으면서도 사용자의 지시대로 노동을 제공하지 않는 것을 말하며, 근로자들이 단결해서 의도적으로 작업능률을 저하시키는 것을 말한다.

이에 반하여 사보타지(sabotage)는 생산 또는 사무를 방해하는 행위로써 단순한 태업에 그치지 않고 의식적으로 생산설비를 파괴하는 행위까지를 포함하는 개념으로써 적극적인 기업의 업무방해를 포함하는 넓은 의미로 사용되고 있다.

따라서 태업은 노무를 제공하면서도 그 능률을 의식적으로 저하시키는 행위이므로 능률저하라고 하는 한도에 있어서는 그 정당성이 인정되지만, 적극적인 사보타지는 본래의 쟁의행위라고 보기는 어렵다.

또한 태업을 다음과 같은 세 가지 기준으로 구분할 수도 있다.

첫째, 정상적인 작업속도보다 느리게 작업하는 태업 또는 특정한 업무에 관한 사용자의 명령에 불복종하는 태업[4]으로 나누는 방식이다.

둘째, 그 효과 면에서 단순히 일의 능률을 떨어뜨리는 소극적 태업과 태업에 수반하여 파생되는 특수한 효과를 일으키는 적극적 태업으로 나누는 방식이다.

셋째는 태업이 개별 근로자의 노무제공 그 자체에 대해서 행해지는 경우와, 개별근로자로서는 약속한 노무를 제공하지만 노동조합 단위로 보아서는 일부의 근로자가 파업에 들어가거나 또는 태업을 하고 있기 때문에 전체로써 능률이 크게 저하되는 경우로 나누는 방식이다.

(3) 준법투쟁

태업과 유사한 것으로서 준법투쟁은 일반적으로 준수하게 되어 있는 보안규정이나 안전규정, 근무규정 등을 필요 이상으로 엄정하게 준수함으로써 작업능률을 의식적으로 저하시키는 행위로써 다음과 같은 두 가지 상이한 성질의 내용이 포함되어 있다.

첫째는 준법을 하기 위한 투쟁이고, 다른 하나는 준법을 이용하는 투쟁이다. 일반적으로 준법투쟁이라고 하면 후자를 지칭한다.

준법투쟁은 평소의 노무제공방식이 근로기준법 등의 강행법규를 위반하는 것으로써 국가로부터 처벌을 받을 만한 성질의 것이어서 준법적인 노동을 행함이 업무의 정상적인 운영을 저해하는 것이라고 할 수 없을 경우에는 그 정당성이 인정된다.

예컨대 근로계약이나 단체협약에 없는 조기출근 · 잔업 · 휴일근무 등을 거부하거나 근로기준법에 명시되어 있는 월차휴가 · 연차휴가 등을 사용하는 경우에는 그 정당성이 인정된다. 그러나 평소에 행해지고 있는 노무제공방식이 단지 단체법규 또는 행정법규의 위반에 불과해서, 형식적으로는 위법이 되지만 평소 그대로의 노무제공방식이 객관적으로 업무의 정당한 운영이라고 할 수 있다면 준법이라는 명목으로 근무제공방식을 변환하는 행위는 업무의 정상적인 운영을 저해하는 쟁의행위에 해당한다고 보아야 할 것이다.

따라서 준법투쟁은 법률에 의해 전반적으로 쟁의행위가 금지되어 있거나 공익사업 등과 같이 부분적으로 쟁의행위를 취하는데 제약을 받는 분야에서 많이 사용하고 있다.

(4) 보이콧(불매동맹)

보이콧(boycott)은 일반적으로 특정인의 거래를 방해하는 행위로서 상품시장에서의

---

4) 시간외 근무를 거부하거나 출장명령을 거부하는 행위, 부서 변동을 거부하는 행위 등을 예로 들 수 있다.

제품유통과 관련된 투쟁행위를 말하며 불매동맹이라고도 한다. 다시 말해 사용자 또는 그와 거래관계에 있는 제3자의 제품의 구입이나 시설의 이용을 거절한다든가, 사용자 또는 그와 거래관계에 있는 제3자와 근로계약의 체결을 거절할 것을 요구하는 투쟁행위를 보이콧이라고 한다.

이 경우 사용자에 대하여 사용자의 제품의 구매 또는 시설의 이용을 거부함으로써 압력을 가하는 것을 1차적 보이콧(primary boycott)이라 하는데, 폭력적인 행위를 수반하지 않는 한 정당성이 인정된다. 한편 사용자에게 거래관계에 있는 제3자의 거래를 단절할 것을 요구하고 이에 응하지 않을 때에는 제품의 구입이나 시설의 이용 또는 노동력의 제공을 중단하겠다는 압력을 가하는 것을 2차적 보이콧(secondary boycott)이라고 하며, 이와 같은 2차적 보이콧은 실제에 있어서는 파업을 지원하기 위한 부수적인 수단으로 행하여지는 경우가 많다.

보이콧은 미국에서 그 예를 많이 찾아 볼 수 있으나 우리나라에서는 근로자들 자신의 수단으로써 본격적으로 사용된 경우는 거의 없다. 왜냐하면 첫째는 단위노동조합이 고립 분산되어 연대성이 희박하기 때문이고, 둘째는 단위 노동조합의 산업별 조직체나 전국 조직인 노총의 무력함 때문이며, 셋째는 소비자운동이 활발하지 않아 불매운동을 조합이 독자적으로 전개할 수밖에 없으며 따라서 파급효과도 기대할 수 없기 때문이다.

(5) 피케팅

피케팅(picketing)은 파업을 효과적으로 수행하기 위하여 근로희망자들(파업 비참가자)들의 사업장 또는 공장의 출입을 저지하고 파업참여에 협력할 것을 요구하는 행위이다. 즉 피케팅은 파업을 성공시키기 위한 부수적 쟁의행위라 할 수 있는데, 파업을 파괴하는 일체의 행위를 방지하는 것이 주된 목적이다. 파업이탈자들의 근로제공을 봉쇄하거나 작업장 부근을 감시하고 파업이탈자들을 설득한다.

그리고 피케팅에는 노조대표들이 플래카드를 들고 동조를 구하는 일반적인 피케팅과 노조의 대집단이 출근통로를 막아서서 작업장에 들어가는 것을 막는 집단피케팅이 있다.

(6) 생산관리

생산관리는 근로자들이 단결하여 사용자의 지휘·명령을 거부하고 사업장 또는 공장을 점거함으로써, 조합간부의 지휘 하에 노무를 제공하는 투쟁행위이다.

이런 경우에는 흔히 자재를 마음대로 처분하고 낭비하거나 수익금을 일방적으로 인

상한 임금에 충당하는 등의 행위를 하게 된다.

따라서 이러한 생산관리는 생산수단에 대한 사용자의 소유권과 기업경영권을 침해하는 것이기 때문에 원칙적으로 부당한 쟁의행위가 된다.

2) 사용자 측의 대항 행위

근로자 측의 쟁의행위에 대항하여 사용자측이 취할 수 있는 쟁의수단에는 직장폐쇄와 조업계속이 있다.

(1) 직장폐쇄

직장폐쇄(lock out)란 전형적인 사용자의 쟁의수단으로써 사용자는 근로자를 일시적·집단적으로 직장으로부터 축출하고 그 노무의 수령을 거절하여 임금의 지불을 면함으로써 자신의 주장을 관철하려는 것을 말한다.

직장폐쇄는 노동쟁의의 존재를 전재로 하는 것이기 때문에 사용자가 순수하게 경영적 내지 경제·기술적인 이유에 의거해서 행하는 경영폐쇄 또는 공장폐쇄와는 다르다.

직장폐쇄의 구체적인 방법에는 두 가지가 있는데 하나는 쟁의중의 근로자를 집단적으로 해고하는 것이며, 또 다른 하나는 근로계약은 유지한 채 사업장을 폐쇄하여 사실상 취업을 저지하는 것이다. 그러나 전자의 경우는 노동조합법 제81조 부당노동행위에 해당되는 것으로 우리나라에서는 인정하지 않는다.

① **직장폐쇄의 성립요건** : 직장폐쇄는 근로자의 쟁의행위에 부수 하여 여기에 대항하는 수단으로써 행하여질 것을 요하며 그 의미에서 수동적·방어적 의미를 갖는다. 그러므로 직장폐쇄는 단지 사용자의 의사표시, 즉 선언이나 통고만으로 성립하는 것은 아니며, 근로자의 노무의 제공을 사실상 거절하는 것을 필요로 하고 공장 및 작업장의 폐쇄 등 사실상 근로자를 생산시설로부터 축출하여 노무를 차단하는 조치가 취해지지 않으면 안 된다.

따라서 직장폐쇄의 성립은 사용자가 노무를 거부한다는 통고 또는 선언만으로는 불충분한데, 다음과 같은 사용자의 행위는 모두 직장폐쇄를 성립시킨다.[5)]

첫째는 사업장의 문을 폐쇄하는 행위나 사업장에 근로자의 출입을 저지하는 행위이고,

둘째는 사업장의 시설을 근로자가 이용하여 작업을 할 수 없도록 하는 행위이다.

---

5) 이준범, 전게서, p. 325.

그리고 직장폐쇄는 노동의 제공 장소에 국한되므로 노동 장소에 대여한 조합사무실이나 후생시설 등은 그 범위에서 제외된다.

② **직장폐쇄의 근거** : 근로자의 쟁의행위에 대해서는 헌법 제33조와 노동조합법 제2조에서 이를 보장한다는 구체적인 규정이 있으나, 사용자의 쟁의행위에 대해서는 아무런 실질적인 규정을 하고 있지 않다. 노동조합법(1997. 3. 13제정)은 사용자의 쟁의행위로서 근로자 측의 동맹파업 등과 함께 직장폐쇄를 동법 제46조 제1항에서 규정하고 있으며, 이것은 노동조합법의 대상이 되는 쟁의행위의 유형을 제시한 것에 불과한 것이며 이것으로써 직장폐쇄의 정당성을 인정하고 있다고 볼 수 없다.

그럼에도 불구하고 노동조합법에 있어서는 직장폐쇄를 시민법상의 수령지체로 보지 않고 이를 합법적인 것으로 보고 있다.[6] 이와 같이 실증법상의 보장규정이 없는 직장폐쇄에 대하여 이를 합법으로 보고 있는 대표적인 주장으로는 노동대등설과 대항행위설이 있다.

㉠ **노 · 사대등설** : 형평설이라고도 한다. 이는 노 · 사간의 분쟁관계에서 근로자에게 단체행동권을 인정하면서 사용자의 실력행사는 전연 인정하지 않는다는 것은 투쟁수단의 형평이라는 관점에서 부당하다고 본다. 따라서 근로자에게 쟁의행위를 인정한다면 그 반사작용으로써 사용자에게도 당연히 대항수단을 인정해야 한다는 것이다.

특히 근로자들이 부분파업, 태업 또는 생산관리를 단행하여 사용자의 직장을 점거한 상태에서 사용자가 직장을 폐쇄하는 집단적 투쟁조치를 취할 수 있도록 하는 것은 형평의 원리상 당연하다는 것이다.[7]

㉡ **대항행위설** : 이는 실질적인 노사의 대등 내지 형평이라는 관점에서 직장폐쇄의 합법성을 찾고자하는 견해이다. 이 견해에 의하면 근로자에 대한 쟁의행위의 보장으로 대등한 노사관계의 실현을 보장하는 반면에 노동법은 노사가 교섭의 광장에서 대등한 지위를 확보할 것을 이념으로 하고 있기 때문에 집단적 근로관계 속에서 근로자에게 쟁의권을 인정한다면 그의 대항행위의 한도 내에서는 직장폐쇄는 당연히 면책을 받아야 한다는 것이다.

③ **직장폐쇄의 한계**

㉠ **목적에 의한 한계** : 근로자의 쟁의행위를 전제로 하지 않고, 쟁의의 주도권을

---

6) 직장폐쇄를 일종의 권리로서 용인하기보다는, 단순한 자유로서 사용자에게 방임된 행위로 보는 견해도 있다.

7) 김형배, 전게서, pp. 215-218.

얻을 목적으로 행해지는 공격적 직장폐쇄는 허용되지 않는다. 어디까지나 직장폐쇄는 근로자의 쟁의행위에 대한 방위적이고 또한 최소한도에 그칠 때에만 그 정당성이 인정된다.

㉡ **방법에 의한 한계** : 일반적으로 부분파업에 대해서는 부분적 직장폐쇄만이 용인되고, 부분파업이 기업전체를 정지시키는 등 예외적인 경우를 제외하고는 여기에 전체 직장폐쇄를 하는 것은 인정되지 않는다.

그리고 전체파업에 대하여 부분적인 직장폐쇄를 하는 것은 차별대우로써 부당노동행위가 될 수 있다. 단체협약상의 평화의무나 평화조항에 반하여 행해지는 직장폐쇄는 위법인 것은 당연하다.

(2) 조업계속

근로자 측의 쟁의효과는 사용자의 조업 및 경영활동을 중단시킬 수 있는 근로자 측의 능력에 의존한다. 만일 쟁의행위에도 불구하고 시설이 계속 가동될 수 있다면 근로자 측의 쟁의행위는 사용자에게 양보하도록 압력을 가하는 힘을 거의 상실하게 된다.

따라서 조업계속은 사용자가 사용할 수 있는 또 하나의 쟁의수단이 되는 것이다. 쟁의기간 중 계속 시설을 가동시키는 데는 몇 가지 방법이 있다.

첫째, 비효율적인 쟁의의 허점을 이용하는 방법이다. 즉 쟁의에 참가하지 않는 근로자들이 많은 경우 그들로 하여금 조업을 계속하게 하는 것이다. 그러나 이는 큰 효과를 기대하기 어렵다.

둘째, 감독직 인력을 동원하여 조업을 계속하는 방법이다. 기계화 자동화가 잘 되어 있고, 인력이 많이 요구되지 않는 산업에서는 감독직에 의한 조업계속은 가능한 일이다.

그러나 사용자가 노동조합의 운영·자치에 개입해서 조합으로부터의 탈퇴를 종용하는 등의 불법행위를 통해 조업을 계속하는 것은 단결권 침해에 해당된다. 또한 노동조합이 쟁의행위를 행하고 있는 단계에서 쟁의에 관계없는 자를 신규로 채용 또는 대체하여 조업을 계속하는 것은 노동조합법 제43조에서 금지하고 있다.

제3절 부당노동행위

1. 부당노동행위의 의의

헌법 제33조 제1항에서는 "근로자는 근로조건의 향상을 위하여 자주적인 단결권·단체교섭권 및 단체행동권을 가진다."라고 규정하여 근로자들의 노동3권을 헌법이 보장하고 있다. 이처럼 헌법에서 보장된 노동3권의 구체적인 보장을 위한 행정적인 구제제도가 바로 부당노동행위제도(unfair labor practices)인 것이다.

그러나 근로자의 단결권 등은 현실적으로 사용자에 의해서 침해를 받을 가능성이 현저하다. 단결권의 보장에는 노동조합을 조직하고 이에 가입하여 단체행동을 하는 권리가 보장되어 있는데, 이와 같은 단체행동을 이유로 하여 사용자가 근로자를 해고하거나 차별적인 대우를 한다면 단결권의 보장은 실현될 수 없다. 단결권의 실질적인 보장은 사용자로부터의 침해가 배제되어야만 실현될 수 있다.

현실적으로 근로자들이 노동3권을 침해를 받았을 경우, 근로자나 노동조합은 사법적인 절차에 의해서 구제를 받을 수 있다. 그러나 노동3권의 침해행위에 대하여 사법적인 구제방법만으로는 적절하게 대응할 수 없다.

사용자의 침해행위에 대한 법원의 무효조치나 부작위명령 등이 급변하는 사용관계에 얼마나 실효성이 있을지는 의문이다. 그리고 불법행위로 인한 손해배상 청구권이 인정된다고 하더라도 단결권 등의 침해는 경제적으로 쉽게 계산될 수 있는 성질의 것이 아니기 때문에 손해금액을 정확하게 계산한다는 것은 대단히 어렵다.

그러므로 사법적 심사를 조건으로 행정기관에 의한 구제방법인 부당노동행위제도를 택함으로써 근로자의 노동3권에 대한 사용자의 부당한 간섭·압박으로부터 근로자 개인 및 노동조합을 보호할 수 있음은 물론 노·사간에 공정한 관계도 유지할 수 있는 것이다.

부당노동행위제도는 1935년 미국의 Wagner법에 의해 처음으로 입법화되었다. Wagner법에서는 노동조합의 어용화를 방지하기 위해 사용자의 노동조합활동에 대한 간섭, 조합지배, 차별대우, 산업발전의 위협 등을 부당노동행위로써 금지하는 조항을 두었다. 이후에 입법적 보호를 받게 된 노동조합이 비대하게 되어 산업발전의 안정이 위협을 받게 되자, 1947년 Taft-Hartley법에서는 노사의 균형을 취하고자 노동조합 측의 부당노동행위를 새로 추가하였다.

부당노동행위제도는 우리나라를 비롯하여 일본·멕시코·캐나다·인도 등 많은 나라에서 도입하고 있을 뿐만 아니라 ILO에서도 조약 98호로써 이 제도의 창설을 요구하고 있다.

우리나라는 1953년 노동조합법 제정 당시부터 부당노동행위제도를 도입하였으며, 현행 노동조합법 제81조에서 규정하고 있는 부당노동행위의 구체적인 내용을 보면 다음과 같다.

첫째, 노동조합의 조직·가입·활동에 대한 불이익 대우

둘째, 황견계약(yellow-dog contract)의 체결

셋째, 단체교섭의 거부

넷째, 노동조합의 조직, 운영에 대한 지배·개입과 경비원조

다섯째, 단체행동에의 참가 기타 노동위원회와의 관계에 있어서의 행위에 관한 보복적 불이익 대우 등이다.

2. 부당노동행위의 특징

부당노동행위제도의 특징은 노동위원회 및 기타의 행정기관의 개입에 의하여 근로자의 단결권 등의 권리를 보장한다는 점과 구제방법에 있어서 사법적인 구제방법이 아니라 간편하고 신속하게 구제의 실효를 거두기 위하여 행정적인 구제방법을 택하고 있는 점이다.

다시 말해 부당노동행위에 대한 구제는 시민법질서에서의 '손해배상'과 같은 사후적 구제에 그 목적이 있는 것이 아니라, 정상적인 노사관계의 회복에 주안점이 있다. 따라서 부당노동행위에 대한 구제는 사용자의 반 조합적인 침해행위를 배제하고 그 재발을 방지하는 원상회복적인 행정 구제를 그 특질로 한다.

그러나 원상회복적인 구제만으로는 실질적인 부당노동행위의 방지 및 재발의 실효성이 의심스러워 현행 노동조합법 제84조에서는 구제명령에 위반할 경우에는 벌칙을 부과하게 함으로써 원상회복주의와 더불어 처벌주의를 택하고 있는 것이 특색이다.

3. 부당노동행위의 유형

부당노동행위의 유형은 나라마다 다소간의 차이는 있으나 그 내용은 대동소이하다. 현행 노동조합법 제81조에서는 다음과 같은 사용자의 행위를 부당노동행위로 규정하여 이를 금지하고 있다.

첫째, 근로자가 노동조합에 가입 또는 가입하려고 하였거나 노동조합을 조직하려고 하였거나 기타 노동조합의 의무를 위한 정당한 행위를 한 것을 이유로 그 근로자를 해고하거나 그 근로자에게 불이익을 주는 행위를 부당노동행위로 규정하였다.

둘째, 근로자가 어느 노동조합에 가입하지 아니할 것 또는 탈퇴할 것을 고용조건으로 하거나 특정한 노동조합의 조합원이 될 것을 고용조건으로 하는 행위. 다만, 노동조합이 당해 사업장에 종사하는 근로자의 3분의 2 이상을 대표하고 있을 때에는 근로자가 그 노동조합의 조합원이 될 것을 고용조건으로 하는 단체협약의 체결은 예외로 하며, 이 경우 사용자는 근로자가 당해 노동조합에서 제명된 것을 이유로 신분상 불이익한 행위를 할 수 없다.

셋째, 노동조합의 대표자 또는 노동조합으로부터 위임을 받은 자와의 단체협약체결 기타의 단체교섭을 정당한 이유 없이 거부하거나 해태 하는 행위.

넷째, 근로자가 노동조합을 조직 또는 운영하는 것을 지배하거나 이에 개입하는 행위와 노동조합의 전임자에게 급여를 지원하거나 노동조합의 운영비를 원조하는 행위. 다만, 근로자가 근로시간 중에 사용자와 협의 또는 교섭하는 것을 사용자가 허용함은

그림 6-3. 부당노동행위의 유형

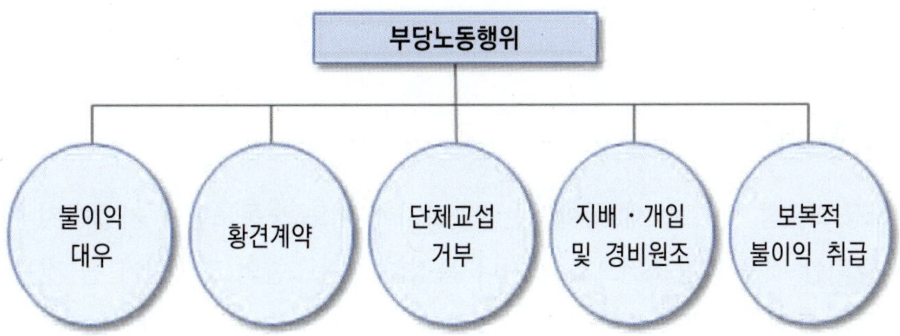

무방하며, 또한 근로자의 후생자금 또는 경제상의 불행 기타 재해의 방지와 구제 등을 위한 기금의 기부와 최소한의 규모의 노동조합사무소의 제공은 예외로 한다.

다섯째, 근로자가 정당한 단체행위에 참가한 것을 이유로 하거나 또는 노동위원회에 대하여 사용자가 이 조의 규정에 위반한 것을 신고하거나 그에 관한 증언을 하거나 기타 행정관청에 증거를 제출한 것을 이유로 그 근로자를 해고하거나 그 근로자에게 불이익을 주는 행위는 부당노동행위로 규정하고 있다.

1) 불이익대우

불이익대우의 원인요건에는 ① 노동조합에 가입 또는 가입하려고 한 것, ② 노동조합을 조직하려고 한 것, ③ 노동조합의 실무를 위해 정당한 행위를 한 것, ④ 정당한 단체행동에 참가한 것 등의 네 가지가 있다.

불이익대우의 성립요건은 위의 네 가지에 해당하는 행위를 한 근로자에게 불이익을 주는 것이다. 이때 주의할 점은 사용자의 불이익대우와 그 원인이 되는 행위 사이에는 상당한 인과관계가 존재해야 된다는 점이다.

불이익대우는 현실적인 행위나 조치가 나타날 때 그 의미가 있다. 또한 불이익대우는 상대적인 개념으로서 종래의 통례와 비교하여 지나친 불이익을 준다든가 또는 근로자들에게 부여한 이익을 주지 않는 것은 모두 이에 해당한다.

해고는 전형적인 불이익대우이며, 이 밖에도 불이익대우의 유형으로는 전근, 배치전환, 출근정지, 휴직, 복지거부, 계약갱신 거부, 고용거부, 차별승진, 강등 및 복지시설의 차별적 이용, 공장폐쇄 등을 들 수 있다.

다만 이들이 불이익대우로 성립되기 위해서는 근로자의 조합 활동 등과 사용자의 불이익 대우 사이에 인과관계 즉 사용자의 부당노동행위 의사 내지 반 조합적인 의사가 존재하여야 한다.

2) 황견계약

노동조합법 제81조 제2항에서는 "근로자가 어느 노동조합에 가입하지 아니할 것 또는 탈퇴할 것을 고용조건으로 하거나 특정한 노동조합의 조합원이 될 것을 고용조건으로 하는 행위"를 부당노동행위로 규정하고 있는데, 이것이 황견계약(yellow dog contract)이라고 하는 금지규정이다.

황견계약은 조합조직을 부인하거나 약화시키기 위하여 혹은 단체교섭을 회피하기 위한 수단으로써, 조합에 가입한 자는 그 조합으로부터 탈퇴할 것을, 또는 특정한 노동조합 즉, 어용조합을 만들어 새로 고용되는 자나 이미 고용되어 있는 자는 그 조합에 가입할 것 등의 내용을 갖는 부당한 노동계약이며, 이에 대한 대가로써 고용기회를 제공하는 것이다.

불이익대우가 종업원의 노동3권에 대한 보장활동을 억압하기 위한 것인데 반해 황견계약은 종업원이 되기 전에 단결권 활동을 원천적으로 봉쇄하려는 것이라는 점에서 양자는 구별된다.

또한 이와 같은 반 조합적인 조건을 고용조건으로 하는 것은 반드시 근로계약의 체결 시에 약정될 필요는 없으며, 종업원으로 된 후에 고용계약의 조건으로 약정하는 것도 황견계약으로 보아야 한다.

한편, 노동조합에 가입하더라도 조합 활동은 하지 않는다는 것을 고용조건으로 하는 경우에도 이는 단결권에 대한 침해행위이므로 당연히 황견계약으로 간주된다.

3) 단체교섭의 거부

노동조합법 제81조 제3호에서는 "노동조합의 대표자 또는 노동조합으로부터 위임을 받은 자와의 단체협약체결 기타의 단체교섭을 정당한 이유 없이 거부하거나 해태 하는 행위"를 부당노동행위로 규정하여 이를 금지하고 있다.

노동조합은 근로자의 단결에 의하여 사용자와 실질적으로 대등한 지위에 서서 근로조건을 결정하고 근로자의 지위를 향상시키려는 목적에서 조직된 것이다. 그런 의미에서 단체교섭은 노동조합의 중요한 기능이며, 단결권도 단체교섭을 떠나서는 생각할 수 없다. 그러므로 사용자가 정당한 이유 없이 단체교섭을 거부하는 것은 조합의 존재를 부인하는 것과 같으므로 노동조합의 실질적 존재의의를 해하는 것이 되고 나아가서 단결권의 침해가 됨으로 이것을 부당노동행위로서 금지하고 있다.

미국의 전국노동위원회(NLRB)는 단체교섭의 대상을 법원의 동의하에 다음과 같은 세 가지 유형으로 분류하고 있다. 즉, 첫째 유형은 강제협의사항(mandatory subjects)이고, 둘째는 임의협의사항(non-mandatory subjects)이며 그리고 셋째는 협의금지사항(illegal subjects)이다.[8)]

---

8) Daniel Quinn Mills, *Labor-Management Relations*, 2nd ed., (New York: McGraw-

그러나 우리나라의 경우에는 명문규정이 없어 불필요한 분쟁이 야기될 가능성이 많은데, 이를 광의로 해석하여 그 대상을 ① 임금·수당·퇴직금, ② 근로시간·휴식시간·휴일·휴가, ③ 해고·휴직·전근·배치전환·승진·강등·정년제·징계, ④ 안전·보건, ⑤ 재해보상, ⑥ 후생·복지시설 등으로 하고 있다.[9)]

노동조합법에서는 사용자에게 단체교섭에 응할 의무를 규정하고 있는 동시에 사용자가 정당한 이유가 있을 때에는 단체교섭 또는 단체협약의 체결을 거부할 수 있음도 규정하고 있다.

따라서 사용자는 단체교섭에 성의를 가지고 임해야 할 것이며, 단체교섭이 타결되고 나면 단체협약의 서명·날인을 거부해서도 안 된다.

한편, 정당한 이유의 존재여부는 조합 측 교섭담당자의 수가 부당하게 많다든지, 통상적인 근무시간을 정상 이상으로 초과하는 경우, 관행적인 단체교섭의 규칙을 무시하는 경우 등 양측의 교섭태도를 종합적으로 파악하여 판단해야만 할 것이다.

그리고 단체교섭의 권한을 가지지 못한 사용자의 하부조직에서의 단체교섭거부, 경영권에 관한 교섭의 거부, 협약기간 중에 그의 개정을 요구하는 단체교섭의 거부, 노조 측의 교섭담당자가 부당하게 많은 경우, 지나치게 장기화하거나 또는 폭행·협박을 수반하거나 연금 상태 하에서의 단체교섭을 거부하는 것 등은 정당한 이유가 있는 단체교섭의 거부이므로 부당노동행위가 되지 않는다.

4) 지배·개입 및 경비원조

노동조합의 자주성과 독립성을 보호하기 위하여 현행 노동조합법 제81조 제4항에서는 "근로자가 노동조합을 조직 또는 운영하는 것을 지배하거나 이에 개입하는 행위와 노동조합의 전임자에게 급여를 지원하거나 노동조합의 운영비를 원조하는 행위"를 부당노동행위로 규정하고 있다.

근로자의 단결권을 보호하기 위해서는 자주성이 있어야 하는데, 여기에서 지배·개입이라는 말은 독립성을 침해하는 행위를 포괄하는 개념이다. 지배나 개입의 대상이 되는 것은 노동조합의 결성과 운영이다. 따라서 지배·개입은 노동조합의 자주성을 방해하고, 조합 활동을 방해·억압하는 행위를 의미하는 것이다. 여기에서 지배란 사용자가 조합조직에 대해 지도적 역할을 갖거나 운영에 있어 주도권을 갖고 노동조합의

Hill Co., 1982), pp. 91-94.

9) 박상필, 전게서, pp. 260-261.

의사결정을 좌우하는 것을 말하며, 개입은 단지 간섭하는 수준의 행위를 말한다.

이와 같은 개입이나 간섭이 조합에 대한 단결권 침해행위라고 인정될 때에는 이에 상응하는 구제명령을 발동할 수 있는데, 일반적인 사용자의 지배나 개입의 양태는 다음과 같다.

첫째, 조합조직에 대한 지배·개입으로서 노동조합의 설립행위를 방해하고 억압하는 행위를 하는 것과 조합설립과 관련하여 간섭하는 것을 말한다.

둘째, 조합운영에 대한 지배 및 개입으로서는 ① 조합 활동에 대한 일반적인 간섭과 방해, ② 쟁의행위의 착란과 억압, ③ 2개의 조합이 있는 경우 어용노동조합을 우대하는 등 조합간의 차별대우를 하는 것 등이 있다.

한편, 노동조합의 운영비를 원조하는 행위를 부당노동행위로 규정하여 이를 금지하고 있는데, 이는 노동조합의 자주성과 어용노조화의 가능성을 예방하려는데 그 목적이 있다.

그런데 노동조합법 제81조 제4항 단서에서는 다음과 같은 예외적 범위를 규정하고 있다.

첫째, 근로자가 근무시간 중에 사용자와 협의 또는 교섭하는 것을 사용자가 허용하는 것, 둘째, 근로자의 후생자금 또는 경제상의 불행 및 기타의 재해의 방지와 구제 등을 위한 기금을 기부하는 것, 셋째, 최소한의 규모의 노동조합 사무실을 제공하는 것 등은 부당노동행위에서 제외시키고 있다.

경비원조에 해당하는 것으로서 ① 노동조합 전임임원에 대하여 급여를 지급하는 것, ② 조합운영경비의 지급, ③ 조합간부의 출장비 지급, ④ 조합대회의 경비지원, ⑤ 쟁의행위기간 중의 임금상당액의 지급 등을 들 수 있다.

그러나 이러한 것이 비록 사용자의 경비원조에 해당된다 하더라도 노동조합이 이를 투쟁하여 쟁취한 것이라면 부당노동행위가 되지 않는다고 보는 견해도 있으나, 조합간부의 급여나 조합의 경상비를 사용자가 계속 지급하는 것은 노동조합의 자주성을 해칠 염려가 있기 때문에 부당노동행위로 보아야 할 것이다.[10] 현재 우리나라에서는 ① 과 ⑤ 의 경우에는 노·사간의 관행에 의해 행해지고 있는 실정이다.

10) 김형배, 전게서, p. 535.

〈표 6-2〉 부당노동행위의 유형과 내용

유 형	내 용
불이익 대우 (제81조 1항)	근로자가 조합원이라는 것을 이유로 그 근로자를 다른 근로자와 차별대우하여 해고하거나 불이익을 주는 행위
황견계약 (제81조 2항)	근로자가 노동조합에 가입하지 아니할 것, 또는 탈퇴할 것을 고용조건으로 하거나 특정한 노동조합의 조합원이 될 것을 고용조건으로 하는 행위
단체교섭 거부 (제81조 3항)	노동조합 측으로부터의 단체협약체결이나 기타의 단체교섭을 정당한 이유 없이 거부하거나 해태하는 행위
지배·개입 및 경비원조 (제81조 4항)	근로자가 노동조합을 조직 또는 운영하는 것을 지배하거나 이에 개입하는 행위와 노동조합의 운영비를 원조하는 행위
보복적 불이익 취급 (제81조 5항)	근로자가 정당한 단체행동에 참가한 것을 이유로 하거나 또는 노동위원회에 사용자의 부당노동행위를 신고·증언하거나, 기타 행정관청에 증거를 제출한 것을 이유로 그 근로자를 해고하거나 불이익을 주는 행위

자료: 노동조합법 제81조 제1항~5항 참조

4. 부당노동행위의 구제제도

1) 구제제도의 의의

부당노동행위의 근본목적은 사용자의 조합 활동의 방해를 제거하는데 있다. 사용자로 하여금 일정한 행위를 하지 못하도록 법률로써 금지하는 것만으로는 불충분하며, 침해행위가 있을 경우 적절한 대책이 필요하다.

따라서 노동조합법 제82조에서는 “사용자의 부당노동행위로 인하여 그 권리를 침해당한 근로자 또는 노동조합은 노동위원회에 그 구제를 신청할 수 있다”라고 규정하고 있다.

이러한 구제대책에는 처벌주의와 원상회복주의가 있는데, 처벌주의란 부당노동행위를 범죄로 규정하여 그 행위자를 처벌함으로써 부당노동행위의 발생을 막는다는 입장이고, 원상회복주의는 부당노동행위 자체를 범죄로 보지 않고 그 행위가 있기 전의 원상회복을 하도록 일단 명령을 내리고 이 명령에 위반할 때는 이를 범죄로 보아 처벌한다.

우리나라의 경우 구노동조합법은 사용자의 부당노동행위에 대하여 처벌주의를 택함으로써 사용자를 처벌하였으나, 이것은 노사관계를 오히려 경직화시킬 뿐만 아니라,

부당 해고를 당한 근로자의 입장에서는 해고 무효 확인 소송을 거치지 않고서는 복직이 불가능하기 때문에 시간과 비용의 부담이 가중되어 왔다. 개정된 노동조합법 제84조에서는 이러한 단점을 보완하여 노동위원회는 "부당노동행위가 성립한다고 판정한 때에는 사용자에게 구제명령을 발하여야 하고 사용자는 구제명령에 따라야 한다."라고 규정함으로써 원상회복주의를 택하여 피해자구제를 용이하게 하고 있다.

2) 부당노동행위의 구제절차

노동위원회의 구제절차는 사용자의 부당노동행위에 대하여 근로자 또는 노동조합의 구제신청을 받아 심사한 후 구제명령을 발하는 기본적인 구조를 갖고 있다. 그러나 당사자는 구제명령에 불복하여 중앙노동위원회에 재심을 청구할 수 있고, 또한 행정소송을 제기할 수도 있다. 그러나 명령 또는 판결이 확정된 경우에는 이를 위반할 수 없다.

(1) 구제의 신청

현행 노동조합법 제82조에서는 사용자의 부당노동행위로 인하여 그 권리를 침해당한 근로자 또는 노동조합은 노동위원회에 그 구제를 신청할 수 있고(제1항), 구제신청은 부당노동행위가 있은 날(계속되는 행위는 그 종료일)부터 3개월 이내에 서면으로 하도록 규정하고 있다(제2항).

이때 구제신청의 상대방은 부당노동행위를 실제로 행한 자연인으로서의 사장이나 중역이 아니라, 구제의무를 부담하는 기업 자체가 된다.

그런데 노동위원회에는 부당노동행위사건을 심사할 권한은 주어져 있으나, 이것은 당사자의 신청이 있을 때에만 행사할 수 있으며, 직권으로 그를 발동할 수는 없다.

(2) 부당노동행위의 관할

부당노동행위사건의 심사는 2심제를 기본으로 하고 있지만, 그 위에 행정소송을 인정하여 형식상으로는 3심제를 이루고 있다.

제1심은 부당노동행위가 발생한 사업장을 관할하는 지방노동위원회가 관장하고, 2심은 중앙노동위원회가 관할권을 가진다. 그리고 특별한 경우에는 특별노동위원회가 1심으로서의 관할권을 가진다.

중앙노동위원회는 지방노동위원회 또는 특별노동위원회가 취급한 사건에 관하여 재심권을 가지며, 둘 이상의 특별시, 광역시 또는 도에 걸친 사건 및 특히 전국적으로 중요하다고 인정되는 사건에 대해서는 중앙노동위원회가 1심으로서의 관할권을 가진다. 그리고 중앙노동위원회의 결정에 대하여 불복하는 경우에는 행정소송을 제기할 수 있다.

(3) 부당노동행위의 심사

노동조합법 제83조 제1항에서는 "노동위원회가 구제신청을 받은 때에는 지체 없이 필요한 조사와 관계 당사자의 심문을 하여야 한다."고 규정하고 있다.

따라서 노동위원회는 구제신청을 받으면, 지체 없이 필요한 조사와 관계당사자의 심문, 증인심문, 증거제출, 증인에 대한 반대심문 등의 심사를 하여 부당노동행위의 성립 여부를 가려내고 적절한 조치(구제명령 또는 기각결정)를 취하게 된다.

노동위원회의의 심사 및 심문절차는 민사소송에 있어서와 마찬가지로 당사자 쌍방에게 공격과 방어의 기회를 공평하게 보장하고 공개주의를 채택함으로써 처리의 공정을 기하고 있으며, 구체적인 절차는 중앙노동위원회 자체에서 정하도록 되어있다.

(4) 부당노동행위의 판정

노동조합법 제84조 제1항에서는 "노동위원회가 심사를 종료하고 부당노동행위가 성립한다고 판정한 때에는 사용자에게 구제명령을 발하여야 하며, 부당노동행위가 성립되지 아니한다고 판정한 때에는 그 구제신청을 기각하는 결정을 하여야 한다."라고 규정하고 있다.

여기에서 말하는 판정에 있어서는 문제된 행위의 민법·형법상 법률효과에 구애되지 않으며, 반대로 노동위원회 판정이 그 행위의 법률효과를 좌우하는 것도 아니다. 따라서 부당노동행위의 성립여부의 판정은 그 자체로써 효력을 발생하는 것이 아니다. 이 판정을 전제로 해서 구제명령을 발하거나, 신청기각 결정을 하여야 한다.

(5) 구제명령

구제명령은 명령서의 교부 및 송달을 받은 날로부터 효력이 발생한다. 노동위원회가 발하는 명령은 하나의 행정처분으로써 사용자에 대하여 명령한 것이므로 사용자는 이에 복종하여야 할 공법상의 의무가 발생하게 되는데 그치고, 사법상의 관계를 만드는 것은 아니다. 따라서 구제명령은 행정행위 일반에서 승인되고 있는 다음과 같은 효력을 갖는다.

첫째, **공정력**(公定力) : 구제명령은 취소되지 않는 한, 그 성립에 하자가 있더라도 절대 무효의 경우가 아니면, 적법이라는 추정 하에 당사자를 구속한다.

둘째, **기속력**(羈束力) : 재심청구 및 행정소송을 제기할 수 있는 기간(15일)이 경과하고 나서는, 그 효력을 다툴 수 없으며, 위원회 스스로도 이를 변경할 수 없다.

셋째, **집행력**(執行力) : 명령의 내용을 실현시키고, 이를 강제하는 힘을 가진다.

한편, 기각결정도 구제명령과 같은 행정행위이므로 구제명령에 대한 효력은 그대로 기각결정에 적용된다.

노동조합법 제84조 제2항에서는 "판정 · 명령 및 결정은 서면으로 하되, 이를 당해 사용자와 신청인에게 각각 교부하여야 한다."라고 규정하고 있다.

노동위원회의 구제는 불공정한 노동관행의 시정에 있으며 구체적인 사건에 대하여 적절한 명령을 내려야 하나 노사관계에 대한 사법상의 효과를 확인, 형성하는 것을 내용으로 하는 것은 아니다. 부당노동행위의 양태에 따라 구제의 내용은 각각 다르다.

구제명령의 기본적인 부분은 ① 부당노동행위의 중지를 명하는 이른바 부작위명령, ② 부당노동행위를 중지시켜 노사의 자유와 대등을 부활시키기 위하여 필요한 복직, 임금의 소급지급, 문서게시 기타의 구제적인 조치를 명령하는 이른바 작위명령, ③ 이 행정도의 보고의무를 과하는 보고명령 등으로 구분할 수 있다. 구제명령은 구체적이고 실효성 있는 내용으로 이루어지는 것을 원칙으로 한다.

(6) 재심

지방노동위원회 또는 특별노동위원회의 구제명령이나 기각결정에 불복이 있는 관계 당사자는 그 명령서 또는 결정서의 송달을 받은 날로부터 10일 이내에 중앙노동위원회에 그 재심을 신청할 수 있다(노동조합법 제85조).

그리고 중앙노동위원회의 구제명령이나 기각결정 등에 대해 다시 불복의 뜻을 가진 당사자는 그 명령서나 결정서, 또는 재심판정서를 받은 날로부터 15일 이내에 행정소송을 제기할 수 있다. 이 행정소송을 일반적으로 명령의 사법심사라고도 한다.

그리고 노동위원회의 처분이나 명령에 대하여는 이러한 불복절차가 아니더라도 행정처분 일반에 관한 소원법과 행정소송법의 적용이 있으므로 위법하거나, 부당한 처분에 대한 구제의 길이 없는 것은 아니다.

제 7 장 경영참가제도

제7장 경영참가제도

제1절 경영참가제도의 본질

1. 경영참가제도의 의의

오늘날 전 세계에 걸쳐서 정치적 · 사회적 · 경제적 이슈로써 특히 서구 산업사회의 노사관계에 있어서 산업민주주의의 기치아래 가장 광범위하게 집중적으로 논의되고 있는 분야가 근로자의 경영참가(workers participation in management)문제이다.

근로자의 경영참가라는 용어는 논자에 따라 그 의미가 다양하고, 참가의 내용이나 그 범위도 각국의 정치, 경제, 사회시스템에 따라 상이하다. 그러나 일반적으로 사용되는 개념은 1967년 국제노동기구(ILO)가 '노동조합의 대표권 및 노동자의 경영 내의 의사결정에 참가하는 데 관한 전문회의'에서 그 개념을 명확하게 규정하였다.

'참가'라는 용어는 심리학적인 측면에서는 개입(involvement) 및 영향력(influence)과 동일한 개념으로 사용되며,[1] 경영참가란 근로자 또는 노동조합이 기업의 제 계층적 수준에서 경영상의 의사결정에 참가하여 영향력을 행사하는 과정을 말한다.[2] 즉, 근로자의 경영참가란 종래 경영자의 권한이라고 생각되어 온 경영권(right of manage)에 대하여 종업원이나 근로자를 대표해서 그들의 이익을 지키고, 또한 증진시킴을 목적으로 노 · 사간에 공동으로 경영관리기능을 수행함을 뜻한다.[3]

---

1) Elizabeth Chell, *Participation and Organization : A Social Psychological Approach*, The MacMillian Press, Ltd., p. 1.
2) Hem C. Jain, *Worker Participation*, (New York: Preager Publisher), p. 4.
3) D. Q. Mills, *Labor Management Relations*(New York: McGraw-Hill Co.), p. 370.

보다 구체적으로는 근로자 또는 노동조합이 임금이나 근로조건 등의 문제 이외에도 경영방침이나 경영조직, 투자・생산계획 및 방법, 기타 경영의 능률증진 등 기업경영상의 여러 가지 문제에 대하여 발언권을 갖는 것으로부터 종업원지주제도와 같이 주식의 소유를 통한 자본참가, 미국의 스캔론 플랜(Scanlon plan)처럼 기업의 경영성과배분에 의한 기업이윤 면에서 참가하는 이윤참가제도까지도 널리 포함된다고 하겠다.

결국, 경영참가 그 자체가 노・사간의 권한 공유와 협조적이고 화목한 관계의 증진이라는 두 가지 기본적인 이슈를 강조하고 있는 바, 경영참가는 근로자를 어떤 방식으로든지 기업경영에 참가시켜 기업의 권력을 어느 정도 공유함으로써 산업화 과정에서 야기된 노동의 비인간화 문제를 극복하고, 노・사간의 협력증진 및 생산성 향상, 나아가 산업평화를 구현하는데 그 목적이 있다고 하겠다.

근로자의 경영참가는 대체로 제1차 세계대전 이후에 유럽을 중심으로 나타난 것으로, 그 배경을 보면 자본과 노동의 대립・투쟁의 강화에 따른 경영민주주의 내지 산업민주주의의 등장으로 인하여 노사협조의 필요성이 증대된 데 기인한다고 할 수 있다.

이러한 근로자의 경영참가 운동은 1960년대 붐을 일으키기 시작하여 1970년대에 들어와서 더욱 가속화되었다. 근로자의 경영참가운동은 처음에는 노사 간의 협의에 의하여 진행되었지만, 점차 국가의 입법사항으로 되고 있는데, 가장 전형적인 것이 독일의 경영조직법 및 공동의사결정법이다.[4]

오늘날에는 근로자들의 경영참가의 활성화로 사용자가 갖는 여러 가지 의사결정상의 자유를 제약하게 되는 문제점도 지적되고 있지만, 경영참가를 통하여 근로자들의 자발성을 신장시키고 경영의 건전화를 기대할 수 있다면 보다 큰 성과를 거둘 수가 있을 것이다.

하지만 근로자나 노동조합이 무책임하게 자신들의 주장만을 일관해서는 아무런 건설적인 결과를 낳지 못한다. 어디까지나 근로자들의 경영참가제도는 기업 내지 산업을 가장 바람직한 위치에 서게 하고, 또한 올바른 자기기능을 발휘하도록 하는 정치활동이 되어야 하며, 동시에 진정한 의미의 민주・사회복지를 건설해 가는 길잡이의 역할을 담당해야 할 것이다.[5]

4) 최종태, 전게서, p. 309.
5) 강석인, 『노사협의제-경영참가의 본질과 조건』, 서울: 일조각, pp. 3-4.

2. 경영참가의 특징과 필요성

경영참가는 다음과 같은 세 가지 특징을 가지고 있다.

첫째, 산업에 대한 자본가 지배 내지 경영자 지배에 대신하여 소위 근로자 지배(workers control)를 확립하자는 의미가 아니다. 자본주의적 시장경제하에서는 역사적으로 보아 근로자지배는 성립하지 않으며 또한 성립되었다 해도 그것은 지속되지 않는다. 다만, 경영에 참가하여 의사결정을 하는데 의미가 있다.

둘째, 경영참가는 기본유형에 따라 자본참가(종업원 지주제도), 이익참가(이윤분배제), 관리참가 등이며, 소유참가와도 구별하지 않으면 안 된다. 왜냐하면 소유참가는 생산수단의 소유기능에 대한 하나의 수단이며, 생산수단의 운영과는 하등의 변화가 없기 때문이다. 다만, 광의의 경영참가유형에는 이들을 포함시키는 것이 일반적이다.

셋째, 단체교섭과 경영참가는 구별되어야 한다. 단체교섭은 임금이나 근로조건의 결정에 노동조합의 대표가 참가하기는 하나, 그것은 생산된 경제가치의 배분에 관한 공동결정이기 때문이다. 따라서 생산수단의 운영에 관한 의사결정인 경영참가와는 성격이 다르기 때문에 양자는 구별되어야 한다.

그러나 근간에 와서는 무엇보다도 근로자들의 의식제고와 더불어 거대기업과 관료적 조직 하에서는 근로자들의 소외현상이 심각하게 제기됨에 따라 노동의 인간화, 노동의 민주화를 도모하기 위하여 경영참가가 적극적으로 광범위하게 실시되고 있다.

한편, 기업의 경영권은 소유경영자 내지 자본가의 수중에 있다. 그러나 주식회사제도의 발달과 더불어 소유와 경영의 분리현상이나 노동조합의 발달로 노동조합의 경영에 대한 도전현상 때문에 점차 경영권의 성격도 변화되어 가고 있다.

즉, 그 성격변화의 하나는 소유경영자의 사적 성격이 강한 것에서 사회적 제약을 갖지 않을 수 없는 것으로 전환되었고, 또 하나는 노동조합 내지 종업원의 경영권의 참여이다. 뿐만 아니라 현대 근로자는 그들이 받는 임금만이 유리한 근로에의 동기는 아니다. 즉, 근로자는 임금만으로 만족하지 않는다. 그러므로 그들로부터 조직에 대한 최대의 협력을 유발시키며 그들을 경영에 직·간접으로 참여하게 함으로써 그들의 경영참가에 대한 욕구를 가능한 한 충족시켜 주기 위한 노사협력제도가 경영참가제도인 것이다.

3. 경영참가제도의 목적

오늘날 경영과 노사관계의 안정을 위하여 경영참가제도를 더욱 강화시킬 필요성이 요구된다. 경영참가제도의 목적을 정치적 · 사회적 · 경제적 측면에서 검토하여 보기로 하자.

1) 산업민주주의 실현

정치적 측면에서 볼 때 경영참가의 목적은 산업 내 민주주의(democracy within the enterprise)를 실현하는데 있다.

인간은 자기가 관계하는 문제에 대하여 자기의 의사와 이해관계를 표명하는 기회를 가지고자 하는 욕구, 즉 자기표현의 욕구는 천부적인 것이라고 할 수 있다. 이러한 욕구의 표현이 정치적 동물로서의 인간욕구라 할 수 있고, 이의 실현이 곧 '민주주의'라 할 수 있을 것이다. 그것은 처음에는 전제군주의 절대권을 부정하는 정치적인 민주주의로 시작되어 의회제도로서 구체화되었던 것이, 뒤에 노동조합 및 기타 근로자 단체의 발달에 따라 산업에까지 미쳐서, 근로조건의 결정에 대한 자본가 및 경영자의 절대권이 노사대등의 원칙에 입각하는 노동조합과의 단체교섭으로 발전한 것이다. 그러나 근로자가 근로조건의 결정에 그치지 않고 자신들에게 밀접한 관계를 가지는 작업방식이나 생산체계 등에 대해서도 발언권을 요구하게 되었다.

이에 따라 노사의 자주적 협정에 의하거나 또는 국가의 입법에 의하여 공장위원회나 경영협의회 · 노사협의회 또는 노사공동결정제도 등과 같은 노사협력기구가 발달되기에 이르렀다.

이러한 노사협력은 단지 근로자뿐만 아니라 노동조합도 기업 내에서의 활동을 강화하고 경영관리에 영향력을 미칠 목적을 요구하였으며, 또한 그것이 실현을 보게 된 것이다.

2) 인간성 소외의 극복

산업화의 진전과 노동의 분화로 대기업이나 관료주의 조직체에서 발생되는 노동소외(alienation)현상은 주로 무기력, 무의식, 무규범, 고립, 자기소원을 느낄 때 나타나는 것이다.

① 직무수행과정에서 자주적 결정권이 없고, 자신이 처한 환경과 상황에 따라 구속과 통제를 받을 때 인간은 무기력하게 된다.

② 노동소외는 인간과 규범과의 격리에서 나타난다. 조직과 직무에 대하여 사회적으로 인정받을 수 있는 목표와 이에 따른 행동규범이 없는 경우나 그것을 수행할 능력이 없을 때 무규범의 노동소외는 나타난다.

③ 자신이 수행하는 직무가치가 미미하다고 생각될 때 자신의 위치나 역할의 의미를 상실하게 되어 인간은 무의미감을 느끼게 된다.

④ 고립은 인간과 집단 간의 격리감에서 오는 소외감으로써 자신이 집단으로부터 떨어져 나간다고 느낄 때 인간은 사회적 고립감을 느낀다.

⑤ 자기소외는 현재의 자기와 미래의 자기가 격리될 때 나타나는 소외현상을 말한다. 정체된 조직의 계층구조 속에서 답답한 자신의 장래를 예상할 때 조직구성원들은 자기소외감에 빠지게 된다.

이처럼 파생되는 노동소외를 극복하기 위해서는 근로자의 경영참가를 통한 적극적인 상호작용이 요망된다. 즉 근로자 또는 노동조합이 경영에 참여하여 그들의 의사를 반영시킴으로써 노동에 대한 소외를 극복하고 상실된 인간성을 회복할 수 있다는 것이다.

근로자가 소외를 느끼지 않고 만족과 보람을 느끼기 위해서는 노동자체가 만족의 가치를 부여할 수 있는 내재적 가치를 지녀야 하는바, 이를 위해서는 다음과 같은 노력이 선행되어야 할 것이다.

첫째, 노동이 참가를 통한 조직공동체 형성의 기본매체가 되도록 해야 한다. 다시 말해 노동이 조직공동체 형성의 핵심모체로서 기능할 때 그 노동은 내재적 가치를 가질 수 있고, 또한 근로자는 노동과 기업에 대한 소외를 느끼지 않는다.

둘째, 노동이 참가를 통한 근로자의 자아실현이 기본수단이 되도록 해야 한다. 노동자체가 근로자의 자아실현과 자기발전의 수단이 될 때 그 노동은 내재적 가치를 지니게 되며, 내재적 가치를 지닌 노동은 근로자에게 목적달성의 욕구충족과 생활의 희망을 주게 되어 궁극적으로는 구성원에게 창조적 행동을 유발시킨다.

3) 경영의 효율화

근로자가 경영에 참여하게 되면 새로운 창의적 아이디어를 제시하여 경영개선에 기여할 수 있고, 또한 참여의식의 제고를 통하여 성취동기를 유발시킴으로써 생산성 향상 등의 경영효율화를 기할 수 있다. 따라서 경영참가를 통하여 기업경영과 관련된 여러 문제가 제시되어 노・사간에 진지하게 연구・검토될 뿐 아니라 직장에 대한 애사심과 충성심 등이 증대되어 경영효율성을 높이게 되는 것이다.

이리하여 경영참가는 근로자에게는 생산성 향상 의식이, 사용자에게는 인간성 존중을 통한 동반자 의식이, 그리고 국가에는 노사협력의 필수요건이 인식되는 계기를 가져올 것이다.

제2절 경영참가제도의 유형

경영참가 모델은 그 국가의 정치적・경제적・사회적・문화적 환경에 따라 매우 다양하다. 일반적으로 경영참가제도의 유형은 수평적, 수직적 분류로 체계화시켜 검토해 볼 수 있다.[6)]

〈표 7-1〉 경영참가제도의 유형

수평적 분류	자본참가, 이익참가, 경영참가
수직적 분류	공동협의, 공동경영, 자치경영

1. 수평적 분류

경영참가제도를 수평적으로 분류해 보면, 간접참여 방식인 자본참가와 직접참여 방식인 이익참가 및 경영참가로 구분할 수 있다.

그리고 종업원의 경영참가제도를 광의와 협의로 구분할 수도 있는데, 광의의 경영참가제도에는 자본참가, 이익참가, 경영참가를 모두 포함하지만, 협의에서는 경영참가만을 의미한다.

6) 최종태, 『인사관리』, 박영사, pp. 269-272.

그림 7-1. 경영참가제도의 분류

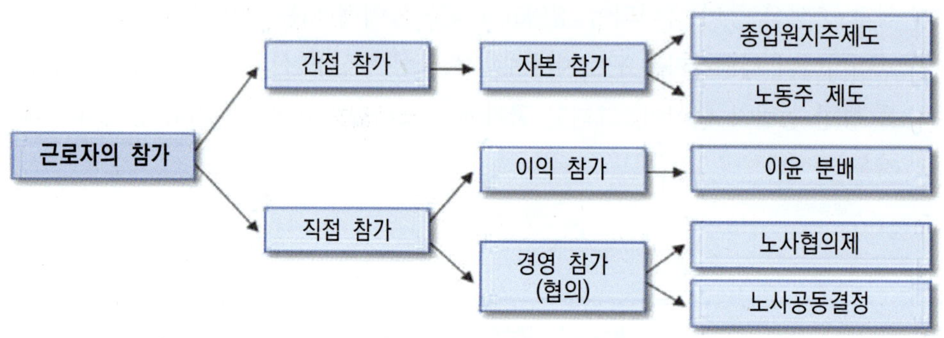

1) 자본참가

자본참가란 근로자들이 자본의 출자자로서 기업경영에 참여하는 것을 의미하는데 이를 소유참가 또는 재산참가라고도 한다.

자본참가는 근로자로 하여금 기업을 오로지 자본가 또는 사용자의 전유물로 보지 않고 노사의 공존공영을 기하는 하나의 실체로써 인식하도록 하며, 기업에 대한 애사심을 고취시키고, 노·사간의 이익공동체적인 조직풍토를 형성시켜 경영공동체를 형성시키는데 중요한 역할을 하게 된다.[7)]

자본참가의 주된 형태로는 종업원지주제도(employee stock ownership system)와 노동주제도(actions de travail)가 있다. 종업원지주제도는 종업원이 자기회사 주식을 자발적으로 취득·보유토록 권장하는 제도로써, 주식회사에서 신주를 발행할 경우 일정한 기준에 따라 종업원에게 주식을 분배하는 제도를 말한다.

주식인수 방법으로는 무상인수도 있지만, 전형적인 종업원지주제도는 임금수준이나 근속연수 혹은 이것들에 의해서 결정된 자격 있는 종업원이 시장가격보다 20% 정도 낮은 가격으로 주식을 매입하게 된다. 경우에 따라서는 주식의 분할매입도 가능하며, 매입대금을 급여나 상여금에서 공제할 수도 있고, 장래에 주식의 일정량을 지정된 금액으로 구입할 수 있는 주식매수선택권(stock option)도 인정하고 있는 것이 특징이다.[8)]

7) 최종태, 전게서, p. 124.
8) 최종태, 전게서, p. 124.

최근 우리나라에서도 종업원지주제도의 도입·실시가 확산되고 있는 추세인데, 이로 인하여 종업원들이 자사의 주주가 됨으로서 애사심과 충성심은 물론 사기가 높이고 나아가 노·사간 상호이익을 촉진시킬 수 있는 효과도 기대된다.

한편, 종업원지주제도는 기업경영에 대하여 결정적인 발언권을 가질 만큼의 주식지분을 종업원들이 배분 받을 수 없으며, 경제사정의 변동에 따른 주가하락이 종업원의 사기를 오히려 저하시킬 수 있고, 노동조합의 어용화를 초래할 가능성도 있어 이에 대한 비판이 있는 것도 사실이다.

노동주(actions de travail)라는 것은 특수한 주식회사에서 일정한 조건하에 근로자가 노동을 제공하는 것을 보고 그들에게 주식을 내주는 제도이다. 노동주(actions de travail)는 자본을 직접 출자하지 않고 제공받은 주식이기 때문에 일반주식과는 구별된다. 이 제도는 현실적으로 특별한 효과가 없어 오늘날에는 별로 보급되지 않고 있다. 이 제도의 대표적인 예로서는 1924년 뉴질랜드의 「회사채권법」, 1971년 프랑스의 「노동자 참가 주식회사에 관한 법률」 등을 들 수 있겠다.

2) 이익참가

경영의 능률증진에 대해 노동조합이 적극적으로 참가하고 협력한 대가로써 기업이 원료비, 임금, 이자, 감가상각비 등을 계산한 후, 그 이윤의 일부를 임금 이외의 형태로 근로자에게 분배하는 제도인데 이를 이윤분배제도라고도 한다.

이 제도는 1891년 영국에서 처음으로 실시되어 유럽에서는 변동성 임금의 형태로 급속히 확대되어 왔으며, 다음과 같은 목적에서 시행되고 있다.

첫째, 종업원들에게 파트너십과 기업운영에 함께 동참하는 의식을 고취시킨다.

둘째, 낮은 이직률과 함께 높은 성과의 수준을 자극해서 기업의 이윤을 더욱 증가시키기 위하여 추가적인 노력과 상상력을 촉진시킨다.

셋째, 종업원들의 경제적인 안정을 증대시키는데 그 목적이 있다.

전통적인 이윤분배제도에는 다음과 같은 세 가지 유형이 있다.

① **현금분배제도**(current or cash distribution) : 이는 이윤의 일정액을 1년 또는 그 이내에 현금으로 종업원에게 분배하는 제도이다.

② **거치분배제도**(deferred distribution plan) : 이윤의 일정액을 일단 종업원의 계정에 가산해 두었다가 퇴직, 사망 혹은 해고 시에 현금으로 지급하는 제도이다.

③ **복합제도**(combination plan) : 현금분배제도와 거치분배제도를 복합한 것으로 이윤의 일부는 즉시 현금으로 종업원에게 지급하고 나머지는 퇴직, 사망, 해고 시에 지급하는 제도이다.

이 제도의 대표적인 것으로는 미국의 스캔론 플랜(Scanlon plan)과 럭커 플랜(Rucker plan)이 있다.[9] 이 제도는 이윤의 확인, 분배율의 결정 등에 어려움이 있고 그 이외에도 임금을 저수준에 묶어 둔 채 노동 강화에 의해 개인수입을 높이도록 악용되어질 가능성이 있다는 비판도 받고 있다.[10]

오늘날 이익참가제도는 근로자 성취동기유발, 경영공동체 형성의 조장, 탄력적 임금정책의 시련, 노동시장에서의 경쟁우위성 확보, 근로자 재산형성과 기업자금 확보, 종업원에 대한 공정한 보상의 실현 등에서 그의 위치와 중요성이 대단히 크다고 하겠다.

3) 경영(관리)참가

좁은 의미에서 경영참가라고 하면 근로자 또는 노동조합이 경영의사결정에 참가하거나 경영기능에 대하여 영향력을 행사하는 것으로 볼 수 있다. 언급한 자본참가와 이익참가가 소유와 성과배분에 공동참여 하는 것이라고 한다면 경영참가는 경영의 내용이 되는 관리상의 의사결정에 참여하는 형태라고 할 수 있다.

경영참가제도는 참가의 정도 즉, 결정권 여하에 따라서 크게 노사협의제도와 공동의사결정제도로 구분할 수 있다.

(1) 노사협의제도

노사협의제도란 근로자와 경영자가 대등한 입장에서 노사쌍방이 이해관계를 공통으로 하고 있는 생산, 경영 등의 문제에 대하여 대화하고, 상호이해를 통하여 경영에 협력하는 것을 말한다. 노사협의제도는 주로 산업합리화와 노사협조를 목적으로 한다.

노사협의(joint consultation committees)에 의한 참가는 주로 공장 및 기업수준에서 노·사간의 협조증진, 생산성향상 및 이와 관련된 제 경영문제에 대해 근로자에게 발언권을 주기 위하여 노사합동기구를 조직해서 이를 통해 경영에 참가하는 방식으로, 오늘날 각국에서 가장 널리 도입·실시되고 있는 경영참가제도이다.

---

9) Herbert G. Heneman Ⅲ, D. S. Schwab, J. A. Fossum & L. D. Dyet, *Personnel/Human Resource Management*, Rev.ed., (Richard D. Irwin, Inc.), p. 413.

10) E. B. Plippo, *Personnel Management*, (5th ed.), McGraw-Hill, pp. 319-320.

노사협의제도에 대한 ILO의 정의를 살펴보면, "경영자와 노동자가 대등한 입장에서 단체교섭에서 취급되지 않거나 또는 근로조건의 결정에 있어서 다른 제도에서 보통 취급되지 않는 사항으로써 노사쌍방이 이해관계를 공통으로 하는 사항에 대하여 협의를 함으로써 상호 이해를 넓히고 상호 협력하는 기능을 가진 제도"라고 하고 있다.

노사협의제도는 국가마다 상이한 명칭을 가지고 사용되고 있다. 즉, 경영협의회 또는 근로자 협의회(works or worker councils), 공장위원회(works committees), 합동생산위원회(joint production committees) 등 다양한 명칭으로 불리어지고 있으며, 규모・구성 및 권한 등도 다르지만 조합원이든, 비조합원이든 간에 전 종업원이 선출한 대표로 구성되고 단체교섭사항에 포함되지 않은 제반경영사항을 협의, 자문, 부분 공동결정을 하는 권한을 갖는 점에서 공통점을 갖고 있다.

그러나 노사협의제도는 순전히 자문, 협의적 기능에만 그치고 주요의사결정권을 갖지 못한 것이 가장 큰 약점인 것이다.

(2) 공동의사결정제도

경영에 대한 최종적인 의사결정이 노사공동으로 행하여지는 참가방식으로 흔히 근로자 중역제로 불린다. 즉 근로자 대표가 법률 또는 노・사간의 자주적인 협정에 의거해서 중역회의에 참가하는 경영참가방식으로 중역회의 근로자대표는 기업의 관리적 의사결정은 물론 전략적 의사결정에도 직접 참여하게 된다. 이때 경영의사결정에 근로자들이 미치는 영향력의 정도는 중역회의에 참석하는 근로자 대표의 수, 그리고 기업의 권력구조 내에서 중역회의가 수행하는 역할과 기능에 의존하게 된다. 근로자중역제는 독일, 스웨덴 등의 서유럽에서 발달한 제도인데 가장 대표적인 모델은 독일의 공동의사결정모델이다. 이에 대한 보다 구체적인 내용을 살펴보면 다음과 같다.

서독은 제2차 세계대전 후 연합국의 점령 하에 있으면서도 상당히 활발한 운동이 전개되었다. 그리고 노동조합의 활동목표 가운데는 자주적인 경영협의회운동이 포함되어 있었다. 이는 일찍이 1881년 이래 경영참가에 관한 법제화의 경험이 있었으며, 제1차 세계대전 후에 또한 경영협의회운동의 경험이 있었던 데서 연유한 것으로 보인다.[11] 이러한 움직임 속에서 1946년 4월 경영협의회에 관한 관리위원회법 제22호가 제정되었다. 이 법은 불과 13개조의 간단한 내용으로 되어 있지만 경영협의회의 구성

11) 강석인, 『노사관계관리론』, 서울: 일조각, p. 260.

및 기본기능을 규정하고 있다.[12)]

그렇게 해서 여러 주가 차례로 경영협의회를 제정·운영하게 되었으나 계급적 성격이 강한 데 문제의식이 느껴져 영국·미국의 점령군에 의해 규제가 되기도 했다. 그러나 노동자들의 생활상태가 악화되고 경영참가에 대한 규제에의 반발이 요인이 되어 노사의 대립이 첨예화한 나머지, 1951년에는 철강·탄광 등의 주요산업에서 대규모의 파업이 선언되었다. 이처럼 심각한 노동분쟁이 발생하자 아데나워 정부는 1951년 공동결정법을 제정하고 그 이듬해에는 경영조직법을 제정하기에 이르렀다.

노·사간에 공동의사결정을 수행하는 기구로는 감사역회,[13)] 경영협의회, 경제위원회, 경영총회 등을 들 수 있다. 그러나 이 중 근로자의 경영참가에 의한 산업민주화의 핵심적인 기구는 '감사역회'와 '경영협의회'라 할 수 있다. 이들 핵심기구를 의사결정의 참가수준과 비교하여 설명하면 전략적 의사결정에는 감사역회가, 관리적·업무적 의사결정에는 경영협의회가 필요하다.[14)]

① **감사역회**(監査役會) : 독일의 기업조직은 영국이나 미국과는 달리 감사역회라는 최고의사결정기구가 경영을 담당하는 이사회 위에 있고, 노사 양측에서 원칙적으로 동등한 비율로 구성된다는 데 특징이 있다. 따라서 독일식 주식회사는 주주총회, 감사역회, 이사회(중역회)의 세 기구로 구성되어 있다.

이 세 기구의 기능과 권한은 법률에 의하여 명확하게 규정되어 있다. 즉 경영의 실무를 담당하는 이사회는 기업의 일상적인 운영에 책임을 지고 감사역회의 감사를 받아야 하며, 또한 감사역회에 대하여 경영 상태와 계획된 활동에 관한 정보를 제공해야 한다.

감사역회는 기업 활동을 조사하고 평가하여 질의에 대한 특별보고서나 회답을 제출할 것을 이사회에 명령할 권한을 가진다. 감사역회는 일상적인 업무를 담당하지는 않지만 중대한 투자와 같은 중요한 기업 활동은 감사역회의 동의 없이 이루어질 수 없다.

따라서 감사역회의 주요업무는 다음 세 가지로 요약할 수 있다.

첫째, 이사(중역)의 선임

둘째, 주요경영전략의 결정

---

12) 김형배, 『노동법』, 서울: 박영사, p. 515.

13) 혹자는 감사역회를 우리나라 기업경영조직상의 감사와 혼동할 가능성이 있어 최고경영평의회라고 번역하기도 한다. 이원덕, 선진 각국의 노조운동과 노사관계, (서울: 경제신문사).

14) 최종태, 전게서, pp. 115-116.

셋째, 경영에 대한 조사 및 평가

② **경영협의회** : 이는 기업의 의사결정에 근로자 대표가 참여하는 협의기구로서 직장노동자평의회라고도 하며, 상시 종업원이 5명 이상인 기업체에서는 경영협의회를 구성하도록 되어 있다. 이러한 경영협의회는 전적으로 종업원 선출에 의해 구성되므로 노동조합의 하부기관이나 주주권익의 대표기관은 아니고, 노사의 공동경영을 위한 종업원단체의 대표기관이다. 따라서 경영협의회는 파업권을 배경으로 한 단체교섭을 하지 않으며 조합비의 징수가 허용되지 않는다.

경영협의회의 역할 중 주된 기능은 종업원의 복지향상과 더불어 생산성 향상을 위한 제안 및 공동결정을 하는 것이다. 주로 종업원의 고용 및 사회복지를 중심으로 한 경영인사 및 사회문제에 대하여 경영층에게 제안하고 협의하며, 또한 공동으로 결정한다. 물론 경영인사 및 사회적 사항 이외에 경제적 사항, 이를테면 생산증대를 위한 새로운 작업방법의 도입, 업무적 차원의 조직변경 등에 대한 협의와 공동결정도 하는데,[15] 공동의사결정의 주요 대상은 다음과 같다.

첫째, 근로시간 : 조업시작, 종료시간, 중간휴식시간, 주 노동시간의 일당배분, 근로시간의 일시적 단축이나 연장 등

둘째, 급여 관계 : 급여지불시기 및 형태, 상여금지급 비율 결정

셋째, 휴가 : 휴가에 관한 일반규정과 구체적 휴가계획, 휴가순서

넷째, 종업원 감시기재의 도입 및 재해방지시설

다섯째, 인사 : 종업원 채용 · 배치 · 전환 · 해고

이상과 같은 사항에 대하여 사용자와 공동으로 의사결정을 할 권한을 가지는 한편 공정이나 사무실의 신축 · 변경 및 확장 · 작업공정변경 · 직무내용변경 등에 관하여 사용자로부터 사전에 통보를 받고 협의할 수 있다. 만약 이러한 변경이 종업원에게 불리한 영향을 미친다면 경영협의회는 이를 시정하거나 불리한 영향에 대하여 보상해 주도록 요구할 수 있다. 만약 사용자와 이에 대하여 합의하지 못하면 조정위원회에 그 해결을 맡길 수 있다.

③ **경제위원회** : 상시 종업원 수가 100명 이상인 기업에서는 경영협의회와는 별도로 경제위원회가 설치되도록 의무화되어 있다.[16] 이는 경영자와 경영협의회 간의 협

---

15) 최종태, 전게서, p. 119.

16) E. M. Kassalow, *Trade Unions and Industrial Relations: An International Comparison* (Random House Inc., 1969), 김금수 · 조한천 역, 『노동조합과 노사관계』, (서울: 형성사), p. 249.

동을 촉진시키며 경제적 사항에 있어서 쌍방의 의사소통을 원활히 하는데 목적이 있다.

④ **경영총회** : 노동자들이 4분기마다 모이는 경영총회는 경영협의회로부터 활동보고서를 받고 그에 대한 의사표시 및 활동상황의 평가 등을 행하며 사용자나 노동조합의 대표를 불러 설명을 요구할 수도 있다.

이상과 같은 독일의 경영참가제도는 전후 독일의 부흥에 커다란 공헌을 하고 역사적 사명을 완수했지만 다음과 같은 문제를 안고 있다.[17]

첫째, 복잡한 현대경영에서는 전문적 능력을 필요로 하는데 경영업무에 익숙하지 못한 근로자 대표들이 경영에 참가하는 경우, 생산성 저하가 우려된다.

둘째, 공동결정에 참여하는 노사의 숫자가 동일하면 자칫 대결로 흐르기 쉽고, 특히 노사의 대립이 첨예화될 경우에는 합리적인 경영이 불가능하게 된다.

셋째, 근로자 측 대표가 경영자 직책에 지나치게 충실하면 근로자 측의 신뢰를 얻을 수 없고, 철두철미한 근로자 측의 의식을 갖는다면 바람직한 경영자 팀의 일원이 될 수 없다.

넷째, 노조 소유 기업의 경우에는 기업경영을 노조가 지배하고 있기 때문에 실질적으로 근로자에게 아무런 영향도 끼치지 못하는 결과를 초래한다.

〈표 7-2〉 경영참가의 분류

분 류	주 요 내 용
자본참가	① 근로자들이 자기회사의 주식을 소유함으로써 자본의 출자자로서 기업에 참가하는 동시에 경영에 대하여 주주발언권을 행사하는 것을 말함 ② 근로자를 노·사 공유의 실체, 애사심 고취, 경영공동체 형성의 중요한 역할 ③ 자본참가의 주된 형태는 종업원지주제와 노동주제도가 있음
이익참가	① 생산성 향상에 근로자와 노동조합을 참여시켜 경영성과인 이윤의 일부를 임금 이외의 다른 형태로 근로자에게 배분하는 방식 ② 이익분배제는 성과배분제라고도 하며, 이익참가의 기본 분배참가권과 분배율은 근속연수별로 정함. ③ 스캔론 플랜은 대표적이다.
(협의) 경영참가(관리참가)	① 근로자·노동조합이 경영결정권을 갖는 경영방식·노사공동결정제와 노사협의제로 구분 ② 경영정책과 전략, 인사권, 해고사항 협의, 기업성장을 주도하는 책임감과 능력을 갖추어야 함 ③ 노·사공동결정제 : 의사결정을 노·사 공동으로 결정함 노사협의제 : 근로자 참여 및 협력증진 제도

17) 최종태, 『현대경영참가론』, pp. 270-272.

2. 수직적 분류

근로자의 경영참가제도를 수직적으로 분류[18]하면 그 내용은 〈표 7-3〉과 같다.

〈표 7-3〉 경영참가의 수직적 분류

	실시국가	대표적인 모델
공동협의	영국 · 미국	joint consultation model, Scanlon Plan, Ruckr Plan
공동경영	서독	공동의사결정모델
자치경영	유고슬라비아	자치관리모델

1) 공동협의

공동협의 모델은 영 · 미식 단체교섭 유형에서 취하는 방식으로 이는 근로자가 경영에 참여하여 정보제공, 의사교환, 적극적인 문제의 제기 등 경영에 영향을 주는 행위를 하지만, 최종결정은 어디까지나 경영자들이 한다. 이의 대표적인 모델은 영국의 joint consultation model, 미국의 스캔론플랜, 락커플랜 등을 들 수 있다.

2) 공동경영

공동경영 모델은 독일식 공동의사결정 유형에서 취하는 방식으로써, 이는 근로자가 경영에 참여하여 의사교환 및 문제의 제기 뿐만 아니라 경영을 위한 '공동결정을 하는 행위'까지도 행한다. 이의 대표적인 모델로서는 독일의 공동의사결정제도를 들 수 있다.

3) 자치경영

자치경영 모델은 유고식 자치관리 유형 및 이스라엘의 키브츠 · 모샤브 유형에서 취하는 방식으로, 이는 근로자가 자치적으로 경영을 담당하는 행위로 규정하고 있다. 이것의 대표적인 모델로 유고슬라비아의 근로자 자치관리제도를 들 수 있다.

이상에서 검토한 수직적 분류의 3가지 모델을 근로자 경영참가의 심화정도에 따라 그 단계를 설정한다면 제1단계로서는 공동협의 모델, 제2단계는 공동경영 모델, 그리

18) 최종태, 『현대노사관계론』, p. 271.

고 제3단계는 자치경영모델을 생각할 수 있으나 어느 단계의 모델이 가장 좋다고는 말할 수 없다. 왜냐하면 각 모델마다 장·단점이 있고, 또 그 국가와 산업의 노사관계 형성의 기본시스템에 따라 차이가 있기 때문이다.

제3절 경영참가제도의 논쟁점과 최근 동향

1. 경영참가제도의 논쟁점

경영참가제도의 논쟁점은 근로자 또는 노동조합의 경영참여를 인정하는 정도와 방법에 따라 다르게 나타날 수 있지만 무엇보다도 근로자들에게 경영참가를 인정한다면, 경영권의 침해가 되지 않는가, 또 이것이 인정되었을 경우 노동조합은 책임을 질만한 능력이 있는가 등이 문제점으로 지적될 수 있다. 그리고 노동조합의 책임의 한계는 어디까지이며, 잘못하면 노동조합이 파탄을 초래하지 않을까 하는 우려도 있게 된다.

1) 경영권 침해의 문제

근로자의 경영참가는 산업평화를 위한 기본적 제도로서 세계 각국에서 이를 도입하여 실시하고 있으나 이 제도의 문제점이 없는 것은 아니다.

가장 공통적으로 나타나는 논쟁점은 이 제도가 도입됨으로써 ① 경영권의 침해문제, ② 노동조합약체화의 문제, ③ 근로자의 경영능력 문제 등이 우려되고 있다.

일반적으로 사용자들은 근로자의 경영참가에 난색을 표시하고 있으며, 이것이 경영참가를 저해하는 가장 중요한 이유이기도 하다. 즉, 경영은 원래 경영자의 전권에 속하는 것이기 때문에 이에 대한 근로자의 발언은 일종의 월권행위이며, 경영권에 대한 침해라는 것이다.

2) 노동조합의 약체화문제

노동조합의 기본 목적이 근로자의 경제적·사회적 지위향상과 복지증진을 위한 분배투쟁에 있다고 보는 투쟁주의 관점에서는 근로조건 이외의 경영상의 문제에 대해 사용자와 접촉을 가지면 노동조합의 단결력이나 단체 교섭력이 약화되어 노동조합이 어용화 되기 쉽다는 우려를 갖는다.

3) 근로자의 경영참가 능력문제

근로자들이 갖고 있는 경영에 대한 전문지식이나 경험은 전문경영자의 수준과 동일할 수는 없다. 그러나 근로자가 그 나름의 처지에서 경영에 종사하고 있는 한 그들에게도 경영에 참여할 수 있는 능력은 상당히 갖추어져 있는 것으로 보아야 한다. 그들은 항상 경영의 보조자로서 계속 활동을 하고 있으며, 특히 오늘날에는 교육의 광범위한 보급과 정보의 공유 등을 통해 그들의 능력한계를 더욱 확대시켜 나가고 있음을 경영자는 알아야 한다.

〈표 7-4〉 경영참가의 문제점

문제점	주요 논쟁점
경영권의 침해문제	① 경영권은 원래 경영자의 특권에 속하는 것이기 때문에 근로자의 경영에 대한 참가는 일종의 월권이며 경영권의 침해이다. ② 경영고유의 직능인 지휘직능과 통제직능, 기업경영의 최종책임마저도 빼앗는 결과가 된다는 견해로서 기업의 최종책임은 경영자에게 있다고 하는 원칙을 무시해서는 안된다. ③ 근로자나 노동조합은 경영에 참가한 범위 내에서의 책임을 지며, 그 이상의 책임을 질 수 없다. ④ 만약 한계를 넘어서 경영에 참가하려 한다면 경영참가가 아니라 경영권의 쟁취인 동시에 조합의 목적에 위배된다. 노동조합은 경영을 담당하기 위한 조직은 아니며 노동자를 위한 조직이다.
노동조합 약체화 문제	① 노동조합의 목적은 임금 등. 분배의 투쟁에 있으며 자신들은 경영층과 협상 및 투쟁을 임무로 하는 대항·투쟁세력으로 보아야 한다. ② 근로자대표들이 임금 및 근로조건 이외의 경영상의 문제에 대하여 사용자와 빈번한 접촉을 가지면 이들과 너무나 긴밀하게 제휴할 수도 있어 결국 조합의 단결력·단체교섭력 등을 약화시키고 조합도 어용화되기 쉽다. ③ 노동조합이 만약 노조와는 전혀 무관한 별개의 기구(예컨대 노사협의회)를 통해서 경영에 참가하는 것을 허용할 경우, 근로자들의 충성심이 양분되거나 혹은 양자택일을 강요당할 가능성이 많고, 노동조합의 입자에서 볼 때 경쟁자가 되어 전통적으로 노동조합이 담당해 왔던 일을 장차 대신할 수 있다고 우려한다. ④ 노동조합의 역할을 강화하기 위해서 경영참가의 필요성이 있다면 왜 경영자는 근로자의 경영참가를 반대하는가의 견해이다.
근로자의 경영참가 능력의 문제	① 근로자들은 경영에 대한 지식과 경험은 물론 경영자의 이념과 철학이 같을 수 없다. ② 근로자들은 경영자들과 같은 자격과 조건들을 가질 수 없으며, 설사 가지고 있다 하더라도 경영정책과 전략들을 수립하는 방향이 기업성장을 주도한다는 책임감과 능력이 못 미친다는 견해이다. ③ 근로자는 경영자의 사회적 책임 즉, 기업의 발전과 존속·유지의 책임의 결여, 주주·소비자·종업원·지역주민·투자자·원료공급자, 국가의 경제발전 등 상호 이해조정, 책임의식 등의 차이가 많이 난다.

2. 경영참가제도의 최근동향

오늘날의 기업경영에서 경영참가의 문제는 찬반의 문제가 아니라 어떻게 효과적으로 실시할 것인가의 문제이다. 종래 근로자의 경영참가 문제에 비호의적이었던 노동조합들도 최근에는 이를 적극 지지하는 경향을 보이고 있다.

또한 과거에는 단체교섭을 통해서만 근로조건을 결정하려 했던 미국과 캐나다, 일본의 기업들이 지금은 QWL(quality of working life)에 관한 조항이라든지, QC서클과 기타의 경영참가형태 등을 실험적으로 시도하고 있으며, 개발도상국에서도 그동안 특히 공기업에서의 이사회참가와 노사협의회의 설치가 확대되어 왔다.[19)]

그리고 경영참가의 최근 동향을 몇 가지 특징 면에서 요약, 정리하면 다음과 같다.

첫째, 종업원지주제도나 이윤분배제도 등의 급속한 보급과 더불어 노사협의회의 역할과 기능이 대폭 강화되고 있는 추세이다. 동시에 참가의 수준도 단순한 의사교환, 자문의 단계를 지나 공동협의, 공동결정의 방향으로 나아가고 있다.

둘째, 노동자참가제가 다양화되고 있다. 즉, 일국 내 · 특정 산업 내에서도 단일한 형태를 취하기보다는 여러 종류의 참가형태가 공존하는 경향이 크다. 단일기업 내에서도 작업현장, 부서, 공장, 전체기업레벨 등 여러 수준에서 근로자 참가가 이루어지고 있고 그 기능과 방식(직 · 간접 혹은 공식 · 비공식)도 다양하다. 뿐만 아니라 이 같은 참가 이외에 여러 가지 전문기구, 예컨대, 안전위원회, 생산성위원회, 직무분류위원회 등을 두는 나라도 많다.[20)]

셋째, 과거에는 공식적 경영조직을 변화시켜 참가의 폭을 넓히는 방향(예컨대 이사회에의 참가)이 모색되어 왔으나, 최근에는 공식적 경영조직 외부에 새로운 조직을 설치하여 여기서 특정문제(예컨대 생산성, 산재, 노동소외 등)를 협의, 공동결정 하는 방향도 보이고 있다.

넷째, 참가제도는 적용범위가 생산직뿐만 아니라 사무 · 행정직으로, 제조업뿐만 아니라 보험 · 금융 · 상업 등 서비스업으로 또한 규모별로는 중소 · 영세기업까지 확대되는 경향이 있다.

---

19) E. Cordova, "Workers Participation in Decisions within Enterprises : Recent Trends and Problems", *International Labor Review*, Vol. 121. No. 2, ILO, Geneva, pp. 125-126.

20) *Ibid.*, p. 127.

다섯째, 도입방법에서 종래는 선진공업국에서는 당사자주의에 맡겨 단체교섭을 통해서 도입하는 경우가 많았고, 후진국에서는 입법·행정지도를 통해 도입되는 것이 일반적이었으나, 최근에는 유럽 여러 나라에서도 근로자 경영참가제의 활발한 입법화가 진행 중이다.[21]

이상에서 검토한 바와 같이 근로자 경영참가는 사용자의 경영권에 대한 노동권의 보완이라고 할 수 있겠다. 오늘날에는 절대적인 경영권도 절대적인 노동권도 고집할 수는 없는 것이다. 노사가 양보와 타협을 통해 성숙한 노사관계를 이루어가면서 경영참가제도는 더욱 성숙·발전해 갈 것으로 예견된다. 따라서 21세기에는 보다 차원 높은 경영권과 노동권의 행사로 바람직한 경영참가가 실현되어 상생적인 새로운 노사관계 시스템을 구축하여 산업평화가 정착될 수 있을 것으로 기대한다.

제4절 경영참가의 주요 제도

1. 종업원 지주제도

1) 종업원지주제도의 의의

종업원지주제도(Employee Stock Ownership Plan)는 근로자의 대표적인 자본참가 유형이다. 이 제도는 원래 노무관리상 대책으로써 또는 안정 주주의 확보라는 기업 방어적 관점에서 강조되었던 것이나, 최근에 와서는 근로자의 재산형성촉진의 일환으로 논의되고 있다.

종업원지주제도는 회사가 그 종업원에게 특별한 조건, 예컨대 저가격배당우선, 공로주, 의결 및 양도권의 제한, 성과배분제도 등에 의한 주식의 분배 등으로 자사의 주식을 분양하고 그것을 보유시키는 제도를 말하는데 일반적으로는 회사의 경영방침으로써 특별한 편의를 제공하여 종업원이 자사 주식을 취득·보유토록 추진하는 제도라고 할 수 있다.

---

21) 박세일, 『노사협의제연구—문제점과 개선방향』, 서울: 한국개발연구원, pp. 85-89.

따라서 이 제도는 ① 투자자가 자사의 종업원이고, ② 투자대상이 자사주식이며, ③ 회사가 이를 위하여 어떠한 제도적인 지원책을 마련하여 제공한다고 하는 세 가지 점에서 그 특징이 있다.

이와 같은 종업원 지주제도는 다음과 같은 요건을 구비하여야 한다.

첫째, 회사의 경영방침으로 종업원에게 자사 주식을 보유토록 추진하는 것이다. 즉 종업원이 독자적으로 자기의사에 의하여 자사 주식을 구입한 경우에는 그 종업원이 주식을 소지하고 있다할지라도 이를 종업원지주제도로 볼 수는 없다.[22)]

둘째, 회사가 특별한 편의를 제공하여야만 하나의 제도로 될 수 있다. 즉 자사 주식을 취득함에 있어서 회사가 자금을 보조하거나 구입자금을 대부하거나 증여를 해야만 종업원지주제도가 성립한다([그림 7-2 참조]).

그림 7-2. 자사 주식 취득에 따른 회사 편의의 종류

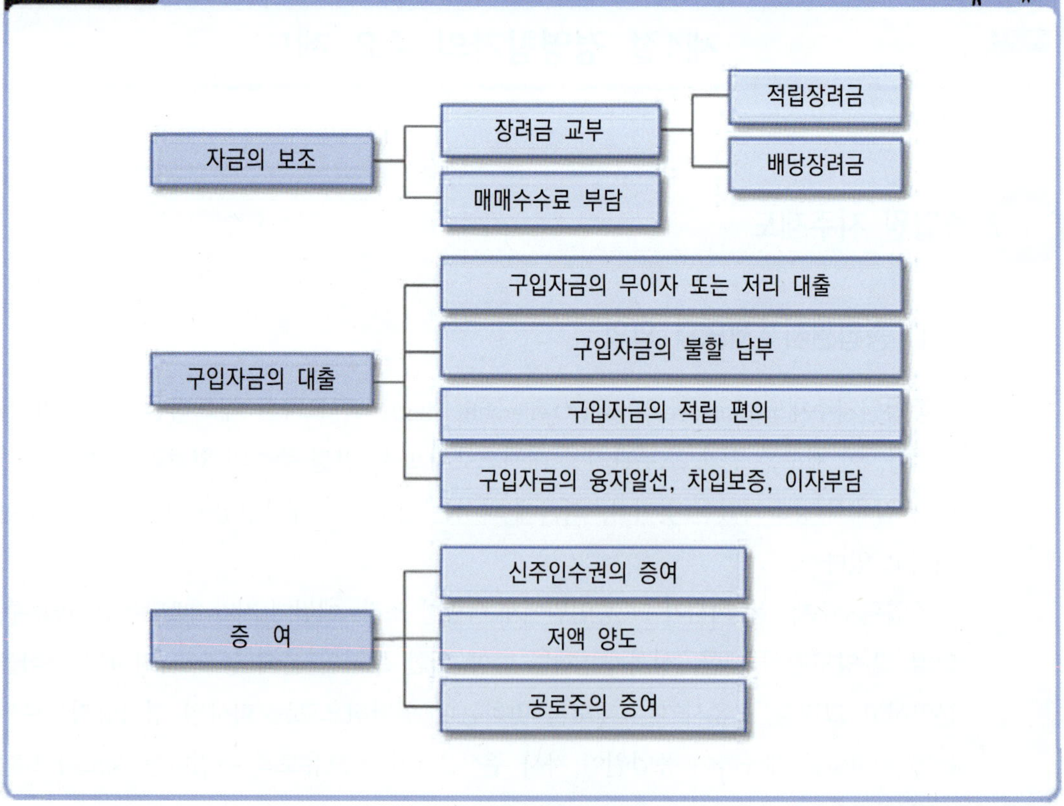

22) 山上一夫, 従業員持株制度(東京: 日本經營出版會), pp. 1-5.

셋째, 자사주식의 취득 및 그 장기보유를 목적으로 하는 것이어야 한다.

넷째, 자사주식의 취득·보유가 일시적인 것에 그치지 아니하고 자사 주식 투자회사 같은 항구적인 것이어야 한다.

사실 종업원지주제도는 18세기 말 영국의 한 광산회사에서 실시한 종업원 이익참가제도를 효시로 하여 그 후 서독에서는 근로자의 재산형성 목적으로, 미국에서는 경영민주화 사상의 고양으로 크게 발전을 보았다. 한때 미국에서는 1930년대 불경기로 이 제도가 크게 위축된 적이 있었지만, 제2차 세계대전 이후 퇴직소득보장법과 감세법의 제정, 종업원지주신탁회사의 설립 등을 추진하면서 급속한 발전과 더불어 보급이 확산되었다.

2) 종업원지주제도의 목적

종업원 지주제도의 목적은 미시적인 개별기업차원에서 제시되는 경영목적과 거시적 차원에서 제시되는 사회적·정치적 목적을 들 수 있다.[23)]

(1) 경영적 목적

이는 종업원지주제도의 가장 중심적인 목적으로 한편으로는 경영상 유대관계 강화측면에서 기업 내적으로는 종업원의 성취동기를 유발·향상시켜 유능한 인재를 확보하고 또 기업 외적으로는 기업의 대외적 PR의 촉진을 가져오며, 다른 한편으로는 경영상 자금조달 강화측면에서 자기 금융적 성격의 양질의 자본조달을 용이하게 하는데 그 목적이 있다.

(2) 사회적 목적

산업화의 진전과 더불어 고도 경제성장을 경험하면서 사용자와 근로자간의 대립과 갈등은 심화되어 왔다. 이들 양자 간의 대립과 갈등을 완화·해소시켜 사회적 안정을 기여하는 것이 종업원지주제도의 또 하나의 목적이다.

종업원지주제도는 다음 두 가지 기능 면에서 사회적 안정목적에 기여하고 있다.

첫째, 생산요소로서의 노동(근로자)과 자본(사용자) 사이에 긴장과 갈등을 해소시켜 노사간의 갈등관계를 협력관계로 전환시킨다.

둘째, 근로자의존립기초를 개선시켜 줌으로써 그들의 경제적 활동무대를 확대시키

23) 최종태, 전게서, pp. 142-156.

는 기능을 수행한다.

따라서 종업원지주제도는 근로자의 재산형성 목적에 기여함으로써 이를 통하여 근로자의 독립성과 존립기초를 확고히 하고 경제적 활동영역을 확대시켜 사회적 안정을 이룩하는데 이바지한다고 볼 수 있다.

(3) 정치적 목적

종업원지주제도는 근로대중의 기업 자본에의 참여를 통해 사회질서와 시장경제시스템을 정착시키고 개인의 자유를 실현시킬 수 있는 사회·정치적 목적에 기여하게 된다. 그리고 완전고용정책에서 야기되는 임금상승에 의한 물가상승 자극을 억제시켜 줄 뿐만 아니라 총체적인 국민 경제적 생산과 분배를 유효적절하게 결합시켜 국민경제의 균형적 발전에도 기여할 수 있게 작용한다.

3) 종업원지주제도의 효과

종업원지주제도를 도입함으로써 얻게 되는 효과를 살펴보면 다음과 같다.

(1) 기업 측의 효과

첫째, 기업과 종업원의 공동체의식을 고양하고 조직성과를 증대시킨다. 종업원이 자사의 주식을 소유함으로써 주인의식을 강화시킬 수 있는데 이러한 주인의식은 회사의 이익과 자신의 이익에 대한 일체감으로 인하여 ① 종업원의 애사심 함양, ② 노사협조의 증진, ③ 근로의욕의 증진과 생산성 향상, ④ 종업원의 이직방지, ⑤ 기타 회사의 보안의 촉진 등에 큰 효과를 발휘하게 된다.

둘째, 장기안정주주를 확보할 수 있다.

셋째, 주가안정에 기여할 수 있다.

넷째, 자본조달의 수단이 된다.

다섯째, 세제상의 혜택을 볼 수 있다.

여섯째, 노사관계 개선의 효과를 가져 온다.

일곱째, 경영성과를 증진시킬 수 있다.

(2) 종업원 측의 효과

첫째, 소액자금으로 자사 주식투자가 가능하다.

둘째, 투자자금의 지원과 혜택을 받을 수 있다.

셋째, 자사 주식투자를 간편하게 할 수 있다. 자사 주식구입을 위한 자금의 적립은 매월 월급에서 공제하여 축적할 수 있고, 자사주식의 구입과 관리는 우리사주조합에서 일괄하여 책임지고 집행함으로써 개개 종업원은 구입자금의 적립문제나 주식투자에 관한 번잡한 절차를 피할 수 있다.

넷째, 재산증식의 유용한 수단이 될 수 있다.

다섯째, 투자에 따른 위험을 감소시킬 수 있다.

4) 종업원지주제도의 형태

(1) 임의주식 구입제도

종업원이 자기자금에 의해 자사 주식을 취득하는 것으로, 회사에서는 자금의 분할납입 및 시가보다 저렴한 가격으로 제공하는 등의 특혜를 준다.

일찍이 독일에서는 종업원지주제도를 국가적인 관점에서 지원하고 있다. 즉, 1969년 이후 상법과 세법을 개정하여 종업원지주제도를 위한 자사주 보유를 발행주식의 10%까지 인정하고 시가보다 저렴한 가격으로 제공하는 것을 인정하고 있다.

임의주식 구입제도의 장점은 운영비용이 절약되고, 자금사정에 따라 매입한도가 임의로 조정될 수 있다는 점이다. 또한, 단점으로는 종업원의 재력 한계 때문에 실제로 큰 기대를 걸 수 없으며, 종업원은 출자자 자격으로만 인정하여 참가시킴으로써 진정한 의미에서 노사협조를 기대할 수는 없다.

(2) 저축 장려제도

종업원으로 하여금 그들의 급료에서 일정액을 공제하거나 또는 기타의 방법으로 계속 저축을 행하게 하여 이것을 자사주에 일정비율로 투자토록 하는 것이다.

이제도의 특색은 종업원의 저축에 비례하여 장려금이나 무상주를 배분해 주는 데 있다. 이 경우 종업원이 저축을 계속하는 기간은 대개 5년 정도이며, 만약 이 기간이 경과하기 전에 탈퇴하면 회사로부터 받은 장려금이나 무상주는 반환하여야 한다.

그리고 저축 장려제도가 갖는 장점은 다음과 같다.

첫째, 회사와 종업원이 공동투자형태로 된다.

둘째, 참가기간이 장기간이 된다.

셋째, 저축액과 투자방법을 종업원이 자유로 선택할 수 있다.

넷째, 회사가 종업원의 장기적 복리증진에 깊은 관심을 갖고 있다는 표시가 된다.

다섯째, 종업원의 애사심을 함양한다.

그러나 이 제도는 회사 측에서 보면 장려금 또는 무상주 지급 등 높은 비용이 발생되는 단점도 있다.

(3) 이윤 분배제도

이익분배제도 또는 이익참가제도라고도 한다. 회사가 발생한 이윤의 일부를 종업원에게 분배하고, 이를 공로주(功勞株) 또는 종업원의 명의형식으로 저축하여 자사 주식을 취득하게 하는 제도이다. 이 제도는 임의주식구입제도나 저축 장려제도와는 달리 자기 자금을 필요로 하지 않는다는 것이 특징이다. 따라서 진정한 노사협조에 큰 기대를 걸 수 있다. 이 제도의 장점을 정리해 보면 그 내용은 다음과 같다.

① 종업원의 자금 부담을 요하지 않는다.

② 종업원의 애사심을 함양한다.

③ 장기간 적립하게 되면 퇴직금의 대체효과가 나타난다.

그리고 이 제도의 단점은

① 기업이익을 분배하는 것이기 때문에 수익력의 안정성이 요구된다.

② 종업원에 대하여 과세문제가 발생한다.

5) 종업원지주제도의 문제점

앞에서 살펴본 바와 같이 종업원지주제도는 경영 및 사회정책상 많은 이점을 가지고 있지만 다음과 같은 몇 가지 문제점도 있음을 간과해서는 안 된다.

(1) 기업 측에서 본 문제점

첫째, 회사 내에서 자사 주식을 소유하고 있는 종업원과 소유하지 않은 종업원간의 분열과 갈등이 조장되어 오히려 생산성 향상을 저해하는 요인이 될 수도 있다.

둘째, 주식보유를 통한 종업원의 경영참여 확대로 경영자의 지위안정에 역효과를 가져온다.

셋째, 종업원지주제도의 실시로 주식 수가 늘어남에 따라 1주당 가격이 희석될 우려가 있다.

(2) 종업원 측에서 본 문제점

첫째, 임금과 저축의 양면으로 회사에 의존하는 결과가 되어 노동조합의 회유 내지 분열책으로 이용될 수 있다.

둘째, 퇴직·이직 시에 자사 주식을 회사에 다시 팔고자 할 때 회사에 여유자금이 부족하면 제때 이직하기가 어려워진다.

셋째, 주식 가격이 하락할 때는 재산형성에 역효과를 가져와 고용관계가 불안해질 염려가 있다.

6) 우리나라의 종업원지주제도

우리나라에 종업원지주제도가 처음 소개된 것은 1950년대 후반부터지만, 이 제도가 본격적으로 기업에 도입되기 시작한 것은 기업공개의 확대실시와 더불어 1970년대 중반부터이다.

(1) 초기단계

1968년 11월 22일 「자본시장육성에 관한 법률」이 제정되면서 우리나라에도 종업원지주제도가 처음으로 도입되었다. 당시 정부는 자본시장을 육성하고 국내저축을 증대함은 물론 자본과 경영의 분리에 의한 기업의 건전화를 위하여 '자본시장육성에 관한 법률'을 제정하고 종업원들에게 자사 주식을 매입하도록 유도하였다. 그러나 당시 우리나라 기업의 형태는 주식회사라고는 하나 폐쇄적·형식적 형태였으며 대부분 혈연관계를 중심으로 기업의 경영권이 집중되어 있었다.

1972년 12월 동법이 개정되고 또한 함께 제정된 「기업공개촉진법」에서도 종업원지주제도를 보다 보완, 발전시키려는 제도적 조치가 있었지만 법률의 규정 외에는 구체적인 실시방법이라든가 기업의 자발적인 도입·실시를 유도할 수 있는 여건 등이 충분히 달성되어 있지 못하였다. 따라서 종업원지주제도는 입법적으로만 도입되었을 뿐 현실적으로는 이 제도를 도입한 기업체는 거의 없었다.

(2) 후기단계

우리나라에서 종업원지주제도가 본격적으로 보급되기 시작한 것은 1974년에 들어서이다. 즉 1974년 5·17조치에 의하여 정부는 각종 조세 및 금융상의 혜택을 주면서 기업공개를 강화하는 한편, 우리사주조합의 결성을 중심으로 종업원지주제도를 적극적으로 확대·보급시켰다. 보다 구체적으로는 1974년 5월 29일「기업의 공개와 건전한 기업풍토 조성을 위한 대통령특별지시」에 따른 자본시장 수용태세의 보완시책으로 동년 7월 13일「종업원지주제도 확대 실시방안」이 발표되었는데, 이 방안에서 종업원지주제도의 추진방법과 이에 대한 지원책 등이 구체화됨에 따라「우리사주조합」이 본격적으로 조성되기 시작했던 것이다.

1987년에는 정치, 경제, 사회적 여건의 변화와 함께 근로자의 욕구도 질적으로 변화되고 다양화됨에 따라 근로자의 주인의식을 제고하고 기업이익에의 참여를 가능하게 하며 재산형성을 촉진하기 위하여 근로자의 자사 주식 소유를 확대하고자 동년 9월 1일「종업원지주제도의 확충방안」이 마련되었다. 이에 따라 우리사주조합원에 대한 주식의 우선배정비율 및 금융·세제상의 지원이 확대되었다.

그러나 종업원소유주식의 대외유출 등 종업원지주제도가 본래 의도한 성과를 달성할 수 없게 됨에 따라 1988년 6월 22일에는 주식의 장기보유 유도, 우리사주조합의 건전한 운영 등을 내용으로 하는「종업원지주제도 개선방안」이 마련되었다.

우리나라에서는 종업원으로 구성되는「우리사주조합」을 결성하여 종업원지주와 관련된 사무를 조직적으로 관리하도록 하고 있는데, 우리사주조합은 자기회사의 주식투자를 목적으로 조직된 종업원의 자율적인 투자모임이라 할 수 있다.[24)]

공개기업은 물론 비공개기업에서도 우리사주조합을 결성할 수 있으며 이는 종업원의 복지증진을 위한 자율적인 단체이기 때문에 가입과 탈퇴는 자유롭다.

한편, 우리사주조합이 결성되면 종업원들은 매월 급여액의 일정액을 적립·저축하여 주식매입에 충당하게 되며 주식매입은 공동구입 형태를 취하게 된다. 아울러 정부는 종업원이 자사 주식을 구입하는 경우 각종 금융·세제상의 지원을 하고 있다.

그리고 최근에는 공개매수방어책의 하나로 공격의 대상이 되기 쉬운 회사 주식의 상당부분을 우호적 제3자에 이전하기도 한다. 여기서 말하는 우호적 주주란 공개매수쟁탈전이 전개될 경우 경영진의 편에 서리라고 기대하는 종업원을 뜻한다.

만일 종업원지주제도가 적대적 공개매수이후 설립되거나 변경된 경우에는 종업원지주제도 충실의무자는 신주를 발행하거나 공개시장에서 주식을 재매수하거나 위임장

---

24) 김형배, "종업원지주제도와 노동주제도에 관한 연구", 노동문제논문집, 제6집(고려대학교 노동문제연구소), p. 21.

쟁탈전에서는 그 주식의 의결권행사를 하지 못할 것이다. 왜냐하면 그런 종업원지주제도는 '종업원의 배타적 이익(exclusive benefit)'이 되지 않기 때문이다. 그러나 만일 적대적 매수 이전에 수립된 종업원지주제도가 종업원에 대한 일괄 보상 프로그램의 한 부분일 때에는 신주나 주식 재매수는 매우 적극적인 지지를 받을 것이다.

2. 스캔론 플랜

1) 스캔론 플랜의 의의

스캔론 플랜(Scanlon Plan)은 1937년 미국 철강노동조합의 지역조합장이었던 스캔론(Joseph Scanlon)이 자신이 근무하던 철강회사에서 비용절감을 위하여 처음으로 계획·실시하였던 제도이다.

이 제도는 조직체수준의 집단인센티브제로써 오늘날 가장 대표적인 이익참가 모델로 손꼽히고 있다. 스캔론은 생산성향상을 노사협조의 결과로 보고 매출총액에 대한 인건비 절약 분으로써의 이윤을 상여금으로 종업원들에게 배분하는 이익분배제도를 실시하였다. 1947년 이후 미국의 많은 기업체들이 이 제도를 도입하여 성과를 거두어 왔으며, 이에 따라 스캔론 플랜의 기본원리는 현재 미국을 비롯한 여러 나라 기업에서 활용되고 있다.

스캔론 플랜은 종업원의 참여를 원동력으로 해서 기업 혹은 전체 공장을 하나의 팀으로 보고, 팀워(team work)을 창출하여 노·사간의 협조를 증대시켜 산업평화를 유지하고 인건비 절감에 의한 생산성향상을 주된 목표로 하였다.

스캔론 플랜의 원형은 기업 또는 공장의 전체종업원을 대상으로 하지만, 생산직 종업원 또는 일정수준의 관리 층까지의 종업원만을 그 대상으로 하여 적용되기도 하고, 종업원의 참여는 노조가 결성되어 있지 않는 기업체도 널리 이루어지고 있다.

2) 스캔론 플랜의 배경

미국의 한 철강회사 경리사원으로서 철강노동조합의 조합원이었던 스캔론은 1936~1937년에 철강노조의 조직부장이 되자 그의 동료 대부분을 노조운동에 결속시키는데 성공했다. 그는 임금인상의 요구나 노동시간의 단축 같은 투쟁적인 노조운동의 전개에는 한계가 있다는 것을 알았다.

1930년대 세계적인 경제공황으로 미국경제가 전반적으로 위기에 봉착해 있었다. 따라서 노조가 기업과 대립상태에서 노동운동을 계속하다가는 기업이 도산할 가능성이 많고, 또 그렇게 되면 근로자들이 직장을 잃고 실업자가 될 수밖에 없음은 자명한 일이었다.

여기서 스캔론은 노조가 기업과 대립・투쟁하기보다는 협상을 통한 노사관계개선으로 난국을 타개할 수 있다고 보고 철강회사의 사장으로 하여금 노조중앙회를 방문하도록 설득하여 난국타개를 위한 노조와의 공동협력의 길을 모색하도록 하였다. 여기에서 스캔론은 '노사생산성계획'을 전개시켰는데 이는 제안제도를 통해 모든 종업원의 지식을 총동원하여 활동한다는 것이다. 이로 인해서 기업은 위기를 극복할 수 있었고, 나아가 이익을 창출할 수 있었으며, 그 이익의 일부는 노동자에게 상여금으로 지급되었던 것이다.

이와 같은 성공이 세상에 알려지자 비슷한 상황에 있던 여러 회사들도 공동생산성향상에 이 제도를 도입하기 시작했으며 스캔론은 노동중앙회에 발탁이 되고 거기서 조사 및 생산엔지니어링 부분 책임자로 승진되었다.

스캔론 플랜은 근로자 참여에 바탕을 둔 노사협력에 의한 생산성향상으로 불황기에 파산위기에 처했던 기업을 회생시켰을 뿐만 아니라, 나아가 경제사정이 호전된 후 1944년에 성과측정의 표준으로써 판매 가치에 대한 인건비 총액의 비율을 개발하여 보다 세련된 계획을 아담슨회사(Adamson Company)와 라포인트회사(Lapoint Machine Tool Company)에 적용하여 성공을 거두었다. 이에 따라 스캔론 플랜은 호황기에 적용해도 생산성을 향상시킬 수 있다는 것이 입증됨으로써 스캔론의 이름과 아이디어는 널리 알려지게 되었다.

그리고 맥그레거(D. McGregor)의 권유로 M.I.T대학 교수로 자리를 옮겼고, 그가 M.I.T 대학에 재직하는 10년 동안 그의 주도로 스캔론 플랜 회의(Scanlon Plan Conference)가 열렸다. 1956년의 한 연구에 의하면 그 당시 60여 종류의 스캔론 플랜이 실시되었다고 한다.

스캔론은 근로자와 사용자의 관계에 다음과 같은 뚜렷한 철학을 갖고 접근했다.

첫째, 항상 미래를 지향해야 한다.

둘째, 동료에 대한 변함없는 신뢰감을 가져야 한다.

셋째, 집단의 힘은 개인의 힘의 합보다 훨씬 크다는 것을 염두에 두어야 한다.

넷째, 인간이란 것은 타인과의 접촉을 통해서 비로소 한 몫을 할 수 있다는 것을 염두에 두어야 한다.

다섯째, 인간은 자율, 자기개발, 자기통제의 능력을 가지고 있다는 것을 잊어서는 안 된다.

스캔론은 이러한 기본적인 철학으로 노사관계에 혁신적인 협력의 체계를 발전시킬 수 있었다. 이러한 협력의 체제를 발전시켜 나가는 전개과정에서 다음과 같은 조치가 필요하다고 하였다.

① 노사협조가 잘 되도록 하기 위하여 노사협조의 범위를 결정하고 이를 위한 기구(생산위원회와 심사위원회)를 만들 것.

② 이러한 협조의 효과를 객관적으로 측정하는 척도로써 정밀하고 현실적인 공동목표를 설정할 것.

③ 기업의 업적에 대한 전반적인 공헌에 보답하기 위하여 심리학적으로 보다 적절한 보수제도(금전적 · 비금전적)를 설정할 것.

이러한 세 가지 기초를 설정하여 스캔론 플랜을 실시하는 회사는 새로운 생활태도를 채득하게 되는 것이나, 그것에 이르는 과정은 안이한 것이 아니며, 그것을 수득(修得)하는 데는 쓰라린 경험을 해야 한다는 것은 두말할 나위가 없다.

3) 스캔론 플랜의 특징

스캔론 플랜은 노사협력에 따른 생산성을 높이기 위하여 종업원의 참여의식을 높이고 지식을 총동원할 수 있는 새로운 형태의 제안제도와 협력의 결과로 얻어진 절약 분을 배분시키는 보너스(bonus)제도의 두 가지 특징으로 나누어 볼 수 있다.

(1) 제안제도

스캔론의 기본 사고는 노사협력에 있으므로 제안제도 역시 기업의 생산성향상을 도모하기 위한 노사협력의 방안으로써 전통적인 제안제도와는 그 성격을 달리한다. 즉 전통적 제안제도는 개인중심이지만 스캔론 플랜에서는 개인중심이 아니고 조직성원들의 협력에 초점을 둔 집단중심이다. 경험에 있어서도 기업내부의 경쟁보다는 외부경쟁에 주의를 기울이고 따라서 집단의 팀워크가 강조되며 어떠한 사람의 제안으로부터도 집단전체가 이익을 공유하도록 한다. 즉 전통적 제안제도는 종업원 개인의 아이디어에 중점을 두어 개인에게 보상을 하지만, 스캔론 플랜에서는 집단이 보상을 받는다. 스캔론은 개인 인센티브제는 집단을 희생시키는데 반하여 집단 인센티브제는 건설적인 협조에 기여한다고 생각한 것이다.

이러한 집단중심적인 스캔론 플랜의 제안제도는 생산위원회(production committees)와 상위레벨의 적격심사위원회(screening committee)를 중심으로 운영된다.

먼저 생산위원회는 각 부문의 장과 부분의 구성원이 뽑은 대표들로 구성되고, 매월 최소한 2회 이상 소집되며 구성원들의 대표가 가져온 제안을 토의한다. 이 위원회는 종업원들의 활용되지 못하고 있는 독창력과 상상력을 활용하는데 그 목적을 두고 생산성 향상, 품질개선, 낭비감소, 조직의 운영방법의 개선 등에 대한 종업원의 제안을 개발하고 심사한다. 이 위원회는 생산비에 대한 종업원의 이해를 촉진시키고 이와 관련된 정보를 모든 종업원에게 알리기도 한다.[25] 부문의 장이 제안에 동의하고 또한 그것이 실시허용범위내의 것이면 그 제안은 곧 효력을 발생하게 된다. 그리고 제출된 모든 제안은 채택여부에 관계없이 회의록에 기재되고 이는 보다 상위의 기구인 적격심사위원회로 넘어가게 된다.

한편, 적격심사위원회는 기업경영층의 대표와 동 수의 종업원 대표로 구성된다. 매월 1회 개최되는 회의에서 경영성과와 보너스(bonus) 결정에 대한 토의를 하며, 월별 보너스(bonus) 발표 시에는 토의된 매출액과 원가의 변화상황을 포함하여 알린다. 생산위원회의 회의록을 사전에 검토할 뿐만 아니라 생산위원회 수준에서 채택되지 않았거나 실행될 수 없는 사항들을 논의한다.

(2) 상여금제도(bonus plan)

스캔론은 상여금을 노・사간의 공동노력으로 이루어진 산물로 보고 그의 배분에 양자 모두를 참여시켜야 한다고 하였다. 그는 상여금 배분의 전제가 되는 경영성과의 측정기준을 생산제품의 판매 가치에 두고 있다. 기준급여액(허용 노무비율: allowed labor cost ratio)의 산정은 과거 몇 년간의 임금지급총액과 그 기간에 생산된 경영성과로서 판매 가치 총액의 평균비율을 계산하여 적용하게 된다. 그리고 상여금의 배분은 다음과 같은 방법으로 계산하였다.

첫째, 일정기간 동안의 기준노무비율을 산정 한다. 기준노무비율은 노무비 절약 분을 산정 하는 기준이 되는데, 일정기간 동안의 생산물의 판매가치(sales value of

---

25) Richard I. Henderson, *Compensation Management : Rewarding Performance*, 3rd ed., (Reston, Virginia : Reston Publishing Co., Inc.), p. 362.

production)에 대한 총 노무비(total labor cost)의 비율이다.

기준비율의 결정은 노・사간의 합의에 의하여 이루어지고, 신기술의 도입이나 생산공정의 변화, 기타 판매가격의 인상 등으로 이에 중대한 변화가 있게 되면 기준비율을 다시 수정하게 된다.

둘째, 매출액에 재고품(changes in inventory)이나 반입품(returned goods)의 가격을 가감하여 매월의 판매 가치를 계산하고 이를 노사협조의 결과로 이룩된 경영성과로 본다. 그리고 이 같은 성과를 달성하기 위하여 실제로 지급된 매월의 실제노무비 총액을 계산한다.

셋째, 앞에서 계산된 해당 월의 판매 가치에 기준노무비율을 곱하여 산출한 기준 노무비에서 실제노무비 총액을 차감 하여 노무비 절약 분, 즉 상여금을 산정 한다.

넷째, 노무비절약분의 배분은 회사의 재정 형편에 따라 다르겠지만 일반적으로 실제노무비총액이 기준 노무비 총액을 초과할 경우를 대비하여 25%는 적립금으로 보유하고 나머지 75%는 종업원과 회사에 각기 75%와 25% 즉 3:1의 비율로 배분한다. 그리고 개별 종업원에 대한 배분액은 노무비총액에 대한 상여금 총액의 비율을 구해서 이를 각 개인의 월 급여액에 곱하여 결정한다. 그리고 결손 월을 대비해 적립된 유보금액은 연말에 가서 역시 상여금으로 지급된다.

이상과 같은 상여금 배분방법을 간단히 예를 들어 설명해 보면 다음과 같다.

기준 노무비율 40%, 판매가치 1,000만원, 노무비 300만원이라고 가정한다면, 기준 노무비는 400만원이 되고 노무비 절약 금액은 400-300=100만원이 된다. 이렇게 계산된 100만원 중에서 25%인 25만원은 적립금이 되며, 나머지 75만원의 75%인 562,500원이 노무비절약 분으로 전체 종업원에게 상여금으로 배분된다.

이와 같이 스캔론 플랜의 상여금 산출 공식은 생산물의 판매 가치와 노무비와의 관계에 기초를 두고 있어 모든 종업원들이 쉽게 이해할 수 있다는 점이 가장 큰 쟁점이다. 그리고 전통적인 이윤분배제도가 분배의 기준인 이윤의 성격이 복합적이기 때문에 종업원의 노력과 노동성과 및 보상의 관계가 불명확한데 비해서 스캔론 플랜은 노동성과로서의 노무비절약분이라는 명확한 기준에 의하여 보상이 제공되어 노동성과와 보상이 직결되고 또한 성과의 배분도 전통적인 이윤분배제도에서는 결산기에 연1회~2회 정도 실시되는데 반하여, 스캔론 플랜에서는 보통 1개월마다 계산되어 지급되기 때문에 임금의 동기부여요인으로서의 작용도 커서 인센티브효과가 여타의 이윤분배제도보다 크다고 할 수 있다.

4) 스캔론 플랜의 효과

스캔론 플랜은 협조적인 노사관계를 구축하고 생산성을 향상시키는 등의 긍정적인 효과를 기업에 가져다준다. 스캔론 플랜을 실시한 10개회사를 연구한 결과에 의하면 첫 2년 동안에 10.3%39.2%, 평균 23.1%의 생산성 향상이 있었으며[26] 이 외에도 종업원들의 고정이 크게 감소되었고, 종업원들의 제안의 활성화와 상여금 배분에 따른 동기부여효과 등이 있었던 것으로 밝혀졌다.[27] 그리고 Parker Pen회사와 Atwood기계회사에 대한 사례연구에서는 이 제도 하에서 종업원은 기업의 복리에 폭 넓은 관심을 갖게 되었고 또한 변화와 개선을 쉽게 수용하였으며, 경영자는 모든 근로자에게 돌아갈 이익을 개선하는데 질과 효율성을 강조할 수 있었던 것으로 나타났다.

스캔론 플랜을 실시한 기업체에 대한 사례연구에서 나타난 구체적인 효과를 보면 다음과 같다.

① 종업원들이 유용하고 원가절감을 가져올 아이디어들을 자발적으로 제안하려고 노력한다.

② 종업원들이 기술변화에 대한 수용성이 증대되었고, 새로운 설비와 작업방법을 기꺼이 활용하려고 노력한다.

③ 종업원들이 작업태만에서 벗어나 작업속도 및 작업분위기를 개선하였다.

④ 종업원간의 상호협력이 증대되고 보다 나은 작업방법에 관한 지식을 기꺼이 공유하려고 한다.

⑤ 종업원들이 품질에 대한 관심이 증가하였다.

⑥ 종업원들이 회사의 능률증진에 조력하기 위하여 승진・이동 등에 있어서 연공서열 조항을 탄력적으로 운영을 한다.

⑦ 종업원들의 초과노동시간이 감소하였다.

⑧ 종업원이 효율적 경영을 강조한다.

⑨ 보다 현실적인 단체교섭이 이루어질 수 있었다.

⑩ 종업원들의 고정(苦情)이 감소하였다는 등의 효과가 있는 것으로 밝혀졌다.

---

26) Elbridge S. Pucker, "Productivity Achievement-A Measure of Success", in Lesient, (ed)., *op. cit.*, pp. 112-115.

27) A. J. Gear, "Productivity From Scanlon-Type plans", *Academy of Management Review,* Vol. 1, No. 2, pp. 101-102.

5) 스캔론 플랜의 적용상의 문제점

스캔론 플랜은 다음과 같은 적용상의 문제점을 갖고 있는 것으로 생각된다.

첫째는 상여금 산정의 문제이다. 스캔론 플랜에서 경영성과 측정의 기준이 되고 있는 판매가치는 측정이 쉽고 단순한 반면, 모든 기업화동에 있어 판매가치만이 유일한 기준이 될 수는 없다. 왜냐하면 경영성과에 대한 측정도구는 각각 상황에 따라 적절히 조정될 필요가 있기 때문이다.

둘째는 적용상의 경영규모문제이다. 그 동안 이 제도는 비교적 규모가 작은 기업체에서 활용되어 왔다. 따라서 대규모의 조직에서 적용상의 유용성을 기대하기란 어렵다. 특히 고도로 자동화된 상황이나 기술이 너무 발전하여 개선과 발전의 여지가 거의 없는 상황에서는 적용상의 애로를 갖게 된다.

셋째는 경기변동시의 문제이다. 스캔론에 대한 비판자들은 이 제도는 심각한 경제적 불경기 속에서 그 효능을 발휘한다고 결론짓고 호황기 때에는 그렇지 못할 것이라고 한다. 즉 이 제도의 적용에서 나타나는 노・사간의 협력관계는 오로지 기업이 위기에 처해 있을 때, 기업이 도산하게 되면 근로자들이 직장을 잃어버릴지 모른다는 위기감에서 나타난 결과라는 것이다.[28)]

그러나 경기침체기가 지난 다음 호황기에는 스캔론 플랜의 성공사례들이 보고되자 스캔론 플랜의 유효성이 입증되었다. X・Y이론으로 유명한 맥그레거(D. McGregor)는, 스캔론 플랜은 근로자의 물질적인 필요뿐만 아니라 자아실현 및 사회적 협력에 대한 욕구충족의 필요성에서 더욱 중요하다고 하면서 스캔론 플랜의 유효성을 강조하였다.[29)]

6) 성공적인 스캔론 플랜의 선행요건

스캔론 플랜이 성공적인 효과를 거두기 위해서는 다음과 같은 조건들이 선행되어야 할 것이다.

첫째, 최고경영층과 노동조합 최고 지도자들의 공동목표달성에 대한 정신적 지지와 적극적인 참여가 있어야 한다.

둘째, 경영자와 노동조합 및 근로자간의 상호신뢰가 형성이 되어야 한다.

셋째, 상호 이해와 수용을 확실히 하기 위한 주의 깊은 계획과 제도의 도입이 필요

28) 최종태, 전게서, p. 105.

29) D. McGregor, *The Human Side of Enterprise*(McGraw-Hill Inc.), p. 120.

하다.

넷째, 이 제도의 운용을 위한 모든 당사자들의 진지하고도 근면한 노력이 필요하다.

다섯째, 모든 수준에서 노조간부, 종업원, 경영자들의 생산문제에 대한 광범위하고도 실제적인 참가가 이루어지고 또한 모든 당사자들이 건설적이고 협조적인 문제해결에 따르는 책임을 맡아야 한다.

사례연구의 결과는 스캔론 플랜은 안정적인 제품라인과 원가-가격비율, 효율적인 감독, 협조적인 노사관계, 최고경영자의 적극적인 관심과 참여, 특히 종업원으로부터의 비판을 수용하고 회사의 문제를 의논할 경영자의 의지가 있는, 소규모 조직에서 가장 성공적이었음을 보여주고 있다.

이상과 같은 스캔론 플랜은 생산성 향상과 성과배분의 공정화, 나아가 근로자들의 진정한 참가를 통한 고차적 욕구도 어느 정도 충족시켜줄 수 있는 제도라는 점에서, 오늘날처럼 근로자들의 경제적 욕구와 정신적 욕구가 봇물처럼 분출하는 한국의 노사관계에 있어서 생산적이고 협조적인 노사관계를 지향하는 하나의 모델로써 그 가치는 높이 평가될 수 있을 것이다.

3. 노사공동의사결정제도

1) 노사공동의사결정제도의 개념

노사공동의사결정제도는 산업민주주의를 실현하기 위한 제도로써 기업경영의 의사결정이 노사공동으로 이루어지는 경영참가방식을 말한다. 다시 말해 근로자 또는 노동조합 대표가 경영에 참가하여 의사교환 및 문제의 제기 뿐만 아니라 경영에 공동결정을 하는 모든 경영행위를 하는 것으로 대표적인 모델은 독일의 공동의사결정제도이다.

특히, 공동체원리를 기반으로 한 공동의사결정방식은 영국이나 미국의 단체교섭방식과는 대조적인 것이어서 노동조합을 경영과 대립된 힘으로 보지 않고, 노조가 경영에 참가하여 의사결정의 권리와 책임을 지는 경영참가의 형태라는 데 특색이 있다. 따라서 산업민주주의의 대표적 모형이라고 할 수 있다. 그러나 이 제도를 실현하는 데는 많은 문제가 제기되어 독일 이외의 국가에서는 경영참가제도의 실험적 형태로만 실시되고 있다.

2) 노・사공동의사결정제도의 기본사상

독일의 노사공동의사결정제도는 영국과 미국의 단체교섭제도와는 반대되는 독특하고 유일한 기본사상을 가지고 있다. 구체적인 내용을 살펴보면 다음과 같다.

첫째, 노동조합의 활동영역이 기업의 경영층 내부에 있다고 생각한다.

둘째, 노조와 경영자 사이에는 대립관계가 아니라 노조가 경영층과 함께 기업을 대표한다는 사고이다.

셋째, 의사결정은 산업별 노조대표와 산업별 기업가대표 사이에 이루어지는 것을 신뢰한다.

넷째, 기업에 불행이 닥쳐왔을 때 노동조합도 책임을 진다는 근로자의 사회적 책임이 존재한다.

다섯째, 경영정책을 결정하는 데는 반드시 노조대표가 참가함으로써 이루어진다는 경영층의 생각이다.

이상과 같이 노동조합이 경영층의 대립・투쟁세력이 아니라 공동체의식을 지닌 독일의 노사관계를 보면서 세계적 노사관계 전문가들은 이를 친권적인 노사관계 형이라고 명명하고 있다.

3) 노사공동의사결정제도의 구조와 기능

(1) 감가역회의 기능

공동의사결정의 가장 핵심적인 기능을 담당하는 기구가 바로 감사역회이다. 여기서 기업의 전략적 경영의사결정이 이루어진다. 독일의 기업조직은 감사역회라는 최고의 사결정기구가 경영을 담당하는 이사회 위에 있다. 이는 노사양측에서 동수의 비율로 구성한다.

따라서 독일의 주식회사 구조는 주주총회, 감사역회, 이사회(중역회)로 되어 있고, 이 세 기구의 기능과 권한은 법률로서 명확하게 규정되어 있다.

감사역회의 주요 업무는 ① 임기 5년의 이사의 선임, ② 주요 경영정책과 전략의 결정, ③ 경영에 대한 조사 및 평가 등이다.

(2) 감사역회의 구성

감사역회의 구성을 보면 그 내용은 다음과 같다.

〈표 7-5〉 감사역회의 구성

	구 성	특 징
공동결정법에 적용을 받는 광산 및 철강 기업	주주 측 5명 근로자 측 5명 중립 1명 총 11명으로 감사역회 구성	· 주주 측 5명 중 주주대표 4명, 이해관계 없는 중립주주 1명 선출 · 근로자 측 5명은 종업원 대표 2명, 노조대표 2명, 중립 1명 노조 선출
신공동결정법에 적용을 받는 대기업	· 종업원 1만명 미만 12명 · 종업원 1만명~2만명 16명 · 종업원 2만명 이상 20명	· 주주 측 대표 8명 · 근로자 측 대표 8명 (노조대표 2명, 선거인단에서 6명 선출)
경영조직법에 적용을 받는 중소기업	종업원 500~2000명 중소기업 · 주주 측과 종업원 측 비율 2대 1비율	· 주주 측의 권한을 크게 인정하고 있는 것이 특징

4. 노사협의제도

1) 노사협의제도의 개념과 의의

노사협의제(joint labor-management conference system)란 경영자와 근로자가 대등한 입장에서 노사쌍방이 이해관계가 대립되고 있는 생산・경영 등의 문제에 대해 의견을 나누며, 상호간의 이해를 깊게 하고, 경영자 측에 협조하는 제도를 말한다.

노사협의제에 대한 ILO의 정의에 따르면, "기업체의 양 당사자인 경영자와 근로자가 대등한 입장에 서서, 단체교섭에서 취급되지 않았거나 또는 근로조건의 결정을 위한 다른 제도에서 보통 취급되지 않은 사항으로서, 노사쌍방이 이해관계를 같이 하는 사항에 대하여 협의함으로써 서로의 이해를 두텁게 하고 상호협력 하는 기능을 갖는 제도"라고 하고 있다.

우리나라는 근로자참여 및 협력증진에 관한 법률(노사협의제도)에 의하면, "노사 협의회란 근로자와 사용자가 참여와 협력을 통하여 근로자의 복지증진과 기업의 건전한 발전을 도모할 목적으로 구성하는 협의기구"(근로자참여법 제3조 1항)라고 정의하고 있다.

결론적으로 노사협의제도는 근로자와 사용자가 참여와 협력을 통하여 노사공동의 복지증진과 기업의 영속적인 발전이라는 노사의 공동목표와 이해공통사항을 중심으로 협의하여 사용자의 경영권과 근로자의 노동권을 조화시켜 노사관계를 근대화하고, 기업경영의 합리화를 통한 생산성 향상을 목적으로 하는 제도로서 조직적인 대화의 한 방법이며, 경영참가제도의 일종이고, 산업민주주의를 실현하려는 소중한 노사관계기법의 하나라고 사료된다.

그러나 노사협의제도는 나라마다 또는 각 나라의 경제발전단계에 따라 상당한 차이를 보이므로 그에 관한 통일적인 정의를 내리기는 어렵다.

일반적인 의미에서 노사협의제도란 근로자가 경영조직상의 지휘·명령계통을 넘어서 기업의 경영상의 의사결정에 발언권을 가지는 경영참가의 한 방법이라고 할 수 있으며 널리 기업경영에 대한 근로자의 참가를 말한다.

선진국에서는 노사협의제가 근로자들이 기업경영에 참여하여 의사결정의 발언권을 가지는 경영참가의 한 방식으로 인식되고 있다. 처음에는 단체교섭사항이 아닌 단순한 정보를 교환하는 통지나 설명에 불과하였으나, 점차로 자문·공동협의 나아가서는 공동결정으로 진전하고 있었으며, 노·사간의 대대적인 협력관계를 목표로 하는 그 이상형의 경영참가제도로 유지하고 있다.

노사협의제를 통한 경영참가가 오늘날에는 단체교섭제도가 확고히 정착되어 있는 선진국에서도 여러 가지 형태로 성장·발전되어 왔는데, 그 이유는 급속하게 변화하는 현대사회의 사회적·경제적·기술적 환경이 노사가 공동으로 대처하지 않으면 풀어나가지 못하는 여러 문제를 야기 시키고 있고, 전통적인 노사관계제도의 주역인 단체교섭제도가 지니고 있는 고유의 한계 내재 문제점이 드러나게 되었다는 점에서 찾아 볼 수 있다.

2) 선진국의 노사협의제도

(1) 영국의 노사협의제도

영국의 노사협의제도는 두 가지 형태가 있는데 하나는 공동협의(joint consultation) 방식이고, 다른 하나는 직장단위의 특수한 단체교섭방식인 직장교섭이다.

첫째, 공동협의방식은 노·사간의 공동협의를 통하여 기업 내에서 노·사간의 인간적 동질감을 공감하면서 근로자의 고충과 불만을 해소시키는 통로를 마련하여 주고, 단체교섭방식으로 적합하지 않은 분야에서의 근로자의 경영참가를 가능케 함으로써 산업발전과 노·사간의 안정을 이룩하는데 기여해 왔다.[30)]

둘째, 직장교섭은 현재 영국에서 기업 내 의사결정에 근로자가 참가할 수 있는 방식

30) 박세일, 노사협의제의 의의와 외국의 경험, 노사협의제 연구, KDI, p. 34.

중에서 가장 지배적인 수단이 되고 있다. 그것은 근로자의 대표가 직장 차원에서 사용자와의 단순한 협의가 아닌 공동결정과정에 참가할 수 있도록 하는 제도이다. 직장교섭에 있어서의 근로자대표 즉, 직장위원은 각 부서나 공장단위로 종업원의 선거에 의해서 선출되는데, 대개 각 직장조합단위로 그들의 대표를 뽑는 것이 관행으로 되어 있다. 이 제도는 제2차 세계대전 이후 노동조합이 전국적으로 결합되고 거대화하여 산업별 단체교섭을 함으로써 교섭력은 강화되었으나, 기업차원에서의 노동조합은 상대적으로 약화될 수밖에 없었던 상황에서 기업차원의 노사문제를 처리하는 데 대한 논의에서 시작되었다.

(2) 프랑스의 노사협의제도

프랑스의 노사협의제도에도 두 가지 방식이 있는데, 하나는 종업원대표제 방식이고 다른 하나는 기업위원회 방식이다. 먼저 종업원대표제 방식은 공장이나 농업의 사업장, 행정관청, 국영기업 등에서 상시 10인 이상의 종업원을 사용하는 사업장에 강제 설치되며, 종업원 수에 따라 구성위원의 수가 달라진다. 종업원 대표위원은 주로 개인적 또는 집단적 불만 전달, 종업원의 의견 및 제안 전달, 생산증강과 기업 내의 조직 전반에 관한 문제에 관하여 제안하는 권한을 갖는다.

다음으로 기업위원회 방식은 사회적 사항에 관해서는 결정권을 가지나 기술적 사항이나 경제적 사항에 관해서는 협의권한 만을 가진다. 사회적 사항의 중요내용은 복리후생시설의 운영과 단체협약이나 법령에 의하여 정하여진 근로조건의 타당성 검토 및 그 구체적 적용이다.

(3) 독일의 노사협의제도

독일의 경영참가적인 노사협의제도는 직장노동자위원회 방식을 통한 기업경영 레벨에의 참가와 최고경영위원회 방식을 통한 기업정책결정 레벨에의 참가라는 2원적 형태로 이루어지고 있는 것이 특색이다.

양자는 서로 다른 역할을 하는데, 최고경영위원회 방식은 노사의 공동참여로 기업차원의 전략적인 의사결정을 하는 기업의 초고경영조직인데 반해, 직장노동위원회 방식은 종업원대표만으로 구성되며, 기업의 관리적이고 업무적인 의사결정에 참여하여 종업원의 이익을 도모하기 위하여 경영자와 협력하는 역할을 한다.

(4) 일본의 노사협의제도

일본의 노동법은 노사협의제도에 관한 아무런 규정을 두고 있지 않다. 대체로 노사협의제도의 설치는 노동조합과 사용자가 단체협약에 의하여 마련되고 있다. 따라서 일본의 노사협의제도는 노동조합의 활동인 단체교섭과 엄격하게 구별되기 곤란하다.

따라서 일본에서는 노사협의기관이 각 사업장에 따라 여러 가지 형태로 존재하고 있다. 예컨대 경영협의회, 노사협의회, 노사간담회, 생산협의회, 생산위원회, 공장위원회 등이 그것이다.

현재의 노사협의제를 대별하면, 첫째, 경영참가적인 성질을 가진 것으로 단체교섭제와는 달리 경영조직 내지는 생산방식 등에 관한 사항을 협의하는 제도와 둘째로 단체교섭의 예비 내지 전단계적인 기능을 가진 단체교섭상의 상설제도인 경우가 있다. 대체로 일본에서 노사협의제를 두는 취지는 생산성을 향상시켜 그 성과를 근로자에게 공정하게 배분하려고 하는데 있다고 생각된다.

제8장 한국의 노사협의제도

제 8 장 한국의 노사협의제도

지속적인 경제성장과 적정한 소득분배의 문제가 한국경제의 최대 당면과제라고 한다면 이의 성패는 노사관계의 안정에 달려 있다고 해도 과언이 아닐 것이다.

우리사회는 1980년 후반에 들어와 노동운동이 활성화되고 노사분규가 대형화, 장기화되면서 그 동안 경제성장의 견인차 역할을 해 온 수출의 증가율이 둔화되고 무역수지는 날로 악화되고 있지만, 노사관계의 불안정을 극복하고 노사협력을 효과적으로 도모할 수 있는 노사관계제도를 제대로 정착시키지 못하고 시행착오만을 되풀이 하고 있는 것은 참으로 안타까운 일이 아닐 수 없다.

노사관계를 그 발전과정에서 보면 대립과 협력이라는 양면성을 지니고 있으나, 그 궁극적인 목표는 노사가 상호신뢰의 바탕 위에서 생산적인 협력관계로 발전하는 것이다. 역사적으로 보면 선진 자본주의 국가에서도 노사분규가 매우 심각하게 대두되기도 하였으나, 노사가 대화를 통해 대립과 투쟁보다는 협조를, 파괴보다는 평화적인 해결을 탐구하였기 때문에 자본주의 경제는 발전할 수 있었다.

오늘날 선진국에서는 노사관계에 있어서 대립관계보다는 협력관계를 발전시켜 나아가기 위하여 다각적인 방안을 마련하고 있는데 그 대표적인 것이 노사협의제도라 하겠다.

노동조합은 기본적으로 노・사간의 대립적 관계 속에서 집단의 힘을 배경으로 단체교섭을 통하여 노동조건의 개선과 경영성과의 유리한 분배에 초점을 두는 데 비하여 노사협의제도는 노사가 대립으로부터 대화와 협조로 전환하여 생산성을 높이려는 발상의 제도라고 할 수 있다. 물론 노사협의제도 궁극적으로는 노사협력을 증진함으로써 노사공동 번영을 통하여 단체교섭과 같이 근로자들의 지위향상과 근로조건의 개선을 도모할 수 있는 것이다. 그러나 노동조합이 단체교섭을 통하여 끊임없이 근로자들의 지위향상과 근로조건의 개선을 추구하는 과정에서 노・사간에는 마찰이 발생할 수밖에 없는데, 노사협의제도는 이러한 마찰을 감소시키기 위한 역할을 하게 되는 것이다.

노사협의제도는 노사가 사회적 동반자라는 인식을 바탕으로 사용자의 배타적 경영권을 생산 활동에 있어서의 근로자들의 기능적 역할과 조화시켜 협동과 공동책임의 정신에 의한 노사협력관계를 수립함으로써 근로자들의 기업경영에의 참가를 인정하는 제도라고 할 수 있다. 따라서 노사협의제도가 지향하는 노사협력은 사용자가 경영권의 배타성을 수정하고 근로자들이 투쟁행위를 지양함으로써 가능해지는 것이다.

기업은 능률적인 생산 활동을 통하여 기업자체의 존속, 안정, 성장을 도모하고 기업 내에 종사하고 있는 모든 사람과 기업과 관계있는 모든 사람들의 생활수준의 향상과 복지증진, 나아가서는 사회와 국민 전체의 복지에 공헌하는 기업목적을 달성하기 위하여 이루어진 공동운명체이다.

노사협의제도는 이와 같은 기업목적을 달성하기 위하여 노사가 대등한 입장에서 협의하는 대화기구이며, 종업원의 통합적, 협력적 참가를 통하여 생산성 향상을 기하고자 하는 제도인 것이다.

그동안 민주화의 열기 속에서 급격히 증가하게 된 노사분규는 기업과 국민경제 전체에 커다란 충격을 주었고, 여기에 더하여 선진제국의 시장개방 압력과 국제무역에 있어서의 보호주의 및 IMF관리체제 하에서 실시되었던 기업구조조정 과정에서의 노・사간의 첨예한 이해관계와 대립은 선진국 대열에 진입하려는 우리 경제에 엄청난 충격을 더하였다.

특히 최근의 불안정한 노사관계를 경험하면서 국민들의 노사관계 안정에 대한 기대와 함께 노사협의제도에 대한 기대와 관심도 매우 증대되고 있다.

따라서 본 장에서는 우리나라 노사협의제의 실태를 종합적으로 분석하고 문제점을 발견하여 이를 바탕으로 기업 환경에 적합한 노사협의제의 정착화 방안을 탐색하고자 한다.

제1절 노사협의제도의 의의

1. 노사협의제도의 개념

노사협의제도는 단체교섭과 아울러 노사관계관리의 기본적인 제도로서 본래 서구에서의 경영참가 방식이다. 일반적으로 노사협의제도는 크게는 노사협의회, 근로자중역제,

작업장참가제 등이 포함되나, 작게는 노사협의회만을 나타낸다.[1)]

노사협의제도는 단체교섭 사항에 해당되지 않는 근로조건, 인사, 생산계획, 작업공정에서부터 기업의 경제적 상황, 기타 기업경영 전반에 이르기까지 노사가 대등한 입장에서 자문, 협력, 협의 등을 행하고 경우에 따라서는 공동결정을 행함으로써 근로조건의 개선, 생산성 향상, 산업평화 및 기업의 민주화 등을 이룩해 가는 노・사간의 의사소통제도라 할 수 있다. 즉 경영상의 문제에 관하여 기업의 경영자와 근로자 대표가 협의하는 제도가 되는 것이다. 이에 대한 국제적 기준은 제35차 ILO총회에서 채택된 「기업에서의 노・사간의 협력・협의에 관한 권고」에서 찾아 볼 수 있는데[2)] 이 권고는 노・사간에 서로 관계되는 사항으로써 단체교섭의 범위에 속하지 않는 것, 또는 고용조건 결정에 관하여 다른 제도로 보통 취급되지 않는 사항을 대상으로 기업 내에서 사용자와 근로자 사이에 협의하며 협력을 촉진하기 위해 적당한 조치를 취해 가는 것이라 할 수 있다. 그리고 그는 노사협의제도와 단체교섭을 구별토록 주장하는데 단체교섭은 노사의 이해가 상반되는 제 문제를 노사가 대립적인 입장에서 논의하는 것으로 그 목적은 대립자간의 화해에 있다고 할 수 있음에 반해 노사협의제도는 노사가 서로 대등한 입장에서 끊임없는 대화를 함으로써 생산성 향상과 근로자의 복지향상 등에 관하여 서로의 이해를 증진시키는 데 그 목적이 있다고 하겠다.

또한 단체교섭은 노사쌍방이 실력을 배경으로 하여 노사문제 특히 근로조건에 관계되는 사항에 대해 타협이 이루어지면 단체협약의 형식을 통해 공동결정하고, 타협이 이루어지지 않으면 노・사간에 실력행사가 이루어지는 데에 반해 노사협의제도는 노사쌍방이 공통으로 관심을 가지는 사항에 대해서 충분히 의사를 소통하고 상호 이해를 도모하여 가는 협의의 방법이다. 다시 말하면 노사협의제도는 기업이 능률적인 생산 활동을 통하여 기업자체의 성장・존속・안정을 도모하고 기업 내에 종사하고 있는 모든 사람과 또한 기업과 관련 있는 모든 사람들의 생활수준의 향상과 복지증진, 그리고 나아가서는 사회와 국민전체의 복지에 공헌한다는 기업목적의 달성을 위하여 이루어진 공동운명체로써, 이 같은 기업의 목적을 달성키 위하여 경영자는 노사협의회를 통해 종업원에게 경영의 목적과 방침을 이해시키고 협력을 구하는데 필요한 제도이다.

---

1) 박세일 외 2인, 노사협의제 연구, 한국개발연구원, p. 9.

2) Lee. E. Preston and James E. Rost, "The Third Managerial Revolution", *Academy of Management Journal*, Vol. 17, No. 3, p. 178.

이상과 같은 이론적 고찰을 바탕으로 노사협의제도의 개념을 정의하면, ① 경영자가 노동자나 노동조합에 자문을 구하는 견해, ② 단체교섭의 예비교섭과 같은 사전협의라는 견해, ③ 노사쌍방의 의사소통에 의한 상호이해와 노사의 이해가 일치하고 있는 문제를 협의하는 장이라는 견해 등으로 볼 수 있는데 OLO의 권고나 선진 여러 나라의 사례로 보아 ①, ②는 전근대적이라 볼 수 있고, ③의 견해가 근대적이라 볼 수 있겠다.

이러한 측면에서 본다면 노사협의제도는 노사관계의 안정과 창조적 발전의 기초로써 상호의사소통에 의한 상호이해와 협력기반을 확립하는 제도를 말한다고 할 수 있다.

한편, 이에 대한 효과를 보면 ① 노동조합과 철저하게 대화를 나눔으로써 경영자와 관리자의 책임감이 증대되고 종래에 비해 훨씬 더 신뢰감을 갖게 된다. ② 기업과 경영자에 대한 조합원의 이해가 깊게 되고 일을 하는데 사기가 고조된다. ③ 노동조합에 대한 경영자의 이해가 나아지고 단체교섭이 원활하게 추진되어 노사관계의 안정에 기여한다. ④ 조합원과 종업원들의 자기개발의욕이 높아지며 창조적으로 일을 하게 된다. ⑤ 이러한 효과에 의해 다른 협조적 노사관계와 같이 생산성 향상이 높아져 기업이 성장하고 노동조건이 향상되며 나아가 사회에의 공헌도도 높일 수 있게 된다.

2. 노사협의제도의 필요성

오늘날 노동조합체제의 내실화와 강화, 산업국유화의 한계, 단체교섭의 한계 그리고 산업민주화의 요구 등으로 노사협의제도의 필요성은 점증하고 있다. 이를 다시 구체화시켜 보면, 첫째로 민주주의 발전에 따른 인간존중의 풍토 조성으로 말미암아 기업에 있어서는 자본과 노동의 유기적인 결합체로써 노동력을 제공하는 인간은 기업에 있어서의 자본 활동의 전제가 되는 것이다.[3] 자본이 사유이거나 국유이거나를 막론하고 인간이 기업에 투하된 자본을 사용하는데 전제가 된다면 자본만이 경영에서 단독으로는 결정할 수 없다는 결론에 이르게 된다. 자본가는 기업에 자본을 투하하고 있으나, 노동자도 그 자신의 육체적 또는 지적 · 경험 등을 투하하고 있으므로 자본과 같이 경영에 참가하여야 한다.

정치적 민주주의 발전은 산업민주주의 사상을 일으키게 하였으며, 자기통치(self-government), 자기결정(self-determination), 자기규율(self-discipline)이라 볼 수 있는

3) E. M. Kassalow 저, 김금수 · 조한천 역, 『노동조합과 노사관계』, 형성사, p. 78.

민주주의의 기본원리를 산업사회에 적용시켜 경영내의 민주화를 촉진케 하였다.

둘째로 기업의 흥망성쇠는 노동자들의 장래의 안정에 직접적인 영향을 주게 되므로 노동자들은 현재의 임금, 노동시간 등 노동조건의 개선을 통한 생리적 욕구의 충족만으로 만족하지 않고 기업의 장래에 따른 경영·생산 활동에 관하여 지대한 관심을 가지며 이에 대한 욕구충족이 필요하게 되었다.

셋째로 노동자들에 대한 소외극복의 일환으로써 거대한 기업이나 관료조직 하에서는 근로자들이 적극적으로 조직에 대한 운영·관리나 정보에 접하지 않는 경우 근로자들은 소외현상을 일으켜, 생산성의 저하, 동기감소, 회사에 대한 불만제고 등을 나타내게 된다. 따라서 이러한 소외감을 없애기 위해서도 노사협의제도는 필요한 것이다.

한편, ILO는 「기업에 있어 사용자와 근로자간의 협의 및 협력에 관한 권고」과 「필라델피아 선언」에서 사용자와 근로자는 상호신뢰에 바탕을 둔 협의·협력에 필연적으로 참가해야 하고 근로자가 사회·경제적 복지에 공헌하는 것을 인정하여 국가는 노·사간의 관계를 협력과 협의의 관계로 유지시켜 국가적 차원에서의 이익을 얻어야 한다고 주장함으로써 노사협의제의 필요성을 인정하였다. 우리나라는 이와 같은 추세에 따라 몇 차례의 노동조합법령의 개정을 통하여 노사협의회를 법으로 제정·공표함으로써 일정 규모 이상의 기업에 대한 노사협의회 설치를 의무화하였고, 이로써 노사 공동의 이익증진과 산업평화 및 민주화를 꾀하고자 한 바 있다.

이는 기업의 능률과 생산성의 향상 그리고 근로자 복지증진과 인간존중의 차원에서도 중요한 제도라는 점에서 그 필요성이 인식되고 있다.

제2절 한국 노사협의제도의 변천

1. 노사협의제도의 발달 배경

노사협의제도는 본래 서구에서 근로자들의 경영참가에 대한 한 방식으로 전개되었다. 즉, 기존의 근로자에 대한 기계론적 인간관에 대한 모순 및 문제로 호돈 실험 (Hawthorne Experiment) 이후 인간적 측면이 생산성 향상에 중요한 영향을 미친다는 사상이 대두되어 근로자들에 대한 자각과 교육수준의 향상과 더불어 노・사간의 대등관계 사상의 고조 및 인간관계론에 의한 노사 공존공영의식의 팽배로 경영자들은 근로자들을 협력자로서 보고 자발적・능동적으로 경영에 참여케 하여 기업의 목표를 달성해야 한다는 사고를 갖게 되었다.

제2차 세계대전이 끝나자 세계의 각 기업들은 급속한 성장과 발전을 위해 기술혁신과 생산성 향상에 주력하였다. 이때 인사관리는 새로운 방향으로 발전되었다. 즉, 제2차 세계대전 중 군수산업의 발전은 기술혁신을 촉진했고 이는 다시 경영 전반에 대한 혁신을 야기 시켰다.

한편, 제 35차 ILO총회에서 「기업에서의 노・사간의 협의・협력에 관한 권고」에서 노사협의제도에 대한 국제적 기준이 채택되었다. 이는 공업화로 인한 노사관계의 근대화라는 사회구조적 차원과 경영의 합리화 및 능률향상이라는 합리주의 사상을 근거로 하고 있으며 대화에 의한 상호이해를 목표로 하는 것이다. 이 제도는 1956년 영국 Standard 자동차 회사의 자동화(Automation)에서 비롯된 해고문제에 직면해 전국 기계노동조합이 ① 사전 협의 없이는 기술혁신을 추진하지 못한다. ② 인사정리가 불가피할 때는 일정한 금전적 보장을 해 줄 것. ③ 자동화의 성과를 공평하게 분배할 것. ④ 자동화 도입 시 사전에 충분한 기술훈련을 행할 것 등을 요구한데서 시작되어 자유주의국가 노조의 공통된 요구로 확산되었다.[4] 그러나 1975년 오슬로 회의에서 노사협의제도에 대한 불만이 제기되었는데, 노사협의제도는 제한된 상담기능만을 갖고 있고 효율적인 강제기능을 갖고 있지 않으며 또한 안건도 중요하지 않은 사항만을 다룬다는 것이다. 그 후 노사관계의 중요성, 노・사간의 공동체의식 확대, 대화를 통한 산업평화 유지・발전을 인식함에 따라 노사협의제의 역할과 기능이 대폭 강화되게 되었다. 이에 우리나라에서도 1980년 12월 31일 노사협의회법을 독립법으로 제정・공표 하였다.[5]

2. 노사협의제도의 발전

우리나라 노사협의제도는 1948년 7월 1일 대한노총이 국회에 제출한 헌법초안 중 편입요망서에서 "각 기업체에 노사협의회를 구성하여 운영에 관한 중요 사항을 협의하고, 노사협의회의 판정이 없이는 해고・정직・기타 처분을 하지 못하도록" 할 것을

---

4) 강석인, 『노사관계관리론』, 일조각, pp. 200-210.
5) 한국생산성본부, "노동자 경영참가와 노사협의제에 관한 연구", pp. 111-112.

요구한데서 비롯되었다. 그러나 헌법조문을 기초로 한 경영참가 내지 이익분배 균점권을 실현하는 구체적인 법률이 제정된 일은 없었고 노사협의제도에 관한 규정도 없었다.

우리나라의 노사협의제도가 제도화된 것은 구 노동조합법 제6조의 '사용자와 노동조합은 노사협조를 기하고 산업평화를 유지하기 위하여 노사협의회를 설치하여야 한다'는 규정에서부터 시작되었다. 이는 종래의 기업별 노동조합체제를 산업별체제로 개편한 후였기 때문에 서구적 산업별 노조가 가지는 중앙집권적 단체교섭제도의 기능적 단점을 보완한다는 목적이 작용한 것이라고 이해할 수 있을 것이다. 그러나 당시의 노사협의회는 그 구성에 있어 노사 동수로 한다는 것(동시행령 1조1항) 이외에는 협의사항이나 운영 등에 관한 일절의 규정도 없었기 때문에 그 성격이나 지향하는 방향이 분명치 않았다. 다만 당시의 노동조합법 제3조 제4항이 '노사관계 당사자는 단체협약에 노사협의회의 설치, 기타 노동관계의 적정화를 위하여 필요한 사항을 규정하여야 하며'라고 한 점에 비추어 보면 노사협의회는 단체교섭을 위한 교섭권자간의 예비 접촉단계 정도로만 해석될 수밖에 없었다.

결국, 우리나라의 노사협의회는 막연히 노사협조를 통한 노사분쟁의 예방만을 의식한 듯하였고, 별다른 실효를 보지 못한 상태였다.

실제 노사협의회가 정부의 장려 속에서 주목을 받기 시작한 것은 1970년의 외국투자기업의 노동조합 및 노동쟁의조정법에 관한 임시 특별법과 더불어 1972년의 「국가보위에 관한 특별조치법」에 의하여 노동자의 단체교섭권과 단체행동권이 크게 제약을 받으면서부터이다. 경제개발정책을 추진하면서 노사협의 관계를 정착시키고 정부의 주도적인 역할을 통해 노사문제를 해결하기 위하여 단체교섭권과 단체행동권에 제한을 가한 대안으로써 노사협의제도가 관심의 대상이 된 것이다.[6)]

1973년에 다시 노동조합법을 개정하여 노사협의제를 강화하였는데 특히 여기서는 단체교섭이 조정의 대상으로 되는 한 주무관청의 직권조정사항으로 넘어가고 노사협의회는 생산협의사항만 다루게 하여 근로자의 노동조건에 관한 것을 불가능하게 만들었다. 또한 노사협의회는 취업규칙의 범위 안에서 운영된다는 규정을 두었고, 부의사항을 예시함으로써(생산교육훈련, 작업환경, 고충처리, 노사분규예방) 운영의 효율을 기하였다.

그러나 실제 운영면에 있어서 오히려 임금 등의 근로조건이 주된 협의사항이 되고 있는바, 그것은 단체교섭권이 크게 제약을 받는 상황에서 노사협의회가 그 대역을 맡고 있기 때문이다. 이처럼 양자 간의 구분이 모호해지자 각계에서는 노사협의회의 성

---

6) 김윤환, 전게서, pp. 119-121.

격을 명확히 하고 협의된 사항에 법적 효력을 부여하여 생산성 향상과 함께 경영참가 성과분배에 관한 규정을 두어 참가제도로 발전시킬 수 있는 독립된 법을 규정할 것을 주장하였다. 1980년 12월 31일 노동조합법 제6조가 삭제되고 노동자와 사용자 쌍방이 이해와 협조를 통하여 노사공동의 이익을 증진함으로써 산업평화를 도모하고 국민경제발전에 기여함을 목적으로 하는 노사협의회법이 제정되었다.

현행 노사협의회법에 의한 노사협의제도는 구제도가 가지고 있는 설치, 기능, 대표자 구성, 운영상의 문제점을 시정 보완하고 노·사간의 독립된 의사소통기구로서의 면모를 갖추는 등 제도상의 진전을 가져왔다.

우리나라의 노사협의제를 노동법사적 관점에서 볼 때는 투쟁적 노사관계의 제약의 반대급부로써 생성된 것이라고 할 수 있다. 그 결과 우리나라의 노사협의제도는 그동안 단체교섭과 구별이 명확하게 이루어지지 않은 채 이론상·실제상의 문제에 많은 혼란을 야기 시켜 왔다. 그리고 1987년 11월 28일의 개정 시에는 노사협의회의 자율성을 도모하고, 그 기능을 활성화하기 위하여 노동자위원에 대한 결격사유, 관계공무원의 협의회에서의 의견진술권 그리고 노사협의회의 해산 및 위원개선명령 등을 삭제하여 행정관청의 개입범위를 축소하고, 근로자위원의 선출시 사용자의 개입·방해 행위를 금지하여, 노사협의회의 협의사항 및 보고사항 등을 보완·확대하였으나 근본적인 문제점은 해결되지 않고 있었다.

이에 따라 이 노사협의회법은 1997년 3월 13일 "근로자참여 및 협력증진에 관한 법률"(약칭: 근로자참여법)로 명칭까지 바뀌면서 개정되었다. 그리고 일부 조항이 2001년 8월 14일에 개정되었으며, 몇 가지 개정된 근로자참여 및 협력증진에 관한 법률이 2020년 현재까지 지속되고 있다.

제3절 한국 노사협의제의 성격과 특징

1. 노사협의제의 성격

우리나라의 노사협의제는 근로자와 사용자 쌍방이 참여와 협력을 통하여 노사공동의 이익을 증진함으로써 산업평화를 도모하고 국민경제발전에 이바지함을 목적으로 한다(근로자참여법 제1조)라고 규정하고 있다. 즉 노사협의는 이해와 협조를 바탕으로 하는 노사의 공동적 관계를 수립하기 위한 것이므로 투쟁적 대립구조와는 구별되는 것이며, 참여와 협력에 의한 노사공동의 이익을 증진하는 것이어야 한다. 그러므로 근로자와 사용자는 상호 신의를 바탕으로 하여 성실하게 협의에 임해야 하며(근로자참여법 제2조) 노사협의회는 한편으로는 근로자의 복지증진과 기업의 건전한 발전을 도모해야 한다(근로자참여법 제3조)

이와 같이 노사협의회는 근로자와 사용자가 참여와 협력 사항에 관하여 협의하며, 근로자들을 경영에 적극적으로 참여하게 하는 것을 의미한다. 여기에 노사협의의 기본적 성격이 있다. 우리나라의 노사협의제도는 ① 법령에 의하여 사업 또는 사업장 단위로 그 설치와 운영이 강제되어 있고(근로자참여법 제4조, 시행령 제2조), ② 노사협의의 기능은 경영 관리적 내지는 경영참가적인 성격을 가지고 있으며, ③ 근로조건의 결정권이 있는 사업 또는 사업장에는 반드시 노사협의회를 설치하고 노동조합이 없는 사업 또는 사업장은 근로자를 대표하는 근로자 위원을 선출하고 노동조합이 있는 경우에는 그 노동조합이 위촉하는 자로 하여금 노동자 대표위원이 되도록 함으로써 노동조합의 이원적 기능을 전제하고 있다, ④ 노사협의회의 조직과 운영에 관해서는 행정지도와 감독을 할 수 있도록 하고 있다. 그리고 ⑤ 노동조합과의 관계를 보면, 노동조합의 단체교섭 기타 모든 활동은 이 법에 의하여 영향을 받지 않는다(근로자참여법 제5조). 즉, 우리나라의 노사협의제도는 경영관리 내지 경영참가적인 성질을 띠고 있으면서 노동조합의 단체교섭 기타 모든 활동은 이 법에 의하여 영향을 받지 않는 것으로 되어 있다.

2. 한국 노사협의제도의 특성

노사협의제도에 대한 특성은 여러 차원에서 다룰 수 있겠으나 여기에서는 기업의 인적자원관리 내지 경영참가제도의 한 유형인 단체교섭의 기능적 차원에서 다루어 크게 6가지로 나누어 보고자 한다.

첫째, 노사협의제도는 노·사간의 대등한 입장에서의 대화기구로써 지배·복종의 관계에 있는 종업원을 상대로 하는 인사관리의 경우와는 달리 노사협의회에 있어서는 일정한 절차에 따라 종업원 중에서 선출된 근로자측위원과 사용자측위원이 대등한 입장에서 토의하는 것이다. 따라서 위원회의 구성과 운영이 민주적이어야 하고, 운영에 있어서도 사용자측의 주장이나 설득에 노동자측이 맹종하는 것이어서는 안 된다.

둘째, 노사협의제도는 집단으로서의 종업원을 대상으로 하여 협의하는 제도로써 경영상의 제반 문제일지라도 개별을 상대로 한 협의 또는 사용자측의 임의 불특정 종업원과 수시로 갖는 대화 형태는 아니다.

셋째, 노사협의제도는 종업원의 통합적 내지는 협력적 참여를 보장하는 제도로써 노사가 대화를 통해 상호이해와 협력을 증진시킴으로써 생산성 향상을 기하고자 하는 제도이다. 따라서 이는 단체적·분열적 참여형태인 단체교섭과 구별된다. 즉, 단체교섭은 노동조합의 주도 하에 노동조건 등 노·사간의 이해상반 사항을 취급하고 교섭이 좌절되면 노·사간은 실력행사로 문제를 해결하는데 반해 노사협의회는 본래 사용자가 종업원의 협력을 구하는 취지하에서 나온 참여제도로 노동조합의 존재를 전제로 하지 않고 생산성 향상과 근로자의 복지 등 노·사간 이해공통사항을 취급하기 때문에 합의가 이루어지지 않음을 이유로 한 쟁의는 존재하지 않는다는 점에서 차이가 있다.

넷째, 노사협의회는 장소적 제한을 받지 않고 그 적용·운영의 범위가 사업별·지역별 또는 전국적 차원으로 확산될 수 있다. 이러한 적용범위의 탄력성은 노사협의회의 본질로서 인적자원관리나 단체교섭과는 크게 구별되는 특성이다. 현행법은 사업장·사업별 협의회 등에 전국단위의 중앙노사협의회를 두도록 되어 있을 뿐만 아니라, 노·사간의 합의 하에 업종별·지역별 협의회 구성도 가능토록 하였고, 기업 내에서도 부·과 등 사업 부서별 협의회를 설치·운영할 수도 있게 하였다.

다섯째, 노사협의회는 노사쌍방의 이해와 협력을 통한 노사공동이익의 증진으로 산업평화를 도모하고 국민경제의 발전에 기여함을 목적으로 하고 있으므로 이는 노사가 상호이해와 협력을 바탕으로 집단적인 노사관계를 유지한다는 점에서 대립적·투쟁적 단체교섭과는 다르다.

여섯째, 노사협의제도는 노·사간의 상호신의와 성실의 의무를 강조하고 있다. 즉, 사용자는 자신의 이익에 앞서 기업의 사회적 책임과 국가이익 또는 사회발전을 위한 가치관, 노동자의 인간성 존중, 생활의 질적 향상, 복지증진, 생활의 안정 등에 대한 이해를 바탕으로 근로자와의 일체감 조성에 힘을 기울여야 하고, 또한 근로자는 거시적 차원에서의 이익과 그를 위한 자세의 확립을 위하여 노력해야 할 것이다.

제4절 한국 노사협의제의 운영

1. 노사협의제의 목적

노사협의는 근로자와 사용자가 상호 협력함으로써 노사공동의 이익을 증진하고 산업평화를 유지하며, 국민경제발전을 도모할 것을 목적으로 한다. 따라서 노사협의회는 노동조합과는 달리 임금 기타 근로자의 대우에 관한 사항을 직접적으로 쟁취하는 것을 그 목적으로 하고 있다. 여기서 우리나라 근로자참여 및 협력증진에 관한 법률에서 규정하고 있는 한국노사협의제의 구체적인 내용을 정리해 보면 그 내용은 다음과 같다.

〈표 8-1〉 한국 노사협의제-근로자참여 및 협력증진제도

주요항목	내 용
1. 노사협의회의 정의 (근로자참여법 제3조)	근로자와 사용자가 참여와 협력을 통하여 근로자의 복지증진과 기업의 건전한 발전을 도모함을 목적으로 구성하는 협의기구
2. 노사협의회 설치 (근로자참여법 제4조)	· 근로조건의 결정권에 있는 사업 또는 사업장 단위로 설치 · 하나의 사업에 지역을 달리하는 협의기구
3. 노동조합과의 관계 (근로자참여법 제5조)	노동조합의 단체교섭 기타 모든 활동은 이 법에 대하여 영향을 받지 않는다.
4. 노사협의회 구성 근로자 대표위원 사용자 대표위원 의장, 간사 (근로자참여법 제6조, 7조)	근로자와 사용자대표 동수 3인 이상 10인 이내로 구성 노동조합이 있는 경우 노조대표자와 노조가 위촉하는 자 ·사업장의 대표자와 그 대표자가 위촉하는 자 ·협의회 의장 호선, 근로자위원과 사용자 위원 중 각 1인 공동의장으로 한다. 간사는 쌍방 각 1인
5. 위원의 임기 (근로자참여법 제8조)	· 3년으로 하되 연임 · 임기 만료된 경우라도 후임자가 선출될 때까지 계속 직무를 담당
6. 노사협의회 회의 (근로자참여법 제12조, 9조)	· 3개월마다 정기적으로 개최, 필요시 임시회의 개최 · 위원의 신분 : 무보수, 비상임
7. 노사협의회 개최 정족수 (근로자참여법 제14조)	근로자위원과 사용자위원 각 과반수 출석으로 개최하고, 출석위원 3분의 2이상의 찬성으로 의결

2. 노사협의회의 설치

노사협의회의 설치는 근로조건의 결정권이 있는 사업 또는 사업장단위로 법률에 의하여 그 설치가 강제된다. 다만, 상시 30명 미만의 근로자를 사용하는 사업이나 사업장은 그러하지 아니하다(근로자참여법 제4조 1항). 따라서 사용자가 정당한 사유 없이 협의회 설치를 거부하거나 방해하는 때에는 벌칙이 적용된다(근로자참여법 제30조, 제31조).

3. 노사협의회의 구성

1) 노・사 동수로 구성

노사협의회는 근로자와 사용자를 대표하는 동수의 위원으로 구성한다. 그 수는 각 3인 이상 10인 이내로 한다(근로자참여법 제6조 제1항). 그리고 노사협의회의 구성은 노・사 양자의 협의체이며, 근로자위원과 사용자위원을 동수로 한 것은 노사 동등의 원칙에 입각하여 민주적으로 운영되도록 하기 위해서이다.

또한, 노사협의회를 대표하는 의장을 두며, 의장은 근로자위원과 사용자위원 중 각 1인을 공동의장으로 할 수 있다(근로자참여법 제7조 제1항). 노・사 쌍방은 회무의 기록 등의 사무를 담당하는 간사 1인을 각각 둘 수 있다(근로자참여법 제7조 제3항).

2) 노사위원의 선출

근로자를 대표하는 위원은 노동조합이 조직되어 있는 사업 또는 사업장에서는 노동조합의 대표자와 그 노동조합이 위촉하는 자로 한다(근로자참여법 제6조 제2항). 그러나 노동조합이 설치되어 있지 않은 경우에는 근로자의 투표에 의하여 선출한다(근로자참여법 제6조 제2항).

사용자는 근로자위원의 선출에 개입하거나 이를 방해해서는 안 되며(근로자참여법 제10조 제1항), 사용자가 이를 위반한 경우에는 시행 명령 및 벌칙이 부과된다(근로자참여법 제11조, 제31조). 또한 사용자는 근로자위원들이 업무를 수행함에 필요한 장소 사용 등 기본적인 편의를 제공하여야 한다(근로자참여법 제10조 제2항). 앞으로 근로자위원 선출방식은 파견, 하청노동자 참여기회를 부여하는 방향으로 개선되어야 할 것이다.

3) 노사위원의 임기

노사위원의 임기는 3년으로 하되 연임할 수 있다(근로자참여법 제8조). 그러나 사업 또는 사업장의 대표자 또는 최고책임자는 사실상 임기에 구애받지 않게 될 것이다.

위원은 비상임, 무보수로 하며(근로자참여법 제9조 제1항), 사용자는 협의회 위원으로서의 직무수행과 관련하여 근로자에게 불이익한 처분을 하여서는 안 된다. 이는 임금을 비롯한 모든 근로조건에서 객관적으로 형평을 잃는 처분을 받아서는 안 된다는 것을 의미한다. 따라서 위원의 협의회 참석에 소요되는 시간에 대해서는 근로한 것으로 간주한다(근로자참여법 제9조 제3항).

4. 노사협의회의 운영규칙

① 노사협의회는 3개월마다 정기적으로 개최되어야 하며(근로자참여법 제12조), 이를 위반할 때에는 벌칙이 적용된다(근로자참여법 제32조).

② 의장은 노사협의회를 소집하여 회의를 주제한다. 그리고 노사일방의 대표자가 회의의 목적사항을 문서로 명시하여 회의의 소집을 요구한 때에는 이에 응해야 하며, 회의 개최 7일 전에 회의 일시, 장소, 의제 등을 통보하여야 한다(근로자참여법 제13조).

노사협의회는 회의의 개최일시 및 장소, 출석위원, 협의내용 및 합의사항, 기타 토의사항 등을 기록한 회의록을 작성·비치하여야 한다(근로자참여법 제19조).

③ 노사협의회는 그 조직과 운영에 관한 규정을 제정하고 이를 협의회 개최일로부터 15일 이내에 고용노동부장관에게 제출하여야 한다. 이를 변경한 때에는 또한 같다(근로자참여법 제18조).

5. 노사협의회의 협의사항

근로자참여법 제20조에서 규정하고 있는 협의사항의 내용은 다음과 같다.

① 생산성 향상과 성과 배분

② 근로자의 채용·배치 및 교육훈련

③ 근로자의 고충처리

④ 안전, 보건, 그 밖의 작업환경 개선과 근로자의 건강증진

⑤ 인사 · 노무관리의 제도 개선

⑥ 경영상 또는 기술상의 사정으로 인한 인력의 배치전환 · 재훈련 · 해고 등 고용조정의 일반원칙

⑦ 작업과 휴게 시간의 운용

⑧ 임금의 지불방법 · 체계 · 구조 등의 제도 개선

⑨ 신기계 · 기술의 도입 또는 작업 공정의 개선

⑩ 작업 수칙의 제정 또는 개정

⑪ 종업원지주제(從業員持株制)와 그 밖에 근로자의 재산형성에 관한 지원

⑫ 직무 발명 등과 관련하여 해당 근로자에 대한 보상에 관한 사항

⑬ 근로자의 복지증진

⑭ 사업장 내 근로자 감시 설비의 설치

⑮ 여성근로자의 모성보호 및 일과 가정생활의 양립을 지원하기 위한 사항

⑯ 「남녀고용평등과 일 · 가정 양립 지원에 관한 법률」 제2조제2호에 따른 직장 내 성희롱 및 고객 등에 의한 성희롱 예방에 관한 사항

⑰ 그 밖의 노사협조에 관한 사항

노사협의회는 제18조의 규정에 따라 협의하고 의결한다.

근로자참여법 제4장 협의회의 업무는 제20조 협의사항들이고, 제21조는 의결사항이다. 제22조는 보고사항 등이고 제23조는 의결된 사항을 신속히 근로자에게 공지시켜야 한다는 조항이다. 그리고 제24조는 의결된 사항의 이행이며 제25조는 임의중재 등으로 구성되어 있다.

6. 고충처리

고충처리라 함은 근로자의 근로환경이나 근로조건에 관한 개별적인 불만을 해소시켜 주는 것을 의미한다. 이는 집단적 성질을 가진 노동쟁의와는 구별된다.[7] 기업내의 고충에 관해서는 원래 노사 사이의 자주적 기구에 의하여 이를 해결하는 것이 노사의 관행이지만 현행 근로자참여 및 협력증진에 관한 법률은 사업 또는 사업장에 고충처리

7) 김형배, 『노동법』, 박영사, p. 692.

위원을 두도록 규정하고 있어 노사관행이 잘 이룩되지 않아 법으로 규정하고 있는 것으로 판단된다.

모든 사업 또는 사업장에는 근로자의 고충을 청취하고 이를 처리하기 위하여 고충처리위원을 두어야 하며(근로자참여법 제26조), 이에 위반하면 벌칙이 적용된다. 고충처리위원을 두지 아니한 때에는 200만 원 이하의 벌금에 처한다(근로자참여법 제32조). 그러나 동시행령 제7조에는 고충처리위원을 두지 아니할 수 있는 사업 또는 사업장은 30인 미만의 근로자를 사용하는 사업 또는 사업장으로 하고 있다.

고충처리위원은 노사를 대표하는 3인 이내의 위원으로 구성되며, 협의회가 설치되어 있는 사업 또는 사업장의 경우에는 협의회가 그 위원 중에서 선임하고, 협의회가 설치되어 있지 않은 사업 또는 사업장의 경우에는 사용자가 위촉한다(근로자참여법 제27조). 고충처리위원의 임기는 3년, 신분 및 처우는 비상임, 무보수로 한다(근로자참여법 제27조 동시행령 제8조).

제5절 한국 노사협의제도의 문제점과 개선방향

우리나라 노사협의제도는 제도와 운영 면에서 많은 변화와 발전을 거듭해 왔지만, 사회구조의 변화, 경제성장, 소득분배 구조의 불균형 등의 거시적 변수들의 변동으로 새로운 문제점들을 안고 있다. 따라서 제도 및 운영 면에 걸친 전반적인 문제점을 제시하고 그 개선방향을 모색하고자 한다.

1. 한국 노사협의제의 문제점

우리나라 기업이 앞으로 치열한 국제경쟁 속에서 계속적인 존립, 발전을 도모해 나아가기 위해서는 노사협조를 통해서 기술을 축적하고 생산성을 향상시켜 나아가야 한다. 이러한 관점에서 노사관계 관리의 출발점은 기업이고 노사분쟁과 협력의 주요원천도 여기서 이루어진다고 할 때 기업수준의 노사관계 안정은 산업평화의 근원이 된다고 하겠다.

전술한 바와 같이 노사관계가 안정되고 노사협의제도의 운영이 규범적인 일본과 독일에서는 노사분쟁과 협력의 행동중심영역을 기업으로 하여 이에 대한 적극적인 대책을 모색해 왔던 것이다.

따라서 우리는 기업차원의 협조적 노사관계의 한국적 모델로서 전개되고 있는 노사협의 제도를 우리의 환경 특성에 맞추어 더욱 발전시켜 나아가야 할 것이다.

역사적으로 보면 한국의 노동운동은 일본제국주의의 식민지 통치에 대항한 투쟁에서부터 시작되었기 때문에 투쟁만이 노동운동의 본질로 인식되는 경향이 있으며, 산업화 과정에서도 정부가 경제성장과 국가안보라는 국가적 당면과제를 우선으로 하여 노동행정을 추진하였기 때문에 자율적 노사관행이 정착되지 못하여 노동운동은 투쟁적인 방식으로 전개되어 온 경향이 있다. 그러나 우리의 전통문화 속에서 강한 공동체 의식과 상부상조의 전통이 있기 때문에 우리는 이러한 전통을 노사협의제의 이념 속에서 계승, 발전시켜 나아갈 수 있을 것이다.

그동안 우리나라 노사협의제도는 정부의 정책변화에 따라서 노사협의제의 기본적인 형태 및 운영사항이 좌우되어 왔으며 많은 시행착오를 겪어 오늘에 이르렀다. 그리고 우리나라 노사협의제의 문제점은 대략 다음과 같이 정리 · 요약될 수 있다.

첫째, 우리나라는 오랫동안 특별법에 의하여 노 · 사간의 직접적인 단체교섭이 유보되어 왔으므로, 이는 현실적으로 불가피하다고 해야 하겠으나, 많은 사업체에서 '협의'와 '교섭'이 여전히 뒤섞여 있는 것이 현실이며, 그것이 상대적으로 노사협의제의 정상적인 운영 · 발전을 저해하는 요인이 되고 있음은 부인하기 어려울 것이다.

둘째, 노사협의제도에서 취급하는 안건 내지 협의사항에 대하여는 법률상 명시가 있지만 이의 이행사항이나 쌍방의 의무내용에 대하여는 구체적인 규정을 두고 있지 않다. 합의사항의 이행에 대하여도 법률은 교시적인 규정을 두고 있을 뿐이다. 이 제도의 특성에 비추어 법률이 지나치게 강제적 규범을 두어서 안 될 것은 숙지하는 바이지만, 행정지도로써 별단의 적극적 협력을 위한 계도가 있어야 하겠고, 또 시행령 등에서 금후 좀 더 구체적인 절차나 방법이 제시될 필요성이 있는 것으로 보인다. 한편, 근로자위원의 권능 및 신분에 대하여도 보다 확실한 보장조치가 있어야 하겠다. 협의회에서의 발언 및 주장 등에 면책제도가 부여되고 아울러 위원직 사퇴 후에도 이를 문제삼는 일이 없도록 신분상의 보호가 규정될 것이 소망스럽다.

셋째, 노사협의제도는 본질에 있어 근로자의 경영발전을 위한 '개선의 협력'과 그에 상응하는 '최선의 분배'가 사용자에 의해 보장됨으로써 그의 바람직한 기능이 발휘될 수 있는 것이다. 그럼에도 불구하고 현행 노사협의회법은 분배에 대하여 특별한 규정이 없을 뿐 아니라, 기업일반의 실행에 있어서도 협력과 분배의 문제가 충분히 연계되어 있지 않다. 이에 대하여 법규에 규정하는 일이 불합리하다면, 협의회운영규정 등에 이 문제를 삽입케 하는 방식으로라도, 금후 행정지도에 의한 상당한 조치가 있어야 하겠다.

넷째, 일부 대기업을 제외하고는 중소기업의 대부분의 노동조합의 규모가 크지 않은 동시에, 통상 주체적 기능 역시 성숙되어 있지 못하다. 따라서 근로자 대표로서 노사협력을 도모하는데 주관적·객관적으로 추진력이나 공신력이 미약함을 면치 못한다. 또한 본격적인 노사협력은 근로자의 경영관리에 대한 적극적 참여라고 볼 때, 근로자들이 기업경영에 대한 상당한 전문적 지식을 가질 것이 무엇보다도 요청된다. 그런데 아직도 사업의 역사가 일천한 까닭에 우리나라의 근로자 일반은 이 측면에 있어서 역시 미숙함을 면치 못하여 근로조건 이외의 안건에 있어서는 사용자의 일방적 회의진행에 그대로 이끌려 갈 가능성이 없지 않다.

다섯째, 사용자측에도 적지 않은 문제점이 있는데 상당수의 사용자들이 행정관청의 지시나 지도에 따라 거의 피동적으로 노사협의회를 운용하고 있을 뿐, 이 제도의 생산적·건설적 기능을 올바로 인식한 뒤에 능동적으로 운용하고 있는 경우는 그리 많지 않다. 거기에 노사 대등의 의식이 바탕을 이루고 있지 않아 협의회에서 사용자의 자의가 크게 작용할 가능성이 농후하다. 사용자일반은 조속히 노사협력의 참다운 의의를 깨닫고, 또한 민주적이고 합리적인 사고에 입각하여, 노사협의회를 슬기롭게 운용해 가는 바람직한 태도와 기량을 체득하여야 할 것이다.

여섯째는 노동행정의 전문성 및 독자성과 관련하여 문제가 되는 것은 우리나라 노사관계행정에 있어서 노동행정과 내무행정의 미분리 현상이다. 몇 가지 예를 들면, 노조의 설립·감독은 시·도에서 관장하고 분규가 발생하면 고용노동부의 근로감독관이 관장하게 되어 있어 노동조합정책이 이원화되어 있다. 노동쟁의조정에서도 알선업무는 시·도에서 조정과 중재는 노동위원회에서 하게 되어 있는 등 노동행정과 내무행정의 혼재·미분화 현상이 심하다. 노동문제를 비전문적인 내무행정의 차원에서 다루면 당연 문제해결에 물리적 행정적 요소가 강해져 노사관계의 정상적 발전에 오히려 큰 장애가 될 수 있고 노동행정의 전문성 향상에 해가 된다.

일곱째는 우리나라 노사관계가 나아갈 방향, 그 속에서 노사협의회가 차지할 위치·역할 등에 대해 통일된 장기적 구상과 '비전'이 아직 확립되어 있지 않다는 점이다. 우리나라에 왜 노사협의 제도를 도입하지 않으면 안 되었는가? 협조적 노사관계의 수립이 목적이라면 그 정책목표달성에 노사협의제도는 과연 효과적 정책수단인가? 우리나라와 같은 권위주의적 문화권 속에서 대등주의에 입각한 노사협의제의 정착가능성은 있는가? 현행기업별 노동조합과 기업별 노사협의제도는 앞으로 어떠한 관계로 발전시켜 나갈 것인가? 등의 몇 가지 기본적 문제에 대하여 노동행정당국의 통일된 지도원칙과 이론이 필요하다.

여덟째, 노사협의회를 설치해야 할 단위사업 또는 사업장을 근로자수 50명 이상으로 규정하고 있는데 이는 중소기업이 주종을 이루고 있는 우리나라의 실정을 감안하거나 외국의 입법 예를 비교해 보더라도 타당하다고 볼 수 없다. 따라서 노사협의 제도를 설치해야 할 단위사업 또는 사업장의 규모를 낮추어 노사협의 제도를 보다 많은 사업장에 확대해야 할 것이라 사료된다.

2. 한국 노사협의제도의 개선방향

노사협의제의 정착화 요인들은 개별적으로 영위되는 것이 아니라 상호 유기적인 관계에서 영향을 미치게 되며 특히 제도와 운영은 상호 표리관계에 있기 때문에 노사협의제의 정착화를 위해서는 부분적인 요인의 관리보다도 전체적인 입장에서 체계적으로 추진되어야 하겠다.

이러한 관점에서 노사협의제의 개선방향은 다음과 같이 제시해 볼 수 있다.

첫째, 노・사간의 신뢰성을 회복하는 것이 일차적인 과업이다. 이를 위해서는 경영이란 특정인에 의해 지배・운영되고 종업원은 뒤에서 일방적으로 결정된 의사를 기계적으로 수행하는 관계로서가 아니라 인간적 결합의 통일화로 이해해야 한다. 노사통합의 원리 하에서 노력・희생・성과의 분담의 논리가 나온다. 또한 이러한 공동노력, 공동성과배분의 공정성・합리성이 전제될 때 노・사간의 신뢰성은 점차 회복될 것이다.

이를 위해서는 우선 노・사간에 보다 밀접한 의사소통기구가 수평적・수직적으로 다양하게 형성・발전되어야 하겠다. 경영자의 권위가 강요되는 것으로 그치지 않고 근로자들에게 수용되기 위해서는 상급자의 명령의 필요성과 타당성이 충분히 하급자에게 이해되어야 하고, 그들에 의해 지지되어야 하며, 이를 위해 의사소통은 일방적이어서는 아니 되고 쌍방적이어야 한다.

둘째, 산업사회에서의 근로자와 사용자간 상호 상대방의 존재가치에 대한 올바른 인식, 그리고 상호 깊은 의존관계에 있다는 사실에 대한 바른 이해가 시급하다. 노동과 경영은 별도로 존재할 수 있는 것이 아니다. 상호 규정적 · 상호 의존적이고 노동과 경영이 함께 산업사회라는 공동체를 형성한다.

셋째, 우리나라 경영에 새로운 '리더십'의 확립이 절실히 필요하다. 권위주의가 아니라 화합주의에 기초한 '리더십'이 필요하다. 우리의 전통가치 속에도 이러한 '리더십'의 원형을 찾을 수 있다는 점을 강조하고 싶다. 전통적으로 우리나라에서 가정의 화합의 근원인 효를 보면 그것이 가장의 일방적 권위에 의해서 이루어진 것이 아니다. 효란 부자자효라는 쌍방적 이론에 기초한 것이다. 효 · 충 등은 결코 일방적인 종속논리가 아니라 부자 없는 자효는 있을 수 없다는 쌍무적인 윤리였던 것이다.

넷째, 노동행정의 장기적 전문성향상과 관련하여 우리 사회에 현재 노사관계 전문인력의 부족이 심각하다는 점이 강조되어야 한다. 앞으로 대학 등 각 고등교육기관은 물론 고등학교 특히 공업 및 상업고등학교에서는 정규교과과정 속에 노사관계 · 노무관리 · 인간관계론 등에 대한 이론과 실습을 포함시켜 이렇게 양성된 전문 인력을 행정부 · 노동조합 · 기업체 속에 광범위하게 배치 · 활용할 수 있게 되어야 할 것이다.

다섯째, 단체교섭제도가 가지고 있는 경직성을 보완하기 위해서 노사협의회의 설치를 권장하는 경우에는 이를 원칙적으로 임의조직으로 하고, 우리나라는 기업단위별 노동조합체계를 가지고 있으므로 노사협의 제도를 기업별 단체교섭의 연장으로서, 혹은 그 결과로서 단체교섭권에 종속시켜 운영하여야 할 것이다. 그래야 양자가 상호 경쟁적 · 선택적 관계로 발전될 위험성이 없고 상호보완적 관계로 운영될 수 있다.

여섯째, 노동조합이 없는 사업장의 경우야말로 노사협의제도 도입의 의의를 찾을 수 있는 부문이라 하겠다. 이 경우에는 노사협의 제도를 전 종업원조직으로써 그 성격을 확실히 하여 구성원도 생산직뿐만 아니라 사무직 · 관리직까지 광범위하게 대표하도록 해야 할 것이다. 또한 원칙적으로 노 · 사 교섭적 합의기구로 이해하여, 임금 등의 기초적 근로조건 사항에 대하여도 노사협의회에 노 · 사간의 협의 및 합의권한 만은 인정해야 할 것이다.

일곱째, 노사협의제도 및 고충처리위원회의 하급조직이 대폭 강화되어야 한다.

여덟째, 노사협의회법 적용대상은 현재와 같이 폭넓은 예외는 인정하지 말고 원칙적으로 근로기준법 적용대상 전 사업장에 확대 운영해야 한다.

아홉째, 노 · 사간 의견대립으로 자체 내의 합의가 어려울 때는 쌍방 혹은 일방의 신청으로 노동위원회 조정 및 판정을 요구할 수 있고, 노사일방이 노사협의회법을 위반하였을 경우 행정관청에 제소하여 시정명령이나 의법 조치를 받을 수 있게 한다.

결론적으로 노사관계는 자본주의 경제의 3분면 중 생산과정과 분배과정에서 나타난다. 즉 생산과정에서의 결합, 협동관계와 분배과정에서의 분리, 대립의 관계라는 양면적 성격이 공존하고 있는데 노동력은 인격과 분리될 수 없는 특수성이 있기 때문에 분배과정에서의 감정대립이 생산과정에도 영향을 미치게 되고 나아가서는 경제·사회 전반에까지 큰 손실을 가져올 수 있기 때문에 기업 내 노사관계의 안정이 특히 중요시되는 것이다.

그동안 우리나라에서는 급속한 경제성장을 추진해오면서 주로 생산성향상과 기업 내 노사관계의 안정을 위하여 노사협의회제도를 도입·실시해 왔다. 특히 우리나라에서는 정부가 성장위주나 안보 우선 등의 정책을 실시하면서 근로자의 단체교섭권을 제약하게 됨에 따라 그에 대한 대응으로써 노사협의제도가 도입, 전개되어 왔는데 아직도 이 제도가 제대로 정착되지 못하여 내실 있는 운영이 되지 못하고 있는 기업이 많은 실정이다. 따라서 노사협의제도 운영에 대해 연구를 하는 것은 여러 가지 측면에서 그 의의를 찾아 볼 수 있겠으나 이론적인 측면에 있어 기업의 제도적인 면들을 이해할 수 있다는 점과 실무적인 측면에서 기업의 노사쌍방에 발생될 수도 있는 이해관계를 조정할 수 있다는 이점이 있다.

공업화에 따른 대규모 경제로의 성장발전은 노·사간의 대립을 통한 분규라고 말하기보다는 대화와 협의 등으로 해결되어 왔기 때문이라고 말할 수 있다. 지난 20여 년 동안 국가경제의 발전에 전력해 온 우리나라 역시 이 과정에서 발생되어온 노·사·정간의 문제의 심각성을 도외시 할 수 없는 실정에 놓여 있다. 선 성장 후 분배나 국가안보 최우선의 정책 등은 근로자는 물론 기업의 이해관계자들로부터도 심한 반발을 받아 왔다.

특히, 지금까지의 관주도적이고 정부 의존적이었던 사고방식과 정책 등은 많은 사람들로부터 반발을 받아 왔음을 시인할 수밖에 없다. 그러므로 앞으로의 노사관계는 합리성을 그 바탕으로 한 타협과 양보의 미덕이 발견되는 운영이 필요하다고 하겠다.

끝으로 우리나라 노사협의제의 정착화를 위해서는 첫째, 이념면에서 노사협의제의 경영참가를 통한 산업민주주의의 실현과 노사협력을 통한 경영의 효율 증진 이념에 대한 노사관계 당사자들의 확고한 인식의 확립과 이에 대한 법률상의 명확한 근거 규정이 마련되어야 할 것이다.

둘째, 제도 면에서는 노사협의 제도를 단체교섭제도와 보완적인 관계에서 노사협의

지향의 노사관계로 발전시켜 나아가야 하겠으며, 일반근로자들의 의사를 효과적으로 반영할 수 있는 협의기구의 설치 및 협의기능의 확대가 요구된다.

셋째, 운영 면에서는 노사의 올바른 인식과 성숙된 태도를 바탕으로 인간관계요인을 중시하고 노사커뮤니케이션 기능을 활성화시켜 나아가야 할 것이며, 특히 기업별로 실정에 맞는 성공적 운영경험을 꾸준히 축적해 나아가야 할 것이다.

그리고 노사협의제의 정착화를 위해서는 노사쌍방이 상대방의 주체자적 존재를 충분히 인정하여 대등한 관계에서 협력을 모색하는 민주적 노사관계에 대한 올바른 인식과 노사협의회의 운영에 대한 자발적 참여 동기의 확립이 선행되어야 할 것임을 다시 한 번 강조하는 바이다.

제 9 장 노동시장의 유연성

제9장 노동시장의 유연성

1997년 말 우리 경제가 외화부족으로 국제통화기금의 실질적인 관리를 받게 되면서 기업의 경영환경은 급변하게 되었다. 산업구조조정 등과 관련하여 나타나는 일정한 산업이나 업종의 사양화 내지 구조변화에 부수 하는 인력감축 혹은 실업의 문제와 일정한 산업이나 업종, 기타 직종에서 나타나는 인력부족의 문제는 우리가 동시에 해결하지 않으면 아니 될 중요한 과제가 되었다.

그동안 우리나라 경제는 급변하는 경제 환경 속에서도 연평균 7.5%의 고도성장을 이룩하여 1996년 GDP 규모는 세계 11위로 성장했고, OECD에 가입하는 등 국제적 위상도 크게 향상되었으나 1996년부터 경기가 하강국면으로 진행되는 가운데 반도체 가격폭락과 자동차, 철강, 화학제품 등의 수출부진과 국제경쟁력 약화 등으로 인해서 경상수지 적자는 1996년 한 해 동안 237억 달러에 이르렀고, 1997년 2/4분기에는 무려 102.8억 달러까지 기록하다가 연말에는 IMF한파라는 비상사태를 맞이하게 되었던 것이다.

여기에다 노동환경의 급속한 변화는 고용불안에 대한 우려를 가중시켜, 대외적으로는 세계무역기구(WTO)가 출범함으로써 무한경쟁의 시대가 도래 하였고, 대내적으로는 IMF관리체제 하에서의 경기침체에다 노동시장의 경직성과 고임금 저효율의 구조까지 겹쳐서 실업문제의 어려움은 더한층 가중되게 되었다.

특히, 급속하게 진행되는 한국경제의 구조조정은 불가피하게 고용조정을 수반하게 할 수밖에 없었다. 따라서 이와 같은 노동환경 변화 속에서 생존을 위해 선택할 수 있는 전략으로써 노동시장의 유연성 제고를 통한 생산성 향상이 주요 정책과제의 하나가 되었던 것이다. 노동시장의 유연성 제고는 경직된 노동시장에 경쟁원리를 도입하여 생산요소인 노동을 효율적으로 사용함으로써 궁극적으로는 생산성을 향상시키려는 방안이다.

이제 정부는 '실업대책'에 초점을 맞추었던 기존의 고용정책을 변화시킴과 동시에 고용정책이 향후 국가발전의 근간이 될 것이라는 인식 하에 새로운 고용정책의 확립과 제도화를 위해 노력해야만 할 것이다. 1993년 12월 제정된 고용정책기본법과 고용보험법은 그동안 상대적으로 낙후되었던 고용·인력 분야의 각종 정책추진에 새로운 전기가 되어 기업의 기술개발과 산업구조조정을 지원·촉진할 수 있는 신고용정책의 시대를 열게 하였다고 할 수 있다.

따라서 본 장에서는 신고용정책의 시대에 한국경제가 당면하고 있는 대내외 노동환경 변화와 관련하여 생산성 향상 방안의 하나로써 노동시장의 유연성 제고를 논의하고자 한다. 특히 IMF한파를 계기로 구조조정이 빠른 속도로 이루어져 노·사간에 논란이 되고 있는 문제들 가운데서 특히 고용의 유연화와 관련하여 문제가 되고 있는 근로자파견사업과 파트타임근로자에 대한 보호문제 등을 중점적으로 논의해 보기로 한다.

제1절 노동환경의 변화

1. 대외적 노동환경의 변화

1) 세계화의 확산과 노동부분에 대한 영향

전 세계적으로 불어 닥친 세계화의 바람은 우리나라에도 예외 없이 정치·경제·사회·문화의 전 영역에 걸쳐 큰 영향을 미쳤다. 이러한 세계화 추세는 다음 세대의 세계질서를 주도할 가장 지배적인 흐름의 하나로 받아들여지고 있다.

세계화는 제2차 세계대전 이후 산업화 시대의 근간을 이루었던 기본적인 이념과 정책 및 전제조건들에 대한 엄청난 변화를 초래하고 있으며, 세계화를 둘러싼 변화의 바람은 그간 우리가 과거에 경험한 것과는 비교할 수 없을 정도의 급격하고 돌발적인 것이어서 더욱 우리를 당황케 하고 있다.

세계화를 바라보는 시각도 극단적이어서 한편으로는 자유로운 시장원리의 작동을 통해 전 세계에 걸쳐 자원의 효율적인 배분을 가능케 한다는 측면에서 옹호되거나, 다른 한편에서는 세계경제의 불안정성, 실업 및 불평등의 증가라는 모든 악의 근원으로 비난 받기도 한다.[1)]

이처럼 세계화는 양극단을 오가는 극단적인 평가를 받고 있지만, 세계화가 무엇인지에 대해서는 여전히 많은 논의가 되어 지고 있으며,[2)] 세계화라는 개념은 매우 다의적인 의미로 사용되고 있다. 세계화라는 개념은 한 국가의 내부적 관점에서 보면, 개방화를 의미하는 것이고, 국가 외부적 관점에서 보면, 국가간 통합을 뜻하는 것이지만, 세계화라는 말은 이처럼 개방의 범위, 국가간 통합의 범위라는 요소를 특정하지 않고 단순히 초국가화, 탈국가화를 의미하는 뜻으로 사용되는 경우가 더 일반적이며, 세계화의 개념에는 탈규제적, 시장 지향적, 자유주의적 통합을 의미하고 있다.

노동법에 대해서도 세계화가 중요성을 가지는 이유는 바로 이러한 탈규제적, 시장지향적, 자유주의적 성격 때문이라고 하겠다. 세계화의 이러한 성격은 본질상 규제적이고, 시장 제약적인 성격을 가지는 노동법과 충돌하지 않을 수 없기 때문이다. 즉 노동법이 직면하고 있는 문제들이 모두 세계화라는 것으로부터 유래하는 것은 아니지만, 이러한 문제들의 가장 중심적인 위치에 그것이 자리 잡고 있다고 보여 지기 때문이다.[3)]

세계화는 WTO로 상징되는 세계의 자유무역체제를 바탕으로 하며, 적어도 경제적인 상품이나 자본 기타 요소 및 정보, 기술 등의 국제간의 이동에 있어서 국경의 의미는 크게 약화되고 관세장벽도 거의 그 영향력을 잃는다고 보아야 한다. 그러한 의미에서 세계화란 시장경제원리가 국경을 넘어 관철됨을 말하는 것으로 국지적인 판매시장을 허용하지 않음을 의미하기도 한다. 즉, 경제적 의미에 있어서 세계화는 WTO의 등장과 정보통신기술의 발전이 그 기반이 되어, 자본이 각국가의 경제를 자유롭게 넘나들 수 있게 된 것을 의미한다. 이로 인해서 개별국가는 세계자본의 흐름 속에 흡수되어 버렸고, 자국 내의 기업이나 초국가적 기업에 대한 통제권을 상실해 버렸다.

세계화는 국가가 자본을 통제하기 보다는 오히려 자본에 유리한 환경을 만들어 주기 위해서 갖가지 세제혜택을 부여하고 각 분야에 걸쳐 규제완화를 해야 한다는 입장을 초래했으며, 초국가적 기업은 자신의 조건에 맞는 투자환경을 찾아서 세계각지를 누비고 있다.

---

1) 백준봉, "세계화와 자본주의의 구조변화", 세계화의 도전과 대안적 자본주의 모색, 풀빛, p. 94.
2) 박준식, "세계화와 노동체계", 한울아카데미; 박길성, "세계화: 자본과 문화의 구조변화", 부산대출판부; 라메쉬 미시라 저, 이혁구·박시종 역, 「지구적 사회정책을 향하여」, 성균관대학교 출판부, 2002.
3) 고호성, "새로운 경제질서 하에서의 노동법의 변동", 노동법학 제9호, 한국노동법학회, p. 103.

세계화 과정에서 노·사간의 교섭형태도 변화를 보이고 있다. 선진산업국가에서의 노동조합 조직의 주된 형태는 산별조직이며, 단체교섭은 초기업적으로 행해지는 것이 일반적이다. 그러나 산업별·업종별 또는 지역별로 행해지던 단체교섭은 점차 기업단위에서의 규율가능성이 넓어짐으로써 분권화된 교섭형태로 이루어지고 있다.[4)]

우리나라도 기업별노동조합 조직과 교섭체계를 초기업단위로 전환하는 문제에 대해 논의가 되고 있는 상황이지만, 노동조합의 산별화 경향은 도리어 악화될 수 있고, 현행의 기업별 노조가 명맥을 유지하되 그 기능도 정치적 및 사회적 기능으로의 확대라기보다도 오늘날과 같은 경제적인 단체교섭의 기능 정도에 그칠 가능성이 크다.

2) 신자유주의의 특징과 문제성

신자유주의는 원래 미국을 주축으로 한 중심부경제가 1970년대에 위기에 봉착했을 때, 이를 케인즈 주의의 실패로 진단하며, 케인즈 주의와 연합한 복지국가, 사회 민주주의적 사상, 평등의 개념 등을 함께 폐기하고, 대신 시장원칙의 강화를 선언하면서, 국가독점자본체제 하에서 발생한 장기적인 구조적 과잉축적 위기의 해결책으로 등장한 것이다.

신자유주의는 시장의 자유를 자연적이고 합리적인 질서로 간주하며, 세계인의 공동번영을 가져오는 것으로 주장하였다.[5)] 그러나 신자유주의는 세계자본주의의 불안정성을 높이고 불황을 심화시키고 있으며, 대량실업을 만들어내고 있다는 비판을 받고 있다.[6)]

세계화는 기업을 하나의 고능률작업 생산조직으로 만든다. 세계전체를 하나의 경제권역처럼 상정하고 경쟁해야 하는 조건하에서는 기업이 고성능 내지 고능률 조직으로 되지 못하면 생존이 불가능하게 된다. 그리고 항시적인 잉여인력의 존재가 용납되기도 어렵다. 이러한 경제적 환경의 변화는 이데올로기적으로 신자유주의적 경제정책과 연결된다.[7)]

신자유주의는 개인단위의 자유로운 시장경쟁이 최적의 자원배분을 가져오고, 그 결과 효율의 극대화가 가능케 된다는 이데올로기(ideology)에 기초하여 모든 종류의 규제

4) 하경효, "노사관계환경의 변화와 노사자율질서의 발전 방향", 한국노동연구원 연구보고서(노동의 미래와 신질서), 한국노동연구원, p. 249.
5) 박광주 편, 신자유주의와 아시아의 경제위기 그리고 한국, 부산대학교 출판부, p. 24.
6) 한국노동이론정책연구소, 경제위기, 신자유주의, 그리고 노동운동, 도서출판 현장에서 미래를, p. 330.
7) 배무기, 노사관계환경·조건의 변화와 그 함의, 노동법학 제8호, 한국노동법학회, 1998, p. 4.

와 보호조치를 철폐할 것을 주장하고 있다. 관세장벽, 산업에 대한 국가지원을 부정하고 국공기업의 민영화를 주장한다. 경제에 대한 사회적 규제도 부정한다. 시민권적 사회복지를 부정하고, 사회복지 운영의 민영화를 주창한다. 따라서 사회적 규제 자체가 부인된다.

노동력이라는 상품조차 그 특수성이 부인되고 집단주의 원리의 노동조합주의도 부정하여 단체교섭을 개별계약체제로 개편하려 한다. 신자유주의적 세계관 아래서는 오로지 자본의 집단주의만 인정될 뿐 인간의 집단주의는 인정되지 않는다. 각 개인은 상품처럼 개별단위로 경쟁에 참여하여야 하며 경쟁에 어떻게 참여할 것인지를 결정하는 것은 그 개인이며, 그 결과에 대해 책임지는 것도 개인이어야 한다고 주장한다.

시장이 곧 정의이다. 시장이 초래한 결과는 그대로 인정되어야 하고, 그러한 결과를 부정하는 행위는 공정경쟁을 저해하고 도덕적 해이를 초래하는 것으로 간주된다.

이러한 신자유주의 이데올로기와 정책은 자본주의를 일정한 개입이나 통제로부터 벗어나게 함으로써 자본주의의 강점과 약점을 극대화시키게 된다. 신자유주의는 주장이 '구 자유주의'와 유사하나 그 역사적 성격이 다르다. 구 자유주의는 봉건적 질서로부터의 자유를 부르짖었지만, 신자유주의는 시장에 대한 정부의 개입을 옹호하는 케인즈주의를 부정한다는 점에서 성격이 다르다. 두 이데올로기(ideology) 모두가 친자본주의적인 것이지만, 신자유주의는 효율극대화라는 미명하에 자본주의 시장이 이상대로 움직이지 않는다는 과거의 경험을 다시 경시하고 있는 것이다.

자본주의의 불완전성 때문에 수정자본주의로 불리는 케인즈 주의가 나타난 것이지만, 신자유주의는 다시 자본주의 시장에 인류의 운명을 맡기려는 것이다. 신자유주의는 자유롭고 공정한 경쟁을 규범으로 내세우지만 국가, 개별자본, 개인 등 각 수준 경쟁의 주체들은 경쟁력 격차를 출발점으로 하여 경쟁에 참여한다. 또한 신자유주의는 자본간 경쟁을 격화시켜 근로자간 경쟁을 격화시키고, 노동시장의 유연화를 초래하여 비정규직과 불안정고용의 증대를 초래하고 있다.

3) 생산양식의 변화와 기술혁신

(1) 포드주의적인 노동조직의 위기

자본주의 경제는 제1차 제2차 세계대전을 경과한 이후 전례 없는 고도의 경제성장과 번영을 구가하였다. 제2차 세계대전의 피해가 컸음에도 불구하고 전시생산을 위한 근로자 동원체제의 확대, 노동조직 방식의 체계화 및 이에 따른 생산성 증대로, 전후 세계자본주의는 공업생산과 무역에서 동시적으로 비약적 발전을 경험하게 되었다. 이러한 비약적 발전의 배후에는 테일러주의에 기초한 포드주의적인 노동과정의 확립과 확산이 결정적인 역할을 하였다.[8)]

포드주의는 미국의 포드자동차공장의 경영주이었던 헨리 포드(H. Ford)가 테일러리즘(Taylorism)에 기초하여 새롭게 고안한 노동조직 방식으로 대량생산체제 노동과정과 작업조직의 전형이 되었다. 테일러주의가 근로자들로부터 지식과 기능을 분리시켜 이를 관리자에게 집중 체계화함으로써 "구상"과 "실행"을 분리시킨 것이라고 한다면, 이를 노동과정의 기술적 측면에서 완성시킨 것이 포드주의라고 할 수 있다. 따라서 포드주의는 단순히 테일러주의의 연장이 아니라 하나의 기술혁신으로서의 성격을 가지는 것이었다. 포드주의는 테일러주의의 본질적 측면들을 이어 받았지만, 한 걸음 더 나아가 새로운 노동력 관리방법 및 일괄작업 대열이라는 응고된 형태의 자동화원리(컨베이어벨트 시스템) 두 가지를 추가로 도입하였다.

컨베이어벨트 시스템(Conveyer Belt System)의 도입에 의해 지금까지 공장 내의 물건 이동과 관리에 투입되었던 노동력의 대부분이 불필요하게 되었고, 그로 인해 노동력이 집중될 수 있었다. 아울러 조립라인은 노동을 극도로 단순화·세분화를 심화시켰으며, 직무를 최대한 파편화시키는 것이었다.

20세기 초 미국에서 발전하기 시작한 이와 같은 포드주의 생산방식은 제2차 세계대전 이후 미국의 헤게모니(hegemony)에 힘입어 선진국들 사이에 널리 보급되어서 각국 자본주의 체제를 어느 정도 수렴시키는 효과를 가져왔다.

그러나 1980년대 신기술의 발달과 국제경쟁의 강화 및 세계경제 통합의 심화로 인하여 표준화된 제품의 대량생산방식체제로는 더 이상 세계경제에서 경쟁력을 유지하기 힘들어지고 다양한 소비자의 기호와 빠른 속도로 이루어지는 시장변화에 전혀 유연성을 발휘하지 못하는 결함을 가지고 있었다.

따라서 선진 자본주의는 국가들이 기존의 포디즘(Fordism)적 대량생산방식에서 기술혁신을 통한 다품종 소량생산에 입각한 유연생산방식으로의 전환을 추구하게 되었다.

(2) 기술혁신

ME(Micro-Electronics)혁명으로 불리는 극소전자분야에서의 기술의 발달은 컴퓨터

8) 박준식 · 이영희, 기술혁명과 노동문제, 두리, p. 20.

혁명을 통하여 노동과정에 엄청난 변화를 가져왔다. 표준화된 상품대신에 다양한 소비자의 기호에 따라 다양한 상품을 생산하는 것이 가능해졌고, 소비자의 급격한 기호변동에 따라 다양한 신상품을 신속하게 개발하는 것도 용이해졌다. 즉 상품혁신의 주기를 단축시켰으며, 끊임없는 공정혁신을 가능하게 한다.

또한, 유연생산방식으로의 전환은 기업의 구조에도 변화를 요구하고 있다. 기존의 포드주의 체제에서의 구조가 피라미드형의 계층제의 구조로 되어있었다면, 유연생산방식은 기업구조, 경영방식, 재고관리, 기술훈련과 습득, 노사관계 등 기업 활동의 여러 측면에서의 유연성 제고를 필요로 하며, 결과적으로 자율적인 팀들의 네트워크에 입각한 수평적 기업구조로의 전환을 도모하게 된다. 급변하는 시장에 탄력적으로 적응하고 더 나아가서 시장의 변하를 주도적으로 이끌기 위해 상명하달 식의 위계질서보다는 보다 현장에 가까운 하위조직이 자율성을 가지고 적극적으로 대처하는 조직형태로 나아가고 있다.

ME기술의 대두는 누구보다도 현장근로자들에게 엄청난 영향을 미치고 있다. 프로그램에 의한 자동제어가 가능한 로봇이나 수치제어공작기계, 자동조립기계, 자동운반기계, 자동검사기계, 자동설계기계 등등 이루 헤아릴 수 없을 정도로 컴퓨터를 활용한 자동기계들이 이전에 근로자들이 하던 일을 대신하게 되었다.[9)]

자동기계체제의 도입은 한편으로는 힘든 육체노동이나 위험한 작업으로부터 근로자들이 해방되는 긍정적인 측면도 있지만, 다른 한편으로는 먹지도 않고 쉬지도 않고, 잠도 자지 않는 기계들에 의하여 근로자들이 대체되거나 종속됨으로써 실업 혹은 고용불안문제가 광범위하게 야기되기도 하고 노동의 강도가 더욱 강화되는 부정적인 측면도 나타나게 되었다.

2. 우리나라 노동시장의 유연성

1) 우리나라 노동시장의 유연성 현황

먼저 거시적인 고용지표를 통한 2019년 현재 우리나라 노동시장의 현황인 실업률을 살펴보면 다음과 같다.

---

9) 박준식 · 이영희, 전게서, p. 21.

〈표 9-1〉에서 보는 바와 같이 우리나라 경제활동 참가율은 40~49세 구간이 가장 높게 나타났고, 15~19세 구간이 가장 낮게 나타났다. 15~19세 구간의 인구는 대부분 학생들이기 때문에 경제활동 참가율은 낮게 나타나는 것으로 판단된다. 실업률의 경우 학생들과 같은 활동을 하고 있는 인구들은 제외되었다. 한편, 실업율은 15~19세 구간에서 압도적으로 높게 나타났다. 수치로 보았을 때 학교를 졸업한 직후 몇 년 구간동안 직장을 구하는 것이 힘든 것으로 보인다. 다만, 전체 구간을 보았을 때 실업률은 4.3%정도로 나타났다.

〈표 9-1〉 우리나라 경제활동 참가율과 실업률 추이

성별	연령계층별	15세이상 인구 (천명)	경제활동인구 (천명)	비경제활동인구 (천명)	취업자 (천명)	실업자 (천명)	경제활동참가율 (%)	고용률 (%)	실업률 (%)
전체	계	44,122	28,029	16,093	26,868	1,161	63.5	60.9	4.1
	15-19세	2,789	211	2,578	189	22	7.6	6.8	10.3
	20-29세	6,381	4,100	2,281	3,661	439	64.3	57.4	10.7
	30-39세	7,400	5,842	1,558	5,624	218	78.9	76.0	3.7
	40-49세	8,468	6,878	1,590	6,689	189	81.2	79.0	2.7
	50-59세	8,421	6,545	1,876	6,375	171	77.7	75.7	2.6
	60세 이상	10,664	4,453	6,211	4,331	122	41.8	40.6	2.7
	15-24세	5,756	1,671	4,085	1,488	183	● 29.0	● 25.9	● 10.9
	15-29세	9,170	4,311	4,859	3,850	461	● 47.0	● 42.0	● 10.7
	15-64세	36,801	25,633	11,167	24,524	1,109	● 69.7	● 66.6	● 4.3

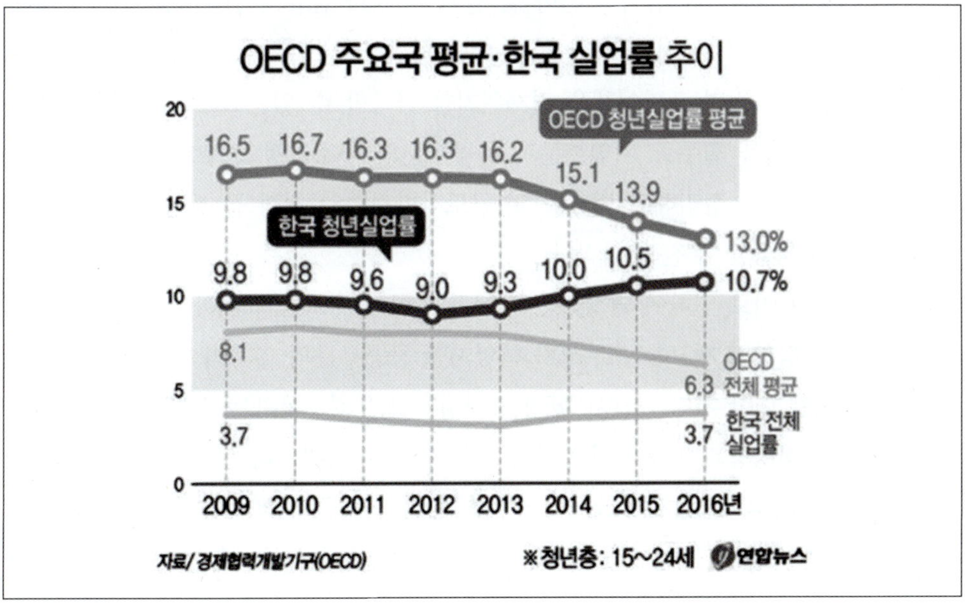

그리고 실업률은 OECD국가의 전체 평균이 2009년 8.1%, 2016년 6.3%로 나타났는데 우리나라의 경우는 2009년 3.7%에서 다소의 감소추세를 보이다가 2016년 3.7%인 것으로 나타났다. 외형상 우리나라의 실업률 지표는 양호한 것으로 나타났으나 청년실업률이 심각한 현실은 구직활동을 포기한 실망실업자가 많기 때문이라 사료되며, 이들이 실업자가 아닌 비경제활동 인구로 집계되고 있기 때문인 것으로 판단된다.

2) 우리나라 노동시장 유연성의 특징

노동시장의 유연성은 노동시장 환경이 변할 경우 고용, 임금, 근로시간 등을 신속하게 변화시켜 새로운 환경에 적응하는 능력을 의미한다. 또한 유연성은 단순히 기업이 새로운 환경에 적응하는 능력뿐만 아니라 근로자의 적응능력도 포함하는 광범위한 개념이다.

다시 말해 유연성은 기업을 외부환경의 변화에 적응할 수 있는 유연한 조직으로 만들어 새로운 수요와 새로운 기술에 적응할 수 있도록 하고, 근로자는 노동시장에서 발생하는 각 이행조건들에서 성공적으로 적응하는 개념이기도 하다. 이러한 노동시장의 유연화는 외환위기 당시 한국의 커다란 화두 중 하나였다. IMF사태로 대변되는 외환위기의 가장 큰 과제는 경제위기극복이었으며, 그 극복의 가장 큰 축이 노동시장을 유연화 시키는 것이었다. 즉, IMF는 경제위기 극복을 위한 차관의 제공에 시장의 전면개방과 자본자유화, 규제완화 및 철폐, 재정과 금융의 긴축, 민영화, 재벌해체, 노동시장 유연화, 자본시장 조기 전면 개방 등을 조건으로 제시하였고, 정부는 이러한 이행조건들의 전면 조기이행을 경제위기를 극복할 수 있는 길로 간주하고 그 기조 아래서 금융부분을 필두로 기업부문과 공공부문의 구조조정 프로그램을 진행하였으며, 노동부문에서는 정리해고 법제화 및 근로자파견법의 제정 등 노동시장의 유연성을 제고하는 조치들을 추진해 나갔다.

또한 이로 인하여 발생하는 사회적 위험에 대비하기 위하여 정부는 사회안전망을 통한 안정성의 제고를 이루고자 하였지만 공공부문의 일자리 창출이나, 적극적 노동시장 정책에 대한 투자, 사회보험에의 재정투입은 최소화하는 소극적인 전략으로 인하여 소득의 불평등과 노동시장 안정성 제고에는 미흡하였다. 특히 비정규직과 같은 유연직 노동자들과 관련하여 소극적인 수급범위와 수급기간의 확대와 같은 조치들만 취해졌을 뿐 그들에게 안전적인 노동시장의 제공은 이루어지지 않았다. 결국 유연성의 추구와 안전성의 미흡으로 규정지어지는 우리나라 노동시장의 유연안정성은 현재 다음과 같은 몇 가지 특징을 지니게 된다.

첫째, 낮은 실업률과 낮은 고용률이다. 실업률은 국제적인 비교를 통해서 보더라도 안정적인 수치를 보이고 있지만, 고용률의 경우 그러한 실업률에 미치지 못하는 모순적인 관계를 보이고 있다. 여러 가지 원인이 있지만 실업률을 집계하는 통계적인 문제가 이러한 모순을 발생시키는 원인으로 지적될 수 있다.

즉, 실직을 경험할 시 적극적인 구직으로 향하는 것이 아닌 비경제활동이라는 실망실업의 길로 들어설 확률이 높음에도 현재 실업률을 집계하는 방식 하에서는 이들을 실업자로 규정짓고 있지 않는 것이다.

둘째, 이중화된 노동시장이다. 정규직과 비정규직으로 대별되는 이중적인 고용형태에서 중심부에 위치한 정규직은 안정적인 고용생활을 유지하는 반면, 주변부에 머무르는 비정규직은 그러한 안정성을 누리지 못하는 현실이다. 즉, 정규직의 경우 경직된 유연성을 보이는 반면, 비정규직은 불안한 일자리로 인한 고용 불안정과 낮은 임금으로 인한 소득의 불안정을 보이고 있다. 특히, 전투적인 기업별 노조문화가 뿌리 내리고 있는 한국적 현실에서 정규직 근로자는 그러한 전투력을 통하여 자신들의 이익을 얻어낼 수 있는 조직력을 지니고 있지만, 유연직에 근무하는 근로자의 경우 소규모의 직장 내에서 제대로 된 그들의 요구를 표출하지 못하는 한계를 보이게 된다.

즉, 고용의 불안정과 낮은 임금 수준 하에서 유연직 근로자들은 자신의 목소리를 제대로 표출하기 힘든 한계를 보이지만 정규직의 경우 거대 조조를 이용하여 사측에 강한 압력의 행사가 가능한 형태인 것이다. 결국 사회적인 연대정신이 결여된 상황에서 강력하게 형성된 기업별 노조운동은 노동시장의 이중 구조화를 발생시킨 가장 큰 이유 중 하나일 것이다.

마지막으로 취약한 사회안전망이다. 사회안전망은 노동시장에 안정성을 제공하는 중요한 노동시장 정책임에도 불구하고 이 사회안전망에 대한 한국의 현실은 그리 녹록하지 못하다. 노동시장의 유연 안정성을 제고시키기 위해서는 유연화 되는 노동시장에 안정성을 제고하는 사회 안전망의 투자는 필수적일 것이다. 하지만 우리나라 노동시장은 사회 안전망의 충분한 제공 없이 일방적인 유연성만을 강요받아왔다. 외환위기 이후 증가되는 유연성에 비하여 사회 안전망의 제공은 사회보험 중심의 소극적인 정책에 기반 하였으며, 그 방법 또한 앞서 지적하였듯이 가입요건이나 수급요건을 완화하는 수준에 불과하였다. 또한 그러한 조치들에도 불구하고 유연직에 근로하는 노동자들의 상당수가 사회 안전망에 사각지대로 남아 있다. 거기다 이중화되는 노동시장에 의해 정규직 근로자는 높은 수준의 기업복지와 더불어 사회안전망의 혜택을 온전히 누릴 수 있는 반면, 주변부에 위치한 근로자의 상당수는 그러한 기업복지의 혜택도 누리지 못할뿐더러 사회 안전망의 혜택 또한 온전히 누리지 못하고 있는 상황이다. 즉, 노동시장의 유연성과 안정성을 조화시켜야 할 사회안전망조차 노동시장의 이중구조화를 촉진시키는 기제로 작동하고 있는 구조인 것이다.

이상에서 논의된 우리나라 노동시장 정책의 대략적인 현황을 살펴보면, 그 내용은 〈표 9-2〉와 같다.

〈표 9-2〉 우리나라 노동시장의 유연성과 안정성

	유연성		안정성		
	수량적 유연성	기능적 유연성	고용보호	사회안전망	적극적 노동시장정책
핵심영역 (제조업, 대기업, 정규직)	경직성	경직성	상대적으로 높은 수준	비효과적	비효율적
주변 영역 (서비스업, 중소기업, 비정규직)	높은 노동이동과 고용불안	부재	사각지대	사각지대	사각지대

〈표 9-2〉에서 보는 바와 같이 정규직으로 대표되는 핵심영역에서의 유연성은 경직적인 반면, 비정규직으로 대표되는 주변영역의 경우 상당히 유연한 형태를 보이고 있다. 안정성의 측면에서는 정규직의 경우 상대적으로 높은 수준의 고용보호를 지니고 있지만 비정규직의 경우 사각지대의 늪에 빠져있음을 알 수 있다. 사회안전망과 적극적 노동시장 정책은 모두에게 큰 도움이 도지 않는 것으로 판단된다.

이상의 내용을 종합하여 우리나라 노동시장의 유연안정성을 살펴보면 그 내용은 다음과 같다.

첫째, 우리나라 유연안정성의 특징은 단순히 전체 노동시장과 고용법제의 경직성 수준만을 바라보고 판단하여서는 제대로 된 현실을 진단할 수 없을 것이다. 즉, 경직된 정규직의 핵심노동계층과 수량적으로 유연화 된 주변 비정규 계층으로 분리되어 설명되어야 할 것이다. 특히 비정규직의 경우 지속적으로 그 규모가 커지고 있으며 잦은 노동이동과 짧은 근무연수로 상당한 고용불안에 시달리고 있음을 확인할 수 있으며, 임금 격차 또한 지속적으로 심화됨을 알 수 있어 임금 안정성 또한 떨어지는 것으로 파악된다.

반면 정규직의 경우 비정규직에 비하여 상대적으로 높은 노동시장의 지위를 누리며 안정적인 임금상승과 고용을 유지할 수 있음으로 파악되며, 이 두 지위간의 이동은 어려워 두 계층 간에 유리되어 있는 분절적인 노동시장임을 알 수 있다.

둘째, 우리나라 노동시장의 유연화 정책은 고용조정과 비정규직의 확대라는 수량적인 유연화를 중심으로 진행되었다. 수량적 유연성은 기업에게는 경제적 효율성을 의미하지만 노동자에게는 고용불안과 생활불안을 의미한다.

하지만 노동자들이 감내할 수 있는 수준을 넘어서면 경제운용에 있어서도 효율성을 저해함은 물론 형평성 또한 저해할 수 있다. 우리나라 노동시장의 고용조정 속도는 아주 빠르며, 비정규직의 확대는 외환위기 이후 급격하게 이루어져 왔다. 하지만 이에 상응하는 사회안전망의 투자는 미흡하며, 이는 결국 노동시장의 안정성을 저해함은 물론이고 사회적인 형평성 또한 저해하였음을 알 수 있다.

셋째, 사회정책의 관점에서 외환위기 이후 유연화 되는 노동시장에 대응한 사회안전망의 확충과 적극적 노동시장 정책을 활성화하고자 하는 시도들이 있었지만 결과적으로 그러한 시도들은 큰 효과를 발휘하지 못하고 있는 것으로 판단된다. 특히 비정규직 노동자들의 상당수가 사회보험에서 사각지대로 방치되어 있으며 실제 수급에 있어서도 어려움을 당하게 되는 현실과 더불어 실제 범정부적 차원의 재정지출 또한 미비한 것으로 나타났다.

결국 우리나라 노동시장은 이중화된 구조와 양극화의 심화가 나타나고 있다. 상대적으로 안정적인 고용보장과 임금, 그리고 사회보장 혜택을 누리고 있는 정규직과 이에 반하여 불안정한 고용과 저임금에 시달리며, 사회보험에서 제대로 된 혜택을 누리지 못하고 있는 비정규직으로 분절되어 있는 것이다. 즉, 정규직의 경우 경직된 유연성을 보이고 있으나 이에 반하여 잦은 직장이동과 해고를 경험하는 비정규직은 높은 유연성을 보이고 있으며, 이들에 대한 안정성은 지극히 낮은 수준으로 제공됨을 알 수 있었다. 이에 따라 향후 이런 사회적 합의가 추구하여야 할 방안은 바로 격차를 해소하고 노동계층간의 이동성을 확보할 수 있는 즉 유연안정성을 담보할 수 있는 경제사회구조를 만드는 방향이 되어야 할 것이다.

하지만 앞서 노사정위원회의 경험은 이러한 문제점을 예방하고 극복하는 방안이 아닌 오히려 비정규직을 양산하고 정규직을 보호하는 방향을 전개 되었다. 즉, 대기업 중심의 기업별 노조운동의 전통과 사회보험 중심의 복지 개혁이 노사정위원회 내부에서 녹아들었고 이는 정규직은 보호하고 비정규직은 소외시키는 결과를 만들었던 것이다. 다시 말해 노사정위원회를 통한 비정규직의 희생을 통해 정규직의 안정성을 높여 준 형국이 되어버렸다. 물론 그러한 모든 책임을 노사정위원회에만 전가시키는 것은 무리가 있을 것이다. 하지만 분명하고 의미가 있는 것은 노사정위원회에서 이러한 모습을 방기했다는 것은 사실일 것이다.

3. 신고용정책

우리나라 노동시장은 일견 모순되어 보이는 다음 두 가지 문제를 동시에 해결해야 할 상황에 처해 있다. 하나는 산업구조 조정 등과 관련하여 나타나는 일정한 산업이나 업종의 사양화 내지 구조변화에 부수 하는 인력감축 혹은 실업 등의 문제이고, 다른 하나는 일정한 산업이나 업종, 기타 직종에서 나타나는 인력부족의 문제이다.

정부는 이 '두 마리 토끼'를 동시에 잡기 위하여 '실업대책'에 초점을 맞추었던 기존의 고용정책을 변화시킴과 동시에 고용정책이 향후 국가발전의 근간이 될 것이라는 인식 하에 새로운 고용정책의 확립과 제도화를 위해 노력하여 왔다.

가령, 정부는 향후 노동시장에서 발생할 것으로 예상되는 문제로서 중소제조업의 인력난심화, 대졸자증가에 따른 고학력실업, 산업구조조정에 따른 구조적 실업, 고용구조의 서비스화에 따른 고용구조의 질적 취약성 등을 들고, 장·단기적인 대책을 제시한 바 있다.

우선, 단기적인 대책으로서는 ① 휴·폐업, 집단감원 등으로 발생하는 실업자에 대해서 전직·재훈련을 실시하여 인력부족업체에 신속하게 취업을 알선하고, ② 중소제조업 등의 인력난 완화를 위한 유휴인력공급을 확대하며, ③ 중·고등학생 및 청소년에 대한 직업교육을 강화하여 청소년실업증가에 적극 대응해 나간다는 것 등이다.

그리고 장기적인 대책으로는 ① 첨단산업육성을 통한 대졸인력의 고용확대와 병행하여 대학 총 정원의 증원 억제 및 인문계 정원의 이공계 전환 시책을 추진하고, ② 직업안전 기구를 대폭 개편·보강하여 인력수급기능을 강화하며, ③ 제조업 등의 인력난 완화를 위한 외국인 기술연수제도 활용 확대, ④ 고용보험의 실시 및 고용관계법안의 제·개정 등의 계획이다.

이러한 과정에서 고용정책의 근간이 될 고용정책기본법과 고용보험법이 제정되었다. 정부는 양법의 제정에 즈음하여 "그 동안 그 중요성에도 불구하고 상대적으로 낙후되어 있던 고용·인력분야의 각종 정책추진에 새로운 전기를 맞게 될 것"으로 전망함과 동시에, "향후 기업의 기술개발과 산업구조조정을 지원·촉진할 수 있도록 근로자의 능력개발과 노동력의 효율적 활용을 기할 수 있게 되며, 저수준의 기술, 기능 인력이 성장산업으로 이동할 수 있도록 지원하고 모든 근로자들이 직업생활의 전체 기간을 통하여 직업능력의 향상을 위해 노력할 수 있도록 지원하게 된다. 또한, 실직자의 재취직을 촉진하고 생활안정을 지원하게 됨으로써 실직자에게도 국가 차원의 제도적인 지원책이 마련되게 되었다"고 평가하였다.

또한 "직업안정기관의 노동력 수급조절기능을 강화하고 가용인력의 취업을 촉진하여 산업이 필요로 하는 노동력 확보를 지원할 수 있음은 물론, 앞으로 고용정책을 경제·산업·교육 등의 관련정책과 연계하여 중·장기 기본계획에 따라 종합적·체계적으로 추진해 나갈 수 있을 것으로 전망"하였다.

하여튼 양법의 제정으로 우리나라는 본격적인 신고용정책의 시대에 들어서게 되었다고 할 수 있는데 고용정책은 그 내용에 따라서는 노사 양측에 매우 큰 영향을 줄 수 있게 때문에 일부의 정부정책방안에 대해서는 상당한 논란이 야기되고 있는 것도 사실이다. 특히, 근로자 파견사업의 합법화문제를 비롯하여 파트타임 근로자에 대한 보호문제, 외국인 근로자의 확대 도입문제 등에 대해서는 노·사간 이견의 폭이 매우 크다.

따라서 고용의 유연화와 관련된 근로자 파견사업과 파트타임 근로자 및 비정규직 근로자에 대한 보호문제는 절을 달리 하여 논의하기로 한다.

4. 고용정책기본법과 고용보험법의 주요내용

1) 고용정책기본법의 주요내용

고용정책기본법은 고용정보, 직업소개, 직업훈련, 고용안정 등 고용관련정책 전반에 관한 기본법으로 "국가가 고용에 관한 정책의 전반에 관하여 필요한 시책을 종합적으로 강구함으로써 국민 개개인이 각자의 능력을 최대한 개발하고 발휘하도록 촉진하며 노동시장의 효율성을 제공하고 노동력 수급균형을 도모하여 고용의 안정, 근로자의 경제·사회적 지위향상과 국민경제·사회의 균형 있는 발전에 기여함을 목적"으로 하고 있다.[10)]

10) 「고용정책기본법」 제1조 참조.

또 이러한 목적을 달성하기 위해 국가는 다음 사항에 대해 필요한 대책을 마련해야 한다고 명시되어 있다.[11)]

첫째, 국민 각자가 그의 능력과 적성에 적합한 직업에 종사하도록 하며 산업이 필요로 하는 노동력을 확보하도록 지원하기 위한 직업소개 및 직업지도 사업에 관한 사항.

둘째, 직업에 필요한 근로자의 능력을 개발·향상시키고 이의 적합한 평가를 받도록 촉진하는 동시에 산업이 필요로 하는 숙련된 노동력의 양성·확보를 촉진하기 위한 직업훈련 기타의 강습·훈련과 기술자격검정에 관한 사항.

셋째, 경기변동, 산업구조의 변화 등에 따라 예상되는 근로자의 실업을 예방하고 사업주의 원활한 고용조정을 지원하며 실업자의 취직을 촉진하는 등 고용을 안정시키기 위한 사항.

넷째, 노동력의 부족을 예방하며 노동시장의 통상적인 조건 하에서는 취직이 특히 곤란한 자의 취직을 용이하게 하기 위하여 근로자의 직업의 전환, 지역 간의 이동, 직장에의 적응 등을 지원하는 데 필요한 사항.

다섯째, 근로자의 직업능력의 개발과 그 능력의 발휘를 뒷받침하며 기업의 근로자의 능력을 효율적으로 활용하도록 기업내부의 고용관리개선 등을 지원·촉진하기 위한 사항.

여섯째, 근로자의 고용촉진과 고용안정을 도모하기 위하여 주거를 이전하여 취직하는 근로자 등을 위한 숙소 기타 근로자의 복지증진의 필요한 시설에 관한 사항.

일곱째, 기타 고용안정과 직업능력개발 등에 관하여 필요한 사항.

이러한 대책의 마련에 있어서 국가는 "근로자의 직업선택의 자유와 사업주의 고용관리에 대한 자주성을 존중하여야 하며 능력을 개발하고자 하는 근로자의 의욕을 고취하고 고용을 안정시키기 위하여 사업주가 주도적인 역할을 할 수 있도록 적극 지원하여야 한다.

고용노동부장관은 고용정책의 기본방향과 주요시책을 고용정책 기본계획에 반영하여 국무회의에 보고하고 공표 하도록 하는 등 체계적으로 추진하게 되고, 각 부처의 고용에 관련된 주요시책을 심의·조정하기 위하여 고용노동부에 고용노동부장관을 위원장으로 하는 고용정책심의회를 설치한다. 또한 인력확보가 어려운 중소기업을 지원하기 위하여 "중소기업 노동력확보 지원계획"을 수립하여, 중소기업의 작업환경개선, 복지시설의 설치, 고용관리 개선을 지원하는 한편, 산업구조 조정, 국내외 경제사정의 변화 등으로 고용사정이 급격히 악화되고 있는 신발·섬유 등의 특정업종과 지역의 사업주에 대한 고용조정과 근로자에 대한 특별 전직훈련 등의 지원을 통해 근로자의

11) 「고용정책기본법」 제6조 제1항 참조.

대량고용변동 발생 시에는 직업안정기관에 신고토록 함으로써 실직자에 대한 신속한 직업소개 및 직업훈련을 실시하여 정부가 고용불안에 적극 대응할 수 있도록 제도적 장치를 마련하고 있다. 한편, 대량실업의 발생 시에는 고용촉진훈련, 실업자의 취직촉진 등의 실업대책을 수립・시행토록 하고 있다.

2) 고용보험법의 주요내용

고용보험법은 고용보험의 시행을 통하여 실업의 예방, 고용의 촉진 및 근로자의 직업능력의 개발과 향상을 꾀하고, 국가의 직업지도와 직업소개 기능을 강화하며, 근로자가 실업한 경우에 생활에 필요한 급여를 실시하여 근로자의 생활안정과 구직 활동을 촉진함으로써 경제・사회 발전에 이바지하는 것을 목적으로 한다(고용보험법 제1조).

이러한 목적을 달성하기 위한 고용보험 사업으로 고용안정・직업능력개발사업, 실업급여, 육아휴직 급여 및 출산전후휴가 급여 등을 실시한다. [개정 2012.2.1 제11274호 「남녀고용평등과 일・가정 양립 지원에 관한 법률」]

우선 고용안정사업이란 국내・외 경기의 변동, 산업구조의 변화 등으로 고용기회가 감소하거나 또는 노동력이 과잉되어 고용상태가 불안하게 되는 경우에 관련 근로자의 고용기회의 확대, 실업의 예방 등을 위하여 사업주의 고용조정에 대한 지원 및 기타 고용안정을 도모하기 위하여 고용노동부장관이 행하는 사업을 말한다. 주요 사업으로써는 사업주의 고용조정활동(휴업실시와 휴업수당의 지급, 근로자에 대한 직업 전환을 위한 직업훈련의 실시, 전직 또는 적극적인 직업소개의 실시 등)에 대한 지원, 특정지역 또는 특정인(고령자 또는 장애인)의 고용촉진, 고용촉진시설에 대한 지원, 고용정보제공 및 직업지도 등이 있다.

다음으로 직업능력개발 사업이란 관련 지도자 등에게 직업생활의 전 기간을 통하여 자신의 능력을 개발・향상시킬 수 있는 기회를 제공하고 이를 지원하기 위하여 행하는 사업을 말한다. 주요사업으로는 사업 내 직업훈련 및 직업능력개발을 위한 교육훈련 등을 실시하거나 그를 지원하는 사업주 및 사업주단체에 대한 지원, 실업자 재취직 훈련, 직업훈련시설에 대한 지원 등이다.

그리고 고용노동부장관은 피보험자 및 피보험자였던 자, 그 밖에 취업할 의사를 가진 자에 대한 실업의 예방, 취업의 촉진, 고용기회의 확대, 직업능력개발・향상의 기회 제공 및 지원, 그 밖에 고용안정과 사업주에 대한 인력 확보를 지원하기 위하여 고용안정・직업능력개발 사업을 실시할 때에는 근로자의 수, 고용안정・직업능력개발을 위하여 취한 조치 및 실적 등 대통령령으로 정하는 기준에 해당하는 기업을 우선적으로 고려하여야 한다.

마지막으로 실업급여는 구직급여 및 취직촉진 수당으로 구분한다. 취업촉진 수당에는 조기재취업 수당, 직업능력개발 수당, 광역 구직활동비, 이주비로 구성되어 있다. 실업급여를 지급받고자 하는 자는 지체없이 직업안정기관에 출석하여 실업을 신고하고, 구직신청과 동시에 구직급여 수급자격 인정 신청을 하여야 한다.

구직급여는 이직한 피보험자가 다음 요건을 모두 갖춘 경우에 지급한다.

① 기준기간 동안의 피보험 단위기간을 통산(通算)하여 180일 이상일 것.

② 근로의 의사와 능력이 있음에도 불구하고 취업하지 못한 상태에 있을 것.

③ 이직사유가 수급자격의 제한 사유에 해당하지 아니할 것.

④ 재취업을 위한 노력을 적극적으로 할 것.

⑤ 다음 각 목의 어느 하나에 해당할 것

㉠ 수급자격 인정신청일 이전 1개월 동안의 근로일수가 10일 미만일 것.

㉡ 건설일용근로자로서 수급자격 인정신청일 이전 14일간 연속하여 근로내역이 없을 것.

⑥ 최종 이직 당시의 기준기간 동안의 피보험 단위기간 중 다른 사업에서 수급자격의 제한 사유에 해당하는 사유로 이직한 사실이 있는 경우에는 그 피보험 단위기간 중 90일 이상을 일용근로자로 근로하였을 것.

구직급여의 기준기간은 이직일 이전 18개월로 하되, 피보험자가 다음 각 호의 어느 하나에 해당하는 경우에는 다음 각 호의 구분에 따른 기간을 기준으로 한다.

① 이직일 이전 18개월 동안에 질병・부상, 그 밖에 대통령령으로 정하는 사유로 계속하여 30일 이상 보수의 지급을 받을 수 없었던 경우 : 18개월에 그 사유로 보수를 지급받을 수 없었던 일수를 가산한 기간(3년을 초과할 때에는 3년으로 한다)

② 다음 각 목의 요건에 모두 해당하는 경우 : 이직일 이전 24개월

㉠ 이직 당시 1주 소정근로시간이 15시간 미만이고, 1주 소정근로일수가 2일 이하인 근로자로 근로하였을 것.

㉡ 이직일 이전 24개월 동안의 피보험 단위기간 중 90일 이상을 ㉠의 요건에 해당하는 근로자로 근로하였을 것.

끝으로 구직급여는 별도의 규정이 있는 경우 외에는 그 구직급여의 수급자격과 관련된

이직일의 다음 날부터 계산하기 시작하여 12개월 내에 소정급여일수를 한도로 하여 지급한다.

직업안정기관의 장은 수급자격자의 연령 · 경력 등을 고려하여 재취업을 위한 직업능력개발 훈련 등이 필요하다고 판단되면 그 수급자격자에게 직업능력개발 훈련 등을 받도록 지시할 수 있고, 수급자격자가 그 직업능력개발 훈련 등을 받는 기간 중 실업의 인정을 받은 날에 대하여는 소정급여일수를 초과하여 구직급여를 연장하여 지급할 수 있다. 이 경우 연장하여 지급하는 구직급여의 지급 기간은 대통령령으로 정하는 기간을 한도로 한다.

제2절 노동시장의 유연성 제고

1. 유연성제고의 필요성

노동시장의 유연성 제고란 생산요소인 노동을 효율적으로 사용하여 생산과 고용을 극대화시킴으로써 실업을 해소하고 궁극적으로는 경쟁력을 강화하려는 방법이다. 만일 노동시장이 일반적인 상품시장과 마찬가지로 균형을 쉽게 유지할 수만 있다면, 노동시장은 구태여 유연화 되어야 할 필요가 없을 것이다. 그러나 노동시장은 현실적으로 제도, 관행, 노사관계, 정보부족, 규제 등으로 인해서 균형을 유지하기가 쉽지 않다.

따라서 경직된 노동시장에 경쟁원리를 도입하여 노동시장을 균형 상태로 근접하게 하여 효율화시킬 필요가 있는 것이다.

그러면 노동시장의 유연성 제고는 왜 필요한가? 이에 관해서는 기존연구를 바탕으로 다음과 같은 이유를 들 수 있겠다.[12)]

첫째, 최근에 들어와 아담 스미스(A. Smith)의 '보이지 않는 손'은 사회주의의 붕괴와 글로벌화(Globalization)라는 용어의 일반화를 통해서 그 위대함을 다시 한 번 입증시켜 주었다고 사료된다. 따라서 산업혁명 이후 제도, 관행, 노사관계, 정보부족, 규제

12) OECD, *Labour Market Flexibility, Trends in Enterprises*; 어수봉 · 강순희, 「고용조정과 임금구조 변화 1」, 『분기별 노동동향 분석』, 한국노동연구원, pp. 125-139.

등으로 인해서 경직되어 온 노동시장도 이제는 경쟁원리를 바탕으로 운용되어야 할 것이다. 이를 위해서 노동시장의 유연성은 제고되어야 한다.

둘째, 거의 모든 나라에서 일반화되어 있는 높고 지속적인 실업을 해소하기 위해서는 여러 가지 방안들이 모색되어야 하지만, 일차적으로는 노동시장이 균형 상태를 유지해야 할 것이다. 이를 위해서 노동시장의 유연성은 제고되어야 한다.

셋째, 오늘날 빠른 기술 변화에 대처하지 못하면 기업이나 근로자는 경쟁에서 낙오하게 될 것이다. 기술 변화에 대처하기 위해서 기업은 투자를 과감하게 증가시키면서 근로자를 훈련시키거나 새로운 기술을 갖춘 근로자를 필요에 따라 채용하며, 근로자는 교육과 훈련을 통해서 새로운 기술을 습득하여 적합한 일자리를 자유롭게 선택할 수 있어야 할 것이다. 이를 위해서 노동시장의 유연성은 제고되어야 한다.

넷째, 오늘날 세계시장은 기술 발전, 국제화, 경쟁의 심화, 수요 변화 등으로 인해서 안정성을 유지하기 쉽지 않다. 기업은 시장이 불안할 때 이에 대처하기 위해서 고용조정을 바탕으로 생산 조정을 하게 될 것이다. 따라서 시장 불안에 대처하기 위해서 노동시장의 유연성은 제고되어야 한다.

다섯째, 현대처럼 자본비용이 높고 자본 소모가 빠른 환경에서는 자본의 효율적인 사용과 비용 절감은 기업 활동에서 주요 목표가 될 것이다. 따라서 자본의 효율적인 사용과 비용 절감을 위해서는 노동시장의 유연성이 제고되어야 한다.

여섯째, 전 세계적으로 경제발전의 결과 소득이 증가하여 근로자들은 여가를 선호해 가는 추세이다. 이러한 환경에서는 근로 형태가 정규근로 이외의 다른 형태로 다양하게 발전되어야 할 것이다. 근로자로 하여금 다양한 형태의 생활을 선택할 수 있게 하기 위해서는 근로 형태도 다양화되어야 하는데 이를 위해서 노동시장의 유연성은 제고되어야 한다.

일곱째, 기술발전은 지식·기술·정보 관련 서비스업에서 빠른 속도로 새로운 직종을 창출해 가면서 저기술·노동집약적 제조업에서는 많은 일자리들을 소멸시켜 가고 있다. 이러한 환경에서 노동력 수급을 적절하게 조정하기 위해서는 노동시장의 유연성이 제고되어야 한다.

2. 노동시장 유연성의 형태

노동시장의 유연성 제고와 관련하여 먼저 유연성의 형태를 살펴 볼 필요가 있다. 노동시장의 유연성 제고의 필요성이 본격적으로 논의되기 시작하여 연구가 체계화된 것은 OECD가 발간한 노동시장 유연성에 관한 전문가 보고서에 의해서가 아닌가 생각된다.[13] 이 전문 보고서는 노동시장의 유연성을 결정하는 요인을 여섯 가지 큰 항목과 여러 가지 세부 항목으로 나누어 이들 요인들이 경제 조성, 기술혁신, 실업, 삶의 질에 어떤 영향을 미치는가를 분석하고 있다.

노동시장의 유연성 제고가 경제에 미친 영향을 보면, 노동 비용과 근로조건에서의 유연성 제고는 경제 조성에, 노동 이동 및 교육·훈련은 기술혁신에, 전체 여섯 가지 큰 항목은 실업 해소에, 근로조건과 근로관행은 삶의 질 향상에 도움을 주는 것으로 나타나고 있다.

전문가 보고서에 이어 OECD는 같은 해 기술보고서[14]를 발간하여 노동시장의 유연성 형태를 더욱 체계화시켰다. 그 후 학자들에 의해서 많은 연구가 이어졌고 OECD는 직업 연구서[15]를 통해서 노동시장의 유연성 제고를 위한 임금조정과 고용조정 문제를 처음으로 심도 있게 다루고 있었다.

노동시장의 유연성 형태에 관한 연구는 연구자에 따라 다소 상이한 면이 있는데 대표적인 몇 가지 견해를 소개해 보면 다음과 같다.

① **OECD 전문가 보고서**[16]

- 노동비용 : 실질임금, 상대임금, 비임금 노동비용
- 노동이동 : 직장이동, 지역이동, 직업이동
- 기업 내 유연성 : 양적 유연성, 기능적 유연성

② **Sarfati-Kobran의 연구**[17]

- 노동비용 : 임금노동비용, 비임금 노동비용
- 고용조정 : 고용 형태, 해고권, 사회보호제도
- 근로시간 : 근로시간 감축, 정년퇴직 연령 낮춤, 근로시간 재편성
- 근로조직 : 새로운 기술에 맞는 근로조직 마련, 기술의 다양화, 직업이동
- 훈련과 기술 : 훈련, 기술습득

---

13) OECD, *Labour Market Flexibility,* Report by a high-level group of experts to the Secretary-General.
14) OECD, *Flexibility in Labour Market,* A Technical Report.
15) OECD, *The OECD Jobs Study,* Evidence and Explanation, Part 1.
16) OECD, *Ibid.*
17) H. Sarfati & C. Kobran, ed., *Labour Market Flexibility, A Comparative Anthology,* Gower.

③ OECD 보고서[18)]

- 임금 : 실질 및 상대임금, 노동시장 경쟁도, 상품시장 경쟁도, 최저임금과 복지조항
- 조기퇴직제도
- 근로시간 감축과 파트타임제 활용
- 적극적 노동시장 정책

④ **일본형**

- 고용조정 : 잔업규제, 휴일대체, 휴일 · 휴가 증가, 임시 · 계절, 파트타임 근로자의 재계약 정지 · 해고, 중도채용 삭감 · 정지, 배치전환 · 출향, 일시휴업, 희망퇴직자 모집 · 해고
- 기타조정 : 조업시간 · 일수 단축, 임금 등 노동비용 삭감, 하청 · 외주 삭감

이와 같은 내용을 종합해 보면, 노동시장의 유연성과 관련된 큰 항목은 ① 노동비용, ② 노동이동, ③ 근로시간 및 근로관행, ④ 고용조정, ⑤ 적극적 노동시장 정책 등 다섯 가지로 분류될 수 있는데 이 가운데서 노동이동, 근로시간 및 근로관행, 고용조정 세 항목은 근로자에 대한 직접적 조정이라는 점에서 한데 묶어도 무방할 것으로 사료된다. 따라서 필자는 기존연구와는 전혀 달리 '간접적 조정', '직접적 조정', 그리고 '정책적 조정'이라는 용어를 사용하여 노동시장의 유연성을 분류하고자 한다.

1) 간접적 조정 : 노동비용 조정

노동시장의 유연성 제고란 생산요소인 노동을 효율적으로 사용하여 생산과 고용을 극대화시킴으로써 궁극적으로는 생산성을 향상시키려는 방안이다. 이렇게 볼 때, 임금을 비롯한 노동비용의 상승 완화는 노동에 대한 수요 증가에 목적이 있으므로 노동비용 조정은 '간접적 조정'이라고 할 수 있을 것이다.

간접적 조정은 노동비용 조정과 관련되는데 노동비용을 완화하면 노동에 대한 수요가 증가할 것이므로 노동시장의 유연성은 제고될 것이다.

노동비용은 임금노동비용과 비임금 노동비용으로 구분되는데 노동시장의 유연성과 관련하여 노동비용은 임금수준, 상대임금, 비임금 노동비용이 논의의 대상이 된다. 그리고 간접적 조정과 관련된 몇 가지 항목을 살펴보면 다음과 같다.

18) OECD, *The OECD Jobs Study, The Adjustment Potential of the Labor Market, Part Ⅱ*.

(1) 임금상승 완화

임금상승 완화는 유연성을 제고시켜 실업 해소에 도움을 줄 수 있다. 임금상승을 완화시키는 방안으로는 소득정책 실시, 임금동결, 물가-임금 연동제의 완화 또는 폐지, 법정최저임금인상률의 완화 또는 최저임금제도의 폐지 등이다. 그런데 임금상승 완화는 일반적으로 노·사간의 합의 아래 결정되어야 하는 어려움이 있고, 규제가 풀린 다음에는 높은 임금상승이 뒤따른다는 문제점이 있어서 그 실시가 쉽지는 않다.

우리나라의 경우 간접적 조정의 대표적인 예는 3공화국에서 김영삼 정부에 이르기까지의 일련의 임금규제정책이 아닐까 생각된다.

3공화국에서는 정부가 매년 공무원의 임금인상률을 10% 정도로 결정하여 예산에 반영함으로써 이를 사실상 경제전반에 걸친 임금가이드라인으로 활용했다고 볼 수 있다. 그런데 3공화국 기간의 임금정책에서는 어떤 강한 규제는 없었다 할지라도 이와 같은 임금결정방식은 임금규제정책과 같은 효과를 가졌던 것으로 평가된다. 그 이유는 3공화국 기간에는 연평균 물가상승률이 15%정도나 되었으며 고도성장에 힘입어 생산성 증가율도 높은 편이었지만 명목임금 상승률이 그다지 높지 않아 여러 해에 걸쳐서 실질임금 상승률은 노동생산성 증가율보다 더 낮게 나타나고 있기 때문이다.

이와 관련하여, 이 기간 동안에는 정치적인 이유로 인해서 노조의 파워가 인정되지 않았고 노동시장은 초과공급 상태였다는 점이 강조되어야 할 것이다. 한국경제가 1980년에 -2.7%의 경제성장률과 28.8%의 소비자물가 상승률을 기록하게 되자 5공화국 정부는 출범하자마자 물가안정을 경제정책목표의 최우선 과제로 내세운 다음 1986년에 이르기까지 소득정책 차원에서 임금상승을 규제했다. 이 기간 동안에 실시된 임금규제정책은 1980년대 중반기를 통해서 소비자물가 상승률을 연평균 3% 정도 수준에서 안정시키는 데 크게 기여한 것으로 평가되고 있다.

그 후 1987년 6·29선언을 계기로 경제민주화가 실현되어 가는 과정에서 임금은 빠르게 상승하기 시작했다. 이 결과 6공화국 기간에는 명목임금 상승률은 연평균 17.5%를 기록했고, 임금상승률은 한 해도 빠짐없이 노동생산성을 상회했다. 임금상승률이 노동생산성 증가율을 상회하면 노동비용이 상승하게 된다. 이 결과 노동비용 상승은 드디어 물가상승요인으로 작용하게 된다.

그 후 김영삼 정부는 「신 경제 5개년 계획」 하에서 물가상승률을 연 5% 수준에서 안정시키고자 임금규제정책을 본격적으로 실시했다. 이 결과 1993~1996년간의 연평균 명목임금 상승률은 12.0%로 나타나고 있는데 이는 6공화국 기간에 비해서 훨씬 낮은 수준이다. 그런데 이 기간 동안 非농전산업의 경우에 임금상승률은 노동생산성 증가율을 상회하고 있으며 제조업의 경우에는 4개년 중 2개년에 걸쳐서 그러하다. 이는 곧 한국경제의 고비용 구조는 지나친 임금상승에서 비롯되었다는 증거가 될 수 있을 것이다.

최근 2013~2018년간의 연평균 명목임금 상승률은 3.6%로 나타났으나 최저임금 상승률은 김영삼 정부 3.1%, 김대중 정부 5.5%, 노무현 정부 7.7%, 이명박 정부 1.4%, 박근혜 정부 7.1%, 문재인 정부 2017년 7.3%, 2018년 16.4%로 급상승함으로써 노동시장의 경직성이 급속히 확대되는 결과를 초래하고 말았다.

(2) 임금률 및 임금체계의 다양화와 성과급화

임금률 및 임금체계의 다양화는 노동시장의 유연성을 제고시켜 고용증가에 도움을 준다. 임금이 생산성을 바탕으로 다양하게 결정된다면 사용자는 선택의 폭이 넓어져 노동시장의 유연성은 증가하게 될 것이다. 그런데 많은 나라에서는 노조의 요구로 인해서 임금률과 임금체계의 다양화가 이루어지기는 쉽지 않다.

임금체계의 성과급화는 임금결정에서 근로자의 성과를 반영하는 것으로 성과에 따라 임금이 차등적으로 지급된다면 사용자는 선택의 폭이 넓어져 노동시장의 유연성은 제고될 것이다. 임금체계의 성과급화는 일본이나 한국과 같이 연공제가 주축이 되고 있는 나라에서는 노동시장의 유연성 제고에 크게 기여할 수 있을 것이다.

현재 노동관계법 2차 개혁과제로 남아있는 것으로써 간접적 조정과 관련된 내용의 하나는 임금체계 개선이다. 우리나라의 임금체계는 일본형을 모방한 것으로 연공급이 지배적이고, 기본급 비중이 낮고, 수당종류가 다양하고, 상여금이 고정급화 되어 있으며, 임금결정기준이 정립되어 있지 않아 근로 동기를 유발하는 유인체계 기능을 하지 못한다는 문제점을 가진 것으로 지적되고 있다.[19)]

이와 같은 특징을 가진 우리나라의 임금체계가 앞으로 어떤 방향으로 개정될 것인지에 관해서는 밝혀진 것이 별로 없다. 그러나 노동시장의 유연성을 제고하기 위해서는 임금체계가 연공서열 중심에서 능력과 업적중심 체계로 개편되어야 할 것이다. 이 같은 임금체계에서는 근로자의 동기유발이 가능해지고, 사용자는 성과에 따라 근로자 선택의 폭이 넓어져 노동시장의 유연성은 제고될 것이다. 정부가 구상하고 있는 새로운 임금체계는 총액임금제인 것으로 알려져 있다.

---

19) 양병무, 「동기유발형 임금체계 도입 방향」, 『임금연구』, 제1권 제1호, 경총임금연구센타, pp. 4-17.

(3) 젊은 근로자 임금의 저율화

노동시장에 진입하려는 젊은 근로자들은 일반적으로 숙련과 경험이 부족하기 때문에 이들에게 상대적으로 낮은 임금이 지급된다면 젊은이들의 고용은 증가할 것이다.

(4) 비임금 노동비용의 삭감

사용자가 지불하는 퇴직금, 교육훈련비, 연금, 고용보험, 산재보험 등과 관련된 사회보장 기여금이 감소된다면 인건비 절감을 통해서 노동시장의 유연성은 제고될 것이다.

2) 직접적 조정 : 고용조정

직접적 조정은 노동비용과는 달리 근로자 자체를 대상으로 하는 조정이기 때문에 흔히 고용조정이라는 용어로 사용된다. 직접적 조정은 크게 양적 조정(quantity adjustment)과 기능적 조정(functional adjustment)으로 구분하는데, 양적 조정에는 노동이동, 근로시간 및 근로관행 조정, 근로자 수 조정 등의 방법이 있고, 기능적 조정에는 노동력재배치와 근로조직 개편 등의 방법이 있는데 먼저 우리나라의 근로기준법상 고용보호와 관련된 내용을 간략하게 살펴본 다음 양적 조정과 기능적 조정에 대하여 논의하고자 한다.

우리나라의 근로기준법 제23조~제28조는 해고와 관련하여 해고의 제한, 해고의 예고, 정당한 이유 없는 해고 등의 구제신청, 예고해고의 적용제외 등 고용보호에 관한 조항들이다. 보다 구체적인 내용은 다음과 같다.

제23조(해고 등의 제한) ① 사용자는 근로자에게 정당한 이유 없이 해고, 휴직, 정직, 전직, 감봉, 그 밖의 징벌(懲罰)(이하 "부당해고 등"이라 한다)을 하지 못한다.

② 사용자는 근로자가 업무상 부상 또는 질병의 요양을 위하여 휴업한 기간과 그 후 30일 동안 또는 산전(産前)·산후(産後)의 여성이 이 법에 따라 휴업한 기간과 그 후 30일 동안은 해고하지 못한다. 다만, 사용자가 제84조에 따라 일시보상을 하였을 경우 또는 사업을 계속할 수 없게 된 경우에는 그러하지 아니하다.

제24조(경영상 이유에 의한 해고의 제한) ① 사용자가 경영상 이유에 의하여 근로자를 해고하려면 긴박한 경영상의 필요가 있어야 한다. 이 경우 경영 악화를 방지하기 위한 사업의 양도·인수·합병은 긴박한 경영상의 필요가 있는 것으로 본다.

② 제1항의 경우에 사용자는 해고를 피하기 위한 노력을 다하여야 하며, 합리적이고 공정한 해고의 기준을 정하고 이에 따라 그 대상자를 선정하여야 한다. 이 경우 남녀의 성을 이유로 차별하여서는 아니 된다.

③ 사용자는 제2항에 따른 해고를 피하기 위한 방법과 해고의 기준 등에 관하여 그 사업 또는 사업장에 근로자의 과반수로 조직된 노동조합이 있는 경우에는 그 노동조합(근로자의 과반수로 조직된 노동조합이 없는 경우에는 근로자의 과반수를 대표하는 자를 말한다. 이하 "근로자대표"라 한다)에 해고를 하려는 날의 50일 전까지 통보하고 성실하게 협의하여야 한다.

④ 사용자는 제1항에 따라 대통령령으로 정하는 일정한 규모 이상의 인원을 해고하려면 대통령령으로 정하는 바에 따라 고용노동부장관에게 신고하여야 한다. [개정 2010.06.04 제10339호(정부조직법)]
⑤ 사용자가 제1항부터 제3항까지의 규정에 따른 요건을 갖추어 근로자를 해고한 경우에는 제23조제1항에 따른 정당한 이유가 있는 해고를 한 것으로 본다.

제25조(우선 재고용 등) ① 제24조에 따라 근로자를 해고한 사용자는 근로자를 해고한 날부터 3년 이내에 해고된 근로자가 해고 당시 담당하였던 업무와 같은 업무를 할 근로자를 채용하려고 할 경우 제24조에 따라 해고된 근로자가 원하면 그 근로자를 우선적으로 고용하여야 한다.
② 정부는 제24조에 따라 해고된 근로자에 대하여 생계안정, 재취업, 직업훈련 등 필요한 조치를 우선적으로 취하여야 한다.

제26조(해고의 예고) 사용자는 근로자를 해고(경영상 이유에 의한 해고를 포함한다)하려면 적어도 30일 전에 예고를 하여야 하고, 30일 전에 예고를 하지 아니하였을 때에는 30일분 이상의 통상임금을 지급하여야 한다. 다만, 다음 각 호의 어느 하나에 해당하는 경우에는 그러하지 아니하다. [개정 2010.6.4., 제10339호(정부조직법)]
1. 근로자가 계속 근로한 기간이 3개월 미만인 경우
2. 천재·사변, 그 밖의 부득이한 사유로 사업을 계속하는 것이 불가능한 경우
3. 근로자가 고의로 사업에 막대한 지장을 초래하거나 재산상 손해를 끼친 경우로서 고용노동부령으로 정하는 사유에 해당하는 경우

제27조(해고사유 등의 서면통지) ① 사용자는 근로자를 해고하려면 해고사유와 해고시기를 서면으로 통지하여야 한다.
② 근로자에 대한 해고는 제1항에 따라 서면으로 통지하여야 효력이 있다.
③ 사용자가 제26조에 따른 해고의 예고를 해고사유와 해고시기를 명시하여 서면으로 한 경우에는 제1항에 따른 통지를 한 것으로 본다. [신설 2014.3.24.]

제28조(부당해고 등의 구제신청) ① 사용자가 근로자에게 부당해고 등을 하면 근로자는 노동위원회에 구제를 신청할 수 있다. ② 제1항에 따른 구제신청은 부당해고 등이 있었던 날부터 3개월 이내에 하여야 한다.

그런데 외국에서와 마찬가지로 한국에서도 '경영상의 이유'를 누가 어떤 기준에 맞춰 최종 판결을 내려줄 것인가가 중요한 문제로 남는다. 예를 들면, 판결기구와 관련하여 그것은 대법원이 되어야 할 것인가 아니면 새로 조직될 노동재판소가 되어야 할 것인가 하는 점이다.

(1) 양적 고용조정

한국경영자총협회가 산업구조 및 기술변화에 따른 기업 내 고용조정 문제에 대하여 100인 이상 사업체 1,500개 사를 대상으로 설문조사를 실시하였는데, 그 내용을 분석한 결과[20]를 요약해보면 다음과 같다.

---

20) 한국경영자총협회, 「고용조정의 이론과 실제」.

그림 9-1. 고용조정의 형태

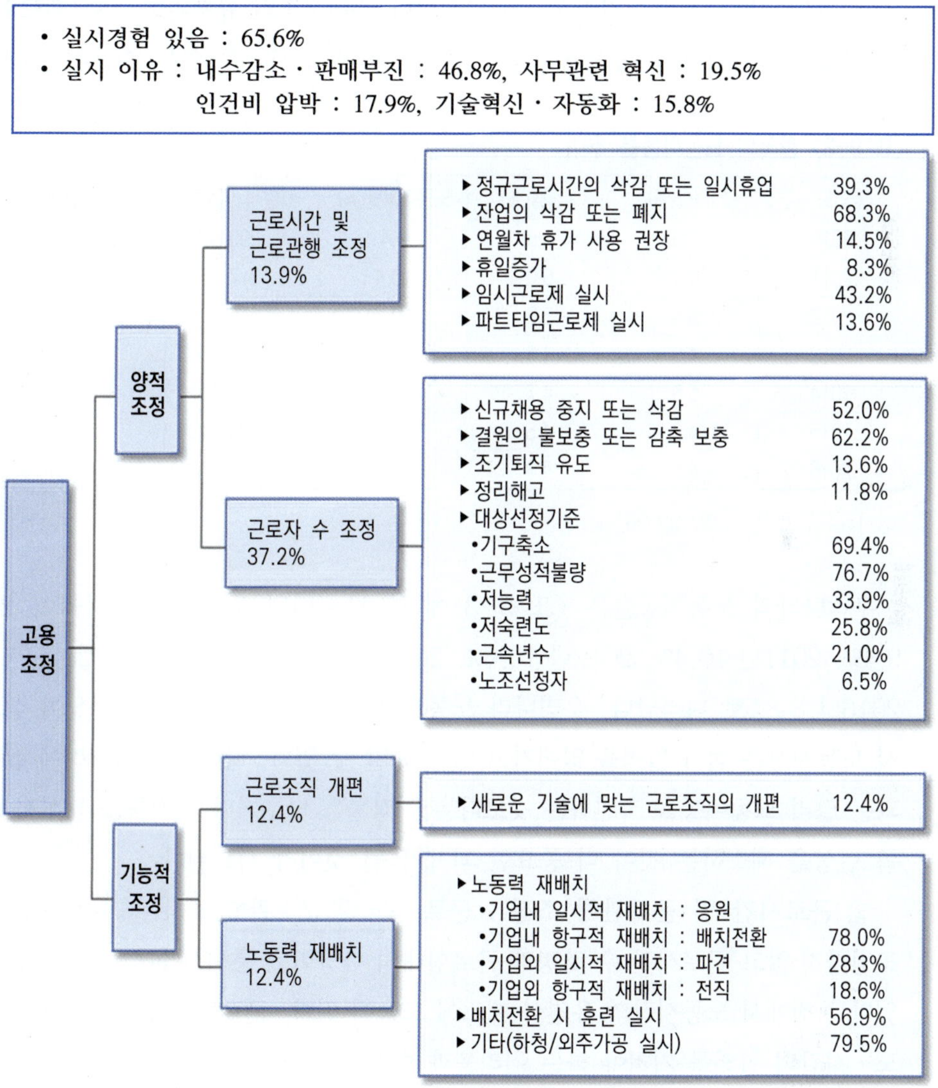

① **노동이동** : 노동이동은 정도가 심하면 사용자와 근로자의 거래비용을 증가시킬 수 있고, 적합하지 않는 직업 선택으로 생산 차질을 가져올 수도 있지만 적당한 노동이동은 근로자에게는 효용과 소득을 극대화할 수 있고, 사용자에게는 필요한 노동력을 적절하게 조정할 수 있는 기회를 준다는 점에서 노동시장의 유연성 제고에 도움이 된

다. 예컨대 노동시장의 정보가 활성화되면 직업이동은 순조롭게 진행되어 사용자는 필요한 노동력을 쉽게 조정할 수 있을 뿐만 아니라 근로자는 마음에 맞는 일자리를 쉽게 구할 수가 있다. 그리고 지역경기의 활성화나 주택시장의 규제완화, 연금제도의 실시 및 직업훈련의 실시 등도 노동시장의 유연성을 제고시킬 수 있는 수단이 된다.

〈표 9-3〉 한국의 노동이동률 추이

(단위: %)

연도	입직률(%)	이직률(%)	노동이동률(%)	자발적 이직자(명)	비자발적 이직자(명)
2010	4.9	4.5	9.4	290,645	241,486
2011	5.4	5.0	10.4	317,955	308,747
2012	5.4	5.2	10.6	310,435	355,783
2013	4.9	4.5	9.4	315,354	276,835
2014	5.0	4.7	9.7	357,781	279,921
2015	4.6	4.5	9.1	334,042	292,245
2016	4.5	4.3	8.8	302,319	313,992

자료: 통계청, 2017.03.06.

우리나라의 노동이동률은 〈표 9-3〉에서 보는 바와 같이 노동이동률이 2010년 9.4%, 2011년 10.4%, 2012년 10.6%, 2013년 9.4%, 2014년 9.7%, 2015년 9.1%, 2016년 8.8%로 나타났다. 우리나라 노동시장은 안 뽑고 안 옮기는 현상이 심화되면서 노동시장은 점차 활력을 잃어가고 있음을 알 수 있다. 따라서 우리나라에서는 외국과는 달리 노동이동을 촉진하는 것보다는 이직률을 낮추거나 입직률을 높여서 인력부족 현상을 해소하는 것이 더 중요한 과제가 될 것이라 사료된다.

② **근로시간 및 근로관행 조정** : 근로시간 및 근로관행 조정은 기존 근로자 수를 조정하지 않고 근로시간 수 조정과 근로형태의 다양화를 통해서 환경변화에 대처할 수 있다는 점에서 노동시장의 유연성 제고에 도움이 된다. 근로시간과 근로관행의 조정은 노・사간의 합의를 거쳐야 하는 어려움과 법 적용상의 문제가 있는데, 이의 구체적인 형태로는 정규근로 시간의 삭감, 일시휴업, 초과근로 시간의 삭감 또는 폐지, 임시근로제 실시, 파트타임근로제 실시, 변형근로제 실시, 근로자 수 조정, 신규채용의 중지 또는 삭감, 결원의 불보충 또는 삭감보충, 비정규근로자 재계약 중지, 조기퇴직 유도 및 정리해고 등을 들 수 있겠다.

우리나라에서는 2004년 7월부터 법정근로시간은 1일 8시간(1일 휴게시간 제외), 주40시간(1주 휴게시간 제외), 15세 이상 18세 미만인 자는 1일 7시간, 주35시간으로 되어 있다. 다만, 당사자 간의 합의에 의하여 1주 12시간을 초과로 근로를 제공 할 수 있다. 따라서 1주 총 52시간의 근로할 수 있다.

15세 이상 18세 미만인 연소자의 경우에는 당사자 간의 합의에 의하여 1일 1시간, 1주 5시간을 연장 근로할 수 있어 1주 총 40시간의 근로를 할 수 있다.

최근에 이를수록 근로시간이 빠른 속도로 감소해 오고 있는 추세이다. 근로시간의 감축은 1986년을 정점으로 급속하게 감소해 오고 있는데 최근 대기업 노조를 중심으로 일부 노조의 단체교섭과정에서 근로시간 단축 요구가 크게 늘어나고 있어 앞으로도 실제 근로시간은 계속해서 줄어들 것으로 예상된다.

이와 관련하여 문제가 되는 것은 선진국에서는 근로시간이 매우 긴 세월에 걸쳐서 서서히 줄어들었다는 사실이다. 특히 선진국에서는 장기간의 경기침체에 따른 실업대책의 일환으로서 일자리를 나눠 갖는 차원에서 근로시간 단축이 이루어졌는데 우리나라에서는 1986년 이후 매우 짧은 시간에 급속히 줄어들고 있다는 데 문제의 심각성이 있다.

1993년 근로시간 감축과 관련하여 기업들이 활용한 방법은 비율이 높은 것부터 나열하면, 잔업의 삭감 또는 폐지가 68.3%, 정규시간의 삭감 또는 일시휴업이 39.3%, 연・월차휴가 사용이 14.5%, 휴일증가가 8.3%이다.

또 임시근로제 실시나 파트타임근로제 실시를 통한 근로관행 조정도 조사대상 기업들이 폭넓게 활용한 조정방법이다. 근로시간을 줄이기 위해서는 기업은 근로관행을 조정하여 정규근로자를 비정규근로자로 대체하는 방법을 활용했는데, 일시근로제 실시를 통한 조정은 43.2%, 파트타임근로제 실시를 통한 조정은 13.6%를 나타내고 있다. 특히 임시근로제 비율이 높은데 이는 임시근로제 실시가 근로시간을 줄이는 데 쉽게 적용될 수 있는 고용조정 방법이기 때문일 것이다.

(2) 기능적 고용조정

기능적 조정은 근로자 수를 삭감하지 않고 고용을 조정하는 방안으로 이는 근로조직의 개편과 노동력의 재배치로 대별할 수 있는데 기능적 조정은 경기불황이나 구조조정에 대처하여 일반적으로 폭넓게 활용되고 있는 고용조정 방법이다.

① **근로조직의 개편** : 경영환경이 변할 때는 근로조직도 새로운 여건과 기술에 맞게 개편되는 것이 바람직하다. 근로조직이 여건에 맞게 개편된다면 능률과 생산성이 향상할 것이므로 근로조직 개편은 유연성 제고에 도움을 준다. 물론 이 경우에는 노조

와 사전 합의가 있어야 한다.

② **노동력의 재배치** : 고용조정에 있어서 내부 노동력을 감축하는 고용조정 방법은 노조의 반대에 부딪치거나 기업의 평판을 나쁘게 할 수 있다. 이런 이유로 기업은 노동력을 기업 내에서 일시적 또는 항구적으로 재배치하거나 기업 외로 파견이나 전직을 통해서 재배치함으로써 유연성을 제고할 수 있는데 이 경우에도 노조와의 사전 합의가 필요할 것이다.

3) 정책적 조정 : 적극적 노동시장정책 실시

정책적 조정은 소위 적극적 노동시장정책(Active Labour Market Policy; ALMP)과 관련이 있는데[21] 이는 정부가 지출을 바탕으로 근로자를 위해서 교육과 훈련 등을 실시하여 취업능력을 높이거나 고용기회를 제공해 주는 것을 말한다.

'적극적'이라는 말은 스웨덴이 1950년대에 임금규제를 통한 임금조정이 실업과 인플레이션 해소에 별다른 효과를 나타내지 않게 되자 이로 인해 발전시킨 '적극적 노동시장 정책'이라는 용어에서 유래되었는데 이 무렵 미국은 1962년에 인력개발 및 훈련법(Manpower Development and Training Act)을 통과시킴으로써 실업 해소를 위한 확장적 수요관리정책의 추구와 함께 공공부문에서의 직업창출과 훈련방안을 본격적으로 도입해 가기 시작했다. 이를 계기로 OECD는 스웨덴과 미국의 정책을 조화시켜 인적자원의 발전을 통한 경제성장을 이룩하기 위해서 '적극적 인력정책(Active Manpower Policy)'이라는 표현을 만들어 냈다. 그 후 두 차례의 유가파동은 노동시장 정책을 크게 바꿔놓았는데 이 결과 민간부문에서의 직업창출과 지방정부가 주도하는 프로그램을 강조하는 새로운 노동시장정책이 대두하게 되었다. 이어 OECD는 두 차례의 세미나를 거친 다음 1986년에 노동시장의 유연성에 관한 다렌도트보고서(Dahrendort Report)[22]를 출간함으로써 적극적 노동시장 정책은 노동시장의 유연성 제고방안으로써 중요한 위치를 차지하게 된 것이다.

OECD 자료[23] 노동시장 정책을 소극적 노동시장 정책과 적극적 노동시장 정책으로 분류하고 있는데 소극적 노동시장 정책은 실업보상과 조기퇴직을 포함하고, 적극적 노동시장 정책은 고용촉진을 주목적으로 하는데 이에는 노동시장 훈련, 젊은이 대책, 고용

---

21) OECD, *Labour Market Policies for the 1990s*, 1990.
22) OECD, *Ibid.*, 1986.
23) OECD, *Employment Outlook*, 1996.

보조, 장애자 대책 등을 포함한다. 지금까지 논의해 온 노동시장의 유연성 제고범위와 제고방안을 도식화하면 그 내용은 [그림 9-2]와 같다.

그림 9-2. 노동시장의 유연성 제고 범위와 제고방안

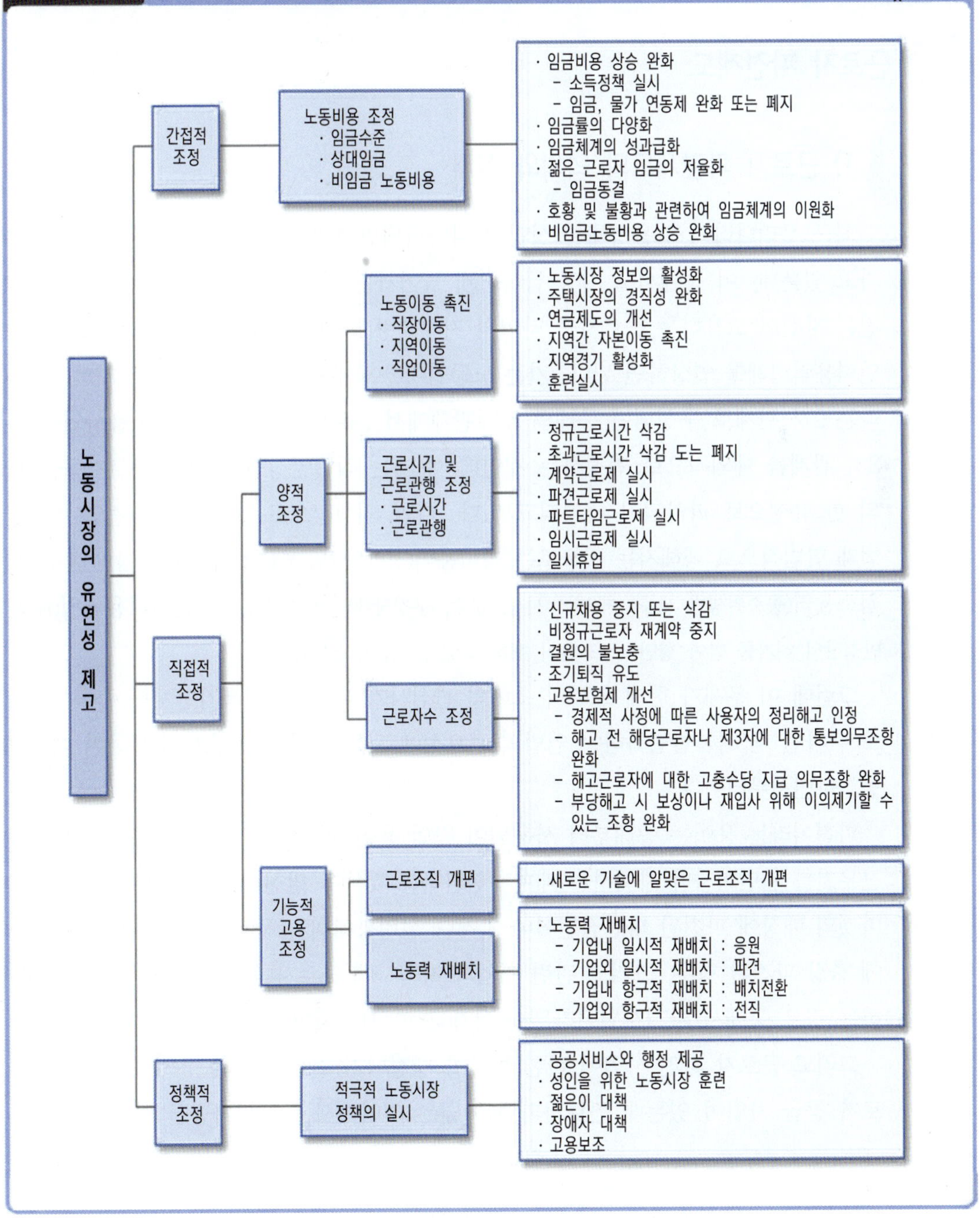

제3절 근로자 파견제도와 파트타임근로제

1. 근로자 파견제도

1) 근로자 파견제도의 의의와 실태

최근 우리나라의 고용형태는 상당히 다양화되면서 각종의 비정규적인 형태가 늘어가고 있는데, 이 중에서도 가장 급속하게 늘어가는 것이 파견근로형태이다. 근로자파견은 자신이 고용하는 근로자를 타인의 지휘명령 하에서 일하도록 하는 것으로, 쉽게 인력용역업체를 연상하면 된다. 기존 노동법이론에서 볼 경우 그것은 근로자와 사용자라는 2자 관계로 구성되던 종래의 노사관계에서 근로자, 파견사업주, 사용사업주라는 3자 관계를 예외적으로 인정하는 것인데, 현재는 직업안정법에 의해 근로자공급사업의 한 유형으로 파악되어 금지되고 있다. 다만 외형상으로는 근로자 파견업 이지만, 현재 합법적으로 행해지는 것으로는 경비용역(경비용역법 제4조: 지방경찰청장의 허가사항), 청소용역(공중위생법 제4조 제2항: 시장, 군수, 구청장에의 신고사항), 항만처리용역업(해운항만청장의 허가를 받아 항만노동조합이 행하고 있음) 등이 있다.

그런데 이 문제가 현재 노사의 초미의 관심사가 된 것은 사용자단체를 중심으로 근로자 파견 제도를 합법화하는 입법의 필요성에 관한 주장을 정부가 수용하여 이를 입법화하면서부터이다.

파견이라는 용어는 종래부터 사용되어 왔던 용어인데 이는 자기가 고용한 근로자의 근무지를 관련회사나 자회사로 배치・전환하는 것[24]을 말한다. 종래 백화점이나 슈퍼마켓의 매장에 파견된 파견점원이나 기계나 설비장치의 납품과 설치를 위하여 구매처에 출장 파견된 경우, 그리고 관련 기업과 자회사에 근로자를 일시 파견하여 근무하게 하는 경우 등에서 파견사원이라는 용어가 흔히 사용되어 왔다.

그리고 근로자 파견 사업에 관한 법률이 제정되기 전부터 이와 유사한 제도로써 근로자 공급 사업이 있는데 근로자파견은 넓은 의미에서는 근로자공급의 일종이겠으나

---

24) 「파견근로자 보호 등에 관한 법률」 제2조 참조.

양자는 다음과 같은 점에서 구별이 된다. 즉, 근로자파견에 있어서는 파견근로자와 파견사업주 간에만 고용 내지 근로 계약관계가 성립하고 근로자와 사용사업주, 즉 파견을 받은 사업주 사이에는 직접적인 고용 내지 근로 계약관계가 성립하지 않음에 비해서 근로자공급에 있어서는 근로자공급을 받아 이를 사용하는 사업주와 근로자 사이에 직접적으로 고용 내지 근로 계약관계가 성립하는 점에서 양자는 근본적으로 차이가 있다. 현재 법률적으로 합법화된 것은 근로자파견뿐이고 근로자공급은 「직업안정법」 제33조 등에 의해 금지되고 있다.

다음으로 근로자파견과 도급의 관계를 살펴보면, 도급은 민법상의 의미로는 일의 완성을 목적으로 하는 노무공급계약인데, 현실에서 보면 발주기업으로부터 업무를 주문받은 기업이 자신이 직접 고용한 근로자를 직접 지휘 감독하여 작업을 마치고 대가를 발주자로부터 받는 것을 말한다. 따라서 수급기업은 독립된 사업체이며 근로계약책임과 사용자책임을 모두 수급기업이 맡는다. 그런 점에서 도급은 근로자파견과는 완전히 구별된다고 할 수 있지만 많은 외국의 예에서도 드러나듯이 실제로는 파견업을 하면서도 외형상으로는 도급사업의 형태를 취하고 있는 경우가 많아 일본에서는 이 양자를 실태에 의해 구별 하고 있다.

또 직업소개와 파견의 관계를 살펴보면 전자는 구인자와 구직자를 연결시켜 주고 직업소개업자와 구직자 사이에는 근로관계 등이 전혀 존재하지 않는다는 점에서 파견사업주와 파견근로자 간의 고용관계가 인정되는 근로자파견과는 다르다.

현재 우리나라의 근로자파견사업의 실태는 어떠한지에 대해서 살펴보기로 한다.

고용노동부가 공개한 '2016년 하반기 근로자파견사업 현황'에 따르면 파견업체의 수는 1998년 최초 법 시행 후 2000년을 정점으로 감소하다가 2007년부터 다시 증가 현재 98년 대비(789개소) 2016년(2,515개소) 3.2배 성장했다. 한편 허가업체 수는 2015년 2,492개소에 비해 2016년 2,515개소로 증가했으나, 실적을 올린 업체는 2015년 1,754개소 대비 오히려 2016년 1,690개소로 감소 67.2%가 실적을 올린 것으로 밝혀졌다.

이는 최근 제조업 경기 침체와 불법파견 단속 강화에 기인 한 것으로 관계당국은 파악하고 있다. 또한 전체 파견근로자수는 118,065명으로 업체당 평균 70여명의 근로자를 파견하고 있으며 평균 월 급여는 1,775,000원으로 조사됐다(〈표 9-4〉 참조).

〈표 9-4〉 연도별 근로자 파견사업 현황

(단위: 개소, 명, %, 천 원)

연도별	파견사업체		사용업체수	파견근로자수	실적업체당 평균		파견근로자 평균임금
	허가업체수	실적업체수(%)			파견 근로자수	사용 업체수	
2016	**2,515**	**1,690(67.2)**	**16,195**	**118,065**	**70**	**7.3**	**1,775**
2015	2,492	1,754(70.3)	14,421	117,348	67	8.1	1,731
2014	2,468	1,772(71.8)	15,009	132,148	75	8.8	1,754
2013	2,314	1,663(71.8)	15,587	132,108	79	9.3	1,538
2012	2,087	1,468(70.3)	13,917	120,347	82	9.5	1,517
2011	1,813	1,298(71.5)	12,811	106,601	82	9.9	1,460
2010	1,595	1,145(71.8)	11,333	99,418	87	9.9	1,420
2009	1,419	1,065(75.1)	11,018	83,775	79	10.3	1,366
2008	1,326	995(75.0)	10,835	77,691	78	10.9	1,277
2007	1,208	915(75.7)	10,670	75,020	81	11.7	1,232
2006	1,076	860(79.9)	10,055	66,315	77	11.7	1,168
2005	1,153	890(77.2)	9,056	57,384	64	10.2	1,134
2004	1,061	829(78.1)	8,081	49,589	60	9.7	1,111
2003	1,114	859(77.1)	8,512	53,369	62	9.9	1,104
2002	1,243	901(72.4)	7,784	63,919	71	8.7	1,182
2001	1,257	868(69.0)	7,187	57,763	67	8.3	910
2000	1,357	820(60.0)	7,054	53,029	65	8.6	869
1999	1,244	832(67.0)	6,488	53,218	64	7.8	814
1998	789	564(71.0)	4,302	41,545	74	7.6	829

출처 : 아웃소싱타임스(http://www.outsourcing.co.kr)

그 중 100인 미만의 파견업체가 2,277개소로 전체 90% 이상의 업체가 소규모 파견 업체로 조사됐으며 300인 이상을 파견한 업체는 81개 업체(3.2%)에 불과했다.(〈표 9-5 참조〉)

〈표 9-5〉 파견근로자 규모별 파견사업체 현황

(단위: 개소, %)

구분	계	0명	50인 미만	50인~100인 미만	100인~300인 미만	300인 이상
'16 하반기	2,515(100)	825(32.8)	1,293(51.4)	159(6.3)	157(6.2)	81(3.2)
'16 상반기	2,448(100)	730(29.8)	1,316(53.8)	167(6.8)	160(6.5)	75(3.1)
'15 하반기	2,492(100)	738(29.6)	1,333(53.5)	177(7.1)	166(6.7)	78(3.1)

또한 지역별로도 서울(40%) 경기(34.5%)가 74.5%(파견근로자 수는 전체 90%)에 달해 여전히 지역편중 현상이 지속되고 있었다.(〈표 9-6 참조〉)

〈표 9-6〉 지역별 파견사업체 현황

(단위: 개소, %)

구분	계	서울	경기(강원)	부산 · 경남	대구 · 경북	광주 · 전라	대전 · 충청
'16 하반기	2,515(100)	1,006(40.0)	868(25)(34.5)	180(7.1)	125(5.0)	185(7.4)	151(6.0)
'16 상반기	2,448(100)	966(39.4)	846(24)(34.6)	196(8.0)	115(4.7)	185(7.6)	140(5.7)
'15 하반기	2,492(100)	972(39.0)	893(25)(35.8)	191(7.7)	121(4.9)	182(7.3)	133(5.3)

출처 : 아웃소싱타임스(http://www.outsourcing.co.kr)

2016년도 하반기 파견근로자는 총 118,065명으로 상반기 114,399명으로 3,666명 증가했으나 2015년 하반기 117,348명과 비교하면 전년 수준을 회복한 것에 지나지 않았다. 지역별로는 △서울 · 경기 107,987명으로 전체 근로자 91.4%로 대다수를 차지했으며 △부산 · 경남 3,593명(3%)으로 뒤를 이었다.

대부분 파견근로자는 6개월 미만자(56,967명, 48.3%)였으나 2015년도 49.6%에 비해 점차적으로 감소하고 △9월~1년 미만 16,594명(14.1%) △1년~2년 미만 30,465명(25.8%)으로 근무연수가 점차 증가하고 있은 것으로 조사됐다(〈표 9-7〉 참조).

〈표 9-7〉 지역별 파견근로자 현황

(단위: 명, %)

구분		'15년 하반기	'16년 상반기(A)	16년 하반기(B)	증감(B-A)	
						(증감률)
계		117,348(100)	114,399(100)	118,065(100)	3,666	3.2
서울 · 경기(강원)		106,534(90)	103,529(90.5)	107,987(91.4)	4,458	4.3
	서울	79,108(67.4)	81,575(71.3)	83,592(70.8)	2,017	2.4
	경기	27,310(23.3)	21,793(19.0)	24,231(20.5)	2,438	11
	강원	116(0.1)	161(0.1)	164(0.1)	3	1.8
부산 · 경남		3,933(3.4)	3,948(3.4)	3,593(3.0)	355	△8.9
대구 · 경북		1,902(1.6)	1,699(1.5)	1,552(1.3)	147	△8.6
광주 · 전라		1,453(1.2)	1,970(1.7)	1,409(1.2)	561	△28.4
대전 · 충청		3,526(3.0)	3,253(2.8)	3,524(3.0)	271	8.3

출처 : 아웃소싱타임스(http://www.outsourcing.co.kr)

또한 파견사유별 현황을 보면 파견근로자가 많이 종사하는 5개 업무는 사무지원 · 음식조리 · 고객관련 사무 · 운전 · 개인보호 및 관련종사자업무 순으로 △파견 허용 32개 업무종사자가 100,229명(84.8%) △일시 · 간헐적 업무 17,836명(15.2%)를 차지했다. 한편 일시·간헐적 사유에 의한 파견근로자는 △제조관련 단순노무·단순조립 △수동포장 및 상표부착업무 종사자가 제일 많았다(일시·간헐적 업무 종사자 중 96.6%)(〈표 9-8〉 참조).

〈표 9-8〉 파견근로자 다수 업무(일시·간헐적 업무)

(단위: 명, %)

구 분	'15년 하반기	'16년 상반기(A)	'16년 하반기(B)	증감(B-A)	(증감율)
계	**19,644(100)**	**14,804(100)**	**17,836(100)**	**3,032**	**20.4**
기타 제조관련 단순 노무종사자	9,442(48.1)	7,251(49.0)	9,907(55.5)	2,656	36.6
단순조립노무 종사자	7,040(35.8)	5,574(37.7)	3,421(19.2)	△2,153	△38.6
소매업체판매종사자	87(0.4)	119(0.8)	1,514(8.5)	1,395	1,172
수동포장 및 상표부착 종사자	1,425(7.3)	961(6.5)	1,289(7.2)	328	34.1
기타(기계조작원 등)	1,650(8.4)	899(6.1)	1,705(9.5)	806	89.6

출처: 아웃소싱타임스(http://www.outsourcing.co.kr

파견근로자들의 평균임금은 177만원으로 △2015년 173만원 △2016년 상반기 157만원에 비해 조금씩 증가했다. 이중 파견허용업종 평균이 182만원 일시·간헐적 업무 종사자가 150만원이다(〈표 9-9〉 참조).

〈표 9-9〉 파견대상 업무별 평균임금

(단위: 원, %)

구분	'15년 하반기	'16년 상반기(A)	'16년 하반기(B)	증감(B-A)	(증감율)
평균	1,731,112	1,757,700	1,775,076	**17,376**	**0.9**
파견허용 업무	1,753,789	1,797,344	1,823,497	**26,153**	**1.4**
일시·간헐적 사유	1,618,337	1,490,995	1,502,976	**11,981**	**0.7**

* 경제활동부가조사('16년 8월)의 파견근로자(20만명) 평균임금 174만원

2) 근로자파견업의 증가 원인과 문제점

근로자파견 사업이 증가하고 있는 원인에 대하여는 크게 기업의 수요측면과 노동의 공급측면에서 설명될 수 있는데 먼저 기업의 노동수요측면에서 보면 산업구조의 고도화 및 정보산업화의 진전 등에 따른 필요한 전문 인력의 적기확보, 급속한 경영환경변화에 따른 인력관리면에서의 유연성 확보, 그리고 노사분규예방과 임금관리면에서의

효율성제고 등을 이유로 일정업무를 근로자파견, 시간제고용 등 외부 인력으로 수행하거나 하청 등에 의하여 해결하려는 경향이 증가하고 있는 점을 들 수 있으며 일부 전문분야에서는 정규고용을 원하는 사람 수가 기업의 노동수요에 비해 부족하여 어쩔 수 없이 파견근로자를 이용하는 경우(프로그래머, 시스템 엔지니어, 오퍼레이터 등)도 있다.

그리고 노동공급측면의 원인에는 자발적 요인과 비자발적 요인이 있는데 자발적 원인으로는 첫째, 파견 근로가 근무시간의 신축성을 보장해 줄 수 있다는 점으로 예컨대 주부, 예술가, 학생, 퇴직자 등 부수입이 필요하지만 정규적인 취업은 원치 않는 사람이나 혹은 일정한 근무시간에 맞추어 근무하기를 싫어하는 전문가들이 이에 속한다. 이들은 흔히 스스로를 연구적 파견근로자로 생각하며 정규고용의 기회가 주어져도 근무시간의 신축성을 유지하고자 이를 거절하게 된다.

둘째, 새로운 기능을 습득하기를 원하거나 혹은 이미 가지고 있는 지식과 기술을 녹슬지 않게 하기 위하여 파견근무를 원하는 경우이다. 미국의 임시파견업체들은 자신이 고용하고 있는 근로자들에게 상당한 직업훈련을 실시하고 있는데 이러한 점이 파견근로를 원하는 사람에게 매력으로써 작용하고 있다.

셋째, 일부 직종의 경우 파견근로자가 상용근로자에 비하여 더 높은 수익을 올릴 수 있다는 점이다. 사무처리, 간호원, 컴퓨터 프로그래머 등은 단기간의 취업으로 고수입을 올릴 수 있다는 파견근로형태를 원하는 경우가 있다.

비자발적인 원인으로는 정규적 일자리를 찾는 동안 임시로 파견근로형태로 취업하는 것을 들 수 있다. 특히 최근 들어 여성의 경제활동참가율이 높아지고 있고 자유로운 전문직 종사자 중에서는 특정한 직장에 얽매여 근무하기보다는 근무시간, 장소, 형태 등을 스스로 선택하고자 하는 욕구가 높아지고 있는 것이 선진국에서 파견근로가 확대되는 한 이유가 된다.

그런데 이러한 파견근로의 확산과 관련하여 다음과 같은 점에 대해서는 우려하는 소리가 많이 있는 것도 사실이다.

첫째, 파견근로형태의 확산이 새로운 업무의 확대에 따른 새로운 고용기회의 창출이나 노동수급기능의 원활화를 가져오기보다는 기존의 상용고용을 파견근로로 대체시키는 역할밖에 못할 경우에 이는 기존의 고용관계의 안정성을 파괴시키게 된다. 특히 선진국에서 파견근로가 확산되어온 이유 중에 새로운 업무분야의 개발이나 새로운 생활스타일의 발전이라는 측면도 없는 것은 아니지만, 주로 1970년대 중반 이후의 구조적 불황에 대처하기 위하여 기업의 감량경영, 합리화의 일환으로 기존의 상용고용을 축소하고 대신 각종의 임시 노동력으로 이를 대처하려는 전략(이른바 고용의 유연성증대)에서 나왔다는 점을 고려할 때 이 문제는 심각성을 띤다.

둘째, 근로자파견제도는 파견근로자 자신의 고용불안정과 저임금노동을 가져온다는 측면이다. 파견근로자의 상태는 고용불안정의 일부로 파악되며 상용근로자와의 관계에서는 노동시장의 분단화 현상으로 이해된다. 이러한 노동시장의 분단화에 따라 파견근로자는 파견대기 기간 동안 사실상 실업상태에 빠질 뿐만 아니라 파견된 후에도 그 취업상태 자체가 매우 불안정하다.

또한 임금도 동일한 자격을 가진 다른 근로자에 비하여 낮은 경우가 많으며 각종 수당이나 퇴직금 등 부가급여의 면에서도 불리하다. 또한 파견근로자는 산업재해비율이 높고 노동 강도가 강한 위험직종이나 힘든 부문 등 상용근로자가 기피하는 직종에 투입되는 경우도 많다.

셋째, 파견근로에 종사하는 근로자들은 안정된 고용으로의 상향이동기회를 봉쇄당할 위험성이 높다. 이들은 불안정고용의 한 형태로서 고정적으로 재생산되며 그 과정에서 훈련이나 숙련획득이 이루어지지 않음으로써 기업의 입장에서도 생산성향상에 문제를 느낀다.

넷째, 파견근로의 확산은 상용근로자들에게도 큰 영향을 미친다. 만약 파견근로가 노사분규를 회피하기 위한 수단으로 이용되거나 조합 활동가를 배제하기 위한 수단으로 이용되는 경우 근로자파견제도는 노동운동을 억압하기 위한 합법적 수단이 될 가능성이 있다.

2. 파트타임근로제

산업사회에서 경제성장이 어느 정도 이루어진 다음 나타나는 두드러진 특징들 중의 하나가 이른바 파트타임근로 등 비정형적 근로가 증대한다는 점이다. 이러한 현상은 제3차 산업의 비중의 증대나 기혼여성의 고용증대와도 관련된 것이지만 특히 경영을 탄력화 하여 경기변동 등에 능동적으로 대처하려고 기업 측의 요구에 의해서 촉진되고 있다.

ILO는 「파트타임근로에 관한 협약」(Proposed Convention Concerning Part-Time Work)에서는 "파트타임근로자라는 용어는 통상 근로시간이 비교되는 전일근로자(comparable full time worker)의 통상 근로시간보다 짧은 근로자를 의미한다."고 하면서, 단, 통상 근로시간이 경제적 · 기술적 또는 구조적 이유로 집단적으로 그리고 임시적으로 단축된 상태에 있는(즉, 부분적 실업상태에 있는) 일반근로자는 포함하지 않는다고 하였다. 파트타임근로에 관한 특별한 규율법제를 가지고 있는 국가들에서도 이와 유사하게 정의하고 있다.

가령 독일의 취업촉진법(1985)은 "1주의 소정 근로시간이 당해 사업소의 비교되는 전일근로자의 그것보다 짧은 근로자를 말한다. 주 소정 근로시간에 관해 정함이 없으면 연간 평균근로시간을 1주당으로 환산한 시간이 기준이 된다."(제2조 제2항)고 규정하고 있고, 프랑스의 노동법전은 "월 근로시간이 법정 근로시간이나 당해 사업소 또는 기업에 적용되는 협약이 정하는 근로시간의 적용결과 생기는 1월의 근로시간을 그 5분의 1 이상 밑도는 근로자"라고 하여 근로시간이 전일근로자에 비해 20% 이상 짧은 근로자를 파트타임근로자로 보고 있으며, 일본의 「단시간근로자의 고용관리의 개선 등에 관한 법률」(1993. 6. 10.)은 "1주간의 소정 근로시간이 동일사업소에 고용되는 통상근로자의 1주간의 그것에 비해 짧은 근로자"라고 정의하고 있다.

ILO의 조사에 의하면 실제로 독일의 경우는 조사기간 동안 통상적으로 "37시간 미만으로 파트타임으로 일한다고 응답한 자"를, 미국과 일본은 "35시간 미만 근로한 자"를 파트타임근로자로 본다고 한다.[25)]

우리나라 근로기준법 제2조1항 제8호(단시간근로자의 정의)에서는 '단시간근로자'를 "1주간의 소정근로시간이 당해 사업장의 동종 업무에 종사하는 통상근로자의 1주간의 소정근로시간에 비하여 짧은 근로자를 말한다."고 정의하였다.

이와 같은 파트타임근로 조항의 도입은 우리나라 노동시장의 유연성 제고에 크게 기여하고 있는 것으로 판단된다. 또 개정된 노동법에서 새로 도입된 것으로 중요하다고 판단되는 내용을 몇 가지 더 언급해 보면, 현행법이 허용하는 유연근로시간제도는 탄력적 근로시간제, 선택적 근로시간제, 재량 근로시간제로 크게 3가지로 구분할 수 있다.

이러한 개념이 이미 유능한 HR전문가의 손을 거쳐 각 사업장에서 각종의 프렉스 타임(Flex Time)제도와 프렉스 플레이스(Flex Place)제도로 거듭나고 있은 고무적인 사실이다. 그러나 근로시간과 관련한 신인사기법의 도입이 무원칙한 외국사례 베끼기 식으로 이루어질 경우 상당한 부작용이 일어날 수밖에 없다. 즉, 보통 근로시간관리는 HR의 가장 기본적 분야로 이에 대해 서구의 선진기법이 많이 소개되어 있지만 이러한 제도가 우리나라의 사업장에 적용되기 위해서는 우리나라 법제의 한계 내에서 소화되어

---

25) ILO, Part-Time Work, Int'l Labour Conference 80th Session, Report V(1), pp. 16-17.

야만 한다는 것이다.

결국 근로시간단축에 따른 근로시간제도 재설계를 담당하는 HR전문가의 현행법제의 이해수준이야말로 기업의 새로운 근로시간제도 도입의 성패를 좌우하는 중요한 요소라 할 것이다.

한편, 실제 우리나라에서 어느 정도의 파트타임근로자가 고용되고 있는지에 대해서는 정확한 통계가 없지만, 고용노동부의 고용형태별 근로실태조사에 따르면, 근로자 전체의 총임금에 대한 지니계수는 2006년 0.381에서 2015년 0.391로 나빠졌다. 반면 시간당 임금에 대한 지니계수는 0.388에서 0.369로 개선됐다. 근로자 간 시간당 임금 차이는 줄었지만 총임금 불평등이 심해졌다는 것이다. 저임금 근로자의 소득 향상을 방해하는 주된 요인은 적은 근로시간임을 보여준다. 0~1로 표시되는 지니계수는 1에 가까울수록 불평등 정도가 심하다는 뜻이다. 유엔은 '사회 불안을 초래할 수 있는 수준'의 기준을 0.4로 제시했다.

이러한 결과는 파트타임 근로자 비중이 커지는 상황이 임금 불평등을 낳는 주된 요인이라는 조사결과라 할 수 있는데 시간당 임금이 올라도 근로시간 자체가 줄어 저임금 상황을 쉽게 벗어나지 못한다는 의미로 해석된다.

우리나라 전체 근로자 중에서 주당 35시간 이하를 일하는 파트타임(단시간) 근로자 비중은 2006년 9.6%에서 2015년 15.9%로 꾸준히 상승했다. 가장 두드러지는 것은 15시만 미만의 초단시간 근로자로, 같은 기간 0.6%에서 3.5%로 늘었다. 2008년 글로벌 금융 위기를 거치며 고용구조가 더 취약해진 추세와 궤를 같이한다.

그리고 이 중 여성근로자의 비율을 50%를 상회하고 또한 그 비율은 꾸준히 증가하고 있다. 그리고 경제단체협의회의 「파트타임고용 실태조사」에 의하면 조사대상 업체 중 18.5%가 파트타임근로제를 실시하고 있으며 앞으로 고용을 희망하는 업체도 35.3%나 되는 것으로 조사되었다.

이러한 파트타임근로자에 대해 기업 측에서는 직무내용의 단순성, 연말 등 일시적 업무과다에 대처, 1일의 분주한 시간대에 대처, 인건비 절감, 일반근로자 채용의 곤란성 등의 이유에서 주로 파트타임근로제를 채택하고 있는 것으로 나타났는데, 대부분의 사업주들은 이러한 파트타임근로에 대해서는 근로기준법의 일부규정의 적용을 제외하거나 그러한 취지의 특별법을 제정할 것을 희망하고 있다고 한다. 즉, 파트타임근로 등 비정형적 근로에 종사하는 자들은 거의 대부분 현재 일반근로자와는 달리 근로기준법상 제반 보호를 향유하지 못하고 있으며 경제단체들에서는 이러한 단순히 기업경영의 탄력화 필요성이라는 관점에서만 접근할 수 없는 문제로써, 고령자의 고용이나 기혼여성들의 근로생활과 가정생활의 보호와 밀접하게 관련을 가지는 문제이며 보다 장기적으로는 사회전체의 고용확대와 직업안정이라는 측면에서 접근할 필요가 있는 문제라고 할 것이다.

이상에서 논의된 고용조정방법에 따른 장단점을 정리해 보면 그 내용은 〈표 9-10〉과 같다.

〈표 9-10〉 고용조정방법의 장단점

종 류			장 점	단 점
외부 방출 (해고 중심)	정리해고		· 고용조정 효과가 가장 큼 · 단기간 내 불필요한 여유 인력 방출	· 노·사간 갈등 증폭 · 기업이미지 손상 · 다양한 병리현상 발생
	조기퇴직		· 종업원에게 자율적 선택 기회부여 · 젊은 구성원의 승진기회 확대	· 비용증대 및 예측의 어려움 · 유능한 인력 손실 가능성 · 기존 종업원의 업무부담 증가로 인한 사기저하
내부 방출 (일자리 나누기 중심)	양적 조정	초과근로 시간단축	· 실시 용이 · 비용절감 및 생산성향상 · 노동의 인간화	· 종업원 소득 감소 · 기계시설 감소
		정규근로 시간단축	· 고용유지 효과 큼 · 노조와의 협조관계 유지 · 노동의 인간화	· 비용증가 가능성 · 개별 기업차원이 아닌 국가 차원에서 결정
		유연적 근로시간	· 실시 선택의 폭이 넓음 · 기업현실에 적합한 다양한 방법 활용 가능	· 경영자의 임의성이 개입될 가능성
		휴업 및 휴직	· 선택의 폭 넓음 · 비용부담 적음	· 종업원의 소득감소 및 고용 불안 야기 · 설비가동 중단
		신규채용 억제	· 노사간 갈등 적음 · 추가 비용부담 없음	· 기업의 노화현상 · 유능한 신규인력 손실로 경쟁력 약화 · 기존 종업원의 업무부담 증가로 인한 사기저하
	질적 조정	배치전환	· 종업원의 효율적 활용 · 다양한 업무능력 배양	· 높은 조정 및 적응비용 발생
		출향 및 전직	· 인력의 탄력적 활용 · 조직간 학습기회 확대	· 높은 조정 및 적응비용 발생 · 예측의 어려움
		교육훈련	· 유휴인력의 능력 개발 · 정부의 지원 활용	· 장기간 불황시 효과 미비
		임금조정	· 기업 비용 절감 · 합리적 임금체계 도입의 용이	· 종업원의 반발 · 종업원 소득감소로 인한 성과 및 사기저하 가능성 · 제한된 집단에서만 실현가능

제4절 고용조정을 통한 유연성제고 사례

1. 미국

미국은 현재 선진국 가운데서 일본을 제외하고 실업률이 가장 낮고 경제가 호황인 나라이다. 미국의 실업률은 1983년에 9.5%이었는데 그 후 약간의 기복이 있기는 하나 감소하여 1995년에는 5.5%, 2005년 6.3%, 2015년 이후 5%이하를 유지하고 있으며 2018년 미국의 공식 실업률은 3.9%였다.

미국이 낮은 실업률을 유지해 올 수 있는 이유는 낮은 임금 상승률, 높은 노동이동률, 그리고 낮은 고용보호수준 등에서 찾아 볼 수 있을 것이다. 미국은 사실상 고용보호가 없는 나라이다. 미국의 고용보호 수준은 고용보호가 가장 심한 나라의 하나로 알려진 이탈리아가 116인데 비해서 겨우 2에 불과하다.[26] 이러한 여건에서 미국 기업들은 재량에 따라 근로자를 해고할 수 있는 것이다.

미국정부는 근로자의 안전과 건강이나 고용의 형평에 대해서는 엄격하게 규제하나 채용과 해고에 대해서는 관여하지 않는다. 한 예로, 고용조정과 재훈련통고법(Worker Adjustment and Retraining Notified Act)에 따르면, 100인 이상을 고용하는 기업들은 대규모 고용조정에 앞서 60일 전에 사전 통보만 하면 근로자를 해고할 수 있게 되어 있다. 그러나 유럽에서는 해고 시에 '해고의 정당한 사유'가 있어야 하며 사전 통보 기간도 길뿐만 아니라 노사협의체의 동의도 얻어야 한다.

미국에서는 기업의 해고재량권 때문에 실업률이 높을 것 같으나 결과는 그 반대이다. 미국에서는 해고된 근로자의 80% 정도가 1년 이내에 재취업하게 됨으로써 심각한 실업문제는 발생하지 않는다. 이처럼 해고가 쉽기 때문에 채용 또한 쉽게 이루어진다. 예를 들면, 비실업자 중에서 실업자가 되는 비율을 비교하면, 미국 2.06%, 일본 0.38%, 프랑스 0.34%, 독일 0.57%, 스웨덴 1.25%, 이탈리아 0.14%, 스페인 0.56%로서 미국이 가장 높으나, 실업자 중에서 비실업자가 되는 비율은 같은 해 미국 37.4%, 일본 17.1%, 프랑스 3.4%, 독일 9.0%, 스웨덴 11.6%, 이탈리아 9.5%, 스페

26) OECD, *Ibid.*, 1996.

인 1.8%로서 미국이 월등하게 높게 나타나고 있다.[27)]

미국의 낮은 실업률은 낮은 고용보호수준과도 관련된 미국만이 가지고 있는 일시해고제(temporary layoffs system)를 바탕으로 설명되기도 한다.

일시해고(layoff)제란 기업의 가동률이 떨어질 때 사용자가 고용 중인 근로자를 일시적으로 해고하는 제도를 말한다. 불황으로 기업의 가동률이 떨어지면 기업은 임금을 삭감하는 대신 호황이 오면 재취업시킨다는 조건으로 입사기간이 짧은 근로자부터 해고하고 해당 근로자는 이에 응하는 제도이다. 이 같은 고용조정으로 미국은 선진국 가운데서 노동시장의 유연성을 가장 잘 제고시켜 오고 있다고 평가된다.

미국의 일시해고제는 노조가 있거나 없거나 관계없이 거의 모든 기업에서 폭넓게 활용되고 있는데 해고 시에 왜 마찰이 일어나지 않는가? 그 이유는 다음과 같이 설명된다.

첫째, 불황으로 인해 임금이 삭감되면 전체 근로자의 소득이 감소하게 되므로 전체 근로자를 돌봐야 하는 노동조합은 최근에 입사한 근로자부터 해고되는 것을 바란다.

둘째, 근로자는 사용자에 비해서 정보가 부족하기 때문에 임금삭감의 경우에는 자칫 속는다는 생각을 가질 수도 있으므로 일시해고를 쉽게 받아들인다.

셋째, 기업가는 기업의 특수한 인적자본에 투자했을 때는 임금삭감으로 근로자들이 타 기업으로 이동할 것을 우려하여 임금삭감 대신 기술이 낮은 근로자를 일시적으로 해고하기를 바란다.

넷째, 근로자는 해고가 되면 실업보험금을 받게 되므로 임금조정으로 저임금을 받는 것보다 일시해고를 더 선호한다.[28)]

이처럼 미국 노동시장에서는 임금 및 고용관련 규제수준이 낮기 때문에 노동시장의 자율적 기능이 활발하여 실업률이 낮아진다는 소위 '해고의 역설(paradox of layoff)'이 작동하고 있음을 시사해 준다.[29)]

---

27) OECD, *Ibid.*

28) R. G. Ehrenberg & R.S. Smith, *Modern Labor Economics*, 3rd ed., Scott, Foresman & Company.

29) 어수봉, 「노동시장의 유연성 제고」, 21C국가과제 정책토론회 발제논문, 한국노동연구원.

2. 일본의 워크셰어링

1) 워크셰어링의 추진경위

완전 실업률이 연평균 5.4%를 기록한 2002년 전후를 기점으로 최근 몇 년간 워크셰어링(Work Sharing)에 대한 논의가 활발하게 이루어 졌다. 일본에서는 오일쇼크 당시 많은 기업들이 잔업시간 조정을 통해 고용조정을 하는 것이 하나의 관례였다. 잔업량을 일정하게 유지함으로써 수주가 감소하더라도 정리해고 상황이 발생하지 않는 고용유지책으로 기능했다. 반대로 수주가 증가하면 곧바로 많은 인원을 채용하지 않고도 일정량까지는 기존의 노동력으로 잔업을 함으로써 대응이 가능했다.

그 후에도 수십 년간 일본 기업이 취해 온 가장 대표적인 고용정책이었다. 잔업시간과 잔업수당 조정을 통해 고용량을 조절했다는 점에서, 이미 일종의 워크셰어링을 실시해 왔다고 볼 수 있다.

그러나 정규직 이외의 노동력을 대량으로 채용하기 시작한 1990년대 이후 기업의 고용조정은 점차 인원수를 조정하는 의미가 강해졌다. 금융위기 당시 이점이 특히 두드러져서 비정규직을 우선 해고하는 사태가 표면화되었다. 비정규직뿐만 아니라 지금은 정규직도 언제 해고될지 모르는 불안한 상황에 놓인 현실에서 워크셰어링이 다시 주목받고 있다.

2002년 3월에는 워크셰어링에 관한 노사정간의 합의가 이루어졌으나 영향력은 크지 않았다. 노동시간 단축과 임금삭감을 통한 고용유지정책(긴급피난형)을 실시한 기업도 적었다. 주된 원인은 일본의 노동시간 구조에 있겠지만, 경기회복이 비교적 빨리 이루어졌다는 점도 영향을 미쳤다.

그러나 금융위기의 파장이 상당히 심각한 데다, 경기회복에 대한 전망도 불투명한 만큼, 각 방면에서 워크셰어링에 거는 기대도 크다. 이미 제조업 공장을 중심으로 노동시간 단축과 임금삭감을 통한 긴급피난형 워크셰어링은 상당히 넓은 범위에서 실시되고 있다. 도요타, 닛산, 히타치, 후지츠 등 일본을 대표하는 대기업 공장들의 감산과 조업단축이 잇따르고 있다. 이러한 움직임은 하청기업까지 확산되어 광범위한 제조업 분야에서 휴업일 증가와 임금삭감을 통한 워크셰어링이 보급되고 있다.

워크셰어링이 일본 전역에서 크게 주목을 받았던 이유는 완전 실업률이 통계 개시

이래 처음으로 5%를 넘어선 이후, 계속되는 대기업의 인원감축으로 인해 실업률이 5.5%에 달하는 등 노사정이 합의하여 고용문제에 대비해야 한다는 위기의식에서 비롯되었다고 볼 수 있다.

노사정합의에서는 일본형 워크셰어링의 기본원칙이라고 할 수 있는 5가지 원칙을 제시하였는데, 이 원칙에서는 일본형 워크셰어링을 "고용유지 및 창출을 목적으로 근로시간을 단축하고 고용 및 임금 그리고 근로시간의 적절한 배분을 지향하는 것"으로 정의하였다. 또한 향후 추진할 워크셰어링을 긴급대응형과 다양취업형으로 분류하였다. 즉 고용유지를 위한 단기적인 대책인 긴급대응형과 단시간 근무 및 격일 출근 등 다양한 근로형태를 제시하는 중장기적인 대책인 다양취업형을 동시에 제시하였다고 할 수 있다.

당시 노사정은 워크셰어링에 대한 5가지 기본원칙으로써,

첫째, 현재 일본이 처해 있는 상황을 고려하면 다양취업형 워크셰어링을 실시하기 위한 환경 정비를 조속히 실시할 필요가 있으며, 현재의 심각한 고용 정세에 대응하기 위한 당면조치로서 긴급대응형 워크셰어링을 서둘러 실시할 것.

둘째, 개별 기업이 워크셰어링을 실시할 경우, 노사의 자유로운 판단과 합의에 의해 실시하고, 노사는 생산성 유지 및 향상에 노력하고 구체적인 실시 방법에 대하여 충분히 협의할 것.

셋째, 노사정은 다양취업형 워크셰어링의 추진이 근로형태와 라이프 스타일 개선에 연결되는 중요한 계기가 되는 점을 인식하고 이를 위한 환경조성을 적극적으로 실시할 것.

넷째, 다양취업형 워크셰어링을 추진하는 데에 있어서 노사는 근로형태에 맞는 공정한 처우, 임금 및 인사제도의 검토 및 수정 등 다양한 근로형태에 대한 환경 정비에 노력할 것.

다섯째, 긴급대응형 워크셰어링을 실시하는 데 있어서 고용유지를 위해 노력하고 근로자는 소정 근로시간의 단축과 이에 따른 수입변화에 대해서 유연하게 대응할 것을 발표하였다.

다양취업형 워크셰어링은 "개별기업의 노사가 워크셰어링 수법을 활용하여 근로자 한 사람 한 사람이 다양한 근로형태를 적절히 선택할 수 있도록 하는데"에 있으며, 이로 인해 ① 국민 가치관의 다양화와 일과 가정 및 여가의 양립 등에 대한 요구에 대응할 수 있는 근로형태와 라이프 스타일의 개선, ② 경제의 글로벌화와 산업구조의 변화 등에 대응할 수 있도록 기업의 고용형태 개선 및 경영효율의 향상도모, ③ 여성과 고령자의 생산성 향상 및 장래 저출산 고령화에 의한 노동력 부족문제를 해결, ④ 노동

력 수급의 미스매치 축소 등의 효과가 발생할 것으로 전망했다.

이와 같은 다양취업형 워크셰어링이 실시와 함께 기업의 경영환경 악화에 따른 실업 증가를 최대한 억제할 수 있도록, 향후 2-3년간 개별 기업에 있어서 일시적인 생산량 등의 감소에 의해 잉여 노동력이 발생할 경우, 노사합의에 의해 생산성 유지 및 향상을 도모하고, 고용을 유지하기 위해 소정 근로시간을 단축하고 급여를 삭감하는 긴급 대응형 워크셰어링도 함께 실시되어야 한다고 제안되었다.

파견근로자 및 기간제 근로자의 고용계약이 중단되고 정규 사원마저 고용조정의 대상이 되자, 워크셰어링의 도입이 재부상하면서 정부와 노동조합 대표인 렌고(연합), 그리고 기업 대표인 니혼게이단렌(일본경단련)은 수상관저에서 회합을 갖고 「고용안정 및 창출을 실현하기 위한 노사정 합의문」을 공표하였다.

합의문에는 ① 고용유지를 한층 더 강화하여 추진할 것, ② 직업훈련 및 취업알선 등 고용안전망을 확충하고 강화할 것, ③ 취업 곤란자가 훈련을 받는 기간 동안 생활안정 확보와 장기실업자에 대한 취업을 실현할 것, ④ 고용창출을 실현할 것, ⑤ 노사정 합의에 대한 주지를 철저히 할 것 등 5개 항목으로 구성되었으며 각 항목별 내용은 다음과 같다.

〈표 9-11〉 워크셰어링에 대한 노사정 합의의 주요 사항

기본항목	주요내용
고용유지의 강화 및 추진	잔업의 삭감, 휴업, 교육훈련 등에 의한 고용유지를 도모하는 일본형 워크셰어링의 도입
직업훈련 및 취업알선 등 고용안전망의 확충 및 강화	직업훈련 확충 및 강화와 함께 헬로워크의 기능강화, 조직과 체제의 강화 및 확충
취업곤란자의 생활안정 확보와 장기실업자에 대한 취직 실현	고용보험이 없는 실업자 등에게 직업훈련과 병행하여 월 10만 엔 정도를 지급
고용창출 실현	후루사토* 고용재생특별교부금
노사정 합의에 대한 주지 철저	정부, 나혼게이단렌, 일본상공회의소 등에 개별 기업의 노사에 대해 주지를 철저

주: *후루사토 : 태어나서 취업을 위해 도시로 나오기 전까지 생활했던 고향을 의미.

이 합의문은 워크셰어링에 대한 기본 틀을 구축했다는 점에서 어느 정도 평가를 받고 있다. 즉, 경영자 측은 고용안전이 기업의 사회적 책임인 점을 인식하고, 근로자 측은 경영기반 강화에 협력하며, 정부는 잔업의 삭감, 휴업, 교육훈련, 출향 등에 의해

고용유지를 도모하는 이른바 일본형 워크셰어링의 구축에 대한 노·사간의 합의를 촉진하기 위해 사후 활동에 대한 축소를 과감히 실시한 사업주에 대해서 휴업수당 및 임금 등의 일부를 조성하는 고용조성금의 확충을 도모할 방침이다.

실제로 미국을 시작으로 경제위기가 고조된 이후 고용조정조성금을 이용하는 기업은 크게 증가하고 있는 것으로 나타났다. 고용조정조성금을 수급할 수 있는 기본적인 조건은 ① 최근 3개월간 매출액 또는 생산량 등이 직전 3개월 또는 전년 같은 기간에 비해 5% 이상 감소한 경우, ② 종업원에 대해서 1일간의 휴업 또는 사업소 전원에 대해서 일제적인 단시간 휴업을 실시한 경우, ③ 3개월 이상 1년 이내의 출향을 실시한 경우로 후생노동성의 최근 조사에 의하면, 고용조정조성금의 이용을 신청한 사업소는 전월에 비해 2.1배나 증가하였다.

이와 같은 일본의 워크셰어링의 특징은 ① 세계적으로 논의되고 있는 워크셰어링이 표준이 고용창출형인데 비해 일본에서 논의된 워크셰어링은 긴급피난형과 다양취업형뿐이었던 점, ② 일본에서는 긴급피난형 워크셰어링이 오래전부터 실시되고 있었다는 점(예컨대 오일쇼크로 인해 기업의 경영환경이 악화되었으나 정규직의 고용을 유지하기 위해 조업시간의 단축 및 자회사로의 출향을 실시)을 들었다.

또한 최근의 워크셰어링에 대한 논의도 긴급피난형과 다양취업형이 중심이 되고 있다. 단 긴급피난형의 경우 비정규직 근로자가 크게 증가함으로 인해, 긴급피난형 워크셰어링의 대상자가 정규직 근로자뿐만 아니라 비정규직 근로자에게도 적용되어야만 한다는 논의가 제기된 점 등이 차이점이라 하겠다.

2) 긴급피난형의 문제점

워크셰어링은 원래 노동시간과 임금을 조정하여 고용을 유지하기 위해 고안된 것이다. 하지만 일본에서는 워크셰어링의 전제가 되는 노동시간 등 복잡한 문제가 있기 때문에 도입이 어려울 수밖에 없다.

잔업수당은 유럽 등에 비해 낮은 편이다. 유럽 등의 잔업수당은, 비용 면에서 사용자가 손해를 보도록 높게 책정되어 있지만(심야, 휴일의 경우 100% 가산), 일본에서는 심야 50%, 휴일 35%로 계산된다. 따라서 사용자가 부담하는 잔업 비용이 유럽에 비해 상대적으로 낮다. 게다가 정규직 사원 한 명이 월 30시간 정도의 잔업, 16시간 정도의 무보수 잔업을 하고 있으며, 연간 10일 정도의 유급휴가를 사용하지 못하는 등 사용자에게 이익이 되는 셈이어서 노동시간 산정을 곤란하게 한다.

따라서 노동시간과 임금을 조정한다는 전제가 성립되지 않는 경우가 많다. 현재 제조업 공장에서 실시되고 있는 무보수 잔업 등이 비교적 적기 때문이라 할 수 있다. 하지만 화이트칼라 노동자들을 중심으로 생각해 보면, 공장을 휴업하는 것처럼 간단하게 조업단축을 할 수는 없을 것이다. 화이트칼라 노동자의 고용형태에 따른 업무량을 제대로 고려하지 않으면, 업무량은 그대로인데 표면적인 휴일만 늘고 임금은 줄었다고 하는 사태가 벌어질지도 모른다.

게다가 현재 진행되고 있는 조업단축을 통한 워크셰어링도 정도의 차이는 있겠지만, 머지않아 정체될 가능성이 있다. 현재 많은 공장에서 실시되고 있는 주 5분의 1(20%) 휴업일 증가와 임금삭감 정도라면, 버틸 수 있는 노동자도 상대적으로 많겠지만, 30-40%씩 수입이 준다면 생활이 크게 어려워질 것이다. 그렇기 때문에 일부 기업은 부업을 허용하는 추세이지만, 애초에 부업을 할 만한 일자리가 적은 지방도시에서는 거의 의미가 없다. 게다가 부업으로 할 수 있는 아르바이트의 시급도 정규직에 비해 상당히 낮다. 그러나 아직까지 모든 제조업체나 공장에서 실시되고 있는 것은 아니기 때문에, 그러한 지역에 보급하는 것도 한 방법이다. 또한 정부의 지원정책(고용조정조성금)도 확충되고 있으므로 이를 적극적으로 활용하는 방법을 고려해 볼 수도 있다.

긴급 피난형은 기본적으로 노사합의 하에 도입되는 것이며 고통분담을 감당할 수 있으면 곧 바로 실시할 수 있다. 다만, 큰 피해를 입은 사람이 없는 대신 아무도 이익을 얻지 못한다.

3) 다양취업형의 문제점

긴급피난형에는 한계가 있으며 고용관행이나 노동시장 구조, 경제 환경 등 앞으로의 변화를 고려하면 더욱 중요한 것은 다양한 고용형태가 인정받는 사회를 실현하는 것이다. 그러한 의미에서 앞으로의 사회에서는 성별, 연령, 고용형태 등과 관계없이 '직종이 같고 업무의 난이도 또한 같으면 임금도 같다.'라는 균등처우의 보급이 필요하다.

그러나 일본의 균등처우를 살펴보면, 정규직 사원과 비정규직 사원 사이에는 다양한 차이점과 격차가 존재한다. 고용보장(안정/불안정), 노동시간(정규직 사원은 장시간 노동이 전제), 임금 등(각종 수당, 상여금, 퇴직금), 승진 및 직장 내 훈련(OJT의 유무), 사회보장(단기고용계약은 고용보험에 가입할 수 없음), 세금 제도(103만 엔의 벽) 등, 각각의 큰 문제점들이 있어 모든 것을 한꺼번에 바꾸기는 무척 어려울 것이다.

만약 이 중 한 가지만 바꾸려 해도 그 관계자들은 크게 반발할 것이다. 예를 들어, 소득세 과세 범위의 하한선인 연 수입 103만 엔이라는 기준을 없앤다고 가정해 보자. 이는 과세단위가 세대 단위에서 개인 단위로 바뀌는 세제 개정의 커다란 논점이다. 연 수입이 적은 시간제 노동자의 중심인 주부 파트타이머의 경우, 가사노동 등의 기여도를 고려해 소득세를 징수하지 말아야 한다는 통념이 아직까지 존재하기 때문일 것이다. 그리고 많은 회사들이 주부 파트타이머인 배우자의 연수입이 103만 엔 이내인 경우, 남편들에게 한 달에 약 1만 엔의 부양수당을 지급하고 있다. 만약 이 103만 엔의 기준을 없앤다면, 파트타이머 노동자들뿐만 아니라 부양수당을 지급받는 노동자들도 반대할 것이다. 뿐만 아니라 정규직 사원들에 대한 금전 면의 처우를 모두 철폐한다면, 소속 기업에서 일할 의욕이 낮아진다.

또한, 일본 기업들처럼 젊은이들을 기업 내 교육훈련을 통해 기업특수 숙련도가 높은 노동자로 육성·처우하는 경우에는, 연공적인 처우나 장기고용도 합리적인 면이 있다. 이러한 장점마저 모두 부정하는 것은 난센스라 할 것이다. 문제는 직종별 노동시장이 성숙하지 않은 일본에서는 기업이 교육과 훈련도 전적으로 책임지는 정규직 사원들만이 상대적인 혜택을 누리고 비정규직 사원은 그렇지 못하는 고용형태에 따른 신분격차가 발생하는 것이다.

정규직과 비정규직의 격차를 해소하는 것은, 정규직의 기득권이 상대적으로 침해당한다는 의미이기도 하다. 이런 문제를 피하기 위해서는, 경제성장이 예상되는 시기에 정규직에 대한 처우의 절대적인 수준은 그대로 유지하면서, 비정규직에 대한 절대적·상대적 처우를 향상시켜야 한다. 그러나 지난 몇 년간 일본 경기가 나름의 호황을 누렸음에도 불구하고 이러한 대담한 개혁은 이루어지지 않았다. 어느 정도의 법 개정은 이루어졌지만, 백 년에 한 번 있을까말까 한 경제위기를 맞아 계속적인 개혁 추진이 어려운 상황이다.

4) 균등처우

일본은 아직 직종별 노동시장이 성숙되지 않은 상황이어서, 특정 직종에 대한 시장의 임금 시세가 거의 형성되어 있지 않다고 할 수 있다. 물론 일부 전문직의 경우에는 시장에서의 임금 시세가 정해져 있는 편이지만, 대부분의 경우가 그렇지 못하다. 비슷한 일에 종사하더라도 대기업에서는 높은 임금을 받고, 중소기업에서는 낮은 임금을 받는 경우가 많다. 또 같은 기업 내에서도 성별 혹은 고용형태에 따라 임금수준이 달라지는 경우가 있다.

산업별 노사협상을 통한 시장임금 시세가 형성되어 있는 독일 등에서는 균등처우가 보급되기 쉽다. 동일 직종, 동일 난이도의 경우, 기업 규모와는 상관없이 사회적으로 어떤 직업에 대한 시장임금 시세가 형성된다. 지불능력이 없는 기업에게는 임금 시세에 맞춰 노동비용을 지급하는 것이 부담이 되겠지만, 뛰어난 인재를 확보하고 싶다면 시장 임금 시세 혹은 그 이상의 대우를 약속해야 하기 때문에, 그럴 능력이 없는 기업은 머지않아 시장경쟁에서 살아남을 수 없게 될 것이라는 뜻이다.

일본은 이런 점이 취약하여, 많은 노동자들이 오히려 경영자와 같은 입장에서 기업의 임금 지불능력만 걱정하고 있다. 그러나 직업의 사회적 가치가 명확해진다면, 직장을 옮기는 것도 훨씬 쉬워질 것이다. 한 기업에서만 일하는 장기고용이 아니라, 특정 직업을 복수의 기업이나 조직에서 경험하는 장기취업이 가능해지는 것이다. 덴마크가 그러한 예라 할 수 있다.

그렇다고 해도 정부가 나서서 수많은 직종의 시장임금 시세를 결정하는 것은 바람직하지 않다. 또한 복잡하고 다양한 직업에 대해 일괄적으로 논의할 수도 없다. 이러한 점에서 각 산업마다 기업횡단적인 임금 시세를 형성하는 것이 우선일 것이다.

동종 산업에는 동종 직업도 다수 존재할 것이다. 산업 내의 기업횡단적인 노사합의를 통해 직종과 난이도에 따른 처우를 결정할 수 있다면, 그것이 균등처우를 위한 첫 걸음이 될 것이다.

또한 균등처우를 확립하기 위해서는 학교교육과 직업교육의 내용을 바꿀 필요도 있다. 특히 일본의 고등교육은 직업과 연관성이 낮다. 인문대학 학생의 경우, 민간 기업에 취직할 때 전공이 문제가 되는 경우는 거의 없다. 법대 출신이건 경영대 출신이건 전문가가 되지 않는 한 거의 차이가 나지 않는다. 일본 대학생들은 취직활동이라는 말을 많이 쓰지만, 실제로는 직업을 구하는 것이 아니라 특정 회사에 입사하기 위한 취사(就社)활동에 불과하다.

노동시간 문제도 크다. 현재 일본 정규직 사원들은 기업이 제공하는 갖가지 보장 대신 과중한 노동시간을 감수하며 일하고 있다. 결혼, 출산, 육아, 노인수발 등의 부담을 안고 있는 사람, 또는 장애인들이 이러한 고용형태를 선택하기는 어렵다. 이것이 저출산화의 큰 원인이기도 하다. 다양한 인재가 활약할 수 있는 사회를 다양한 고용형태가 진정으로 실현된 사회라고 한다면, 장시간 노동시스템을 최우선적으로 개선해야 한다.

물론 모든 노동자의 노동시간을 줄일 필요는 없다. 특정인이 혹은 일정 기간만 다른 사람보다 장시간 노동하는 것까지 부정할 필요는 없다. 여기서 중요한 것은 필요에 따라 근무시간을 조절할 수 있는 시스템을 마련해야 한다는 점이다. 그것이 실현되지 않으면 진정한 의미의 '다양성'은 이루어지지 않을 것이다.

그 외에도 유럽의 사례를 보면, 일본과 크게 다른 점이 있다. 그것은 바로 '노·사·정 합의'가 갖는 의미다. 네덜란드나 덴마크에서는 노·사·정 합의가 도출되면, 대기업뿐만 아니라 중소기업의 사용자나 노동자들도 영향을 받는다고 한다. 국토의 크기와 적은 인구 등과 같은 면에서 이점이 있었다고는 하나, 일본의 경우는 노·사·정 합의가 이루어져도 중소기업 사용자와 모든 노동자들이 그것을 의식하고 있다고는 할 수 없다. 따라서 정책적인 지원에 있어서도, 대담한 발상이 이루어지기 어려운 것이다.

이것은 국민에게도 부담을 안겨주는 것이다. 고복지·고부담 정책을 취하고 있는 유럽국가의 장점만을 소개하는 것은 쉽지만, 국민 전체가 고통을 분담하고 있다는 점은 그다지 소개되지 않고 있다. 덴마크나 스웨덴의 부가가치세는 25%다. 높은 복지수준을 위해서는 많은 부담이 불가피하다는 당연한 논의를 정치가들이 기피하고 있다는 것도 일본으로서는 불행한 일이다. 우리나라도 또한 이와 유사하다.

3. 유럽의 사례

긴급피난형 모델의 전형적인 예로는 독일을 들 수 있다. 1993년 VW사의 협약이 가장 유명하다. 당시 10만 3천명의 직원 중 약 3만 명을 정리해고 하겠다는 회사의 방침에 노동조합이 반대하고 나서 주 36시간의 노동시간을 주 28.8시간(80%)으로 줄이고, 그만큼 임금도 삭감한다는 노사협정이 체결되었다. 그러나 연말수당 등이 늘어나 실제로는 연 수입기준 15% 정도의 감액에 그쳤을 것으로 본다. 기본적으로 VW사의 노동조건이 좋았고, 독일 국민의 반응은 냉담했다고 한다. 그러나 독일의 사례는 긴급피난형 모델로서 일본에서도 널리 알려져 그 핵심 내용이 활용되었다.

단축된 근무시간에 상응하는 만큼 인금이 삭감되는 것은 아니라는 뜻이다. 그러나 이런 긴급피난형 모델이 노사 모두에게 환영받을 수 있는 것은 아니다. 노동자는 휴일이 늘어난 만큼 임금삭감을 감수해야 하고, 사용자도 단위당 노동비용이 오히려 늘어나게 되기 때문이다.

2008년 금융위기에 대한 독일 정부의 대응은 일본보다 신속했다. 이미 2009년 1월부터 조업단축(10% 이상의 근무시간 단축)에 대한 수당확충(67%의 임금보전을 12개월에서 18개월로 연장), 사회보험료의 감액(사용자만 50% 감액이었던 것을 노사양측 50% 감액으로 적용), 정부의 직업훈련비 전액 부담, 대기업에 대한 계몽 등을 실시하고 있다.

네덜란드의 경우는 파트타임노동자를 확대함으로써 다양한 고용형태를 조기에 실현한 나라로 유명한데 거의 80%의 가정주부들이 파트타임으로 일하고 있다. 정부는 재정개혁 및 감세, 사용자는 노동시간 단축과 고용확보, 노동자는 임금인상 억제를 통해 노・사・정이 함께 고통을 분담할 것을 약속했다. 뿐만 아니라 사회보험제도, 세제, 노동법 등의 각종 개혁을 단행한 결과, 균등처우가 세계에서 가장 널리 보급된 나라로서도 유명하다.

그러나 경제 구조와 노동시장 구조가 이에 적합했다는 점을 무시할 수 없다. 즉 1970년대까지는 2차 산업이 중심이었던 경제구조가 서비스업 경제화로 파트타임취업이 적합했다는 점도 지적될 수 있다. 그리고 무엇보다 경제성장이 순조로웠다는 지적도 있다. 이는 다른 국가들에게 제도개혁만으로 실현될 수 없다는 점을 일깨워 주었다.

덴마크는 현재 EU국가 중에서도 특히 주목을 받고 있다. 유연한 노동시장, 관대한 사회보장, 적극적인 노동시장정책으로 노사 모두에게 좋은 평가를 받고 있다. 그러나 수준 높은 복지를 지탱하는 데에는 큰 부담이 따른다는 점을 간과해서는 안 된다. 어찌되었든 그것이 국민의 선택이었다는 것이 일본과 크게 다른 점이다.

유연한 노동시장이란 해고의 유연성, 이직의 유연성이라고도 할 수 있다. 기업은 비교적 용이하게 노동자를 해고할 수 있기 때문에 고용보장을 위한 비용도 적다. 그러나 노동자가 실직을 하더라도 최장 4년간 최대 90%의 실업수당이 지급되기 때문에 생활에는 지장이 없다.

또한 장기적인 실직을 막기 위해 직업훈련을 의무화하고 있다. 직업훈련 대상이 실직자에 한정되어 있지 않기 때문에 많은 노동자들의 직업능력을 향상시킬 수 있어, 한 회사만을 고집하지 않아도 전직이 쉬워진다는 장점이 있다. 사용자의 비용부담 측면에서 보면, 실업보험을 노동자만 부담하기 때문에 간접비용이 절약된다. 무엇보다도 실업보험에 대한 국고의 부담 비중이 상당히 크다고 한다.

덴마크의 경우를 보면, 노동시장정책에 대한 정부의 역할이 크게 다른 것을 알 수 있다. 참고로 OECD의 집계에 따르면 일본의 공적 지출은 DGP의 0.6% 정도에 지나지 않는다.

제5절 노동시장의 유연성 제고 방안

1. 노동시장 경직성의 피해

미국 발 국제금융위기의 여파로 한국의 경제성장률이 2009년 0.3%에 지나지 않았다. 하지만, 이미 한차례 금융위기를 경험한 한국의 위기대처 능력은 탁월했다. 이듬해인 2010년에는 6.5%, 2011년 3.7%, 2012년 2.3%, 2013년 2.9%, 2014년 3.3%, 2015년 2.8%, 2016년 2.9%, 2017년 3.1%, 2018년 2.7%의 성장률을 기록하였고, 1인당 GDP 역시 3만 달러를 달성해 내는 성과를 보이기도 하였다. OECD회원국 중 가장 빠른 위기에서 벗어난 것이다. 이렇게 한국의 경제가 빠른 회복세를 보이고 있는 반면 실업문제는 여전히 개선되지 않고 있다.

실업문제를 해결하기 위해서는 우선 경직된 노동시장의 유연성을 제고해야 한다. 경직된 노동시장은 국내・외 모든 투자자들에게 위험요소로 작용해 왔다. 노동시장의 유연성을 높이기 위해서는 무엇보다 비효율・비능률적인 노동관련 법안들을 현재 상황과 실정에 맞게 개정되어야 한다. 현행 노동관련 법안들의 특징은 노・사 관계에서 상대적 약자인 노동자를 보호하자는 취지에 있다. 하지만, 오늘날 노동단체들의 모습은 어떠한가? 자신들의 이익만을 고수하며, 기업운영 전반에 막대한 손실을 안겨주는 모습을 흔히 접하곤 한다.

최근 한류열풍을 비롯하여 한・미 FTA체결, 무역규모 1조 달러 달성(세계 6위) 등으로 한국에 대한 투자자들의 관심이 집중되고 있는 추세다. 하지만, 국내・외 투자자들은 한국시장의 투자를 꺼리고 있다. 바로, 경직된 노동시장이 투자자들의 심적 부담을 가중시키고 있기 때문이다. 경직된 노동시장이 우리나라의 경제성장에 큰 걸림돌이 되고 있는 것이다.

2. 정부주도 고용창출의 한계

정부는 실업문제해결을 위해 경제정책 방향을 공표하고, 공공부문 일자리 확대・고졸취업자 채용비중 확대 방안을 제안하였다. 문제는 정부의 지출제원이 세금을 통해 만들어지기 때문에, 정부가 마련한 일자리는 세금으로 만들어진다는 것이다. 따라서 단기적이며 한시적일 수밖에 없다.

정부가 제안한 방법들은 단기적 수치상의 가시효과는 기대할 수 있으나, 중·장기적, 지속적인 효과는 기대할 수 없으며 근시안적인 제안에 불과하다. 정부는 노동시장의 실수요자인 기업의 니즈를 충족시켜 주어야 한다. 더 많은 부가가치의 창출로 새로운 노동수요를 유도해 내야 하는 것이다. 또한 현재 시행중인 노동관련 법안들 중, 노동시장의 경직성을 유발시키는 요소들을 제거하는 작업이 병행되어야 한다.

3. 한국 노동시장의 유연성 제고방안

첫째, 최저임금제를 폐지하여 비숙련·저소득 노동자의 일자리를 확보·확대해야 할 것이다. 최저임금제는 노동자의 임금을 국가가 정한 일정수준 이상 지급할 것을 법으로 정해 놓은 제도이다. 시장에서 형성되어야 할 가격이 정부에 의해 강제로 제한·결정된 것이다.

최저임금제는 비숙련·저소득 노동자를 필요로 하는 고용자에겐 부담일 수밖에 없다. 고용자는 부담을 줄이기 위해 업무의 강도를 높이고, 노동자의 수를 줄이는 방법을 선택하게 된다. 저소득 노동자의 임금수준을 높이려는 정부의 의도가 오히려 노동의 기회를 박탈해버리는 결과를 만들어 낸 것이다.

둘째, 경영상 불가피한 고용조정을 자유롭게 해주어야 한다. 정부는 상대적 약자인 노동자를 보호해야한다는 명목으로 노·사 관계에 끊임없이 개입해 왔다. 노·사관계가 시작되는 고용에서부터 끝나는 전 과정에 정부가 개입되어 있지 않은 부분은 찾아보기 어려울 정도이다. 경영상의 어려움으로 인력수급을 조정할 수밖에 없는 불가피한 상황에서도 경영자는 노동자의 해임을 마음대로 결정할 수 없다. 기업이 파산위기에 처해도 상황은 마찬가지이다.

셋째, 기간제 근로자의 고용계약기간을 확대, 또는 자율화해야 한다. 2년 이상의 단기 프로젝트를 진행한다고 가정할 때, 프로젝트가 종료된 이후에는 투입인력의 활용여부가 불분명해 진다. 따라서 정규직 채용에 따른 고정비용의 부담을 줄이기 위해 해당 프로젝트가 종료될 때까지 필요한 인력을 수시로 교체해야하는 번거로움이 발생한다. 새로 수급된 인력에 투입되어야할 교육비용과 작업의 숙련시간 등을 고려한다면 비효율적인 선택일 수밖에 없다.

넷째, 파견근로 가능업종의 제한을 폐기하고 파견기간제한을 확대, 또는 자율화해야 한다. 파견근로 가능업종에 제한을 둔다는 것은 파견근로 불가능업종에 속한 업체들을 차별한다는 말이나 다름없다. 특별히 해가될 만한 일을 한 것도 아닌데, 국가로부터 차별대우를 받아야할 이유가 없는 것이다. 파견기간 역시 기간제 근로자의 경우와 마찬가지로 총 파견기간을 2년으로 제한하고 있어 효율적이지 못하다.

다섯째, 임금피크제도를 활성화해야 한다. 보통의 경우, 노동자의 임금은 근속기간에 비례하는 성향이 있다. 근속기간이 정년에 다다른 노동자는 업무의 숙련도는 뛰어나지만, 강도 높은 업무를 처리함에 있어 무리가 발생하기 마련이다.

근속시간이 길다는 이유로 고액의 임금을 지급해야 한다는 것은 고용자의 입장에선 부담일 수밖에 없다. 정년을 연장해주고 임금을 조절함으로써 기업의 부담을 줄일 수 있고, 이는 고령화 사회에 따른 노령인구의 실업문제 해결에도 도움이 될 것이다.

여섯째, 불법 투쟁행위에 대한 강력한 대응조치가 필요하다. 노동단체들의 불법 투쟁행위는 비단, 어제오늘의 일만은 아니다. 자신들의 주장이 관철되지 않는다고 하여, 폭언, 폭행, 기물파손, 영업방해 등의 불법행위를 저지르는 행위는 그 어떤 경우에도 정당화될 수 없다. 노・사간의 갈등은 대화를 통해 해결해야 한다. 대한민국은 법치국가이다. 법이 정해놓은 태두리 안에서 자신들의 주장을 펴야할 것이다.

4. 일자리 창출을 위한 정부의 역할

실업문제의 근본원인은 경직된 노동시장에 있다. 현재 시행중인 한국의 노동관련 법안들은 고용의 자유는 주어져 있지만, 해고에 대한 자유는 주어지지 않았다. 노동시장의 유연성확보를 위한 과감한 법 개정이 필요하다. 현재의 노동관련 법안들은 정규직 노동자들을 과잉보호하고 있다. 또한 임금, 계약기간, 고용형태에서 까다로운 규제를 실행하고 있다.[30]

국내・외 투자자들이 한국시장에 대한 투자를 꺼리는 이유를 고려하여 노동시장의 유연성을 높이는 정책적 배려가 필요하다. 경직된 노동시장은 투자자들의 목적달성을 어렵게 만들기 때문이다. 오늘날, 자신들의 이익을 고수하여, 사측과의 협상이 결렬될 경우 주요시설물을 점거하는가하면, 기물파손 등 각종 불법폭력행위를 일삼으며 기업운영전반에 막대한 손실을 안겨주는 노조의 모습을 흔히 접하곤 한다. 이러한 상황에선 국내 투자유치를 기대하기는 어려울 것이다. 경직된 노동시장은 투자자들에게 심적 부담만 가중시킬 뿐이다. 실업문제의 해결을 위해 노동시장의 유연성을 확보하여 안정된 투자환경을 조성해 주어야 한다.

30) 변양규, "노동시장의 유연성 및 안정성 국제비교", 한국경제연구원.

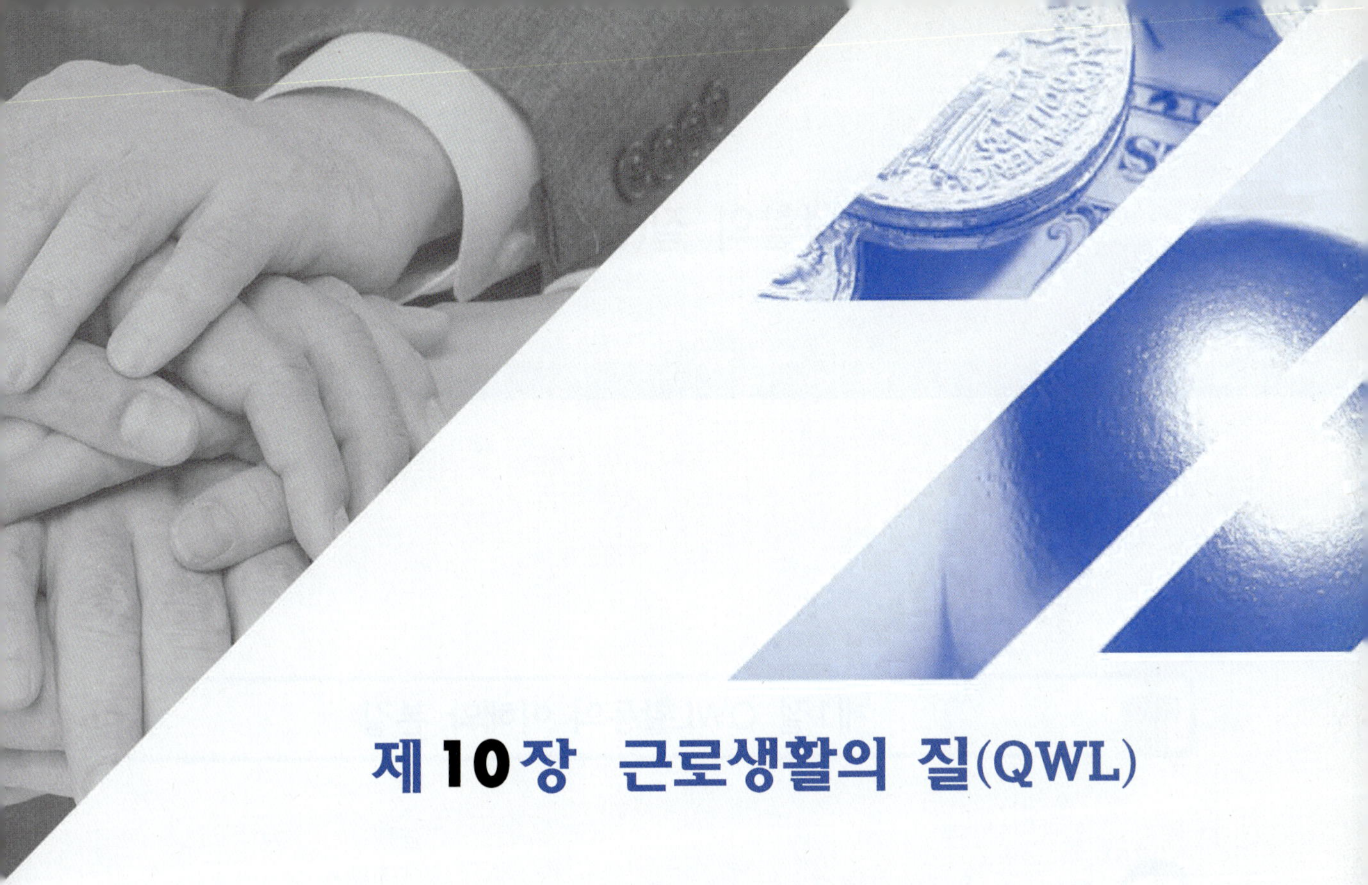

제10장 근로생활의 질(QWL)

제10장 근로생활의 질(QWL)

제1절 QWL활동의 이해와 본질

1. QWL의 개념

경제적인 수준이 높아짐에 따라 자신의 생활을 찾아 즐기려는 경향이 강해지면서 나아가서는 자신의 목표를 실현한다는 적극적인 의지로까지 연결되고 있는 추세다. 이러한 측면에서 QWL의 중요성은 날로 점증하고 있다.

QWL이란 용어는 1961년 데이비스(Davis, L.E.)[1]에 의해 처음 사용되었으며, 그 후 1972년 10월 뉴욕에서 개최된 QWL에 관한 국제회의 이후부터 세계적으로 통용되었다.[2]

현재까지 사용된 내용을 살펴보면, 근로생활의 질 혹은 직장생활의 보람이란 의미로 Quality of Working Life라는 영어식 표현이 있으며, 이와 유사하게 노동의 인간화라는 Humanization of Work Life라는 용어가 자주 쓰인다. 또한 프랑스어를 사용하는 국가들은 근로조건의 개선이라는 Improvement of Working Conditions을 사용하고 있으며, 일본에서는 일의 보람이라는 動きかい이나, 사는 보람이라는 生きかい이 동시에 사용하고 있다. 우리나라에서는 1986년부터 보람의 일터라는 명칭으로 QWL개선운동이 전개되었다.

---

1) Davis, L.E., "Enhancing the Quality of Working Life." *International Labor Review*, Vol. 116, No. 11, p. 53.

2) QWL(Quality of Working Life)은 1972년 미국의 콜롬비아 대학에서 개최된 노동의 민주화(democratization of work)운동과 미국에서 일고 있었던 작업장의 인간화 운동(humanizing the workplace)의 두 운동을 포괄하는 개념으로 처음 사용되었다.

근로생활의 질이 무엇을 의미하는가에 대해서는 학자들마다 다소 견해차를 보이고 있는데 다음과 같이 구분해 볼 수 있다.

첫째, 산업민주주의 사회에서 의사결정에 있어서 증가된 근로자의 참여 또는 노동과 경영의 결합으로 보는 견해가 있으며,

둘째, 생산성을 향상시키기 위한 일단의 개입을 의미하기도 하며,

셋째, 근로자의 일을 인간화하기 위한 방법의 적용을 의미하기도 한다.

넷째, 직장조건을 적합하다고 느끼도록 만들어서 단순노동에 의한 노동소외 상태를 극복시킴으로서 일의 보람을 갖도록 하는 것으로 보기도 한다.

QWL과 관련된 대표적인 학자들의 정의를 살펴보면 다음과 같다.

Walton[3]은 QWL을 "직무와 관련된 자신의 신체적 안녕에 대해 근로자가 느끼는 주관적 인상으로, 근로현장에서 겪는 인간체험의 질"이라고 정의하였으며, Glaser[4]는 "조직의 모든 근로자가 적절한 Communication통로를 통해 특히 그들의 직무설계나 일반적인 작업환경에 대해 발언권을 가지는 하나의 현상"으로 보았다. 또한, Hackman과 Suttle[5]은 QWL을 "한 작업의 구성원들이 작업조직 내에서의 경험을 통해 중요한 개인적 욕구를 충족시킬 수 있는 정도"라고 정의하였는데, 이것은 안정, 만족, 복지와 같은 근로의 인적 결과에 초점을 둔 것이다.

ASTD QWL위원회[6]는 QWL을 "조직의 환경, 업무실행, 산출물 등을 형성하는 데 있어서 모든 수준의 구성원들이 활발하게 참가할 수 있는 업무조직의 하나의 과정이며, 이 가치에 기초를 둔 과정은 노동에서의 근로생활의 질 향상과 조직의 효율성을 향상시킨다는 두 가지 목적을 달성하고자 하는 것"으로 정의하여 QWLL을 프로그램이 아닌 지속적인 개선이 이루어지는 장기간의 과정이라는 관점으로 이해하면서 조직차원과 개인차원의 목적을 달성하는 것으로 보았다.

국내 연구를 살펴보면, 최종태[7]는 QWL을 "직무만족의 수준향상과 근로환경의 민주화를 통한 노동생활에 있어서 인간성 회복"으로 보았으며, 추헌[8]은 "작업장의 분위기를 변화시켜 근로자로 하여금 자기가 근무하는 조직에 대하여 기여하고 근로의 보람

---

3) Walton, R. E., "Quality of Working Life: What is it", Sloan Management Review, Fall, Vol.15, No. 1, pp. 12-20.
4) Glaser, E. M., "Productivity Gains Through Work Life Improvement", Personnel, p. 72.
5) Hachman, J. R. & Suttle, L., "Improving Life at Work", Good Year, pp. 12-19.
6) American Society for Training and Development Committee on QWL.
7) 최종태, 『현대인사관리론』, 박영사, p. 284.
8) 추헌, 『경영조직론』, 박영사, p. 758.

을 찾고자 하는 것"이라고 주장하였다.

윤대혁[9]은 QWL은 매우 폭넓게 해석하면, 노동자들이 인간적 제 욕구를 충족하는 활동이고, 사회의 진행에 역행하는 제 조건 및 작업환경을 없애려는 운동이다. 그러므로 QWL은 근로자의 생활영역의 대부분을 포함시켜 근로자의 권한의 확대 및 경영참가를 포함하고 있다. 반대로 좁게 해석하면 Herzberg의 동기에 따른 2요인이론에 기초하여 직무내용의 변경에 의해서 근로자의 직무만족을 향상시키는 노동관리 수단으로 간주하는 경우도 있다고 하였다. 이에 따라 QWL을 거시적 측면과 미시적 측면으로 구분하여 설명하였다.

이러한 QWL에 대한 정의를 종합해 보면, QWL은 근로자의 인간적인 여러 가지 욕구를 충족시켜 주면서 인간이 노동소외를 극복하고 일에서 진정으로 주체성을 갖도록 하는 기업경영의 모든 활동, 또는 작업인의 생활을 보다 인간적으로 만드는 데 적합한 모든 방안들을 말하는 것이며, 높은 생산성과 능률을 달성하는데 기여하면서 종업원들이 일에 대해 보다 유쾌하고, 만족하고, 즐거워하도록 하는 절차들을 고안하는데 관심을 기울이는 활동이라고 정의할 수 있겠다.

이상에서 논의된 근로생활의 질에 대한 개념 정의를 요약하여 정리해 보면 그 내용은 〈표 10-1〉과 같다.

〈표 10-1〉 근로생활의 질 개념에 대한 정의

연구자	개 념
DuBrin(1988)	- 근로자가 그들의 근로경험을 통해 중요한 욕구를 만족시킬 수 있는 정도
Peterson & Tracy(1988)	- 경영시스템을 변화시켜 생산성과 근로자 복지를 개선하려는 노사합동의 조직변화 노력
Nadler & Lawler(1983)	- 사람, 일, 조직에 대한 사고하는 한 방법. 근로생활의 질에 대한 정의는 시간이 경과함에 따라 변수, 어프로우치, 기법, 운동, 모든 것을 해결해 주는 것, 아무것도 해줄 수 없는 것 등으로 변해 왔다.
Giordano(1988)	- 작업장에서의 생산성, 동기부여, 통제문제를 다루기 위한 조직전략 - 근로생활의 질은 단순히 직무 또는 근로생활의 질을 풍부하게 하기 위해 설계된 것이 아니라 생산성, 품질, 원가절감, 효율성, 노사관계에서의 변화이행전략을 수립하기 위한 작업장, 공장관리자, 최고경영자 간의 정보전달시스템의 한 부분이다.

9) 윤대혁, 「협력적 노사관계를 통한 근로생활의 질(QWL) 향상 방안」, 대한경영학회지, 제16권 제6호(통권 40호).

연구자	개 념
Blueston(1977)	- 근로자들이 더 이상 기계에 종속되지 말아야 하며, 그들이 창조적인 능력을 발휘할 수 있는 기회 및 직장을 관리할 수 있는 기회를 주어짐으로써 근로생활에 있어서 민주적 변화가 이루어지도록 하는 것.
추헌(1995)	- 작업장의 분위기를 변화시켜 근로자로 하여금 자기가 근무하는 조직에 대하여 기여하고 근로의 보람을 찾고자 하는 것.
최종태(2003)	- 직무만족의 수준향상과 근로환경의 민주화를 통한 노동생활에 있어서의 인간성 회복
윤대혁(2008)	- 노동자들이 인간적 제 욕구를 충족하는 활동이고, 사회의 진행에 역행하는 제 조건 및 작업환경을 없애려는 운동이다.

자료: 박동수, "근로생활의 질(QWL)과 경영성과", 사회과학연구, 영남대학교 사회과학연구원, 제10집, 제2권, pp. 158-159참조하여 재구성.

2. QWL활동의 생성배경

QWL활동의 생성배경은 다음과 같이 크게 4가지로 나타낼 수 있다.

첫째, 인간성 소외현상 극복을 들 수 있다. 경영규모의 거대화 및 경영기술의 발전, 대량생산방식과 조직의 관료화로 상징되는 근대적인 경영이 낳은 작업환경의 변화로부터 비인간화라는 소외현상이 나타나게 되었다.

따라서 독립된 객관적 과정으로 자신의 개성을 표현할 수 없으며, 주관적인 창의력이나 연구가 고려되는 근로에 대한 인간적이고 내면적인 관계를 기대하기 어려워져 근로자들은 인간성 소외현상을 겪게 되었다. 이러한 인간성 소외를 극복하기 위해서 QWL활동이 생성되었다.

둘째, 근로자의 의식변화이다. 산업사회의 발전에 따른 상대적인 실업의 감소, 사회보장에 의한 질병과 노후불안으로부터의 해방, 소득의 상승에 따른 높은 생활수준에의 도달, 교육의 보급과 향상에 따른 근로자간 계급의 상승욕구가 상화되었으며, 도시의 재개발 및 재건설에 의해 노동계층과 중류계층간의 혼주현상이 나타나게 되어, 근로자의 의식 변화요인으로 작용하게 되었다. 이러한 의식변화는 근로자들로 하여금 본인을 자본가 계급으로 오해하게 만들고, 자기중심적인 근로자를 증가시키는 계기가 되었다.

셋째, 행동과학적 접근방법의 성과로, 산업현장에서의 인간문제 연구의 장을 개척하였던 Harvard Group의 Human Relation운동 이후 인간이해를 위한 심층연구는 더욱 촉진되었다. 이를 시발점으로 제2차 세계대전 이후 Likert를 중심으로 한 대학 사회연구소에서는 팀워크를 바탕으로 한 상호 신뢰적이며 인간관계 지향적인 참가적 관리방식의 필요성과 근로자 중심적 감독의 중요성을 역설하였다.

한편, Pittsburgh대학 심리연구소를 중심으로 한 동기부여에 관한 연구에서도 직장환경에 있어서 동기부여와 그것이 개인의 심리적 성장 및 정신건강에 미치는 영향에 관한 연구에서 일에 만족을 주는 요소와 불만족을 주는 요소들이 서로 존재하고 있음을 발견하였는데, 여기서 만족을 주는 동기요소는 정당성, 승인, 일 자체의 매력, 임금, 그리고 승진 등을 들고 있으며, 불만족 요인으로는 경영방침, 감독, 임금, 대인관계 및 작업조건과 관련되는 것으로 이러한 동기요인과 불만족 요인의 관계란 두 개의 상이한 인간욕구의 영역과 관계되는 것이라 하였다.

넷째, 참여적 경영문화의 대두에 의한 산업민주주의 사조의 팽배를 들 수 있다. 1960년대 이후 공업화 과정에 따른 사회현상의 변화는 전통적인 제 요인과의 균형을 불가피하게 하였다. 그 하나가 민주시민으로서의 권리의식, 작업에 따른 부의 분배문제와 연관된 것이었으나, 이러한 관리의식의 범주는 점차 확대되어 "일" 진행에까지 발언권을 갖는 높은 수준의 경영참여의 경향을 보이기 시작했다.

이러한 경영문화적 변화는 선진 공업화 사회 속에서 인적자원관리의 전형적인 관행을 민주적 방향으로 전환하지 않을 수 없게 하였다. 이에 따라 사회제도로써 입법화된 다양한 사회경제적 자치권의 확대표현이 경영의식에서의 공동결정, 노사협의회, 단체교섭 등 일련의 산업 민주주의적 제도의 발전으로 나타나게 되었다.

이러한 산업민주주의 제도적 발전은 결과적으로 자유시장제도 속에서 참여적 문화의 실천을 뒷받침하게 되어 나아가서 인간성 회복을 위한 QWL운동의 촉진제가 되고 있다.

3. 일과 삶의 균형의 필요성

'일과 삶의 균형(Work-Life Balance)'이란 일과 일 이외의 영역(가족, 여가, 개인의 성장 및 자기개발 등)에 시간과 심리적·신체적 에너지를 적절히 분배함으로써 삶을 스스로 통제, 조절할 수 있으며, 삶에 대해 만족스러워 하는 상태를 의미한다.

우리의 삶은 다양한 차원으로 구성되어 있다. 일, 가족, 건강, 여가생활, 성장 및 자기개발, 인간관계 등 어느 것 하나 중요하지 않은 것이 없다. 이들에 대해 시간과 심리적 관심과 열정, 신체적 에너지를 적절히 분배할 수 있을 때 우리는 삶에 대한 통제감을 확보하고, 만족스러운 삶을 영위할 수 있는 것이다. 일과 삶의 균형은 단순히 개인만의 문제가 아니라 국가 및 기업에서도 매우 중요한 개념이다.

우선 국가적 차원을 보면, 선진국의 경우 1980년대 중 후반부터 노동시장에 참여하는 여성노동자의 비율 증가, 출산율 감소, 고령화 사회, 만혼, 가족형태의 다양화, 이혼율 증가 등과 같은 사회적 문제가 국가의 주요 해결과제로 급부상하기 시작하였다. 여성의 교육수준이 높아짐에 따라 직장을 갖거나, 성장 및 자기개발을 실현할 수 있는 활동을 희망하는 여성들이 급속하게 증가하기 시작하면서, 결혼과 출산, 육아의 문제를 자신들의 성장을 방해하는 걸림돌로 인식하게 된다.

일과 출산, 육아 등 가족 영역은 서로 배치되는 관계로 이 둘은 하나를 취하기 위해서는 하나를 필연적으로 포기해야 하는 제로섬 관계로 인식하게 되면서 성장보다는 가족을 희생시키는(만혼, 무자녀가족, 출산연기 등) 비율이 점차 증가하게 된다. 미국, 영국, 일본과 같은 선진국가의 경우, 일찍부터 출산율 감소, 고령화 사회 등의 문제를 해결하기 위한 전략으로 일과 삶의 균형을 주요한 정책으로 채택하였으며, 근로자들의 일과 삶의 균형을 지원하는 제도 및 프로그램을 체계적으로 시행하고 있다.

예컨대 영국의 경우, 정부에서 챌린지 펀드 제도를 도입하여 기업이 근로자의 업무환경과 삶의 질을 개선시키기 위한 일과 삶의 균형 컨설팅을 받을 수 있도록 지원하고 있다.

기업의 차원에서도 일과 삶의 균형은 매우 중요한 개념이다. 현재, 노동시장에서 노사관계의 개념이 급격히 변화하고 있다. 즉, 긍정적인 노사관계가 성립되기 위해서는 근로자를 비용적인 측면으로만 간주해서도 안 되며, 사용자와 경영의 전략적 파트너, 기업과 동반성장해야 하는 일심동체, 더 나아가 내부 고객의 개념으로 인식해야 한다는 의식전환이 일고 있다. 그럴 때라야 근로자는 회사에 대해 로열티를 가지며, 직무몰입 및 만족을 하게 되며, 기업은 고급인력을 확보할 수 있다. 기업의 또 다른 변화는 기업 내의 핵심인력 교체현상이다(오영훈, 2005).

성실과 근면, 일을 위해 삶을 희생할 수 있는 회사형 인간으로 대변되는 베이비붐 세대가 물러나고, 일보다는 개인적인 삶, 자신의 성장 및 자기개발, 생활의 만족을 더욱 중요시 여기는 X세대가 그 자리를 대신하기 시작하였다. 이 세대는 삶의 영역에 대한 관심이 증가하고, 자신의 삶을 위해서 이직을 할 수 있는 세대이다. 또한 자신의 재능을 어떻게 하면 극대화시킬 것인지에 대한 관심이 많으며, 권위적인 권력에 반감을 가지고 있는 것이 특징이다.

성공에 대한 개념도 변화하였다. 베이비붐 세대가 일을 통해 성공하고자 하였다면, X세대는 단순히 물질적인 성취가 아니라 생활의 만족이나 일 이외의 시간을 고려하여 성공을 재정의하고 있다(Marston, 2004). 이 같은 변화로 말미암아 기업은 고급인력을 유인하며, 이직을 방지하고, 성공적으로 세대교체가 이루어지도록 하기 위해 삶의 질을 중시하는 근로자의 가치변화에 부응하는 방식으로 기업구조 및 지원체계를 변모해야 할 필요성을 느끼게 된다. '일하기 좋은 100대 기업'에서 1위로 제넨텍을 선정한 주요 이유에 대해 포천지는 제넨텍의 종업원들이 자신의 직장이 의미 있다고 여기고 있으며, 일과 삶의 균형이 잘 이뤄지고 있다는 점을 들고 있다.

지금까지 선정된 '일하기 좋은 100대 기업' 중 상위 10위까지의 공통점이 해고가 없다는 점, 교육을 통한 노동자에 대한 장기적 투자, 노동자와 사용자간의 의사소통, 일과 삶의 균형을 위한 기업의 지원 및 배려가 핵심적인 이유라는 것은 시사 하는 바가 크다.

4. QWL활동의 목적

인생의 보람이라는 궁극적인 목적을 직장생활의 보람을 통해 찾아야 할 때 직장 형성의 가장 기본적인 세포 단위라 할 수 있는 직무에서 만족과 보람을 느끼기 위해서는 직무 자체에 대한 보람, 즉 직무실현에 대한 보람과 직무수행 결과의 보상에 대한 보람이 이루어져야 한다.

첫째, 직무실현에 대한 보람은 직무를 통하여 작업의 본질을 개선함으로써 근로자들의 자아 성취감, 자율성 등에 의한 욕구를 충족시켜 직무만족의 분위기를 창조하며, 온전한 인간개발의 기회를 마련한다. 다시 말하면, 이는 '일하는 보람'이라 할 수 있다. 직무수행을 통해서 이를 실현시킬 수 있을 때 비로소 직장생활의 즐거움과 보람을 찾을 수 있다.

둘째, 직무보상에 대한 보람은 다음과 같이 설명될 수 있다. 현대 산업사회의 조직 구성원은 개개인이 담당한 직무수행을 위하여 제공한 노력에 대한 공정한 보상을 받지 못하면, 직장생활에 대한 보람을 느끼지 못한다. 즉, 직무수행에 따른 물질적 보상뿐만 아니라 정신적 보상도 함께 이루어져야 한다.

그림 10-1. QWL의 목적

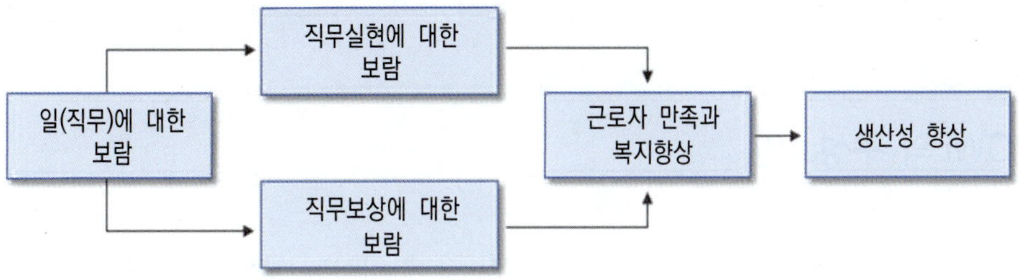

또 다른 한편으로 QWL은 다음과 같은 4가지 원칙을 달성하고자 하는 시도로 볼 수 있다.

첫째, 안정성의 확보 원칙이다. 근로자들은 건강과 안전, 소득과 미래의 고용에 대한 공포나 걱정으로부터 해방되어야 한다.

둘째, 공정한 보상의 원칙이다. 근로자들은 그들의 기업의 재화나 용역의 가치에 대해서 공헌한 만큼 적절하고 공정하게 보상되어야 한다.

셋째, 자율성 확보의 원칙이다. 근로자들은 그들의 작업의 리듬을 결정하고, 작업방법을 계획하는 데에 최대한의 자율성을 가져야 한다.

넷째, 민주화의 원칙이다. 근로자들은 가능한 그들이 작업하는데 영향을 미치는 의사결정에 참여할 수 있어야 하고, 담당하는 직무에 대해 책임을 감수해야 한다.

그러므로 근로생활의 질(QWL)이란 모든 수준의 구성원들이 참여하는 노동에서의 생활의 질 향상과 조직의 효율성을 증진시키고, 직무만족을 통하여 일상생활의 질, 즉, 삶의 질을 향상시키는 것을 의미하는 것이다.

그림 10-2. 근로생활의 질(QWL)의 위상

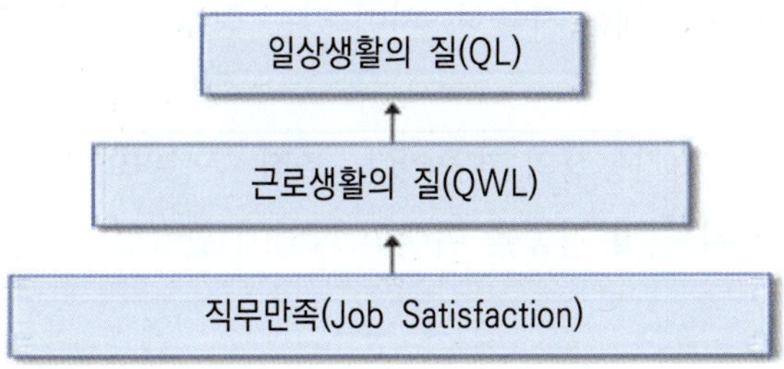

제2절 QWL의 구성요인과 측정요인

1. QWL의 구성요인

QWL은 그 개념이 광범위하므로 직무만족에 미치는 영향정도를 알아보기 위해서는 먼저 QWL구성요인 및 측정요인에 대한 이해가 전제되어야 한다.

Walton은 QWL 결정기준의 범위를 직무뿐만 아니라 조직과 관련된 제 환경까지 포함하고 있는데, 그는 노동 현장에서 겪는 인간체험의 질 차원에서 QWL 결정기준을 제시하고 있다. 이를 구체적으로 살펴보면, 다음 8가지로 구성된다.[10)]

첫째, 적정하고 공정한 보상이다. 공정한 보상은 QWL을 결정하는 주요한 요인이다. 그러나 보상의 공정성을 파악하기 위한 기준은 사회적·문화적인 환경에 따라 달라질 수 있다. 시간이 흐름에 따라 사회·문화적 환경의 영향을 받는 이념의 차이 때문에 미래에는 현재에 적정하다고 인정되는 보상수준이 불합리하게 파악될 수도 있기 때문이다.[11)]

둘째, 안전하고 쾌적한 작업조건이다. 현대 산업조직의 구성원은 과거보다 안전하고 쾌적한 작업환경에서 일하기를 원하며, 이러한 환경의 창조 없이는 근로자에게 일하는 보람을 부여할 수 없게 되었다. 따라서 만족스러운 작업환경을 마련하는 것은 QWL 결정에 중요한 변수로 등장하고 있다.

셋째, 능력개발 및 능력을 발휘할 수 있는 기회의 제공이다. 일의 전문화에 의한 효율성의 추구에만 급급한 것은 직무를 수행하면서 기능과 지식의 이용과 개발기회를 상실하게 만들었다. 이로 인해 직장에서 QWL을 누리도록 하려면 직무의 질을 높이는 것이 요청되었다. 여기에는 자율성, 의미 있는 정보의 획득, 작업의 전체성, 작업계획 참여 등이 포함된다.

넷째, 안정과 성장 가능성의 제공이다. 조직 구성원의 능력을 개발해야 할 뿐만 아니라 개발되어진 지식 및 기능을 미래의 작업에 활용할 수 있어야 한다. 육체적 근로

10) 박성수, "QWL향상의 과제", 전남대학교, 경영학보 제23호, pp. 158-160.
11) 최종태, 『현대인사관리론』, 박영사, p. 467.

자와 기술자 및 전문직 근로자의 경우에는 관리직 근로자보다 근로생활의 보람을 느끼기 힘들기 때문에, 경영기회의 제공에 있어 각별한 배려가 요구된다. 그러기 위하여 기업에서는 효과적인 경력계획과 개발을 위한 노력이 절실히 요청되고 있다. 여기에는 능력개발, 개발능력의 활용가능성, 승진기회, 안정 등이 포함된다.

다섯째, 공동체의식과 직장분위기이다. 일과 경력은 전형적으로 사회조직 내에서 추구되고 있기 때문에 구성원간의 관계는 QWL의 중요한 차원이라 할 수 있다. 특히 근로자가 조직과의 만족스러운 일체감, 자존을 어떻게 경험하느냐는 조직풍토에 종속된다.

여섯째, 작업조직의 제도화이다. 대부분의 조직 구성원은 경영자의 일방적인 의사결정에 의해 행동의 제약을 받는다. 그러므로 QWL수주을 높이기 위해서는 경영자가 할 수 있는 임의적인 행동으로부터 근로자를 보호할 수 있는 작업장의 제도화가 요청되고 있다. 즉, 사생활의 보장, 자유로운 의사소통, 공정한 대우, 인간에 의한 지배가 아닌 법에 의한 지배 등의 제도화가 요청된다.

일곱째, 직장생활과 가정생활의 조화이다. 직장에서의 생활은 가정생활과 같은 직장 이외의 생활영역에 긍정적인 영향을 미칠 수도 있고, 부정적인 영향을 미칠 수도 있다. 즉, 작업시간의 연장, 잦은 인사이동 등은 가정생활에까지 부정적인 영향을 줄 수 있으므로 직장생활과 가정생활이 조화가 이루어질 수 있도록 노력해야 한다.[12]

여덟째, 근로생활의 사회적 기여이다. 자신이 속하는 조직이 사회적으로 책임의식을 갖고 혜택을 주느냐, 그렇지 않으면 악영향을 미치는 활동을 하고 있느냐에 따라 근로자가 느끼는 질은 현저하게 차이를 보인다. 폐기물처리, 지역사회에의 공헌, 정치적 캠페인의 참여 등을 감안해 보았을 때 기업이 책임감을 느끼고 있는 경우에는 QWL을 느끼지만, 그렇지 못한 경우에는 자신의 직장과 경력을 낮게 평가하게 되어 QWL을 느낄 수 없다.

2. QWL의 측정요인

Albrecht[13]는 QWL을 “조직 구성원으로써 근로자들이 지각하고 있는 조직의 모든 측면에 관한 질”이라 정의하고, 그 수준을 측정하기 위하여 다음과 같은 10가지 요인

12) 최종태, 전게서, p. 468-469.

13) Albrecht, K., Organization Development: A Total System Approach to Positive Change in Any Business Organization, Englewood Cliffs, N.J.: Prentice-Hall, pp. 32-47.

을 제시하였다.

첫째, 직무의 유의미성(할 만한 가치가 있는 직무)이다. 이것은 근로자로 하여금 자신이 지닌 숙련과 지식, 잠재능력을 발휘하여 조직의 목표달성에 가치 있는 기여를 하도록 만들어 주어야 한다는 것을 의미한다.

둘째, 쾌적한 작업조건이다. 직무수행과 직접적으로 관련된 육체적, 심리적 조건을 보다 안정적이고 인간적인 것으로 구성되도록 해주어야 한다.

셋째, 적정한 임금과 부가급이다. 적절한 작업에 대하여서는 그에 따르는 적절한 임금과 보상이 뒷받침되어야 한다.

넷째, 직무안정성이다. 근로자가 원한다면, 계속하여 일을 할 수 있도록 하여야 한다.

다섯째, 능숙한 감독이다. 능숙한 감독이란 하급자가 업무수행과 관련된 일들을 스스로 처리하도록 능동적이도록 만드는 긍정적인 지도를 말한다.

여섯째, 작업결과의 피드백이다. 조직목표의 달성에 있어서 개인의 공헌에 대한 인정 및 칭찬이 있어야 한다.

일곱째, 책임상의 성장과 발전을 위한 기회가 제공되어야 한다. 다양한 경험을 제공하여 자신을 개발하고, 기업 발전에 공헌할 수 있는 잠재능력을 원활하게 발휘할 수 있도록 도전적인 작업을 제공해야 한다.

여덟째, 승진에 대한 공정한 기회의 제공이다. 승진을 위한 훈련기회의 적절한 제공 및 상위직위로의 승진 희망을 제시함에 있어서 공정한 제공을 하여야 한다.

아홉째, 긍정적인 조직분위기이다. 작업구성이 가치관이나 대인관계 면에서 안정적이고 인간적이며 심리적인 강화를 제공하여야 한다.

열 번째, 공정한 경쟁이다. 개인적·인종적 요인에 관계없이 모든 근로자들에게 공정하고 적절한 대우를 제공하는 것에 가치를 두어야 한다. 그는 또한 이들 각 항목을 서열척도에 의해 측정하고 그 합을 계산함으로서 조직의 건강상태를 파악할 수 있다고 주장하였다.

기타 학자들의 기준을 살펴보면, Davis[14]는 직무만족의 욕구, 의사결정에서의 욕구, 자기의 역할과 업적을 확인하려는 욕구, 자기의 행동이 사회에 지지되고 인정받고 싶은 욕구 및 개인의 행동과 조직 및 사회의 목적과의 관계, 학습의 욕구와 장래성 있는 직무에의 욕구, 사회에 대한 의미 등을 제시하였으며, Walton[15]은 자신의 개인적

14) Davis, L. E., *Ibid.*
15) Walton, 1975, *Ibid,* pp. 93–110.

관찰과 경험, 가치관 그리고 인간본성에 관한 가정에 근거하여 8가지의 QWL을 위한 범주를 제시하였다. 그는 문화, 사회계층, 가족배경, 교육정도와 성격차이로 인하여 개인 간에 QWL의 이슈에 관한 다양한 선호의 차가 존재한다는 점을 지적하고 있다. 또한 기업에서는 QWL 이슈에 대한 이러한 개인 간 차이에 따라 종업원들이 자유롭게 자신의 QWL을 고려하여 일할 수 있도록 허용하는 것이 중요하다고 주장한다.

Szilagyi와 Wallace는 불만족 요인, 종업원 욕구, 근로환경, 조직구조, 그리고 조직 유효성과의 갈등 원인을 찾는 것이 바로 근로생활의 질이라고 주장하였다. 정재훈[16]은 Albrecht가 제시한 QWL 구성요소를 중심으로 해서 경인지역 기업을 대상으로 직무특성, 보상관리, 복리후생, 작업조건, 조직분위기, 인사의 공정성, 교육훈련, 노동과 여가의 조화, 노사관계, 조직관리의 10가지의 구성요인을 선정하였다. 또한 서병인・백유성[17]은 부산, 경남지역에 소재하고 있는 주요 제조업체를 대상으로 하여 보상과 작업조건, 감독, 전반적인 근로자 만족, 직무, 동료관계, 복지후생, 조직관리의 7가지를 QWL 구성요인으로 선정하였으며, 임종길[18]은 선박근로자를 대상으로 직무, 감독, 동료간의 관계, 조직관리, 근로자 만족, 임금, 복리후생, 작업조건 등 8가지를 QWL 구성요인으로 들고 있다.

이러한 선행연구들을 기초로 하여 QWL의 구성요소들을 내용의 공통성에 따라 분류하여 정리해 보면 다음과 같다.

〈표 10-2〉 QWL 구성요소들의 분류

직무관련 요소	보상관련 요소	작업조건	인간관계	조직체 관련 요소	기타
· 인정 · 작업 자체 · 직무특성 · 직무안정 · 자율성	· 임금과 부가급 · 복리후생 · 이윤배분	· 작업환경 · 작업통제 · 근무시간	· 동료관계 · 상사와의 관계	· 공정성 · 회사정책 · 의사결정의 참여 · 조직분위기	· 노동과 여가의 조화 · 사회적 정당성

자료: 서병인・백유성, "한국기업의 QWL 구성요인에 관한 연구", p. 272. 재구성.

16) 정재훈, "한국기업의 근로생활의 질 수준에 관한 기업간 비교연구", 인사관리연구 제9집, pp. 147-165.
17) 서병인・백유성, "한국기업의 QWL 구성요인에 관한 연구", 경영학연구, 제23권 제3호, 11. pp. 261-289.
18) 임종길, "선박의 근로생활의 질(QWL)수준에 관한 실증연구 ①~⑥ ", 월간 해양한국, p. 34.

제3절 QWL향상을 위한 노사협력

1. 노사협력의 이슈

높은 QWL이 무엇인가에 대해서는 근로자의 욕망과 근로와 사회의 형태에 따라서 다양하게 설명할 수 있다. 그것이 안전(security), 평등(equity), 개인성(individuation)중 어느 것을 의미하든지 한 가지 명백한 것은 QWL이 근로자 자신에 의해서 정의되어야 한다는 점이다. 그러면 보다 높은 QWL을 위하여 노조지도자 및 근로자들이 어떤 이슈에 대해서 노사협력을 실시하기 원하는가에 대한 연구로써 먼저 노조지도자를 대상으로 한 조사에서 13가지의 이슈들을 생산성 관련 이슈, QWL관련 이슈, 전통적 이슈 등으로 분류해서 단체교섭이 아닌 다른 방법으로 노사협력 프로그램 실시, 공식적 단체교섭을 통한 개선, 노조 불 관여 등 세 가지 이슈 취급방법과의 관계에 대한 연구결과를 정리해 보면 그 내용은 〈표 10-3〉과 같다.

〈표 10-3〉 노조지도자의 이슈별 선호 취급방법

이 슈 형 태	취 급 방 법		
	협 력	단체교섭	불 관여
생산성 이슈 적절한 자원 사용 가능성, 협의의 생산성, 작업부하/속도	52%	29%	19%
QWL 이슈 작업통제, 흥미 있는 작업, 감독자와의 관계	63%	21%	16%
전통적 이슈 작업장 안전, 직무진행절차, 고충처리, 작업시간, 직무 안정성, 임금, 복지후생	23%	73%	4%

노사협력 프로그램에 대한 노동조합 지도자의 지원의 정도는 취급하는 이슈에 따라 달라지며 지원은 QWL이슈와 가장 관계가 깊으며, 생산성 이슈는 중간정도, 전통적 이슈는 가장 낮다. 여기서 우리가 관심을 가지게 되는 것은 QWL이슈, 생산성 이슈에

대해서는 노사협력프로그램이 타당하다고 노조지도자들이 생각하고 있다는 것이다. 그러나 실제 경영의사결정에 참가(노사협력)하는 경우에 발생하는 문제는 노조지도자들이 참가에 의해서 조합의 단결력과 단체 교섭력이 약화될 것이라고 생각하는 경우가 많다는 것이다. 이것을 해결하기 위해서는 참가와 단체교섭을 명확히 구분하고, 참가자들이 프로그램에서 언제든지 철수할 수 있도록 해 주어야 하고, 참가자의 의견이 의사결정에 확고한 영향력을 발휘할 수 있도록 보장되어야 한다.

그리고 노동조합 구성원을 대상으로 조사한 연구에서도 앞의 연구와 비슷한 결과가 나타났는데 그 내용은 〈표 10-4〉와 같다.

〈표 10-4〉 노조구성원의 이슈별 선호 취급방법

이 슈 형 태	취 급 방 법		
	협 력	단체교섭	불 관여
생산성 이슈 협의의 생산성, 작업부하/속도 작업장 안전, 직무진행절차	44.2%	36.6%	19.2%
QWL 이슈 직무책임, 흥미있는 작업, 작업방법 선택의 탄력성, 적절한 도구와 장비, 감독자와의 관계	58.3%	30.6%	11.1%
전통적 이슈 복지후생, 임금, 직무 안정성, 작업시간, 고충처리	15.1%	83.3%	1.6%

따라서 생산성 이슈(협의의 생산성, 작업부하/속도, 작업장 안전, 직무 진행절차)와 QWL 이슈(직무책임, 흥미 있는 작업, 작업방법 선택의 탄력성, 적절한 도구와 장비, 감독자와의 관계) 등은 노사협력 프로그램으로 운영하는 것이 타당하다고 노조지도자와 노조구성원이 생각하고 있다는 것을 알 수 있다.

2. QWL향상을 위한 직무설계

QWL향상을 위한 직무설계는 초기인 1960년대에는 그 구체적인 내용을 직무내용의 다양화에서 찾았으나 1970년대에는 반자율적 작업집단의 형성을 중심으로 하는 새로운 작업조직에서 구하게 되었다. 이처럼 직무설계 측면에서의 QWL은 기업내의 작업현장에 있어서의 노동양식, 또는 작업조직의 새로운 방법을 나타낸다. 게다가 그 작업조직은 인간이 의식적으로 형성하는 것이고 주체의 판단이 투영된다. 그러므로 QWL의 내용은 작업조직의 새로운 직무원리로써 근본적이며 구체적으로 파악할 수가 있다. 종래의 직무설계가 어떠한 원리에 의거하였는가와 QWL의 원리를 비교하여 보면 그 내용은 〈표 10-5〉와 같다.

〈표 10-5〉 전통적인 직무설계와 QWL직무설계의 원리 비교

전통적 직무설계	QWL 직무설계
개인의 작업내용을 명확히 하는 원칙 ·기술의 전문화 ·필요기술의 최소화 ·근로자의 훈련시간의 최소화 ·모든 작업부하의 균등화 ·근로자에 대한 만족의 제공 ·설계의 요건 또는 노조 요구에의 적합성 개인 작업을 특정 직무에 적합 시키는 원칙 ·직무중의 작업의 수 및 다양성을 제약할 것 ·반복 작업을 최대한으로 할 것 ·훈련시간을 최소한으로 할 것	·작업 사이클(공정)의 연장 ·보조 작업의 통합 ·책임·권한을 직접작업자에 위양 ·직무전환 ·작업조직 내에서의 직무전환 ·생산과 수리의 매트릭스 조직의 형성 ·공장 내 공장, '島'의 형성
1人 1직무 원칙(one-man, one-job)	1직무 1팀 원칙(one-task, one-team)

〈표 10-5〉에서 보는 바와 같이 종래의 직무설계의 원칙은 기본적으로 각 직무를 수행할 수 있도록 하는 것이었다. 게다가 1인 1직무의 원칙하의 1인의 근로자에게 하나의 직무밖에 부여하지 않고 또한 그 직무의 경계는 엄밀히 정해지고 개인적인 책임의 범위를 명확히 알 수 있게 되었다. 이러한 직무설계 원리를 처음으로 추구한 사람이 테일러(Taylor)였다.

이러한 테일러리즘(Taylorism)의 직무설계 원리를 대규모로 실천한 것이 포드(H. Ford)의 컨베이어 시스템(conveyor system)이다. 여기서는 교육수준도 낮고 근대적인 공장의 직장질서에 익숙하지 않은 이민 근로자를 이용하면서 당시로서는 고도의 생산성을 달성할 수 있었던 것이다. 게다가 그 높은 생산성 때문에 이 포드의 대량생산방식이 자동차산업 뿐만 아니라 현대의 모든 산업에 있어서 생산조직 원리로 되어 작업조직의 설계원리로 보급된 것이다. 그 결과로 오늘날에는 노동소외, 비인간적인 노동으로써 사회의 비난을 받게 되었다. 그러므로 테일러리즘과는 대응되는 QWL방식의 새로운 직무설계 원리가 제시된 것이다.

QWL 향상을 위한 새로운 직무설계 원리의 내용을 살펴보면 그 내용은 다음과 같다.

① **작업과정의 연장** : 전통적으로 하나의 작업이 1~2분 정도의 시간이 소요되었다. 이 작업을 여러 개 통합해서 10~15분 정도의 작업공정으로 연장하여 그것을 한 사람의 근로자에게 담당시킨다. 이에 의해서 세분화된 작업의 단조감을 적게 할 수 있다.

② **책임 · 권한의 위양** : 작업집단에는 1주간의 생산목표만 부여해서 그 목표를 어떻게 달성하는가는 모든 작업집단 자신이 결정하게끔 하여 관리기능의 일부에 근로자를 참가시키게 되어 자치-자율 의식이 생겨날 수 있다.

③ **보조 작업의 통합** : 정기적인 점검, 윤활유의 보급, 일상적인 파손의 수리 등 상규적인 보조 작업은 기계의 조작원이 하게끔 한다. 그것에 의해서 작업내용을 다양화하여 사소한 사고에 의한 기계의 중단을 적게 한다.

④ **직무전환** : 1시간당, 반나절당, 1주당으로 일정하게 정해진 순서에 따라서 직무를 전환해 가면 단조감에서 벗어날 수 있다.

⑤ **작업집단 내에서의 직무전환** : 작업집단 내에 있는 다양한 직무를 개개의 근로자가 습득하는 것에 따라 결근이나 작업에 정체에 대응할 수 있게 한다. 그러므로 노동의 탄력적인 운영을 가능하게 한다.

⑥ **생산과 수리의 매트릭스 조직의 형성** : 전통적 직업분류의 틀을 넘어서 필요한 수리를 모두 행할 수 있는 완전서비스 시스템을 형성한다.

⑦ **'도(island)'의 형성** : 공장 내 공장(factory within factory), 생산세포(production cell)라고도 불리어지며 대기업의 기술적 우위와 소기업의 인간관계적 이점을 통합하려는 새로운 공장조직이다. 이것은 75~200명 정도의 근로자 집단으로 성립되어 그 집단에 관리상의 권한이 대폭 위양 되어져 그 권한위양에 의해서 작업집단은 마치 독립된 공장처럼 운영된다.

이처럼 직무의 내용은 다양화되고 작업 사이클이 연장되어 훈련시간이 길어지며 직무전환에 의하여 다양한 직무를 수행할 능력이 필요하게 된다. 동시에 1인 1직무의 원칙이 아니고 1과업 1팀의 원칙이 적용되고 작업집단에 대폭의 권한위양이 이루어져 근로자는 집단으로서 자기의 직무에의 통제권한을 확대하고 있는 것이다. 작업집단은 소위 자기통제적인 집단이 되고 그 자율성 때문에 반자율적 작업집단이라고 불리어진다. 이 집단의 새로운 작업조직의 중심이 되어 있다. 이 반자율적 작업집단의 자율성은 구로젠(J. Gulowsen)에 의하여 다음과 같은 작업수행에 구체적으로 나타나고 있다.

① 사용되는 작업방법의 선택
② 작업집단 구성원의 선택
③ 감독직무의 부담
④ 집단 내에서의 작업할당의 결정

이러한 사항을 집단 자신이 결정함으로써 작업집단의 자율성이 높아진다. 그리하여 반자율적인 작업집단에 있어서는 근로자가 인간으로서 가지고 있는 자율성·사회성·능력향상의 제 욕구가 충족되게 된다. 여기에 반자율적인 작업집단이 QWL의 새로운 작업조직의 형태라고 하는 이유가 있는 것이다. 게다가 이들의 노동의 특성은 테일러리즘에 있어서는 부정되었던 것이다. 이 점이 QWL이 전통적 작업조직에 대하여 가지는 새로운 점이다.

그러나 여기서 염두에 두어야 할 점은 QWL의 중요한 원리 중의 하나가 개인성이라는 것인데 이는 각 개인의 선택을 허용해야 한다는 것으로 QWL에 입각한 직무설계 방식을 싫어하는 사람은 그대로 전통적인 직무설계 방식에 따른 직무를 수행할 수 있게 해 주어야 한다는 것이다.

제4절 QWL활동 실행절차

QWL활동을 실행하는 과정에는 3S(spirit, structure, study)의 세 관점이 필요하다.

첫째, QWL활동은 성숙, 존경, 각 개인에 대한 관심 등과 같은 기풍(spirit)을 일으킨다. 이것은 적대감, 저항, 노·사간의 갈등 등과 같은 일반적인 조직에서 있을 수 있는 기풍과는 반대되는 것이다. 이 활동을 이끄는 원리가 수익성이나 생산성에 있지 않기 때문에 근로자를 표준화된, 대체할 수 있는 상품으로 생각하는 것과는 거리가 멀다. 이 QWL활동의 원리에는 안정성, 공평성, 민주성, 개인성 등이 있다. 이러한 원리가 성숙, 존경, 각 개인에 대한 관심과 같은 기풍을 일으킨다.

둘째, 새로운 기풍을 발전시키기 위해서는 새로운 조직구조와 의사결정 과정이 필요하다. 새로운 구조는 근로생활의 질 위원회와 공장, 현장, 부 위원회를 말하는데 이는 적대적인 관계에서 전개되는 전통적인 단체교섭과는 달리 노사간에 협조적인 관계를 유지하는 것이다. 이 새로운 구조는 모든 종업원이 의사결정 과정에 참가할 수 있게 하는 것이다. 또 종업원이 의사결정을 하기 전에 상담을 받을 수 있는 것이다. 이에 따라 협동과 커뮤니케이션의 개선이 이루어진다.

셋째, QWL활동에는 많은 지식이 필요한데 이것은 연구에 의해서 얻어진다. 이러한 연구는 참가자에게 기술적·경제적 측면뿐만 아니라 인간적·사회적 측면에 대한 이해를 높여 준다. 여기서의 연구는 수동적인 것이 아니라 동태적인 것이어서 서로가 서로를 배우는 학습이 된다.

이러한 기풍, 구조, 연구 등의 세 가지 기본관점에 따라 QWL활동의 절차는 진행된다.

먼저 근로자나 경영자 어느 한편에서 QWL활동의 필요성을 인식하고 이에 대한 문제제기를 상대편에 하게 된다. 일반적으로 경영자들은 기업 종업원들의 기업에 대한 일체감이 약화되고 있다고 느낄 때 이 문제를 해결하기 위한 방안으로 QWL을 제기하게 된다. 노조지도자들은 단체교섭과 같은 대립적인 관계에서는 문제를 해결할 수 없는 부분이 많다는 것을 느낄 때 이 문제를 제기한다. 문제제기가 있게 되면, 노사양측의 지도자는 합의를 위한 여러 번의 접촉을 가지게 된다. 여기서 합의가 이루어지면 본격적인 절차가 시작된다. 이러한 시작을 위한 절차, 즉 최고경영자와 노동조합 지도자 측의 합의는 매우 중요하다. 이들의 후원에 의해서만이 프로그램들이 적극적으로 실시되기 때문이다. 이에 따라서 다음의 절차가 진행된다.

1. 제1단계 : 최초교육과 위원회 구성

노사양측의 QWL활동을 이끌어 갈 사람들에 대해서 교육을 실시해서 이에 대해 이해시키고 이론적인 틀을 제공하게 된다. 이 교육을 담당하는 사람은 공정성을 유지하기 위해서 제 3자에 의해서 실시한다. 이 교육이 실시된 후에는 최고경영층과 노조지도자들로 구성되는 근로생활의 질 위원회를 구성한다.

2. 제2단계 : 정보수집과 계획

근로생활의 질 위원회에서는 QWL활동을 본격적으로 실시하기 전에 정보수집을 실시한다. 이 정보수집에 있어서도 공정성을 유지하기 위해서 외부 조사기관을 이용한다. 관찰, 면접, 질문지 등의 방법으로 정보를 수집한다. 이 정보를 분석·진단해서 QWL에 관한 대체적인 계획을 작성한다.

3. 제3단계 : 세부계획의 작성 및 실시

근로생활의 질 위원회에서는 기업 내 어느 한 단위를 시험적인 집단으로 선정해서 이 시험적인 집단 내에서 지원자들로서 감독자와 근로자가 현장, 공장, 부 위원회를 구성한다. 기업의 규모가 큰 경우는 양 위원회를 연결하는 중간위원회를 구성하기도 한다. 먼저 현장위원회에서는 근로생활의 질 위원회의 추천을 받은 몇 명의 컨설턴트의 도움을 받아서 현장위원회가 실시할 사업의 내용을 결정한다. 이렇게 결정된 사업을 실시하는 과정에서 위원회에게 기회와 파워(power)을 느끼도록 해야 한다.

4. 제4단계 : 의미해석 및 홍보

현장 위원회의 시험적인 실시가 근로자 및 경영자에게 어떤 의미를 주는가에 대해 판단한다. 여기서 파악된 내용에 따라서 다음의 행동계획을 또 작성하게 된다. 한편, 시험 집단에서의 QWL활동 진행을 기업 내의 다른 집단의 구성원에게 홍보하고 이 활동을 지원자 혹은 지원집단에 확산시켜 나간다. 이런 과정을 거쳐 기업 전체에 이것이 확산되도록 한다.

제 11 장 협력적 노사관계

제11장 협력적 노사관계

우리나라의 노동시장은 정치・경제・사회의 급속한 변화와 발전 속에서 성장논리에 의해 간과되었던 그동안의 각종 문제점들이 표출되고 있다. 당면한 경제위기를 극복하고 21세기 무한경쟁의 시대에 세계 초일류 기업들과의 경쟁에서 승리하기 위해서는 그들보다 좋은 품질의 제품을 생산하고 높은 생산성을 유지해야만 하는 것은 지극히 당연한 논리다. 그러기 위해서는 무엇보다도 지난날의 대립적인 노사관계를 청산하고 협력적인 새로운 노사관계의 틀을 정립하여야만 한다.

우리는 경제위기를 극복하기 위해 한국노총과 민주노총을 포함한 '노사정위원회'라는 3자 협의 체제를 출발시켰고, 사회협약(social pact)[1]을 체결하여 노사정간의 협조게임의 가능성을 열어두었다. 최근에는 노・사・민・정의 4자 협의기구를 구성하여 대타협을 이끌어 내기도 하였는데 주요 협의내용은 노조는 임금동결, 반납 또는 절감을 실천하고, 사용자는 고용을 유지하며, 정부는 각종 정책으로 노사의 위기극복 노력을 적극 지원한다는 등의 내용이다.

그 동안 우리는 노사관계의 불안정을 극복하고 노사협력을 효과적으로 도모할 수 있는 노사관계제도를 제대로 정착시키지 못하고 시행착오를 되풀이 해 왔다.

특히, 불안정한 노사관계를 경험한 이후 노사관계 안정과 경제발전에 대한 국민들의 기대는 새 정부의 출범과 함께 그 어느 때 보다도 크다고 하겠다. 노사관계를 그 발전과정에서 보면 대립과 협력이라는 양면성을 지니고 있으나, 그 궁극적인 목표는 노사가 상호신뢰의 바탕 위에서 생산적인 협력관계로 발전하는데 있다. 역사적으로 보면 선진 자본주의 국가에서도 노사분규가 매우 심각하게 대두되기도 하였으나, 노사가 대

1) 기업경영의 투명성 확보, 물가안정, 고용안정 및 실업대책, 사회보장제 확충, 노동시장의 유연화, 노동기본권 확충, 임금안정과 노사협력 등 노・사・정간 현안문제부터 장기적인 정책방향까지 90개 항목에 대하여 협의하였다.

화를 통해 대립과 분쟁보다는 협력을, 파괴보다는 평화적인 해결을 추구하였기 때문에 자본주의 경제는 발전할 수 있었다.

그 동안 민주화의 열기 속에서 급격히 증가하게 된 노사분규는 기업과 국민경제 전체에 커다란 충격을 주게 되었고, 여기에 더하여 선진제국의 시장개방 압력과 국제무역에 있어서의 WTO체제나 가속화 되고 있는 다자간의 자유무역협정(FTA)은 선진국 대열에 진입하려는 우리 경제에 매우 불리하게 작용하고 있다.

이제 우리는 선진국진입을 목전에 두고 불확실한 기업환경에 대비하고 지속적인 기업발전을 도모하기 위해 무엇보다도 기업의 내적 주체들 간의 긴밀한 협력을 통한 생산성의 지속적인 향상과 노사 간의 대화와 협력을 통한 신뢰관계의 구축으로 산업평화를 유지할 수 있는 협력적인 노사관계의 틀을 구축하여야만 한다.

제1절 노사관계체제의 본질

1. 협력적 노사관계의 기본구조

인간생활에서 노동의 문제가 주요한 사회문제로 대두하게 된 것은 자본주의 사회가 등장한 이후의 일이다. 자본주의사회가 성립되면서 사용자와 근로자는 자유로운 고용계약은 할 수 있었으나 경제적으로 종속된 근로자들은 정당한 노동의 대가를 받을 수 없었다. 이에 근로자들은 조직화된 힘을 바탕으로 한 집단적 대등한 입장으로 발전하게 되었다. 따라서 오늘날의 산업사회에서는 근로자들의 조직화된 힘과 이를 배경으로 전개되는 교섭력이 노・사간에 힘의 균형을 유지하고 산업평화를 통한 바람직한 노사관계의 틀을 형성하는 원동력이 되고 있다. 그러므로 현대적 의미의 노사관계는 이를 이해하는 노・사간의 상호인식을 바탕으로 형성되어야 한다.

오늘날의 대부분의 국가에서는 근로자들에 대한 노동기본권의 보장을 헌법에 명시하고 있어 노동조합은 근로자의 단체교섭과 단체행동에 대한 정당성을 바탕으로 보다 강력한 교섭력을 갖게 되었다. 한편, 사용자는 경영권을 행사할 수 있는데 경영권이란 소유경영자 뿐만 아니라 경영권을 위임받은 전문경영자가 경영 권리의 책임과 더불어 경영관리활동의 제 분야에서 행사할 수 있는 관리권, 인사권, 조직편성권, 업무수행 권한 등으로 노사관계에서의 영향력은 막중하다. 그리고 최근에는 정부의 역할이 점차 증대되고 있는데 정부는 노동조합과 경영자의 힘이 균형, 조정되도록 노동조합을 보호·육성하고, 공익을 실천하는 초연한 입장에서 노사관계의 문제를 해결하고 지도할 수 있어야 한다.

현대노사관계에서는 노·사간에 대립되는 힘과 이를 바탕으로 전개되는 교섭력은 산업평화를 지향하는 노사관계의 기본 틀을 제공하는 원동력이 되고 있다. 또한 노·사·정의 3주체를 상호 협력적인 관계에서 결합시킬 수 있는 이념과 철학이 필요하며, 산업현장에서 당사자들을 통제할 목적으로 만들어진 규칙은 합리적이어야 한다.

2. 정부의 역할모형

노사관계는 노동계·경영계·정부의 행위주체들이 환경을 고려하면서 제도를 통하여 전략적인 선택을 하기 때문에 이들 당사자 간의 역할에 따라 산출물이 다르게 나타난다. 다시 말해 노사관계체제는 환경적 요인, 주체적 특징, 관련법이나 제도, 전략 및 전술이 상호 영향을 미친다. 따라서 정부의 역할도 환경·문화적 특성, 노동조합의 조직성향 등과 같은 주체적 특성, 제도적 특징, 노동의 참여 정도 등에 의해 차이가 있게 마련이다.

〈표 11-1〉에서 보는 바와 같이 Block and Shin(2002)은 정부의 역할과 노동참여 측면에서 노사관계체제의 유형을 제시하였는데 이를 기초로 정부의 바람직한 역할모형을 탐색해 보고자 한다.

〈표 11-1〉 정부역할과 노사관계의 유형(노동참여 측면)

정부개입 \ 노동의 참여		배 제 적 (Exclusive)	참 여 적 (Inclusive)
적극적 (active)	강 제 적 (coercive)	권위주의 체제 (Authoritarianism)	
	비강제적 (non-coercive)		사회적 조합주의 체제 (Social-Corporatism)
소극적(minima)		신자유주의체제 (Non-Liberalism)	미시적 코포라티즘 체제 (Micro-Corporatism)

자료: Block and Shin Model, 2002.; 이기현, 2005, p. 27에서 재인용.

1) 권위주의 체제에서의 정부 역할

권위주의체제(Authoritarian System)란 적극적인 정부개입과 조직노동(organized labor)의 배제 상태를 의미하는 것으로써 노사관계에 적용되는 게임의 룰(rule)을 만드는 과정에 노동조직의 참여가 배제되거나 영향을 미치지 못하는 것을 뜻한다. 이는 정부에 의한 강제적인 노동통제의 수단으로 볼 수 있다.

이와 같은 정부에 의한 강제적인 노동통제의 유형에는 국가 조합주의(state corporatism)와 시장-기계적 통제전략(market-mechanism strategy)이 있다. 전자는 노동의 정치세력화를 견제하고 효율적으로 노동자를 동원하기 위한 통제메커니즘으로 볼 수 있고[2] 후자는 국가가 근로자들의 이익 표출을 허용치 않고, 근로자들을 개별기업 또는 개개인으로 원자화하여 시장법칙에 내맡기면서 반대급부를 주지 않는다. 따라서 분권화된 교섭구조와 파업에 대한 엄격한 규제를 특징으로 하고 있는데 브라질, 멕시코 등 동아시아의 신흥 공업국들이 대체로 이에 속한다.[3]

2) 사회적 조합주의 체제에서의 정부 역할

이는 정부의 적극적인 개입과 더불어 의사결정과정에 노동자가 적극 참여하는 모형으로서 노동 · 자본 · 국가 간 최상급단체 간의 거시적 코포라티즘(corporatism)으로 나타나는데 이를 신협조주의 체제(Neo-Corporatist System)또는 Schmitter의 사회적 조합주의(Social Corporatism)라고도 한다.

사회적 조합주의체제는 자치적으로 결합한 산별노조, 중앙집권화 된 단체교섭, 제도화된 근로자 참여 등을 특징으로 하는데 정부는 노 · 사간 자율적 동의에 기초한 비강제적인 방법으로 개입하는데 이에 해당하는 대표적인 국가는 스웨덴, 독일 등 북유럽 국가들이고, 이들이 갖는 내적 공통요소는 국가의 경제개입 확대, 노조의 높은 조직적 일원성과 권위 집중도, 친 노동자적인 정당의 정치권력 장악 경험 등에서 찾을 수 있겠다. 특히, 독일을 비롯한 북유럽국가들의 노사관계는 정치와 밀접한 관계가 있는데 보다 구체적인 내용을 살펴보면 다음과 같다.

독일의 경우, 전국 차원의 노동조합총연맹이 4개가 있는데 독일노동조합총동맹(DGB)

---

2) 최장집, 『한국의 노동운동과 국가』, 나남, p. 21.
3) 송호근, 한국의 노동정치와 시장, 서울 가람; R. M. Barros, *Labour Relations and the New Unionism in Contemporary Brazil, Houndmils, Basingstoke, and Hampshire, UK and New MacMillan and St. Martins,* pp. 15-55.

은 8개의 산별[4] 또는 지역별 조합과 900만 명의 조합원을 가진 가장 강력한 영향력을 지니고 있다. 독일공무원총동맹(DBB)은 조합원이 110만 명이고, 독일 직원노동조합(DAG)은 조합원이 50만 명이다. 그리고 독일기독교노동조합동맹(CGB)은 단체교섭에서의 역할은 미미하지만, 몇몇 지역에서 활동하고 있는 조합원이 30만 명 정도이다.

2차 세계대전 이후 독일노동조합에서 찾아 볼 수 있는 가장 큰 특징은 하나의 산업에 종사하는 모든 근로자는 정치적 · 이념적 성향, 숙련도에 관계없이 단일 산별노조를 결성한 단일노조 원리에 따라 조직되었다는 점이다.

이를 보다 구체적으로 살펴보면, 금속산별노조의 경우 조직적인 측면에서는 서방세계에서 가장 규모가 큰 조직이고, 금속관련 산업을 모두 포괄하는 분야별 노조로써 중앙-지방-지역의 각 수준으로 구성되어 있다. 중앙조직은 4년마다 개최되는 전국대의원대회가 있고, 최고의사결정기관은 중앙위원회이며, 집행기관은 중앙집행위원회인데 전국대의원대회에서 선출된 34명의 위원과 위원장으로 구성된다.

상근하고 있는 유급직원의 수는 본부 700명을 포함하여 총 2,500명 정도다(금속노조, http://www.igmetal.de 참조). 그리고 전국에 9개의 지방사무소가 있으며 사실상의 단체교섭은 여기에서 이루어진다. 단체교섭은 교섭 단위를 금속공업, 철강업, 금속수공업으로 나누고, 이를 다시 지역별로 나누어 진행하는데 각 지역에는 기업차원의 의견반영을 위해 단체협약위원회를 두고 있으며 실제교섭은 협약위원회의 추천으로 지방본부장을 위원장으로 하는 교섭위원회에서 맡고 있다. 한편, 재정은 중앙중심이며 지방에는 28%정도가 배분 된다(독일 금속노조, www.igmetal.de; www.db.de 참조).

그리고 또 다른 특징의 하나로 다양한 근로자의 참여제도를 들 수 있는데 이들은 경제문제에는 최대한 참여하지만 정치적인 중립을 유지한다는 점에서는 프랑스, 이탈리아와 같은 다른 유럽 국가들과는 큰 차이를 보인다. 독일의 근로자 참여의 대표적인 사례로는 공장단위의 종업원 평의회와 기업단위의 공동의사결정제도를 들 수 있다.

종업원평의회는 최소 월1회 이상 개최하며 매일의 근로시간, 성과급, 제안제도, 안전규정, 후생복지, 작업속도 등 작업환경의 변화에 관한 사항, 기업 경영의 어려움에 따른 일시해고(lay off)시의 보상 문제 등을 협의하여 결정하는데 종업원평의회 근로자위원의 수는 사업 규모별로 차이가 있다. 예컨대 5-20인의 기업은 1인, 7,001명~

---

4) 여기서의 산별이란 사실상 하나의 여러 개의 산업을 포괄하는 부문의 의미가 있는데 금속산별노조의 경우 자동차산업, 철강 산업 등 여러 개의 산업이 포괄되어 있어 금속을 활용한 부문의 개념으로 보고 있다.

9,000명 사이의 공장은 31인을 두어야 하며 근로자들의 직접선거에 의해 선출된다. 또한 100인 이상의 사업장에는 매월 경제위원회(종업원평의회가 지명하는 3-7명의 위원)를 월 1회 이상 개최하여 회사의 경제 · 재무 상황, 생산과 판매상황, 투자계획 · 공장 이전 계획 등을 협의한다.

종업원평의회 위원은 70% 전후가 조합원 중에서 피선되고 통상 노조의 직장위원을 겸임한다. 비노조원 비율이 30% 전후다. 따라서 종업원평의회는 사실상 노조의 공당 단위 활동으로 표현될 수 있다.

한편, 기업단위의 공동의사결정제도는 1951년 철강 및 석탄 산업에서 도입한 후 2000명 이상의 근로자를 가진 기업은 최고경영이사회에 일정수의 근로자대표가 참여하여 공동결정토록 강제하고 있는데, 1만 명 이하는 12명, 2만 명 이상은 20인으로 구성하되 그 중의 절반(10명)은 주주총회에서 선출된 주주, 7명은 근로자대표, 3명은 외부이사로 구성한다. 일상적인 경영활동사항은 상근이사로 구성된 이사회에서 결정되고 감독위원회가 월 1회 정도 회의를 개최하며 이사회의 활동을 모니터한다. 또한 감독위원회는 투자, 합병, 주식발생, 공장폐쇄 등을 승인하며 이사회의 구성원을 해고하거나 새로 임명하기도 하며 최고결정기관으로서의 기능을 수행한다.

독일에서 공동의사결정제도가 성공하게 된 이유는 경영자들도 다양한 협의를 통한 결정이 고용관계를 관리하는데 효율적이라고 믿었기 때문이며 이러한 영향으로 파업은 극히 이례적이 되었으나 한편으로는 기술변화 등 변화하는 기업환경에서 작업조직의 유연화 등 경쟁력 강화 목적의 효율적 대처를 어렵게 하고 내 · 외부 노동시장을 파편화한다는 비판이 있는 것도 사실이다.

특히 젊은층과 여성, 그리고 미숙련 근로자의 이익대표성이 미약하고, 각 이익집단들의 이기주의로 의사결정이 늦어지는 체계의 경직화 현상이 나타나 결과적으로는 고실업이 지속되는 소위 독일병의 원인이 되기도 하였다.

이상에서 살펴본 바와 같이 독일노사관계에서는 환경적 · 주체적 · 제도적 특징으로 인해 정부의 역할이 적극적이었다. 특히 근로자들과 연계된 제반 정책을 정부가 적극적으로 나서서 노 · 사 · 정 최상급단위에서 논의하고 사회적 연대협약으로 체결하여 추진하였다.

독일 노사관계는 정부주도하에 노 · 사간 협력을 통해서 안정, 효율 및 고도의 제도화를 이루었다. 따라서 독일경제는 높은 수준의 복지, 낮은 수준의 사회적 불평등, 강력한 경제적 실적 등이 결합하여 일본과 함께 성공한 노사관계 모델로 간주되어 왔다.

그러나 고실업이 계속되면서 위기가 확산되자 독일 노동시장제도는 노동비용을 높이고 경직된 노동조건을 제공하고 있다는 비판을 받게 되었다. 이러한 고비용 구조를 해소하면서 유연성을 높이고자 하는 노력이 정부 주도하에 진행되었다.

이처럼 독일 노사관계에 있어서 정부의 역할은 보다 적극적이지만 최근에는 당사자의 자율권을 높여주고 유연성을 높여주는 방향으로 역할이 변화되고 있는데 보다 구체적인 내용은 다음과 같다.

첫째, 1998년 사민당의 쉬뢰더 총리가 노동시장의 유연화, 사회보장제도의 개혁, 법인세 감축 등 소위 경쟁적 코포라티즘(competitive corporatism)을 추진하면서 사용자에게만 유리하게 한다는 이유로 2004년 초까지 노동조합 측의 반발과 저항을 가져왔다. 그러나 쉬뢰더 총리는 노조의 지나친 권력에 대한 비판의 목소리에 힘입어 2004년에는 고용을 보장받는 대신에 근무시간을 연장하는데 합의하였고, 2005년 초에는 "공동결정법"을 수정하였다.

둘째, 노사관계에서 정부의 역할을 줄이고 노동의 유연성을 높이기 위해 당사자의 자율성을 제고시키는 방향으로 노사관계법이나 제도가 변화되었다.

독일은 단체협약법(1949년 제정)에 따라 노동조합과 사용자 및 사용자단체만이 교섭당사자이며 노사는 단체협약이 체결되면 단체행동을 자제하고 단체협약의 준수를 구성원에게 지도한다. 단체협약보다 향상된 내용만이 사업장 차원의 교섭을 허용하며 산별협약에서는 임금수준의 최소한을 정하고 각 기업에서는 경영의회와의 협상을 통해 가산금을 지급하는 형태로 결정된다. 그러나 통일 후 동독지역의 기업 및 고비용구조의 한계기업들이 산별노조와 체결된 협약내용보다 낮은 임금을 지급하는 등의 사례가 빈발하면서 근로조건의 결정방식에도 중대한 변화가 일었다.

예컨대 단체협약의 임의법규가 확대되고, 산업별 단체협약의 개방조항 또는 예외조항들이 확대되면서 산별협약보다 낮은 수준의 근로조건으로 사업장 단위의 노사협약 체결이 실질적으로 가능하게 되었으며 해고제한법의 적용을 10인 미만 사업장에서는 제외시켰고 실업수당 지급기간도 감축하는 법을 통과시켰다.

셋째, 경영조직법을 개정하여 노사협의 기능을 강화시켰다. 예컨대 여성근로자, 파견근로자, 외국인 등 소외계층이 노사협의에 참여할 수 있도록 노사협의회 구성요건을 완화시켰고, 사무직과 생산직의 협의회를 통합시켰으며, 규모별 협의회 위원 및 전임자 수를 축소하는 대신 이들이 근로시간의 탄력적 운용, 단시간 근로의 촉진, 아웃소싱, 새로운 작업조직의 형성 등을 사용자에게 제안할 수 있는 권한을 신설하고 제안된 내용은 반드시 협의하도록 함으로써 노사협의의 실질적인 기능을 강화시켰다.

최근 독일정부는 유연성 확보정책을 추진하면서 노사관계에도 많은 변화를 주고 있는데 보다 구체적인 내용은 다음과 같다.

첫째, 교섭구조의 분권화를 시작하여 기업의 경쟁력 한계와 고실업 등으로 고용안정을 임금인상보다 우선하려는 종업원들의 의사를 반영시켜 기업차원의 교섭과 개별계약이 증가하고 있는데 연방 노동부에 등록된 단체협약 중 60%는 산별협약이고, 40%는 기업협약인 실정이다.

둘째, 단체협약의 일반적 구속력의 적용범위가 높고, 패턴교섭을 중심으로 하고 있어 동종 산업의 종사자간 소득불평등 정도가 아주 낮다. 이러한 특성으로 인해 중소기업에 종사하는 근로자들이 동종 대기업에 종사하는 근로자의 90% 수준에 달하는 임금을 받고 있다. 그러나 최근에는 교섭구조가 분권화되고 양보교섭, 예외조항, 새로운 작업방식의 도입, 성과중심의 급여 등 새로운 보상체계가 확산됨으로서 소득의 불평등 정도가 점차 확대되고 비정규직도 33%에 이르고 있다.

3) 신자유주의 체제에서의 정부 역할

신자유주의체제(Neo-liberalist System)란 노동시장의 규칙(rule)이 노동자와 자본 사이의 자율적인 협상, 즉 시장에 의해서 결정되는 체제로써 정부는 기본적으로 노사관계의 기본원칙에 관한 입법이나 사회적 이슈에 대한 관리에 국한하고 노동조합도 단체교섭을 제외하고는 기업의 경영적 의사결정에 참여하는 것이 극히 제한되고 있는데 대표적인 국가는 미국, 영국, 캐나다 등이다.

미국의 노동운동은 산업화 이전부터 숙련공들이 시장경쟁으로 인해 임금하락을 방지하기 위해 직종별로 결성하였다. 1850-60년대에 대공장제도가 확립되면서 1886년 전국 규모의 노동조합총연맹(AFL)이 결성되었다. 따라서 숙련공 중심의 실리적 목표위주의 노동운동은 미국노동운동이 경제적 조합주의(business unionism)를 지속하게 되는 근원이 되었다.

여기서 노동운동의 환경적 특성을 살펴보면, 영국은 노동운동과 정치가 노동당을 중심으로 연결됨으로써 노동운동은 자연히 정치적인 성향이 강하였다. 그러나 미국은 처음부터 경제적 조합주의를 채택함으로써 정치와는 일정한 거리를 두게 되었다. 특히, 미국의 노동조합은 기본적으로 실리위주의 노동운동을 지향하기 때문에 단체협상 전략 등

교섭제도가 비교적 잘 발달되었다. 따라서 노조의 조직률도 점차 감소하는 추세다.

미국 노동조합의 형태는 AFL-CIO(American Federation of Labor-Congress of Industrial Organization)라는 전국조직이 있고, 이들은 단체교섭에는 관여하지 않으며 주로 가맹조직들 간의 관할권 분쟁조정과 정치적·정책적 로비활동에 주력한다.

실질적인 노동조합은 전미자동차노조(UAW)등 전국을 조직대상으로 하는 산업별 노조와 전국트럭 운전사노조(IBT), 미국교원노동조합(AFT) 등 직종별 노조가 주종을 이루고 있다. 집행부는 대부분 일반 조합원 출신이며 파업의 위협을 강화시키기 위해 재정을 전국조합에서 관할하는 등 전국조합이 노동조합 내부 권력을 장악하고 있는 실정이다.

전국조합은 전국을 일정수의 지역으로 나누거나 공장단위의 지역조합(local union)을 두고 있다. 그리고 노사관계를 다루는 전국적인 사용자 단체는 없으며, 19세기에 결성된 전국제조업자협의회(National Association of Manufacture)가 노동조합 결성을 막기 위한 사용자 단체 활동을 하고 있는 실정이다. 따라서 사용자단체의 중요성은 상대적으로 떨어진다. 상공회의소는 전국 및 지역수준에서 노조결성을 저지하는 것을 주요 활동의 하나로 하고 있으며, 사용자들은 노조활동이 약한 남부와 서부로의 공장이전, 조직부문보다 미조직부문 공장에 높은 임금지급 등 반노조적인 활동이 다반사였다.

다음으로 미국 노동조합의 제도적인 특징을 살펴보면, 단체교섭에 대해 비교적 구체적인 규정을 두고 있는데 그 내용을 살펴보면 다음과 같다.

첫째, 노동조합을 결성할 수 있는 근로자의 범위를 한정적으로 규정하고 있다. 전국노사관계법은 농업, 가사종사자, 일정규모 이하의 소기업 종사자, 관리감독자, 독립계약자 등은 노조를 결성할 수 없고, NLRB(전국노사관계위원회)는 감독자의 범위를 상당히 넓게 해석하고 있다.(NLRB, 2003). 이로 인하여 민간부문 노동력의 22%가, 그리고 공공부문의 35%가 노동조합을 결성할 권리를 갖지 못하고 있는 것으로 분석되고 있다.

둘째, 단체교섭의 대상을 엄격하게 제한하고 있다. NLRA(전국노사관계법)에는 임금, 근로시간, 여타 고용조건으로 단체교섭의 대상이 한정되어 있다. 따라서 NLRB와 연방대법원은 이를 근거로 노조가 교섭을 요구하면 사용자는 당연히 응해야 하고 불응했을 때에는 부당노동행위에 해당하는 "의무적 교섭사항(Mandatory Subjects)"과 노동조합측이 요구는 할 수 있지만 사용자가 응하면 교섭이 가능하나 사용자가 교섭을 거부하면 더 이상 이를 관철할 목적으로 파업을 할 수 없는 "임의적 교섭사항(Permissive Subjects)", 그리고 협상을 해서는 안 되는 "불법적 교섭사항(Illegal Subjects)"으로 구분하고 있다.

셋째, 미국의 노동조합은 우리나라처럼 노동조합설립선고를 하고 신고필증을 교부받으면 노동조합으로서의 법적인 보호를 받는 것이 아니라 단체 결성에 대해서는 설립신고 등의 제한 규정을 두지 않는다. 그러나 자주적 단결체가 사용주에게 교섭을 요구하기 위해서는 공통의 이익을 지닌 근로자 집단의 과반 수 이상이 그 단체가 자신들을 대표해서 단체교섭을 해도 된다는 승인을 해 주어야 한다. 따라서 고도의 분권화된 교섭구조를 갖게 되는 것이다.

넷째, 미국은 유럽의 노사협조모형 국가뿐만 아니라 영국 및 일본 등에서도 규율하지 않고 있는 노조 측의 부당노동행위(unfair labor practice)제도를 갖고 있다. 즉, 노동조합 측이 하지 말아야 할 부당노동행위란 ① 노조가 근로자들에게 스스로 단결할 권리를 제약하거나 강요하는 행위 및 사용자에게 단체협상과 고충처리를 대표하는 기관으로 선정해 주도록 강요하는 행위, ② 사용주에게 비조합원을 차별대우하도록 강요하는 행위, ③ 사용자 등에게 특정한 다른 생산자 및 중개자 등과의 거래를 중단토록 강요하는 행위, 일하지 않는 기간 동안 임금을 지급하도록 강요하는 행위 등이다.

다섯째, 노동조합이 파업을 하게 되면 그것이 불법이든 합법이든 관계없이 사용자는 해당 근로자에 대하여 영구대체(permanent replacement) 즉, 사실상의 해고가 가능하다. 이는 노동조합에 파업권을 주는 대신 경영자에게 경영권을 확보해 주기 위한 제도적 장치라고 볼 수 있겠다.

그리고 미국의 노사관계에 있어서는 작업장 내에서 근로자들이 제도적으로 참여할 수 있는 법적 강제장치는 없다. 한국, 독일 등 대부분의 협조주의 체제에서 인정되고 있는 노동조합을 통한 단체교섭제도와 공통이익을 증대시키는 생산과 관련된 사항을 협의하기 위한 노사협의제 또는 작업장 협의회는 존재하지 않는다(Kochan, 1998.; Wheeler and McClendon, 1998.; Sisson, 2003). 단지 미국의 노사관계에 있어서 노동의 참여는 작업장 수준의 참여이며 조직노동이 제도적으로 참여할 수 있는 장치는 없다.

끝으로 미국노사관계 있어서 정부의 역할을 살펴보면, 정부는 3가지 주된 역할을 담당하고 있는데, 우선 생각해 볼 수 있는 것이 근로조건에 대한 규율이다. 강력한 법인 고용 차별법에 의해 인종·피부색·성·종교·국적·연령에 의한 차별을 금지하고, 산업안전과 재해보상, 실업보험, 퇴직보험, 최저임금, 주당 근로시간을 40시간으로 규정하고 초과근로 시에는 50%의 가산임금을 지급토록 하는 등 개별법에 의한 상세한 근로자 보호 조항을 두고 있다.

다음으로 노동관계에 대한 규율을 생각할 수 있는데 이에 대한 정부의 역할을 보면 사용자 편향적인 노사관계 개입의 시기(1806-1926년), 노조편향적인 개입의 시기(1926-1947), 중립적 중재자 역할의 시기(1947년-현재까지)로 구분하여 그 기능을 달리 하여 왔다. 먼저 사용자 편향적인 노사관계 개입의 시기에서는 산업화와 더불어 직종별 노조가 결성되면서 정부는 노조활동을 자유로운 거래를 제한하는 것으로 인식하고 법적인 제약을 가하였다. 1990년대에 들어와서는 노조활동을 anti-trust에서는 제외하였으나 여전히 노조활동에 대한 사용자로부터의 보호나 노동조합에 대한 공식적인 인정을 하지 않았다. 둘째로 제1차 세계경제공황을 전·후해서 정부는 적극적으로 근로자를 위한 정책과 역할을 하였다. 예컨대 1926년 철도노사관계법을 제정하여 근로자들의 파업권을 인정하였고, 1935년 민간부분 종사자에 대한 국가노동관계법(National Labor Relations Act; Wagner)이 제정되어 오늘날의 집단적 노사관계의 골격을 이루었다. 따라서 근로자들은 자유로운 노조결성에 대한 선택권, 50% 이상의 지지를 받는 경우에 교섭을 요구할 수 있는 배타적 교섭제도, 교섭권 인정투표 및 사용자의 부당노동행위 등을 관리하기 위한 국가노사관계위원회(National Labor Relations Board; NLRB)를 만들었다.

끝으로 태프트-하틀리법이 제정된 후 오늘에 이르기까지 정부는 노사분쟁을 조정하기 위해 연방알선조정청(FMCS)을 신설하고 노동조합의 부당노동행위제도 신설, 근로자들의 노동조합을 가입하지 않을 권리 인정, Closed shop제도 불법화, 사용자들의 소위 노동조합결성 전 자유 발언권 등을 새로이 도입하였다.

이처럼 정부는 단체교섭에 대해 노사양측에 규칙을 제공하고, 부당노동행위를 심판하는 등의 규제자(regulator)로서의 기능은 상당히 발휘하지만 노사양측을 참여시켜 정책적인 사항이나 현안 분규 등에 대하여 조정하는 조정자로서의 기능은 사실상 하지 않고 있다.

결론적으로 미국의 노사관계에 있어서 정부의 역할은 제도적인 측면에서는 비교적 구체적으로 개입하고 있지만, 현안조율 측면에서는 당사자의 행동양식을 일정하게 유도하면서 구체적인 사안에 대해 개입하지 않고 당사자 스스로의 책임 하에 해결할 수 있도록 시장의 기능에 맡기는 형태가 지속되고 있는데 이로 인해 단체교섭이 고도로 발달하게 되었다고 본다.

4) 미시적 협조주의체제에서의 정부의 역할

미시적 협조주의체제(Micro-corporatist System)를 갖고 있는 일본에서는 정부 관여는 없지만 작업장 차원에서 노동조합은 경영협의회, 품질관리분임조 등을 통해 의사결정에 참여하고 경영자와 협조관계를 유지한다. 즉 작업장 차원에서 정부개입 없이 노・사간 자율적으로 자치적 동맹관계를 형성하고, 정부는 경영계에 인적자원개발 정책과 관련하여 정보제공, 기술지원 등 간접적인 방법으로 관여하게 된다.

일본의 노동조합은 각 공장이나 기업에 존재하던 전시 생산위원회가 발전했거나 기업별로 신설된 것이다. "총평"은 계급적이고 전투적인 노동운동을 지향하면서 "통일단체협약체결투쟁"을 전개하면서 근로자들의 단결력을 산별수준에서 강화하려 하였고, 이에 대해 경영계는 강력하게 공격적으로 대응하면서 일본의 노사관계는 노동계와 경영계가 생산현장에서의 치열한 주도권다툼을 벌이는 양상으로 전개되고 말았다.

경영계는 경영권을 확보하면서 노사관계는 임금인상 등 분배문제로 다소 안정을 찾았고, 개별기업에서는 협력적인 세력들이 기업별 노조를 장악하면서 민간부문에서 총평의 힘을 압도하게 되었다. 여기서 일본노동조합의 상급단체들의 현황을 살펴보면 〈표 11-2〉와 같다.

〈표 11-2〉 일본노동조합의 상급단체 현황

구 분	조직현황	핵심구성조직
랭 고	70개 산별노동조합 조합원 731만명	주요 대기업노조 가입 일본 최대의 내셔널센터
전 노 련	20조합, 103만명	민간병원, 교원노조
전 노 협	5조합 26만명	국철민영화관련 공동투쟁노조
중립노조	250만명	내셔널센터 미가입 중립노조

자료 : 노동부, 국제비교 노사관계 자료; 이기권, 전게서, p.71에서 재인용.

〈표 11-2〉에서 보는 바와 같이 랭고는 총평, 동맹, 중립노선, 산별 등 핵심적인 4개의 센터들이 통합하여 만들어진 일본노동조합의 내셔널센터이다. 여기에는 대기업, 중소기업, 공무원노조 등을 망라하고 있지만 자동차, 전기, 조선중기 등 IMF-JC계의 민간대기업들이 발언권을 장악하고 있다.

랭고는 정책적 활동이 중심이고, 고용・임금 등에 관한 투쟁방법은 산별연맹차원에서 결정하며 랭고는 관여하지 않는다. 일본 노동조합의 상급단체들은 근로조건 결정력이나 파업지령권이 없기 때문에 실제적인 힘은 기업별 노동조합이 갖는다.

일본 노동조합의 조직률을 보면, 대규모 구조조정이 있는 가운데 노동조합은 고용도 임금인상도 보장하지 못한다는 조합원들의 불만이 고조되면서 조직률이 46.2%에서 21.5%로 하락하였다. 대표적인 자동차총련을 중심으로 보다 구체적인 내용을 살펴보면 그 내용은 다음과 같다.

일본의 산별연맹은 대체로 소산별 체제로 영세한 규모를 특징으로 하고 있는데 48개의 산별 연맹 중 조직규모가 50만 명 이상은 3개, 20-50만 명이 29개, 1만 명 이하가 8개에 달하고 있다. 자동차총련은 12개의 기업노련과 1,595개의 단위노조 조합원 78만 6천명의 민간부문 일본 최대의 산별조직이다. 자동차총련은 다른 산별과는 달리 완성차를 중심으로 부품, 파매, 수송회사들이 기업그룹을 형성하고 있는 것을 감안하여 노동조합도 메이커조합을 중심으로 그룹화 되어 있다. 자동차 총련은 내부에 업종별 5개 분회(메이커부회, 차체-부품부회, 판매부회, 수송부회, 일반부회)를 두고, 임금단체협약 기타 근로조건에 관해 상호협의 조정하는 역할을 한다. 최고의사결정기관은 대의원회이며 년1회 개최하고 일반적인 사항은 가맹 기업노련에서 조합원 비례로 선출된 중앙위원회가 의결기능을 수행한다. 집행기관으로는 위원장을 포함한 중앙집행위원회가 있고 이들은 대부분 비전임이다. 본부임원은 회장을 포함하여 총 28명이다.

이처럼 일본의 산별연맹은 우리나라와 비슷한 형태인데 미국, 유럽과는 달리 기업별 및 그룹별 노조가 주요권한을 갖는 것이 특징이고, 상임집행위원도 소속기업 노련에서 급여가 지급되며 규모가 작다. 사무국 산하에는 기획, 정치, 정책 등 5개 위원회를 두고 있으며 본부임원 및 산하기관 노련 대표들로 구성된다.

한편, 사용자 조직과 관련해서는 1948년 설립된 『일 경련』이 있다. 『일 경련』은 노동문제에 관한 경영계의 의견을 수렴하고 ILO파견 경영자대표를 선출하며 산하조직체들에게 근로조건이나 고용관행에 관한 조언이나 서비스를 제공한다.

일본 노사관계에 있어 가장 큰 특징은 개별기업 내에서의 활발한 근로자 참여인데 이는 lean production방식[5]에 의해 수평적 · 수직적 근로자참여가 필수적인 작업방식과 깊은 관련이 있다. 종신고용으로 인한 기업에 대한 충성심이 강한 근로자들은 작업개선 및 합리적 수준의 임금인상 등에 큰 갈등 없이 합의한다.

---

5) lean production : 작업 공정 혁신을 통해 비용은 줄이고 생산성은 높이는 것을 의미함. 즉 숙련된 기술자들의 편성과 자동화 기계의 사용으로 적정량의 제품을 생산하는 방식. 이는 일본의 '도요타자동차'가 창안한 생산방식으로서 기존의 수공업적 생산방식에서 나타나는 원가상승 및 대량 생산 문제의 대안이다.

보다 구체적인 근로자 참여 형태를 보면, 일본 노동기준법에는 시간외 노동을 정하거나 일정한 근로조건에 관한 사항은 근로자 과반수대표제에 의한 노사협정이나 근로자 의견을 청취하도록 규정하고 있어 노동조합의 존재 여부와 관계없이 근로자대표의 참여가 활발하다. 특히, 노사간 경영협의회(노사협의회)를 통해 노사가 함께 경영계획을 수립하고, 근로자는 우리사주 제도를 통해 소속감이 고취된다. lean production, 품질관리서클(QCC), 통합품질관리(TQC) 등 팀 중심의 의사결정, 다기능훈련, 개별근로자들의 참여중심의 작업방식 등 일본의 노사관계는 포괄적인 근로자 참여와 기업발전을 위한 충성도가 합쳐진 특징을 갖고 있다.

한편, 해당산업연맹과 기업체 단체인 산업별 협의회간의 비공식접촉, 그 상급단체인 IMF-JC와 8개 주요 기업협의회간의 협의뿐만 아니라 랭고와 일 경련간의 협의도 진행되는데 이는 전년도 11월경부터 노동계는 임금요구수준을, 경영계는 임금제시 수준 및 구조조정 관련사항을 협의하여 연맹 및 협회는 내부적인 목표를 정한다. 이를 토대로 각 산별연맹은 산하 노조의 협상을 지도하게 된다.

끝으로 일본 노사관계에 있어서의 정부의 역할을 보면, 신자유주의 국가들과 유사하게 정부가 직접적인 관여는 하지 않는다. 노사관계는 노동조합법, 노동쟁의조정법, 파업규제법 등 법과 제도를 가지고 정밀하게 역할을 하며, 쟁의에 직접 관여하거나 임금 및 단체협상에 정부가 외형적으로 개입하는 경우는 거의 없다.

다만, 거시적인 노동정책을 노사대표와 정기적인 모임을 통해 협의하고, 매년 임금교섭 전 2월경에 노사대표와 정부관계자가 참여하는 3자회의에서 조율하는 것이 관례다. 이때 정부 측에서는 수상을 비롯하여 노동부장관, 재무부장관, 경제기획성 등이 참여하여 당해 연도의 경제전망 등을 협의하게 된다.

이와 같이 기업의 경쟁력과 고용보장이라는 상호이익을 전제로 하는 미시적 협조주의 일본모형은 일본의 다국적 기업들이 유럽 등에서 현지공장을 경영하면서 해당 진출국에 많은 영향을 미치고 있고 개도국에서는 독일모델보다 50년 늦게 형성된 일본모델을 도입하려는 경향이 강하다. 그러나 최근에는 여러 가지 문제점들로 인해 많은 변화가 나타나고 있는데 그 내용을 살펴보면 다음과 같다.

첫째, 기업별 노동조합을 원칙으로 하고 있는 일본의 노동조합은 정규직을 중심으로 형성되어 있기 때문에 파견근로자, 파트타임근로자 등 비정규 근로자들의 근로조건 개선 등에는 관심이 미약하고 자신들의 이익과 고용보장에만 관심을 갖는 한계가 표출되고 있다.

둘째, 미시적 협조주의는 성과에 대한 근로자 우선배려 및 고용보장이라는 신뢰 속에서 근로자들의 강한 충성을 이끌어 낸다. 따라서 기업성장기에는 많은 장점을 갖지만 경기가 둔화되거나 침체되면 기업에 어려움을 가중시킨다. 즉, 일본에서는 신뢰관계를 유지하기 위해 일시해고(lay off)제 등을 도입하지 않고 있기 때문에 경기 침체기에는 잉여인력을 양산할 수밖에 없다.

셋째, 일본의 100인 미만의 사업장에서의 노동조합 조직률은 극히 미약하기 때문에 이들 사업장의 근로조건은 시장요인에 의해 결정될 수밖에 없고 또 상대적인으로 열악하다. 한편, 산업연맹들은 조선, 철강, 비철금속, 목제 등 사양 산업을 중심으로 구성되어 있으며 노동조합의 힘도 강하다. 따라서 이들은 정부정책에도 상당한 영향력을 행사하면서 고용보장은 물론 높은 임금을 받는다. 이에 대처하기 위해 정규직근로자의 수를 줄이고 임시, 시간제, 파견제 등의 근로자 고용을 확대하여 유연성을 확보하고 하도급 제도를 활성화시키고 있는 실정이다.

넷째, 일본 경영의 핵심이라 할 수 있는 연공서열 중심의 종신고용제도가 변화되고 있다. 일본 100대 기업을 대상으로 노사양측이 조사한 결과에 따르면, 조사대상 기업의 56%가 완전 성과급제를, 성과급을 중심으로 연공서열을 가미한 형태가 30%, 연공서열을 중심으로 성과급제를 가미한 형태가 14%로 나타나 급여체계가 완전히 변화되고 있음을 알 수 있다. 또한 종신고용제도를 유지하겠다고 응답한 기업이 60%, 이를 유지하기 곤란하다고 응답한 기업이 40%로 나타나 종신고용 형태 또한 변화되고 있음을 알 수 있다.

이상에서 각국의 노사관계에 있어 정부의 역할을 고찰해 보았다. 문화적·환경적 특성, 노동조합의 조직상황 등 주체적 특징, 제도적 특징, 노동의 참여정도 등에 의해 정부의 역할은 상이하다는 점을 확인하였는데 이를 정리해보면 〈표 11-3〉과 같다.

〈표 11-3〉 노사관계체제 유형별 노사관계정치 특성

		권위주의	사회적 조합주의	신자유주의	미시적 협조주의
노사관계 정치	국가차원 (National)	억압적 강제	적극적인 상호관계	상호관계 부재 또는 비공식적	비공식적 느슨한 상호관계
	기업차원 (Functional)	제한적 단체교섭	정부개입 하의 단체교섭	자율적인 단체교섭	협조적 단체교섭
	작업장차원 (Workplace)	제한적인 근로자 참여	강한 근로자 참여	경영자 중심 결정권	강력한 근로자 참여

자료: Block and Shin, 2002, 이기권, 전게서에서 재인용.

3. 최근 노사관계변화의 특징

최근 각국의 노사관계 변화의 특징을 살펴보면, 첫째는 법적인 규제가 완화되고 노・사 자치주의가 강조되고 있는 점이다. 협조주의의 대표적 모델이라 할 수 있는 독일의 경우 단체협약법의 임의규정 및 단체협약의 오픈조항을 확대하고 있다. 또한 독일정부는 경쟁적 협조조합주의(competitive corporatism)를 추진하고 있는데 구체적으로 연금 및 실업급여 지급기간을 단축하는 사회보장제도의 개혁, 10인 미만의 사업장의 해고제한법 적용 제외 등을 주축으로 한 노동시장의 유연화 조치 등을 생각할 수 있다. 신자유주의를 대표하고 있는 미국도 최근 정부 규제에서 벗어나 노사자치를 강화시키려는 경향이 있다. 즉 정부는 법정 연장근로수당(40시간 초과 근로시간) 지급대상에서 일정급여 이상의 사무직 및 전문직을 제외하는 취지의 법령을 개정하였다. 그리고 미시적 협조주의 체제인 일본도 판례를 통해 근로조건의 하향결정도 노사가 협의하면 개별노동자의 동의 없이도 가능하다고 판결함으로써 노사자치를 강조하고 있다.

둘째는 단체교섭의 분권화 및 노사협의의 집중화 현상이다. 최근 독일, 스웨덴 등 코포라티즘(corporatism) 국가군에서는 단체교섭이 기업을 중심으로 분권화되었고, 영국의 노사인정제도 또한 직종별 교섭에서 기업단위 교섭으로 변화되면서 직장위원의 결정권이 기업노조로 넘어갔다. 한편, 인사 등 통일성을 필요로 하는 부문을 중심으로 경영협의회는 공장단위 중심에서 기업단위 중심으로 집중화되는 경향이 있다.

셋째는 임금 및 단체협약이 장기화되고 있는 점이다. 이는 기본적으로 노조는 고용안정을, 기업은 임금안정 및 경쟁력 확보라는 상호 이해관계가 맞물려 있기 때문이라 사료된다.

넷째는 고용과 경쟁력을 위한 협약(Pacts for employment and competitiveness)이 확산되고 있는 점이다. 이로 인해 유럽을 중심으로 주요 국가들에서는 노사관계의 수준, 형식, 범위, 결과 등에 실질적으로 큰 변화가 나타나고 있다(Sisson, 2003). 특히 EU국가에서는 직종별, 분야별, 기업별로 고용과 경쟁력을 연계시키는 협약을 체결하고 있는데 이를 사회협약이라고도 한다. 이와 같은 사회협약은 단체교섭의 과정이나 구조에 많은 영향을 미치게 되는데 주요 특징으로는 ① 지역단위 근로자 대표 및 노조간부들 사이에 갈등을 야기 시키지만 미시적 협조조의(micro-corporatism)를 형성하게 하며, 이 경우 협상은 경영자가 주도하고 노조는 수용할 수밖에 없는 양보교섭을 형성하면서 작업장 내 체제 경쟁력(regime competition)을 강화시킨다. ② 고용과 경쟁력의 협약이 가져오는 교섭구조의 분권화 현상으로 인해 미국식 노사관계 형태를 촉진시켜 분야별 협약이 기업별 협상이나 사용주 일반에 의해 결정되는 것으로 대체되고 있는 점 등을 지적할 수 있다.

다섯째, 노사관계의 새로운 패러다임이 형성되고 있는 점이다. 최근 유럽 국가들을 중심으로 나타나고 있는 '고용과 경쟁력을 위한 협약'이라는 새로운 노사관계의 패러다임을 과거와 비교해보면 그 특징은 다음과 같다.

〈표 11-4〉 노사관계의 특징 변화

	과거 노사관계	새로운 노사관계
주요가정	안정성/갈등/사회적 정의/표준화/ 행동이 지배적 수준/집중화	변화/협조/지속적인 개선/다양성/ 다양한 수준의 행동/분권화
세부주제	청구·고충/권리·책임/임금과 근로조건/투입	정보/기준·목표/고용과 경쟁력/산출
과정	분배적 교섭/협약체결/규정입안/ 수직적 통합/집행·제재	통합적 교섭/사회적 대화/벤치마킹·목표 설정/ 수평적 협조/점검·학습

자료: Sisson, K, Pacts for Employment an Competitiveness, 이기권 전게서에서 재인용.

〈표 11-4〉에서 보는 바와 같이 기존 노사관계는 분배개념이 강하여 노사 간의 갈등 속에서 안정을 추구하는 것이 전제되어 있지만, 새로운 노사관계는 노사협력을 중시하며 안정을 넘어 변화를 추구한다는 전제가 내재되어 있다. 핵심주제 또는 기존 노사관계에서는 임금과 근로조건이 중심이었으나 새로운 노사관계에서는 정보제공, 공동의 목표, 고용과 경쟁력의 추구, 투입보다는 산출지향성을 나타내게 된다. 끝으로 노사교섭의 과정에서도 분배적 교섭과 협약체결, 이에 필요한 규정을 마련하는 것이 중심이었으나 새로운 노사관계에서는 통합적 교섭, 벤치마킹, 수평적 협조, 공동의 학습 등이 중시되는 점이라 하겠다.

이상에서 살펴본 바와 같이 새로운 노사관계에서 특징은 정보화·세계화 등에 따른 교섭의 분권화, 기업단위의 노동의 참여 필요성 증대, 고용보장과 경쟁력 강화를 동시에 추구하는 등 노사주체들의 투입을 특징으로 하고 있는데 이로 인해 정부의 역할도 크게 변화되고 있다. 이에 대한 보다 구체적인 내용을 살펴보면 그 내용은 다음과 같다.

첫째, 협조조합주의(corporatism)를 추구함으로써 정부역할이 매우 적극적이었던 독일이 최근에는 경쟁적 협조조합주의(competitive corporatism)를 추구하면서 교섭단위의 분권화 추세를 감안하여 제도적으로는 단체협약의 임의법규화를 추진하는 등 정부의 개입을 줄이고 있다. 그러나 노사단체중심의 협조조합주의를 추구하여 왔던 스웨덴의 경우에는 최근 교섭의 분권화로 산별 및 기업별 협상이 진행되자 이에 맞는 규칙을 만드는 등 정부역할이 오히려 강화되고 있다.

둘째, 신자유주의 국가인 미국의 경우에는 지금까지의 법을 통한 규제자로서의 적극적인 역할과 행위조율 기능에서의 소극적인 역할이 크게 변하지 않고 있다. 그러나 영국의 경우에는 단체교섭이 기업단위로 분권화 되면서 정부가 입법기능을 통해 기업단위에서 다수 근로자가 가입한 노동조합을 실질적인 근로자 대표로 인정하도록 하는 등 정부의 역할을 점차 강화시키고 있다.

셋째, 미시적 협조조합주의 국가인 일본은 노동의 참여하에 당사자간 조율이 잘 되고 있는 체제이고 가급적 노사자율을 강화해주는 방향으로 정부역할은 축소되고 있다.

제2절 노사관계패턴의 영향요인과 특징

1. 노사관계패턴의 영향요인

문화와 환경은 노사관계의 패턴을 결정하는 중요한 요인이다. 한국 노사관계패턴에 영향을 미치고 있는 중요한 문화적·환경적 요인의 특성을 정리해 보면 그 내용은 다음과 같다.

첫째, 비타협적인 문화이다. 유럽의 경우 노동운동을 인정하는 대타협의 시대(1920~30년대)가 있었고, 미국도 1930년대의 경제공황이후 와그너법 체제를 출범시켰다. 일본의 경우에도 미군정시대에 노동기본권 보장을 통해 노동과 화해를 이루었다. 그러나 한국의 경우 1960~1987년 고도성장추구 시대에 개별 근로조건은 근로기준법 등 개별법에 의한 보호를 하되 가급적 노동자 스스로 단결하여 근로조건을 쟁취하는 집단노동운동은 가급적 어렵게 하는 제도를 유지하면서 노동에 대한 정부의 시각도 국가통제적 형태를 띠고 있었다. 또한 군부독재에 대한 민주화 투쟁세력들이 산업현장에 들어와 노동운동과 민주화운동을 연계시키면서 노동운동의 비타협성을 낳게 하였다. 다시 말해 민주화 운동은 독재와 타협이 불가능하여 투쟁에 의해 민주화가 쟁취되듯이 노동운동 또한 사용자와 정부에 대해 타협보다는 투쟁에 의해서만이 목표가 쟁취된다는 문화가 형성되었다고 본다.

이러한 역사적 특징으로 인해 민주화가 된 이후에도 정부와 사용자에 대한 불신이 내재하여 노・사・정위원회 등을 통한 대타협, 노동의 정치참여 및 정책 참여를 통한 참여적 노사관계를 추구하려 하여도 노동계는 의혹과 피해의식으로 적극성을 갖지 못하여 실질적인 대통합의 노사관계가 실현되지 못하고 있는 것이다. 이러한 역사성으로 인해 노동계 내부 및 노・사간, 노・정간에도 비타협과 투쟁을 통한 쟁취라는 타 선진국과 다른 문화적 특징을 갖고 있는 것이다.

이와 같은 비타협적인 노사문화는 적극적인 정부개입을 전제한 유럽의 노사관계 모형이나 신자유주의적 영・미형 노사관계모형, 그리고 미시적 협조주의 성격의 일본모형에서도 찾아 볼 수 없는 문화로서 결과적으로 자율보다는 제도적으로 상세하게 규율하고 행위조율과정에서도 정부의 개입이 많게 되는 원인이 되고 있다.

둘째, 사용자들의 정부 의존적인 노사관이다. 사용자들은 노동운동이 사회 형평을 유지하면서 장기적으로 국가발전에 도움이 된다는 인식을 하지 못하고 있다. 그동안 우리 경제는 고도성장을 지속하면서 근로조건은 개별법에서 구체적으로 보호하고 노동3권은 불가피하게 일정한 수준에서 제약을 받아온 것이 사실이다. 따라서 사용자들은 근로기준법을 지키면 상당히 잘 해준다는 인식을 갖게 되었다. 87년 이후 노사분규가 폭발하면서 나타난 일부 노동운동의 과격・불법행위로 인해 노동운동을 껴안고 인내하면서 타협을 이루어 내겠다는 의지가 퇴색되었고, 자율과 노사의 공동책임 하에 기업의 발전과 근로자들의 고용을 유지・확대하려는 적극적인 의지도 퇴색되고 말았다. 따라서 분규자체가 불법이므로 정부가 강하게 개입하여 법대로 처리해주면 해결된다는 인식이 상존하게 되었던 것이다.

셋째, 한국의 노사관계는 고도성장을 추구해 왔던 시대적 상황과 노동조합의 형성과 노동운동기간이 짧아 정부가 적극적으로 개입할 수밖에 없었던 관행이 맞물려 민주화되고 경제적 기반이 확립된 오늘날에도 대다수의 국민들의 적극적인 정부역할에 대한 기대가 강한 것으로 나타나고 있다.

넷째, 노동조합의 정치투쟁과 경제투쟁이 구분되지 않고 병행되고 있는 점이다. 독일을 비롯한 북유럽이 사회적 협조주의 모형에서는 노동조합의 정치활동에 대한 경험이 풍부하여 노동조합은 단체교섭을 통한 근로조건 개선이라는 경제투쟁에 중심을 두고, 입법사항 및 정부정책 관련 사항은 가입한 정당과 의회를 중심으로 하는 정치투쟁을 구분함으로써 산업현장이 정치투쟁으로부터 불안해 지는 경우는 거의 없다.

2. 한국노동조합의 특징

먼저, 노동조합의 특징을 조직적인 측면에서 살펴보면, 우리나라 노동조합은 1953년 제정된 노동조합법에 특별한 제약은 없으나 기업별 노동조합 형태를 취해오다가 1963년 개정된 노동조합법에 따라 산업별 노동조합 형태를 지향하게 되었으며, 1973년 법 개정을 통해 노동조합지부 및 분회로 하여금 노동조합 설립신고를 하게 함으로써 사실상 기업별 노동조합 형태로 회귀하게 되었다. 이후 1980년 노동조합법의 개정을 통해 노동조합 조직을 기업별로 강제하는 명문규정을 두게 되었으며, 1990년대 후반에 들어와 기업별 노동조합중심에서 산업별 노동조합의 결성이 활성화 되면서 대형화되게 되었다.

현재 우리나라 산업별 노동조합은 한국노총이 25개 산업별 노동조합연맹이 있으며, 2018년 12월 현재 총 가입 노동조합원 수는 1,036,236 명이며, 3,571개의 단위노조로 구성되어 있다. 민주노총의 가맹 조직은 16개이며, 총 노동조합원 수는 2018년 12월 현재 995,861명이고, 16개 지역본부, 41개 지구협의회가 있다.

그러나 산업별 노동조합으로 조직형태가 전환된 노조의 경우에도 완벽한 산업별 노동조합이라기보다는 기업별 지부 또는 이전의 기업별 노동조합 시대의 전임자들이 거의 그대로 존재하면서 역할을 하고 있기 때문에 지부가 조합비를 관할하고 있어 선진국의 산별노조와는 다른 특성을 갖는다. 예컨대 민주노총의 민주금속연맹에는 167개의 단위사업장에 지회를 두고 있고, 조합원은 37천명에 달하며 이 산별노조와 171개의 별도 기업별노조가 다시금 하나의 민주금속연맹이라는 산별연맹체를 구성하고 있다. 따라서 조합비의 50%를 사업장단위의 지회가, 20%는 지역지부가, 그리고 30%는 본부에서 사용하는 방식이다.

이러한 조직특성은 교섭형태에 영향을 미쳐 동일산업의 전국적인 측면의 기본교섭, 지역별 특성을 고려한 집단교섭, 임금에 관한 기업단위교섭 등 2–3단계의 교섭이 불가피하게 진행되고 있다. 이와 같은 중복교섭으로 인해 경영계가 거부감을 갖고 있지만 노동조합측이 산별조직화를 추진하는 이유는 미조직 및 비정규직 노동자의 조직화와 정치적 계급적 투쟁력강화에 기본 목적을 두고 있기 때문이다. 따라서 산별교섭을 유도해 줄 것과 이를 제도화시켜 줄 것을 정부에 요구하고 있다. 한편, 경영계는 이중교섭으로 인한 번거로움과 비용의 증가, 노동조합의 파괴력 및 정치적 영향력 증가 등을 이유로 부정적인 태도를 갖고 있다.

이상에서 살펴본 바와 같이 한국의 노동조합은 조직적인 측면에서 유럽의 사회적 협조주의 모델에서의 산별노조체제, 미국의 신자유주의체제에서의 산별 및 직종 그리고 기업별 노동조합의 혼합체제, 일본의 기업별노조 및 산별 연맹체제와 비교해 보았을 때 과도기적 성격을 지니고 있음을 알 수 있다.

다음으로 한국 노동조합의 특징은 재정적인 취약성에서도 그 특징을 찾아 볼 수 있다. 전국단위 총연합단체인 한국노총과 민주노총의 경우 조합비를 기업노조 및 기업별 지회에서 주로 관리하고 있어 정책적인 사업 등을 자립적으로 수행할 수 있는 재원이나 적립금이 없는 실정이며 선진국처럼 복지, 재정사업, 파업기금 등을 운용하는 것은 불가능한 실정이다. 특히 기업별 노조 및 지회는 물론 전국단위의 산별연맹이나 산별노조에서도 노조전임자의 급여를 개별 기업주들이 부담하고 있는데 이는 선진국에서는 그 유례를 찾기 어렵다.

특히, 노동조합이 자신들의 주장을 관철하기 위해 파업을 하는 경우 무노동 무임금 원칙에 따라 노동자들은 파업기간 중 기업주로부터 임금을 받지 못하기 때문에 파업기금에서 일정한 생활비를 지급받는 것이 선진국의 보편화된 관행이지만 우리나라의 경우에는 이러한 원칙이 지켜지지 않고 있어 파업이 장기화되는 경향이 강하다고 볼 수 있겠다. 뿐만 아니라 노동조합에 근무하는 전임자의 비율 또한 매우 높게 나타나고 있는데 이는 1987년 이후 노동조합의 급격한 팽창과정에서 노조 전임자의 급여를 관행에 따라 기업주가 지급하였고, 단체협상 과정에서 노조는 임금인상 등 근로조건의 개선과 노조전임자 증원을 요구하였고 기업주는 비교적 재원이 적게 투입되는 전임자 증원을 수용함으로써 유럽이나 다른 선진국에 비해 노조전임자가 크게 증가하게 되었던 것이다.

국제적으로 전임자를 비교하는 기준이 되는 전임자 1인당 조합원 수를 보면, 우리나라의 경우에는 단체협약상 118명이고 실제는 101명이다. 유급전임의 경우도 1인당 조합원 수가 129명인데 이는 일본의 500-600명, 미국의 800-1000명, 유럽국가의 1,500명에 비해 현저히 많음을 알 수 있다.

다음으로는 한국노동조합의 또 하나의 특징은 노동조합 지도부가 단위노조를 의식하여 노·사간 협상과정에서는 근본적으로 타협이라는 인식보다는 상당한 투쟁성을 보인 후 타협해야 한다는 전략을 선택하고 있는 점이다. 노동조합의 분파간 대립은 2005년 민주노총이 사회적 대화 참여를 두고 세 차례에 걸친 대의원대회에서 집행부측과 소위 투쟁중심노선의 현장파간의 갈등이 첨예화되면서 더욱 부각되었으며, 최근에는 민주노총이 금속연맹의 현대중공업 노조 제명결정, 보건의료산업노조와 서울대병원에서 나타난 갈등에서 보듯이 상급단체의 결정에 대한 단위노조의 반발이 표면화되고 있는 실정이다. 이와 같은 현상은 상급단체(민주노총)의 산별노조 위상 강화방침과 개별기업 노조중심의 노동운동의 관행이 충돌하면서 나타난 현상이라 사료된다.

끝으로 우리나라는 한국노총과 민주노총이라는 두 개의 전국적인 노동조합 총연합단체가 제조업을 비롯한 전 산업분야에서 사실상 조직경쟁을 하고 있는 독특한 형태를 갖고 있다. 이러한 조직경쟁은 노·사·정 간의 정치적 타협을 어렵게 하고 있고 이로 인해 양 노총간의 경쟁, 갈등, 제휴와 연대는 복잡한 노사관계, 노정관계를 형성하게 되었다. 그리고 사용자들은 자기 사업장의 노조가 투쟁적인 민주노총보다는 협상위주의 한국노총에 소속되기를 희망하거나 의도적으로 유도하는 경향이 있어 이것이 노사관계 악화 요인으로 작용하기도 한다.

이러한 상황으로 인해 1997년 외환위기 이후 세계사적으로 보기 드물게 노사정간에 90개 항에 달하는 대타협을 이루었으나 민주노총이 심한 내부 갈등을 겪으면서 곧바로 이를 부인하는 결과를 가져왔고, 한국노총도 노사정위원회에 계속 참여하고는 있으나 민주노총을 의식하여 완전히 근로자들에게 유리하다는 판단을 할 수 있는 상황 이외에는 노사정간에 타협하기를 주저하는 경향을 보이고 있는 현실이다.

한편, 최근의 한국노사관계에서 나타나고 있는 특징을 정리해 보면, 1997년 이후 근로자들의 주된 관심은 분배교섭이라는 양적 이슈로부터 생산과 고용 등의 질적 문제로 전환되기 시작하였고, 구조조정이 일상화되고 있어 노동조합도 일자리 창출과 근로자들의 고용가능성을 높이기 위한 직업훈련과 교육의 문제에 노동운동의 중심이 이동되고 있음을 알 수 있다.

한편, 전국적인 사용자단체에는 한국경영자총협회(경총), 전국경제인연합회(전경련), 대한상공회의소(대한상의), 한국무역협회, 중소기업협동조합중앙회 등이 있는데 경총은 노사관계에서 가장 중요한 사용자 단체이나 「노동조합법 및 노동관계조정법」 상의 독일과 같은 사용자적 지위에 있는 것은 아니다.

노동조합법 제2조 제3호의 규정의 따르면, 사용자단체는 '노동관계에 관하여 그 구성원인 사용자에 대해여 조정 또는 규제할 수 있는 권한을 가진 사용자의 단체'로 규정하고 있으나 경총은 그 구성원인 사용자에 대하여 법상으로 조정 또는 규제할 수 있는 권한은 없기 때문이다. 따라서 경총은 사용자의 위임이 있을 경우에만 단체교섭권과 단체협약 체결권을 갖게 된다. 현재 경총에는 373개의 기업회원과 13개 지방경영자협회가 회원으로 되어 있고, 외형적으로는 전국적인 사용자단체이며 지방경총 등과 업무적으로 유기적인 관계를 가지면서 노사문제에 공동대응하고 있는 실정이다.

3. 한국노사관계의 문제점

1) 사용자의 측면

한국노사관계에서 나타나고 있는 문제점을 사용자 측면에서 정리해보면, 첫째, 개별적인 사용자들의 노조 기피정서가 강하고 불투명한 기업경영으로 인해 노조로부터 불신을 초래하고 있는 점을 지적할 수 있다. 노동조합을 기업경영의 파트너로 인식하지 않고, 정보공유, 노사협의 등을 통한 현안 문제의 해결에 대한 노력 없이, 교섭초기에 노조의 요구사항을 도외시하다가 파업발생 후 양보하는 관행이 있어 "파업투쟁을 해야만 얻을 수 있다"는 노조의 인식의 단초를 제공하고 있다.

특히 사용자들은 노사화합의 문화를 창출하기 위한 노력에는 소홀하면서 정부가 법규정을 통해 노사관계를 규율하여 주기를 촉구하는 등 정부의 정책, 법, 제도에 의존하는 경향이 강하다.

둘째, 사용자단체의 리더십이 취약한 것도 문제다. 경총은 노사정위원회의 사용자대표 및 각종 노동위원회, 최저임금위원회에서 사용자 위원을 추천하는 등의 역할을 하고 있으나 실제운영에 필요한 자금은 소속회원사에 의존하고 있는 실정이기 때문에 경영계 전체의 입장을 고려한 장기적인 노사관계의 안목에서 정책을 밀고 나가는 데는 한계가 있게 마련이다. 단지 회원 기업들에 대한 단체교섭, 산별교섭에 대한 지원을 강화하고, 경총이 사무국을 담당하고 있는 「경제단체협의회」를 중심으로 사용자단체간의 공조를 모색하는 등 사용자단체로서의 기능 제고에 주력하고 있는 실정이다.

이처럼 경총이 실질적인 전국적 사용자단체로 발전하지 못하고 있는 데에는 기본적으로 일반 사용자들이 기업별 교섭을 선호하고 산별교섭을 기피하려는 사용자들의 교섭방식에 대한 인식도 크게 작용하고 있는 것으로 판단된다.

끝으로 경총의 솔선수범하는 자세와 열린 경영, 신뢰회복에 대한 노력이 부족한 점을 지적할 수 있다. 선진국 노사관계에서 사용자단체가 앞장서서 신뢰회복, 열린 경영, 고성과작업장 구축에 노력하였던 사례들을 상기할 필요가 있겠다.

2) 근로자참여의 측면

상시 종업원 30명 이상의 근로자를 사용하는 사업 또는 사업장 단위에는 사용자와 근로자가 참여와 협력을 통하여 복지를 증진시키고 기업의 건전한 발전을 도모하기 위해 협의기구로서 「노사협의회」를 설치토록 되어 있는데 2004년 말 현재 설치대상 33,926개소 중 설치사업장은 33,118개소(97.6%)이다(노동부, 2005).

노사협의회는 근로자와 사용자를 대표하는 동수의 위원으로 구성되며 매 3개월 마다 정기적으로 회의를 개최하고 회의는 과반수 출석으로 개회되며 출석위원 2/3 이상의 찬성으로 의결을 할 수 있다. 그리고 사회적 협의기구로서 1998년 1월에 출범한 노・사・정위원회는 법률적으로는 대통령 자문기구이나 다른 자문기구와는 달리 노・사 단체대표, 공익대표 및 재정경제부・고용노동부・기획예산처 등 5개 부처 장관이 참여하고 있는 사회적 협의기구로써 정책참여기구이다.

이러한 노・사・정위원회는 1998년 2월 「경제위기극복을 위한 사회협약」을 체결함으로써 경제위기 극복과 참여민주주의의 정착에 기여하였으며, 비정규직 대책 및 퇴직연금제 도입과 관련 기본방향 및 필요성 등에 대한 공감대를 형성하였고, 2003년 10월부터 「노사관계법・제도 선진화방안」을 논의, 노동3권・분쟁조정・노사협의・근로기준 등에 관한 총 34개 과제에 대해 노・사・정간 폭넓은 의견교환 및 사회적 공론화를 시도한 바 있다. 2003년 12월 「손해・가압류 문제에 관한 합의」를 도출, 노・사간 자율적인 해결의 계기를 마련하였으며, 2004년 2월 「일자리 만들기 사회협약」을 체결, 고용과 성장의 선순환 구축과 지속가능한 경제・사회발전의 기틀을 마련하기도 하였으며, 2009년 2월에는 위기극복을 위한 경제주체들의 고통분담과 역할을 주요내용으로 한 노・사・민・정간의 대 타협안을 도출 발표하기도 하였다.

그러나 노사협의회의 연평균 개최 횟수를 보면 5.6회로 겨우 법정 최소 개최 횟수(4회)를 조금 상회하는 수준이며, 개최한 사업장의 비율이 25.7%로 법정 최소 개최횟수에 미달하는 사업장도 다수임을 알 수 있다. 이는 노사협의회를 적극 활용하고자 하는 사용자의 의지가 부족하고 자발적인 참여의식도 미흡한 것으로 판단된다.

한편, 선진국의 노사정위원회가 노동계, 경영계의 필요에 의해 조직되고 정부가 이를 인정하는 형태로 출범한 것과는 달리 한국의 노・사・정위원회는 정부주도로 형성되었고, 노・사는 소극적인 양성을 띠고 있는 실정이다.

따라서 노동계와 경영계는 실질적인 사회적 협의를 통해 자신들의 의지를 제대로 관철해 내지 못했다는 판단에 따라 소극적인 자세에서 벗어나지 못하고 있으며, 상호 인내와 설득이 요구되는 사회적 대화를 통한 합의도출에 익숙하지 못하고, 상호신뢰 또한 부족하여 노・사・정위원회의 원활한 운영에 걸림돌이 되고 있다.

제3절 바람직한 정부역할 모형

노사협력이 잘 되기 위해서는 노・사 못지않게 정부의 역할이 크고 중요하다. 노사관계는 노사 자율해결을 기본으로 해야 한다. 정부는 노사관계에 대한 중립적인 위치에서 조정자로서, 규칙의 제정자로서 각종 정책을 통하여 역할을 담당하게 되는데 전자는 행정적 측면에서, 후자는 입법적 측면으로 구분해 볼 수 있다.

일반적으로 노동행정은 노동관계법에 기초하여 구체적인 시행령을 만들고 이를 토대로 현실적으로 시행 가능한 규칙을 제정하여 시행하는 것을 말한다. 따라서 정부의 노사관계정책은 협력적 노사관계가 정착될 수 있는 방향에서 추진되어야 할 것이다. 그동안 정부는 대형 노사분규의 수습 등에 주력해 온 나머지 새로운 노사관계 정책이나 방향을 확고히 정립하지 못한 측면이 없지 않다. 따라서 본 절에서는 협력적인 노사관계체제 정립을 위한 바람직한 정부역할 모형을 탐색해 보고자 한다.

1. 사회적 조합주의 모형

한국 노사관계에서 유럽의 사회적 조합주의(social corporatism)를 수용하여 적용하려면 다음과 같은 몇 가지 전제가 충족되어야 한다.

첫째, 노・사 양측에 강력한 리더십[6]이 존재해야만 한다. 이를 위해서는 산별노조 내지 초기업 단위의 노조가 결성되어 있어야 하고, 사용자 단체도 통일된 조직형태를 갖춘 상태에서 전국단위의 노조는 산별노조를 총괄하면서 강력한 내부 리더십을 확보하는 것이 필요하다. 즉, 강력한 리더십을 확보하기 위해서는 통일된 조직, 상급단체 노조 대표자의 대표성, 상당한 조직률 등이 전제되어야 하는데, 한국의 경우 산업별 및 지역별 노조로의 변화를 추구하고는 있으나 아직도 기업별 노동조합이 주류를 이루고 있는 실정이며 조직율도 34%정도에 머물고 있는 수준이다. 특히 전국적인 노조가 한국노총과 민주노총으로 양분되어 있을 뿐만 아니라 이들이 전국에 걸쳐 조직경쟁을 하고 있는 실정이어서 강력한 리더십 확보에는 한계가 있을 수밖에 없는 실정이다.

더욱이 최근 기업단위 복수 노조가 허용되면서 기업차원 및 지역 산별차원에서 양 노총간의 조직경쟁은 더욱 심화될 것으로 추정되며 강력한 리더십의 확보 또한 더욱 어려울 전망이다. 뿐만 아니라 사용자 조직도 한국경총이나 전경련 등 어느 조직도 사용자를 대표할만한 조직체계를 갖추지 못하고 있는 실정이다.

둘째, 노동의 정치적 역량강화와 정부의 정책적 지향성의 전환이 필요하다. 노동시장은 속성상 국가권력에 의해 많은 영향을 받게 되고 국가제도에 의해 규제되고 있기 때문에 정치적 수준의 민주주의가 필수적이다. 다시 말해 노동의 임금자제와 물가안정이 고용안정으로 이어질 수 있도록 노동의 정치적 역량을 강화시키고 정부의 정책적인 지향성을 변화시킬 필요가 있다. 이제 노동조합은 법과 정책을 만드는 과정의 노동정치투쟁과 사업장에서의 임금근로조건을 결정하는 경제투쟁을 분명히 구분하고, 경제투쟁은 단체협약을 통해서 그리고 정치투쟁은 의회 및 정부의 정책결정에의 참여를 통해서 해결하려는 성숙된 자세와 태도가 요구된다.

셋째, 한국 경제의 대외의존도는 70%를 상회하고 있는 수준이다. 따라서 노・사간의 협조주의는 불가피한 실정이다. 역사적・사회문화적 측면에서 보면 코포라티즘(corporatism)이 성공한 국가들은 합의와 연대 그리고 관용의 정신이 사회 전체적으로 내재되어 있음을 알 수 있다. 예컨대 폴란드 모델로 유명한 네덜란드의 경우 토론과 타협에 익숙한 문화가 있었기에 성공적인 코포라티즘(corporatism)의 정착이 가능하였다.

---

6) 강력한 리더십이란 전국단위의 노사대표가 노사정간에 합의된 사항을 산하 노조 및 회원사가 수용할 수 있도록 영향력을 행사하는 것을 의미한다. 다시 말해 상급단체의 결정에 대한 소속기관들의 구속력이 핵심이다.

2. 신자유주의 모형

신자유주의 모형이란 노동시장의 규칙이 노동과 자본의 자율적인 협상에 의해 결정되어지는 시스템이다. 따라서 노조와 사용자 단체가 다양화되어 있고 분권화 되어 있는데 우리나라가 이와 같은 신자유주의 모형을 수용하기에는 다음과 같은 한계를 갖는다.

첫째, 한국은 전형적인 코포라티즘(corporatism)의 국가들처럼 노사가 기업의 경쟁력과 고용의 유지를 위해서는 상호협력을 해야 한다는 공감대는 형성되어 있다. 따라서 대기업의 파업은 국가경제에 미치는 영향이 심각하기 때문에 정부가 불가피하게 노사문제에 개입하지 않을 수 없다.

둘째, 한국의 노사관계는 정규직과 비정규직, 대기업과 중소기업 간의 격차가 심화되면서 이를 완화시키기 위한 정부의 조정과 규제역할이 강하게 요구되고 있는 실정이다.

셋째, 한국의 노사관계체제 속에는 법적기구로써 노・사・정위원회의 운영이나 유럽의 노사협의제와 같은 코포라티즘(corporatism)적인 요소가 이미 상당히 내포되어 있기 때문에 노・사 모두는 신자유주의를 선호하지 않고 있는 실정이다.

3. 미시적 협조주의 모형

정부 개입이 비교적 적은 미시적 협조주의 모형의 특징은 노조가 기업단위로 구성되어 있고 기업별 노조가 산업별 연맹을 형성하고는 있지만 산별연맹이나 총연합단체는 근로조건의 결정이나 파업결정권이 없으며 재정적으로나 힘의 측면에서 기업별 노조 중심이라는 점이다.

미시적 협조주의 모형을 취하고 있는 일본의 경우, 기본적으로는 협약체결권이 기업노조에 있지만 협상이전에 총련 측에서 단위노조들의 의견을 수렴하고 이를 토대로 주요기업 회장과 순회 막후협의를 통해 어느 정도의 방향성을 결정하고 있다. 이처럼 막후적이고 조용한 협의과정이 일본 노조지도자의 리더십을 결정하는 중요한 요인으로 인식되고 있다.

이와 같은 일본의 노사관계체제가 우리나라 체제와 유사한 점이 많기는 하지만 환경적인 차이나 노・사당사자들의 인식의 차이 등을 감안해 보면 일본 모형을 그대로 수용하기에는 한계가 있을 것이라 사료된다.

4. 통합적 조합주의 모형

한국의 노사관계는 선진국의 특정모형을 그대로 정착시키기에는 여러 가지 한계를 지닌다. 따라서 기본적으로는 노・사・정이 조율하고 협력해 가는 유럽의 경쟁적 코포라티즘의 정신을 유지하면서 일본의 작업장 및 기업단위에서의 노・사 자율적 협조체제의 강점을 살리고, 급변하는 환경에 유연하게 적응할 수 있는 통합적인 조합주의 모형이 필요할 것이라 사료된다. 여기서 통합적 조합주의 모형이란 노・사가 상호신뢰 속에서 근로자의 권익신장과 기업의 경쟁력을 동시에 확보하면서 지나친 경쟁원리에 의해 정규직과 비정규직간, 대기업과 중소기업 간의 근로조건의 격차가 심화되지 않도록 적정 범위 내에서 정부의 역할과 노동의 참여가 제도화된 모형이라 하겠다.

이러한 통합적 조합주의체제를 정립하려면 먼저 노사관계에 대한 의식, 관행이 개선되어야 하고, 노사단체의 리더십도 확보되어야 한다. 주지하고 있는 바와 같이 우리나라의 노동조합은 최상급단체가 한국노총과 민주노총으로 양분되어 있고 전 산업에서 양노총은 각각의 산별노조 내지 산별연맹을 가지고 있다. 이로 인해 단위기업에서 기업노조 및 지부를 자기 소속으로 유도하기 위해 극심한 경쟁을 하면서 내부의 분파를 촉발시키는 요인으로 작용하고 있다. 따라서 양노총의 통합문제가 중요한 과제가 아닐 수 없다. 양노총의 통합은 노동계의 힘이 강화됨은 물론 명확한 노동운동의 방향성과 주요과제에 대한 논의의 실질적인 진전은 물론 노사관계의 효율성도 크게 증대될 것이기 때문이다. 따라서 노동계의 리더십이 자율적으로 확보될 수 있도록 정부는 간접적인 지원을 아끼지 말아야 한다. 보다 구체적으로는 총연합단체 및 각 산업별연맹의 정책기능의 활성화를 정부가 지원하고, 노조 간부의 교육에도 직・간접적인 지원을 아끼지 말아야 할 것이다.

다음으로 통합적 조합주의 체제를 정립하기 위해서는 사용자들의 노사관계에 대한 인식과 관행이 변화되어야 한다. 선진국에서는 사용자가 노동계를 끌어안고 주도적으로 나서서 대화하고 협상하려는 의지를 보여 왔으나 그동안 우리나라 사용자들은 노동자들의 과격한 투쟁 등을 이유로 정부에 대해 법과 원칙에 따른 대응이나 엄격한 통제자로서의 역할을 요구해 왔다. 그러나 노사관계가 생산적으로 변화되기 위해서는 무엇보다 대화와 타협의 문화를 사용자가 주도적으로 이끌어야 하고 이에 대한 책임성을 갖는 것이 중요하다. 이를 위해 소속회원사에 구속력 있는 사용자 단체가 필요하며,

업종별 · 지역별 실질적인 사용자 단체의 구성과 역할이 강화될 필요가 있다. 따라서 정부는 사용자단체가 연구 및 노사발전 사업을 체계화할 수 있도록 재정지원을 증대하고 직업훈련 및 고용지원서비스의 한 주체적 역할을 할 수 있는 제도적 장치들을 개발해 주어야 할 것이다.

제4절 바람직한 정부역할의 방향성

1. 노사협력의 시대

21세기에는 노사협력이 경쟁력이다. 세계화 · 개방화시대에 대응하는 산업평화의 정착을 위해서는 노사협력이 전제되어야 한다. 생산과 분배에 관한 노동자와 경영자를 규율하는 일련의 규칙은 노동계, 경영계 그리고 정부라는 3주체가 각각의 전략과 자원을 가지고 기술, 시장, 정치, 세계화, 경쟁력 강화 등 환경변화에 대응하면서 각자의 요구와 힘을 투입하여 작업장, 기업, 전국 차원에서 단체교섭과 노사협의라는 전환과정 즉 상호작용을 통해서 거시적으로는 노동정책 및 법으로부터 미시적으로는 임금 · 고용보장 등의 결과를 산출해내는 일련의 과정을 통해 만들어지게 된다.

선진국의 경우, 이와 같은 과정에서 노사 당사자는 노사관계체제의 주된 행위자이고, 정부는 노사관계 환경조성자로서의 역할을 담당하게 되지만, 개발도상국 등에서는 정부가 주도적인 역할을 담당하기도 한다. 정부는 어떤 노사관계제도 내에서는 노동조합을 능가할 정도로 결정적인 기능과 영향력을 발휘하게 되고, 어떤 경우에 있어서는 전혀 역할이 제한되기도 한다.

21세기는 노사협력의 시대이다. 따라서 노사협력은 기업경쟁력의 원천이며 성장 발전의 주요한 동력이기도 하다. 지금까지 협력적인 노사관계체제를 정립해 가는데 있어서, 제도적으로나 노 · 사간의 정책 및 분쟁 등 현안을 조율해 가는데 있어, 무엇보다 정부의 개입 내지는 바람직한 역할의 방향성을 모색하는 데 논의의 주안점을 두었다.

협력적인 노사관계체제를 정립하려면, 우선 기본적으로 정부의 역할 및 개입을 줄이고, 노사가 주도하는 제도와 행위조율시스템을 만들어 주어야 한다. 따라서 선진국의 노사관계의 흐름과 우리의 특성을 분석해 보았고, 이론과 실무를 겸한 전문가 집단인 노동위원회의 노 · 사공익위원의 자문과의 탐색을 통해 이를 논리적으로 입증코자 하였다.

이를 위해 먼저 노사관계체제를 이해할 수 있는 다양한 기존 이론들을 정리하면서 우리나라 노사관계체제에 대한 정부의 역할과 최근의 흐름을 파악하여 우리 실정에 맞는 바람직한 정부역할 모형을 제시하였고, 이를 위한 정책적 제언을 하였는데 보다 구체적인 내용은 다음과 같다.

첫째, 독일, 스웨덴 등 사회적 조합주의 체제에서는 정부가 적극적인 역할을 하면서 노동의 참여도 적극적이다. 다시 말해 노동은 준공공기관적 위치에 있으며, 노사단체 모두 내부의 강력한 리더십을 발휘하고 있는바 노사관계에 있어 소속기업에 대한 구속력이 강하다. 이를 토대로 산업별 교섭을 함으로써 고복지, 고임금, 고효율의 노사관계를 유지하면서 근로자별 형평성을 유지하여왔다. 그러나 정보화시대가 급진전되면서 단체협약의 개방조항이 대폭 확대되고 기업별 교섭이 급증하는 등 분권화가 가속화하게 됨에 따라 독일의 경우에는 노사관계 2010프로젝트를 통해 기본적으로 실업급여를 축소하고, 해고예외 조항을 확대하면서 2005년에는 공동결정제도의 개정을 추진하는 등 노사관계의 유연성을 확보하고 정부의 개입을 점차 줄여가고 있다.

둘째, 미국의 신자유주의 모형은 정부가 노사관계의 룰(rule)을 구체적으로 설정하여 당사자에게 맡기는 방식이며 노동의 참여는 제한적인 편이다. 최근에는 작업장의 고용보장 및 근로자의 참여, 기업경쟁력을 확보를 위한 협약체결 등이 늘어나면서 노사관계의 분권화가 가속화되고 있다.

셋째, 일본모형은 정부의 역할이 소극적이지만 작업장 수준에서의 노동의 참여는 극대화하면서 기업별 노조와 기업별 교섭을 중심축으로 하고 있다. 특히 일본은 산업별 노사협의, 수상이 주관하는 노사정 간담회 등 막후 조율시스템을 통하여 기업별 교섭의 문제점인 근로자간 격차확대 등을 극복하기 위한 노력을 하고 있지만 최근 급변하는 경제 환경에서는 그 한계성을 인식하고 있다.

이상에서 살펴본 선진국의 노사관계에서 나타나고 있는 공통적인 현상은 법적인 규제를 줄이고 노사 자치주의를 수용하면서 근로조건의 결정이 분권화되고 임금협상이 장기화되고 있지만, 고용과 경쟁력 제고를 위한 협약은 확산되고 있는 추세다.

21세기가 성공의 시대가 되기 위해서는 협력적인 노사관계의 정립은 필수적이다.

이제는 개발연대 노사관계를 대체하여 적합성과 정통성을 확보한 협력적 노사관계를 정립하여야 한다.

2. 바람직한 노사관계의 기본방향

21세기가 요구하는 새로운 노사관계의 기본방향을 정리해 보면 그 내용은 다음과 같다.

첫째, 대립을 지향하고 협력을 구축해야 한다. 이제 어느 국가나 노・사간의 대립은 구시대의 유물이고 노사협력의 시대를 열어가고 있다. 그러나 대립에서 협력에로의 전환은 말처럼 용이하지 않다. 노사의 적극적이고 의도적인 노력이 전제되어 상호불신을 털어내고 상호 신뢰와 존중의 관계를 형성해야 한다.

둘째, 국가나 기업경영에서 노동배제 정책을 지양하고 근로자의 참여를 확대해야 한다. 그리하여 기업경영에서 노・사가 그리고 국가경영에서 노・사・정이 발전을 위한 전략적 파트너가 되어야 한다. 이를 위해서는 정부와 기업의 역할도 중요하지만 노동조합도 참여에 따른 책임을 다하고 국가 및 기업이익과 근로계층의 이익을 조화시키는 새로운 노동운동이념을 발전시켜야 할 것이다.

셋째, 노사관계를 분배중심에서 생산중심으로 전환시켜야 한다. 분배위주의 노사관계에 있어서는 노사가 고정된 파이의 배분을 둘러싸고 제로섬(zero sum)게임을 하기 때문에 갈등과 대립의 수반은 불가피하다. 그러나 생산지향적인 노사관계에서는 미래지향적이고 노사 모두에게 더 큰 이익을 가져다주는 사항을 다루는 포지티브 섬게임이 되어 상생・공영의 노사관계로 발전할 수 있다. 또한 생산위주의 노사관계에서는 혁신을 위한 노・사 partnership이 형성되기 때문에 분배위주의 노사관계보다 노동조합과 근로자의 참여의 폭이 크게 확대될 수 있다. 따라서 참여, 협력, 생산의 원칙에 따라 노사관계 제도와 관행, 노사의식과 문화, 노동정책과 노동법 등을 혁신시켜야 한다. 그리하여 하나의 자기 완결적인 노사관계시스템을 창출하여야 할 것이다.

3. 통합적 조합주의의 실현

협력적인 노사관계체제 정립을 위한 바람직한 정부역할 모형으로써 통합적 조합주의(Integrative Corporatism)를 제시하고, 이를 실현하기 위한 정책적인 제언을 해보면 그 내용은 다음과 같다.

첫째, 우리나라의 노사단체의 리더십이나 조직상황 등을 고려할 때 유럽의 사회적 조합주의나 일본의 미시적 협조주의가 갖는 장점들을 살리면서도 거시적 차원의 노·사·정간 조율시스템을 유지할 수 있는 업종별·지역별 또는 중위적인 노·사단체간 또는 노·사·정간 정책과 현안을 조율해 가는 시스템을 강화할 필요가 있겠다.

따라서 정부는 노·사·정간의 협의의 틀이 작동될 수 있는 프로그램을 개발하고 이를 통한 간접지원방식으로 보다 적극적인 역할을 하여야 할 것이다.

둘째, 디지털환경에 적응하면서 노사단체의 특성을 고려한 분권형 교섭체제를 선택하되 그 결정은 노사가 스스로 할 수 있도록 하여야 한다. 특히 대기업, 중소기업, 원·하청기업 간 협의시스템을 보강하여야 하고, 정부가 앞장서서 격차문제를 해소하기 위한 노력을 해야 할 것이다.

또한 정부는 노사관계제도를 개선해야 하는데 정부역할을 가급적 줄이고 노동권의 제한을 풀어주어야 하며 불합리한 관행을 개선하는 것이 바람직하다. 따라서 노사정위원회도 노사가 중심이 되도록 개편할 필요가 있겠다.

오늘날 선진국들은 안정, 갈등해결, 임금과 근로조건의 결정, 분배적 교섭 및 협약체결 등을 중시하였던 산업사회의 노사관계체제에서 벗어나 변화와 지속적인 개선, 고용과 경쟁력, 사회적 대화와 통합적 교섭 등을 중시하는 새로운 협력적인 노사관계로 변해가고 있다.

이상의 논의를 통해 나타난 정책적 함의를 정리해 보면, 그 내용은 다음과 같다.

첫째, 새로운 협력적인 노사관계를 정립하기 위해서는 무엇보다 먼저 노·사·정간의 신뢰회복이 전제되어야 하는데 이는 경영계가 주도하는 것이 바람직할 것이라 사료된다. 또한 정부의 역할과 개입을 축소하고 노사가 자율적으로 노사문제를 해결할 수 있는 풍토를 조성해야만 한다.

둘째, 잘못된 관행을 개선함에 있어 집단적 노사관계법의 직접적인 처벌조항을 제거하고 노사 양측이 당사자의 자구노력에 의해 해소할 수 있는 협력과 타협의 문화를 정착시켜야 한다.

셋째, 노동계나 경영계는 선진국의 노사관계에서처럼 소속 노동조합이나 기업에 대해 어느 정도의 구속력을 행사할 수 있는 강력한 리더십이 확보될 수 있어야 한다.

넷째, 노·사·정위원회는 노사가 중심이 되어 운영하면서 거시적인 타협을 유지해 나가되 업종별, 지역별 노·사간 대화 체제를 확립하여 공통관심사항을 협력하고 타협할 수 있게 하는 것이 사회적 대화를 활성화하는 지름길이 될 것이다.

다섯째, 단체교섭의 분권화 추세에 발맞춰 대기업과 중소기업간, 원청업체와 협력업체간, 정규직과 비정규직간의 격차문제를 노사가 공동 참여하여 해소할 수 있는 의견조율 제도를 확립할 필요가 있다. 따라서 사업장내 및 중위적인 수준의 근로자가 실질적으로 참여할 수 있는 방안이 강구되어야 할 것이다.

제5절 한국 노동조합의 체계와 민주적 노사관계

1. 한국노동조합의 체계

1) 총 연합단체

총 연합단체는 전국중앙조직으로서 전국의 기업별 또는 산업별 조직을 회원조직으로 하여 구성되어 있는 협의체로서의 기능을 수행한다. 따라서 이 중앙조직은 가맹조합공동의 문제에 대하여 방침을 수립하고 상호 연락과 지원, 국제노동단체와의 제휴, 입법 · 행정에 대한 정치활동에 기여한다. 총 연합단체에는 한국노총과 민주노총이 있다.

한국노총 산하에는 금융노련을 비롯한 해상산업노련, 전택노련, 의료산업노련, 우정노동조합, 식품산업노련 등 26개 회원조합과 16개 시도지역본부, 54개 시군구지역지부로 구성되어 있다. 이 중 철도노조, 전력노조, 담배 · 인삼노조 및 체신노조 등은 실질적으로 단위로조로서의 기능을 하고 있으며, 그 이외의 16개 노조들은 연맹체로서 존립하고 있다. 그리고 한국노총의 조직체계를 보면 그 내용은 [그림 11-1]과 같다.

그림 11-1. 2019년 한국노총 조직기구표

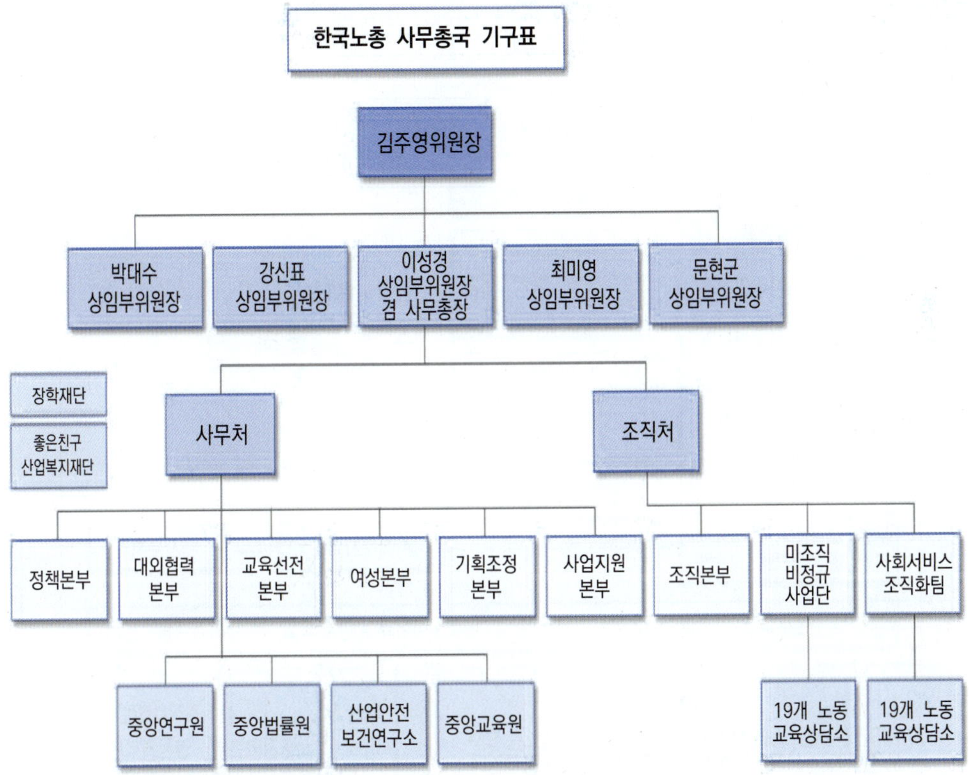

반면, 민주노총 산하에는 2019년 현재 금속연맹, 자동차연맹, 사무노련 등을 비롯한 16개 가맹조직과 16개 지역본부, 41개 지구협의회가 있다. 민주노총의 조직체계는 [그림 11-2]와 같다.

■ 조직현황

▪ 총조합원수	995,861명(2018년 12월 기준)
▪ 비정규 조합원수	328,105명
▪ 여성 조합원수	287,746명
(교수, 대학, 비정규교수, 사무, 울산본부 미반영)	
▪ 총가맹조직	16개
▪ 지역본부 / 지구협의회	16개 / 41개
▪ 직가입 노조수 / 조합원수	27개 / 8,678명

그림 11-2. 민주노총 조직기구표

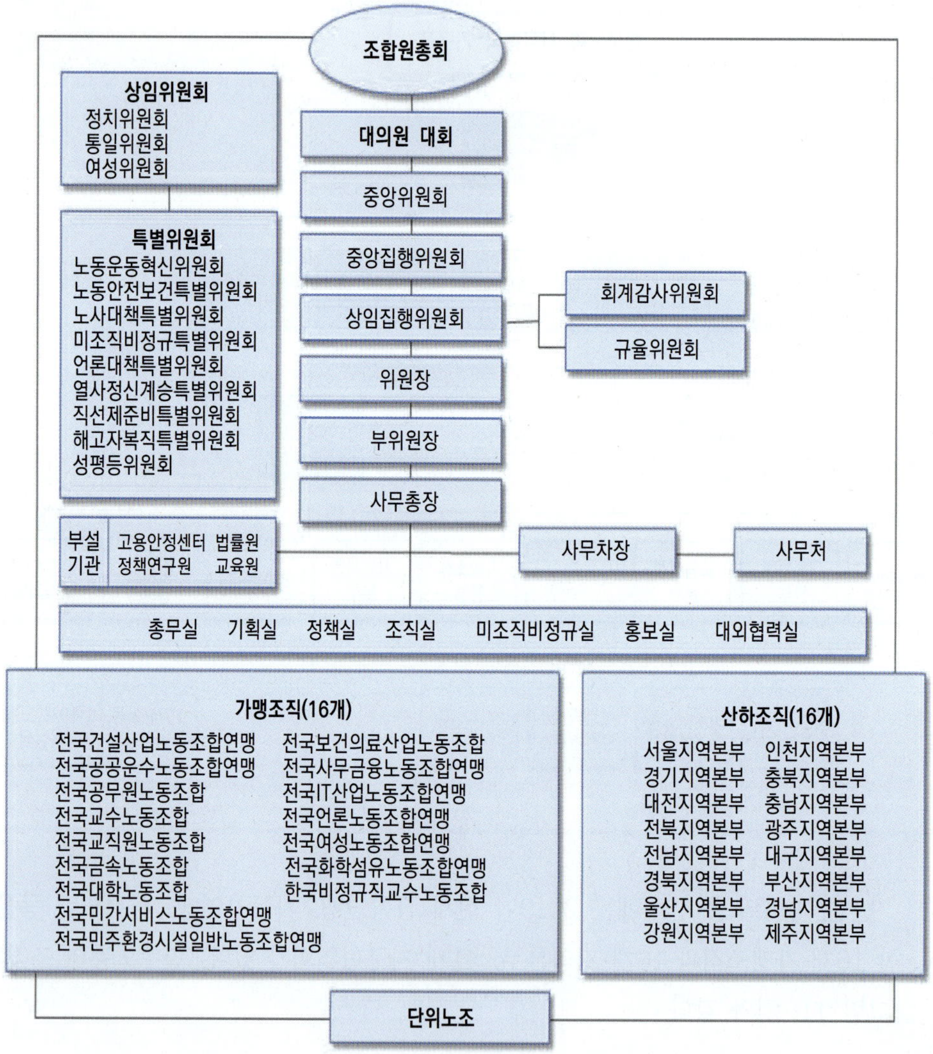

자료 : 민주노총 홈페이지, http://www.nodong.org/formation_info.

2) 산업별 연맹

현재 우리나라에는 39개의 산업별 노조가 있는데 산업별 연맹의 현황은 〈표 11-5〉와 같다.

〈표 11-5〉 산업별 단위조합 수 및 조합원 수

산업별 연맹	단위조합 수	조합원 수
한국노총		
철도노조	1	25,612
섬유노조	183	31,653
광산노련	25	6,751
전력노조	3	23,664
외기노련	45	21,594
통신노련	41	8,805
항운노련	58	32,219
선원노련	59	32,576
금융노련	85	80,407
담배인삼노조	4	5,611
화학노련	658	85,558
금속노련	631	121,013
연합노련	546	70,987
출판노련	57	3,664
자동차노련	490	79,507
관광노련	110	11,527
체신노련	2	23,323
택시노련	541	103,570
고무노련	18	9,198
도시철도노련	6	8,727
비노총산별노련		
사무노련	197	68,831
언론노련	48	21,557
병원노련	25	40,088
대학노련	4	7,604
건설노련	95	26,958
비가맹노조	582	39,931

주: 비가맹노조란 산별연맹에 가입되어 있지 않은 단위노조를 지칭함.
자료: 노동부.

그리고 산업별 연맹의 주요 활동 내용을 살펴보면, 그 내용은 다음과 같다.

첫째, 산업별 연맹의 중요한 활동 중의 하나는 조직 활동이다. 이는 신규로 노동조합을 설립하려는 노동자에 대한 지원으로 신규조직방법 및 노동조합 운영에 대한 지도를 해 주는 일이다.

둘째, 산업별 연맹의 중요한 또 다른 활동의 하나로 교육활동을 들 수 있는데 이는 축적된 지식과 경험을 가맹단위노동조합의 조직과 운영, 단체교섭강화 및 임금인상전략, 노동관계법 해설, 노사관계론, 노동통계 해설 및 회계업무처리 등 노동조합활동에 필요한 지식을 교육시킨다.

셋째는 조사통계활동으로 이는 단위노조가 단체교섭을 하기 위해서는 사용자의 논리에 대응할 수 있는 기초자료가 필요한데 이를 제공하는 활동으로 산업별 연맹은 국민경제의 전반적인 흐름, 노동시장에 관한 정보뿐만 아니라 동업종의 임금 및 근로조건을 조사·정리하여 가맹단위로조에 알려준다.

넷째, 산업별 연맹은 전국적인 규모의 단일로조인 철도로조, 전력로조, 담배인삼노조, 체신로조 등은 실질적으로 단위노조로서의 기능을 하고 있으므로 임금을 비롯한 근로조건에 대한 단체협약권을 갖고 실제로 단체교섭활동을 전개하게 된다.

다섯째는 재정활동을 들 수 있는데 산업별 연맹의 운영은 주로 가맹단위로조가 납부하는 조합비로 충당되고 전국규모의 산업별 단위로조의 경우는 조합원이 납부하는 조합비의 일정비율을 본부에서 사용한다.

3) 단위노동조합

단위노동조합은 지역단위와 기업단위로 설치되는데 우리나라의 단위노동조합의 체계는 [그림 11-3]과 같다.

[그림 11-3]에서 보는 바와 같이 우리나라 단위노조는 본부, 지부 및 분회로 이루어져 있다. 본부는 통상 '○○회사 노동조합'이라고 호칭되는 독립단위인데 현재 이 같은 기업별 단위노동조합이 5,698개 존재한다.

노동조합의 본부는 스스로 규약을 제정·개정할 수 있는 능력을 가지며 산하 각 조직에 대하여 적용하는 운영방침과 기타 감독권행사 등 폭넓은 독자적 기능을 발휘한다. 그리하여 그 기업의 사용자와 대등한 위치에서 해당기업의 전체 근로자를 대표하는 교섭 및 권익신장활동을 수행하며 운영주체는 통상 상무집행위원회가 된다.

상무집행위원회는 총회나 대의원회가 정한 기본방침과 제 규약 및 사업계획을 실행에 옮기는 집행기구로서 각 지부의 지부장 중에서 선출된 위원장·부위원장 등이 최고책임자가 되고, 그 밑에 상무집행위원으로 구성되는 사무부장과 총무·교육·조직·선전·보건위생·쟁의·조사통계·기획·부녀 등의 각 부장을 두고 있다.

지부는 대규모기업의 경우는 산하의 공장 또는 기타 사업소별로 종업원들이 모여 지부단위를 결성하고, 중규모이하의 기업일 경우에는 지부나 분회를 두지 않는 것이 보통이다. 지부에서는 기업별 단위노동조합 본부의 기본방침과 제 규범에 따르면서 스스로 지부조직에 맞는 사업계획을 수립하여 집행하고 하부단위로서 분회를 두었을 때는 이를 지도한다. 또 지부에는 집행기구인 상무위원회가 있고 기업별 본부와 같이 여러 개의 부장직을 두어 운영하고 있다.

그림 11-3. 우리나라 단위노동조합의 체계

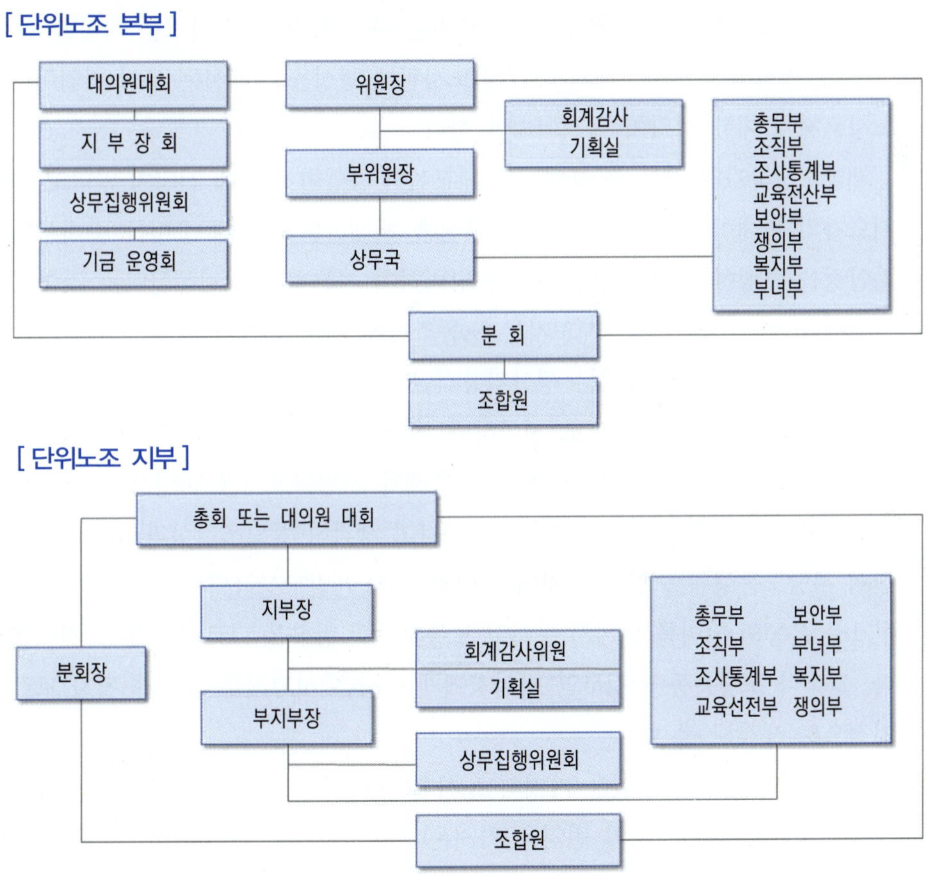

분회는 단위노동조합의 말단 조직으로서 대규모기업의 경우에는 지사나 공장을 지부로 두고, 다시 어느 정도의 독자성을 갖는 영업소나 기타 현장별로 분회를 두고 있다. 그리고 분회를 구성하는 조합원들이 사업장의 배치상 멀리 분산되어 있는 경우에는 반을 두는 경우도 있는데 이 경우에는 반장이 조합원들을 직접 지휘·통솔하는 것이 상례이다.

2. 민주적 노사관계의 정립방안

바람직한 노사관계는 우리사회의 발전을 위해 근로자, 사용자, 정부 등 노사관계 당사자 모두의 공동노력 위에서만 정립되는 것이므로 노사관계에 관련된 모든 집단의 태도와 행동의 결과로써 나타나는 것이다. 노사문제를 해결하기 위한 바람직한 민주적 노사관계의 형성을 위한 구체적 과제로써는 다음과 같은 몇 가지를 지적할 수 있겠다.

첫째, 바람직한 노사문제의 해결과 노사관계 형성을 위해서는 우선 기업이나 정부의 노사문제에 대한 시각이 바뀌어져야 한다.

개발도상국가의 경우 큰 장해는 단체교섭이 공업화 촉진에 적당치 않다고 하는 정치지도자의 반대이다. 즉 노동조합은 생산을 저해하는 동시에 소비를 증대시켜 경제적 불안정을 조장하고 자원이나 재원을 낭비하여 자본형성을 저해한다는 것이 기본적인 주장이다. 이 나라의 정치지도자는 노동조합에 대해 경제가 발달할 때까지는 소비를 억제하고 경제효율을 높이는 생산지향적인 역할을 수행해야 한다고 주장하면서 경제가 발달한 후에 소비지향으로 전환하면 된다고 강조하는 것이 일반적이다.[7)]

개발도상국가의 기업가들도 정부의 특혜와 저임금조치를 바탕으로 한 기업경영을 당연시하고 노동운동이 기업발전에 해롭다고 생각하여 노조결성과 노동운동을 기피하면서 부당노동행위를 일삼는 것이 일반적이다. 개발도상국의 노동지도자들 또한 참다운 노동운동의 의미를 느끼지 못하고 노동운동의 방향을 그르치고 있는 것이 일반적이다. 그러나 노동운동이 정부와 기업자에게 당장은 시끄러운 존재가 될지 모르지만 장기적으로 생각해 볼 때,

① 노사의 진정한 합심을 가져와 노사협력에 의한 생산성 향상으로 노사의 공존공영, 기업발전, 국민경제의 번영을 가져온다.

② 노동운동의 각종 공정(분배의 공정, 교환의 공정, 사회적 공정)을 기하여 자본주의체제를 복지지향적인 것으로 전환시켜 유지 존속시킨다.

③ 노동조합은 각종 압력단체와 더불어 정부와 기업이 유착된 전제권력에 대한 대항력으로 작용하여 민주주의를 발전시킨다.

④ 노동운동은 노동자의 지위향상을 중심으로 인간화를 촉진시킨다. 이상과 같은 점을 고려하여 노사문제를 정당하게 인식해야 할 것이다.

---

7) Ray Marshall and Brain Rungeling, *The Role of Union in the American Economiy*, p. 25.

둘째, 노사문제의 바람직한 해결방향을 모색하기 위해서는 우선 노동문제의 본질적·객관적 파악이 필요한데 이것은 경제적 분석이 중심이 되어야 한다.

만일 노사문제를 경제문제로 보기보다 사회불안 요인으로만 본다면 노사문제 해결을 노동조건의 유지향상이나 노사관계의 안정에서 찾지 않고 치안의 차원인 권력적 억압에서 찾게 될 것이다. 경제문제로서의 노동문제를 본질적으로 해결하면 그에 따라 사회불안이 결과적으로 해소될 것이다. 그리고 노사문제의 발생 가능성을 사전에 미리 발견할 수 있다면 노사문제의 예방관리에도 도움이 될 것이다. 억압적 해결은 결국 노사문제발생의 잠재적 요인의 누적, 비능률, 무관심을 자아내 능률화와 민주화를 저해할 것이다.

셋째, 현대의 노사관계는 노동자, 사용자, 노사관계 조정자 및 사용자로서의 정부를 포함한 다원적 관계이고 나아가 정당, 언론계, 종교계, 학계 등 사회 각종 집단의 영향을 받으면서 구성되어 있다.

정부는 노사자치원칙에 따라 중립적 입장에서 노사자주해결의 규칙과 제도 마련, 자주해결이 어려운 경우의 쟁의조정, 자주해결의 여건조성을 노동정책의 기본으로 삼으면서 노동기본권을 구체적으로 보장하고 노동자와 국민에게 희망을 주는 사회개혁의 구상을 제시할 필요가 있다. 그리고 노동자의 진정한 대표기구를 키우면서 노동자를 대변하는 정치조직을 만들어 폭력화하기 쉬운 노동자, 농민, 도시빈민 등의 대중을 안정 세력화하는 것도 바람직하다. 그리고 사회의 양심과 여론은 공정한 입장에서 바람직한 노사관계가 형성되도록 하는 길잡이가 되어야 할 것이다. 그렇게 하기 위해 정부는 공정하고 국민의 신뢰를 받는 정부가 되어야 한다.

기업은 정부의 중립적 입장고수와 실세화 된 노동세력에 의한 노동운동의 활성화를 전제로 하고 진정한 자유기업주의에 입각해서 건전한 기업경영으로 바람직한 노사관계 형성과 이에 의한 기업의 장기적 발전을 도모해야 할 것이다. 기업이 노사문제의 합리적 해결을 경영정책의 주요한 과제로 삼고 적정이윤 추구와 인간본위의 기업경영으로 그의 사회적 책임을 다할 때 기업은 국민과 노동자가 존경하고 믿는 기업이 되어 참다운 노사관계의 주체가 될 수 있을 것이다.

노동자들은 조직분규의 급속한 해결과 조직내부의 정화로 진정한 노동자 대표 기구를 결성하여 노동자의 확고한 단결, 조직의 안정성, 노동운동의 효율화를 기하여 사회의 신뢰를 받아야 한다. 이러한 노조가 결성될 때 이것이 진정한 노사대화 주체로서의 구실을 다하게 될 것이다.

정부, 기업, 노조가 그의 소임을 다하고 그를 둘러싼 정당, 언론계, 종교계, 학계가 바른 공론을 일으켜 바른 길을 제시하여야 될 것이다.

넷째, 정부와 기업이 노동관의 쇄신을 바탕으로 노조를 대등한 대화상대자로 인정하고 밝혀진 쟁의원인을 대화와 교섭으로 원만하게 처리하고자 성의와 노력을 다한다면 노동자와 노조는 정부와 기업을 믿게 될 것이고 나아가 노사협력의 기틀이 마련될 것이며 노동운동도 자체 정화를 통해 건전화 될 것이다. 이렇게 해서 조성된 상호신뢰의 풍토는 바람직한 노사관계 형성의 기본조건인데 이 풍토 위에서 산업전쟁은 노사 모두에게 이롭지 못하고 산업평화야 말로 노사공존공영의 길이라는 최소한의 공통적인 가치관, 즉 공감대가 형성되어야 한다. 이러한 노사협력의 논리를 명확히 인식하게 된다면 노사는 함께 이해나 자기주장만을 고집하지 않고 신축성 있는 태도로 양보와 타협의 여지를 보이게 될 것이다.

노동자들의 불평불만은 생산성향상을 저해하고 그 해소는 생산성향상을 촉진시키는데 노조가 바로 불평불만의 해소기구라고 볼 수 있다. 일반적으로 저임금 지향적 경영정책, 경영자의 권위주의적 자세, 거대기업조직의 관료화와 개인 간의 갈등, 계급의식 등을 원인으로 형성된 노동자들의 마음속의 불평불만(잠재적 노사분규)은 노조를 통한 쟁의신고, 교섭, 조정요청 등으로 요구조건화 되어(개방적 노사분규) 타결에 의한 평화적 해결이 이루어질 것이다. 그렇지 않으면 파업, 농성(적극적 노사분규)과 같은 실력행사를 거쳐 타협으로 해결될 것이다. 여하튼 노동쟁의가 일방적인 회피(전면거부)나 파탄(폭력화, 지속적 분쟁)으로 끝나서는 안 되고 화해, 타협, 조정으로 산업평화를 이룩해야 한다.

다섯째, 노사관계 조정법에는 독재적 방법과 민주적 방법이 있는데 전자의 방법은 노동쟁의의 근본적 해결책은 못 되고 억압에 의해 심화요인을 크게 할 뿐이다. 후자의 방법으로는 경우가 많으므로 강연회, 세미나를 통한 토의, 교육에 의한 인식과 설득을 포함한 정보전달이 노사문제 해결방법의 하나가 된다. 그러나 이것만으로 노사관계가 원만하게 조정되는 것은 아니다.

노사가 서로 믿고 공감대를 바탕으로 대화를 통해 해결해야 할 요구가 분명해졌다 하더라도 이것을 해결로 이끌 절차나 제도가 마련되어야 한다. 노사의 자율적 조정제도는 단체교섭제도, 노사협의제도 그 밖에 고충처리제도, 경영참가제도 등이다. 노사의 자율적 조정이 어려운 경우에는 제3자에 의한 타율적 쟁의조정제도가 필요한데 이에는 노동위원회에 의한 알선, 조정, 중재, 긴급조정 그 밖에 전문가 등 사설 중재인에 의한 쟁의조정이 있다. 각종 노사관계제도는 현실과 유리되지 않는 유용한 것이 되어야 하고 이것의 운영에 있어서는 준법정신, 대화와 교섭기술이 성숙되어야 하며 이것은 점차 우리 사회 풍토에 적합한 노사관행으로 정착되어야 한다.

일반적으로 노사관계 안정의 계기는 ① 노사의 오랜 꾸준한 노력의 결과, ② 기업 도산 위기의 극복과정, ③ 파업에 대한 경험과 반성, ④ 경영자의 교체에 따른 경영방침의 쇄신, ⑤ 노조의 건전화 등에 있었다고 한다.

끝으로 한국적인 기업풍토에 맞는 바람직한 민주적 노사관계를 형성하기 위해서는,

첫째, 사용자나 관리자들이 근로자들의 노동소외감을 줄일 수 있는 방안을 모색하는 것이 필요하다. 왜냐하면 조직에서 구성원들이 느끼는 소외감이 클수록 감성적이고 비합리적인 행동을 하기 때문이며, 따라서 사용자는 노사협의제도, 종업원지주제도, 경영참가 등을 효율적으로 운영함으로써 근로자들의 소외감을 줄일 수 있는 적극적인 방안을 강구해야 할 것이다.

둘째, 혁신적 기업관과 국가관에 대한 근로자들의 의식구조는 근로자 개인의 과거경험과 소신에 의해 나타나는 결과이며, 이것은 정치 및 사회 환경의 변화 등에 의해 크게 영향을 받는 현상으로 볼 수 있다. 그 예로서 과거 학생운동 출신 노동운동가들은 합법적인 경제투쟁과는 달리 경제투쟁과 정치투쟁의 병합, 노사연대투쟁 등의 성격을 띠면서 사회변혁운동을 전개하였다. 일부 근로자들은 이러한 운동에 영향을 받아 강한 대안의식을 갖게 되는 것이며, 다른 한편으로는 최근 2–3년간에 어렵게 투쟁하여 상당 폭의 임금인상이 이루어졌음에도 불구하고 이러한 임금인상의 효과가 무위로 돌아가게 된 제반 경제·사회적 요인들 때문에 정부가 근로자들이 열심히 일하면 잘 살 수 있는 사회가 이룩되도록 근로자의 이익과 국민적 이익을 조화시킬 수 있는 정책개발을 지속적으로 수행해야 할 것이다. 그리고 기업가는 과거의 예와 같은 정경유착, 부동산투기, 소비자 기만, 임금착취 등의 부정한 방법이 아닌 정상적인 경영활동의 결과로서 정당한 방법으로 부를 창출해야 할 것이다.

셋째, 조직에 있어서 근로자의 동기유발수준에 영향을 미치는 가장 중요한 요인 중의 하나가 직무만족이다. 근로자들이 일상적으로 수행하는 직무를 통해서 의미 충만성, 성취감, 만족감 등을 느낄 수 있어야 한다. 이것은 직장생활의 질(quality of working life)을 향상시킬 수 있는 방법이기도 하다. 따라서 관리자들은 근로자들을 관리함에 있어서 적재적소의 원칙을 지키고, 직무만족 수준을 향상시킬 수 있는 방안을 모색하여 이를 적극적으로 추진해 나가야 할 것이다. 그것은 곧 노사문제에 있어서 가장 저변에 깔린 문제를 해결하는 것이 될 것이다.

넷째, 관리체계의 유형이 조직에 있어서 근로자들의 만족과 불만족에 강하게 영향을 미치는 요소이다. 관리체계와 관련된 요소로는 보상체계 및 구조, 관리자의 리더십, 의사소통, 작업조건, 작업환경 등 무수히 많은 요소들이 있는데 이러한 요소들이 보다 과학적이고 합리적이어야 할 뿐만 아니라 근로자들이 원하는 방향으로 개선되어야 할 것이다. 이러한 관리체계의 개선이 근로자들의 만족수준을 높이고 결과적으로 노사관계의 안정에 기여하게 되는 것이다.

다섯째, 노동조합의 운영과 활동이 민주적이어야 한다. 노조대표 및 간부의 선출에 있어서는 말할 것도 없고, 조합의 운영과 활동에 있어서도 조합원들의 의견을 수렴하여 이를 반영하는 조합 내 민주화가 이루어져야 한다. 그리고 노동조합 활동의 본질은 생산성 증대, 분배개선, 제도개혁 등을 통하여 근로자들의 지위를 향상하는데 있는데 이러한 본질에서 벗어나면 사회의 지탄을 면하기 어려울 것이다. 그러므로 노동조합 활동은 생산적이고 발전적인 방향으로 나아가야 하며, 기업의 발전을 통해 노사가 공존할 수 있는 방향으로 전개되어야 할 것이다.

이제까지 우리나라의 노동조합은 투쟁적 차원에서, 사용자는 노무관리적인 차원에서, 정부는 획일적인 행정지도적인 차원에서 모든 문제를 해결하려고 하였기 때문에 노사협력의 정착화와 노사공존공영을 위해서는 노조는 대결보다는 협조를, 사용자는 노무관계 관리의 차원보다는 노사관계관리의 차원을, 그리고 정부는 획일화된 관료적 지시차원보다는 민간주도적인 시장메커니즘의 지원적 차원을 이룩할 수 있는 길을 모색하는 대책이 절실히 요청된다고 하겠다.

결론적으로 말해 노사관계는 양자 간의 대립적인 측면과 협력적인 측면이 있음은 주지의 사실이며 이를 둘러싸고 있는 환경요인으로는 첫째, 사회 안정을 이유로 노동자와 노동운동을 억압하는 정치적 요인, 둘째, 상대적 소득 격차를 확대시켜 분배의 불공정성을 심화시키는 경제적 요인, 셋째, 노동의 사회적 기여와 가치를 무시하는 가치관 요인, 넷째, 노사관계의 현실적인 규칙을 노동자에게 일방적으로 불리하게 만드는 법률적 요인 등이 있다. 이러한 환경적 조건이 대립과 협력이라는 노사관계의 두 가지 측면 가운데 대립적 성격을 조장한 원인이라고 할 수 있다.

따라서 바람직한 노사관계를 정립하기 위해서는 먼저 노사대립에 대한 인식의 전환과 노사관계 발전을 위한 공동의 노력이 필요하다. 사용자는 노동조합을 대등한 지위에서의 협력자로 보고 근로자들이 보다 자유롭게 노동조합에 가입하도록 허용하여 노동조합의 역할이 활성화되도록 지원하여야 할 것이다.

사용자가 노동조합을 통하여 조합간부들과 조합원들에게 기업의 사정을 진실 되게 알리고 그들에게 조언을 구하며 장래의 경영목표를 공동으로 결정하고자 하는 자세를 갖추는 일이야말로 노사협력 관계 형성의 중요한 요인이라고 할 수 있다.

한편, 노동조합도 바람직한 노동운동이 이루어지도록 하기 위해 조합의 운영과 활동을 민주적으로 해야 하며, 생산성 향상에 공헌할 수 있도록 하고 공헌도에 따라 적정 분배를 받는 방향으로 발전되어야 한다.

그리고 민주적 노사관계를 형성하기 위해서는 관리자들은 근로자들이 만족된 직장생활을 할 수 있도록 작업환경 및 작업조건 개선에 노력해야 할 뿐만 아니라 노사 대등의 원칙에 입각하여 노사협의 제도를 통한 근로자의 경영참가 수준을 높일 수 있어야 한다. 따라서 노동조합은 조합자체의 운영과 활동에 있어서 과격하고 무분별한 행동을 지양하고 조합원의 의견을 수렴하여 이를 반영하는 조합 내 민주화가 이룩될 수 있도록 노력하여야 할 것이다.

3. 신노사문화와 신노사관계

1) 새로운 노사문화의 필요성

21세기 세계화 · 개방화 · 지식정보화 시대에 대응하는 산업평화의 정착을 위해서는 노사분규의 발생 원인을 근본적으로 해결할 수 있는 이념이 제시되어야 한다. 산업평화적인 노사관계란 자본주의적 생산관계의 대립과 협력이라는 이중적 요소를 최대한 적절하게 조화시켜줌으로써 사회 전체의 이익이 되며, 노사 양측에 이익을 증대시켜 주는 것이 되어야 한다.

국제경영발전연구원에서 발표한 국가 경쟁력보고서를 보면, 한국의 노사관계 경쟁력은 조사대상 47개국 중 46위였다. 이러한 발표에 대해 노 · 사 · 정은 하나같이 자신들의 잘못은 없다고 책임전가에 급급했다. 최근 한국전력 민영화나 대우자동차 사태만 보더라도 타협과 협력의 문화는 없고 극단적인 대립과 투쟁의 모습만을 볼 수 있었다. 이러한 대립과 투쟁에 기반한 노사관계의 원인은 그렇게 복잡한 것이 아니다.

경영자는 ① 노동자를 비용요소로 인식하고 있고, ② 경영합리화라는 명목으로 비용절감을 위한 1차적 대상으로 생각하며, ③ 권한과 책임의 대부분은 사용자에게 편중되어 있다. 그리고 노동자를 수익을 위한 도구로 인식하고 있는데 근본적인 문제가 있는 것이다.

한편, 노동자는 ① 매사에 수동적 · 소극적인 자세를 보이고, ② 노동착취에 대한 피해의식이 강하다. 다시 말해 이러한 노 · 사간의 상호 불신이 갈등과 대립적인 노사관계를 형성하게 되는 것이다.

2) 노사관계의 악화요인

노 · 사간 상호 신뢰에 손상을 주어 노사관계를 악화시키는 원인은 무엇일까

(1) 기업외적 요인

- 정부의 불공정한 노동정책
- 높은 주택가격
- 분배구조의 불평등
- 주거비용
- 황금만능풍조
- 사회지도층 인사의 부조리
- 불노소득
- 노동천시풍조

이는 일상생활에서도 사회계층은 나누어져 있다는 것을 보여주고 있다.

(2) 기업내적 요인

- 사용자의 권위적 자세
- 가족중심의 소유구조
- 노 · 사간 대화 및 노동자의 의견수렴 부족
- 기업경영 정보제공 부족
- 노조간부들의 대립적 노 · 사관
- 근로자의 지나친 근로조건 개선요구
- 사용자의 부정직한 태도

(3) 노사 모두가 생각하는 악화요인

- 노 · 사간의 대화 및 의견수렴 부족
- 대화가 부족한 이유를
  ① 근로자는 사용자의 권위주의적 자세 때문이라고 생각한다.
  ② 사용자는 근로자들의 지나친 임금, 근로조건의 개선요구 때문이라고 생각한다.

협력적인 신노사관계 문화를 형성하기 위해서는 무엇보다도 지식 · 정보의 공유가 필요하다. 왜냐하면 서로간의 지식과 정보를 공유하기 위해서는 상호 신뢰가 선행되어야 하기 때문이다.

노·사간 상호 신뢰의 문화 속에서 사용자는 근로자에게 공유된 지식을 가지고 일할 수 있는 자율과 권한, 이에 대한 책임, 활용된 지식에 대해 평가하고 보상해 주는 제도적 장치가 마련되어야 한다.

【 신뢰의 문화 】

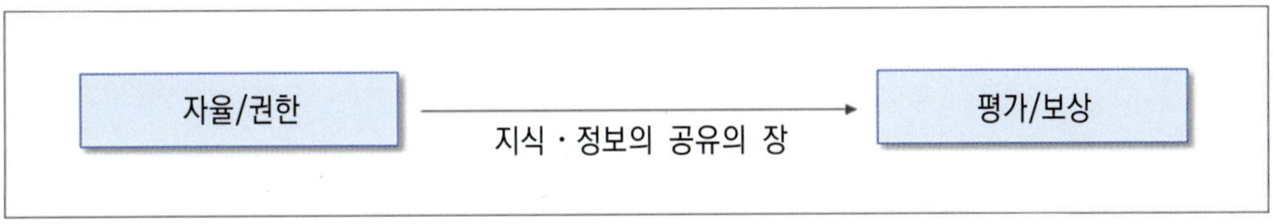

3) 정보공유를 위한 바람직한 자세

(1) 노동자의 자세

과거 노동은 토지, 자본과 함께 중요한 생산요소의 하나였고 노동자는 노동력을 제공하는 주된 대상으로 인식하였다. 그러나 지식사회에서 노동자는 지식을 가지고 있는 지식의 원천으로 인식되고 있다. 지식을 가진 노동자는 이제 비용측면이 아닌 투자측면으로 인식되고 있다. 따라서 근로자는 지식근로자로서의 자세를 가지고 자기가치를 높이도록 노력하여야 한다.

(2) 사용자의 자세

첫째, 제한적으로 공유한 정보에 대해 근로자가 볼 수 있도록 개방하여야 한다.
둘째, 근로자에게 보다 많은 자율과 권한을 부여하여야 한다.
셋째, 지식경쟁력을 갖출 수 있도록 교육훈련의 장을 마련하여야 한다.
넷째, e-learning시스템을 구축하고 암묵지를 형식지화 하여야 한다.

(3) 정부의 자세

정부는 조정자로서의 역할뿐만 아니라 근로자의 자발적인 참여를 유도하고, 직장에 대한 만족도를 높일 수 있는 방안과 각종 노사협력프로그램과 조직을 만들어야 한다. 지식은 사람만이 창출·활용할 수 있다. 따라서 지식을 공유할 때 노·사간의 힘의 균형이 이루어지고 노·사간의 힘의 균형은 서로를 존중하고 중요하게 생각하여 상호 협력적인 관계를 형성·유지할 수 있게 되는 것이다.

제12장 근로자복지와 사회보장제도

제12장 근로자복지와 사회보장제도

제1절 근로자복지의 본질

1. 근로자복지의 개념과 의의

근로자의 복지후생(employee benefit and service program)이란 기업이 종업원과 그 가족의 생활수준을 향상시키기 위하여 마련한 임금 이외의 간접적인 제 급부를 말하는데, 이것은 기업의 자체부담과 책임 하에서 마련되는 급부로써 노동력의 확보·유지·배양을 원활하게 하기 위한 것일 뿐만 아니라, 노사공동체 형성의 기반으로서도 필요하며, 오늘날에는 기업의 사회적 책임이기도 하다.

원래 복지(welfare)라 함은 사회이념으로써 인간의 생활에 기대되는 안정, 조화, 생활내용의 충실, 행복 등과 같은 이상적인 상태를 말하는 것이지만, 이러한 정도의 해석으로는 복지의 개념을 명확하게 규명할 수는 없다. 복지라는 말은 오히려 다른 말과 합성어로 사용되는 경우에 보다 더 구체적으로 그 개념을 이해할 수 있게 된다.

예컨대 복지국가, 사회복지, 산업복지, 기업복지, 노동자복지 등 다양한 표현이 우리 주변에서 흔히 사용되고 있지만 본 절에서는 사회복지, 산업복지, 기업복지에 대한 개념만을 살펴보기로 한다.

1) 사회복지

사회복지(social welfare)의 개념은 일반적으로 다음과 같은 두 가지 의미로 설명되고 있다.

첫째는 사회복지란 국가부조의 적용을 받는 자(신체장애자, 아동 등)가 자립하여 그 능력을 발휘하는데 필요한 생활지도, 기타 원호 · 육성을 행하는 제도를 말한다.

둘째는 사회복지란 노인, 신체장애자, 범죄자 등과 같은 특별한 주의를 필요로 하는 자들의 복지에 국한되는 것이 아니고 사회의 모든 구성원을 대상으로 하여 그들이 속하고 있는 사회와 적절한 관계를 확보할 수 있는 수단을 제공하는 제도라고 규정하고 있다.

따라서 사회복지의 개념은 넓은 의미에서는 교육 · 소득보장 · 보건의료 · 고용 · 주택 등이 포함되는 것으로써 1950년대의 영국의 사회서비스(social service)의 개념이 여기에 해당된다. 그러나 좁은 의미에서 사회복지란 생활보호 · 아동복지 · 노인복지 · 신체장애자복지 등이 부문별 사업으로 포함되는 것을 의미한다.

오늘날 사회복지란 용어는 일반화되어 있지만 이와 관련하여 산업복지, 기업복지라는 용어가 나타나고 있는데, 산업복지는 근로자를 대상으로 하는 복지의 의미로 사용되고 있으며, 때로는 기업복지, 근로복지, 경영복지, 자주복지 또는 복지후생 등과 같은 표현으로 사용되기도 한다. 이와 같은 용어들은 사회복지보다는 협의의 개념이며 근로자의 생활수준의 향상과 생활조건의 안정을 위해 실시되는 것이다. 이런 의미에서 볼 때 산업복지는 기업복지와 개념이 분명하게 구분되는 것은 아니다.

2) 기업복지

한편, 기업복지(company welfare)라는 말은 종래 노무관리의 일환으로 실시해 오던 복리후생이라는 말에 대한 반성에서 비롯되었다고 할 수 있다. 선진국에 있어서 기업복지는 제2차 세계대전 이후 기업의 사회적 책임, 노동조합의 정착, 단체 교섭력의 증대, 근로조건의 법제화, 산업민주주의의 확대, 경영사회정책의 발달 등에 의하여 종래 사용자의 자발적 · 임의적 · 온정적인 제도로 운영되어 오던 것이 근로조건적인 성격이 강조되면서 단체협약적 · 계약적 · 법적 성격이 강해져서 임의적인 성격이 점차 퇴색되고 복지권을 기반으로 한 권리 · 의무적 성격이 증대되기에 이르렀다. 이러한 기류를 타고 종래의 복지후생이라는 말 대신에 넓은 의미로 기업복지라는 새로운 용어가 등장하게 되었다.

그러나 기업복지라는 용어는 오늘날 여러 가지로 혼용되고 있으며, 내용과 성격도 국가에 따라서 다양하게 전개되고 있다.

그리고 근로자의 자주복지란 근로자들이 노동조합을 통하여 자구책으로 복지수단을 강구하는 것을 의미하는데, 근로자를 위한 복지는 결국 국가에 의한 사회복장, 기업복지 및 자주복지가 상호 보완적으로 발전할 때 그 성과를 기대할 수 있는 것이며, 어느 하나의 제도에 의해서만 근로자들의 복지욕구가 완전하게 충족되는 것은 아니다.

본 장에서 근로자복지라는 제목을 붙인 것은 여러 가지 복지개념 가운데서 그 범위를 좁혀 근로자에게 한정시킨 개념으로 받아들이기 위한 것이다. 그러나 이 경우에도 그 내용은 매우 복잡하다. 예컨대 근로자 복지를 대상별로 보면, 근로청소년복지, 근로여성복지, 장애자근로복지, 중·고령근로복지 등으로 구분된다. 또한 근로자 복지의 구체적인 내용을 보면 법정복지제도로써 산업재해보상보험, 의료보험, 연금보험, 실업보험 이외에 복지 프로그램으로써 근로자를 위한 중년생활설계, 생애교육, 재산형성제도, 주택복지, 건강복지 등 극히 다양하다.

근로자복지를 위한 제반 시설 및 제도는 노동력의 재생산을 위한 보조적 수단이라고 할 수 있지만, 경영관리의 내용이 고도로 발전하고 변화된 오늘날의 기업에 있어서는 이것이 대단히 중요한 의의를 갖는다. 근로자복지제도가 종업원과 사용자에게 주는 이익을 살펴보면 그 내용은 〈표 12-1〉과 같다.

〈표 12-1〉 근로자복지제도가 종업원과 사용자에게 주는 이익

종업원에게 주는 이익	사용자에게 주는 이익
· 근로의욕 내지 사기가 높아진다. · 안정감이 향상된다. · 불만의 원인이 감소된다. · 경영자와의 관계가 개선된다. · 고용이 안정되고 수입이 증가된다. · 건설적으로 참가하는 기회 등이 늘어 난다. · 기업의 방침 및 목적에 관한 이해가 증진된다. · 지역사회의 시설·기관에 대한 종업원의 이해와 관심이 촉진된다.	· 생산성 향상과 원가절감이 이루어진다. · 팀웍 정신이 왕성해진다. · 결근/지각/사고/불만/노동이동률 감소 · 인간관계가 개선된다. · 채용·훈련비용이 절감된다. · 종업원과 건설적으로 일할 기회 증대 · 기업의 방침·목적을 알릴 기회 증대 · 회사를 홍보할 기회가 늘어난다. i) 지역사회 및 지도자와의 협력 ii) 지방의 복지시설이나 단체의 확립 iii) 회사의 목적, 시책에 대한 홍보

2. 근로자 복지제도의 성격과 기능

1) 근로자 복지제도의 성격

우리나라에서 근로자 복지제도는 실시주체에 따라 국가 및 공공단체가 중심이 되는 공공복지, 사용자의 책임과 비용부담으로 실시하는 기업복지, 근로자의 자주적 연대에 의해서 자조적 노력의 일환으로 실시하는 자주복지 등 세 가지로 구분되고 있다.

이른바 공공복지는 후술한 사회보험이 중심이 되고 그 이외에 근로복지회관, 근로청소년회관, 근로자 임대아파트의 건립, 재산형성, 종업원지주제도 등이 여기에 포함된다. 기업복지로는 주택·급식·피복·통근차, 종업원 자녀 학자금 등의 지원이 중심이 되고 있으며, 마지막으로 자주복지는 한국노총이나 개별 노동조합을 중심으로 하는 노동금고의 설립, 협동조합, 장학사업, 체육대회 등이 해당된다.

이와 같은 근로자 복지제도는 임금과 더불어 종업원에 대한 보상의 수단으로 실시되고 있지만 직접적인 보상수단으로 제공되는 임금과 간접적인 보상수단의 성격을 갖는 복지제도는 그 성격 면에서는 상호 대조를 이루고 있는데, 근로자 복지제도의 일반적인 성격을 요약하면 다음과 같다.

첫째는 근로자 복지제도는 노동의 질과 양·능률에 대한 무차별적인 성격을 갖는다. 즉 임금은 노동의 질이나 양 그리고 노동능률에 따라서 차이가 있지만, 근로자 복지제도는 신분기준에 따라 운영되고 있다. 다시 말해 연령, 성별, 지위, 근속연수 등에 따라서 차이가 있지만, 원칙적으로 노동의 질이나 양, 능률 등에 의해서는 차등을 두지 않는다.

둘째, 근로자 복지는 기본적으로 집단적 보상의 성격을 갖는다. 즉 근로자 복지의 혜택은 집단 전체에게 공평하게 배분되기 때문에 집단에 대해 협동적 자세가 형성된다.

셋째, 근로자 복지는 필요성의 원칙에 의해 지급된다. 다시 말해 복지후생의 구체적 내용이 설정되어 있다 하더라도 필요한 근로자에게만 지급된다. 예를 들면 의료보험의 혜택 또는 분만비용 지급과 같은 기회는 모두에게 주되 실제 혜택은 해당되는 사람만 받는다.

넷째, 임금의 용도가 무제한적인 것이라면 복지후생의 용도는 제한적인 특성을 갖는다. 즉 복지후생에 대한 혜택의 내용은 당해 기업에서 일일이 그 지급내용을 예시하여 해당자가 지체 없이 이용하도록 한다. 이는 지급내용에 따라 용도가 각각 제한되어 있기 때문이다. 예를 들어 통근버스, 피복지급, 주차장 이용 등과 같이 개별적인 용도가 다르다.

다섯째, 복지후생에 대한 혜택은 모든 종업원이 조건만 충족되면 누구나 똑같이 받을 수 있기 때문에 언젠가는 차례가 올 것이라는 기대를 갖게 해주는 기대소득의 성격을 갖는다.

여섯째, 임금은 현금지급을 원칙으로 하지만, 근로자 복지는 현금 외에도 현물이나 서비스의 제공, 시설물의 이용 등을 통해서도 지급된다.

일곱째, 임금이 그 상승에 따라서 직접 생활수준의 향상을 초래하지만, 필요성의 원칙에 의해 지급되는 근로자복지는 생활수준의 직접적 향상보다는 그 안정화에 기여한다고 볼 수 있다. 특히 생활변화를 정확히 예측하기란 매우 어렵기 때문에 경우에 따라서는 많은 돈이 일시에 지출되는 생활상의 고난이 있을 경우 복지후생비로써 이를 충당하여 생활을 안정시켜 줄 수 있다.

2) 근로자 복지제도의 기능

근로자 복지제도는 다음과 같은 여러 가지 기능을 수행한다.

(1) 생환안정의 기능

기업이 근로자들에게 보상을 지급하는 목적은 근로의욕을 증진시키고 생활안정을 도모하여 안심하고 직장생활에 전념할 수 있도록 하는 것이다. 이때 임금이 직접적인 기능을 한다면, 복지제도는 간접적이고 부가적인 보완기능을 수행한다고 볼 수 있다. 그러므로 근로자복지제도는 근로생활의 안정을 도모하려는 각별한 배려의 한 방법인 것이다.

(2) 노동력 유지 기능

근로자 복지제도는 근로자의 이익을 방지하는 주요한 기능을 가진다. 이직의 주된 원인은 생활불안정이기 때문에 이를 해결하여 노동력을 유지하려면 우선 근로자복지제도의 확대 실시를 통해 생활안정을 도모해야 한다. 주택지원을 하고 의료혜택과 생활편의시설을 잘 마련해 주면 근로자의 이직률은 현저하게 낮아질 것이다.

(3) 바람직한 대인관계 조성의 기능

임금은 개별적으로 차등 지급되기 때문에 개인적인 비교나 낮은 임금을 받는 사람이 불만을 가질 수 있다. 그러나 근로자 복지후생은 단체지급의 성격을 가지고 있어 근로자 모두가 평등하다는 생각을 가지기 때문에 조직 내의 대인관계가 원만해 질 수 있다.

(4) 협조적 노사관계 조성의 기능

비법정 복지후생은 불이행에 대한 법적인 제재가 없기 때문에 기업의 재량으로 지급 여부가 결정된다. 따라서 대부분의 복지후생의 내용은 기업이 근로자를 배려하는 차원에서 지급하는 것이므로 노사관계를 협조적 분위기로 만드는데 크게 기여한다.

제2절 근로자복지제도의 유형과 내용

1. 근로자복지제도의 유형

근로자복지제도는 그 시행주체나 강제성여부에 따라 다음과 같이 분류된다.

1) 시행주체에 의한 분류

근로자복지제도는 누가 주체적으로 시행하느냐에 따라 다음과 같이 구분할 수 있다. 좁은 의미에서 근로자복지제도는 기업이 주체가 되는 경우만을 의미하지만, 국가나 지방공공단체가 행하는 것은 사회보장, 노동조합이 행하는 것은 노동복지라고 분류하기도 한다.

〈표 12-2〉 시행주체에 의한 근로자복지제도의 유형

주 체	대 상	내 용
국가 지방공공단체	국민, 근로자	국민건강보험, 국민연금, 공중위생, 후생연금, 실업보험(고용보험), 산업재해보상보험, 노령자・신체장애자・정신박약자・모자 등에 대한 공적 보조
기업	종업원과 그 가족	의료보험, 공제, 오락시설, 운동시설 등
노동조합	조합원	공제, 대부, 오락시설 등

2) 강제성여부에 따른 분류

근로자복지제도가 법률에 의해 강제적으로 시행되고 있는 경우를 법정복지제도라 하고, 사용자의 임의대로 시행되고 있는 경우의 근로자복지제도를 비법정복지제도라고 한다.

법정복지제도란 근로자를 고용하는 경우 기업에 대하여 법률로써 의무화하고 있는 복지제도로서 이에는 의료보험, 연금보험, 재해보험 등이 있다.

한편, 기업의 임의로 독자적인 입장에서 제공되는 사택, 급식, 의료, 보건, 공제, 오락시설 등은 비법정복지제도에 해당되는 것들이다.

3) 성격과 내용에 의한 분류

근로자복지제도를 그 성격과 내용에 따라 다음과 같은 세 가지 유형으로 대별할 수도 있다. 즉 경영관계시설, 경영관계제도, 경제관계제도가 그것이다. 이와 같은 시설 내지 제도의 구체적인 내용을 표시하면 그 내용은 [그림 12-1]과 같다.

그림 12-1. 근로자복지 시설과 제도의 유형

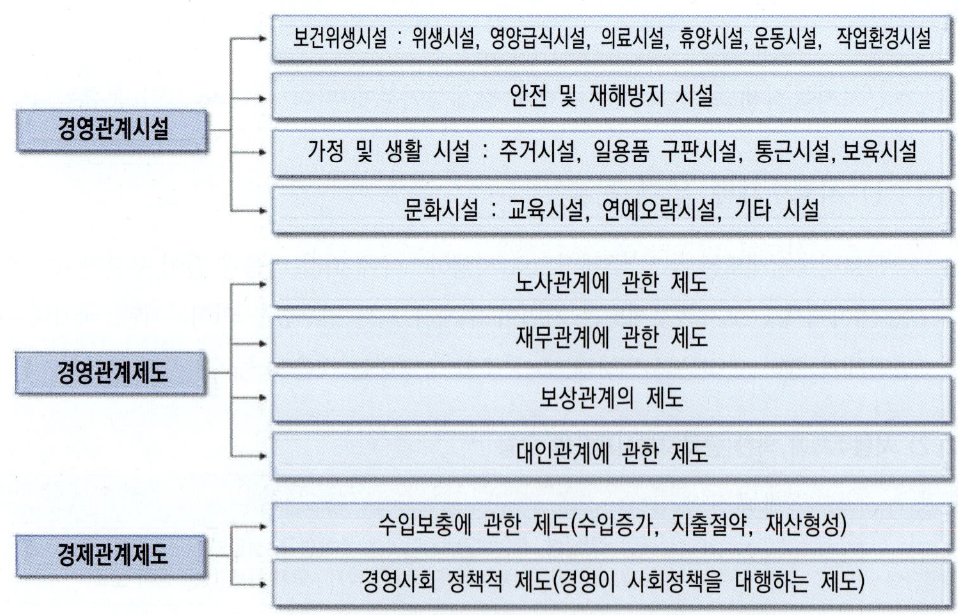

2. 근로자복지제도의 내용

[그림 12-1]에서 보는 바와 같이 근로자 복지제도의 내용은 매우 다양하고 복잡하다. 이를 법정 복지제도와 비법정복지제도로 구분하여 살펴보고자 한다.

1) 법정근로자복지제도

법정근로자복지제도란 기업이 근로자를 고용하고 있는 한, 근로자의 개인적 의사나 기업의 자율적 방침과는 관계없이 법률에 의해서 강제적으로 실시되어야 하는 복지시설이나 제도를 말한다.

본래 복지제도는 사회보장 차원에서 정부가 주체가 되어야 한다. 그러나 오늘날에는 경제적 힘이 기업에 치중되어 있기 때문에 근로자에 대한 기본적인 복지후생에 대해서는 법으로 이를 명시하여 기업에 제공하도록 하고 있다. 따라서 정부는 근로자 복지를 위해 지출된 상당액의 세제혜택을 기업에게 주고 있다.

오늘날에는 경제발전과 더불어 근로자의 욕구수준은 기본적인 생리적 욕구수준을 넘어 미래 불확실성에 대비한 안정의 욕구를 강하게 나타내고 있다. 즉 질병이나 노령에 대한 두려움, 그리고 재해 및 실업에 대한 위험에 대비하려는 욕구가 높아졌다.

따라서 이러한 두려움과 위험을 예방하고, 또 이들로부터 안전하게 보호를 받는다는 것이 모든 근로자의 염원이 되었다. 이에 선진 산업국에서는 의료보험, 연금보험, 재해보험, 고용보험 등 4가지 기본보험을 공적 보험제도로 정해 놓고 기업으로 하여금 이를 실시하도록 법으로 강제하고 있는 것이다. 이러한 법정보험 제도를 요약하면 그 내용은 다음과 같다.[1)]

(1) 국민건강보험

국민건강보험제도는 기업 내 근로자나 그 가족에게 발생하는 질병이나 사고로부터 그들을 보호하고 예방한다는 의미에서 법적으로 강제 실시되고 있는 사회보험이다. 이 제도의 일반적인 기능은 질병을 치료할 뿐만 아니라 질병을 조기 발견하여 예방한다는 데 있다.

---

1) 김종재 · 박성수, 『인적자원관리』, 법문사, pp. 545-549.

우리나라에서는 1977년 500인 이상 사업장 근로자를 대상으로 직장의료보험제도가 처음으로 실시되었다. 이후 1979년 공무원 및 사립학교 교직원과 300인 이상 사업장 근로자, 1988년 농어촌지역의료보험, 1989년 도시자영업자를 대상으로 의료보험이 실시되면서 전 국민 의료보험시대를 맞았다. 그리고 1987년 2월부터는 한방 의료보험이 실시되었으며, 1989년 10월부터는 약국의료보험도 실시됐다. 2000년 7월 1일 모든 의료보험이 국민건강보험으로 통합됐다.

국민건강보험료는 4대보험료 중의 하나이다. 4대보험료의 하나로서 필수적으로 납부해야만 한다. 직장인의 경우 회사에서 매월 지급받는 월급에서 공제하기 때문에 별도로 챙길 것이 없으나 자영업이나 프리랜스의 경우 지역가입자로 되어 있기 때문에 신경을 써서 연체가 발생하지 않도록 주의를 기울여야 한다.

국민건강보험료는 주민등록상에 있는 거주지로 또는 각 세대별 조건이나 특성에 따라서 서로 다르게 차이가 날 수 있다. 경감되는 조건이 다르기 때문에 국민건강보험료의 경감이 가능하다고 판단되면 필요한 증빙서류 등을 준비하여 확인해 보는 것도 좋은 방법이 될 것이다.

2019년 직장가입자의 건강보험료율은 6.46%이고, 지역가입자의 부과점수당 금액은 189.7원인데 산정요소는 소득, 재산(부동산, 자동차, 전월세 등), 세대원 성별과 연령에 따라서 부과점수가 산정되며, 세대별로 보험료가 부가된다. 그리고 연소득 500만원을 기준으로 부과점수는 다르게 적용된다.

현행 우리나라 국민건강보험에서는 보험급여를 현물급여와 부가급여로 구분하고 있는데, 현물급여는 법에 의하여 당연히 지급되는 급여로서 요양급여와 분만급여가 있으며, 부가급여는 의료보험조합의 정관에서 정하는 바에 따라 임의로 지급하는 급여로서 상병수당금과 장제비가 있다. 따라서 조합재정에 여유가 없을 때에는 법정급여만 인정하고 부가급여는 허용하지 않을 수 있다.

요양급여는 요양비를 지급하는 것으로서 여기에는 ① 진찰, ② 약제 또는 치료재료의 지급, ③ 처치, 수술 기타의 치료, ④ 의료시설에의 수용(입원), ⑤ 간호, ⑥ 이송 등이 포함된다. 이러한 요양급여는 특별한 사유가 없는 한 조합과 계약이 체결된 보건의료기관 또는 약국이나 조합이 설치 운영하는 의료기관 등과 같은 특별한 장소에서만 허용된다. 그러나 분만 급여의 경우에는 반드시 지정병원만이 요건이 아니고 자가분만의 경우도 보험급여를 받을 수 있다.

의료보험의 급여 가운데 소득급여로서 상병수당은 질병, 부상으로 인하여 휴직중인 피보험자의 생활을 보장하기 위한 급여이다. 이것은 피보험자가 상병 때문에 취업을 할 수 없게 되고, 그것이 원인이 되어 생활유지를 위해 필요한 보수를 충분히 받지 못할 경우에 지급된다. 그러나 업무상 질병으로 인한 휴직의 경우는 전술한 산업재해보상보험의 경우에 해당되므로 의료보험의 상병수당의 지급사유는 아니다. 상병수당의 지급액은 취업을 할 수 없게 된 기간 1일에 대하여 표준보수 월액의 2% 범위에서 조합 정관으로 정한다.

사회보장제도와 급여는 그 수준이 높을수록, 또한 급여종류가 다양할수록 바람직한 것은 당연하다. 그러나 이것은 사용자 및 근로자의 보험료 부담, 국고부담능력, 보험재정에 미치는 영향을 고려하지 않을 수 없다. 급여수준을 높이기 위하여 사용자와 근로자의 보험료 부담을 높이는 것은 한계가 있을 뿐만 아니라 완전한 수지상등(收支相等)의 원칙에 지배되면 사(私)보험과의 구분이 불분명하게 되며, 국고보조에 의존하는 것도 한계가 있다. 사회보험으로서의 의료보험의 급여수준은 전술한 바와 같이 '최저수준'이 아니고 '적정수준'의 개념이다. 따라서 현재의 급여수준이 '적정수준'에 이르지 못하고 피보험자의 본인 부담비중을 높이는 경우에 의료보험 자체의 존재 의의에도 문제가 있다.

우리나라 의료보험법에서는 전술한 상병수당과 장제비를 임의급여로서 부가급여로 규정하고 있으나 전술한 부가급여(fringe benefit)의 본질상 상병수당 등은 부가급여가 아니다. 의료보험에서 부가급여라고 할 때에는 피보험자와 피부양가족의 건강증진을 위한 복지시설의 제공, 건강진단, 신속한 사회복귀와 취업을 위한 병원 내에서의 훈련 등이 포함되며, 상병수당 · 장제비 등은 법정 급여에 포함되어야 한다.

의료보험제도가 정착된 일본의 경우 현재 많은 문제점을 안고 있지만 보험급여의 내용과 질에 있어서는 우리와 비교가 되지 않을 정도로 충실하다. 일본의 의료보험 가운데 근로자를 중심으로 한 건강보험의 급여는 피보험자 본인에 대해서, ① 요양급여 및 요양비, ② 상병수당, ③ 매장비, ④ 분만비, ⑤ 출산수당, ⑥ 육아수당 등이다. 요양의 급여기간은 우리는 6개월로 되어 있으나 일본은 피보험자 자격이 존속하는 한 기간을 제한하지 않고 있다. 상병수당은 우리나라는 임의급여로서 1일에 대하여 표준보수월액의 2%이지만, 일본은 법정급여로서 60%(피부양자가 없거나 또는 피보험자가 입원한 경우는 40%)를 지급하고 있다.

(2) 연금보험제도

연금보험제도란 노령에 대비하여 미리 해당조직과 개인이 매월 임금의 일정액을 보험에 불입하여 일정한 연령에 도달했을 때나 재해 및 사망이 발생한 경우에 적립금을 당사자나 그 유족에게 주어 혜택을 받도록 하여 본인의 노후를 보장하거나 유족의 생활을 안정시켜 주는 것을 말한다.

우리나라는 1973년 국민복지연금제도를 수립한 이래 여러 차례에 걸쳐 그 실시를 미루어오다가 1988년부터 국민연금제도를 시행하게 되었다. 1992년 이후에는 상시 5인 이상의 근로자를 사용하는 사업장의 경우는 당연히 국민연금에 가입해야 하며, 가입에 따른 부담(갹출료)은 근로자와 사업주가 각각 표준급여액의 3%에 해당하는 금액을 절반씩 분담하게 되어 있다. 1998년부터는 근로자의 퇴직전출금에서 표준급여액의 3%를 사용자가 추가로 납부하고 근로자의 퇴직 시에 그 금액을 공제하도록 하였으며, 현재는 사업주와 근로자가 각각 4.5%씩 부담한다.

연금제도의 종류는 무엇을 기준으로 분류하느냐에 따라 차이가 있고, 분류기준과 내용은 국가에 따라 상이하다. 그러나 일반적으로 운영주체, 근로시간, 연금액의 결정방법, 연금수급기간 등을 분류기준으로 하여 여러 가지 명칭의 연금종류가 사용되고 있다.

여기서 공적연금은 장기소득보장의 성격을 지닌 사회보험으로서 국가 또는 법률로서 정한 특수법인(예컨대 한국의 사립학교교원연금관리공단)이 운영하며 강제가입이 그 특징이다.

사적연금은 크게 기업연금과 협약연금으로 구분할 수 있는데, 협약연금이란 노사간의 단체교섭에 의하여 다수의 노조와 다수의 사용자간에 성립하는 사적연금이다.

개인연금은 생명보험회사가 계약자 한 사람씩을 대상으로 하는 연금계약이다. 이 연금은 개인의 자유의사에 따라 체결하는 연금이다.

연금의 종류를 근무기간에 의하여 분류할 때는 장래근무연금, 현재근무연금, 과거근무연금 등 3종류로 구분된다.

장래근무연금은 보험료의 납입기간에 대응하여 연금수급 자격이 가산되는 보통연금이다. 이것은 개인연금과 동일한 원리이며 재정계획은 완전적립방식 또는 사적적립방식에 의하는 것이 원칙이다. 현재근무연금은 구체적으로 공상연금, 순직연금과 같이 수급자격이나 연금액이 근무기간의 장단과 관계없이 업무재해의 정도에 따라서 지급되는 연금이며, 재정방식으로는 연금현가적립방식(terminal funding)이 활동된다. 과거근무연금은 연금제도 실시 이전의 보험료를 납입하지 않은 과거의 근무기간을 연금기간에 소급통산하여 지급하는 연금이다. 이것은 연금이 강제가입 또는 제도로서 영원히 계속될 것을 가정하여 연금 실시에 즈음하여 과거근무연금의 활용에 따라 생기는 채무를 초기과거근무채무(initial past service liabilities: PSL)라 하고 이를 상각하는 재원을 정리재원이라고 한다.

연금액의 결정방법에 의한 분류로서 완전연금은 규정대로 기간 중에 갹출금을 납입(과거근무연금을 포함)하고 정상의 연금지급 개시연령에 지급 개시되는 연금이다.

감액연금은 일정연령 이전에 퇴직하는 자에 대해서 소정액을 공제하고 지급하는 연금이다. 경과연금은 장정연금이라고도 하며, 과거근무연금을 포함하고 있는 연금이다. 이것은 보험료를 납입하지 않은 과거근무기간 분에 대응하여 약간 부분을 퇴직연금에서 공제하는 경우의 연금이다.

연금수급기간의 장단에 따라 구분한 생명연금에는 종신연금과 유기연금이 있다. 전자는 생존하는 한 지급되는 연금이며, 후자는 정기연금이라고도 하는데 수급자의 생존시기 가운데 일정기간 동안 지급되는 연금이다. 확정연금은 논자에 따라 정기연금이라고도 한다. 이것은 연금수급자의 생사에 관계없이 확정 기간 중 반드시 지급하는 연금이다.

그림 12-2. 연금의 분류기준에 따른 유형

운영주체	공적연금(public pension)
	사적연금(private pension)
	개인연금(personal pension)
근로시간	장래근무연금(future service pension)
	현재근무연금(present service pension)
	과거근무연금(past service pension)
연금액의 결정 방법	완전연금(full pension)
	감액연금(reduced pension)
	경과연금(transitional pension)
연금수급기간	생명연금(life pension)
	확정연금(definite annuity)

연금의 종류는 위에서 구분한 분류기준 이외에도 정액연금, 보수비례연금, 가급연금, 관습형연금, 표준형연금, 물가상승을 고려한 슬라이드연금, 변액연금 등의 여러 가지 유형이 있다. 이 가운데 가급연금은 표준보수에 관계없이 처와 자녀수의 가족구성에 따라 지급하는 연금이다. 관습형연금과 표준형연금은 미국기업에서 분류하는 명칭으로서 관습형연금은 중소기업에서 각각 다른 형태로 운영하는 연금이며, 표준형 연금이란 산업별 노조가 각각의 경영자단체와 단체교섭을 통하여 각 소속 산업별로 표준화된 급여내용을 가진 연금제도를 체결하는 것이다.

(3) 기업연금제도의 필요성

미국, 독일, 프랑스, 이탈리아를 비롯하여 복지국가라고 하는 스웨덴에서는 기업연금이 근로자의 노후보장에 중요한 역할을 하고 있다. 기업연금은 사적연금에서 가장 큰 비중을 차지하고 있는 것으로써 경영연금이라고도 하는데 기업연금의 필요성은 다음과 같이 정리할 수 있다.

첫째, 노후의 생활보장을 공적연금에만 의존할 수 없을 뿐만 아니라, 공적연금이 최소한의 생계비 보장수준 이상의 것까지 보장하기 어렵기 때문에 추가적인 보장이 필요하다는 점이다.

오늘날 의료기술의 발달과 평균수명의 연장, 고령자의 취업기회 상실, 핵가족제도에 의한 노령자 부양 개념의 희박과 생활구조·경제사정의 변화에 의한 근로소득계층의 지출증대와 그것에 따른 노령자 부양의 곤란화가 일어나고 있다.

이와 같은 사회적·경제적 환경변화에 대응한 노후생활 보장을 위하여 기업연금제도가 필요하다.

둘째, 개인의 저축여력을 생각할 때, 급격한 인플레이션이 일어난 제2차 세계대전 후의 경제변동과 일해야만 먹고 살 수 있는 임금근로자의 비율이 경제발전과 더불어 더욱 높아지게 되었는데, 이들에게 일상생활을 위한 지출 이외에 저축을 자발적으로 기대하는 것이 어렵게 되었다. 또한 국민소득수준은 확실히 증가하고 있지만 반면에 생활문화수준의 증가, 생활내용의 고도화, 교육·의료비 부담의 증대 등으로 저축의 여력을 가질 수 없게 되었다.

셋째, 공적연금의 존재가 빈약하고 그 기능이 미약하기 때문에 근로자의 노후생활보장에 대한 기업의 사회적 책임의 수행과 근로자의 요구, 노동조합의 압력에 의하여 기업연금의 창설이 요구되고 있다.

또한 기업의 입장에서도 큰 관심사가 되고 있는 것은 근로자로 하여금 직무에 전념하도록 하기 위해서는 일상생활뿐만 아니라 노령퇴직 후의 생활안정에 대해서도 배려할 필요성을 인식하게 되었다.

전통적으로 기업에 있어서의 노후생활보장 대책으로는 퇴직금제도가 있지만, 노후의 생활보장을 가장 효과적·합리적으로 수행하기 위해서는 퇴직일시금보다도 연금제도로 이행하는 것이 선진국의 기업연금 발달의 요인이 되고 있으며, 다음과 같은 점에서 퇴직금의 연금화가 필요하다.

그리고 기업입장에서 기업연금의 필요성과 이점을 정리해 보면 다음과 같다.

① 기업연금제도의 실시는 종업원의 회사경영에 대한 관심을 높이고 적극성을 유도할 수 있어 노사관계가 장기적으로 안정될 수 있다.

② 기업연금제도를 실시함으로써 노후의 생활불안이 제거될 수 있다면 종업원은 안심하고 직무에 전념하고 회사에 대한 소속의식이 높아져서 생산성의 향상을 기대할 수 있다.

③ 연금은 퇴직금과 마찬가지로 퇴직을 지급사유로 하고 있지만 일반적으로 장기근속자와 고령퇴직자에게 수급자격이 부여되기 때문에 오랜 근속을 권장할 수 있다.

④ 연금제도를 통한 노후생활이 보장될 경우 정년제도에 의한 퇴직을 원활하게 할 수 있다.

⑤ 연금은 퇴직금과는 달리 일시에 많은 금액의 지출을 필요로 하지 않고 합리적·계획적으로 자금의 적립지출이 이루어지므로 기업의 자금 조작을 원활하게 한다.

⑥ 연금을 전문기관에 적립하는 경우 재정계획의 장기적 방법이 용이하게 되고, 또한 기금운영에 대해서 완전히 인수기관에 예탁하기 때문에 사후절차가 생략될 뿐만 아니라 전문적인 적정관리를 기대할 수 있다.

다음으로 근로자입장에서 기업연금의 필요성과 이점을 정리해 보면 다음과 같다.

① 퇴직금은 공로 보상적 성격과 생활보장적 성격의 이면을 지니고 있지만, 퇴직 시 일시에 많은 금액이 지급되는 현행의 퇴직일시금제도에 비하여, 퇴직 후에 지속적으로 일정금액이 일정시기에 확실하게 지급되는 연금이 노후생활을 보다 안정되게 보장한다.

② 퇴직금의 관리운용에 필요한 지식과 경험이 부족하고 이 자금의 투자에 실패할 경우 생활에 위협을 받게 되지만, 연금의 경우는 이러한 위험성이 없다.

③ 장기간 봉급생활자로서 생애를 보낸 자가 퇴직 후에도 생활감정·생활관습을 그대로 가질 수 있기 위해서는 정기적으로 지급되는 연금이 편리하다.

④ 노후생활의 불안이 해소되고 정년제의 실시가 원활하게 이루어지면 고령자의 정체 없이 근로자 일반에게 승진의 기회가 주어지게 된다.

⑤ 연금은 퇴직금보다 소득세액의 계산에서 유리하다.

넷째, 공적연금제도의 원천적인 문제점을 들 수 있다. 먼저 공적연금의 우위성과 사적연금의 흡수를 주장하는 논거 및 보다 구체적인 문제점을 살펴보면 다음과 같다.

① 국민의 일반적 생활수준이 높아지고 높은 생활수준에 익숙하게 되면 개개인의 기초적 욕구의 수준이 전반적으로 높아져서 생존비의 유지만을 위한 공적연금으로는 행복한 생활을 할 수 없고 생활의 안정도 보장할 수 없다.

② 연금보험에는 규모의 경제성이 작용하기 때문에 몇 개의 사(私) 보험회사가 취급하는 것보다도 공적연금으로 통합하는 것이 효율적이다.

③ 연금은 가입에서 급여가 종료될 때까지 수십 년을 소요하므로 사기업이 이와 같은 장기간 충분한 지급능력을 유지할 수 있는가에 대한 불안 또는 불확실성이 크다.

④ 연금슬라이드제도를 사기업에서 행한다면 장래의 지급능력에 대한 불안이 더욱 크게 된다.

⑤ 추가연금부분이 사보험회사를 통하여 운영된다면 개인의 갹출능력의 유무에 따라 연금격차가 더욱 커지게 되므로, 분배의 평등이라는 관점에서도 공적연금으로 추가연금을 운영하는 것이 바람직하다.

⑥ 갹출금에 의한 방대한 자금을 소수의 보험회사의 지배하에 두게 되면 금융자본의 지배권이 강화된다.

⑦ 연금적립금을 갖고 있지 않은 노령자에게 연금을 지급하기 위하여 생산근로자의 갹출금을 높여 부담을 주게 된다.

⑧ 공적연금은 동일한 제도를 각 기업과 근로자에게 적용하기 때문에 기업간의 차이를 고려하지 않고 있다.

⑨ 경영실적이 양호하고 노사협력이 잘 되고 있는 기업에 대해서는 자율적인 기업연금제도에 공적연금의 급여수준과 질이 미치지 못하게 된다.

⑩ 선진국의 경험에서 볼 때 공적연금제도에 대하여 정당 간에 유권자의 관심을 사기 위하여, 총선거에서 무리한 연금공약을 내세워 연금이 정치의 제물이 되고 있다.

(4) 기업연금제도의 운영과 문제점

기업연금제도는 공적연금제도에 추가되어 이를 보완하여 양자가 합쳐 퇴직 전 소득에 가까운 연금을 확보하는 것을 의도하고 있다. 이러한 기업연금제도의 재정과 운영은 국가에 따라 차이가 있기 때문에 획일적으로 이야기 할 수 없다.

대부분의 기업연금은 갹출과 급여에 있어서 임금비례방식을 취하고 있으며, 재원은 프랑스 · 네덜란드 · 벨기에 · 영국 · 미국 등에서는 노사갹출에 의한 것이 일반적이지만, 이 경우 대개는 사용자의 부담이 크다. 그리고 핀란드와 스웨덴의 경우는 사용자만의 부담에 의거하고 있다.

기업연금제도의 관리형태도 여러 가지이다. 많은 나라의 제도는 기업별로 운영하고 있지만, 프랑스와 네덜란드는 전국적인 산업별 기금에 의거하고 있다. 기업연금제도의 재정방식은 기업별로 그 적용대상자가 공적연금에 비하여 적기 때문에 이론상으로는 부과방식의 적용이 곤란하므로 대부분 적립방식에 의거하고 있다. 그러나 프랑스의 산업별 기금에 의한 운영은 적용대상자가 다수이므로 부과방식을 취하고 있다.

이상과 같은 각국의 기업연금제도는 그 운영에 있어서 다소의 문제점을 내포하고 있는바, 일반적으로 다음 두 가지를 지적할 수 있다.

첫째, 인플레이션에 대한 조치이다. 공적연금에 있어서는 인플레이션에 대하여 갹출 및 국고부담의 증액에 의하여 연금급여를 인상하는 것이 가능하지만 기업연금에서는 이것이 거의 불가능하다. 물론 프랑스의 산업별 연금기금과 같이 가입자가 많은 경우에 부과방식을 채용함으로써 대처할 수 있으나, 산업별 제도에서는 제도가 성숙하여 수급자가 증가할 때에는 노 · 사간의 부담이 크므로 대처하기 곤란하다. 그러나 어떠한 경우에도 연금급여의 실질가치(구매력)의 유지를 위하여 대책을 세워야 한다면 적용대상을 가능한 한 크게 하기 위하여 제도간의 통합, 또는 재정의 통합을 고려할 수 있다.

둘째, 연금수급 권리의 보호가 염려된다. 프랑스의 산업별 연금기금이나 핀란드의 고용연금에서는 중앙기관에 가입자가 등록되어 있어 직장을 이전하더라도 연금이 통산되고 연금권리가 보전되고 있지만, 기업별 연금제도에서는 단기근로자에 대해서 연금 권리를 부여할 수 없거나 또는 사내관리방식에 의할 경우에는 도산 등의 사유에 의하여 연금 권리의 완전한 보호가 어렵다. 따라서 이 경우에는 스웨덴 · 미국과 같이 보증보험의 가입을 의무화시키거나 또는 단기근로자에게도 그 기간에 따라 연금권리가 보장될 수 있는 방안이 마련되어야 한다.

(5) 재해보험제도

재해보험제도는 업무수행과 관련하여 근로자가 부상, 질병, 사망 등의 재해를 당했을 경우 이를 경제적으로 보상해 주는 제도를 말한다. 다시 말해 노동에 관련된 재해나 직업병의 발생 및 피해가 나타날 경우 노동자의 회복을 위해 직업원조를 행하여 피해자의 가족 및 유족에 대해 경제적으로 보상해주는 제도라 할 수 있다.

현행 우리나라의 재해보험제도로는 1963년 산업재해보상보험제도가 사회보험제도로서는 제일 먼저 실시되었다. 당시 500명 이상의 사업장에만 적용되었으나, 적용범위가 점차 확대되어 1986년 이후에는 원칙적으로 근로기준법이 적용되는 모든 사업장에 적용하게 되었다. 근로자의 업무상 재해는 원래 근로기준법에 의해 사용자가 보상하도록 되어 있던 것이나, 산업재해보상법의 제정에 의해 사회보험제도로 전환하게 된 것이다. 그리하여 업무상 재해를 입은 근로자는 기업주가 아닌 정부로부터 보험급여의 형식으로 보다 신속하고 확실한 보상을 받게 되며, 그러한 점에서 이 제도는 책임보험적인 성격을 갖고 있다.

산재보험은 다른 보험제도와는 달리 정부가 직접 관장하고 있다. 그리고 보험급여 대상인 업무상 재해란 업무상의 사유에 의한 근로자의 부상·질병·신체장애 또는 사망을 말한다. 업무상 재해라 할지라도 3일 이내의 요양으로 치유될 수 있는 것은 제외되며, 이것은 일반 의료보험제도의 적용을 받는다. 산재보험의 재정은 근로자는 전혀 부담하지 않고 사용자가 전액 부담하도록 되어 있다. 물론 여기에는 약간의 국고부담도 있다.

이것은 업무상 재해를 경영위험 및 경영책임으로 파악하고 있는 데에 근거한다. 보험료는 보험가입자(사업주)가 경영하는 사업의 임금총액에 그 사업종류에 적용하는 보험료 율을 곱한 금액으로 하고 있다.

(6) 실업보험제도(고용보험제도)

실업은 자본주의 경제의 고유의 성격과 그 모순에서 불가피하게 일어나는 사회적 사고이다. 근로자는 노동력을 상품으로 자본가에게 판매함으로써 그의 생활을 유지하고 있지만 현실적으로 노동력의 판매 또는 제공에는 개개의 근로자로서는 경제 내적·외적 및 외부의 우연적인 제 사정에 의하여 좌우되므로 근로자는 언제나 실업의 가능성에 놓여 있게 된다. 이러한 실업의 발생은 상대적 과잉인구, 자본주의 경제의 고유의 경기변동 등 여러 가지 요인에 의하여 결정된다.

사회문제로써 현재화되어 통계적으로 파악되고 있는 실업자는 그 상대적 과잉인구의 일부에 불과하며, 근로자의 생활을 파괴하는 사회적 사고로써의 실업은 노령화, 건강파괴, 저임금, 불안정 취업 등과 깊이 결부되어 있기 때문에 자본주의 경제의 기본적 모습을 집중적으로 표현하고 있다. 상대적 과잉인구의 형성에 의한 노동수요보다 노동공급의 과잉, 주기적 과잉생산, 공황의 개시는 산업자본의 확립과 동시에 시작되었다. 자본주의 경제에 있어서 본래적인 실업은 이 단계에서 출현한 것이지만 그것이 사회문제로써 또한 자본주의사회의 체계적 위기로써 인식된 것은 독점자본주의 단계에서이다.

독점의 형성에 의한 산업구조의 변화, 세계적 규모의 경제공황의 격화와 불황국면의 장기화에 의하여 실업은 그 구조의 변화, 대량화, 만성화, 저임금, 불안정 취업 등의 혼재되는 현상으로 나타나게 된다. 실업의 사회문제화의 경제적 기초는 여기에 있으며 이것이 때로는 노동조합운동, 사회주의운동을 불러일으켜 실업이 사회적 사고, 또는 사회문제로써 인식되는 것이다. 이러한 실업문제를 처리하기 위하여 사회정책은 공공기관에 의한 직업소개, 실업보험제도, 실업구제사업의 세 가지를 지주로 삼고 있다. 이 가운데 실업보험이 실업중의 근로자의 생활을 보장하는 제도로써 가장 기본적인 역할을 담당할 수 있다. 실업보험의 기본적 특징은,

첫째, 임금노동자의 실업중의 생활안정을 목적으로 하고 있다.

둘째, 노사의 보험료를 주된 재원으로 하여 운영된다.

셋째, 일정기간의 갹출을 수급의 최저요건으로 한다.

넷째, 강제적용방식을 취한다.

다섯째, 급부 기간은 통상 1년 이내의 단기간이다.

여섯째, 수급자에 대한 직업소개의 운영과 불가분의 관계에 있다.

국민이 소득을 상실한 경우에 공적 기관이 급부를 행하여 생활의 안정을 도모하기 위한 방책으로는 실업보험 이외에 실업수당, 생활보호, 각종 연금 등의 여러 제도가 있는데, 이들은 실업보험의 보완제도 또는 관련제도로써 실업보험의 차이점과 유사점을 동시에 지니고 있다.

먼저 실업수당제도는 실업근로자의 생활안정을 목적으로 하고 직업소개기관에 등록을 요건으로 하는 점은 실업보험과 마찬가지이다. 그러나 ① 보험방식에 의하지 않고, ② 그 재원은 갹출이 아닌 국고의 일반세입이며, ③ 갹출을 수급요건으로 하지 않고, ④ 본인의 자산이 일정기준을 넘지 않을 것을 요건으로 하고, ⑤ 급여액은 일반적으로 실업보험보다 적은 금액이라는 것 등이 차이점이다.

또한 생활보호는 실업근로자에 국한하지 않고 생활 곤궁자 일반을 대상으로 하고 있는 점과 자산이 일정기준을 넘지 않을 것을 요건으로 하고 있는 점이 실업보험과 다르다.

그리고 각종 연금은 연령·폐질들에 의한 노동능력의 상실 그 자체에 대하여 지급하는 것이지만, 실업보험은 노동이 의사와 능력을 가지고 있으면서 소득의 원천을 상실한 경우에 급부가 이루어지는 것이 차이점이다.

다음은 실업보험이 보험의 성립요건을 구비하고 있는지에 대해서 고찰하기로 한다. 1930년대 미국에서 실업보험법이 제안되었을 때 많은 비평가들은, 실업 그 자체는 너무나 예측할 수 없는 요소가 많아 도저히 사회보험으로 성립시킬 수 없다고 반대하였다. 실업보험의 성립요건 여부는 다음 몇 가지 기준과 미국의 경험에서 보험의 성립요건이 인정되고 있다.[2)]

① 실업보험은 비자발적인 실업만을 대상으로 하기 때문에 보험 성립요건이 인정된다.

② 위험의 발생이 가변적이다.

③ 다수의 법칙(low of large numbers)이 성립될 수 있다.

④ 피보험자가 개별적인 입장에서는 위험의 우연성이 인정되고 있다.

⑤ 실업의 위험은 일정한 한계 내에서 예측할 수 있으므로 예정비용의 추정이 보험자의 입장에서는 가능하다.

오늘날 대부분의 선진 산업국에서 실업보험을 실시·확대하고 있는 것은 경제성장하에서도 물가와 실업이 사회적 문제가 되고 있을 뿐만 아니라 다음과 같은 목적을 기대할 수 있기 때문이다.

첫째, 실업자에게는 실업보상이 필요한데 오늘날과 같은 고임금의 경제사회에서는 보험방식에 의하지 않고서는 실업에 관한 재정안정을 기할 수 없기 때문이다.

둘째, 고용자에게 고용안정에 대한 자극을 줄 수 있다.

셋째, 실업보험은 경제안정을 기여한다.

미국의 경제학자 레자(George E. Rejda)는 실업보험의 목적을 다음과 같이 제1차적 목적과 제2차적 목적으로 구분하고 있는데[3)] 제1차적 목적은 다음과 같다.

① 비자발적 실업기간에 있어서 현금급여의 제공

② 근로자의 생활수준 유지

③ 재취업할 수 있는 시간의 제공

④ 실업자에 대한 구직원조

---

2) W. Haber & M. G. Murray, *Unemployment Insurance in American Economy* (Homewood, Illinois : Richard D. Irwin, Inc.), pp. 37-41.

3) G. E. Rejda, *Social Insurance an Economic Security*(Englewood Cliffs, New Jersey: Prentice-Hall Inc.), pp. 373-376.

그리고 실업보험의 제2차적 목적은 다음과 같다.

① 경기대책 효과

② 사회비용의 할부에 대한 기대

③ 인력효율화의 개선

④ 고용안정을 위한 고용자에 대한 자극

⑤ 숙련노동력의 유지

우리나라는 고용보험제도라는 이름으로 실업보험을 대신하고 있다. 우리나라의 고용보험은 실업의 원인을 제거하고 실업자를 경제활동에 복귀시켜 종업원과 그의 가족, 나아가서는 국민경제생활의 평안을 기하고자 하는 데에 그 목적이 있다.

그러나 고용보험은 당초 실업보호라는 사회적 측면에서 최근에는 경기변동, 산업구조개편에 따라 기업이 구조조정을 필요로 할 때 이를 용이하게 할 수 있는 각종 제도를 마련함으로써 노동시장의 조정자로서의 역할을 더 강조하고 있다. 즉 실업을 당한 근로자를 보호한다는 소극적 차원에서 실업이 발생하지 않도록 하고 기업의 구조조정을 지원하는 역할을 담당한다.

또 실업근로자를 위해서는 재취업을 위한 직업훈련, 취업알선 기능 등을 강조하여 보다 적극적인 고용정책으로 활용하고 있다.

1995년부터 도입 · 시행되고 있는 우리나라의 고용보험도 이 같은 점을 고려하여 실업 급부 보다는 취업알선을 담당하는 직업안정사업과 실업근로자의 직업훈련을 담당하는 능력개발사업에 더 비중을 두고 있다.

실업보험제도의 운영에 있어서 각국의 공통적인 문제점은 보험급여 면에 있어서 급여의 불균형 · 불충분 · 불완전이다. 물론 실업보험의 급여수준이 일정한 정도 이상일 때에는 근로자에게 미치는 심리적 영향과 이 제도의 악용이 우려되고, 실업보험재원에 부담을 주는 것은 사회보험 전반의 공통적인 문제점의 하나이다.

실업보험의 악용을 방지하기 위하여 각국은 급여지급의 사유를 다음과 같이 엄격하게 제한하고 있다.[4)]

① 실업급여를 받기 위해서는 과거 일정한 금액 이상의 임금을 받은 실적이 있어야 하고, 일정기간(1년 또는 52주) 이상 반드시 취업하고 있어야 한다.

② 일할 수 있는 정신적 · 육체적 능력과 일할 수 있는 준비와 의사가 있어야 한다. 적당한 일의 제공을 거부할 때에는 급여가 지급되지 않는다.

4) G. E. Rejda, *op. cit.*, pp. 377-379.

③ 공공직업소개소에 등록을 하고 적극적으로 구직활동을 위한 노력을 해야 한다.

④ 실업급여의 지급기간은 통상 1년 이내(일반적으로 26주 또는 6개월)의 단기로 한다.

⑤ 자발적 실업, 부정행위, 취업거부, 노사분쟁, 기타 비적격 사유에 대해서는 면책으로 한다.

실업보험의 급여내용과 기준은 국가에 따라 차이가 있다. 급여금액의 기준에 있어서도 전직임금에 대한 비율을 기초로 하는 제도(독일 · 프랑스 · 미국 · 일본 등), 정액제도(이탈리아), 두 가지 방식의 혼합제도(영국) 등 여러 가지가 있다. 여기서 선진국의 실업보험의 급여내용을 소개하면 다음과 같다.

✦ 미국의 실업보험제도

미국의 실업보험제도는 각 주마다 차이기 있기 때문에 일반적 · 공통적인 경우를 중심으로 보면 우선 1주일의 대기기간(waiting period)을 설정하고 있다. 이 기간의 장단에 따라 실업급여의 지출액이 전체적으로 큰 차이가 있어 보험재정의 조절수단의 하나로 이용된다.

주당실업급여의 결정방법에는 세 가지가 있는데, 대부분의 주는 최근 1분기(3개월) 임금의 일정부분을 기준으로 하고 있으며, 그 이외의 주당평균임금의 일정비율(9주), 연간임금의 일정비율(4주)에 의한 방법도 있다.

주당실업급여는 주마다 최저와 최고급여를 정하고 있다. 가족이 없는 경우는 최저 5달러(하와이 주)에서 최고 30달러(인디에나 주)이며, 일부의 주에서는 이를 융통성 있게 조정하고 있다. 실업보험에서 가족수당은 11주에서 아동(16-18세)에 대해서 부가급여로 인정하고 있으며 주당 1~22달러까지이다. 급여기간은 26~52주까지이지만 13주가 시한입법에 의하여 추가되었다.

미국의 실업보험급여제도는 1970년과 1974년에 몇 가지 결함이 개선되었으나 아직까지 많은 문제가 있다. 그 주된 내용은 불완전한 보상, 부적절한 급여, 가혹한 면책규정, 급여의 낭비 등이다.

✦ 독일의 실업보험제도

독일의 실업보험의 급여는 주된 내용이 실업수당, 조단수당, 생계수당(직업훈련 중에 있는 자), 악천후수당 등 4종이다. 이러한 수당은 1974년 10월 1일부터 매년 연금보험의 연금조정률과 동률로 자동적으로 인상하게 되었다.

실업부조는 실업보험에 가입되지 않아 실업수당의 청구권이 없는 생활 곤궁한 실업자에 대하여 실업수당보다 낮은 실업급여를 지급하고 있다. 이 제도의 재원은 전액 국고 부담금으로 되어 있다.

✦ 일본의 실업보험제도

일본의 실업급여에는 구직자급여와 취직촉진급여가 있는데, 전자에는 기본수당, 기능습득수당, 기술수당, 상병수당, 특례일시금 및 일고노동구직자급부금 등이 포함되어 있고, 후자는 상용취직알선, 이전금, 광역구직활동비 등이다. 기본수당은 피보험자가 실직한 경우에 이직 일의 이전 1년 간, 피보험기간 6개월 이상을 수급조건으로 하고 있다. 기본수당은 일당지급을 원칙으로 이직 전 6개월의 임금전액을 180일로 나눈 금액의 80~60%이다. 이것은 저소득층일수록 급여율이 높다.

기본수당의 급부 일수는 피보험자기간, 근속연수의 장단을 고려하는 것이 아니고 고용보험에서는 연령 또는 심신장애 등의 사정에 의하여 취직의 난이도에 따라서 결정된다. 물론 중·고령자나 심신장애자는 급여일수의 연장이 가능하다. 수급기간은 원칙적으로 이직한 날로부터 1년이지만 실제는 급여일수분(예: 30세 미만 90일, 55세 이상 308일)을 한도로 하여 지급하고 있다.

2) 비법정 근로자복지제도

비법정 근로자복지제도는 기업자체에서 실시하는 임의적인 복지후생이기 때문에 해당기업의 특성이나 규모, 경영자의 의지 여하에 따라 그 내용이 달라진다. 비법정 근로자복지제도는 일반적으로 다음과 같은 두 가지 방향에서 이루어지고 있다.

첫째, 공적보험(사회보험)의 추가급여라는 점이다. 즉 법정 근로자복지제도의 운영내용을 보다 내실 있게 구성하여 법률에서 정한 수준 이상으로 사회보험을 운영한다는 것이다. 질병이 발생하였을 경우 의료보험이 급여해주지 못하고 있는 특수부분(특별진단 및 고급입원실 이용)에 대하여 보조를 해준다거나 연금보험의 경우에 있어서 법률이 정한 최소한도의 범위를 넘어서 추가적으로 사용자가 별도 보험료를 부담해 주는 경우 등이다.

둘째, 기타 자율적인 신설급여이다. 이는 기업이 별도로 자율적인 의지를 가지고 설정한 근로자 복지제도이다. 따라서 바로 이 부문에서 기업 간에 근로자 복지제도의 정도와 수준의 차이가 결정된다. 이에 대한 보다 구체적인 내용을 살펴보면 다음과 같다.

(1) 생활원조시설 및 제도

이는 근로자의 소비생활과 관련이 있는데 우리나라에서는 임금수준을 보완하여 생활수준을 안정시키는 역할을 한다. 여기에는 매우 광범위한 내용이 포함되고 있지만, 급식, 구매, 통근, 가족원조 그리고 생활지원 및 주택관계시설이나 제도가 가장 중심적인 복지제도로 부각되고 있다. 이러한 생활원조시설의 내용을 보면 다음과 같다.

① **주거시설** : 사택, 기숙사, 아파트 분양과 전월세금 대여 알선
② **생활원조** : 급식, 통근버스, 피복, 생활물자와 식료품 지급
③ **기타** : 주차장, 생활상담, 신생활운동

(2) 보건 · 위생시설 및 제도

종업원에게 무엇보다 중요한 것은 건강문제라 할 수 있으므로 보건 · 위생시설 및 제도는 가장 기본적인 복지후생이라 할 수 있다. 따라서 보건 · 위생에 관한 근로자복지제도는 종업원의 건강한 생활을 보장하기 위한 것으로 질병의 치료와 예방 및 건강의 유지와 관련된 시설이나 제도를 포괄한다. 이에 관련된 구체적인 내용을 요약하면 다음과 같다.

① **보건 · 건강시설** : 병원, 진료소, 의무실, 휴양소, 요양소
② **위생시설** : 목욕탕, 빨래방, 이용실, 미용실, 환경위생, 집단위생, 편의실
③ **기타** : 건강진단, 건강 상담, 질병 · 전염병 예방대책

(3) 문화 · 체육 · 오락시설 및 제도

전반적인 생활수준이 향상됨에 따라 종업원들의 관심은 점차 여가를 선용하는데 두게 된다. 따라서 피로를 풀고 스트레스를 해소할 수 있는 방법으로써 문화 · 체육 · 오락시설을 찾게 된다. 이와 관련된 내용을 요약하면 다음과 같다.

① **문화 교양시설** : 학교, 도서관, 문화회관, 전시회, 강연회, 강습회
② **체육시설** : 체육관, 운동장, 수영장, 테니스 코트
③ **오락 · 레크리에이션** : 오락실, 각종 서클활동, 연극 · 영화회, 야유회, 각종 취미활동을 위한 동우회, 컨설턴트 제도 등

(4) 공제 · 금융제도

이는 종업원들의 경제적 안정에 기여하는 근로자복지제도인데, 공제제도는 종업원들과 그 가족들이 경조사나 불시의 재해를 입었을 때, 구제나 부조를 통해 경제적 지원을 해 줌으로써 종업원의 근로의욕과 사기를 북돋아 주는 제도이다. 그리고 금융제도는 종업원의 주택마련, 자녀교육, 재해극복 등을 위해 자금의 융통이 필요할 때를 대비해서 회사 내 예금제도나 융자제도를 운영하는 것을 말한다. 이에 대한 구체적인 내용은 다음과 같다.

① **구매시설** : 매점, 협동조합, 생필품소비조합, 사내 제품염가판매
② **금융제도** : 주택마련 자금 대여, 전세금 대여, 자금대부와 예금 · 적금제도
③ **기타** : 탁아육영시설, 결혼식장, 장의시설 알선 및 제공 등

제3절 근로자복지제도의 관리

1. 근로자복지제도의 관리원칙

오늘날 기업에서 제공하고 있는 근로자복지제도는 정부의 규제나 법률에 의해서 뿐만 아니라 산업사회의 발전과 함께 기업의 자발적인 복지제도로 인하여 그 비용이 증가되고 있다. 미국의 경우에 있어서는 이러한 비용의 지출이 많을 경우 총 임금의 30~50%에 이르는 경우도 있다. 따라서 이러한 근로자복지비용의 증가는 이제 그 운영에나 정책에 있어서 효율적인 관리가 그 어느 때 보다도 절실하게 요구되고 있는데 이에 필요한 기본적인 원칙들은 다음과 같다.

(1) 적정성의 원칙

근로자복지제도는 첫째는 기업의 모든 종업원들에게 절실히 필요하고, 둘째는 경비부담에 알맞으며, 셋째는 동종 산업이나 그 지역 내 산업에 대비하여 크게 차등이 없는 정도가 되어야 한다. 그러기 위해서는 복지제도를 관리함에 있어 종업원의 의견조사를 한다든지, 기업의 복지시설에 관한 연차적 확충 계획을 세우는 것이 바람직하다.

또한 동종 업종의 동일 지역 내의 시설 등에 관하여 조사를 하고, 그 일반적 수준을 파악하는 것도 중요한 일이다. 실제로 중소기업의 복지후생이 대기업의 수준에 도달하기는 어렵다고 보아야 하지만, 반대로 대기업이 중소기업의 부족한 복지시설 상태와 동일한 수준을 맞출 필요는 없다.

(2) 합리성의 원칙

근로자복지제도는 기업뿐만 아니라 국가나 지역사회에 의해서도 추진되므로 기업으로서는 서로 중복되거나 연관성이 결여되는 일이 없도록 합리적으로 조정·관리하여야 한다. 예를 들면 기업은 국가의 사회보장제도를 활용한다든가, 민간회사의 보험 사업을 이용하는 것과 같다. 혹은 지역사회와 협력하여 근로자복지시설을 공동으로 설치·운영할 수 있다. 요컨대 기업은 그와 같은 합리성을 추구하는 방향에서 복지후생 관리를 하지 않으면 안 된다.

(3) 협조성의 원칙

근로자 복지후생의 유지·향상을 위해서는 기업의 책임이 크지만, 동시에 근로자의 책무도 크다는 것을 명백히 하여야 한다. 다시 말해 근로자는 자신들을 위한 복지후생임을 인식하여야 한다. 따라서 노사가 협의하여 복지후생의 내용을 충실하게 검토함으로써 알찬 시설이나 제도를 마련할 수 있으며, 그 운영에 있어서는 더 한층 협력적 효과를 발휘할 수 있는 것이다. 기업에 따라서는 복지후생위원회를 설치하여 노사 쌍방의 협조로 운영함으로써 큰 성과를 거두고 있는 경우도 많다.

오늘날 산업사회에서는 복지후생을 증진할 필요성이 더욱 대두되고 있으나, 반면에 내외에 걸친 제약조건도 경시할 수 없는 실정이다. 따라서 근로자 복지후생관리의 효율성을 증대하자면 앞에서 검토한 3가지 원칙을 충분히 고려하여야 할 것이다.

2. 근로자복지제도의 설계

1) 근로자복지제도의 설계 원칙

(1) 근로자 욕구 충족의 원칙

근로자복지제도의 기본목적은 임금만으로 충족시킬 수 없는 근로자의 욕구를 충족시켜 주는 보완적 기능을 다하는 데 있다. 바로 이러한 기본목적을 달성하기 위해서는 근로자나 복지후생관리를 담당한 실무자가 종업원의 충족되지 않은 잠재적 욕구가 무엇인가를 지속적으로 파악하는 것이 중요하다.

근로자들의 욕구는 현재 기업이 처해 있는 입지, 규모, 업종 등 특수한 상황에 따라 다양해진다. 따라서 이러한 종업원들의 욕구를 무시한 근로자복지제도는 바람직한 효과를 얻을 수 없다. 그러므로 제도의 실시에 앞서 그들의 요구사항이 무엇인가를 고려한 다음 근로자복지제도를 설계·실시해야 한다.

(2) 종업원 참여의 원칙

근로자복지제도가 어떻게 실시·운영되는가를 종업원이 알아야 하고, 문제점이 발생했을 때는 이를 해결할 수 있도록 근로자의 참여가 요구된다. 노사의 대표가 공동으로 참여하여 이 제도의 효율적인 실시를 위한 각종 의견을 교환할 수 있는 위원회제도의 도입 등은 그 좋은 보기라 할 수 있다.

(3) 다수 혜택의 원칙

원칙적으로 근로자복지제도의 혜택을 받을 수 있는 범위가 넓은 제도를 우선적으로 채택하여야 한다. 아무리 좋은 내용을 담고 있는 근로자복지제도라 해도 그 제도의 혜택을 누릴 수 있는 근로자의 수가 제한적일 때에는 훌륭한 제도라고 할 수 없다. 수혜의 범위가 넓어야만 비용절감의 효과가 크며, 근로자 상호간의 불만을 해소할 수 있다.

(4) 지급능력의 원칙

기업의 수익성을 고려하여 현재와 미래의 근로자복지비용을 기업이 감당할 수 있는 능력이 평가되어야 한다. 아무리 좋은 프로그램이라 해도 당해 기업이 경제적 지급능력이 없다면 무용지물이 된다. 그러므로 복지후생의 설계는 항상 기업자체의 능력범위 안에서 이루어져야 한다.

2) 카페테리아식 근로자 복지후생 프로그램

카페테리아(cafeteria)식 근로자복지제도는 근로자로 하여금 기업이 제공하는 근로자복지제도나 시설 중에서 자신이 원하는 패키지(package)를 선택함으로써 자신의 복지후생을 원하는 대로 설계하도록 한다는 것을 그 기본 개념으로 삼고 있다. 따라서 이

제도는 근로자 개인의 욕구나 선호를 보다 적절하게 충족시킬 수가 있어 근로자로 하여금 보상의 가치에 대한 인식의 제고와 만족감의 증대를 느끼게 하고, 이직률 및 결근율의 감소로 인한 조직유효성의 상승, 근로자 선발시의 유인 제공 등과 같은 이점을 갖게 해 준다.

일반적으로 근로자복지제도는 비슷한 수준에 있는 근로자들에게는 동일 혜택을 부여하는 것이 보통이다. 즉 같은 직종이나 계층에 있는 사람이라면, 대개 동일한 내용의 복지후생시설이나 제도를 적용 받는다는 것인데, 어느 한사람에게 가치 있는 제도가 다른 사람에게도 똑같이 가치가 있다고는 할 수 없다. 결국 복지후생제도의 가치는 각 종업원이 처해 있는 특수한 상황, 즉 결혼여부, 나이, 자녀의 수, 소득수준 등에 의하여 결정된다고 할 수 있다. 그러므로 젊은 근로자들은 직접 임금의 상승이나 교육훈련의 보조 등을 선호하는 반면, 나이가 든 기혼 노동자들은 연금보험이나 건강보험 등의 제도를 선호하게 되는 것이다.

카페테리아식 복지후생프로그램은 미국의 American Can Company, TRW System Group, North American Van Lines등의 회사에서 적용되어 비교적 좋은 효과를 얻고 있다. 연구결과에 의하면 카페테리아식 복지후생프로그램은 그 선택범위와 선택 수에 있어서 프로그램마다 다소 다르지만, 일반적인 프로그램에 비하여 구성원들의 복지후생 욕구를 잘 충족시켜주는 것으로 나타나 있다. 그러나 기업에서 카페테리아식 근로자복지제도를 실시하는 데는 다음과 같은 어려움이 있다.

① 개별 근로자를 대상으로 근로자복지제도를 관리해야 하기 때문에 전산시스템의 구축이 요구되고 이에 따른 비용이 증가하게 된다.

② 개인이 이용할 수 있는 복지후생의 총액을 설정하여 그 범위 내에서 복지제도의 혜택을 갖도록 해야 하는데, 그 비용의 총액수준을 개별적으로 결정하기가 쉽지 않다.

③ 실시하고 있는 제도 중에서 신청자가 적으면 상대적 비용이 증가되어 그 종업원이 누릴 수 있는 다른 제도에서의 수혜의 폭이 좁아진다.

이상과 같은 제반 여건을 고려해 볼 때 카페테리아식 근로자복지제도는 중소기업에서는 실시하기 곤란하며, 대기업에서도 도입 초기에는 노사합의로 제한된 범위의 복지제도만을 대상으로 실시하다가 점차 그 범위를 확대해 나가는 것이 좋을 것 같다.

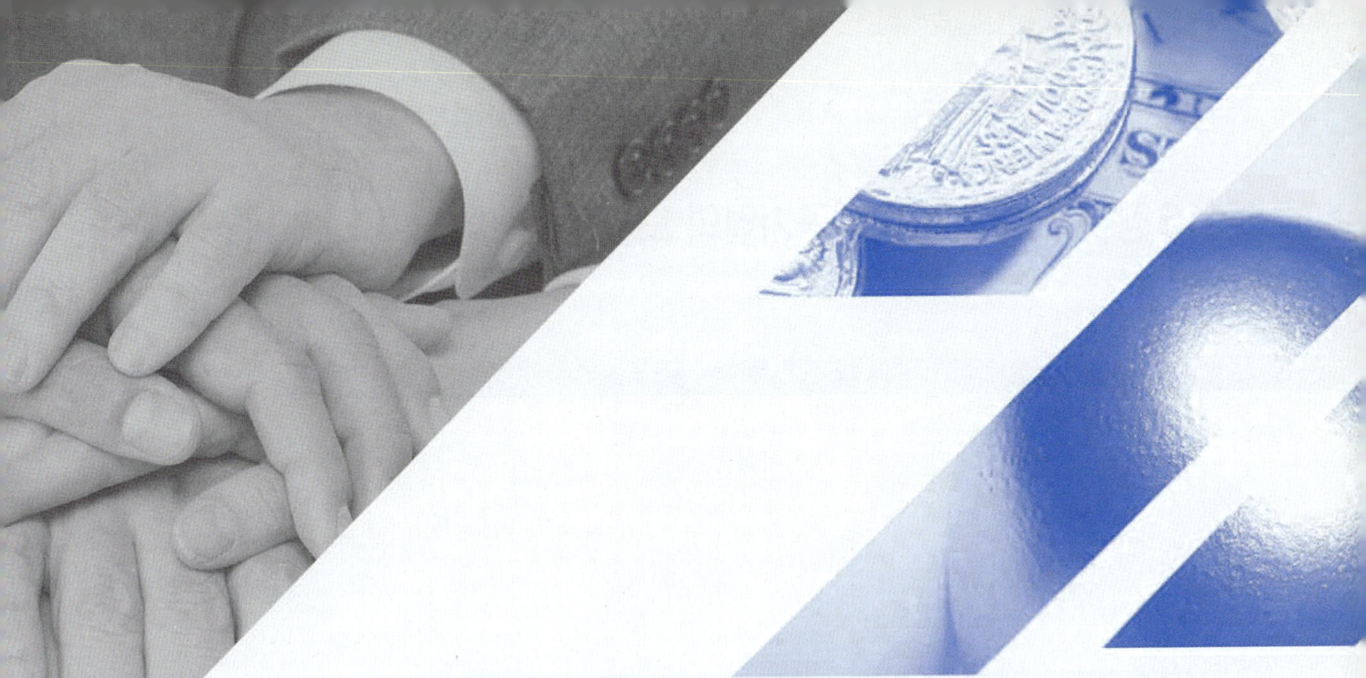

제13장 무노조기업과 공공기업의 노사관계

제13장 무노조기업과 공공기업의 노사관계

제1절 무노조 기업의 의의

2018년 미국의 경제전문지 Fortune지가 선정한 가장 존경받는 기업 1위에서 4위까지의 기업(Apple, Amazon.com, Alphabet(Google)[1], Berkshire Hathaway)들은 모두 무노조 기업들이다. 이 외에도 Microsoft(7위), Netflix(11위), facebook(12위), Sales force(15위) 등 다수의 글로벌 기업들이 무노조 경영을 해 오고 있다.

이들 IT기업들의 핵심직무는 소수의 사무직원을 제외하면 대다수가 프로그램 개발이나 디자인 등 창의성이 요구되는 직무들이다. 따라서 이에 종사하는 근로자들은 자유분방하고 개인주의적 성향이 강하다.

우리나라의 경우 일반적으로 규모가 큰 사업장일수록 노조 조직화 비율이 높고, 규모에 따른 임금인상률의 연도별 인상 폭도 높게 나타나고 있다. 그래서 노동조합의 쇠퇴나 무노조는 기업 노동자들의 임금에 부정적 효과로 작용한다는 주장이 있다.

따라서 무노조 글로벌 기업의 경쟁력과 노사관계 및 노동조건의 상대적 우월성을 단편적으로 설명하기란 어렵다. 예컨대 Amazon.com은 2014년 1월 사상 첫 노동조합 결성 투표에서 압도적 표차로 노조결성이 부결된 바 있다. 아마존 대변인은 투표결과가 직원들이 아마존과 직접적 연결을 선호한 것으로써 제3자 없는 직접소통이 가장 효과적으로 직원의 요구에 부응하는 길이라고 밝혔다. 아마존이 노조결성에 반대하는 분명한 입장과 이에 대한 내부에서의 맹렬한 로비, 각종 회의를 통한 설명회, 이에 따른

---

1) Google은 2015년 10월에 구글과 구글이 주도하는 신사업부서 및 연구조직 등을 중심으로 Alphabet라는 모기업을 만들어 지주회사 형태로 전환하였다.

직원들 간의 심한 분열 조성 등이 이루어진 바 있었다. 2015년 뉴욕타임스는 아마존 닷컴을 무자비한 생존경쟁을 해야 하는 '공포의 직장'으로 묘사하고 회사의 쥐어짜기 행태에 대해 강하게 비판하기도 하였다.

우리나라의 경우 2018년 4월 이른바 '노조파괴 문건'과 관련하여 검찰의 수사를 받았으며, 같은 해 9월, 검찰은 '삼성전자와 삼성전자서비스의 노조와해 사건 중간 수사 결과'를 발표하였다. 이에 따르면 삼성그룹 미래전략실 인사지원팀을 컨트롤 타워로 해 삼성전자, 삼성전자서비스, 협력업체에 이르기까지 그룹은 매년 '그린화 전략'을 세우고 무노조 경영 철학을 '신념화'하기 위한 임직원 교육 등을 실시했고, 종합상황실 및 신속대응(Quick Response, 약칭 QR)팀까지 설채해 운영했던 것으로 나타났다. "임직원들로 구성된 종합상황실과 '신속대응 팀'은 군사작전을 방불케 하는 조직적이고 체계적인 노조와해 작업을 추진했다"고 지적되기도 하였다.

이런 점에서 무노조 사업장의 성공적인 글로벌 경영과 무노조 경영을 지속할 수 있게 하는 요인은 일률적으로 평가하기는 어려울 것이다. 따라서 이하에서는 무노조 사업장의 등장 배경과 유형 및 특징에 대해 살펴보고자 한다.

1. 무노동조합과 비노동조합의 개념

무노동조합(non-union)과 비노동조합(union-free)은 쓰임새에 따라 그 의미를 달리 할 수 있다. 다시 말해 무노동조합이란 '노조가 없음'을 의미하고, 비노동조합이란 '노조가 아님'을 의미한다. 즉 노동자를 대표하는 조직으로써 '노조가 아닌 다른 대표체'의 존재를 시사(示唆) 하는 말이다. 따라서 무노동조합은 노조가 있느냐 없느냐에 대한 정보 외에는 제시할 정보가 없으나 非노동조합은 노조가 있느냐 없느냐에 대한 정보보다는 노동자를 대표하는 조직으로써 노동조합의 형태 외에 다른 형태가 있는가에 대한 정보가 보다 중요한 경우라고 할 수 있겠다.

非노조 기업이란 표현은 노조 이외의 노동자 대표조직의 존재, 예컨대 노사협의회와 같은 非노조형태의 조직의 존재를 시사한다. 따라서 무노조경영이라는 말은 노조가 없는 상황에서의 경영을 의미한다기보다는 노조가 없는 상태를 적극적으로 지향하는 경영의 의미가 강하다. 그러나 비노조경영은 노조가 아닌 다른 형태의 노동자 대표체 상황에서의 경영이라는 의미가 강하다. 즉 노조가 아닌 노동자 대표체를 지향하는 경영이라는 의미가 강하다고 할 수 있겠다.

삼성은 글로벌 기업으로써 그동안 '무노조 경영'원칙을 고수해 오다 2018년 4월 삼성전자서비스 노조가 출범한 이래로 노조정책의 일대 전환 계획을 발표하였다. 삼성전자서비스는 간접고용형태의 협력업체 직원을 모두 직접고용하기로 합의하고 앞으로 합법적인 노조활동을 보장하고, 미래 지향적으로 회사 발전을 위해 함께 노력하기로 했다고 밝혔다. 이에 대해 삼성의 무노조 경영이 존폐기로에 섰다는 해석이 나왔다. 그러나 삼성 측은 '비노조 경영'이라는 원칙일 뿐 '무노조 경영'은 아니라는 입장임을 밝히고 '비노조 경영'이란 노조가 없어도 될 만큼 업계 최고의 연봉과 근무조건, 복지혜택을 준다는 개념이라고 주장하기도 하였다.

2. 무노조기업의 등장 배경

1) 노동조합 조직률의 하락

21세기에 접어들면서 세계 노사관계의 가장 큰 이슈는 노동조합조직률의 지속적인 하락 현상이다. 지난 수 십 년간 지속되어 온 전 세계적으로 진행된 노동조합의 쇠퇴가 앞으로도 계속될 전망이다.

따라서 장차 노동조합은 유명무실한 존재로 전락할 것인지, 아니면 재반등의 실마리를 찾아 시장경제사회의 중심세력으로 존속할 것인지를 예측하는 것은 노사관계의 장기 전망에 있어 가장 중요한 이슈가 되고 있다.

〈표 13-1〉에서 보는 바와 같이 지난 30~40년간 거의 모든 대륙에서 지속적으로 노동조합의 조직률이 감소하는 경향을 보여 왔다. 한국의 경우 1988년 19.5%에서 2016년 12월 10.3%로 감소하였고, 미국은 1988년 16.8%에서 2017년 12월 10.3%로, 영국은 1988년 46.6%에서 2016년 23.7%로, 일본은 1988년 26.8%에서 2017년 17.3%로, 호주는 1988년 41.2%에서 2016년 14.5%로 각각 감소하였다.

한편, 노동조합의 조직률 하락과 더불어 노동쟁의도 장기적으로 감소추세를 보이고 있다. 〈표 13-2〉에서 보는 바와 같이 세계 주요국의 노동쟁의 발생건수를 살펴보면, 한국은 1990년 322건에서 2000년 250건, 2010년 86건, 2011년 65건, 2016년 120건으로 나타났다. 미국은 1990년 44건, 2000년 39건, 2010년 11건, 2015년 12건으로, 일본은 1990년 283건, 2000년 118건, 2010년 38건, 2013년 31건으로, 영국은

1990년 630건, 2000년 212건, 2010년 92건, 2015년 106건으로, 스웨덴은 1990년 126건, 2000년 2건, 2010년 5건, 2013년 11건으로, 호주는 1990년 1,193건, 2000년 698건, 2010년 227건, 2016년 259건으로 나타났다.

〈표 13-1〉 주요국의 노동조합 조직률 추이

년도	한국	미국	영국	일본	호주	비고
1988	19.5	16.8	46.6	26.8	41.2	
2000	11.6	13.5	29.5	21.5	24.7	
2005	9.9	12.5	26.2	18.7	22.4	
2010	9.8	11.9	26.6	18.5	18.3	
2011	10.1	11.8	26.0	18.1	18.4	
2012	10.3	11.3	26.0	17.9	18.2	
2013	10.3	11.3	25.6	17.7	17.0	
2014	10.3	11.1	25.0	17.6	15.1	
2015	10.2	10.6	24.2	17.4	-	
2016	10.3	10.3	23.7	17.3	14.5	
2017	-	10.3	-	17.1	-	
2018	11.8	13.5	27.0	21.5	24.7	

자료: 한국노동연구원, 『각 연도 해외노동통계』(한국노동연구원, 각 연도).

노동쟁의의 감소추세는 영국, 스웨덴, 호주 등에서도 동일한 경향을 보이고 있다. 이처럼 노동쟁의의 점진적인 위축 현상은 노동조합조직률의 축소현상과 맞물려 노동조합의 세력과 활동이 점차적으로 쇠퇴하는 현상을 대변하는 것이 아닌가 하는 의구심을 불러일으킨다.

〈표 13-2〉 세계 주요국의 노동쟁의 발생 추이

년도	한국	미국	일본	영국	스웨덴	호주
1990	322	44	283	630	126	1,193
2000	250	39	118	212	2	698
2005	287	22	50	116	14	472
2010	86	11	38	92	5	227
2011	65	19	28	149	2	192
2012	105	19	38	131	8	204
2013	72	15	31	114	11	219
2014	111	11	-	156	-	209
2015	105	12	-	106	-	228
2016	120	-	-	-	-	259

자료: 한국노동연구원, 『각 연도 해외노동통계』(한국노동연구원, 각 연도).

2) 노동조합 조직률의 하락 원인

노동조합의 조직률 하락 원인은 나라마다 정도의 차이는 있지만 일반적으로 인식되고 있는 공통된 원인을 정리해 보면 그 내용은 다음과 같다.

첫째, 경제의 구조변화이다. 다시 말해 노동조합 조직률이 전통적으로 낮았던 서비스산업과 화이트칼라 직종의 확대가 빠르게 진전되었기 때문인 것으로 판단된다. 예컨대 비농취업자 중 제조업 고용이 차지하는 비중은 하락한 반면, 서비스업의 고용비중은 대부분의 국가에서 증가하였다. 또한 노동조합 조직률이 낮은 행정 관리직, 전문직, 판매직은 거의 모든 국가에서 증가한 것이다. 또한 노동력 구성의 변화 즉 전통적으로 노동조합 조직률이 낮은 여성노동력, 고령인력, 비정규직, 외국인인력의 증가와 노조를 조직하는 성향이 강한 20세 이상 남성의 경제활동 참가율이 감소하고 있는 추세도 노조조직률을 하락시키는 한 요인이 되고 있다.

둘째, 1980년대 이후 세계적으로 유행한 신자유주의적 풍조의 영향으로 정부의 정책이 노조에 적대적으로 기울은 점도 노조조직률의 하락에 기여 하였다.

셋째, 고용평등법, 차별금지법, 모성보호법, 장애인고용촉진법, 성희롱금지법 등 정부가 통과시킨 개인차원의 고용관련 보호 법안들이 피고용인이 느끼는 집단노사관계에 대한 필요성을 감소시키는 역할을 하여 노동조합조직률의 하락을 부추기게 되었다.

넷째, 반노조적인 사회정치적인 분위기를 배경으로 사용자들이 노조회피전략을 적극적으로 활용한 것도 노조조직률의 하락에 기여하였다.

이러한 요인들은 우리나라의 경우에도 상당부분 적용이 된다. 즉, 과거 노동운동이 강한 광업과 제조업의 고용이 감소한 반면에 노조조직률이 낮은 서비스 및 IT산업이 급성장하고, 여성노동력과 화이트칼라 피고용인의 증가, 비정규직 증대 등이 강력한 노조 등장과 빈번한 노사분규에 대한 반발로써 노동조합을 기피하거나 무노조경영을 선호하게 된 것도 우리나라 노동조합의 조직률의 하락을 가져온 중요한 요인이기도 하다.

3. 무노조기업에서 노동조합을 결성하는 이유

1) 노조화이론

노동조합이 없는 기업에서 왜 노동조합을 결성할까? 이에 대한 기존의 연구들은 다음과 같은 이론을 제시하고 있다.

노동조합의 결성은 직무불만족과 노동조합의 수단성의 함수라는 것이다.

$$\text{노조화} = \int(\text{직무불만족, 노조의 수단성})$$

조직구성원들이 기업에 대해 느끼는 직무불만족 정도가 높을수록 노동조합을 조직할 가능성은 높아지게 된다. 예컨대 고용안정, 임금, 승진, 상급자, 근로조건에 대한 불만이 많은 경우 조직구성원들은 이직과 노동조합 결성의 두 가지 선택에 직면하게 된다. 불만이 많은 조직구성원들이 이직보다는 노동조합을 결성하여 지신들의 직무불만족을 해소할 수 있을 것이라고 믿는 노동조합의 수단성(union instrumentality) 때문이다. 다시 말해 조직구성원들의 불만이 많고 노동조합이 이를 해소할 수 있다고 믿는 믿음이 강할 때 노동조합을 결성할 가능성은 높아지게 된다는 것이다.

2) 노동조합을 결성하는 이유

노동조합이 없는 조직에서 노동조합을 결성하게 되는 이유는 대체로 다음과 같은 세 가지 요소로 구분된다.

첫째, 조직구성원과 경영자간의 의사소통의 부재

둘째, 무원칙적인 인사정책

셋째, 열악한 근로조건 등이다.

이것들은 모두 조직구성원들의 불만족을 높여 주는 주요 요인이 되고 있는데 이를 보다 구체적으로 열거해 보면 그 내용은 다음과 같다.

① 공정하지 않고 일관성 없는 처벌로 인사문제를 경영층이 즉흥적으로 결정한다는 인상을 준다.

② 경영층과 조직구성원간의 공식, 비공식적인 의사소통 라인이 없다.

③ 중요 인사정책을 실시할 때 조직구성원의 의사를 전혀 반영하지 않는다.

④ 일부 그룹의 직원들을 편애, 우대하는 인사 관행

⑤ 회사의 경영성과에 대하여 직원들에게 전혀 알리지 않는다.

⑥ 조직 구성원들의 불만이나 고충을 호소할 마땅한 채널이 존재하지 않는다.

⑦ 조직 구성원들의 정당한 불만이 전달되었음에도 여러 가지 이유로 해결되지 않는다.

⑧ 조직 구성원에 대한 교육훈련이 충분치 않아 직무수행에 애로가 발생한다.

⑨ 능력위주의 승진원칙을 표명하고 객관적으로 능력이 있는 고참직원 보다 그렇지 못한 신참직원을 승진시킨다.

⑩ 사고나 질병의 위험이 높은 작업장 환경

⑪ 제품 수요 감소에 대한 해고 가능성을 줄일 노력을 기울이지 않음으로써 대량채용과 대량해고가 반복된다.

⑫ 경영층, 사무직, 생산직 직원간의 차별적인 대우 : 식당, 주차장 등

⑬ 임금과 수당이 경쟁기업보다 현저히 낮은 경우

4. 무노조기업의 노조화 방지전략

무노조기업에서 노조결성을 반대하는 주된 이유는 일반적으로 경영권 침해에 대한 우려와 노동비용의 증가문제이다. 다시 말해 노동조합이 결성되고 나면 노조가 기업의 의사결정에 참여하게 되면서 경영자의 자율권이 축소되는 것과 임금인상, 근로조건 향상 등으로 인건비의 증가가 뒤따를 것을 우려하기 때문이다.

무노조기업에서 노동조합의 결성을 방지하기 위한 전략에는 노동조합 탄압, 노동조합 회피, 노동조합 대체 등이 있다. 그러나 노동조합 탄압은 부당노동행위에 해당되는 수단이고, 노동조합 회피와 노동조합 대체는 적법한 수단으로써 노동조합 결성을 억제하기 위한 하나의 방안이 될 수 있다.

1) 노동조합 탄압전략(Union Suppression)

노동조합에 대한 기업의 가장 적극적인 대응방안은 노조탄압이다. 노조탄압은 전통적으로 무노동조합 전략을 지향하고 있는 기업들에서 신생노동조합이 결성되는 것을 적극 방해하는 사용자의 부당노동행위뿐만 아니라 다양한 방식의 노동조합 방해활동들이 이에 해당된다. 심각한 노사갈등을 겪고 있던 기업에서 노동조합을 파괴하는 일을 전문적으로 하는 노조파괴전문가(union buster)를 고용한 사례도 있다.

무노조를 지향하고 있는 기업에서 사용자가 법망을 피하여 노동조합 결성을 추진하는 세력들을 해고하는 경우도 있다. 이러한 행위에 대해 노동위원회가 부당노동행위를 한 것으로 판정을 하더라도 상습적이지 않을 경우에는 원상회복주의를 원칙으로 하고 있기 때문에 해당 직원을 복직시키고 밀린 임금을 지급하는 수준에서 사태는 마무리된다.

때로는 정당하게 결성된 노동조합과의 교섭을 거부하기도 한다. 사용자는 정당한 이유 없이 노동조합과의 단체교섭을 거부할 수 없다. 만약 단체교섭을 거부하게 되면 부당노동행위로 간주된다. 그러나 현실적으로 사용자는 적당한 이유를 들어 노조와의 단체교섭을 회피하고 무관심 속에서 노동조합을 대하면서 노동조합의 활동력을 저하시키기도 한다.

또 다른 경우에는 사용자가 소극적으로 단체교섭에 임하면서 교섭을 해태하는 전략을 쓰기도 한다.

2) 노동조합 회피전략(union aviodance)

이는 사용자가 법을 어겨가면서까지 노동조합을 탄압하는 것은 아니지만, 가능한 한 노동조합의 결성을 막고 최소한 확산되는 것을 방지하려는 기업 측의 전략을 말한다.

노동조합을 결성하지 못하게 할 수 있는 가장 좋은 대안은 경쟁자인 노조기업이 단체교섭과 임금교섭을 통해 결정된 임금수준과 근로조건보다 더 높은 수준의 임금과 근로조건을 제시(무노동조합 프리미엄)함으로써 노동조합을 결성하려는 의지를 약화시키는 방법이다.

이를 적극적인 인사관리라고도 하는데, 이는 근로조건, 교육과 훈련, 배치전환, 경력개발, 고충처리 등에 있어 최고의 수준과 세심한 배려로 근로자들의 불만을 사전에 파악하여 제거하는 것을 의미한다. 적극적인 인사관리가 실시되면 근로자들의 직무만족도가 향상되어 근로자들이 노동조합을 원치 않는 효과를 거둘 수 있다.

그리고 노동조합이 있는 사업장과 노동조합의 없는 사업장을 모두 가진 기업에서 취할 수 있는 전략의 하나로 병렬형 관리전략이 있다. 이는 노동조합이 있는 사업장은 점진적으로 축소해 가면서 노동조합이 없는 사업장은 점진적으로 확대시켜 나가는 것이다.

중장기적으로 노동조합이 없는 사업장에는 투자와 고용을 늘리고, 노동조합이 있는 사업장에는 투자를 줄이거나 고용을 축소하여 자연스럽게 노동조합이 약화되도록 유도하는 노조회피전략이다. 다른 한편으로는 노조가 있는 공장을 군내외의 무노조지역으로 이전하여 노조를 제거하는 방법을 쓰기도 한다.

3) 노조대체전략(union substitution)

이는 사용자가 법규범의 테두리 내에서 노동조합의 순기능을 대체할 수 있는 대안적

의사소통기구를 제시함으로써 노동조합 결성과 활동을 막으려는 전략이다. 노·사의 공동책임을 강조하고 조직에 대한 충성심을 고취시켜 노사 간의 구분을 약화시켜 노조 결성 움직임을 막으며, 노동조합 대신 노사협의회와 같은 조직을 적극 활용하여 근로자들의 불만을 처리하거나 제안을 수용해 주는 방법이다.

또 다른 방법은 근로자들이 다양한 참여 방식으로 자신들의 의견을 경영관리에 반영할 수 있도록 하는 제도를 만들어 노조의 필요성을 약화시키고 노조결성을 피하게 하는 방법이다. 노사협의회 이외에도 평사원협의회, 청년이사회나 청년중역회의와 같은 제도 등도 근로자들의 경영참가를 통한 참여욕구의 충족을 통해 노동조합 결성의 필요성과 욕구를 낮추는데 활용되기도 한다.

제2절 무노조기업의 경영상의 특징

무노조기업은 철학적이거나 정책적 무노조경영을 실시하는 기업을 의미하는데 이들 기업은 주로 대기업이며 이들의 경영방식은 타 기업의 벤치마킹의 대상이 되기도 한다.

무노조기업은 일반 노조기업과는 달리 독특한 인사관리시스템을 구축하고 있으며, 최고경영자가 갈등적·대립적인 고용관계보다는 협력적 고용관계를 구축하려는 가치와 태도를 갖고 있는 것이 일반적이다. 신뢰와 협력적인 조직분위기, 효과적인 인사시스템의 구축 등은 궁극적으로 생산성 향상이나 고용관계의 향상을 도모하게 된다.

1. 최고경영자의 가치와 태도

무노조기업의 최고경영자는 주로 일원론에 따른 가치관을 가지는 경우가 많다. 다시 말해 기업 내 노사 간의 이해관계는 완전히 일치하기 때문에 갈등이 발생한다면 그것은 바로 경영자의 잘못된 경영방식에서 기인한다고 믿는다. 따라서 노·사간의 갈등은 불필요할 뿐만 아니라 바람직하지도 않기 때문에 이해관계가 일치된 상태에서

그림 13-1. 무노조기업의 인적자원관리시스템

피고용인에 관련된 CEO의 태도, 가치, 철학 및 목적

주요정책
- 환경요인과 기업특징에 적합한 효과적 경영
- 고용안정
- 내부발탁 승진
- 영향력 있고 전형적인 인사담당부서
- 보상 및 성과배분제 개선
- 효과적인 피드백, 의사소통 및 고충처리제도
- 관리자의 면밀한 선발, 개발 및 평가

- 신뢰, 협력 및 자신감이 충만한 조직문화 형성
- 기업전략의 효율적·효과적·지속적 실행

- 고용안정 및 공정성 인식
- 조직에 대한 긍정적 인식 증대
- 무파업
- 이직률 감소 및 근무태도 향상
- 제3자 개입 해제
- 책임감 및 몰입 증가
- 조직 유연성 증가
- 긍정적 태도 및 사기함양
- 개방적·직접적 의사소통
- 다수 종업원의 노조가입 욕구 감퇴
- 노·사간의 대립적 관계 청산

생산성 향상 | 고용관계의 향상

자료: Fred K. Foukes, Personnel Policies in Large Nonunion Companies(Englewood Cliffs, New Jesery, Prentice-Hall, Inc., 1980), p. 327. 일부 수정.

노·사간 신뢰가 구축된다면 상호간의 이익을 획득하기 위해 쌍방 간의 힘을 소모하는 단체교섭이 불필요하다고 믿는다.

최고경영자는 효과적인 인사관리시스템을 마련하는 것이 중요하고 조직구성원의 동

기부여나 직무만족 및 조직몰입 등의 향상을 위한 제도나 프로그램의 운영을 강조한다. 따라서 인적자원관리 부서에서는 이러한 최고경영자의 경영철학이나 가치를 반영한 시스템을 구축하고 실행하게 된다.

2. 고용관계 정책

1) 고용안정을 위한 적극적인 노력

노조기업의 경우 노종조합의 단결된 힘을 바탕으로 고용의 유지와 안정을 보장받고자 한다. 그러나 무노조기업의 경우에는 근로자들의 고용안정을 보장해 줄 마땅한 제도적 장치가 없기 때문에 고용불안을 느낄 수 있다. 따라서 이러한 불안을 해소하기 위해서는 적정인력 규모수준을 유지하고 해고에 대비한 완충장치를 마련하는 것이 필요하다.

예컨대 적정 인력규모를 유지하기 위해 대규모 단기프로젝트의 수행을 회피하거나, 호황일 경우 임시직 근로자를 이용하거나 하청업체로의 외주를 주는 방안을 모색하는 것 등이다. 또한 해고에 대비한 완충장치, 즉 신규채용 중지, 자연감소에 의한 고용감소, 재고축적, 하청업체로의 외주화, 조기퇴직제도, 교육훈련, 직업공유(work-sharing), 잔업축소, 임금삭감 및 동결, 교육훈련의 활용 등의 방법을 통해 해고를 피하거나 감원을 늦추기 위한 노력을 한다.

2) 무노조기업의 고용조정 관행

무노조기업에서는 피할 수 없는 해고가 발생할 경우 고용조정 단계에서 다음의 원칙을 준수한다.

첫째, 이해당사자(부서장, 인사부서, 노조, 직원대표)를 고용조정의 기획・실시 단계에 포함시킴으로써 충분한 의견수렴 및 효과적인 의사소통 망을 구축한다.

둘째, 해고 대상자들에게 조기 통보를 함으로써 재취업 기회를 제공하며 전직지원프로그램(out placement), 경력 상담, 전직이나 창업에 대한 워크숍 실행 및 이직면담(exit interview)등을 실시한다.

셋째, 계속근무 대상자(survivor)를 대상으로 고용조정 전망에 대한 명확한 정보를 제공하여 자신의 장래에 대한 우려와 동료직원 해고로 인한 스트레스를 해소한다.

3) 신중한 선발, 내부승진제도의 적극 활용

무노조기업에서는 신규인력을 신중하고 세심하게 선발한다. 다시 말해 노조가입 성향이 강한 신규사원의 선발을 억제함으로써 노동조합 조직 확률을 낮추는 방법을 쓰기도 한다.

한편, 승진에 있어서도 내부인력을 활용함으로써 피고용인에게 신뢰감을 주고 자기 개발의 기회 및 충성심을 고양시킨다.

그리고 내부정보만을 통해 내부공모제를 활용한다. 특히 피고용인과 늘 접촉하는 중간관리자를 선발할 때의 선발기준으로는 직원들과 우호적·생산적 인간관계를 유지하고 있는가의 여부를 주요 기준으로 삼는다.

이와 같은 내부승진제도를 효과적으로 활용하기 위해서는 유능한 인재의 모집과 선발, 우수한 교육프로그램이 전제되어야 할 것이다.

4) 평가 및 보상시스템

일반적으로 무노조기업의 급여수준은 노조기업의 임금수준 보다는 약간 높은 수준을 유지하는데 이것이 무노조 프리미엄이다. 특히 직종 간(사무직, 관리직, 생산직) 평등한 대우를 한다. 무노조기업에서는 화이트칼라와 블루칼라 직원 간의 차별 철폐가 중요하다. 또한, 수당은 노조기업보다 다양하고 풍족하게 제공한다. 예컨대 생명보험, 연금제도, 성과배분을 광범위하게 실시하고 있다. 이와 같은 다양한 보상제도는 궁극적으로 노사화합과 일체감을 조성하는데 작용한다.

5) 의사소통, 고충처리 및 경영참가제도

노동조합은 근로자들의 집단의견을 대변하는 기능을 갖는다. 그러나 노동조합이 없는 무노조기업에서는 노동조합의 집단의견 대변기능을 대체하기 위한 다양한 의사소통제도를 필요로 한다. 예컨대 회사정책에 대해 홍보하고 직원의 의견, 불만 및 분위기를 수렴, 피드백 받기 위한 의사소통채널이 활용된다.

정기적으로 실시되는 설문조사는 회사의 정책이나 제도에 대한 조직구성원들의 의견과 태도를 측정하고 직무만족도의 수준과 소충을 파악한다. 설문조사는 규격화된 설문지를 사용하여 직종간·직급간 차이를 확인하고 시간의 흐름에 따른 변화추이를 비교하는 것이 필요하다.

특히 직무불만족이 높을 경우 노동조합의 결성의 필요성을 강하게 느낀다는 점을 감안하여 설문은 직무만족도의 측정에 중점이 두어지게 된다.

그리고 무노조기업에서는 근로자들의 의견을 수렴하고 고충을 처리할 수 있는 다양한 경영참가제도를 활용하고 있는데 대표적인 형태가 바로 노사합동위원회, 품질관리 분임 조, 현장자율경영 팀 등이다.

6) 기업문화

무노조기업의 조직문화의 특성으로써 먼저 간부와 피고용인에 대한 평등한 대우를 강조하는 조직문화를 들 수 있다. 구내식당이나 주차장 내에 간부들을 위한 특별한 장소를 배정하지 않거나 간부의 사무실 공간이 일반 직원의 공간과 큰 차이가 없도록 하여 간부와 직원간의 평등하고 공정한 대우를 보장하는 기업문화를 형성하고 있다.

둘째는 적극적인 인적자원관리정책을 실천함으로써 상호신뢰와 협력, 그리고 자신감이 충만한 조직분위기를 형성하고자 노력한다. 이러한 노력은 궁극적으로 피고용인의 태도, 유연성, 생산성 등의 향상을 가져오고, 사기, 신뢰, 자신감, 신념 및 일체감의 형성에 긍정적으로 작용한다.

제3절 공공부분의 고용관계

1. 공공부분의 개념과 고용관계의 특징

공공부문이란 협의로는 정부부문과 같은 뜻으로 쓰이기도 하고 좀 더 광의적으로 해석하면 정부와 직간접으로 관련된 부문까지 통틀어서 지칭하기도 한다. 그러나 실제 분류에 들어가면 첫째, 이론적으로 이에 대한 개념정의가 쉽지 않고, 둘째, 나라마다 공공부문의 범위가 다르고, 셋째, 한 나라 안에서도 경제 여건 변화 또는 정부 정책 변화에 따라 공공부문의 범위가 달라지기 때문에 공공부문의 개념을 정의하기란 쉽지가 않다.

고용관계이론의 측면에서 개념을 정의해 보면, 사용자가 누구인가를 기준으로 설정하여 정부를 사실상 사용자로 하는 부문을 공공부문으로 규정한다. 다시 말해 정부와 지방자치단체가 실질적으로 사용자 역할을 하는 부문이라고 할 수 있다. 따라서 공무원, 중앙정부 공공기관 노동자, 지방공공기관 노동자, 교원들과 그에 상응하는 사용자가 공공부문 고용관계의 당사자인 것이다.

공공부문의 고용관계에서는 주목을 받는 것은 정부와 일반시민들의 관심사인 공공성과 근로자들의 관심사인 근로기본권 간의 충돌인데 먼저 공공부문의 고용관계에서의 특징을 제시해 보면 다음과 같다.

첫 번째는 사용자의 불명료성이다. 공공부문의 사용자는 중첩되며, 경영자의 권한이 분산되어 있고, 사용자를 특정하기가 쉽지 않다. 특히 정부는 공공부문에 대해 궁극적인 사용자 대표성을 가지면서 지휘감독은 하지만 직접 고용관계담당자는 아니라는 점에서 역할과 기능이 모호하다. 정부는 입법자, 규제자, 조정자로서 민간부문까지 고려해야 하는 정책적 판단을 해야 하며 동시에 모범사용자로서 선도적인 역할을 요구받는다.

공공부문에는 법률상 사용자인 공공기관 경영진이 있고 중요한 이해관계자로서 납세자 공중이 있다. 구체적으로 단체교섭과 관련해서 살펴본다면 단체교섭에 공공여론도 일정한 영향을 미치기 때문에 공공부문 경영진, 노조 모두 수많은 이해집단을 무시할 수 없다.

공공부문 사용자의 불명료성을 말할 때 사용자가 중층적이고 사용자를 특정하기 힘들다는 것을 말한다. 그런데 사용자가 중층적이라는 것과 다양하고 특정하기 힘들어서 불명료하다는 것은 일정부분 겹치는 개념이지만 동일한 것은 아니므로 분리해서 살펴볼 필요가 있다.

먼저 사용자의 중층성과 관련해서 중앙정부와 지방자치단체, 좀 더 세부적으로 말하면 중앙정부, 광역자치단체, 기초자치단체간에 나타나는 위계문제이다. 이들 양자 또는 삼자 간에 위계가 있으며 나아가 공무원노조에 대해서 사용자의 위계체계, 중층성으로 나타날 수 있다.

그리고 사용자를 특정하기 어렵다는 불명료성은 특히 공공기관에서 두드러지게 나타난다. 공공기관의 법률상 사용자는 해당기관장이다. 그러나 현실에서는 해당 공공기관을 관장하는 정부부처가 강한 영향력을 미친다. 또한 노동조건, 특히 임금과 관련해서는 기획재정부의 예산편성지침과 예산집행지침이 사실상 규정적인 영향력을 미친다. 그런데 이런 예산지침은 부처 수준을 넘어서는 정부의 공공부문 정책으로부터 나온 것이다.

또한 예산에 대한 궁극적인 결정은 의회에서 이루어진다. 더 나아가 공공기관은 경영평가와 감사원 감사 대상이 되기도 한다. 이런 노동조건 결정기재를 고려한다면 공공기관의 사용자가 누구인지 특정하기가 어렵다는 점에서 불명료하다.

두 번째는 공공부문 노사교섭에서는 다면교섭이 나타난다는 점이다. 다면교섭이란 셋 이상 당사자가 참여하고, 노사 간에 명확한 구분이 존재하지 않고, 공식적인 교섭 상대방이 아니라 다양한 이해관계자 집단과 교섭하고, 상위기관의 인준을 필요로 하는 교섭을 말한다.

공공부문 교섭에서 다면교섭이 나타나는 이유는 공공부문의 목표가 다양하고, 사용자 역할을 하는 집단이 다수 존재하고, 사용자 내부에서 명확한 의사결정 체계가 결여되어 있고, 이들 사이에서 이해다양성과 권한 분산으로 인해 이해조정이 어렵기 때문이다.

우리나라에서도 공공부문교섭은 형식적으로는 노조와 법률상 사용자가 진행하고 있지만 실제로 노조는 관련 정부부처, 의회, 정당 등과 다양한 형식의 대화, 협의를 진행하고 있다.

셋째는 강한 정치적 성격이다. 공공부문이 제공하는 서비스는 일반 대중의 일상생활과 관련성이 높고, 필수성도 높다. 따라서 일반 대중의 관심도 높다. 그리고 공공부문의 재정원천은 궁극적으로는 납세자 세금과 관련이 있기 때문에 납세자들의 관심이 높고 의회 예산심의를 거쳐야 하기 때문에 정치적 성격을 띠게 된다.

넷째는 노동권과 서비스이용권의 상충 가능성이다. 공공부문 교섭이 다면적이기 때문에 갈등도 다면적으로 나타난다. 일반적으로 민간부문의 갈등은 노·사간 갈등으로 나타나지만, 공공부문의 갈등은 노조와 정부 간 갈등도 있을 수 있고, 공공예산 활용과 공공서비스 제공을 둘러싸고 납세자, 공공서비스 소비자와 공공부문 종사자 또는 노·조간 갈등이 나타날 수 있다. 현실에서 이러한 갈등은 공공부문 노동자 노동권과 시민의 서비스이용권의 상충가능성으로 나타나고 이에 따라 공공이익 실현 또는 증대를 근거로 공공부문 노동쟁의 해결에 중재제도 등 민간부문과 다른 방안을 채택하게 된다.

다섯째, 노사유착 가능성이다. 공공부문에서는 노·사간 유착 가능성도 존재한다. 공공부문 내부에서는 관리자와 근로자로 나누어진다고 해도 정부 또는 납세자에 대해서는 모두 피고용인이기 때문에 관리자와 근로자 사이에 이해공통성이 존재한다.

따라서 이로부터 공공부문 노조결성과 유지의 상대적인 용이성이 나타나기도 한다. 공공부문 고용관계에서 사용자, 특히 법률상 사용자와 노조 간에 조화로운 관계, 비교적 동등한 힘의 균형이 나타날 수 있다. 여기에서 한 걸음 더 나아가 이런 특징이 공공부문에서 이윤개념이 상대적으로 약하다는 점과 결합하여 노사 간에 파이(pie)를 공유할 가능성, 그리고 그에 따른 도덕적 해이가 나타날 가능성이 높다.

도덕적 해이 가능성은 주인(principal, 시민)과 대리인(agent, 공공부문 종사자)사이의 정보의 비대칭성에서 나온다. 즉 주인이 대리인의 행태를 완벽하게 감시·감독할 수 없기 때문에 대리인은 주인이 생각할 때 최상이라고 생각하는 만큼 노력을 기울이지 않고 자기 이익을 실현하기 위해 행동하게 된다. 이 경우 대리인들은 그 내부에서 노사로 나누어지기 보다는 주인의 눈을 피해서 자기이익을 실현하고자 하는 공모자로서 상호 유착관계로 나타날 수 있는 것이다.

지금까지 살펴본 내용을 요약하여 공공부문과 민간부문의 고용관계 특징을 비교해 보면 그 내용은 〈표 13-3〉과 같다. 그리고 공공부문의 고용관계는 민간부문의 고용관계와는 다른 특징을 갖고 있기 때문에 공공부문의 고용관계를 분석할 때에는 다른 분석틀로 접근할 필요가 있음도 알 수 있다.

〈표 13-3〉 공공부문과 민간부문의 고용관계 특징 비교

	공공부문	민간부문
주요목적	공공성 추구	이윤추구
관련 기제	정부	시장
기대역할	선도성/모범 사용자	특이 사항 없음
예산제약	공공적 통제	경제적 제약
정치적 성격	정치적 성격 강함	특이 사항 없음
사용자	· 사용자 불명료성 · 경영자 자율성 약함 · 사실상의 사용조로서 정부 존재	· 사용자가 명확함 · 경영자 자율성 강함
통제	다양한 이해집단에 의한 다중통제	기업 내 통제
경쟁	국내외 시장 힘으로부터 비교적 자유로움	국내외 기업과 경쟁
목표	목표다양성, 목표간 상호모순 가능성	비교적 명확하고 단일한 목표
노사관계	갈등관계 도는 유착관계	갈등관계 또는 종속관계
교섭	노조/사용자/정부 다면교섭	노조/사용자 양자교섭
갈등	기업 내 노사갈등 노조-정부 갈등 노동권과 공공서비스이용권 갈등	기업 내 노사갈등

2. 공공부문 노동기본권을 둘러싼 논쟁

1) 노조결성의 상대적 용이성

노동법에서 노동조합 결성을 허용하면 공공부문 노동조합은 쉽게 결성되고 높은 조직률을 유지하는 경향이 있다. 공공부문 노동조합 결성을 허용한 미국, 일본, 영국, 독일, 프랑스 등 여러 선진국의 경우를 보면 일관되게 관찰된다. 대부분의 선진국에서는 공공부문 노동조합이 최대 노동조합이 위치를 차지하고 있다.

공무원의 경우 신분이 보장되어 있어 노동조합운동을 자유롭게 할 수 있고, 공공부문 사용자들도 대체로 선거로 선출되거나 정부로부터 임명되기 때문에 민간기업 경영자 보다는 노동조합 결성을 적극적으로 반대할 만한 동기가 없다. 특히 공공부문 노동조합이 선거과정에서 미치는 영향력 등을 감안하여 공공부문 사용자는 노동조합에 대해 비교적 우호적인 태도를 보일 수밖에 없다.

우리나라의 경우에도 공공부문 노동조합 조직률은 민간부문보다 훨씬 높으며 노동조합 결성이 자유로운 공공기관의 경우 거의 모두 노동조합을 결성하고 있다. 따라서 향후 한국의 노동운동을 공공부문 노동조합이 주도할 것이라는 예측을 가능하게 한다.

2) 공공성과 노동기본권 충돌에 대한 논쟁

공공부문의 공공성을 고려할 때 과연 공공부문 근로자들에게 노동권을 보장하여야 하는지에 대한 논쟁이 학계를 중심으로 나타나고 있다. 1960년대 미국의 경우 민권운동과 맞물려 공무원과 교사의 노동조합 결성요구가 거셀 때, 과연 공공부문 노동자들에게 노동조합 결성을 허용하는 것이 합당한지에 대한 논쟁이 오랜 기간 지속되었다.

공공부문에 노동조합을 허용해서는 안 된다는 주장의 근거는 공공부문에서는 노사가 유착할 가능성이 높다는 점이다. 즉 납세자 부담을 도외시한 채 공공부문 노사가 과다한 임금인상과 직원들에게 유리한 노동조건을 합의할 수 있다는 것이다. 납세자 권리에 대한 관심도는 전체 시민에게 분산되어 있어 집중적으로 관심을 표명하지 않지만, 공공부문 노조는 이해관계가 노조원에게 집중되어 있어 이들이 집중된 협상력을 발휘하여 시민의 분산된 반대를 무릅쓰고 자신들의 의견을 관철한다는 것이다.

우리나라 일부 공공기관의 경우 노사유착의 가능성이 매우 높음을 보여준다. 예컨대 전문성이 없는 정치인들을 위하여 공공기관 최고경영자 자리를 할애하다보니, 이들은 취임 시부터 노조의 낙하산인사 반대투쟁에 직면하여 이미 많은 양보를 약속한 상태에서 취임하고, 재임기간 중 노사분규 발생을 회피하기 위하여 필요 이상으로 많은 것을 양보해 온 것이 사실이다.

공공부문 노동기본권을 부정하는 또 다른 이유는 공공부문이 파업을 할 경우 공공서비스에 대한 대체재가 없으므로 노동조합의 협상력이 월등히 커서 사용자가 과다한 양보를 할 수밖에 없다는 점이다. 예컨대 공익성이 강한 공무원의 파업은 단기간에 불과하더라도 사회구성원이 견딜 수 없으므로 협상과정에서 공공부문 사용자가 노동조합에게 비합리적인 수준의 양보를 할 수밖에 없다는 주장이 제기되어 왔다.

이러한 우려와는 달리, 공공부문 노동조합을 인정해야 한다는 주장을 펴고 있는 측에서는 다양한 반박논리와 증거를 제시하여 왔다. 우선, 공공부문 근로자도 근로자인 만큼 공공부문에 취업했다고 해서 헌법이 보장하는 노동기본권을 박탈하는 것은 헌법정신에도 반한다는 것이다. 그리고 공공부문에서 노사가 유착할 가능성이 크다는 주장에 대해서는 납세자 그룹의 적극적인 감시로 예방이 가능하다고 주장한다. 예컨대 미국 하와이 주에서는 Sunshine Act라 하여 공공부문 노사협상에는 반드시 납세자그룹이 참여하도록 규정한 법률을 통과시킨 사례가 있다. 또한 1990년 이후에는 공공부문 경쟁력이 국가 경쟁력의 핵심으로 인정되고 공공부문 개혁이 정치인들의 업적으로 평가됨에 따라 오히려 공공부문 노동자들이 민간부문보다 더 혹심하게 구조조정 대상이 되어 왔다고 주장한다.

예컨대 우리나라의 경우 1997년 외환위기 이후 기획예산처에서 모든 공기업과 정부출연기관 정원의 30% 이상을 무조건 삭감하도록 하여 거의 모든 공공조직에서 극심한 구조조정이 이루어진 점과 그 후 지속되고 있는 공공부문 구조조정을 들 수 있다.

공공부문의 노동조합 협상력이 우월하다는 두 번째 주장에 대하여는 대부분 국가에서 공공부문 근로자들에게 노동3권의 일부를 부여하지 않음으로써 강력한 협상력을 발휘할 기회를 봉쇄해 왔다는 점을 들고 있다. 우리나라의 경우 공중의 일상생활과 밀접한 관련이 있거나 국민경제에 미치는 영향이 큰 공익사업과 공익사업으로서 그 업무의 정지 또는 폐지가 공중의 일상생활을 현저히 위태롭게 하거나 국민경제를 현저히 저해하고 그 업무의 대체가 용이하지 아니한 필수공익사업은 쟁의행위에 많은 제약을 두고 있다.

또한 초등학교교사와 공무원 경우에는 쟁의권이 부여되지 않는다. 공공부문 노동기본권에 대한 이러한 제한들은 공공부문 노동조합의 협상력을 약화시키려는 목적을 갖는다. 이런 반박 논리와 실증에 근거하여 공공부문에도 노동기본권으로서 노조결성을 허용해야 한다는 주장을 펴고 있는 것이다.

3) 공공부문 고용관계의 추세

우리나라 노동운동이 시작된 이래 오랜 기간 한국 노동운동은 민간부문 노동자들이 주도하여 왔다. 그러나 최근에는 중심축이 공공부문으로 옮겨가고 있음을 알 수 있다.

2017년 말을 기준으로 공공부문 노동조합 조직률은 공무원이 65.7%, 공공기관이 68.6%로 전체 노동자 조직률 10.3%(2016년 말 기준)보다 높은 수준이며, 조합원 수도 총 440천명(공무원 203천명, 교원 7천명, 공공기관 230천명)으로 한국 전체 조합원 2016년 1,966천명의 약 22%에 이른다.

이러한 높은 노동조합 조직률과 강한 결속력으로 공공부문 노동조합의 영향력은 지속적으로 확대되어 가고 있다. 이러한 경향성은 우리나라뿐만 아니라 대부분의 선진국에서 나타나고 있는 보편적인 현상이기도 하다.

〈표 13-4〉 우리나라 공공부문 노동조합 결성 현황

(단위 : 천명)

구분	전체	공공부문	공무원	교원	공공기관
노조가입대상	19,172	1,060	310	415	335
조합원 수	1,966	440	203	7	230
조직률	10.3	41.5	65.7	1.7	68.6

주: 기준-2017년 12월말. (단, 전체노동조합 현황은 2016년 12월 말)
자료: 고용노동부, 고용노동백서, p. 229, 2018.

4) 외국 공공부문 고용관계

(1) 미국

미국에서는 연방 공공부문 피고용인에 대하여 단결권을 인정하고 있으며 노동조합은 노동조건에 관하여 단체교섭을 할 수 있는 권한이 있다. 그러나 연방정부의 공무원의 임금은 의회를 통하여 결정되기 때문에 임금교섭권은 연방공무원의 단체교섭권에 포함되지 않는다. 미국 연방헌법에는 단체행동권을 보장하는 명문 규정이 없고 이제까지는 연방정책으로 연방 공공부문 피고용인에 대하여 단결권과 임금교섭권을 제외한 단체교섭권을 인정하지만, 단체행동권은 부정하는 정책을 취하고 있다. 미국의 주와 시의 공무원들에 대한 법령은 주와 시에 따라 큰 차이가 있지만 대체로 노동3권 중 2권(단결권, 단체교섭권)을 허용하고 있으며, 일부 주나 시의 경우 노동3권(단결권, 단체교섭권, 단체행동권)을 모두 허용하고 있다.

(2) 일본

일본의 경우 일반직 공무원은 직원단체를 결성할 수 있다. 이 직원단체는 직원노동조건의 유지, 개선을 목적으로 하는 단체이다. 그러나 단체협약 체결권이 배제된 교섭권이 인정될 뿐이며 단체행동권 역시 부인되기 때문에 직원단체는 민간 피고용인 노동조합과는 다른 성격을 갖는다. 단, 일반직 공무원 중 국영기업 직원이나 지방공영기업 직원은 직원단체 대신에 노동조합을 조직할 수 있다.

한편, 일반 공무원의 급여와 근무조건에 대한 불만을 해소하기 위하여 인사원이라는 기구를 설치 운영하고 있다. 인사원은 일반 공무원 급여, 기타 근무조건 개선과 인사행정에 관한 개선을 정부에 권고할 수 있는 권한을 갖고 있으며 실제로 인사원의 임금인상 권고를 정부가 그대로 수용하는 경우가 많다.

(3) 독일

독일의 경우 공공부문에 종사하는 피고용인을 공무원과 비공무원인 피고용인으로 구분하는 이원적인 구조를 형성한다. 공무원에게는 단결권을 보장하지만 단체협약 체결권과 쟁의권을 인정하는 명문규정이 없다. 비공무원인 사무직, 노무직, 피고용인에게는 단결권뿐만 아니라 단체협약체결권과 쟁의권을 인정하지만 이들의 파업 시에는 공무원의 대체투입을 허용한다는 것이 연방법원의 입장이다.

한편, 노동조합과는 별도로 직원협의회를 설치하고 있는데 민간 기업에서 실시하고 있는 경영협의회와 유사하지만 경제적 사항에 대한 참가를 인정하지 않는다는 점에서 차이가 있다.

이상에서 살펴본 바와 같이 OECD회원국에서는 일반적으로 공공부문 노동조합 결성을 허용하고 있으며, 법적으로는 단결권을 인정하고 있고, 단체교섭권은 제한적으로 인정하고 있으며, 단체행동권은 금지하고 있다.

3. 공무원 고용관계

1) 공무원의 노동기본권

지난날 우리나라에서는 노무에 종사하는 공무원을 제외한 일반 공무원에 대하여는 노동기본권을 보장하지 않았다. 그러나 1997년 외환위기 이후 정부기구 개편 등 구조조정으로 인한 공무원의 신분보장 약화, 승진 적체 등 근무여건에 대한 불만이 누적됨에 따라 공무원만의 노동조합을 결성하겠다는 요구가 강하게 제기되었다.

ILO와 OECD 등 국제기구에서는 우리나라 공무원의 노동기본권 보장을 위한 재도개선을 지속적으로 권고하여 왔다. 그 결과 1999년 6급 이하 공무원을 대상으로 노사협의만을 할 수 있는 공무원직장협의회가 설립되었고, 2006년 『공무원의 노동조합 설립 및 운영 등에 관한 법률』이 시행됨에 따라 공무원노동조합이 설립되었다. 공무원 노동조합 관련 주요 내용은 다음과 같다.

(1) 단결권

공무원도 근로자이므로 단결권을 보장해야 하나 공무원 노조법에 따라 6급 이하 공무원만 단결권을 보장하고 있다. 게다가 6급 이하라고 해도 군인, 경찰, 법관 등 사법질서 유지나 국가안보, 국민의 생명, 신체의 안전과 관련되는 직무에 종사하는 자, 또한 관리 감독적 직책에 있거나 인사 보수 등 행정기관의 입장에 서서 업무를 수행하는 자 등은 가입을 제한하고 있다.

그러나 이러한 제한은 ILO 제87호 협약(결사의 자유 및 단결권 보호에 관한 협약)에서 단결권은 모든 노동자에게 차별 없이 보장되어야 한다고 규정하고 있는 것에 견주어 볼 때 과도한 제한이라는 비판이 있다. 실제로 ILO 이사회는 2006년 한국 정부에 대해 5급 이상 공무원에게 자신의 이해보호를 위한 노조 결성 권리를 보장하고 6급 이하 공무원 중 가입제한을 받는 범주의 노동자를 공무원조직을 약화시킬 정도로 넓게 정의하지 말 것을 권고한 바 있다.

(2) 단체교섭권과 단체협약 체결권

공무원 노동조합은 근무조건에 관하여 정부 측과 단체교섭을 하고 그 결과를 단체협약으로 체결할 수 있는 권한을 갖는다. 그러나 임금은 정부 예산부처가 예산을 편성하고 국회심의를 거쳐 결정되기 때문에 노조의 임금교섭권은 제한적이다.

따라서 실제로는 공무원 보수 결정시에 공무원 노동조합의 의견을 수렴하는 정도에 그치고 있다. 또한 인사와 정책 관련 의제에 대한 교섭 대상 여부를 놓고 노사 간 견해 차이가 커서 정책건의 의제라는 형태를 취하는 경우가 있다. 공무원 노동조합의 단체교섭 범위에 대한 논쟁은 상당 기간 지속될 전망이다.

(3) 단체행동권과 쟁의조정

노사 간 단체교섭이 결렬되면 분쟁의 조정, 중재를 중앙노동위원회 내의 공무원 노동관계조정위원회에서 전담하도록 하였다. 공무원에 대해서는 단체행동권이 부여되지 않는다. 즉, 공무원 노동조합과 그 조합원은 파업, 태업 그 밖에 업무의 정상적인 운영을 저해할 수 없다. 다만, 현업기관 종사자에게는 단체행동권이 부여되고 있으나 현업기관의 범위가 줄어듦에 따라 그 범위가 대폭 축소되었다. 대다수 공무원은 단체행동권이 제한되고 있어서 공무원 노동조합은 헌법에 보장된 집회결사의 자유와 정치적 의사표현의 자유를 원용하여 집회, 시국선언 등 활동으로 대체하려고 하지만 법원에서는 공무원 특성상 이에 대한 법적 제한이 가능하다고 하여 역시 제한을 받고 있다.

2) 우리나라 공무원 노동조합의 현황

과거 우리나라 공무원 노동조합은 전국체신노동조합(현재 전국우정노동조합)과 국립의료원노동조합 등 2개의 현업공무원노동조합이 있었다. 그러나 헌법 제33조 제2항에 따른 공무원의 노동기본권을 보장하기 위하여 2005년 1월 27일 공무원의 노동조합 설립 및 운영 등에 관한 법률을 제정하고 2006년 1월 28일 시행함으로써 공무원들도 노동조합을 설립하고 근무조건 개선을 위해 정부 지방자체단체와 단체교섭을 할 수 있데 되었다.

공무원노동조합은 2017년 말 현재 총 155개의 노조가 설립되어 있다. 노동조합 가입대상 공무원 31만 여명(현업공무원과 교원인 공무원은 제외된 숫자임) 중 65.7%에 해당하는 203천여 명이 가입하는 등 높은 조직률을 유지하고 있다.

〈표 13-5〉 우리나라 공무원 노동조합 현황(2017년 12월 말 기준)

구분	계	연합	전국	헌법기관	행정부	자치단체	교육청
조합 수	155	12	5	2	1	108	27
조합원(명)	203,558	-	55,852	9,258	25,200	77,319	35,829

자료: 고용노동부, 고용노동백서, 2018, p. 230.

공무원은 중앙정부 공무원과 지방공무원이 있으며 이들은 각각 중앙정부와 지방자치단체 소속이지만 지방공무원의 노동조건에 대해서는 중앙정부의 영향력이 미치고 있다. 따라서 지방공무원 노동조합들은 중앙정부, 지방자치단체 모두를 상대로 노동조건에 대한 교섭(협의)을 해야 하는 상황이라 사용자의 중층성이 나타나고 있다.

4. 공공기관의 고용관계

1) 중앙정부 공공기관

공공기관은 공공서비스를 제공하고 있지만 공무원과는 달리 정부 부처 조직 밖에 있으며, 정부로부터 일상적인 관리감독은 받지 않지만 일정한 자율성을 갖고 정부정책을 수행한다. 과거에는 정부투자기관, 정부출자기관, 정부출연기관 등 다양한 명칭으로 불렸으나 공공기관의 운영에 관한 법률에 따라 공공기관으로 그 명칭이 일원화 되었다.

공공기관은 국가·지방자치단체가 아닌 법인·단체 또는 기관으로서 정부가 당해 기관 정책 결정에 사실상 지배력을 확보하고 있는 기관 중에서 기획재정부장관이 공공기관으로 지정한 기관이다.

공공기관은 공기업 준정부기관과 기타 공공기관으로 구분하여 지정하되 공기업은 다시 시장형 공기업과 준시장형 공기업, 준정부기관은 기금관리형 준정부기관과 위탁집행형 준정부기관으로 구분된다.

정부가 직접 고용관계 당사자가 되는 공무원과 달리 공공기관은 정부가 사실상 사용자 역할을 할 뿐이다. 그러나 사실상 사용자라 함은 법률상으로는 사용자가 아니라는 점 때문에 노사 간에 정부 역할과 책임을 놓고 논쟁이 벌어지고 있다.

〈표 13-6〉 중앙정부 공공기관 분류

분 류	세 부 분 류
공기업	시장형 공기업
	준시장형 공기업
준정부 기관	기금관리형 준정부기관
	위탁집행형 준정부기관
기타 공공기관	공기업, 준정부기관이 아닌 공공기관

2) 지방공공기관

지방공공기관은 중앙정부 공공기관과 성격과 역할이 비슷하지만 지방자치단체가 설립한다는 점에서 차이가 있다. 지방공공기관은 지방공기업과 지방자치단체 출자출연기관으로 구분할 수 있다.

지방공기업은 『지방공기업법』에 근거하여 지방직영기업, 지방공사, 지방공단으로 구분된다. 지방직영기업은 상·하수도와 같이 지방자치단체가 직접 설치·경영하는 형태로서 공기업특별회계로 운영된다. 지방직영기업은 조직, 사무 등에서 지방자치단체로부터 일정한 독립성이 보장되어 있다. 지방공사는 지방자치단체가 자본금의 50% 이상을 출자하여 설립한 기관으로서 대표적으로 지하철, 도시(개발)공사 등이 있다.

지방공단은 지방자치단체가 자본금의 100%를 출자하여 설립한 기관으로서, 자치단체시설공단이 대표적이다.

지방공공기관은 지방공기업 이외에 지방자치단체 출자출연기관이 존재한다. 2014년 3월 지방출자출연법이 제정됨에 따라서 지방공기업은 지방직영기업, 지방공사, 지방공단만을 포함하고, 지방출자출연기관은 지방자치단체가 출자·출연하여 설립한 기관으로 행정자치부장관이 지정·고시한 기관을 의미한다.

〈표 13-7〉 지방자치단체 공공기관 유형

구 분	
지방공기업	직영기업
	지방공사
	지방공단
지방 출자출연기관	

3) 공공기관 근로자의 노동기본권

(1) 단결권과 단체교섭권

공공기관 근로자는 별도 제한 없이 단결권, 단체교섭권, 단체협약 체결권 등이 보장된다. 따라서 노동조합을 결성하여 사용자와 임금, 노동조건 등의 유지 개선을 위한 단체교섭을 실시하고 그 합의된 사항을 단체협약으로 체결할 수 있다.

그러나 공공기관의 경우 궁극적으로는 정부 예산의 영향을 받기 때문에 임금인상, 노동조건 개선에서 예산 제약이 따른다. 이를 둘러싸고 노조에서는 노조와 정부가 교섭(협의)을 진행하는 노정교섭(협의)을 요구하고 있지만 정부는 정부가 법률상 사용자가 아니고, 공공기관 자율성을 보장하고 있다고 하여 노정교섭을 받아들이고 있지 않아 이에 대한 논쟁은 지속될 전망이다.

(2) 단체행동권과 쟁의조정

기본적으로 공공기관 노동조합은 단체행동권을 행사할 수 없다. 공공기관 노동조합의 단체행동은 공공부문 근로자의 노동권과 시민의 서비스이용권이 상충할 가능성으로 나타날 수 있다. 따라서 양자의 조화를 위해 공공기관 사업장이 공익사업 또는 필수공익사업인 경우에는 쟁의행위에 대하여 제약을 가하고 있다.

공익사업인 경우 조정기간이 일반사업장보다 길고, 필수공익사업인 경우 파업 시 필수유지업무를 반드시 수행하도록 하고 대체근로를 허용하고 있다. 그리고 긴급조정을 할 수도 있다. 공공기관 노동조합의 쟁의에 대해 민간부문 노동조합 쟁의보다 더 많은 제약을 가하는 이유는 공공기관이 제공하는 서비스의 성격이 공공성을 갖기 때문이며, 서비스의 중단이 시민의 서비스이용권을 제약할 수 있기 때문이다. 그러나 이에 대한 사회적 논쟁은 지속될 전망이다.

(3) 지방공기업 고용관계에 대한 관심

최근 고용관계분야에서 나타나고 있는 변화 중 지방자치단체 수준 고용관계 분야에 대한 관심이 높아지고 있는데 그 이유는 다음과 같다.

첫째, 중앙정부가 노동문제를 관장하면서 고용노동부가 지방까지 행정체계를 갖추고 있지만, 포괄 범위가 넓고 인력은 부족해서 세부적인 부분을 잘 살펴보지 못하고 있어 지방정부에서 보완할 필요가 있기 때문이다.

둘째, 지방자치단체가 해당 지역사정을 잘 알고 있기 때문에 고용노동문제와 관련하여 세부적인 사항을 잘 반영할 수 있기 때문이다.

셋째, 해당 지역 노동자는 많은 경우 해당 지방자치단체의 주민이기도 하다는 점에서 지방자치단체가 고용노동문제에 관심을 가져야 함은 당연하다.

넷째, 지방자치단체가 공공부문에서는 직접적인 사용자이거나 간접적으로 노동조건에 영향을 미치고 있어 모범적인 사용자로서 합리적이고 모범적인 고용관계를 정립해 나갈 필요가 있기 때문이다. 한편 노동조합들로 지방자치단체수준의 고용관계에 대해 관심을 기울이기 시작했다.

특히 최근에는 노사 모두가 지방자치단체수준 노동문제, 고용관계에 대해 관심을 기울이기 시작하였다. 그러나 지방공기업 고용관계에 대해서는 많은 경험이 축적되어 있지 않다. 이제 지방자치제도의 발전과 함께 지방공기업 고용관계에 대한 관심도 높아져야 만 할 것이다. 그리고 지방자치단체 공무원 고용관계도 중앙정부 공무원고용관계와는 다른 특징들이 부각되면서 별도의 형태로 발전될 전망이다.

4) 공공기관 고용관계 현황

(1) 노동조합

노동조합 설립이 허용된 공공기관에서는 노동조합이 결성되어 있다. 2017년 말 현재, 482개 공공기관(공공기관의 운영에 관한 법률에 따른 중앙공공기관과 지방공기업법에 따른 지방공기업 기준) 중 325개 기관에 노동조합이 설립되어 있다. 조합원 수는 230,897명으로 노동조합가입률은 68.9%이다.[2)]

(2) 사용자

공공기관은 시장에 의해 통제를 안 받거나 덜 받기 때문에 시장 역할을 정부가 일부 대신하고 있다. 즉 공공기관은 시장 감시 부재로 정부가 감독기능을 대신 수행하게 된다. 결국, 공공기관 지배구조는 정부의 공공기관에 대한 관리 감독과 견제를 의미한다. 공공기관으로 지정된 이후에는 운영의 투명성 제고와 책임경영 체제 구축을 위해 공공기관의 운영에 관한 법률에 의한 규율을 받게 된다. 이러한 이유로 공공기관 단체교섭은 해당 기관 노사가 결정할 수 없는 사항이 많으므로 민간부문 경우보다 제약요

---

2) 고용노동부, 「2018년판 고용노동백서」, p. 233.

건이 많은 가운데 실시된다.

그러나 정부가 고용관계에서 사실상 사용자 역할을 하고 있지만 법률상 사용자가 아니라는 점 때문에 정부역할과 책임을 둘러싼 노사 간의 견해차가 상존하고 있다.

5. 교원의 고용관계

1) 교원 노동조합의 태동

교원노동조합은 1960년 4·19이후 처음 결성되었으나 1961년 5·16이후 군사정권에 의해 해체되었다. 그 후 국공립학교 교원이나 사립학교 교원 모두는 노동3권을 인정받지 못했다. 그 후 1987년 전국교직원노동조합(전교조)이 법외조합으로 결성되어 활동하다가 1천 4백여 명이 징계를 받아 해직되었다. 그러나 한국 정부는 ILO, OECD 등 국제기구로부터 여러 차례에 걸쳐 교원노동기본권을 보장할 것을 권고받았고, 결국 1999년 『교원의 노동조합 설립 및 운영 등에 관한 법률』이 제정되어 교원노동조합이 합법조직으로 탄생하였다.

2) 우리나라 교원 노동조합의 현황

교원노동조합은 초등학교 및 중등학교 교원을 대상으로 임금, 노동조건, 후생복지 등 경제적·사회적 지위향상을 목적으로 설립된 노동조합이다. 1999년 설립이 합법화 되었고, 전교조와 한국교원노동조합(한교조) 그리고 자유교원조합(자유교조)이 대표적인 교원노동조합이다.

이 중 전교조는 상대적으로 진보적이어서 교원의 노동기본권을 강조하고 있고, 한교조는 상대적으로 온건한 편이다. 자유교조는 전교조 노선에 반대하여 결성된 조직으로써 교원의 노동기본권보다는 학생들의 학습권 보호를 강조하는 조직이다.

자유교조와 교사노조연맹은 연합단체이고, 한교조, 대한민국교원조합(대한교조), 전교조는 단위노조이다. 이중 전교조(조합원 53천명)는 2017년 12월 말 기준 법외노조 상태이다.

〈표 13-8〉 교원노동조합 설립 현황(2017년 12월 말 기준)

노동조합 명칭	산하조직	조합원 수	설립일자
전교조	16개 지부	53,000명	1999.07.01.
한교조	9개 지부	5,681명	1999.07.01.
대한교조	4개 지부	376명	2008.12.05.
자유교조	6개 단위노조	562명	2006.05.04.
교사노조연맹	4개 단위노조	840명	2017.12.20.

자료: 고용노동부, 「2018 고용노동백서」, p. 300. 재구성.

3) 교원 고용관계의 특징

(1) 노동3권과 노동조합

국공립학교와 사립학교(유치원과 초중등교원은 포함, 대학교수는 제외) 교원은 단결권과 단체교섭권을 가진다. 그러나 학생들의 학습권 보호를 위하여 파업, 태업 기타 업무의 정상적인 운영을 저해하는 일체의 쟁의행위를 불허하고 있다. 그리고 단체행동권에는 제약이 따른다.

교원노동조합은 특별시, 광역시, 도 단위 또는 전국단위에 한하여 설립할 수 있으며 교육의 중립성을 고려하여 교원노동조합의 정치활동은 금지되어 있다.

(2) 단체교섭과 단체협약

단체교섭에 관한 일반사항은 노동조합법상 교섭과 비슷하지만 노동조합 측의 교섭위원은 당해 노동조합을 대표하는 자와 그 조합원으로 구성하여야 한다고 규정하고 있어 교섭의 위임을 허용하지 않고 있다는 점이 특이하다.

교섭방식으로 학교단위의 교섭은 허용하지 않고 통일교섭(즉, 교육부 차원 중앙교섭과 시도단위 교섭)만을 허용하고 있다. 사립학교의 경우에는 법률상 사립학교 설립·경영자가 시·도 또는 전국단위로 연합하여 교원노조와 교섭하도록 되어 있으나 현재 이루어지지 않고 있다. 노동조합 측과 교섭창구는 복수노조의 경우 노조 자율로 교섭창구를 단일화 하도록 규정하였다. 또한 단체교섭 시 여론 ·학부모 의견을 수렴하도록 하고 있는 것도 교육서비스 특성을 고려한 특이 사항이다.

교섭사항으로는 조합원의 임금, 노동조건, 후생복지 등 경제적·사회적 지위향상에 한정하고 있다. 교육정책과 관련된 사항도 단체교섭 사항으로 포함할 것을 요구하는 노동조합 측과 다툼이 있다. 그리고 교원노동조합과 사용자는 단체협약을 체결할 수 있다. 단, 단체교섭 내용 중 법령·조례·예산에 의해 규정되는 내용은 단체협약의 효력을 인정하지 아니하고 사용자 측의 성실이해 노력의무를 부여하고 있어 노동조합 단체교섭권에 대한 제약이 있다.

(3) 쟁의조정과 단체행동

노동쟁의를 조정·중재하기 위해 중앙노동위원회 내에 교원노동관계조정위원회를 두고 있다. 단체행동 특히 파업은 학생들의 수업권 보장을 위해 제한되고 있다. 그러나 교원노동조합에서는 헌법상 집회시위의 자유, 의사표현의 자유를 내걸고 일부 제한적인 범위에서 단체행동을 하고 있고, 이에 대해 정부에서는 제재를 하고 있어 노사 간 분쟁이 지속되고 있다. 근로자인 교원의 노동기본권과 교육서비스 수혜대상자인 학생과 학부모의 권리 간 상충을 둘러싼 논쟁은 향후에도 지속될 전망이다.

끝으로 외국의 교원고용관계를 간략하게 살펴보면, 미국은 교원에 대하여 각 주별로 입법례가 다르다. 대체로 교원 단결권을 인정하고 있다. 일부 주에서는 단체교섭권도 인정하고 있다. 그러나 쟁의권에 대해서는 대체로 인정하고 있지 않다. 독일의 경우에는 공무원인 교원은 단결권만 인정하고 공무원이 아닌 교원인 경우에는 민간부문과 동등한 노동3권이 보장된다. 일본의 교원은 스스로 선택하여 노조를 결성하고 단체교섭을 할 수 있으나 단체행동권은 허용되지 않는다. 따라서 미국, 독일, 일본 등 OECD 회원국에서는 일반적으로 교원 노동조합결성을 허용하고 있음을 알 수 있다. 대체로 교원의 단결권과 단체교섭권은 인정하지만, 단체행동권은 금지하고 있는 것이 일반적이다.

제14장 외국인 근로자의 고용관리

제14장 외국인 근로자의 고용관리

제1절 외국인근로자 고용관리의 의의와 개념

1. 외국인근로자 고용관리의 의의

우리나라에서는 경제성장과 국민소득의 향상으로 근로자들의 3D업종에의 근무기피 현상이 지난 수년간 지속되어 왔다. 그 결과 외국인 근로자를 불가피하게 수입하게 되었는데 외국인 근로자의 활용은 경제적인 면에서는 노동력의 확보와 경제개발이라는 이점이 있으나 사회 · 문화 · 정치적인 측면에서는 여러 가지 또 다른 사회문제를 야기하고 있다.

그러나 앞으로도 외국인 근로자를 지속적으로 활용해야 한다는 사실을 고려할 때, 외국인 근로자 활용에 대한 각국의 제도와 정책을 비교 · 분석하면서 외국인 근로자의 활용에 수반되는 문제점들을 이해하고, 그 개선방안을 모색하는 것은 중요한 과제가 아닐 수 없다.

우리나라를 비롯한 선진국의 경우 외국인 근로자가 국내 노동시장에서 차지하는 비중이 클 뿐 아니라 추후 지속적으로 증가할 것으로 예상된다. 외국인 근로자의 국내 유입은 단순한 노동력의 이동이 아니라 사람의 이동이므로 경제 · 문화 · 사회적 문제를 수반하게 된다고 보아야 한다.

외국인 근로자에 대한 기본적인 시각은 개별기업에 중점을 두기보다는 경제구조의 선진화와 삶의 질 향상이라는 측면에서 외국인 근로자에 대한 종합적이고도 장기적인 사회적 합리성에 기초하여 정립되어져야 할 것이다.

외국인 근로자의 활용에 대한 사회적 합리성을 달성하기 위하여서는 고용의 불법화를 막아야 하고, 노동인권을 보호해야 하며, 경제구조의 선진화를 촉진하는 것이 선결과제이다.

본 장에서는 외국인 근로자와 관련된 인적자원관리의 정확한 실상파악과 몇몇 나라의 외국인 근로자의 활용에 관한 제도와 정책을 비교·분석하여 외국인 근로자의 고용과 관리에 관한 합리적이고 장기적인 개선방안을 탐색해 보고자 한다.

2. 외국인 근로자의 개념

외국인 근로자란 용어는 영어로 'immigrant worker'로 표기되고 있는데, 이들 용어의 쓰임새는 각각의 언어권 내에서도 아직 완전히 일치되고 있는 것은 아니다. 외국인 근로자라는 용어가 때로는 이민(immigrant)이라는 개념으로 통용되기도 하는데, 이는 일반적으로 상이한 국가 간에 생기는 이주 목적의 인구이동을 일컫는다. 그러나 이에는 근대이전의 노예무역에 의한 강제 이민이나 일시적 계절적인 이동, 유학, 관광 등 특정목적으로 외국에 체재하는 사람은 포함되지 않는다.

그러나 때로는 이러한 이민을 광의로 해석하여 외국인 근로자를 포함하여 특정목적의 단기 거주 및 취업자나 난민 또는 그 밖의 각종 불법취업자까지도 포함하여 사용하기도 한다.

그리고 국제노동기구(ILO)는 ILO협약 제97호와 제143호에서 외국인 근로자는 "고용을 목적으로 자신의 국적 이외의 다른 나라에 이동하는 자를 말하며, 이에 합법적으로 입국이 인정된 자를 포함 한다"라고 제한하고 있다. 즉 여기서는 국경근로자, 자유직업종사자 및 예술가의 단기간 입국, 훈련 및 교육을 목적으로 입국하는 자, 단체나 기업의 요청으로 특별한 임무나 임무를 위해 잠정적으로 입국이 허가된 자는 대상에서 제외하고 있다.

그러나 우리나라에서는 외국인 근로자에 대한 ILO정의를 포함하여, 합법적인 취업자는 물론 본래의 방문목적과는 다른 불법취업자까지를 포함하여 외국인으로서 국내 산업에 고용된 자를 외국인 근로자로 인정하고 있다.

제2절 국제 노동력 이동에 관한 제 견해

1. 배출-흡인이론

배출–흡인이론은 개인들의 행위선택의 총합이 노동력이동 패턴을 만들어 낸다고 보고 국제노동력의 이동원인을 개인에게서 찾고 있다.

1885년 E. G. Ravenstein은 '인구규모'와 '거리'가 인구이동의 패턴형성에 핵심적 역할을 한다[1]고 하는 '인구이동법칙'을 주장하였다.

G. K. Zipf도 인구이동 패턴에 영향을 미치는 주요 요인으로 두 지역간 '거리'와 '인구규모'를 제시하고 두 지역간 인구 이동은 가능한 한 노력을 최소화하는 방향으로 진행된다는 '최소노력의 원리'(principle of least effort)를 주장하였다. 두 지역 간의 인구 이동양은 그 지역의 인구규모에 의하여 좌우되며, 두 지역이 인접해 있을수록 급증한다는 것이다.

한편, H. K. Lee[2]는 인구이동의 방향과 규모를 고려하여 '인구이동의 효율성'을 분석하면서, 인구이동의 선택성을 강조하였다. 인구이동의 선택성은 적극적인 것과 소극적인 것으로 구분된다. '적극적 선택'은 이주할 지역이 현재 거주하고 있는 지역보다 사회・경제・정치적 조건에서 유리하기 때문에 이동이 이루어지는 경우이다. 그리고 '소극적 선택'은 송출지역의 사회・경제・정치적 조건이 다른 지역에 비하여 악화되어 부득이 떠날 수밖에 없기 때문에 이동을 하는 경우이다. 적극적 선택과 소극적 선택의 근거는 각각 유입지역의 흡입요인(pull factor)과 송출지역의 배출요인(push factor)으로 표현하고 있다.

2. 균형이론

균형이론에서는 국제노동력이동을 개인에 의한 합리적 선택으로 이해하고 있다. G.

---

1) E. G. Ravenstien, The Laws of Migration, *Journal of the Royal Statistical Society*48, pp. 167–171.

2) H. K. Lee., The Employment of Foreign Workers in Korea : Issues and Policy Suggestion, *International Sociology*, p. 353.

J. Borjas는 여러 국가 간의 경제적 불평등이 국제노동력 이동을 발생시킨다고 보고, 가난한 나라의 하층계급에 속하는 사람들이 부유한 나라로 이동하는 것으로 보았다. 또한 국제노동력 이동이 장기적으로 각국의 노동력수급과 임금을 평준화시키고, 선진국과 개발국의 발전 격차를 줄여서 결과적으로는 경제의 균형 상태를 유지할 것으로 보았다.[3)]

균형이론에서는 근로자들이 저개발국에서 선진국으로 이주하는 것으로 파악한다. 이 이론은 외국인근로자가 '부족한 선진국의 노동력을 보충하는 것'으로서 외국인근로자 개인이 공간적 장애를 극복하고 국제적인 경제적 공간에서 노동력을 재분배하는 것으로 파악한다.

3. 비용 · 편익분석 이론

Borjas는 해외취업을 희망하는 사람이 다른 나라로 이동한 결과 기대되는 편익과 이동비용을 계산하여 특정기간에 기대되는 순이익이 간장 큰 나라로 이동하게 된다고 파악하고 있다.

한편, 비용—편익 이론가들도 노동력이동의 일반적 패턴을 밝히려고 많은 노력을 하였는데, Todaro는 저개발국의 근로자들이 농촌에서 해외로 바로 취업하기보다는 농촌에서 도시로 일차 이동한 후 다시 해외로 이동하는 경향이 있음을 입증하였다.

4. 상대적 과잉인구이론

상대적 과잉인구는 산업의 기술적 · 조직적 변화에 의하여 실업상태에 놓인 근로자들뿐 아니라 여성, 청소년, 자영농 등 임금근로자로 아직 고용되지 않은 '잠재적'상태에 있는 집단을 포괄하는 개념이다.

잠재적 과잉인구는 사람들이 상품으로 자신의 노동력을 제공하지 않아도 그들의 생계를 유지할 수 있는 여러 가지 형태로 존재한다.

David Harvey는[4)] 상대적 과잉인구, 그 중 특히 잠재적 부문의 동원은 노동력과 자

---

3) G. K. Borhas., Economic Theory and International Migration, *International Migration Review*23(3), pp. 457-482.

본 양자의 이동성 차이에 의하여 결정된다고 하였다. 노동력의 이동성은 자본의 이동성에 비하면 훨씬 떨어진다. 노동예비군은 한 장소에 머물 때 이미 고용되어 있는 근로자들의 임금수준을 영속적으로 압박할 수 있기 때문에, 자본은 노동력보다 훨씬 빠르게 이동할 것이다. 더욱이 '축적된 부로서 자본은 화폐 · 상품 · 토지 · 기계 등 매우 다양한 형태를 취할 수 있기 때문에, 인간이 이동하지 않으면 안 되는 노동력보다 훨씬 쉽게 이동할 수 있다고 하였다.

5. 이중 노동시장이론

Piore는 외국인 근로자에 대한 수요가 선진 자본주의 사회 · 경제의 특징에 기인하고 있는 것으로 보고 있는데 그 내용은 다음과 같다.[5)]

첫째, 자본주의 사회에서 임금은 노동력의 수급조건을 반영할 뿐만 아니라, 임금이 부여되는 직업에 결부된 지위 · 위신 등 사회적 특성을 함께 제공한다. 일반적으로 사람들은 임금이 사회적 지위를 반영한다고 믿으며, 직업지위와 보수의 관계에 대하여 다소 고정된 개념을 가지고 있다.

둘째, 사람들은 임금뿐 아니라 사회적 지위를 얻고, 이를 유지하기 위하여 일하기 때문에 직업상의 위계는 근로자에게 있어서 매우 중요하다. 최하위층 직종은 사회적 지위가 낮고 상승이동의 통로도 좁다. 어떤 직업위계에도 최하층은 존재하므로 동기부여의 문제는 불가피하다. 그러므로 사용자들은 '직업을 돈을 버는 수단으로만 생각하고, 사회적 지위 · 위신을 고려하지 않는' 외국인근로자를 고용하게 된다.

결국 지구적 수준에서 이중노동시장이 형성되고, 선진국 자본은 저개발국 근로자를 충원하여 고용하게 되므로 국제노동력 이동이 발생한다는 것이다.

6. 위험회피모형이론

관계이론에서는 행위자와 사회구조를 매개하는 존재로서 사회집단의 중요성을 강조

---

4) David. Harvey., The Limits to Capital (Oxford: Basil Blackwell), p. 191.

5) M. J. Piore, Birds of Passage : *Migrant Labor and Industrial Society,* Cambridge University Press, p. 372.

하고 있는데 그 중 한 가지 입장은 국제노동력이동 여부의 의사결정자는 '개인'이 아니라 '가족'임을 강조한다. 위험회피모형에서는 해외취업이 가구의 총수입을 증가시키지 않을 경우에도 국제노동력이동이 발생하는 것으로 보고 있다.

7. 상대적 박탈이론

Oded Stark는 "가구는 절대적 수입증가를 위해서 다른 가구보다 상대적으로 수입을 더 증가시키고, 준거집단과 비교하여 상대적 박탈감을 감소시키기 위하여 근로자를 해외로 송출하기도 한다."[6]고 주장한다.

상대적 박탈이론에 의하면, 준거집단의 특정 가구보다 높은 소득을 갖는 가구들이 많을수록, 통상적으로 준거집단에서 소득불평등이 클수록, 그 가구는 가족성원의 해외취업을 결정할 확률이 크다고 한다.

8. 사회적 연결망이론

Messey는 국제노동력 이동의 사회적 연결망은 '노동력 송출국과 수입국에서 외국인 근로자와 선행 외국인 근로자 및 비이주자를 개인적 회원자격 및 사회적 매개자를 통해 연결시키는 대인연대의 집합'으로 정의하고 있다.[7] 사회적 연결망은 송출국과 수입국으로 대표되는 '구조'와 외국인근로자라는 '행위자'로 구성되는 국제노동력이동에 연결고리역할을 수행한다.

9. 조직결성이론

국제 노동력이동이 시작되면 한층 더 많은 사람들이 해외취업을 원하게 되는 반면, 수입국 정부는 취업사증발급을 엄격히 함으로써 입국규제를 강화하려고 한다. 수입국

6) Oded. Stark, *The Migration of Labor* (Cambridge, MA: Basil Blackwell, p. 177.
7) D. Massey., Theories of International Migration: A Review and Appraisal, *Population and Development Review*20(4), pp. 699-704.

정부의 외국인근로자 입국규제가 강화되면 근로자들의 해외취업수요를 충족시키기 위하여 취업 부로커와 인력충원 조직들이 생겨난다. 이처럼 국제노동력 이동의 암시장이 발생하면 외국인근로자의 인권침해사례가 빈발하게 되고, 그들의 인권보장을 위한 각종 비영리 사회단체가 결성된다.

10. 국제노동력 이동체계이론

사회적 연결망이론, 조직결성이론은 국제노동력이동의 흐름은 시간이 지남에 따라 일정한 안정성과 구조적 성격을 가진다는 점을 공통적으로 지적한다. 이러한 사실을 근거로 '국제노동력이동의 체계'를 찾아내고 그것의 운영 메커니즘을 해명하고자 하는 통합이론적인 시도를 국제노동력 이동체계 이론이라고 한다.

국제노동력이동 체계는 상품 · 자본 · 사람의 교환이 특정 국가들 사이에서 상대적으로 많이 집중된다는 특징이 있다. 노동력의 수입국과 송출국이 정치 · 경제 · 사회 · 인구학적 환경을 배경요인으로 하여 노동력을 송출하고 받아들이는 관계를 맺음으로써 하나의 체계를 형성한다는 것이다. 국제노동력이동은 이 두 나라 사이의 역사 · 문화 · 기술 등의 관계와 밀접한 관련을 갖게 된다.

제3절 외국인 근로자의 고용유발 요인

1. 국제적 요인

1) 인구동향면에서 본 고용촉진 요인

외국인 근로자의 고용을 유발하는 요인의 하나로써 인구증가율 및 생산연령인구증가율의 격차를 들 수 있다. 경제협력개발기구(OECD)에 의하면, 세계의 인구는 국가에 따라 현저한 차이를 보이고 있으며 향후 그 격차는 더욱 커질 전망이다. 먼저, 인구의 구성면에서 유럽, 미국, 일본 등 선진국의 출생률은 극히 낮은 반면, 65세 이상의 고령인구가 급속히 증가하는 추세를 보이고 있다. 그리고 세계인구의 76%를 점하고 있는 개발도상국의 인구는 21세기에 접어들면서 91%를 점하게 될 것으로 예상하고 있다.

생산연령인구[8)]면에서도 개발도상국은 인구증가율이 높고 이에 따라 생산연령인구(15~64세)가 크게 증가되고 있다.

따라서 개발도상국은 자국 내의 취업기회가 충분하지 못하고, 급증하는 생산연령인구를 모두 흡수하기 어려우므로 많은 근로자가 취업의 기회를 찾아 외국으로 진출하게 됨으로써 국가 간 노동력의 이동이 발생하게 되는 것이다.

이러한 인구 및 생산연령인구의 세계적 동향은 국가 간의 노동력 이동을 촉진시키는 중요한 요인이 되고 있는데, 보다 구체적으로 외국근로자의 고용유발을 촉진하고 있는 요인을 살펴보면 다음과 같다.

첫째, 국가 간 인구동태의 현저한 격차가 나타나고, 노동력의 수급불균형이 나타나고 있다.

둘째, 국가 간 경제발전, 특히 소득수준의 현저한 차이가 존재함으로써 소득수준이 보다 높은 나라에 취업을 희망하는 저소득국가의 근로자가 상존하고 있다.

셋째, 국가 간의 노동력이동을 촉진하는 제도적 틀이 존재한다. 국가 간의 노동력이동은 개인의 의사결정에 의한 경우보다는 그 배경을 이루는 기업 또는 국제노동력이동을 조직적으로 실시하고자 하는 국가 또는 국가 간의 여러 제도적 틀에 의해 촉진되고 있다.

2) 경제적 요인

외국인 근로자의 수요를 유발하는 경제적 요인은 국가 간의 임금격차, 무역과 국제간 노동력이동, 자본이동과 국제간 노동력이동으로 나누어 살펴보기로 한다.

첫째, 외국인 근로자의 고용을 발생시키는 가장 큰 요인은 국가 간의 임금격차를 들 수 있다. 임금수준을 보면, 선진국과 개발도상국간에는 커다란 격차가 있는데, 이러한 임금격차가 크면 클수록 임금수준이 낮은 국가의 근로자는 임금수준이 보다 높은 국가에서 취업하려고 한다. 즉 국제간의 노동력이동은 실질소득 및 고용기회에 있어서의

8) 총인구 − 14세 미만 = 생산연령인구 − 비생산연령인구(주부 · 학생 · 군인 · 노령자 · 무능력자) = 노동가능인구) − 실업자수 = 취업인구

국가 간 격차가 그 원인이 될 수 있는 데, 송출국이나 수입국의 경제구조나 경제상태의 변화에 따라 노동력이동이 발생할 수 있다.

둘째, 국가 간의 자본이동도 외국인 근로자의 수요를 유발하게 된다. 취업의 기회가 적은 나라로부터 취업기회가 많은 나라로 노동력이 이동하는 것과 같이, 자본도 자본투자에 따른 수익률이 낮은 나라로부터 보다 높은 나라로 이동하게 된다. 이러한 자본투자수익률에 근거한 국제간의 자본이동은 해외투자를 의미하는데, 그 중에서도 해외직접투자는 외국인 근로자의 수요를 발생시키게 된다. 실제로 최근 해외직접투자의 확대에 따라 경영 Staff이나 기술자 등 고도의 전문적인 인재를 파견하는 경우가 많아지고 있다.

3) 제도적 요인

국제사회에서 외국인 근로자의 고용을 유발하는 제도적 배경은 거주 및 취업이 자유로운 지역, 외국인 근로자의 도입에 관한 계약, 정주이민 도입의 조치, 기타의 활동에 따른 외국인의 취업으로 구분할 수 있다.[9]

첫째, 특정 지역 내의 국가 간에서 해당국의 국민에 대해 거주와 취업의 자유가 인정되는 경우가 있다. 그 중 가장 오래된 예가 1954년 스칸디나비아제국 간에 합의된 것을 들 수 있다. 당시 덴마크, 핀란드, 노르웨이 및 스웨덴은 북구 노동시장권을 형성하였으며, 아일랜드의 경우 그 일원은 아니었지만 아일랜드의 국민은 덴마크와 스웨덴에 한해서는 노동허가가 필요하지 않았다. 현재 거주 및 취업의 자유가 보장되어 있는 대표적인 지역으로는 유럽공동체가 있다. 1968년이래 벨기에, 덴마크, 프랑스, 서독, 아일랜드, 이탈리아, 룩셈부르크, 네덜란드와 그 후 가맹한 영국 등의 국민은 공동체 내에 있어서 거주와 취업의 자유가 인정되고 있다.

둘째, 외국인력의 도입에 관하여 국제적으로 계약을 맺는 경우가 있다. 이러한 국제간의 계약에 기초한 경우, 근로자가 특정의 직업에 취업하기 때문에 다른 나라에로의 이동에 관해서는 사전에 공적으로 허가를 받는 결과가 된다. 이 경우 당해 근로자와 사용자간에는 사전에 근로계약이 체결되는 것이 일반적이다.

셋째, 외국인 근로자를 도입하기 위한 제도의 하나로서 정주이민의 조치에 관한 정책을 들 수 있다. 전통적인 외국인 근로자를 수입하는 나라에 있어서 채택되어 온 정

9) 「중소기업청, 외국인 산업기술연수제도 운용현황 및 고용허가제 검토」, pp. 108-112.

주(settlement)정책에 의하면, 이주하는 외국인을 장래에 자국의 시민으로 받아들이기 위해서 시민권의 취득을 단기간에 가능하게 하는 조치를 강구하는 경우가 많다. 이러한 정주정책은 결국 해외노동력의 적극적인 유입을 위한 것이다. 그러나 이민으로서 입국한 사람들이 반드시 장기적으로 체재하다가 귀화한다고는 할 수 없다. 실제로 이민 온 사람들은 사회적 · 문화적인 면에서 상당한 충격을 받게 되고, 이러한 갈등을 극복하지 못한 사람들은 다시 본국으로 돌아가는 경우가 많은 것이다.

넷째, 공무 · 기업 및 교육 · 연구 활동 분야에 외국인의 취업을 제도적으로 인정하는 경우가 있다. 외국정부의 공무 및 외국기업의 활동에 동반한 외국인의 입국을 허가한 것은 가장 오래 전부터 있었던 외국인 취업의 경우이다. 이 경우의 외국인 근로자 발생은 최근 국가간의 정치 · 경제면의 국제적 상호의존관계가 깊어짐에 따라 앞으로도 점점 증대할 것으로 예상된다.

이상에서 살펴본 요인 이외에도 외국인 근로자의 고용을 유발하는 요인에는 세계경제구조, 국가의 관여, 문화적 관계 등의 관점에서 다양하게 고찰될 수 있는데 보다 구체적으로는 언어 · 종교 · 관습에 있어서의 문화적 공통성, 지리적 근접성, 정치적 · 사회적 압력 및 경제적 위기 등을 들 수 있다.

2. 국내적 요인

1) 노동시장구조의 변화

최근 노동시장의 구조적인 변화를 공급과 수요적 측면에서 고찰해 보면, 노동시장의 공급 측면에서는 1980년대 이후 그 공급규모의 증가세가 둔화되고 있다. 즉 지속적인 출산율의 하락, 농촌인구 유입의 급감, 베이비 붐 세대의 노동시장 진입, 진학률 상승 등을 이유로 전체 경제규모에 비해 산업부문의 상대적인 노동력 부족현상이 나타나고 있다. 특히 노동력의 고학력화 · 고령화 · 여성화라는 현상이 두드러지게 나타나면서 산업간 · 직업간의 취업구조에 영향을 미치고 있다.

노동시장의 수요적 측면에서의 직종별 · 기능별 · 산업별 부족부문은 현재 외국인근로자를 고용하고 있는 분야가 된다고 할 수 있다.

2) 소득수준과 노동시간의 변화

일반적으로 볼 때 노동과 자본의 이전은 소득수준에 의해 그 방향이 결정된다고 할 수 있다. 따라서 저임금 수준에서는 노동력의 송출과 자본의 유치가 활발히 이루어지며, 임금이 일정수준 이상에 이르면 해외노동력의 유입과 자본의 유출이 발생한다고 볼 수 있다. 이러한 시각에서 볼 때 우리나라보다 소득이 낮은 국가의 근로자들이 내국에 유입될 개연성은 충분하다고 하겠다. 즉 외국인근로자들의 가장 큰 유입배경은 자국과 비교하여 고소득을 올릴 수 있다는 점이다.

한편, 경제가 일정수준 이상으로 성장하면 임금에 대한 욕구보다도 여가에 대한 욕구가 증대함으로써 여가활동이 근로자의 생활에서 커다란 비중을 차지하게 된다. 이러한 경향은 근로시간의 단축이라는 결과를 낳게 되는데, 우리나라의 경우 1983년 이후 근로시간이 점차 줄어들고 있으며 특히 1987년 이후 근로시간이 큰 폭으로 단축되었다. 1인당 GNP가 2,000달러 수준이었던 1983년까지는 증가하였으나 감소추세를 보이고 있는 것이다. 이에 따라 감소된 근로시간만큼 외국인근로자의 유입가능성은 높아진다고 할 수 있다.

3) 직종의 차별화

현재 우리나라의 근로자들은 안정된 고용, 승진의 기회, 자기개발의 기회, 건강한 사회생활 및 여가시간 등 삶의 질에 대한 관심이 높아지고 있다. 즉 근로자들의 욕구수준이 높아짐으로써 이전의 급속한 경제발전을 이룩했던 시절의 근로정신은 최근 크게 약화되었으며, 아울러 열악한 근로조건 아래서는 일을 하려고 하지 않는다. 이러한 사실은 3D업종의 노동기피현상으로 구체화되고 있다. 인력부족의 양극화현상으로 3D업종 부문의 인력난은 주로 중소기업에서 심화되고 있는데, 그 주요 배경은 중소기업의 구조적 취약성에서 찾을 수 있다. 이러한 고용의 구조적 특질은 임금 등 노동비용의 상승으로 인하여 경쟁력이 약해진 중소기업을 중심으로 기업경영의 계속성을 위협하게 되고, 이는 제조업의 공동화현상으로 연결될 위험성을 내포하고 있는 것이다.

3. 외국인 근로자 유입의 경제적 영향

1) 도입국의 경제적 영향

외국인 근로자의 도입이 도입국의 고용, 소득에 미치는 영향을 보면, 다수의 외국인 근로자가 한 국가의 노동시장에 참가하여 취업한 경우, 노동력의 규모 확대가 총생산이나 총소득을 증가시키는 효과를 가진다는 데에는 의문의 여지가 없다. 이론적으로는 '규모의 경제(economy of scale)가 존재한다'는 두 가지 조건으로 설명되고 있다.

다음으로 외국인노동력의 도입이 임금수준을 어떻게 변화시킬 것인가에 대해서는 이론적으로 두 가지의 가정이 가능하다. 하나는 완전히 탄력적인 요소가격(flexible factor price)을 가정할 경우 외국인근로자에 의해 대체할 가능성이 있는 내국근로자의 임금수준은 저하될 것이다. 그러나 외국인근로자와 보완적으로 노동력수요가 증가하는 경우에 있어서는 국내 근로자의 임금은 다른 가정이 필요하게 된다. 역으로 완전히 탄력적인 요소가격을 가정할 수 없는 경우, 외국인노동력의 증가에 의해 임금조정이 아닌 고용조정이 나타남으로써 외국인근로자와 경합하는 국내근로자의 실업발생 가능성이 높게 되리라 예상할 수 있다. 세분화된 노동시장이론(theory of labour market segmentation)에 의하면 원래 외국인 노동력의 유입은 공급 측의 사정에 의한 것이 아니라 수요 측의 요인, 즉 노동력부족에 기인한다고 한다. 이 경우, 저임금 노동 분야는 외국인근로자가 취업하고 국내의 근로자는 보다 높은 임금분야로 이동한다고 한다. 이상의 전혀 다른 이론적 접근은 그 결과 또한 전혀 다르게 나타나지만, 문제가 되는 것은 외국인근로자와 경합하는 국내근로자에 있어서는 저임금이 지속될 가능성이 높다는 것이다.

다음으로 외국인근로자의 도입이 도입국의 노동시장에 미치는 영향을 살펴보고자 한다. 외국인 근로자가 장기적으로 유입되어 당해 국가에 체류하게 되면 도입초기에는 취업하는 직종, 산업, 지역이 한정되는 경우가 많아 노동력이동이 비교적 원활하게 되고 노동시장의 경직성을 보완해 주는 효과를 갖게 된다. 그러나 취업시간이 장기화되면서 이들 외국인노동력이 산업간, 지역 간, 직업 간의 이동이 국내근로자와 같은 정도로 용이해지면 국내노동시장이 곤란해지는 상황도 생각할 수 있다. 그러나 노동이동의 가능성이 저하되고 노동시장 자체가 경직화되면서 비교적 미숙련의 외국인노동력은 숙련도가 높은 국내 근로자에 비해 높은 실업률이 예상된다. 실제로는 대부분의 외국인근로자의 경우 특정의 산업에 집중해서 취업하는 경우가 많다.

한편, 외국인 근로자는 노동력 도입국의 근로자와 비교하여 실업률이 높고, 위험하고 유해한 작업환경 속에서 종사하는 경우가 많음으로 산업재해 발생률이 높아 도입국의 사회보장비용의 지출이 증대할 수 있다. 그러나 아직까지 외국인근로자의 증가에 의해 1인당 사회보장비 지출이 증가했다는 실증적인 증거는 나타나고 있지 않다. 이 밖에 외국인거주자의 비율이 특정 지역에 집중되는 경우, 그 지역사회와의 마찰이 생기고 그 결과 도입국의 국민들이 외국인근로자에 대해 편견을 갖는 상황도 나타나고 있다.

국제노동력이동의 장점을 정리해 보면 그 내용은 〈표 14-1〉과 같다.

〈표 14-1〉 국제노동력 이동의 장점

구 분	장 점
도입국	· 노동력의 질적, 양적 보완 · 노동력의 활성화 · 근로자를 통한 경제원조의 효과
송출국	· 실업 및 불완전취업의 감소 · 소득증대 및 기술의 획득
도입국과 송출국의 공통된 장점	· 광역적 경제발전 · 안정보장

2) 송출국의 경제적 영향

일반적으로 노동력 송출국의 많은 나라가 국제수지의 적자와 누적된 채무에 고심하고 있다. 이러한 국가에 있어서 근로자의 외국으로부터의 송금은 국제수지의 적자해소에 중요한 수단이 될 수 있다. 예를 들어 페르시아만 전쟁 전에 중동지역에 대량의 근로자를 송출했던 나라에 있어서 해외근로자로부터의 송금은 주요한 외화획득의 수단이었던 것이다. 그러나 해외근로자로부터의 송금은 불안정하여 노동력 도입국의 불황기에는 대폭 감소됨으로써 노동력 송출국의 경제에 혼란요인으로 작용한다는 지적도 있다. 파키스탄의 경우를 보면, 중동 산유국 등으로의 노동력이동에 의해 제5차 5개년 계획기간(1979~1983년) 중 노동력 증가분의 일부가 외국으로 흡수되었다고 평가되고 있다. 그러나 노동력의 국외송출에 의해 국가 전체의 실업은 어느 정도 경감될지 모르지만, 반면 도시에 있어서 실업이 증대하는 부작용을 초래하기도 한다. 즉 국외로 취업하고자 하는 사람들은 외국의 고용정보를 얻기 위하여 알선업자 등이 있는 도시로 이동하게 된다. 이에 대량의 근로자가 농촌으로부터 도시로 이동하여 도시의 빈곤층에 체류하게 되고, 여기서 대기적(待機的) 실업이 증가하게 되는 것이다.

4. 외국인 근로자의 도입실태

우리나라의 현행법상 단순기능 외국인 근로자의 합법적인 국내 취업은 허용되지 않고 있다. 우리나라에서 외국인근로자의 도입문제가 공식적으로 논의된 것은 1991년 노동부장관이 인력부족으로 침체되고 있던 탄광산업의 유지를 위한 하나의 방책으로써 광부의 제한적 도입을 제기하였던 것이 시초이다. 이를 계기로 우리나라에서는 외국인근로자의 도입을 둘러싼 찬반의 논쟁이 격렬하게 전개되었다.

우리나라는 그간 고도의 경제성장을 실현해 왔는데, 그 주요 요인은 저임금·양질의 풍부한 노동력이 근간을 이루었다고 할 수 있다. 그러나 1975년을 전환점으로 단순 노동력의 무제한적인 공급이 제한적 공급으로 바뀜으로써 더 이상 저임금에 의존하는 성장전략은 어렵게 되었고, 이후 1988년경부터는 중소영세기업과 제조업의 생산직 부문에 있어서 노동력부족이라는 문제가 표면화되기 시작하였다.

이러한 상황에서 외국인의 불법취업자가 현실적으로 증가하고 있고, 상당수의 외국인이 단순직의 취업을 목적으로 관광 및 친지 방문 등의 자격으로 입국하여 불법체류 상태에 있다.

외국인 근로자의 도입을 둘러싼 논의는 크게 적극론과 소극론으로 나누어져 있는데 이는 다음과 같은 내용에 근거하고 있다.

1) 적극론의 근거

당면한 노동력 부족현상을 해소하고, 상대적으로 값싼 노동력을 이용함에 따라서 수출기업 등의 국제경쟁력 강화를 기대할 수 있다는 것이다. 더욱이 최근의 국제화라고 하는 시대적 추세에 맞추어 노동시장 또는 가능한 한 조속히 개방해야 한다는 것이다.

2) 소극론의 근거

노동시장의 개방을 반대하는 논자들의 주장은 현재의 노동력 부족현상만을 주목할 것이 아니라, 외국인력 도입의 부정적인 측면을 고려하여 장기적 안목에서 생각하지 않으면 안 된다는 것이다. 또한 외국인 근로자를 도입하기 전에 국내 유휴노동력의 충분한 활용을 먼저 생각해야 한다는 점을 강조하고 있다.

지금까지 논의된 외국인력 도입에 대한 각종 주장들을 정리해 보면, 첫째, 외국인 근로자의 도입을 전면 금지하자는 초기 주장, 둘째, 제한적으로 산업연수생제도를 활용하는 한시적 활용 주장, 셋째, 외국인의 취업을 정당하게 적극적으로 허용하자는 주장으로 나누어 볼 수 있다.

이러한 전체 사회경제적 측면에서 외국인력 도입과 관련한 논의가 아직도 진행되고 있지만, 실제로 많은 기업들은 여러 가지 이유로 외국 인력을 고용하고 있으며, 이들 외국 인력의 도입 폭을 더욱 확대하려는 경향마저 나타나고 있다.

보다 구체적으로 외국에 진출한 한국기업의 현지 고용 인력의 기능향상을 목적으로 도입된 기술연수생제도는 1992년 하반기부터 외국과 기술 및 자본협력관계가 없는 중소업체도 내국인 미숙련 인력 대신에 외국 인력을 활용할 수 있도록 허용됨으로써 이들 중 상당수가 국내의 인력난 해소를 위하여 활용되고 있다.

한편, 우리나라의 외국 인력의 현황을 살펴보면, 2010년 12월 64만 2,853명이었으나, 2014년 12월 90만 6,572명으로 빠르게 증가하여 2018년 12월말 현재 외국인 취업인구는 103만 9,871명으로 추정된다.

〈표 14-2〉 연도별 외국인근로자 취업 현황 (단위: 천 명, %)

	2012		2013		2014		2015		2016	
비전문취업(E-9)	238	(21.4)	226	(20.1)	247	(19.7)	264	(19.3)	261	(18.4)
방문취업(H-2)	241	(25.8)	186	(20.8)	216	(20.8)	234	(21.0)	221	(18.9)
전문인력(E-1~E-7)	47	(4.3)	48	(4.3)	47	(3.8)	47	(3.4)	46	(3.2)
유학생(D-2, D-4-1)	13	(7.5)	11	(7.3)	8	(6.4)	10	(6.4)	13	(7.1)
재외동포(F-4)	99	(14.4)	124	(18.1)	148	(20.6)	180	(21.9)	199	(23.6)
영주자(F-5)	47	(6.6)	58	(7.8)	72	(8.1)	83	(8.2)	88	(8.4)
결혼이민자(F-2-1, F-6)	60	(11.6)	581	(11.5)	61	(10.3)	61	(9.1)	62	(8.7)
기타*	45	(8.6)	50	(10.1)	58	(10.2)	60	(10.7)	72	(11.6)
합계	791	(100)	760	(100)	852	(100)	938	(100)	962	(100)

주: * 기타 체류자격은 왼쪽의 체류자격을 제외한 방문동거(F-1), 거주(F-2), 동반(F-3) 등
자료: 통계청, 외국인고용조사

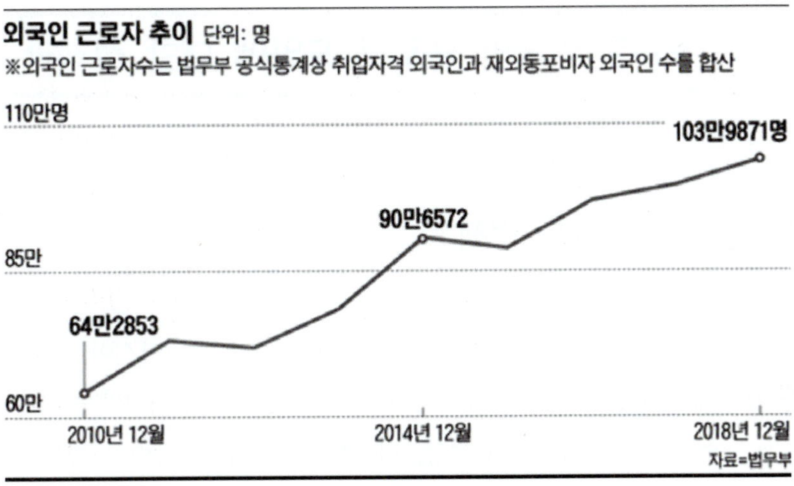

이중 비전문 외국 인력이 26만 4천명, 전문 인력이 4만 7천명 등으로 구분된다. 비전문 인력의 경우 일반 외국인근로자 및 동포의 체류인원이 지속적으로 증가하고 있으며 이로 인해 국내 노동시장에 미치는 영향은 점증하는 추세이다.

〈표 14-3〉 외국인 자격별 경제활동 현황 (단위: 천 명, %)

		15세 이상 외국인	경제활동 인구	취업자	비경제 활동인구	경제활동 참가율(%)	고용률 (%)
외국인 합계 (구성비)		1,373 (100.0)	986 (100.0)	938 (100.0)	387 (100.0)	71.8 (100.0)	68.3 (100.0)
체류자격	비전문취업(E-9) (구성비)	265 (19.3)	264 (26.8)	264 (28.1)	0 (0.1)	99.8	99.7
	방문취업(H-9) (구성비)	288 (21.0)	248 (25.1)	234 (25.0)	40 (10.3)	86.1	81.4
	전문인력(E-1~E-7) (구성비)	47 (3.4)	47 (4.7)	47 (5.0)	0 (0.1)	99.3	98.9
	유학생(D-2, D-4-1) (구성비)	88 (6.4)	13 (1.3)	10 (1.1)	75 (19.4)	14.9	11.4
	재외동포(F-4) (구성비)	301 (21.9)	195 (19.7)	180 (19.2)	107 (27.5)	64.6	59.7
	영주(F-5) (구성비)	112 (8.2)	87 (8.8)	83 (8.8)	26 (6.6)	77.2	73.9
	결혼이민(F-2-1, F-6) (구성비)	124 (9.1)	64 (6.5)	61 (6.5)	60 (15.5)	51.7	48.7
	기타* (구성비)	148 (10.7)	68 (6.9)	60 (6.4)	79 (20.5)	46.2	40.6

주: * 기타 체류자격은 위의 체류자격을 제외한 방문동거(F-1), 거주(F-2), 동반(F-3) 등임
자료: 통계청, 2015년 통계청 외국인 고용조사 보도자료.

제4절 외국인 근로자 도입에 대한 정책과 제도

1. 외국인 근로자 도입 정책

국내 체류 외국인의 증가는 1990년대 초 중국, 동남아시아, 남부아시아 등의 지역으로부터 제조업 근로자가 유입되면서 시작되었다. 이 시기에는 국내 생산직 근로자의 임금 상승과 3D 업종 기피 현상, 저출산·고령화, 고학력화 등으로 외국인 근로자의 필요성이 증가하여 외국인 산업 연수생 제도와 고용 허가제, 방문 취업제가 시행되었다.

외국인 근로자의 상당수는 제조업에 종사하거나 단순 서비스 업무를 담당하고 있으며, 대부분 인건비가 저렴하여 제조업과 서비스업의 인력난 완화에 많은 도움을 주고 있다. 외국인의 유입은 단순히 3D 업종에만 국한된 것은 아니다. 경제 성장과 첨단 기술 중심 산업으로의 전환 과정에서 고임금 외국인 근로자의 유입도 증가하고 있으며, 대기업, 국제 금융, 국제 법률 등 다양한 분야에서 외국인 고급 인력이 유입되고 있다.

1) 외국인 근로자의 수입근거

한국의 인력부족은 1980년대 후반을 제외하고는 계속 증가하여 1991년의 전체 산업인력의 부족률은 5.48%로서 높게 나타나고 있으며, 1995년에는 3.71%를 보이고 있다. 그러다가 1998년에는 0.65%에 이르고 있는데, 이는 1997년의 IMF사태로 인하여 실직자가 늘어나면서 인력부족률은 크게 감소하였다. 그러나 지난해 직업능력개발원에서 발표한 자료를 보면 우리나라 중소기업의 인력난은 날로 가중되고 있는 것으로 나타났으며 2017년 말 기준 대졸 이상 전문 인력은 약 1만6천700여 명이 부족한 것으로 조사되었다. 이러한 인력부족의 배경을 요약하면 다음과 같다.

첫째, 인력공급 구조는 고학력화하고 있는데 반해 인력수요는 아직 반숙련직에 많이 치중되고 있다.

둘째, 인력공급구조는 탈제조업화 하고 있는데 비해 제조업의 인력수요는 생산관련직의 인력난이 심각한 편이다.

셋째, 인력부족 현상은 대기업보다 중소기업에서 더 심각하다.

한국은 인력부족현상을 극복하기 위하여 1991년 법무부 훈령 제정과 1992년 후반기에 1만 명의 산업기술연수생 도입결정을 통해 외국인근로자를 연수생신분으로 도입하기로 하였다.

2018년 산업통상자원부는 유망 신산업인 차세대 반도체, 차세대 디스플레이, 사물인터넷(IoT) 가전, 증강현실(AR)·가상현실(VR), 첨단신소재의 산업기술인력 실태조사를 실시하고, 2027년까지 인력수요를 전망하였다. 조사 결과, 2017년 5개 신산업 산업기술인력은 총 10만 9천명이며, 부족인력은 4,183명(평균 부족률 3.7%)이며, 2027년에는 총 16만 5천명이 필요할 전망으로 이는 2017년 말 대비 5만 6천명이 순증가한 것이다. 동 조사는 '16년부터 산업통상자원부와 한국산업기술진흥원·산업연구원이 함께 실시하고 있으며, 미래형 자동차('16), 지능형로봇('17)에 이어 세 번째로 실시('18)하였다.

〈표 14-4〉 미래유망신산업 인력 수요 전망

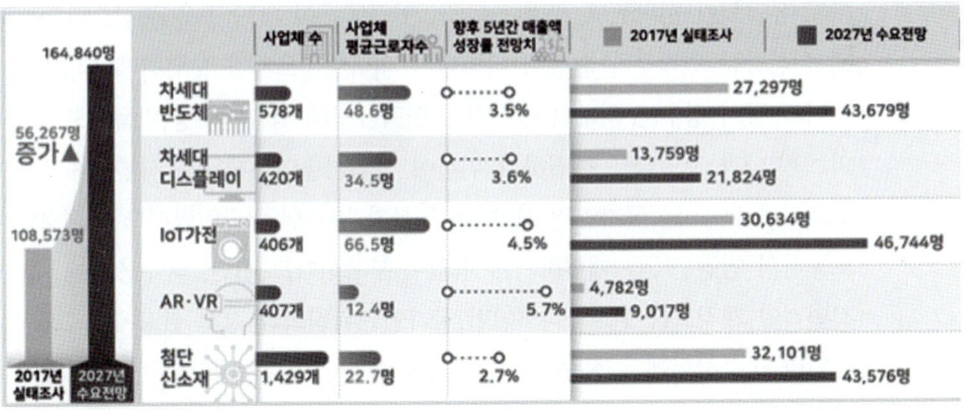

** 부족인원 : 사업체의 정상적인 경영과 고객주문대응 위해 현재보다 더 필요한 인원
*** 부족률 = {부족인원/(현원+부족인원)}, 2018년 6월말 인력기준

2) 연수취업제의 도입

정부는 그 동안 노동부가 도입을 추진했던 외국인 고용허가제와 현행 산업기술연수생제도를 절충, 산업기술연수생제도를 유지하되 산업기술연수생 중 일부에게는 일정기간의 숙련도 평가 등 소정의 절차를 거쳐 취업 비자를 발급해 주기로 결정하였다. 이에 따라 1998년 4월 출입국관리법을 개정하여 연수취업제도를 도입하게 되었다.

연수취업제도는 일본의 기능실습제도와 유사한 제도로서 산업기술연수생이 2년간의 연수생활을 마치면 소정의 평가를 받아 합격한 자에 한해 취업활동을 보장하는 제도이다. 따라서 연수취업자는 그 동안 연수를 받던 연수업체와 정식으로 근로계약을 체결하면 노동법상 국내 근로자와 동등한 대우를 보장받게 된다. 연수 취업자의 경우 산업기술연수생에게는 적용되지 않는 연・월차 수당과 퇴직금을 받을 수 있으며, 노동3권도 보장받을 수 있다.

3) 산업기술연구생 제도

외국인 산업 연수생 제도란 외국인 산업 연수생이 대한민국의 연수 업체에서 일정기간 연수함으로써, 중소기업은 인력난을 완화하고 연수생에게는 기술 기회를 습득하여 국가 간의 상호 협력을 증진시키기 위한 방안이다.

산업기술연수제도가 도입된 배경은 1988년 올림픽 개최 이후 사증면제협정체결, 무사증 입국의 허용, 입국심사 간소화 등 출입국 규제가 완화된 후 외국인 근로자가 대거 유입되기 시작했고, 또한 앞에서 언급했듯이 3D업종을 중심으로 한 중소제조업에서 심각한 인력부족 현상이 나타나자 외국인근로자를 도입하게 되었다.

이와 같이 정부는 외국의 단순기능 인력을 산업기술연수생 명목으로 활용하여 국내의 인력난과 고임금을 해결하기 위하여 산업기술연수제도를 시행하게 되었다.

그러나 2019년 국가인권위원회는 정부가 발표한'외국인력제도 개선방안'이 외국인 노동자의 인권문제를 개선하기에 턱없이 부족하다고 판단, 국무총리에 개선안에 대한 전면적인 재검토를 권고했다. 이번 국가인권위원회의 정책 권고에는 그동안 국내뿐만 아니라 국제사회에서 집중적으로 제기돼온 산업연수생제도의 단계적 폐지, 불법체류자의 단계적 양성화, 민족에 따른 차별조치 개선 등이 포함됐다.

당초 정부의 산업연수생제도는 제3세계와의 기술협력을 명목으로 도입됐지만, 실제로는 영세 중소업체가 저임금 외국인 노동력을 확보하는 편법 조치로 활용됐다. 그럼에도 중소기업협동중앙회를 비롯한 일부에서는 현행 산업연수생제도를 일부 개선하는 것이 바람직하다고 주장하며, 농업, 축산업 등으로 확대하겠다는 방안을 내놓았다.

이에 대해 국가인권위원회는 "산업연수생제도는 심각한 인권침해를 유발하여 국제사회에 인권탄압 국가라는 부정적 이미지를 만들었다. 앞으로는 보다 당당하게 외국인력을 고용하고, 합법적으로 보호할 수 있는 '고용허가제'(노동3권 보장 및 사회보장 포함)

등의 조치가 필요하다"고 밝혔다. 국가인권위원회는 "산업연수생제도를 폐지할 경우 일시적으로 중소영세업체 등의 인력난이 예상되지만, 최소한 단계적 폐지 방안을 검토해야 한다"고 권고했다.

정부의 개선안 중 외국국적 동포들이 합법적인 근로자 신분으로 음식점업과 청소관련 서비스업 등에 취업할 수 있도록 허용한 것은 진일보한 조치라 할 수 있다. 하지만 국가인권위원회는 취업이 서비스업 부문에만 적용되고 상대적으로 인력이 부족한 제조업은 오히려 제외된다는 점, 그로 인해 발생하는 제조업 인력의 이탈과 불법체류화를 막을 수 없다는 점, 서비스업 등 일부 업종을 재외동포(조선족)로 국한시켜 인종 및 민족차별이라는 비난을 면키 어렵다는 점, 새로운 노동관련 법률을 제·개정하는 것이 아니라 출입국관리법상의 방문사증(VISA) 조항을 신설해 편법적으로 실시한다는 점 등이 많은 문제점을 야기할 소지가 있다고 지적하고, 외국 인력을 차별 없이 정당한 방법으로 활용할 수 있는 제도의 마련을 권고했다.

4) 외국인력 도입 체계

우리나라의 외국인력 도입 체계는 단순기능 인력과 기타 인력으로 크게 구분된다. 단순기능 인력은 2007년 1월부터 고용허가제로 일원화되어 업종별, 규모별로 사전에 정해진 한도 내에서 고용허가를 받은 사업주만이 활용할 수 있다. 그리고 기타 인력은 전문지식, 기능을 가진 인력으로서 「출입국관리법」시행령의 '교수' 내지 '특정 활동' 해당자로서 국내기업이 필요시 소관부서의 추천으로 수시로 도입하고 있다.

(1) 비전문 외국 인력제도

비전문 외국 인력이 유입되기 시작한 것은 1980년대 후반부터이며 본격적인 제도가 정비되기 시작한 것은 외국인 산업연수생제도가 시행된 1993년 11월 이후부터이다. 2004년에 고용허가제가 도입되어 2006년까지 산업연수생제도와 고용허가제가 병행하여 시행되어 오다가 2007년 1월 1일부터는 고용허가제로 통합되었다. 그리고 동포들을 대상으로 취업관리제로 운영되어 오던 동포인력정책은 2007년에 방문취업제로 변경되었다.

통계청의 이민자 체류실태 및 고용조사에 따르면 체류 외국인 중 전문 인력은 2012년 약 4.1만 명에서 2017년 3.8만 명으로 약 3천 명 감소했다. 같은 기간 비전문 인력은

23만 명에서 25.5만 명으로 규모 면에서 증가하였으나 전체 상주 외국인 중 비율은 23.9%에서 20.9%로 축소되었다. 지난 5년간 체류 자격별 외국인 규모의 증감 비율을 살펴보면 재외동포의 규모가 가장 많이 증가하였으며(142.1%), 영주권자(58.2%)와 유학생 규모(36.8%)도 전체 외국인 규모의 증가에 기여했다.

통계청 '2017년 이민자 체류실태 및 고용조사'에 따르면 체류자격을 얻은 외국인 상주인구 중 고용허가제로 입국한 비전문 외국인력이 전체의 20.9%를 차지했다. 주로 중국 및 러시아 재외 동포 출신으로 국내의 비전문 분야에 취업한 인원 또한 20여만 명으로 전체 상주 외국인의 20.9%를 차지했다.

국내체류 자격 외국인 중 가장 많은 인원은 한국계 중국인 즉 중국 동포로 약 49만여 명, 전체의 40.0%를 차지했다. 중국 동포 이외에 중국인이 141천 명으로 11.5%를 차지하고 있으며, 베트남인은 133.7천 명으로 10.9%를 차지했다. 중국동포 49만 명 중 약 36만 5천 명이 취업을 하고 있으며, 베트남인은 6만 6천여 명 중국인은 5만 명 순으로 나타났다.

그림 14-1. 외국인 상주인구 증감 및 전문외국인력 비중 추이

〈체류자격별 외국인 상주인구 증감(2012-2017)〉

(단위 : %)

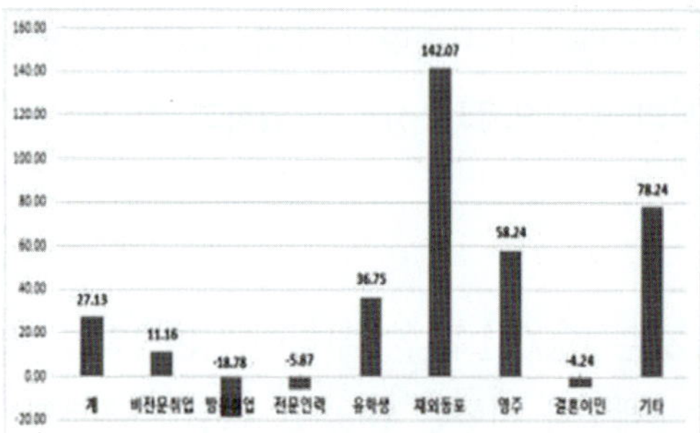

〈전문외국인력 비중 추이〉

(단위 : %)

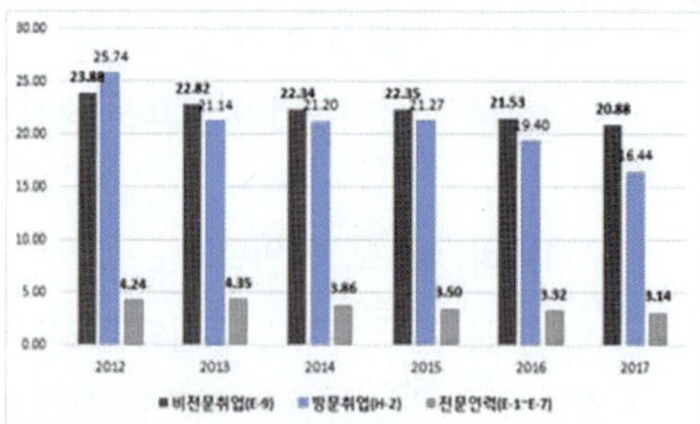

주: 15세 이상 인구를 모수로 설정하여 비중을 산출함

자료: 통계청(2017), 『이민자 체류실태 및 고용조사』, 각 연도 자료를 재구성.

최근 비전문 외국인력 도입 규모와 고용허가제 개편에 대한 논란이 심화되고 있는데 고용허가제 도입 이후 안정적으로 관리되어 오던 외국인 불법 체류 문제가 악화된 가운데 만성적인 인력난을 겪고 있는 중소기업 측에서는 고용허가제 인력 확대를 주장하고 있다. 2018년 현재, 관광비자 등으로 입국하여 불법으로 취업한 외국인 규모가 30만 명을 넘어 전년 대비 42.3% 폭증했다. 불법체류 외국인의 절반 이상이 고용허가제가 아닌 관광비자 등으로 입국하여 국내 취업한 것으로 추정된다.

(2) 고용허가제

외국인근로자는 단순기능 업무에 종사할 수 있는 비전문취업 사증을 부여 받으며, 상시근로자(고용보험 기준) 300인 미만 또는 자본금 80억원 이하 중소제조업, 농축산업, 연근해어업에 취업하는 경우에는 내국인과 동등하게 노동관계법을 적용하여 산재보험·최저임금·노동3권 등 기본적인 권익을 보장하되 사업장 이동은 원칙적으로 금지하며 최대 4년 10개월까지 체류가 가능하다. 그리고 사업주에게는 내국인 구인노력의무(3일~7일)부과하고 있으며, 정부간 양해각서(MOU)를 체결하여 공공부문에서 외국인근로자 선정·도입을 담당하고 있다(고용지원센터, 한국산업인력공단).

(3) 방문 취업제도

방문 취업제도는 중국이나 구소련 지역에 거주하는 만 25세 이상 외국 국적 동포가 국내에 취업이 가능하도록 만든 제도로 출생 당시에 한국 국민이나, 국내에 주소를 둔 한국 국민인 8촌 이내의 혈족 또는 4촌 이내의 인척으로부터 초청을 받은 사람, 독립유공자와 그 유족 또는 그 가족에 해당하는 사람, 유학생 및 가족 등이 해당한다.

만25세 이상의 중국 및 CIS지역 등 거주동포를 대상으로 5년간 유효의 복수사증을 발급하며, 허용된 업종 내에서는 사업장 이동이 자유롭다. 그리고 연고 동포는 자유로운 입국이 가능하나 무연고 동포에 대해서는 노동시장 혼란을 방지하기 위해 연간 쿼터에 따라 입국이 허용되고 있다. 도입허용 업종은 제조업, 농축산업, 건설업, 어업(양식어업, 연근해어업), 서비스업 등 46개 업종이다.

2010년 4월부터 방문취업 소지자 재외동포 자격 부여를 확대하였는데, 제조업, 농축산업, 어업, 간병인, 가사보조인으로 1년 이상 동일 직장에서 근속한 경우 재외동포 자격으로 변경된다. 그리고 제조업, 농축산업, 어업분야 6개월 이상 장기근속하고, 국내에서 관련분야 기능사 자격을 취득한 자는 재외동포 자격으로 변경되며, 최근 2년간 연평균 200일 이상 국외 체류자, 만 63세 이상인 자는 재외 동포 자격으로 변경하도록 하였다.

(4) 비전문외국인 근로자의 적용대상 및 지위

단순기능 업무에 종사할 수 있는 비전문취업사증 및 방문취업사증을 발급받아 취업활동을 하고 있는 자는 근로기준법, 최저임금법, 산업안전보건법 등 노동관계법을 내국인과 동등하게 적용하고, 사업주의 근로계약위반, 부당 해고 등 위법・부당한 처분에 대해서는 근로조건개선과 및 노동위원회를 통해 권리 구제가 가능하다. 다만, 가구내 고용활동 및 개인간병에 종사하는 외국인근로자의 경우에는 노동관계법령이 적용되지 않는다. 또한, 농축산업 및 어업에 종사하는 외국인근로자의 경우 근로시간・휴일・휴게에 대하여 근로기준법 적용을 제외하고 있다(내・외국인 동일).

사회보험 적용은 산재보험, 국민건강보험, 국민연금(상호주의 원칙 적용)등의 보험이 적용되며, 외국인고용법상 외국인근로자가 국내에서 취업할 수 있는 기간은 총 3년이며, 동 기간 중 가족을 동반해서는 안 되고 취업기간만료 후에는 반드시 출국해야 한다.

단, 외국인고용법에 의하여 취업한 후 3년의 취업기간이 만료하는 외국인근로자 중 취업활동 기간 3년이 만료되어 출국하기 전에 사용자가 재고용 허가를 요청한 근로자에 대해서는 1회에 한하여 2년 미만의 범위에서 취업활동기간을 연장 받을 수 있다.

5) 전문외국인력제도

전문외국인력의 경우 국내 고용주와의 고용계약서만 있으면, 국내취업이 실질적으로 가능하다. 출입국관리법상에 의해 취업이 허용된 전문 인력 체류자격은 교수, 회화지도, 연구, 기술지도, 변호사, 회계사 등의 전문직, 예술흥행, 특정활동 등이다. 그리고 과학기술분야의 글로벌 인재 유치를 위해 지경부, 교과부가 각각 Gold Card, Science Card제도를 운영하여 주로 인도, 베트남, 중국 등 개발도상국의 우수인재를 중소기업들이 활용하는데 도움을 주고 있다.

2. 독일의 외국인력 정책

독일의 외국인근로자에 대한 정책을 요약・정리하면 다음과 같다.

1) 송출국과의 협정에 의한 근로자 수입

독일은 1950년대 이후 급속한 경제성장과정에서 필요한 노동력을 국내에서 충원할 수 없게 되자, 부족한 노동력을 외국노동력 수입정책으로 해결하였다. 2차 대전후 독일 경제의 부흥과정에서 인적자원의 회복이 물적자원의 회복과 더불어 중요한 과제였는데, 1960년까지는 동독에서 대량의 인구가 유입됨으로써 순조로운 경제성장을 할 수 있었다. 그러나 1961년 「베를린장벽」이 형성되면서 동독으로부터의 인력유입이 차단되자, 노동력의 부족은 독일의 경제성장에 심각한 문제로 제기되었다. 따라서 부족한 인력을 충원하기 위하여 노동력 수출국가와 외국인근로자 수입을 위한 협정을 체결하기 시작하였다.

2) 단기교대정책

독일은 외국인노동력 수입에서 단기교대정책을 택하였다. 즉 일정기간 독일에서 취업한 외국인근로자를 본국으로 송환시키는 이른바 로테이션정책을 채택함으로써 외국인노동력을 일시적인 노동력 부족의 수급조정요인으로 활용하였다. 이러한 정책은 일정기간이 경과한 자에 대해서는 신규입국자와 대체시켰는데, 이는 외국인근로자의 장기체류를 방지하기 위한 것이다.

독일에서는 미숙련·단순노동의 외국인근로자를 일시적인 노동력 부족을 해결하기 위해 활용한다는 기본방침 아래 추진된 '단기교대제' 정책은 독일정부와 기업, 노조의 3자간 이해관계에서 일치된 산물이다.

3) 귀국촉진정책

외국인근로자에 대한 귀국촉진정책이 실시되어 1976년의 귀국준비능력강화정책 이외에 1983년에는 한시법인 외국인귀국준비촉진법을 제정하였다. 1984년 6월까지 귀국을 희망하는 외국인에 대해서는 1인당 일정액의 금액이 지급되었으며, 약 30만명의 외국인이 귀국하였다. 그러나 이 숫자는 당시 독일에 체류하고 있던 외국인 총수의 5%에 불과하였다.

그러나 외국인근로자의 입장에서는 귀국하여 직장을 구하기 어렵고 다시 독일로 돌아올 수 없기 때문에 귀국을 기피하게 되었고, 독일정부로서도 귀국당사자와 부양가족에 대한 귀국촉진비용이 크게 증가하면서 외국인근로자 귀국촉진정책은 실패로 끝났다.

4) 외국인의 독일사회에로의 통합정책

단순·미숙련 노동력의 수입방식으로 채택한 단기교대제가 실패로 끝나고 이어 귀국촉진정책도 실패하게 되자 독일에서는 외국인 정착인구가 증가하게 되고 외국인 자녀의 성장과 결혼에 따라 이들의 반영구적 거주가 고착화되었다. 외국인 영주자의 증가는 필연적으로 외국인근로자의 실업률 증가, 자녀교육 문제, 독일사회에의 적응 및 통합의 어려움이라는 문제를 발생시켰다. 동시에 독일정부의 사회복지비용 부담, 독일국민과 외국인근로자와의 사회적 통합문제가 더 큰 사회문제로 대두되었다.[10)]

그 결과 독일은 노동력 수입제한정책과 병행하여 일단 국내에 들어와 있는 외국인과의 사회적 통합정책을 추진하게 되었다. 1978년 외국인근로자법과 노동허가규정을 개정하여 일정한 조건을 갖춘 외국인근로자와 그 가족에 대하여 '체류허가'를 부여하고, 8년 이상 계속 취업하고 있는 외국인근로자에 대하여 '기간의 정함이 없는 특별노동허가'를 부여하였다.

5) 독일의 노동허가제도

EU가맹국 출신을 제외한 외국인이 독일에서 취업하기 위해서는 '체류허가'와 '노동허가'를 받아야 한다. 노동허가를 받지 못한 자가 취업하는 경우에는 불법취업으로 간주된다. '노동허가'는 노동시장의 상황과 개별적인 인적관계를 고려하여 허가된다.[11)] 또한 외국인이 노동허가를 얻기 위해서는 '체류허가'를 취득해야 한다. 이와 같이 독일의 외국노동력 수입에 있어서 '체류허가'와 '노동허가'에 의하여 외국인근로자를 관리하는 노동허가제도를 실시하고 있다.

---

10) John Bendix, Importing Foreign Worker－A Comporison German and America Policy, 1990.

11) Reinhard Becker－Schattener, *Arbeitserlaubnis und Arbeitsvertagrbeit und Recht*, (1997), p. 76.

3. 싱가포르의 외국인력 정책

싱가포르의 외국인근로자에 대한 정책을 요약하면 다음과 같다.

1) 차별화정책

싱가포르는 전문·기술적인 외국인근로자와 단순·미숙련 외국인근로자를 차별화함으로써 전문·기술직 외국인근로자에 대해서는 문호를 개방하여 싱가포르에 정주·동화시키고, 단순·미숙련 외국인근로자에 대하여는 한시적으로 고용한 후 출국시킨다는 정책을 취하고 있다.

전문·기술직 외국인근로자는 「이민법」에 의해, 단순·미숙련 외국인근로자는 「외국인 고용법」에 의해 관리된다. 전문·기술직근로자의 경우 대학졸업 이상의 학력을 가지고, 월 일정액 이상의 급여를 받는 자가 그 대상이며 이민국에 의하여 고용패스가 발급된다. 이들에게는 입·출국의 제한이 없으며 희망하는 경우 영주권을 취득할 수 있다.

단순·미숙련 외국인근로자의 경우는 외국인고용법에 의해 관리되며, 그 대상은 월 기본임금 일정액 이하를 받는 자로서 노동성의 노동허가의 취득과 이민국의 체류허가를 받아야 한다. 노동허가의 효력존속기간은 2년이며, 최고 4년까지 연장할 수 있다. 단순·미숙련 외국인근로자도 싱가포르정부가 공인하는 숙련근로자로 인정되는 경우에는 3년 기한의 노동허가를 받을 수 있으며, 직업훈련을 위한 1개월의 체류허가를 받을 수 있다.

2) 고용세와 고용보증금 부과

싱가포르의 외국인근로자 관련정책의 가장 큰 특징 중 하나는 외국인근로자를 고용하는 사용자에게 부과되는 '외국인근로자 고용세'이다. 외국의 단순·미숙련 노동력에 대한 지나친 의존과 자국 근로자의 근로조건 약화를 방지하고 산업의 기술집약화를 촉진시키기 위하여 싱가포르정부는 1980년 12월부터 비전통국출신 외국인근로자가 취업하고 있는 건설사업장의 사용자에게 일정액의 고용세를 부과하기 시작하였다.

3) 외국인근로자 고용의 상한규정

싱가포르는 외국인노동력 수입조정정책으로서 외국인근로자 수입쿼터제를 채택하고 있다. 즉 외국인근로자 고용비율의 상한선을 설정하여 노동시장의 상황변화에 따른 외국인노동력의 수용을 탄력적으로 조절하고 있다.

1992년 1월 제조업부문의 외국인근로자 고용비율의 상한선을 상향조정하였다. 또한 건설업부문에서는 종전에 싱가포르인 또는 숙련기능 외국인근로자 1인당 미숙련 외국인 근로자를 2명까지 고용할 수 있도록 한 것을 건설 경기가 호황을 보이기 시작한 1992년 4월부터는 싱가포르인 1인당 미숙련 외국인근로자 3명까지 고용할 수 있도록 허용하여 전체 종업원의 4분의 3으로 상향조정하였다.

4) 불법취업자에 대한 처벌강화

싱가포르에서의 불법취업에 대한 처벌규정은 매우 엄격하다. 싱가포르 이민법과 형사소송법은 90일 이상 불법체류하거나 밀입국한 외국인은 3개월 이상 2년 이하의 징역과 일정액의 벌금형에 처하도록 규정하고 있다.

5) 싱가포르의 고용허가제도

단순·미숙련 기능의 외국인이 싱가포르에서 취업하기 위하여는 노동허가를 취득하여야 한다.

사용자가 정당하게 노동허가를 취득하지 않은 외국인을 고용하는 경우에는 처벌받게 된다. 외국인을 고용하고자 하는 사용자는 노동성의 노동허가 및 자국의 외국인근로관리자에게 노동허가를 신청해야 한다.

노동허가는 노동허가서에 기재된 기한 내에서만 효력을 발생한다. 노동허가의 효력 존속기간은 2년이며, 최고 4년까지 연장할 수 있다. 그리고 단순·미숙련 외국인근로자는 싱가포르정부가 공인하는 숙련근로자로 인정되는 경우에는 3년 기한의 노동허가를 받을 수 있다.

4. 일본의 외국인력 정책

일본의 외국인근로자에 대한 기본계획은 "외국인근로자 문제는 일본의 경제사회의 활성화와 국제화를 도모한다는 관점에서 전문직·기술직 분야의 근로자는 가능한 수입하고, 단순·미숙련 근로자는 국내근로자의 고용기회의 상실과, 사회적 비용의 부담 등이 예상되므로 신중히 대응한다."는 방침을 갖고 있다.

1) 전문직·기술직 분야의 근로자에 관한 정책

전문직·기술직 분야의 근로자의 경우 이들의 체류에 관한 적절한 관리가 이루어진다면 일본의 고용상황에 큰 영향을 미치거나 사회적 문제를 발생시킬 소지가 적다는 관점에서 전문적인 기술·기능 또는 지식을 가진 근로자나, 일본인으로서 대체할 수 없는 외국문화에 기초를 둔 업무에 종사하는 외국인 노동력을 적극적으로 수입하고 있다.

2) 단순·미숙련 기술자에 관한 정책

(1) 연수생에 관한 정책

단순·미숙련 외국인근로자에 대하여는 불법취업에 대한 규제를 강화하여 원칙적으로 수입을 금지하는 것이 기본방침이다

일본에서는 단순·미숙련 외국인근로자의 활용은 「출입국관리 및 난민인정법」에 의한 '기능실습제도'에 의하여 이루어지고 있으며, 그 관리는 민간기구인 국제연수협력기구(JITCO)가 담당하고 있다. 기능실습제도란 외국인에게 기능습득을 위하여 일정기간 연수를 받게 하고, 연수성과를 평가하여 일정수준에 달할 경우 고용관계에 있으면서 기능실습을 인정하는 제도이다.

이 제도는 단순·미숙련 외국인근로자에 대하여 '연수'를 기본으로 하되 연수종료 후에는 '기능실습'이라는 명칭하에 실질적 근로자로 취업(실습)을 하게 하는 것이다. 이 기간 중에 연수생은 정식근로자는 아니지만 근로자로서의 대우를 받으면서 고용관계 하에 노동관계법과 각종 사회보장 관련법규의 적용을 받는다.

기능실습제도는 일본 출입국관리법상 연수의 원칙에서 벗어나 사실상 단순·미숙련 기능의 외국인을 근로자로서 도입하는 것을 의미한다. 노동성이 인정하는 '취업활동'

과 '연수'의 차이는 취업활동의 경우 노무제공이 1차적인 것이지만, 연수의 경우에는 노무제공을 통하여 어떻게 직업능력을 개발 또는 향상시키느냐가 1차적인 것이다.

다시 말하면 연수의 체류자격을 갖고 체류하는 외국인에게 출입국관리 및 난민인정법상 인정되는 활동은 기술 및 기능을 연마하고 지식을 습득하는 것이다. 연수목적 또는 기관에 따라 다르나 연수생 자격의 체류기간은 1년, 6개월, 3개월이 있다.

기능실습제도는 독일이나 대만, 싱가포르에서 실시하고 있는 고용허가제가 근로자의 입국 이전에 사용자와의 고용계약을 조건으로 하고 있는 것과 달리, 공공기관이 연수생을 모집한 후 국내의 기업에 배분하는 방식으로 모집창구가 일반화되어 있기 때문에 노동시장의 변화에 유연하게 대응할 수 있다는 장점이 있으며 행정비용의 낭비가 적다.

(2) 일본계 외국인근로자에 관한 정책

1988년 이래 남미 등으로부터 입국한 일본계 외국인이 급증하였는데, 이는 일본인 후손 2,3세들의 역이민 현상으로서 개정된 출입국관리 및 난민인정법상 '일본인의 배우자' 또는 '정주자'로서 체류자격이 부여되어 취업하고 있는 동안 제한이 없다. 이들은 포르투갈, 페루 등 남미제국에 이주했던 일본인들의 후손으로서 취업을 목적으로 일본에 입국한 자를 말한다.

(3) 불법취업자에 관한 정책

2018년 현재 불법체류자수는 60만 명을 상회하고 있는데, 불법체류자의 대부분이 불법취업자로 추정된다. 법무성 입국관리국에 의하여 불법취업으로 적발된 자는 1990년 10만6천명이던 불법체류자가 2018년에는 60만 명을 넘어섰다.

일본정부는 불법취업 외국인근로자가 일본의 노동시장에 미치게 될 영향을 분석하고, 이에 대한 철저한 대응책을 마련하고 있다. 즉 불법취업은 체류자격제도의 근저를 붕괴시킬 뿐만 아니라 인권침해 및 중개 브로커에 의한 임금착취, 사용자에 의한 근로조건의 약화 등의 문제를 발생시킨다. 또한 단순·미숙련 외국인근로자의 불법취업은 국내근로자의근로조건 악화, 저임금 노동시장의 고착화에 따른 노동시장의 이중구조화, 경영합리화의 지연, 고용구조 개선의 저해, 고용기회가 상대적으로 적은 국내 취약근로자(고령자, 여성 등)에 대한 압박으로 작용한다.

제5절 외국인력 유입의 영향

1. 저숙련 노동공급 증가의 영향

외국인 단순인력 유입은 내국인 저숙련인력과 대체관계를 형성하는 범위에서 국내 노동시장에 대한 저숙련 노동공급 증가와 동일한 영향을 가진다. 이는 저숙련 임금을 하락시키고 자본 및 숙련노동의 소득과 총생산을 증가시키는 방향으로 작용하게 된다.

[그림 14-2]에서 보는 바와 같이 내국인 저숙련 노동시장이라면 저숙련 노동공급 증가(OG → OH)는 저숙련 임금을 OA → OB만큼 하락시킬 것이다. 자본과 숙련인력에게 귀속되는 소득은 ACF에서 BEF로 증가하는 반면, 내국인 저숙련 인력에게 귀속되는 임금소득은 ABDC만큼 감소하게 된다. GHED는 외국이력에게 귀속되는 임금소득으로 노동이주의 가장 큰 수혜자는 외국인력 자신이며, 세계적으로 노동이주 규모가 1억 명에 달하는 이유이기도 하다. 외국인력 유입으로 새로이 창출되어 내국인에게

그림 14-2. 노동공급 증가로 인한 저숙련 노동시장의 변화

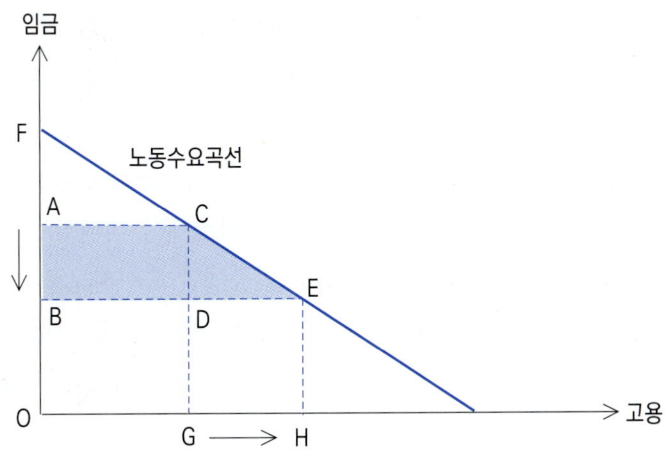

귀속되는 소득은 CDE로서 그 규모는 작으나 일부 사업장에 집중되므로 그들의 중요한 이해관계가 된다.

결과적으로 외국인력은 국내경제에 CDE만큼의 추가적인 소득을 창출하는 반면, ABDC에 해당하는 소득을 저숙련 인력으로부터 자본 및 숙련인력으로 이전시키므로 소득분배에 더 큰 영향을 가져온다.

외국인력 유입의 성장제고 효과는 크지 않으며, 그 이유는 유입 외국인력이 생산성이 낮을 뿐만 아니라, 그 성과가 외국인에 귀속되는 데에 있다. 1990년~2010년간 총 취업자의 3%에 달하는 외국인 근로자의 유입은 경제규모를 1.4% 확대시켰으며, 경제성장률을 매년 0.07%p 상승시킨 것으로 평가된다.

미국의 경우 성장에 대한 기여는 이민자보다 오히려 외국인 과학기술인력이 더 크다는 분석이 있으나, 과학기술인력은 미국 내에서 양성된 인력이므로 미국 이민정책보다 교육체제의 성과로 평가할 수 있다. 이민인구는 항구적으로 국내에 거주하므로 이민유입은 국내에 저숙련 노동공급을 매우 장기적으로 증가시키는 효과를 가져 온다. 일반적으로 이민 1세대는 내국인의 하위 20%에 해당하는 숙련 수준이며, 이민 3세대는 내국인과 동등한 인력, 이민 2세대는 그 중간으로 간주된다.

2. 내국인과의 대체성

외국인력은 내국인과 경합하는 한에 있어서 내국인의 고용과 임금에 영향을 미친다. 만약, 외국인과 내국인 노동시장이 분리되어 있다면, 그 직접적인 영향은 없다. 따라서 내국인이 취업하지 않는 분야에서 일하는 외국인력은 저숙련 내국인의 지위에 영향을 미치지 않는다고 볼 수 있다.

외국인과 내국인의 대체관계는 실태에 대한 정보부족으로 정확히 파악할 수 없으나 기존 연구에 의하면, 단순노동, 건설업, 음식숙박업에서 대체성이 보고되고 있다. 외국인 근로자는 그 속성상 단순노무 등 일부 업종에만 종사하므로 이러한 업무를 담당하는 내국인 저숙련 인력과 대체성을 갖는다. 외국인 근로자는 내국인 중 중졸 이하의 저숙련자와 대체관계를 가지며, 건설업, 음식숙박업에서 내국인을 대체하는 효과를 가지는 것으로 분석되고 있다.[12)]

---

12) 김정호, 저숙련 외국인력 유입의 경제적 영향분석, 한국개발연구원 ; 유경준 · 이규용, 외국 인

그러나 외국인 근로자는 매우 다양하며 구체적인 대체보완효과는 인력의 속성에 다라 다르므로 일률적으로 그 효과를 평가하기는 어렵다. 해외 연구에서는 일반적으로 외국인 근로자는 내국인 중 숙련 수준이 하위 20%(고졸 미만)인 인력과 대체관계라는 가정 등이 사용되고 있다. 외국인력 유입으로 인한 내국인 일자리 상실(구축효과)의 크기는 임금하락에 따른 내국인의 공급 감소 크기에 따라 결정된다.

3. 외국인 근로자 유입의 임금에 대한 영향

외국인 근로자의 전체 혹은 일부가 내국인 중・고졸 미만과 대체재 관계라면, 외국인 유입은 고졸 미만 임금을 낮추고, 고졸・초대졸과 대졸 이상 임금을 상승시키지만 그 효과는 크지 않은 것으로 평가된다.

〈표 14-5〉에서 보는 바와 같이 총취업자의 3%에 달하는 외국인력 70만 명이 모두 고졸 미만과 완전 대체재 관계라면, 그 영향은 고졸 미만의 임금을 2.8% 하락시키고, 고졸・초대졸과 대졸 이상의 임금을 각각 1.6%, 1.2%, 상승시켰을 것으로 평가된다.

〈표 14-5〉 외국인력 유입의 학력별 실질시간당 임금에 대한 영향

규모	시장분리 가정	고졸 미만 노동력 공급증가 효과	임금변화 영향(%)		
			고졸 미만	고(초대)졸	대졸 이상
70만	0	13.9%	-2.8	1.6	1.2
	1/2	6.9%	-1.4	0.8	0.6

자료: 최경수, 『이민 및 외국인력 유입이 노동시장에 미치는 중장기효과』, 한국개발연구원 정책 연구시리즈, 2017.

현실적으로 외국인 근로자의 다수는 내국인이 선택하지 않는 일자리에 취업하므로 외국인력 중 반수가 내국인과 대체재 관계라면, 그 영향도 위에 인용한 수치의 1/2이며, 이 경우가 보다 현실에 가까울 것으로 판단된다. 외국인력 70만명 유입은 1990년 이후 20년간에 걸친 현상이므로 그동안의 고졸 미만의 임금상승률을 고려하면, 그 영향은 미미하며 대략적으로 고졸 미만 임금상승률을 약 5-10%정도 낮춘 효과로 판단된다.

그리고 이민자들은 취업에서 내국인과 동등한 권리를 가지며 내국인과 동화되는 과정에 있으므로 외국 인력보다 폭넓은 범위의 내국인과 대체관계를 갖는다.

력의 현황과 정책과제, 정책연구시리즈, 한국개발연구원. 2018.

〈표 14-6〉 이민자 유입의 학력별 시간당 실질임금에 대한 영향[13]

취업자 대비	공급 증가 효과	임금변화 영향(%)		
		고졸 미만	고(초대)졸	대졸 이상
3%	고졸 미만 6.9%, 고(초대)졸 2.9%	-1.4	0.4	1.0
5%	고졸 미만 11.5% 고(초대)졸 4.3%	-2.1	0.7	1.7
10%	고졸 미만 23.0% 고(초대)졸 8.6%	-4.2	1.5	3.5

〈표 14-6〉은 이민자 1/2은 내국인 고졸 미만과 대체관계이고, 1/2은 내국인 고졸·초대졸과 대체관계라고 가정하였고, 북한이탈주민의 대량 유입 등의 경우를 가정하여 2050년에 이민인구가 총인구의 10%에 달하는 경우를 고려한 결과이다.

이러한 변화는 향후 40년간에 걸친 변화이므로 그동안 일어날 수 있는 다른 임금변화 요인들의 효과를 감안한다면, 그 영향은 미미하다고 할 수 있을 것이다. 그러나 향후 외국인력 역시 추가적으로 유입된다면 그 효과는 〈표 14-5〉와 〈표 14-6〉을 합친 크기로서 적지 않을 것이라고 판단된다.

이상에서 살펴본 바와 같이 외국인 근로자는 국내경제에 부족한 노동력을 보완하나 내국인에 대한 부정적 영향 없이 내국인의 복리증진과 경제발전에 기여할 수 있기 위해서는 선별 도입정책이 필요할 것이다.

즉, 내국인과 동일한 노동에 종사하는 인력을 저임금을 목적으로 도입할 경우에는 저숙련 내국인의 임금을 떨어뜨리고 일자리를 축소시킬 수 있으므로 내국인과의 대체성이 낮은 인력이 도입되어야 할 것이다. 그리고 현행 우리나라의 외국인 근로자도입체제에서는 인력 수요에 따른 선별 기능이 불충분하므로 인력 유형별 도입 규모를 집중적으로 관리할 필요가 있을 것이다.

한편, 이민자들은 내국인과의 동화를 촉진하는 통합정책이 필요하며, 이를 위해서는 이민 2세의 교육에 보다 많은 투자를 할 필요가 있다. 현재와 같은 추세가 지속된다면, 향후 수십 년 후에는 고졸 미만의 저학력자는 대부분 이민 2세로 구성되므로 사회적 배제가 발생할 수 있다. 노동시장 진출 이후의 취업지원정책보다는 교육단계에서의 통합정책이 보다 효과적임은 외국의 경험이 시사하고 있는 바이다.

이민 2세가 낮은 숙련 수준의 인력으로 양성되면, 소득격차가 확대되고 사회통합이 저해되며, 이 경우 내국인 숙련인력과의 보완관계로 인한 이득보다 사회적 비용이 더욱 크게 발생할 수도 있다.

13) 최경수, 상게서, p. 48.

제6절 외국인력 고용문제와 개선방안

1. 외국인 근로자 고용문제

1) 고용관리상의 문제

외국인 근로자의 채용방식 및 고용과정상의 문제를 정리해 보면 다음과 같다.

첫째, 산업기술연수생 중심의 외국인력 채용제도의 문제이다. 이는 현재 국내에 도입되고 있는 외국인근로자의 주요 범주가 산업기술연수생이나 불법취업자의 비중이 높다는 사실에 근거한다.

둘째, 외국인 근로자의 송출 및 도입업체에 대한 관리문제이다. 이는 외국인근로자의 국내도입과 관련된 업체에서는 아직까지 부당한 수수료의 징수나 정보가 왜곡되고 있으며, 이러한 현상은 중간착취나 사기 등 국제범죄를 유발시키기도 한다.

셋째, 연수생 관리의 비효율성문제이다. 이는 출입국관리, 무단이탈·불법취업 단속 등의 외국인근로자 관련업무가 여러 기관에 분산되어 있고, 고용노동부는 이 문제의 의사결정과정으로부터 하여금 단속과 규제에 관한 국내법을 무시하고 있다는 점도 고려해야 한다.

2) 노동기본권 문제

외국인에 대한 노동기본권은 인권문제를 야기시킬 정도로 열악한 근로환경 하에 있으며, 특히 외국인근로자들은 국내 노동시장의 노동력 보호라는 측면에 중요한 영향을 미치게 된다. 외국인근로자의 건강문제는 보호받고 치료해야 할 가장 기본적인 인간권리의 문제로서 사회적으로나 국제적으로도 중요하다.

3) 출입국에 따르는 문제

산업기술연수생은 중소기업협동조합중앙회 산업기술연수협력단(KITCO)과 계약한 14개국의 송출업체, 또는 현지로 진출한 국내 기업을 통해 유입되고 있다. 송출업체를 통한 연수생들의 입국경로를 보면, 각국의 송출업체가 연수생을 모집하여 한국으로 송출하는데, 산업기술 연수생으로 취업하고자 하는 외국인은 인력송출업체에 수수료를 부담해야 한다. 입국한 산업기술연수생들은 단체로 몇 일간 한국에 대한 소개 및 교육을 받은 후 각 사업체로 배치된다.

기업에서 외국인력을 채용하는 또 다른 방식은 불법체류자를 불법으로 고용하는 것이다. 불법체류자가 발생하는 것은 일반적으로 친지방문이나 관광 등 단기체류 사증을 가지고 입국하여 허가된 기간을 초과하여 취업하는 경우와 산업기술연수생으로서 연수사증을 발급 받고 정식으로 입국하여 직장을 이탈한 경우 등으로 구분 할 수 있다.

이들 불법체류 근로자들은 대부분 불법으로 영세 중소기업에 취업하고 있기 때문에, 이들 사업장은 인권침해, 근로기준법등 노동법의 미준수 문제가 제기되고 있다. 이러한 사업장은 결국 집단농성이나 파업 등 극한상태를 불러일으키기도 한다.

정부에서는 외국인근로자를 채용하고 있는 기업에 대한 신고기간을 설정함으로써 신고자와 업주에 대한 불법취업 외국인근로자 및 사용자에 대한 처벌을 면제하고 신고한 사업주의 책임 하에 한시적으로 국내체류를 허용하기도 한 바가 있다.

그러나 이러한 조치에도 불구하고 영세 중소기업들의 현실적인 수요에 의해 불법체류자들이 증가하자 정부는 이들에 대해 출국기한을 연장하는 조치를 취하게 되었다. 그러나 수차례의 연장이 지속되면서 한국의 외국인근로자 고용업체는 물론 외국인근로자들이 정부의 조치나 법적 규정을 무시하는 태도를 보이게 되었다. 이러한 일련의 조치는 정부가 국내 영세중소기업의 저임금 노동력의 부족상황을 고려하여 이들 불법취업자를 반복적으로 합법화 해주었기 때문이라고 볼 수 있다. 이러한 정부의 소극적인 태도는 불법체류자의 사회적 문제에 대한 책임을 기업에 전가시키려는 안이한 생각에서 비롯되었다는 비판을 받고 있다.

산업기술연수제도가 편법적인 외국노동력 도입제도로 광범위하게 활용되기 시작한 것은 1994년 중소기업협동조합중앙회가 주관이 되어 27개의 송출업체로부터 연수생을 도입하면서부터 비롯되었다. 그 이전에는 현지법인고용 외국인연수제도가 있었는데 이는 주로 중·대기업이 현지에서 직접투자 또는 합작 투자하여 인력을 모집하는 방법으로 현지에서 직접 외국인을 채용하여 국내기업이 단순직 근로자로 파견하는 제도였다 이 외국인연수제도는 그 시행상 많은 문제점들이 지적되었고, 이후 현재의 중소기업협동조합중앙회 주관의 산업기술연수생제도로 바뀌게 되었으며 여러 가지 문제점이 노출되면서 단계적 폐지가 추진되고 있는 실정이다.

4) 불법체류자의 문제

현재 한국에서 활동하고 있는 불법체류자는 크게 두 가지로 나눌 수 있다. 하나는 15일 혹은 3개월간의 체류가 허가되는 단기관광비자 혹은 친척방문비자로 입국한 뒤 비자만료기간이 지나도 출국하지 않고 근로에 종사하는 사람들로 이들은 주로 중국교포들이 많다. 다른 하나는 산업기술연수생자격으로 입국하여 연수업체에서 일하는 도중 연수업체를 이탈하여 불법체류한 외국인근로자들로서 이들은 대부분 산업현장에 종사하고 있는 공통성을 띠고 있다.

이들 불법체류자들의 작업환경은 매우 열악하여 산업재해 및 질병의 피해를 입을 우려가 있으며, 또한 법의 보호를 받지 못하는 신분으로서 여러 가지 사회적인 문제가 발생하고 있는 실정이다.

5) 산업기술연수생의 고용 문제

산업기술연수생제도는 현재 한국의 유일한 단순기능 외국인력 도입수단으로 시행되어 오고 있다. 그동안 산업기술연수생제도가 일부 중소제조업의 인력난 완화에 도움을 준 것은 사실이다. 그러나 산업기술연수생제도는 제도 자체의 문제점과 운영관리상의 비효율성으로 인력난의 전체적 완화에는 큰 도움이 되지 못하였을 뿐 아니라 오히려 많은 부작용을 일으키고 있다고 판단된다.

6) 외국인근로자의 대우 문제

외국인근로자 임금과 관련된 문제는 국내근로자와의 차별적인 저임금을 들 수 있고, 그 다음에 부분적인 문제이지만 임금체불 등의 형태로 나타난다. 외국인근로자의 경우 임금의 체계나 형태를 논의하기에는 아직까지 일정한 기준이 체계화되어 있지 않고, 그것도 동일기업 내에서 한국인근로자와의 차별임금이 존재하기 때문에 정확한 임금체계의 분석이 불가능한 실정이다.

이러한 차별임금은 또 다른 문제를 야기시킬 가능성이 있다.

첫째, 국내근로자와 외국인근로자간의 임금격차는 결국 국내 노동시장에 외국인노동력의 유입을 촉진시켜 국내근로자의 노동기회를 줄임으로써 고용불안을 야기시킴은 물론 산업구조의 조정을 늦추게 할 수 있다

둘째, 외국인 불법취업자인 중국교포와 타민족간의 임금격차는 외국인근로자들이

높은 임금을 주는 사업장이나 업종으로 이동할 가능성이 있다. 이는 외국인을 고용한 영세중소제조업체가 또 다른 인력난을 겪거나 또는 임금을 상승시키는 요인으로 작용할 것이다.

셋째, 불법취업자와 산업연수생간의 임금격차는 불법취업자를 이미 고용하고 있는 기업에 저임금의 연수생이 들어옴으로써 불법취업자의 부당해고를 유발할 수 있다.

2. 개선방안

국가 간의 경쟁이 보다 치열해지는 국제화 시대에 있어서는 공정한 경쟁의 차원에서 국제사회의 구성원인 각 나라의 법이나 제도가 국제적으로 용인되는 수준에 부합될 것이 요구된다. 1997년 초 한국에서 이루어진 대폭진인 노동법의 개정은 상당 정도 국제기준에 부합되게 되었다. 그러나 공무원 및 교원의 결사의 자유와 관련하여 한국의 법은 아직도 미흡하다는 것이 경제개발협력기구나 국제노동기구의 입장이다. 이의 개선을 위한 정부의 적극적인 노력이 요망된다. 특히 공공부문의 경우 국제적인 압력 외에도 현재의 법이나 제도는 효율성 및 형평성 측면에서 문제점이 많다.

노동시장의 유연성 제고를 위하여 도입된 여러 가지 제도로 한국의 국제경쟁력의 제고를 위한 기본적인 제도는 상당부분 마련되었다고 할 수 있다. 그러나 한국과 같이 외부노동시장이 발달되어 있지 않은 상황에서는 정리해고제 등이 정착되기에는 상당한 시일이 소요될 것이다.

외부노동시장이 획기적으로 발달되지 않는다면 기업들은 추가적인 노동력의 충원을 비정규직으로 대체하는 최근의 정책을 더욱 강화할 것이다. 이와 관련하여 정부의 근로자보호정책 기조의 일대 전환이 요구된다.

1987년 이전의 한국 정부는 노동권의 억압에 대한 보상 차원에서 대기업의 근로자를 포함한 정규직 근로자에 대한 보호 및 복지증진에 상당한 정책의 주안점을 주어 왔다. 1987년 이후에도 한국 정부는 노조의 결성으로 힘이 강력해진 이들 공적 부문에서의 근로자들의 높은 욕구분출을 진정시키기 위해 과거와 같은 정책기조를 유지하여 왔다.

현재 한국의 공적 부문의 근로자는, 특히 노조가 조직되어 있는 사업장의 경우, 자기 스스로 자신들의 권익을 보호할 수 있다. 한국 정부는 국제화추세의 가속화와 함께 더욱 소외되어 있는 비공식 부문의 근로자의 권익을 보호할 수 있는 제도적 장치의 도입이 시급하다. 우선적으로 고려될 수 있는 것이 현재 상시근로자 5인 이상의 사업체에만 적용되는 근로기준법의 적용대상의 확대이다. 비정규적 고용형태의 확대에 따라 이들 근로자들을 합리적으로 관리할 수 있는 추가적인 제도의 도입도 필요하다. 법 개정으로 단시간 근로자의 근로조건 규정이 신설된 것도 이와 같은 측면에서 합리적인 조치이다. 노조의 반대로 도입이 유보되고 있는 파견근로제도의 도입이 적극적으로 검토되어야 한다.

끝으로 산업기술연수제도에 있어서 대표되는 우리나라의 현 외국인력 정책은 문제점이 많다고 할 수 있다. 무엇보다도 불법체류자에 대한 단속이 심하지 않고 취업이 용이한 상황에서 불법취업자의 임금이 연수생의 수당보다 높으므로 많은 수의 연수생이 연수 장소를 이탈하고 있다. 향후의 정책기조는 우리 경제가 필요로 하는 외국 인력을 공식적인 경로를 통하여 수입되고 사후관리도 철저히 하여 정부의 이들에 대한 통제를 강화하는 방향이 되어야 한다. 따라서 보다 구체적인 외국인근로자의 고용관리상의 개선방안을 살펴보면 다음과 같다.

1) 기본적인 문제의 개선

현재 실시하고 있는 산업기술연수제도상의 외국인근로자는 산업기술연수생의 신분이 부여되어 근로자로 인정받지 못하여 노동관계법에 적용되지 못하고 있는 실정이다. 따라서 국내 근로자에 비하여 낮은 임금 등의 차별 대우나 인권탄압 및 노동착취 등의 부작용이 있을 수 있다. 그 결과 이에 대한 개선이나 대안으로 고용허가제도가 논의되기 시작하였으며 현행 산업기술연수제도를 유지할 것인지 고용허가제를 도입할 것인지를 두고 사업주 단체와 학계・법조계의 논쟁이 지속되고 있다.

산업기술연수제도를 계속 유지하자는 측의 입장은 고용허가제도를 도입하면 외국인근로자에게 노동법을 적용시키게 됨으로써 외국인 근로자의 임금을 국내 근로자와 동일하게 지급하여야 할 뿐만 아니라 연・월차수당 및 상여금, 퇴직금 등 법정 제수당을 지급해야 하므로 기업체의 인건비 상승을 초래하게 된다. 그리고 고용분담금, 귀국보증금 등을 추가로 부담해야 하므로 기업체의 부담이 가중된다는 것이다.

이에 비해 고용허가제도의 도입을 주장하는 측은 현행 연수제도 하에서도 이미 산업기술연수생에 대하여 국내 노동관계법령을 대부분 적용시키고 있고, 산업기술연수생의 임금수준도 어느 수준의 임금을 지급하고 있다고 보고 있다. 따라서 고용허가 제도를 도입한다고 하여도 추가적인 임금상승 요인 없이 고용허가 제도를 도입하여 외국인 근로자에게도 노동법을 적용하여 국내 근로자와 동등한 대우를 함으로써 국제사회로부터 비난을 면할 수 있다는 것이다.

결론적으로 말하면, 산업기술연수제도에 비하여 고용허가 제도를 도입할 경우 국내 기업체의 부담이 증가하는 것은 사실이다.

현시점에서 외국인근로자제도의 개선방향도 과거와 같이 국내 기업체나 사업주단체의 주장보다는 외국인 근로자와 국내 근로자의 동등한 지위보장을 원칙으로 하면서 동시에 국내 기업체의 부담도 가중되지 않는 실리와 명분이 균형을 이룬 조화로운 시각에서 다루어져야 한다고 본다.

2) 산업기술연수생제도의 개선

산업기술연수생제도의 그 개선방향을 제시하면 다음과 같다.

(1) 외국인 산업기술연수생의 보호 및 관리에 관한 법률의 제정

지금까지 법원이 산업기술연수생에 대해서 근로자의 지위를 인정했다고 해서 산업기술연수생에게 국내 노동법을 전면적으로 적용할 수 있다고는 볼 수 없다. 그러므로 산업기술연수생이나 연수취업자에 대한 국내 노동법의 적용범위나 규제 및 관리에 대한 법률적 근거를 마련해야 한다.

외국인 산업기술연수생의 보호와 관리에 관한 법률의 제정방향은 외국인 산업기술연수생의 지위와 보호, 도입 및 관리제도, 효율적인 운영 등으로 정확하게 명시해야 할 것이다.

(2) 산업기술연수제도의 축소

현재의 산업기술연수제도는 외국의 기업과 합작관계가 있는 경우 등 순수한 범위 내에서만 제한적으로 인정하고, 단순기능인력의 공식적인 도입창구로 활용해서는 안 된다. 즉 단순외국인력 도입창구로 활용되는 산업기술연수제도는 장기적으로 보아 축소되어야 할 것이다.

3) 외국인노동허가제도의 도입

외국인고용허가제도는 외국인 근로자를 고용하고자 하는 사업주가 정부로부터 허가를 받은 경우에 한해서 외국인의 고용을 인정하는 제도로써, 이 경우 고용허가를 얻은 사업주에게 고용된 외국인 근로자는 국내 근로자와 동등한 대우를 보장받게 된다.

이 고용허가제도는 국내 사업주에게 고용허가를 받도록 하는 것 이외에 외국인근로자에 대하여서도 노동허가를 요구하는 경우와 외국인 근로자에게 노동허가만을 요구하는 경우가 있는데 전자를 「고용허가제도」라고 하고, 후자를 「노동허가제도」라고 한다.

고용허가 내지 노동허가제도의 중요한 요소는 외국인 근로자가 취업자격을 입국·체류자격과 분리하는데 있다. 출입국관리법에 의해 외국인이 국내에 입국 및 체류할 수 있는 자격이 부여되더라도 취업을 할 수 있는 자격을 곧바로 부여받는 것이 아니라, 별도의 판단에 의해서 노동시장에 접근할 수 있는 권리가 부여된다.

고용허가제도와 노동허가제도는 입국 및 체류정책으로부터 노동시장정책을 분리하는 점에서는 공통된다. 그러나 고용허가제도는 사용자의 자격요건에 대한 규제를 하기 때문에 사용자가 근로조건을 준수할 수 있는지를 심사한다. 사업주가 유령사업체를 운영하는 것은 아닌지, 기숙사 등은 구비되어 있는지 등을 확인할 수 있다. 반면 노동허가제도는 외국인 근로자에 대한 규제를 하기 때문에 외국인 개인사정을 감안하여 허가할 수 있다.

특히 근로자의 체류연수, 가족, 연령, 출신 국에 따라서 규제를 달리해야 하는 경우에는 노동허가제가 적절하다.

노동허가제도를 도입하더라도 현행 출입국관리법에서 취업활동을 할 수 있는 취업자격을 부여받은 경우와 같이 반드시 지정된 취업 장소에서 취업을 해야 하므로 불법체류의 문제는 생기지 않는다. 즉, 외국인 근로자가 노동허가를 받더라도 반드시 체류자격상 지정된 취업 장소에서 근무해야 하므로 사업주에게 고용허가를 하지 않는다고 하여 아무 사업장에나 임의로 취업할 수 없기 때문에 고용허가제도와 동일한 효과로 불법체류자를 규제할 수 있다.

이상에서 논의한 바와 같이 외국인근로자의 도입은 기본적으로 인력의 부족과 외국인노동력 송출국과의 임금격차에 기인한다고 볼 수 있다.

그 동안 한국의 근로자 임금은 꾸준한 상승세를 보여 왔다. 그 결과 대기업과 중소기업의 임금격차가 심화되었고, 서비스 분야의 인력수요가 늘어나면서 노동 강도가 높고 노동집약적인 중소제조업에서의 이직률이 높아졌다. 반면, 그러한 분야로 새로운 노동력의 진입이 저조한 관계로 심한 인력부족을 겪게 되었으며, 이러한 현상이 차츰 장기적이면서 구조적인 문제로 되어가고 있다는 점이다.

한국의 외국인근로자의 구성은 아시아 국가로부터의 유입이 대부분이고, 이 중에 언어 면에서 어려움이 없는 중국 교포와 필리핀 근로자들이 많다.

한국에 체류하고 있는 외국인근로자 절대다수가 불법으로 취업한 상태이고, 외국인 연수생도 근로자로 인정되지 못해 노동 관련법의 보호를 받지 못하기 때문에 일부 외국인근로자에 대한 착취와 인권침해 문제가 제기되고 있기 때문에 이에 대한 개선이 시급한 문제이다.

이러한 점에서, 국가경제의 지속적인 성장을 위하여 특정분야의 인력부족현상을 어떻게 해결하느냐 하는 것이 당면과제라고 할 수 있다.

노동력의 흐름은 임금이 낮은 지역이나 국가에서 높은 곳으로 옮겨가는 것이 일반적인 현상이다.

외국인 근로자고용에 수반되는 문제점은 고용관리상의 문제, 노동기본권 문제, 출입국에 따르는 문제, 불법체류자의 문제, 산업기술연수생의 고용문제, 산업재해 및 의료문제 등을 들 수 있다. 이러한 문제점을 해결하기 위해서는 기본적인 문제의 개선점과 산업기술연수생제도의 개선, 외국인노동허가제도의 도입 등을 제시하였다.

보다 더 큰 틀에서 보면, 취업이 허용된 외국인근로자에게도 한국 근로자들과 같은 법적 · 제도적 혜택이 주어져야 하며, 생산성의 차이가 없고 동일가치의 노동인 경우에는 동일 임금이 지불되어야 한다.

그리고 WTO체제 하에서 무역과 노동의 연계 문제와 개방화 · 세계화시대에 맞는 외국인근로자 보호를 위해, ILO기준에 상응하는 관련법의 정비와 공정한 적용이 필요할 것이다.

부 록

노동조합 및 노동관계조정법(약칭: 노동조합법)

[시행 2018. 10. 16] [법률 제15849호, 2018. 10. 16, 일부개정]

제1장 총 칙

제1조(목적) 이 법은 헌법에 의한 근로자의 단결권·단체교섭권 및 단체행동권을 보장하여 근로조건의 유지·개선과 근로자의 경제적·사회적 지위의 향상을 도모하고, 노동관계를 공정하게 조정하여 노동쟁의를 예방·해결함으로써 산업평화의 유지와 국민경제의 발전에 이바지함을 목적으로 한다.

제2조(정의) 이 법에서 사용하는 용어의 정의는 다음과 같다.

1. "근로자"라 함은 직업의 종류를 불문하고 임금·급료 기타 이에 준하는 수입에 의하여 생활하는 자를 말한다.
2. "사용자"라 함은 사업주, 사업의 경영담당자 또는 그 사업의 근로자에 관한 사항에 대하여 사업주를 위하여 행동하는 자를 말한다.
3. "사용자단체"라 함은 노동관계에 관하여 그 구성원인 사용자에 대하여 조정 또는 규제할 수 있는 권한을 가진 사용자의 단체를 말한다.
4. "노동조합"이라 함은 근로자가 주체가 되어 자주적으로 단결하여 근로조건의 유지·개선 기타 근로자의 경제적·사회적 지위의 향상을 도모함을 목적으로 조직하는 단체 또는 그 연합단체를 말한다. 다만, 다음 각목의 1에 해당하는 경우에는 노동조합으로 보지 아니한다.
   가. 사용자 또는 항상 그의 이익을 대표하여 행동하는 자의 참가를 허용하는 경우
   나. 경비의 주된 부분을 사용자로부터 원조받는 경우
   다. 공제·수양 기타 복리사업만을 목적으로 하는 경우
   라. 근로자가 아닌 자의 가입을 허용하는 경우. 다만, 해고된 자가 노동위원회에 부당노동행위의 구제신청을 한 경우에는 중앙노동위원회의 재심판정이 있을 때까지는 근로자가 아닌 자로 해석하여서는 아니된다.
   마. 주로 정치운동을 목적으로 하는 경우
5. "노동쟁의"라 함은 노동조합과 사용자 또는 사용자단체(이하 "勞動關係 當事者"라 한다)간에 임금·근로시간·복지·해고 기타 대우등 근로조건의 결정에 관한 주장의 불일치로 인하여 발생한 분쟁상태를 말한다. 이 경우 주장의 불일치라 함은 당사자간에 합의를 위한 노력을 계속하여도 더이상 자주적 교섭에 의한 합의의 여지가 없는 경우를 말한다.
6. "쟁의행위"라 함은 파업·태업·직장폐쇄 기타 노동관계 당사자가 그 주장을 관철할 목적으로 행하는 행위와 이에 대항하는 행위로서 업무의 정상적인 운영을 저해하는 행위를 말한다.

제3조(손해배상 청구의 제한) 사용자는 이 법에 의한 단체교섭 또는 쟁의행위로 인하여 손해를 입은 경우에 노동조합 또는 근로자에 대하여 그 배상을 청구할 수 없다.

제4조(정당행위) 형법 제20조의 규정은 노동조합이 단체교섭·쟁의행위 기타의 행위로서 제1조의 목적을 달성하기 위하여 한 정당한 행위에 대하여 적용된다. 다만, 어떠한 경우에도 폭력이나 파괴행위는 정당한 행위로 해석되어서는 아니된다.

제2장 노동조합

제1절 통 칙

제5조(노동조합의 조직·가입) 근로자는 자유로이 노동조합을 조직하거나 이에 가입할 수 있다. 다만, 공무원과 교원에 대하여는 따로 법률로 정한다.

제6조(법인격의 취득) ① 노동조합은 그 규약이 정하는 바에 의하여 법인으로 할 수 있다.

② 노동조합은 당해 노동조합을 법인으로 하고자 할 경우에는 대통령령이 정하는 바에 의하여 등기를 하여야 한다.

③ 법인인 노동조합에 대하여는 이 법에 규정된 것을 제외하고는 민법중 사단법인에 관한 규정을 적용한다.

제7조(노동조합의 보호요건) ① 이 법에 의하여 설립된 노동조합이 아니면 노동위원회에 노동쟁의의 조정 및 부당노동행위의 구제를 신청할 수 없다.

② 제1항의 규정은 제81조제1호·제2호 및 제5호의 규정에 의한 근로자의 보호를 부인하는 취지로 해석되어서는 아니된다.

③ 이 법에 의하여 설립된 노동조합이 아니면 노동조합이라는 명칭을 사용할 수 없다.

제8조(조세의 면제) 노동조합에 대하여는 그 사업체를 제외하고는 세법이 정하는 바에 따라 조세를 부과하지 아니한다.

제9조(차별대우의 금지) 노동조합의 조합원은 어떠한 경우에도 인종, 종교, 성별, 연령, 신체적 조건, 고용형태, 정당 또는 신분에 의하여 차별대우를 받지 아니한다. 〈개정 2008. 3. 28.〉
[제목개정 2008. 3. 28.]

제2절 노동조합의 설립

제10조(설립의 신고) ① 노동조합을 설립하고자 하는 자는 다음 각호의 사항을 기재한 신고서에 제11조의 규정에 의한 규약을 첨부하여 연합단체인 노동조합과 2 이상의 특별시·광역시·특별자치시·도·특별자치도에 걸치는 단위노동조합은 고용노동부장관에게, 2 이상의 시·군·구(자치구를 말한다)에 걸치는 단위노동조합은 특별시장·광역시장·도지사에게, 그 외의 노동조합은 특별자치시장·특별자치도지사·시장·군수·구청장(자치구의 구청장을 말한다. 이하 제12조제1항에서 같다)에게 제출하여야 한다. 〈개정 1998. 2. 20., 2006. 12. 30., 2010. 6. 4., 2014. 5. 20.〉

1. 명칭

2. 주된 사무소의 소재지
3. 조합원수
4. 임원의 성명과 주소
5. 소속된 연합단체가 있는 경우에는 그 명칭
6. 연합단체인 노동조합에 있어서는 그 구성노동단체의 명칭, 조합원수, 주된 사무소의 소재지 및 임원의 성명·주소

② 제1항의 규정에 의한 연합단체인 노동조합은 동종산업의 단위노동조합을 구성원으로 하는 산업별 연합단체와 산업별 연합단체 또는 전국규모의 산업별 단위노동조합을 구성원으로 하는 총연합단체를 말한다.

제11조(규약) 노동조합은 그 조직의 자주적·민주적 운영을 보장하기 위하여 당해 노동조합의 규약에 다음 각 호의 사항을 기재하여야 한다. 〈개정 2006. 12. 30.〉

1. 명칭
2. 목적과 사업
3. 주된 사무소의 소재지
4. 조합원에 관한 사항(聯合團體인 勞動組合에 있어서는 그 構成團體에 관한 사항)
5. 소속된 연합단체가 있는 경우에는 그 명칭
6. 대의원회를 두는 경우에는 대의원회에 관한 사항
7. 회의에 관한 사항
8. 대표자와 임원에 관한 사항
9. 조합비 기타 회계에 관한 사항
10. 규약변경에 관한 사항
11. 해산에 관한 사항
12. 쟁의행위와 관련된 찬반투표 결과의 공개, 투표자 명부 및 투표용지 등의 보존·열람에 관한 사항
13. 대표자와 임원의 규약위반에 대한 탄핵에 관한 사항
14. 임원 및 대의원의 선거절차에 관한 사항
15. 규율과 통제에 관한 사항

제12조(신고증의 교부) ① 고용노동부장관, 특별시장·광역시장·특별자치시장·도지사·특별자치도지사 또는 시장·군수·구청장(이하 "행정관청"이라 한다)은 제10조제1항의 규정에 의한 설립신고서를 접수한 때에는 제2항 전단 및 제3항의 경우를 제외하고는 3일 이내에 신고증을 교부하여야 한다. 〈개정 1998. 2. 20., 2006. 12. 30., 2010. 6. 4., 2014. 5. 20.〉

② 행정관청은 설립신고서 또는 규약이 기재사항의 누락등으로 보완이 필요한 경우에는 대통령령이 정하는 바에 따라 20일 이내의 기간을 정하여 보완을 요구하여야 한다. 이 경우 보완된 설립신고서 또는 규약을 접수한 때에는 3일 이내에 신고증을 교부하여야 한다. 〈개정 1998. 2. 20.〉

③ 행정관청은 설립하고자 하는 노동조합이 다음 각호의 1에 해당하는 경우에는 설립신고서를 반려하여야 한다. 〈개정 1998. 2. 20.〉

1. 제2조제4호 각목의 1에 해당하는 경우
2. 제2항의 규정에 의하여 보완을 요구하였음에도 불구하고 그 기간내에 보완을 하지 아니하는 경우

④ 노동조합이 신고증을 교부받은 경우에는 설립신고서가 접수된 때에 설립된 것으로 본다.

제13조(변경사항의 신고등) ① 노동조합은 제10조제1항의 규정에 의하여 설립신고된 사항중 다음 각호의 1에 해당하는 사항에 변경이 있는 때에는 그 날부터 30일 이내에 행정관청에게 변경신고를 하여야 한다. 〈개정 1998. 2. 20., 2001. 3. 28.〉

1. 명칭
2. 주된 사무소의 소재지
3. 대표자의 성명
4. 소속된 연합단체의 명칭

② 노동조합은 매년 1월 31일까지 다음 각호의 사항을 행정관청에게 통보하여야 한다. 다만, 제1항의 규정에 의하여 전년도에 변경신고된 사항은 그러하지 아니하다. 〈개정 1998. 2. 20., 2001. 3. 28.〉

1. 전년도에 규약의 변경이 있는 경우에는 변경된 규약내용
2. 전년도에 임원의 변경이 있는 경우에는 변경된 임원의 성명
3. 전년도 12월 31일 현재의 조합원수(聯合團體인 勞動組合에 있어서는 構成團體別 組合員數)

제3절 노동조합의 관리

제14조(서류비치등) ① 노동조합은 조합설립일부터 30일 이내에 다음 각호의 서류를 작성하여 그 주된 사무소에 비치하여야 한다.

1. 조합원 명부(聯合團體인 勞動組合에 있어서는 그 構成團體의 명칭)
2. 규약
3. 임원의 성명·주소록
4. 회의록
5. 재정에 관한 장부와 서류

② 제1항제4호 및 제5호의 서류는 3연간 보존하여야 한다.

제15조(총회의 개최) ① 노동조합은 매년 1회 이상 총회를 개최하여야 한다.

② 노동조합의 대표자는 총회의 의장이 된다.

제16조(총회의 의결사항) ① 다음 각호의 사항은 총회의 의결을 거쳐야 한다.

1. 규약의 제정과 변경에 관한 사항
2. 임원의 선거와 해임에 관한 사항
3. 단체협약에 관한 사항
4. 예산·결산에 관한 사항
5. 기금의 설치·관리 또는 처분에 관한 사항
6. 연합단체의 설립·가입 또는 탈퇴에 관한 사항
7. 합병·분할 또는 해산에 관한 사항
8. 조직형태의 변경에 관한 사항
9. 기타 중요한 사항

② 총회는 재적조합원 과반수의 출석과 출석조합원 과반수의 찬성으로 의결한다. 다만, 규약의 제정·변경, 임원의 해임, 합병·분할·해산 및 조직형태의 변경에 관한 사항은 재적조합원 과반수의 출석과 출석조합원 3분의 2 이상의 찬성이 있어야 한다.

③ 임원의 선거에 있어서 출석조합원 과반수의 찬성을 얻은 자가 없는 경우에는 제2항 본문의 규정에 불구하고 규약이 정하는 바에 따라 결선투표를 실시하여 다수의 찬성을 얻은 자를 임원으로 선출할 수 있다.

④ 규약의 제정·변경과 임원의 선거·해임에 관한 사항은 조합원의 직접·비밀·무기명투표에 의하여야 한다.

제17조(대의원회) ① 노동조합은 규약으로 총회에 갈음할 대의원회를 둘 수 있다.

② 대의원은 조합원의 직접·비밀·무기명투표에 의하여 선

출되어야 한다.
③ 대의원의 임기는 규약으로 정하되 3년을 초과할 수 없다.
④ 대의원회를 둔 때에는 총회에 관한 규정은 대의원회에 이를 준용한다.

제18조(임시총회등의 소집) ① 노동조합의 대표자는 필요하다고 인정할 때에는 임시총회 또는 임시대의원회를 소집할 수 있다.
② 노동조합의 대표자는 조합원 또는 대의원의 3분의 1 이상(聯合團體인 勞動組合에 있어서는 그 構成團體의 3分의 1 이상)이 회의에 부의할 사항을 제시하고 회의의 소집을 요구한 때에는 지체없이 임시총회 또는 임시대의원회를 소집하여야 한다.
③ 행정관청은 노동조합의 대표자가 제2항의 규정에 의한 회의의 소집을 고의로 기피하거나 이를 해태하여 조합원 또는 대의원의 3분의 1 이상이 소집권자의 지명을 요구한 때에는 15일 이내에 노동위원회의 의결을 요청하고 노동위원회의 의결이 있는 때에는 지체없이 회의의 소집권자를 지명하여야 한다. 〈개정 1998. 2. 20.〉
④ 행정관청은 노동조합에 총회 또는 대의원회의 소집권자가 없는 경우에 조합원 또는 대의원의 3분의 1 이상이 회의에 부의할 사항을 제시하고 소집권자의 지명을 요구한 때에는 15일 이내에 회의의 소집권자를 지명하여야 한다. 〈개정 1998. 2. 20.〉

제19조(소집의 절차) 총회 또는 대의원회는 회의개최일 7일전까지 그 회의에 부의할 사항을 공고하고 규약에 정한 방법에 의하여 소집하여야 한다. 다만, 노동조합이 동일한 사업장내의 근로자로 구성된 경우에는 그 규약으로 공고기간을 단축할 수 있다.

제20조(표결권의 특례) 노동조합이 특정 조합원에 관한 사항을 의결할 경우에는 그 조합원은 표결권이 없다.

제21조(규약 및 결의처분의 시정) ① 행정관청은 노동조합의 규약이 노동관계법령에 위반한 경우에는 노동위원회의 의결을 얻어 그 시정을 명할 수 있다. 〈개정 1998. 2. 20.〉
② 행정관청은 노동조합의 결의 또는 처분이 노동관계법령 또는 규약에 위반된다고 인정할 경우에는 노동위원회의 의결을 얻어 그 시정을 명할 수 있다. 다만, 규약위반시의 시정명령은 이해관계인의 신청이 있는 경우에 한한다. 〈개정 1998. 2. 20.〉
③ 제1항 또는 제2항의 규정에 의하여 시정명령을 받은 노동조합은 30일 이내에 이를 이행하여야 한다. 다만, 정당한 사유가 있는 경우에는 그 기간을 연장할 수 있다.

제22조(조합원의 권리와 의무) 노동조합의 조합원은 균등하게 그 노동조합의 모든 문제에 참여할 권리와 의무를 가진다. 다만, 노동조합은 그 규약으로 조합비를 납부하지 아니하는 조합원의 권리를 제한할 수 있다.

제23조(임원의 선거등) ① 노동조합의 임원은 그 조합원중에서 선출되어야 한다.
② 임원의 임기는 규약으로 정하되 3년을 초과할 수 없다.

제24조(노동조합의 전임자) ① 근로자는 단체협약으로 정하거나 사용자의 동의가 있는 경우에는 근로계약 소정의 근로를 제공하지 아니하고 노동조합의 업무에만 종사할 수 있다.
② 제1항의 규정에 의하여 노동조합의 업무에만 종사하는 자(이하 "專任者"라 한다)는 그 전임기간동안 사용자로부터 어떠한 급여도 지급받아서는 아니된다.
③ 사용자는 전임자의 정당한 노동조합 활동을 제한하여서는 아니 된다. 〈신설 2010. 1. 1.〉
④ 제2항에도 불구하고 단체협약으로 정하거나 사용자가 동의하는 경우에는 사업 또는 사업장별로 조합원 수 등을 고려하여 제24조의2에 따라 결정된 근로시간 면제 한도(이하 "근로시간 면제 한도"라 한다)를 초과하지 아니하는 범위에서 근로자는 임금의 손실 없이 사용자와의 협의·교섭, 고충처리, 산업안전 활동 등 이 법 또는 다른 법률에서 정하는 업무와 건전한 노사관계 발전을 위한 노동조합의 유지·관리업무를 할 수 있다. 〈신설 2010. 1. 1.〉
⑤ 노동조합은 제2항과 제4항을 위반하는 급여 지급을 요구하고 이를 관철할 목적으로 쟁의행위를 하여서는 아니 된다. 〈신설 2010. 1. 1.〉

제24조의2(근로시간면제심의위원회) ① 근로시간 면제 한도를 정하기 위하여 근로시간면제심의위원회(이하 이 조에서 "위원회"라 한다)를 고용노동부에 둔다. 〈개정 2010. 6. 4.〉
② 근로시간 면제 한도는 위원회가 심의·의결한 바에 따라 고용노동부장관이 고시하되, 3년마다 그 적정성 여부를 재심의하여 결정할 수 있다. 〈개정 2010. 6. 4.〉
③ 위원회는 노동계와 경영계가 추천하는 위원 각 5명, 정부가 추천하는 공익위원 5명으로 구성된다.
④ 위원장은 공익위원 중에서 위원회가 선출한다.
⑤ 위원회는 재적위원 과반수의 출석과 출석위원 과반수의 찬성으로 의결한다.
⑥ 위원의 자격, 위촉과 위원회의 운영 등에 필요한 사항은 대통령령으로 정한다.
[본조신설 2010. 1. 1.]

제25조(회계감사) ① 노동조합의 대표자는 그 회계감사원으로 하여금 6월에 1회 이상 당해 노동조합의 모든 재원 및 용도, 주요한 기부자의 성명, 현재의 경리 상황등에 대한 회계감사를 실시하게 하고 그 내용과 감사결과를 전체 조합원에게 공개하여야 한다.
② 노동조합의 회계감사원은 필요하다고 인정할 경우에는 당해 노동조합의 회계감사를 실시하고 그 결과를 공개할 수 있다.

제26조(운영상황의 공개) 노동조합의 대표자는 회계연도마다 결산결과와 운영상황을 공표하여야 하며 조합원의 요구가 있을 때에는 이를 열람하게 하여야 한다.

제27조(자료의 제출) 노동조합은 행정관청이 요구하는 경우에는 결산결과와 운영상황을 보고하여야 한다. 〈개정 1998. 2. 20.〉

제4절 노동조합의 해산

제28조(해산사유) ① 노동조합은 다음 각호의 1에 해당하는 경우에는 해산한다. 〈개정 1998. 2. 20.〉
1. 규약에서 정한 해산사유가 발생한 경우
2. 합병 또는 분할로 소멸한 경우
3. 총회 또는 대의원회의 해산결의가 있는 경우
4. 노동조합의 임원이 없고 노동조합으로서의 활동을 1년 이상 하지 아니한 것으로 인정되는 경우로서 행정관청이 노동위원회의 의결을 얻은 경우

② 제1항제1호 내지 제3호의 사유로 노동조합이 해산한 때에는 그 대표자는 해산한 날부터 15일 이내에 행정관청에게 이를 신고하여야 한다. 〈개정 1998. 2. 20.〉

제3장 단체교섭 및 단체협약

제29조(교섭 및 체결권한) ① 노동조합의 대표자는 그 노동조합 또는 조합원을 위하여 사용자나 사용자단체와 교섭하고 단체협약을 체결할 권한을 가진다.
② 제29조의2에 따라 결정된 교섭대표노동조합(이하 "교섭대표노동조합"이라 한다)의 대표자는 교섭을 요구한 모든 노동조합 또는 조합원을 위하여 사용자와 교섭하고 단체협약을 체결할 권한을 가진다. 〈신설 2010. 1. 1.〉
③ 노동조합과 사용자 또는 사용자단체로부터 교섭 또는 단체협약의 체결에 관한 권한을 위임받은 자는 그 노동조합과 사용자 또는 사용자단체를 위하여 위임받은 범위안에서 그 권한을 행사할 수 있다. 〈개정 2010. 1. 1.〉
④ 노동조합과 사용자 또는 사용자단체는 제3항에 따라 교섭 또는 단체협약의 체결에 관한 권한을 위임한 때에는 그 사실을 상대방에게 통보하여야 한다. 〈개정 2010. 1. 1.〉

제29조의2(교섭창구 단일화 절차) ① 하나의 사업 또는 사업장에서 조직형태에 관계없이 근로자가 설립하거나 가입한 노동조합이 2개 이상인 경우 노동조합은 교섭대표노동조합(2개 이상의 노동조합 조합원을 구성원으로 하는 교섭대표기구를 포함한다. 이하 같다)을 정하여 교섭을 요구하여야 한다. 다만, 제2항에 따라 교섭대표노동조합을 자율적으로 결정하는 기한 내에 사용자가 이 조에서 정하는 교섭창구 단일화 절차를 거치지 아니하기로 동의한 경우에는 그러하지 아니하다.
② 교섭대표노동조합 결정 절차(이하 "교섭창구 단일화 절차"라 한다)에 참여한 모든 노동조합은 대통령령으로 정하는 기한 내에 자율적으로 교섭대표노동조합을 정한다.
③ 제2항에 따른 기한내에 교섭대표노동조합을 정하지 못하고 제1항 단서에 따른 사용자의 동의를 얻지 못한 경우에는 교섭창구 단일화 절차에 참여한 노동조합의 전체 조합원 과반수로 조직된 노동조합(2개 이상의 노동조합이 위임 또는 연합 등의 방법으로 교섭창구 단일화 절차에 참여한 노동조합 전체 조합원의 과반수가 되는 경우를 포함한다)이 교섭대표노동조합이 된다.
④ 제2항과 제3항에 따라 교섭대표노동조합을 결정하지 못한 경우에는 교섭창구 단일화 절차에 참여한 모든 노동조합은 공동으로 교섭대표단(이하 이 조에서 "공동교섭대표단"이라 한다)을 구성하여 사용자와 교섭하여야 한다. 이 때 공동교섭대표단에 참여할 수 있는 노동조합은 그 조합원 수가 교섭창구 단일화 절차에 참여한 노동조합의 전체 조합원 100분의 10 이상인 노동조합으로 한다.
⑤ 제4항에 따른 공동교섭대표단의 구성에 합의하지 못할 경우에 노동위원회는 해당 노동조합의 신청에 따라 조합원 비율을 고려하여 이를 결정할 수 있다.
⑥ 제1항부터 제4항까지의 규정에 따른 교섭대표노동조합을 결정함에 있어 교섭요구 사실, 조합원 수 등에 대한 이의가 있는 때에는 노동위원회는 대통령령으로 정하는 바에 따라 노동조합의 신청을 받아 그 이의에 대한 결정을 할 수 있다.
⑦ 제5항 및 제6항에 따른 노동위원회의 결정에 대한 불복절차 및 효력은 제69조와 제70조제2항을 준용한다.
⑧ 노동조합의 교섭요구·참여 방법, 교섭대표노동조합 결정을 위한 조합원 수 산정 기준 등 교섭창구 단일화 절차와 교섭비용 증가 방지 등에 관하여 필요한 사항은 대통령령으로 정한다.
[본조신설 2010. 1. 1.]

제29조의3(교섭단위 결정) ① 제29조의2에 따라 교섭대표노동조합을 결정하여야 하는 단위(이하 "교섭단위"라 한다)는 하나의 사업 또는 사업장으로 한다.
② 제1항에도 불구하고 하나의 사업 또는 사업장에서 현격한 근로조건의 차이, 고용형태, 교섭 관행 등을 고려하여 교섭단위를 분리할 필요가 있다고 인정되는 경우에 노동위원회는 노동관계 당사자의 양쪽 또는 어느 한 쪽의 신청을 받아 교섭단위를 분리하는 결정을 할 수 있다.
③ 제2항에 따른 노동위원회의 결정에 대한 불복절차 및 효력은 제69조와 제70조제2항을 준용한다.
④ 교섭단위 분리 신청 및 노동위원회의 결정 기준·절차 등에 관하여 필요한 사항은 대통령령으로 정한다.
[본조신설 2010. 1. 1.]

제29조의4(공정대표의무 등) ① 교섭대표노동조합과 사용자는 교섭창구 단일화 절차에 참여한 노동조합 또는 그 조합원 간에 합리적 이유 없이 차별을 하여서는 아니 된다.
② 노동조합은 교섭대표노동조합과 사용자가 제1항을 위반하여 차별한 경우에는 그 행위가 있은 날(단체협약의 내용의 일부 또는 전부가 제1항에 위반되는 경우에는 단체협약 체결일을 말한다)부터 3개월 이내에 대통령령으로 정하는 방법과 절차에 따라 노동위원회에 그 시정을 요청할 수 있다.
③ 노동위원회는 제2항에 따른 신청에 대하여 합리적 이유 없이 차별하였다고 인정한 때에는 그 시정에 필요한 명령을 하여야 한다.
④ 제3항에 따른 노동위원회의 명령 또는 결정에 대한 불복절차 등에 관하여는 제85조 및 제86조를 준용한다.
[본조신설 2010. 1. 1.]

제29조의5(그 밖의 교섭창구 단일화 관련 사항) 교섭대표노동조합이 있는 경우에 제2조제5호, 제29조제3항·제4항, 제30조, 제37조제2항, 제38조제3항, 제42조의6제1항, 제44조제2항, 제46조제1항, 제55조제3항, 제72조제3항 및 제81조제3호 중 "노동조합"은 "교섭대표노동조합"으로 본다.
[본조신설 2010. 1. 1.]

제30조(교섭등의 원칙) ① 노동조합과 사용자 또는 사용자단체는 신의에 따라 성실히 교섭하고 단체협약을 체결하여야 하며 그 권한을 남용하여서는 아니된다.
② 노동조합과 사용자 또는 사용자단체는 정당한 이유없이 교섭 또는 단체협약의 체결을 거부하거나 해태하여서는 아니된다.

제31조(단체협약의 작성) ① 단체협약은 서면으로 작성하여 당사자 쌍방이 서명 또는 날인하여야 한다. 〈개정 2006. 12. 30.〉
② 단체협약의 당사자는 단체협약의 체결일부터 15일 이내에 이를 행정관청에게 신고하여야 한다. 〈개정 1998. 2. 20.〉
③ 행정관청은 단체협약중 위법한 내용이 있는 경우에는 노동위원회의 의결을 얻어 그 시정을 명할 수 있다. 〈개정 1998. 2. 20.〉

제32조(단체협약의 유효기간) ① 단체협약에는 2년을 초과하는 유효기간을 정할 수 없다.
② 단체협약에 그 유효기간을 정하지 아니한 경우 또는 제1항의 기간을 초과하는 유효기간을 정한 경우에 그 유효기간은 2년으로 한다.
③ 단체협약의 유효기간이 만료되는 때를 전후하여 당사자

쌍방이 새로운 단체협약을 체결하고자 단체교섭을 계속하였음에도 불구하고 새로운 단체협약이 체결되지 아니한 경우에는 별도의 약정이 있는 경우를 제외하고는 종전의 단체협약은 그 효력만료일부터 3월까지 계속 효력을 갖는다. 다만, 단체협약에 그 유효기간이 경과한 후에도 새로운 단체협약이 체결되지 아니한 때에는 새로운 단체협약이 체결될 때까지 종전 단체협약의 효력을 존속시킨다는 취지의 별도의 약정이 있는 경우에는 그에 따르되, 당사자 일방은 해지하고자 하는 날의 6월전까지 상대방에게 통고함으로써 종전의 단체협약을 해지할 수 있다. 〈개정 1998. 2. 20.〉

제33조(기준의 효력) ① 단체협약에 정한 근로조건 기타 근로자의 대우에 관한 기준에 위반하는 취업규칙 또는 근로계약의 부분은 무효로 한다.

② 근로계약에 규정되지 아니한 사항 또는 제1항의 규정에 의하여 무효로 된 부분은 단체협약에 정한 기준에 의한다.

제34조(단체협약의 해석) ① 단체협약의 해석 또는 이행방법에 관하여 관계 당사자간에 의견의 불일치가 있는 때에는 당사자 쌍방 또는 단체협약에 정하는 바에 의하여 어느 일방이 노동위원회에 그 해석 또는 이행방법에 관한 견해의 제시를 요청할 수 있다.

② 노동위원회는 제1항의 규정에 의한 요청을 받은 때에는 그 날부터 30일 이내에 명확한 견해를 제시하여야 한다.

③ 제2항의 규정에 의하여 노동위원회가 제시한 해석 또는 이행방법에 관한 견해는 중재재정과 동일한 효력을 가진다.

제35조(일반적 구속력) 하나의 사업 또는 사업장에 상시 사용되는 동종의 근로자 반수 이상이 하나의 단체협약의 적용을 받게 된 때에는 당해 사업 또는 사업장에 사용되는 다른 동종의 근로자에 대하여도 당해 단체협약이 적용된다.

제36조(지역적 구속력) ① 하나의 지역에 있어서 종업하는 동종의 근로자 3분의 2 이상이 하나의 단체협약의 적용을 받게 된 때에는 행정관청은 당해 단체협약의 당사자의 쌍방 또는 일방의 신청에 의하거나 그 직권으로 노동위원회의 의결을 얻어 당해 지역에서 종업하는 다른 동종의 근로자와 그 사용자에 대하여도 당해 단체협약을 적용한다는 결정을 할 수 있다. 〈개정 1998. 2. 20.〉

② 행정관청이 제1항의 규정에 의한 결정을 한 때에는 지체없이 이를 공고하여야 한다. 〈개정 1998. 2. 20.〉

제4장 쟁의행위

제37조(쟁의행위의 기본원칙) ① 쟁의행위는 그 목적·방법 및 절차에 있어서 법령 기타 사회질서에 위반되어서는 아니된다.

② 조합원은 노동조합에 의하여 주도되지 아니한 쟁의행위를 하여서는 아니된다.

제38조(노동조합의 지도와 책임) ① 쟁의행위는 그 쟁의행위와 관계없는 자 또는 근로를 제공하고자 하는 자의 출입·조업 기타 정상적인 업무를 방해하는 방법으로 행하여져서는 아니되며 쟁의행위의 참가를 호소하거나 설득하는 행위로서 폭행·협박을 사용하여서는 아니된다.

② 작업시설의 손상이나 원료·제품의 변질 또는 부패를 방지하기 위한 작업은 쟁의행위 기간중에도 정상적으로 수행되어야 한다.

③ 노동조합은 쟁의행위가 적법하게 수행될 수 있도록 지도·관리·통제할 책임이 있다.

제39조(근로자의 구속제한) 근로자는 쟁의행위 기간중에는 현행범외에는 이 법 위반을 이유로 구속되지 아니한다.

제40조 삭제 〈2006. 12. 30.〉

제41조(쟁의행위의 제한과 금지) ① 노동조합의 쟁의행위는 그 조합원의 직접·비밀·무기명투표에 의한 조합원 과반수의 찬성으로 결정하지 아니하면 이를 행할 수 없다. 제29조의2에 따라 교섭대표노동조합이 결정된 경우에는 그 절차에 참여한 노동조합의 전체 조합원(해당 사업 또는 사업장 소속 조합원으로 한정한다)의 직접·비밀·무기명투표에 의한 과반수의 찬성으로 결정하지 아니하면 쟁의행위를 할 수 없다. 〈개정 2010. 1. 1.〉

② 「방위사업법」에 의하여 지정된 주요방위산업체에 종사하는 근로자중 전력, 용수 및 주로 방산물자를 생산하는 업무에 종사하는 자는 쟁의행위를 할 수 없으며 주로 방산물자를 생산하는 업무에 종사하는 자의 범위는 대통령령으로 정한다. 〈개정 2006. 1. 2.〉

제42조(폭력행위등의 금지) ① 쟁의행위는 폭력이나 파괴행위 또는 생산 기타 주요업무에 관련되는 시설과 이에 준하는 시설로서 대통령령이 정하는 시설을 점거하는 형태로 이를 행할 수 없다.

② 사업장의 안전보호시설에 대하여 정상적인 유지·운영을 정지·폐지 또는 방해하는 행위는 쟁의행위로서 이를 행할 수 없다.

③ 행정관청은 쟁의행위가 제2항의 행위에 해당한다고 인정하는 경우에는 노동위원회의 의결을 얻어 그 행위를 중지할 것을 통보하여야 한다. 다만, 사태가 급박하여 노동위원회의 의결을 얻을 시간적 여유가 없을 때에는 그 의결을 얻지 아니하고 즉시 그 행위를 중지할 것을 통보할 수 있다. 〈개정 1998. 2. 20., 2006. 12. 30.〉

④ 제3항 단서의 경우에 행정관청은 지체없이 노동위원회의 사후승인을 얻어야 하며 그 승인을 얻지 못한 때에는 그 통보는 그때부터 효력을 상실한다. 〈개정 1998. 2. 20., 2006. 12. 30.〉

제42조의2(필수유지업무에 대한 쟁의행위의 제한) ① 이 법에서 "필수유지업무"라 함은 제71조제2항의 규정에 따른 필수공익사업의 업무 중 그 업무가 정지되거나 폐지되는 경우 공중의 생명·건강 또는 신체의 안전이나 공중의 일상생활을 현저히 위태롭게 하는 업무로서 대통령령이 정하는 업무를 말한다.

② 필수유지업무의 정당한 유지·운영을 정지·폐지 또는 방해하는 행위는 쟁의행위로서 이를 행할 수 없다.

[본조신설 2006. 12. 30.]

제42조의3(필수유지업무협정) 노동관계 당사자는 쟁의행위기간 동안 필수유지업무의 정당한 유지·운영을 위하여 필수유지업무의 필요 최소한의 유지·운영 수준, 대상직무 및 필요인원 등을 정한 협정(이하"필수유지업무협정"이라 한다)을 서면으로 체결하여야 한다. 이 경우 필수유지업무협정에는 노동관계 당사자 쌍방이 서명 또는 날인하여야 한다.

[본조신설 2006. 12. 30.]

제42조의4(필수유지업무 유지·운영 수준 등의 결정) ① 노동관계 당사자 쌍방 또는 일방은 필수유지업무협정이 체결되지 아니하는 때에는 노동위원회에 필수유지업무의 필요 최소한의 유지·운영 수준, 대상직무 및 필요인원 등의 결정을 신청하여야 한다.

② 제1항의 규정에 따른 신청을 받은 노동위원회는 사업 또는 사업장별 필수유지업무의 특성 및 내용 등을 고려하여 필수유지업무의 필요 최소한의 유지・운영 수준, 대상직무 및 필요인원 등을 결정할 수 있다.
③ 제2항의 규정에 따른 노동위원회의 결정은 제72조의 규정에 따른 특별조정위원회가 담당한다.
④ 제2항의 규정에 따른 노동위원회의 결정에 대한 해석 또는 이행방법에 관하여 관계당사자간에 의견이 일치하지 아니하는 경우에는 특별조정위원회의 해석에 따른다. 이 경우 특별조정위원회의 해석은 제2항의 규정에 따른 노동위원회의 결정과 동일한 효력이 있다.
⑤ 제2항의 규정에 따른 노동위원회의 결정에 대한 불복절차 및 효력에 관하여는 제69조와 제70조제2항의 규정을 준용한다.
[본조신설 2006. 12. 30.]

제42조의5(노동위원회의 결정에 따른 쟁의행위) 제42조의4제2항의 규정에 따라 노동위원회의 결정이 있는 경우 그 결정에 따라 쟁의행위를 한 때에는 필수유지업무를 정당하게 유지・운영하면서 쟁의행위를 한 것으로 본다.
[본조신설 2006. 12. 30.]

제42조의6(필수유지업무 근무 근로자의 지명) ① 노동조합은 필수유지업무협정이 체결되거나 제42조의4제2항의 규정에 따른 노동위원회의 결정이 있는 경우 사용자에게 필수유지업무에 근무하는 조합원 중 쟁의행위기간 동안 근무하여야 할 조합원을 통보하여야 하며, 사용자는 이에 따라 근로자를 지명하고 이를 노동조합과 그 근로자에게 통보하여야 한다. 다만, 노동조합이 쟁의행위 개시 전까지 이를 통보하지 아니한 경우에는 사용자가 필수유지업무에 근무하여야 할 근로자를 지명하고 이를 노동조합과 그 근로자에게 통보하여야 한다. 〈개정 2010. 1. 1.〉
② 제1항에 따른 통보・지명시 노동조합과 사용자는 필수유지업무에 종사하는 근로자가 소속된 노동조합이 2개 이상인 경우에는 각 노동조합의 해당 필수유지업무에 종사하는 조합원 비율을 고려하여야 한다. 〈신설 2010. 1. 1.〉
[본조신설 2006. 12. 30.]

제43조(사용자의 채용제한) ① 사용자는 쟁의행위 기간중 그 쟁의행위로 중단된 업무의 수행을 위하여 당해 사업과 관계없는 자를 채용 또는 대체할 수 없다.
② 사용자는 쟁의행위기간중 그 쟁의행위로 중단된 업무를 도급 또는 하도급 줄 수 없다.
③ 제1항 및 제2항의 규정은 필수공익사업의 사용자가 쟁의행위 기간 중에 한하여 당해 사업과 관계없는 자를 채용 또는 대체하거나 그 업무를 도급 또는 하도급 주는 경우에는 적용하지 아니한다. 〈신설 2006. 12. 30.〉
④ 제3항의 경우 사용자는 당해 사업 또는 사업장 파업참가자의 100분의 50을 초과하지 않는 범위 안에서 채용 또는 대체하거나 도급 또는 하도급 줄 수 있다. 이 경우 파업참가자 수의 산정 방법 등은 대통령령으로 정한다. 〈신설 2006. 12. 30.〉

제44조(쟁의행위 기간중의 임금지급 요구의 금지) ① 사용자는 쟁의행위에 참가하여 근로를 제공하지 아니한 근로자에 대하여는 그 기간중의 임금을 지급할 의무가 없다.
② 노동조합은 쟁의행위 기간에 대한 임금의 지급을 요구하여 이를 관철할 목적으로 쟁의행위를 하여서는 아니된다.

제45조(조정의 전치) ① 노동관계 당사자는 노동쟁의가 발생한 때에는 어느 일방이 이를 상대방에게 서면으로 통보하여야 한다.
② 쟁의행위는 제5장제2절 내지 제4절의 규정에 의한 조정절차(제61조의2의 규정에 따른 조정종료 결정 후의 조정절차를 제외한다)를 거치지 아니하면 이를 행할 수 없다. 다만, 제54조의 규정에 의한 기간내에 조정이 종료되지 아니하거나 제63조의 규정에 의한 기간내에 중재재정이 이루어지지 아니한 경우에는 그러하지 아니하다. 〈개정 2006. 12. 30.〉

제46조(직장폐쇄의 요건) ① 사용자는 노동조합이 쟁의행위를 개시한 이후에만 직장폐쇄를 할 수 있다.
② 사용자는 제1항의 규정에 의한 직장폐쇄를 할 경우에는 미리 행정관청 및 노동위원회에 각각 신고하여야 한다. 〈개정 1998. 2. 20.〉

제5장 노동쟁의의 조정

제1절 통 칙

제47조(자주적 조정의 노력) 이 장의 규정은 노동관계 당사자가 직접 노사협의 또는 단체교섭에 의하여 근로조건 기타 노동관계에 관한 사항을 정하거나 노동관계에 관한 주장의 불일치를 조정하고 이에 필요한 노력을 하는 것을 방해하지 아니한다.

제48조(당사자의 책무) 노동관계 당사자는 단체협약에 노동관계의 적정화를 위한 노사협의 기타 단체교섭의 절차와 방식을 규정하고 노동쟁의가 발생한 때에는 이를 자주적으로 해결하도록 노력하여야 한다.

제49조(국가등의 책무) 국가 및 지방자치단체는 노동관계 당사자간에 노동관계에 관한 주장이 일치하지 아니할 경우에 노동관계 당사자가 이를 자주적으로 조정할 수 있도록 조력함으로써 쟁의행위를 가능한 한 예방하고 노동쟁의의 신속・공정한 해결에 노력하여야 한다.

제50조(신속한 처리) 이 법에 의하여 노동관계의 조정을 할 경우에는 노동관계 당사자와 노동위원회 기타 관계기관은 사건을 신속히 처리하도록 노력하여야 한다.

제51조(공익사업등의 우선적 취급) 국가・지방자치단체・국공영기업체・방위산업체 및 공익사업에 있어서의 노동쟁의의 조정은 우선적으로 취급하고 신속히 처리하여야 한다.

제52조(사적 조정・중재) ① 제2절 및 제3절의 규정은 노동관계 당사자가 쌍방의 합의 또는 단체협약이 정하는 바에 따라 각각 다른 조정 또는 중재방법(이하 이 조에서 "사적조정등"이라 한다)에 의하여 노동쟁의를 해결하는 것을 방해하지 아니한다. 〈개정 2006. 12. 30.〉
② 노동관계 당사자는 제1항의 규정에 의하여 노동쟁의를 해결하기로 한 때에는 이를 노동위원회에 신고하여야 한다.
③ 제1항의 규정에 의하여 노동쟁의를 해결하기로 한 때에는 다음 각호의 규정이 적용된다.
1. 조정에 의하여 해결하기로 한 때에는 제45조제2항 및 제54조의 규정. 이 경우 조정기간은 조정을 개시한 날부터 기산한다.
2. 중재에 의하여 해결하기로 한 때에는 제63조의 규정. 이 경우 쟁의행위의 금지기간은 중재를 개시한 날부터 기산한다.

④ 제1항의 규정에 의하여 조정 또는 중재가 이루어진 경우에 그 내용은 단체협약과 동일한 효력을 가진다.
⑤ 사적조정등을 수행하는 자는 「노동위원회법」 제8조제2항제2호 각 목의 자격을 가진 자로 한다. 이 경우 사적조정등을 수행하는 자는 노동관계 당사자로부터 수수료, 수당 및 여비 등을 받을 수 있다. 〈신설 2006. 12. 30.〉

제2절 조 정

제53조(조정의 개시) ① 노동위원회는 관계 당사자의 일방이 노동쟁의의 조정을 신청한 때에는 지체없이 조정을 개시하여야 하며 관계 당사자 쌍방은 이에 성실히 임하여야 한다.
② 노동위원회는 제1항의 규정에 따른 조정신청 전이라도 원활한 조정을 위하여 교섭을 주선하는 등 관계 당사자의 자주적인 분쟁 해결을 지원할 수 있다. 〈신설 2006. 12. 30.〉
제54조(조정기간) ① 조정은 제53조의 규정에 의한 조정의 신청이 있은 날부터 일반사업에 있어서는 10일, 공익사업에 있어서는 15일 이내에 종료하여야 한다.
② 제1항의 규정에 의한 조정기간은 관계 당사자간의 합의로 일반사업에 있어서는 10일, 공익사업에 있어서는 15일 이내에서 연장할 수 있다.
제55조(조정위원회의 구성) ① 노동쟁의의 조정을 위하여 노동위원회에 조정위원회를 둔다.
② 제1항의 규정에 의한 조정위원회는 조정위원 3인으로 구성한다.
③ 제2항의 규정에 의한 조정위원은 당해 노동위원회의 위원중에서 사용자를 대표하는 자, 근로자를 대표하는 자 및 공익을 대표하는 자 각 1인을 그 노동위원회의 위원장이 지명하되, 근로자를 대표하는 조정위원은 사용자가, 사용자를 대표하는 조정위원은 노동조합이 각각 추천하는 노동위원회의 위원중에서 지명하여야 한다. 다만, 조정위원회의 회의 3일전까지 관계 당사자가 추천하는 위원의 명단제출이 없을 때에는 당해 위원을 위원장이 따로 지명할 수 있다.
④ 노동위원회의 위원장은 근로자를 대표하는 위원 또는 사용자를 대표하는 위원의 불참 등으로 인하여 제3항의 규정에 따른 조정위원회의 구성이 어려운 경우 노동위원회의 공익을 대표하는 위원 중에서 3인을 조정위원으로 지명할 수 있다. 다만, 관계 당사자 쌍방의 합의로 선정한 노동위원회의 위원이 있는 경우에는 그 위원을 조정위원으로 지명한다. 〈신설 2006. 12. 30.〉
제56조(조정위원회의 위원장) ① 조정위원회에 위원장을 둔다.
② 위원장은 공익을 대표하는 조정위원이 된다. 다만, 제55조제4항의 규정에 따른 조정위원회의 위원장은 조정위원 중에서 호선한다. 〈개정 2006. 12. 30.〉
제57조(단독조정) ① 노동위원회는 관계 당사자 쌍방의 신청이 있거나 관계 당사자 쌍방의 동의를 얻은 경우에는 조정위원회에 갈음하여 단독조정인에게 조정을 행하게 할 수 있다.
② 제1항의 규정에 의한 단독조정인은 당해 노동위원회의 위원중에서 관계 당사자의 쌍방의 합의로 선정된 자를 그 노동위원회의 위원장이 지명한다.
제58조(주장의 확인등) 조정위원회 또는 단독조정인은 기일을 정하여 관계 당사자 쌍방을 출석하게 하여 주장의 요점을 확인하여야 한다.
제59조(출석금지) 조정위원회의 위원장 또는 단독조정인은 관계 당사자와 참고인외의 자의 출석을 금할 수 있다.
제60조(조정안의 작성) ① 조정위원회 또는 단독조정인은 조정안을 작성하여 이를 관계 당사자에게 제시하고 그 수락을 권고하는 동시에 그 조정안에 이유를 붙여 공표할 수 있으며, 필요한 때에는 신문 또는 방송에 보도등 협조를 요청할 수 있다.
② 조정위원회 또는 단독조정인은 관계 당사자가 수락을 거부하여 더 이상 조정이 이루어질 여지가 없다고 판단되는 경우에는 조정의 종료를 결정하고 이를 관계 당사자 쌍방에 통보하여야 한다.
③ 제1항의 규정에 의한 조정안이 관계 당사자의 쌍방에 의하여 수락된 후 그 해석 또는 이행방법에 관하여 관계 당사자간에 의견의 불일치가 있는 때에는 관계 당사자는 당해 조정위원회 또는 단독조정인에게 그 해석 또는 이행방법에 관한 명확한 견해의 제시를 요청하여야 한다.
④ 조정위원회 또는 단독조정인은 제3항의 규정에 의한 요청을 받은 때에는 그 요청을 받은 날부터 7일 이내에 명확한 견해를 제시하여야 한다.
⑤ 제3항 및 제4항의 해석 또는 이행방법에 관한 견해가 제시될 때까지는 관계 당사자는 당해 조정안의 해석 또는 이행에 관하여 쟁의행위를 할 수 없다.
제61조(조정의 효력) ① 제60조제1항의 규정에 의한 조정안이 관계 당사자에 의하여 수락된 때에는 조정위원 전원 또는 단독조정인은 조정서를 작성하고 관계 당사자와 함께 서명 또는 날인하여야 한다. 〈개정 2006. 12. 30.〉
② 조정서의 내용은 단체협약과 동일한 효력을 가진다.
③ 제60조제4항의 규정에 의하여 조정위원회 또는 단독조정인이 제시한 해석 또는 이행방법에 관한 견해는 중재재정과 동일한 효력을 가진다.
제61조의2(조정종료 결정 후의 조정) ① 노동위원회는 제60조제2항의 규정에 따른 조정의 종료가 결정된 후에도 노동쟁의의 해결을 위하여 조정을 할 수 있다.
② 제1항의 규정에 따른 조정에 관하여는 제55조 내지 제61조의 규정을 준용한다.
[본조신설 2006. 12. 30.]

제3절 중 재

제62조(중재의 개시) 노동위원회는 다음 각 호의 어느 하나에 해당하는 때에는 중재를 행한다. 〈개정 2006. 12. 30.〉
1. 관계 당사자의 쌍방이 함께 중재를 신청한 때
2. 관계 당사자의 일방이 단체협약에 의하여 중재를 신청한 때
3. 삭제 〈2006. 12. 30.〉
제63조(중재시의 쟁의행위의 금지) 노동쟁의가 중재에 회부된 때에는 그 날부터 15일간은 쟁의행위를 할 수 없다.
제64조(중재위원회의 구성) ① 노동쟁의의 중재 또는 재심을 위하여 노동위원회에 중재위원회를 둔다.
② 제1항의 규정에 의한 중재위원회는 중재위원 3인으로 구성한다.
③ 제2항의 중재위원은 당해 노동위원회의 공익을 대표하는 위원중에서 관계 당사자의 합의로 선정한 자에 대하여 그 노동위원회의 위원장이 지명한다. 다만, 관계 당사자간에 합의가 성립되지 아니한 경우에는 노동위원회의 공익을 대표하

는 위원중에서 지명한다.

제65조(중재위원회의 위원장) ① 중재위원회에 위원장을 둔다.

② 위원장은 중재위원중에서 호선한다.

제66조(주장의 확인등) ① 중재위원회는 기일을 정하여 관계 당사자 쌍방 또는 일방을 중재위원회에 출석하게 하여 주장의 요점을 확인하여야 한다.

② 관계 당사자가 지명한 노동위원회의 사용자를 대표하는 위원 또는 근로자를 대표하는 위원은 중재위원회의 동의를 얻어 그 회의에 출석하여 의견을 진술할 수 있다.

제67조(출석금지) 중재위원회의 위원장은 관계 당사자와 참고인외의 자의 회의출석을 금할 수 있다.

제68조(중재재정) ① 중재재정은 서면으로 작성하여 이를 행하며 그 서면에는 효력발생 기일을 명시하여야 한다.

② 제1항의 규정에 의한 중재재정의 해석 또는 이행방법에 관하여 관계 당사자간에 의견의 불일치가 있는 때에는 당해 중재위원회의 해석에 따르며 그 해석은 중재재정과 동일한 효력을 가진다.

제69조(중재재정등의 확정) ① 관계 당사자는 지방노동위원회 또는 특별노동위원회의 중재재정이 위법이거나 월권에 의한 것이라고 인정하는 경우에는 그 중재재정서의 송달을 받은 날부터 10일 이내에 중앙노동위원회에 그 재심을 신청할 수 있다.

② 관계 당사자는 중앙노동위원회의 중재재정이나 제1항의 규정에 의한 재심결정이 위법이거나 월권에 의한 것이라고 인정하는 경우에는 행정소송법 제20조의 규정에 불구하고 그 중재재정서 또는 재심결정서의 송달을 받은 날부터 15일 이내에 행정소송을 제기할 수 있다.

③ 제1항 및 제2항에 규정된 기간내에 재심을 신청하지 아니하거나 행정소송을 제기하지 아니한 때에는 그 중재재정 또는 재심결정은 확정된다.

④ 제3항의 규정에 의하여 중재재정이나 재심결정이 확정된 때에는 관계 당사자는 이에 따라야 한다.

제70조(중재재정 등의 효력) ① 제68조제1항의 규정에 따른 중재재정의 내용은 단체협약과 동일한 효력을 가진다.

② 노동위원회의 중재재정 또는 재심결정은 제69조제1항 및 제2항의 규정에 따른 중앙노동위원회에의 재심신청 또는 행정소송의 제기에 의하여 그 효력이 정지되지 아니한다.

[전문개정 2006. 12. 30.]

제4절 공익사업등의 조정에 관한 특칙

제71조(공익사업의 범위등) ① 이 법에서 "공익사업"이라 함은 공중의 일상생활과 밀접한 관련이 있거나 국민경제에 미치는 영향이 큰 사업으로서 다음 각호의 사업을 말한다. 〈개정 2006. 12. 30.〉

1. 정기노선 여객운수사업 및 항공운수사업
2. 수도사업, 전기사업, 가스사업, 석유정제사업 및 석유공급사업
3. 공중위생사업, 의료사업 및 혈액공급사업
4. 은행 및 조폐사업
5. 방송 및 통신사업

② 이 법에서 "필수공익사업"이라 함은 제1항의 공익사업으로서 그 업무의 정지 또는 폐지가 공중의 일상생활을 현저히 위태롭게 하거나 국민경제를 현저히 저해하고 그 업무의 대체가 용이하지 아니한 다음 각호의 사업을 말한다. 〈개정 2006. 12. 30.〉

1. 철도사업, 도시철도사업 및 항공운수사업
2. 수도사업, 전기사업, 가스사업, 석유정제사업 및 석유공급사업
3. 병원사업 및 혈액공급사업
4. 한국은행사업
5. 통신사업

제72조(특별조정위원회의 구성) ① 공익사업의 노동쟁의의 조정을 위하여 노동위원회에 특별조정위원회를 둔다.

② 제1항의 규정에 의한 특별조정위원회는 특별조정위원 3인으로 구성한다.

③ 제2항의 규정에 의한 특별조정위원은 그 노동위원회의 공익을 대표하는 위원중에서 노동조합과 사용자가 순차적으로 배제하고 남은 4인 내지 6인중에서 노동위원회의 위원장이 지명한다. 다만, 관계 당사자가 합의로 당해 노동위원회의 위원이 아닌 자를 추천하는 경우에는 그 추천된 자를 지명한다. 〈개정 2006. 12. 30.〉

제73조(특별조정위원회의 위원장) ① 특별조정위원회에 위원장을 둔다.

② 위원장은 공익을 대표하는 노동위원회의 위원인 특별조정위원중에서 호선하고, 당해 노동위원회의 위원이 아닌 자만으로 구성된 경우에는 그중에서 호선한다. 다만, 공익을 대표하는 위원인 특별조정위원이 1인인 경우에는 당해 위원이 위원장이 된다.

제74조 삭제 〈2006. 12. 30.〉

제75조 삭제 〈2006. 12. 30.〉

제5절 긴급조정

제76조(긴급조정의 결정) ① 고용노동부장관은 쟁의행위가 공익사업에 관한 것이거나 그 규모가 크거나 그 성질이 특별한 것으로서 현저히 국민경제를 해하거나 국민의 일상생활을 위태롭게 할 위험이 현존하는 때에는 긴급조정의 결정을 할 수 있다. 〈개정 2010. 6. 4.〉

② 고용노동부장관은 긴급조정의 결정을 하고자 할 때에는 미리 중앙노동위원회 위원장의 의견을 들어야 한다. 〈개정 2010. 6. 4.〉

③ 고용노동부장관은 제1항 및 제2항의 규정에 의하여 긴급조정을 결정한 때에는 지체없이 그 이유를 붙여 이를 공표함과 동시에 중앙노동위원회와 관계 당사자에게 각각 통고하여야 한다. 〈개정 2010. 6. 4.〉

제77조(긴급조정시의 쟁의행위 중지) 관계 당사자는 제76조제3항의 규정에 의한 긴급조정의 결정이 공표된 때에는 즉시 쟁의행위를 중지하여야 하며, 공표일부터 30일이 경과하지 아니하면 쟁의행위를 재개할 수 없다.

제78조(중앙노동위원회의 조정) 중앙노동위원회는 제76조제3항의 규정에 의한 통고를 받은 때에는 지체없이 조정을 개시하여야 한다.

제79조(중앙노동위원회의 중재회부 결정권) ① 중앙노동위원회의 위원장은 제78조의 규정에 의한 조정이 성립될 가망이 없다고 인정한 경우에는 공익위원의 의견을 들어 그 사건을 중재에 회부할 것인가의 여부를 결정하여야 한다.

② 제1항의 규정에 의한 결정은 제76조제3항의 규정에 의한

통고를 받은 날부터 15일 이내에 하여야 한다.

제80조(중앙노동위원회의 중재) 중앙노동위원회는 당해 관계 당사자의 일방 또는 쌍방으로부터 중재신청이 있거나 제79조의 규정에 의한 중재회부의 결정을 한 때에는 지체없이 중재를 행하여야 한다.

제6장 부당노동행위

제81조(부당노동행위) 사용자는 다음 각 호의 어느 하나에 해당하는 행위(이하 "不當勞動行爲"라 한다)를 할 수 없다. 〈개정 2006. 12. 30., 2010. 1. 1.〉

1. 근로자가 노동조합에 가입 또는 가입하려고 하였거나 노동조합을 조직하려고 하였거나 기타 노동조합의 업무를 위한 정당한 행위를 한 것을 이유로 그 근로자를 해고하거나 그 근로자에게 불이익을 주는 행위
2. 근로자가 어느 노동조합에 가입하지 아니할 것 또는 탈퇴할 것을 고용조건으로 하거나 특정한 노동조합의 조합원이 될 것을 고용조건으로 하는 행위. 다만, 노동조합이 당해 사업장에 종사하는 근로자의 3분의 2 이상을 대표하고 있을 때에는 근로자가 그 노동조합의 조합원이 될 것을 고용조건으로 하는 단체협약의 체결은 예외로 하며, 이 경우 사용자는 근로자가 그 노동조합에서 제명된 것 또는 그 노동조합을 탈퇴하여 새로 노동조합을 조직하거나 다른 노동조합에 가입한 것을 이유로 근로자에게 신분상 불이익한 행위를 할 수 없다.
3. 노동조합의 대표자 또는 노동조합으로부터 위임을 받은 자와의 단체협약체결 기타의 단체교섭을 정당한 이유없이 거부하거나 해태하는 행위
4. 근로자가 노동조합을 조직 또는 운영하는 것을 지배하거나 이에 개입하는 행위와 노동조합의 전임자에게 급여를 지원하거나 노동조합의 운영비를 원조하는 행위. 다만, 근로자가 근로시간중에 제24조제4항에 따른 활동을 하는 것을 사용자가 허용함은 무방하며, 또한 근로자의 후생자금 또는 경제상의 불행 기타 재액의 방지와 구제등을 위한 기금의 기부와 최소한의 규모의 노동조합사무소의 제공은 예외로 한다.
5. 근로자가 정당한 단체행위에 참가한 것을 이유로 하거나 또는 노동위원회에 대하여 사용자가 이 조의 규정에 위반한 것을 신고하거나 그에 관한 증언을 하거나 기타 행정관청에 증거를 제출한 것을 이유로 그 근로자를 해고하거나 그 근로자에게 불이익을 주는 행위

[헌법불합치, 2012헌바90, 2018. 5. 31. 노동조합 및 노동관계조정법(2010. 1. 1. 법률 제9930호로 개정된 것) 제81조 제4호 중 '노동조합의 운영비를 원조하는 행위' 에 관한 부분은 헌법에 합치되지 아니한다. 위 법률조항은 2019. 12. 31.을 시한으로 개정될 때까지 계속 적용된다.]

제82조(구제신청) ① 사용자의 부당노동행위로 인하여 그 권리를 침해당한 근로자 또는 노동조합은 노동위원회에 그 구제를 신청할 수 있다.

② 제1항의 규정에 의한 구제의 신청은 부당노동행위가 있은 날(계속하는 행위는 그 終了日)부터 3월 이내에 이를 행하여야 한다.

제83조(조사등) ① 노동위원회는 제82조의 규정에 의한 구제신청을 받은 때에는 지체없이 필요한 조사와 관계 당사자의 심문을 하여야 한다.

② 노동위원회는 제1항의 규정에 의한 심문을 할 때에는 관계 당사자의 신청에 의하거나 그 직권으로 증인을 출석하게 하여 필요한 사항을 질문할 수 있다.

③ 노동위원회는 제1항의 규정에 의한 심문을 함에 있어서는 관계 당사자에 대하여 증거의 제출과 증인에 대한 반대심문을 할 수 있는 충분한 기회를 주어야 한다.

④ 제1항의 규정에 의한 노동위원회의 조사와 심문에 관한 절차는 중앙노동위원회가 따로 정하는 바에 의한다.

제84조(구제명령) ① 노동위원회는 제83조의 규정에 의한 심문을 종료하고 부당노동행위가 성립한다고 판정한 때에는 사용자에게 구제명령을 발하여야 하며, 부당노동행위가 성립되지 아니한다고 판정한 때에는 그 구제신청을 기각하는 결정을 하여야 한다.

② 제1항의 규정에 의한 판정·명령 및 결정은 서면으로 하되, 이를 당해 사용자와 신청인에게 각각 교부하여야 한다.

③ 관계 당사자는 제1항의 규정에 의한 명령이 있을 때에는 이에 따라야 한다.

제85조(구제명령의 확정) ① 지방노동위원회 또는 특별노동위원회의 구제명령 또는 기각결정에 불복이 있는 관계 당사자는 그 명령서 또는 결정서의 송달을 받은 날부터 10일 이내에 중앙노동위원회에 그 재심을 신청할 수 있다.

② 제1항의 규정에 의한 중앙노동위원회의 재심판정에 대하여 관계 당사자는 그 재심판정서의 송달을 받은 날부터 15일 이내에 행정소송법이 정하는 바에 의하여 소를 제기할 수 있다.

③ 제1항 및 제2항에 규정된 기간내에 재심을 신청하지 아니하거나 행정소송을 제기하지 아니한 때에는 그 구제명령·기각결정 또는 재심판정은 확정된다.

④ 제3항의 규정에 의하여 기각결정 또는 재심판정이 확정된 때에는 관계 당사자는 이에 따라야 한다.

⑤ 사용자가 제2항의 규정에 의하여 행정소송을 제기한 경우에 관할법원은 중앙노동위원회의 신청에 의하여 결정으로써, 판결이 확정될 때까지 중앙노동위원회의 구제명령의 전부 또는 일부를 이행하도록 명할 수 있으며, 당사자의 신청에 의하여 또는 직권으로 그 결정을 취소할 수 있다.

제86조(구제명령등의 효력) 노동위원회의 구제명령·기각결정 또는 재심판정은 제85조의 규정에 의한 중앙노동위원회에의 재심신청이나 행정소송의 제기에 의하여 그 효력이 정지되지 아니한다.

제7장 보 칙

제87조(권한의 위임) 이 법에 의한 고용노동부장관의 권한은 대통령령이 정하는 바에 따라 그 일부를 지방고용노동관서의 장에게 위임할 수 있다. 〈개정 2010. 6. 4.〉

제8장 벌 칙

제88조(벌칙) 제41조제2항의 규정에 위반한 자는 5년 이하의 징역 또는 5천만원 이하의 벌금에 처한다.

제89조(벌칙) 다음 각 호의 어느 하나에 해당하는 자는 3년 이하의 징역 또는 3천만원 이하의 벌금에 처한다. 〈개정 2006. 12. 30., 2010. 1. 1.〉

1. 제37조제2항, 제38조제1항, 제42조제1항 또는 제42조의2제2항의 규정에 위반한 자
2. 제85조제3항(제29조의4제4항에서 준용하는 경우를 포함한다)에 따라 확정되거나 행정소송을 제기하여 확정된 구제명령에 위반한 자

제90조(벌칙) 제44조제2항, 제69조제4항, 제77조 또는 제81조의 규정에 위반한 자는 2년 이하의 징역 또는 2천만원 이하의 벌금에 처한다.

제91조(벌칙) 제38조제2항, 제41조제1항, 제42조제2항, 제43조제1항ㆍ제2항ㆍ제4항, 제45조제2항 본문, 제46조제1항 또는 제63조의 규정을 위반한 자는 1년 이하의 징역 또는 1천만원 이하의 벌금에 처한다.
[전문개정 2006. 12. 30.]

제92조(벌칙) 다음 각호의 1에 해당하는 자는 1천만원 이하의 벌금에 처한다. 〈개정 2001. 3. 28., 2010. 1. 1.〉
1. 제24조제5항을 위반한 자
2. 제31조제1항의 규정에 의하여 체결된 단체협약의 내용중 다음 각목의 1에 해당하는 사항을 위반한 자
 가. 임금ㆍ복리후생비, 퇴직금에 관한 사항
 나. 근로 및 휴게시간, 휴일, 휴가에 관한 사항
 다. 징계 및 해고의 사유와 중요한 절차에 관한 사항
 라. 안전보건 및 재해부조에 관한 사항
 마. 시설ㆍ편의제공 및 근무시간중 회의참석에 관한 사항
 바. 쟁의행위에 관한 사항
3. 제61조제1항의 규정에 의한 조정서의 내용 또는 제68조제1항의 규정에 의한 중재재정서의 내용을 준수하지 아니한 자

제93조(벌칙) 다음 각호의 1에 해당하는 자는 500만원 이하의 벌금에 처한다.
1. 제7조제3항의 규정에 위반한 자
2. 제21조제1항ㆍ제2항 또는 제31조제3항의 규정에 의한 명령에 위반한 자

제94조(양벌규정) 법인 또는 단체의 대표자, 법인ㆍ단체 또는 개인의 대리인ㆍ사용인 기타의 종업원이 그 법인ㆍ단체 또는 개인의 업무에 관하여 제88조 내지 제93조의 위반행위를 한 때에는 행위자를 벌하는 외에 그 법인ㆍ단체 또는 개인에 대하여도 각 해당 조의 벌금형을 과한다.
[단순위헌, 2017헌가30, 2019. 4. 11. 노동조합 및 노동관계조정법(1997. 3. 13. 법률 제5310호로 제정된 것) 제94조 중 '법인의 대리인ㆍ사용인 기타의 종업원이 그 법인의 업무에 관하여 제90조의 위반행위를 한 때에는 그 법인에 대하여도 해당 조의 벌금형을 과한다.' 부분 가운데 제81조 제4호 본문 전단에 관한 부분은 헌법에 위반된다.]

제95조(과태료) 제85조제5항의 규정에 의한 법원의 명령에 위반한 자는 500만원 이하의 금액(당해 命令이 作爲를 명하는 것일 때에는 그 命令의 불이행 日數 1日에 50萬원 이하의 比率로 算定한 금액)의 과태료에 처한다.

제96조(과태료) ① 다음 각호의 1에 해당하는 자는 500만원 이하의 과태료에 처한다.
1. 제14조의 규정에 의한 서류를 비치 또는 보존하지 아니한 자
2. 제27조의 규정에 의한 보고를 하지 아니하거나 허위의 보고를 한 자
3. 제46조제2항의 규정에 의한 신고를 하지 아니한 자

② 제13조, 제28조제2항 또는 제31조제2항의 규정에 의한 신고 또는 통보를 하지 아니한 자는 300만원 이하의 과태료에 처한다.

③ 제1항 및 제2항의 규정에 의한 과태료는 대통령령이 정하는 바에 의하여 행정관청이 부과ㆍ징수한다. 〈개정 1998. 2. 20.〉

④ 삭제 〈2018. 10. 16.〉

⑤ 삭제 〈2018. 10. 16.〉

⑥ 삭제 〈2018. 10. 16.〉

부 칙 〈제15849호, 2018. 10. 16.〉

이 법은 공포한 날부터 시행한다.

근로기준법

[시행 2019. 11. 1] [법률 제16415호, 2019. 4. 30, 타법개정]

제1장 총 칙

제1조(목적) 이 법은 헌법에 따라 근로조건의 기준을 정함으로써 근로자의 기본적 생활을 보장, 향상시키며 균형 있는 국민경제의 발전을 꾀하는 것을 목적으로 한다.

제2조(정의) ① 이 법에서 사용하는 용어의 뜻은 다음과 같다. 〈개정 2018. 3. 20.〉

1. "근로자"란 직업의 종류와 관계없이 임금을 목적으로 사업이나 사업장에 근로를 제공하는 자를 말한다.
2. "사용자"란 사업주 또는 사업 경영 담당자, 그 밖에 근로자에 관한 사항에 대하여 사업주를 위하여 행위하는 자를 말한다.
3. "근로"란 정신노동과 육체노동을 말한다.
4. "근로계약"이란 근로자가 사용자에게 근로를 제공하고 사용자는 이에 대하여 임금을 지급하는 것을 목적으로 체결된 계약을 말한다.
5. "임금"이란 사용자가 근로의 대가로 근로자에게 임금, 봉급, 그 밖에 어떠한 명칭으로든지 지급하는 일체의 금품을 말한다.
6. "평균임금"이란 이를 산정하여야 할 사유가 발생한 날 이전 3개월 동안에 그 근로자에게 지급된 임금의 총액을 그 기간의 총일수로 나눈 금액을 말한다. 근로자가 취업한 후 3개월 미만인 경우도 이에 준한다.
7. "1주"란 휴일을 포함한 7일을 말한다.
8. "소정(所定)근로시간"이란 제50조, 제69조 본문 또는 「산업안전보건법」 제46조에 따른 근로시간의 범위에서 근로자와 사용자 사이에 정한 근로시간을 말한다.
9. "단시간근로자"란 1주 동안의 소정근로시간이 그 사업장에서 같은 종류의 업무에 종사하는 통상 근로자의 1주 동안의 소정근로시간에 비하여 짧은 근로자를 말한다.

② 제1항제6호에 따라 산출된 금액이 그 근로자의 통상임금보다 적으면 그 통상임금액을 평균임금으로 한다.

[시행일] 제2조제1항의 개정규정은 다음 각 호의 구분에 따른 날부터 시행한다.

1. 상시 300명 이상의 근로자를 사용하는 사업 또는 사업장, 「공공기관의 운영에 관한 법률」 제4조에 따른 공공기관, 「지방공기업법」 제49조 및 같은 법 제76조에 따른 지방공사 및 지방공단, 국가 · 지방자치단체 또는 정부투자기관이 자본금의 2분의 1 이상을 출자하거나 기본재산의 2분의 1 이상을 출연한 기관 · 단체와 그 기관 · 단체가 자본금의 2분의 1 이상을 출자하거나 기본재산의 2분의 1 이상을 출연한 기관 · 단체, 국가 및 지방자치단체의 기관: 2018년 7월 1일(제59조의 개정규정에 따라 근로시간 및 휴게시간의 특례를 적용받지 아니하게 되는 업종의 경우 2019년 7월 1일)
2. 상시 50명 이상 300명 미만의 근로자를 사용하는 사업 또는 사업장: 2020년 1월 1일
3. 상시 5명 이상 50명 미만의 근로자를 사용하는 사업 또는 사업장: 2021년 7월 1일

제2조(정의) ① 이 법에서 사용하는 용어의 뜻은 다음과 같다. 〈개정 2018. 3. 20., 2019. 1. 15.〉

1. "근로자"란 직업의 종류와 관계없이 임금을 목적으로 사업이나 사업장에 근로를 제공하는 자를 말한다.
2. "사용자"란 사업주 또는 사업 경영 담당자, 그 밖에 근로자에 관한 사항에 대하여 사업주를 위하여 행위하는 자를 말한다.
3. "근로"란 정신노동과 육체노동을 말한다.
4. "근로계약"이란 근로자가 사용자에게 근로를 제공하고 사용자는 이에 대하여 임금을 지급하는 것을 목적으로 체결된 계약을 말한다.
5. "임금"이란 사용자가 근로의 대가로 근로자에게 임금, 봉급, 그 밖에 어떠한 명칭으로든지 지급하는 일체의 금품을 말한다.
6. "평균임금"이란 이를 산정하여야 할 사유가 발생한 날 이전 3개월 동안에 그 근로자에게 지급된 임금의 총액을 그 기간의 총일수로 나눈 금액을 말한다. 근로자가 취업한 후 3개월 미만인 경우도 이에 준한다.
7. "1주"란 휴일을 포함한 7일을 말한다.
8. "소정(所定)근로시간"이란 제50조, 제69조 본문 또는 「산업안전보건법」 제139조제1항에 따른 근로시간의 범위에서 근로자와 사용자 사이에 정한 근로시간을 말한다.
9. "단시간근로자"란 1주 동안의 소정근로시간이 그 사업장에서 같은 종류의 업무에 종사하는 통상 근로자의 1주 동안의 소정근로시간에 비하여 짧은 근로자를 말한다.

② 제1항제6호에 따라 산출된 금액이 그 근로자의 통상임금보다 적으면 그 통상임금액을 평균임금으로 한다.

[시행일] 제2조제1항의 개정규정은 다음 각 호의 구분에 따른 날부터 시행한다.

1. 상시 300명 이상의 근로자를 사용하는 사업 또는 사업장, 「공공기관의 운영에 관한 법률」 제4조에 따른 공공기관, 「지방공기업법」 제49조 및 같은 법 제76조에 따른 지방공사 및 지방공단, 국가 · 지방자치단체 또는 정부투자기관이 자본금의 2분의 1 이상을 출자하거나 기본재산의 2분의 1 이상을 출연한 기관 · 단체와 그 기관 · 단체가 자본금의 2분의 1 이상을 출자하거나 기본재산의 2분의 1 이상을 출연한 기관 · 단체, 국가 및 지방자치단체의 기관: 2018년 7월 1일(제59조의 개정규정에 따라 근로시간 및 휴게시간의 특례를 적용받지 아니하게 되는 업종의 경우 2019년 7월 1일)
2. 상시 50명 이상 300명 미만의 근로자를 사용하는 사업 또는 사업장: 2020년 1월 1일
3. 상시 5명 이상 50명 미만의 근로자를 사용하는 사업 또는

사업장: 2021년 7월 1일
[시행일 : 2020.1.16.] 제2조

제3조(근로조건의 기준) 이 법에서 정하는 근로조건은 최저기준이므로 근로 관계 당사자는 이 기준을 이유로 근로조건을 낮출 수 없다.

제4조(근로조건의 결정) 근로조건은 근로자와 사용자가 동등한 지위에서 자유의사에 따라 결정하여야 한다.

제5조(근로조건의 준수) 근로자와 사용자는 각자가 단체협약, 취업규칙과 근로계약을 지키고 성실하게 이행할 의무가 있다.

제6조(균등한 처우) 사용자는 근로자에 대하여 남녀의 성(性)을 이유로 차별적 대우를 하지 못하고, 국적·신앙 또는 사회적 신분을 이유로 근로조건에 대한 차별적 처우를 하지 못한다.

제7조(강제 근로의 금지) 사용자는 폭행, 협박, 감금, 그 밖에 정신상 또는 신체상의 자유를 부당하게 구속하는 수단으로써 근로자의 자유의사에 어긋나는 근로를 강요하지 못한다.

제8조(폭행의 금지) 사용자는 사고의 발생이나 그 밖의 어떠한 이유로도 근로자에게 폭행을 하지 못한다.

제9조(중간착취의 배제) 누구든지 법률에 따르지 아니하고는 영리로 다른 사람의 취업에 개입하거나 중간인으로서 이익을 취득하지 못한다.

제10조(공민권 행사의 보장) 사용자는 근로자가 근로시간 중에 선거권, 그 밖의 공민권(公民權) 행사 또는 공(公)의 직무를 집행하기 위하여 필요한 시간을 청구하면 거부하지 못한다. 다만, 그 권리 행사나 공(公)의 직무를 수행하는 데에 지장이 없으면 청구한 시간을 변경할 수 있다.

제11조(적용 범위) ① 이 법은 상시 5명 이상의 근로자를 사용하는 모든 사업 또는 사업장에 적용한다. 다만, 동거하는 친족만을 사용하는 사업 또는 사업장과 가사(家事) 사용인에 대하여는 적용하지 아니한다.
② 상시 4명 이하의 근로자를 사용하는 사업 또는 사업장에 대하여는 대통령령으로 정하는 바에 따라 이 법의 일부 규정을 적용할 수 있다.
③ 이 법을 적용하는 경우에 상시 사용하는 근로자 수를 산정하는 방법은 대통령령으로 정한다. 〈신설 2008. 3. 21.〉

제12조(적용 범위) 이 법과 이 법에 따른 대통령령은 국가, 특별시·광역시·도, 시·군·구, 읍·면·동, 그 밖에 이에 준하는 것에 대하여도 적용된다.

제13조(보고, 출석의 의무) 사용자 또는 근로자는 이 법의 시행에 관하여 고용노동부장관·「노동위원회법」에 따른 노동위원회(이하 "노동위원회"라 한다) 또는 근로감독관의 요구가 있으면 지체 없이 필요한 사항에 대하여 보고하거나 출석하여야 한다. 〈개정 2010. 6. 4.〉

제14조(법령 요지 등의 게시) ① 사용자는 이 법과 이 법에 따른 대통령령의 요지(要旨)와 취업규칙을 근로자가 자유롭게 열람할 수 있는 장소에 항상 게시하거나 갖추어 두어 근로자에게 널리 알려야 한다.
② 사용자는 제1항에 따른 대통령령 중 기숙사에 관한 규정과 제99조제1항에 따른 기숙사규칙을 기숙사에 게시하거나 갖추어 두어 기숙(寄宿)하는 근로자에게 널리 알려야 한다.

제2장 근로계약

제15조(이 법을 위반한 근로계약) ① 이 법에서 정하는 기준에 미치지 못하는 근로조건을 정한 근로계약은 그 부분에 한하여 무효로 한다.
② 제1항에 따라 무효로 된 부분은 이 법에서 정한 기준에 따른다.

제16조(계약기간) 근로계약은 기간을 정하지 아니한 것과 일정한 사업의 완료에 필요한 기간을 정한 것 외에는 그 기간은 1년을 초과하지 못한다.
[법률 제8372호(2007. 4. 11.) 부칙 제3조의 규정에 의하여 이 조는 2007년 6월 30일까지 유효함]

제17조(근로조건의 명시) ① 사용자는 근로계약을 체결할 때에 근로자에게 다음 각 호의 사항을 명시하여야 한다. 근로계약 체결 후 다음 각 호의 사항을 변경하는 경우에도 또한 같다. 〈개정 2010. 5. 25.〉
1. 임금
2. 소정근로시간
3. 제55조에 따른 휴일
4. 제60조에 따른 연차 유급휴가
5. 그 밖에 대통령령으로 정하는 근로조건

② 사용자는 제1항제1호와 관련한 임금의 구성항목·계산방법·지급방법 및 제2호부터 제4호까지의 사항이 명시된 서면을 근로자에게 교부하여야 한다. 다만, 본문에 따른 사항이 단체협약 또는 취업규칙의 변경 등 대통령령으로 정하는 사유로 인하여 변경되는 경우에는 근로자의 요구가 있으면 그 근로자에게 교부하여야 한다. 〈신설 2010. 5. 25.〉

제18조(단시간근로자의 근로조건) ① 단시간근로자의 근로조건은 그 사업장의 같은 종류의 업무에 종사하는 통상 근로자의 근로시간을 기준으로 산정한 비율에 따라 결정되어야 한다.
② 제1항에 따라 근로조건을 결정할 때에 기준이 되는 사항이나 그 밖에 필요한 사항은 대통령령으로 정한다.
③ 4주 동안(4주 미만으로 근로하는 경우에는 그 기간)을 평균하여 1주 동안의 소정근로시간이 15시간 미만인 근로자에 대하여는 제55조와 제60조를 적용하지 아니한다. 〈개정 2008. 3. 21.〉

제19조(근로조건의 위반) ① 제17조에 따라 명시된 근로조건이 사실과 다를 경우에 근로자는 근로조건 위반을 이유로 손해의 배상을 청구할 수 있으며 즉시 근로계약을 해제할 수 있다.
② 제1항에 따라 근로자가 손해배상을 청구할 경우에는 노동위원회에 신청할 수 있으며, 근로계약이 해제되었을 경우에는 사용자는 취업을 목적으로 거주를 변경하는 근로자에게 귀향 여비를 지급하여야 한다.

제20조(위약 예정의 금지) 사용자는 근로계약 불이행에 대한 위약금 또는 손해배상액을 예정하는 계약을 체결하지 못한다.

제21조(전차금 상계의 금지) 사용자는 전차금(前借金)이나 그 밖에 근로할 것을 조건으로 하는 전대(前貸)채권과 임금을 상계하지 못한다.

제22조(강제 저금의 금지) ① 사용자는 근로계약에 덧붙여 강제 저축 또는 저축금의 관리를 규정하는 계약을 체결하지 못한다.
② 사용자가 근로자의 위탁으로 저축을 관리하는 경우에는 다음 각 호의 사항을 지켜야 한다.
1. 저축의 종류·기간 및 금융기관을 근로자가 결정하고, 근로자 본인의 이름으로 저축할 것
2. 근로자가 저축증서 등 관련 자료의 열람 또는 반환을 요구할 때에는 즉시 이에 따를 것

제23조(해고 등의 제한) ① 사용자는 근로자에게 정당한 이유 없이 해고, 휴직, 정직, 전직, 감봉, 그 밖의 징벌(懲罰)(이하

"부당해고등"이라 한다)을 하지 못한다.

② 사용자는 근로자가 업무상 부상 또는 질병의 요양을 위하여 휴업한 기간과 그 후 30일 동안 또는 산전(産前)·산후(産後)의 여성이 이 법에 따라 휴업한 기간과 그 후 30일 동안은 해고하지 못한다. 다만, 사용자가 제84조에 따라 일시보상을 하였을 경우 또는 사업을 계속할 수 없게 된 경우에는 그러하지 아니하다.

제24조(경영상 이유에 의한 해고의 제한) ① 사용자가 경영상 이유에 의하여 근로자를 해고하려면 긴박한 경영상의 필요가 있어야 한다. 이 경우 경영 악화를 방지하기 위한 사업의 양도·인수·합병은 긴박한 경영상의 필요가 있는 것으로 본다.

② 제1항의 경우에 사용자는 해고를 피하기 위한 노력을 다하여야 하며, 합리적이고 공정한 해고의 기준을 정하고 이에 따라 그 대상자를 선정하여야 한다. 이 경우 남녀의 성을 이유로 차별하여서는 아니 된다.

③ 사용자는 제2항에 따른 해고를 피하기 위한 방법과 해고의 기준 등에 관하여 그 사업 또는 사업장에 근로자의 과반수로 조직된 노동조합이 있는 경우에는 그 노동조합(근로자의 과반수로 조직된 노동조합이 없는 경우에는 근로자의 과반수를 대표하는 자를 말한다. 이하 "근로자대표"라 한다)에 해고를 하려는 날의 50일 전까지 통보하고 성실하게 협의하여야 한다.

④ 사용자는 제1항에 따라 대통령령으로 정하는 일정한 규모 이상의 인원을 해고하려면 대통령령으로 정하는 바에 따라 고용노동부장관에게 신고하여야 한다. 〈개정 2010. 6. 4.〉

⑤ 사용자가 제1항부터 제3항까지의 규정에 따른 요건을 갖추어 근로자를 해고한 경우에는 제23조제1항에 따른 정당한 이유가 있는 해고를 한 것으로 본다.

제25조(우선 재고용 등) ① 제24조에 따라 근로자를 해고한 사용자는 근로자를 해고한 날부터 3년 이내에 해고된 근로자가 해고 당시 담당하였던 업무와 같은 업무를 할 근로자를 채용하려고 할 경우 제24조에 따라 해고된 근로자가 원하면 그 근로자를 우선적으로 고용하여야 한다.

② 정부는 제24조에 따라 해고된 근로자에 대하여 생계안정, 재취업, 직업훈련 등 필요한 조치를 우선적으로 취하여야 한다.

제26조(해고의 예고) 사용자는 근로자를 해고(경영상 이유에 의한 해고를 포함한다)하려면 적어도 30일 전에 예고를 하여야 하고, 30일 전에 예고를 하지 아니하였을 때에는 30일분 이상의 통상임금을 지급하여야 한다. 다만, 다음 각 호의 어느 하나에 해당하는 경우에는 그러하지 아니하다. 〈개정 2010. 6. 4., 2019. 1. 15.〉

1. 근로자가 계속 근로한 기간이 3개월 미만인 경우
2. 천재·사변, 그 밖의 부득이한 사유로 사업을 계속하는 것이 불가능한 경우
3. 근로자가 고의로 사업에 막대한 지장을 초래하거나 재산상 손해를 끼친 경우로서 고용노동부령으로 정하는 사유에 해당하는 경우

제27조(해고사유 등의 서면통지) ① 사용자는 근로자를 해고하려면 해고사유와 해고시기를 서면으로 통지하여야 한다.

② 근로자에 대한 해고는 제1항에 따라 서면으로 통지하여야 효력이 있다.

③ 사용자가 제26조에 따른 해고의 예고를 해고사유와 해고시기를 명시하여 서면으로 한 경우에는 제1항에 따른 통지를 한 것으로 본다. 〈신설 2014. 3. 24.〉

제28조(부당해고등의 구제신청) ① 사용자가 근로자에게 부당해고등을 하면 근로자는 노동위원회에 구제를 신청할 수 있다.

② 제1항에 따른 구제신청은 부당해고등이 있었던 날부터 3개월 이내에 하여야 한다.

제29조(조사 등) ① 노동위원회는 제28조에 따른 구제신청을 받으면 지체 없이 필요한 조사를 하여야 하며 관계 당사자를 심문하여야 한다.

② 노동위원회는 제1항에 따라 심문을 할 때에는 관계 당사자의 신청이나 직권으로 증인을 출석하게 하여 필요한 사항을 질문할 수 있다.

③ 노동위원회는 제1항에 따라 심문을 할 때에는 관계 당사자에게 증거 제출과 증인에 대한 반대심문을 할 수 있는 충분한 기회를 주어야 한다.

④ 제1항에 따른 노동위원회의 조사와 심문에 관한 세부절차는 「노동위원회법」에 따른 중앙노동위원회(이하 "중앙노동위원회"라 한다)가 정하는 바에 따른다.

제30조(구제명령 등) ① 노동위원회는 제29조에 따른 심문을 끝내고 부당해고등이 성립한다고 판정하면 사용자에게 구제명령을 하여야 하며, 부당해고등이 성립하지 아니한다고 판정하면 구제신청을 기각하는 결정을 하여야 한다.

② 제1항에 따른 판정, 구제명령 및 기각결정은 사용자와 근로자에게 각각 서면으로 통지하여야 한다.

③ 노동위원회는 제1항에 따른 구제명령(해고에 대한 구제명령만을 말한다)을 할 때에 근로자가 원직복직(原職復職)을 원하지 아니하면 원직복직을 명하는 대신 근로자가 해고기간 동안 근로를 제공하였더라면 받을 수 있었던 임금 상당액 이상의 금품을 근로자에게 지급하도록 명할 수 있다.

제31조(구제명령 등의 확정) ① 「노동위원회법」에 따른 지방노동위원회의 구제명령이나 기각결정에 불복하는 사용자나 근로자는 구제명령서나 기각결정서를 통지받은 날부터 10일 이내에 중앙노동위원회에 재심을 신청할 수 있다.

② 제1항에 따른 중앙노동위원회의 재심판정에 대하여 사용자나 근로자는 재심판정서를 송달받은 날부터 15일 이내에 「행정소송법」의 규정에 따라 소(訴)를 제기할 수 있다.

③ 제1항과 제2항에 따른 기간 이내에 재심을 신청하지 아니하거나 행정소송을 제기하지 아니하면 그 구제명령, 기각결정 또는 재심판정은 확정된다.

제32조(구제명령 등의 효력) 노동위원회의 구제명령, 기각결정 또는 재심판정은 제31조에 따른 중앙노동위원회에 대한 재심 신청이나 행정소송 제기에 의하여 그 효력이 정지되지 아니한다.

제33조(이행강제금) ① 노동위원회는 구제명령(구제명령을 내용으로 하는 재심판정을 포함한다. 이하 이 조에서 같다)을 받은 후 이행기한까지 구제명령을 이행하지 아니한 사용자에게 2천만원 이하의 이행강제금을 부과한다.

② 노동위원회는 제1항에 따른 이행강제금을 부과하기 30일 전까지 이행강제금을 부과·징수한다는 뜻을 사용자에게 미리 문서로써 알려 주어야 한다.

③ 제1항에 따른 이행강제금을 부과할 때에는 이행강제금의 액수, 부과 사유, 납부기한, 수납기관, 이의제기방법 및 이의제기기관 등을 명시한 문서로써 하여야 한다.

④ 제1항에 따라 이행강제금을 부과하는 위반행위의 종류와 위반 정도에 따른 금액, 부과·징수된 이행강제금의 반환절

차, 그 밖에 필요한 사항은 대통령령으로 정한다.
⑤ 노동위원회는 최초의 구제명령을 한 날을 기준으로 매년 2회의 범위에서 구제명령이 이행될 때까지 반복하여 제1항에 따른 이행강제금을 부과·징수할 수 있다. 이 경우 이행강제금은 2년을 초과하여 부과·징수하지 못한다.
⑥ 노동위원회는 구제명령을 받은 자가 구제명령을 이행하면 새로운 이행강제금을 부과하지 아니하되, 구제명령을 이행하기 전에 이미 부과된 이행강제금은 징수하여야 한다.
⑦ 노동위원회는 이행강제금 납부의무자가 납부기한까지 이행강제금을 내지 아니하면 기간을 정하여 독촉을 하고 지정된 기간에 제1항에 따른 이행강제금을 내지 아니하면 국세 체납처분의 예에 따라 징수할 수 있다.
⑧ 근로자는 구제명령을 받은 사용자가 이행기한까지 구제명령을 이행하지 아니하면 이행기한이 지난 때부터 15일 이내에 그 사실을 노동위원회에 알려줄 수 있다.

제34조(퇴직급여 제도) 사용자가 퇴직하는 근로자에게 지급하는 퇴직급여 제도에 관하여는 「근로자퇴직급여 보장법」이 정하는 대로 따른다.

제35조 삭제 〈2019. 1. 15.〉[2019. 1. 15. 법률 제16270호에 의하여 2015. 12. 23. 헌법재판소에서 위헌 결정된 이 조를 삭제함.]

제36조(금품 청산) 사용자는 근로자가 사망 또는 퇴직한 경우에는 그 지급 사유가 발생한 때부터 14일 이내에 임금, 보상금, 그 밖에 일체의 금품을 지급하여야 한다. 다만, 특별한 사정이 있을 경우에는 당사자 사이의 합의에 의하여 기일을 연장할 수 있다.

제37조(미지급 임금에 대한 지연이자) ① 사용자는 제36조에 따라 지급하여야 하는 임금 및 「근로자퇴직급여 보장법」 제2조제5호에 따른 급여(일시금만 해당된다)의 전부 또는 일부를 그 지급 사유가 발생한 날부터 14일 이내에 지급하지 아니한 경우 그 다음 날부터 지급하는 날까지의 지연 일수에 대하여 연 100분의 40 이내의 범위에서 「은행법」에 따른 은행이 적용하는 연체금리 등 경제 여건을 고려하여 대통령령으로 정하는 이율에 따른 지연이자를 지급하여야 한다. 〈개정 2010. 5. 17.〉
② 제1항은 사용자가 천재·사변, 그 밖에 대통령령으로 정하는 사유에 따라 임금 지급을 지연하는 경우 그 사유가 존속하는 기간에 대하여는 적용하지 아니한다.

제38조(임금채권의 우선변제) ① 임금, 재해보상금, 그 밖에 근로 관계로 인한 채권은 사용자의 총재산에 대하여 질권(質權)·저당권 또는 「동산·채권 등의 담보에 관한 법률」에 따른 담보권에 따라 담보된 채권 외에는 조세·공과금 및 다른 채권에 우선하여 변제되어야 한다. 다만, 질권·저당권 또는 「동산·채권 등의 담보에 관한 법률」에 따른 담보권에 우선하는 조세·공과금에 대하여는 그러하지 아니하다. 〈개정 2010. 6. 10.〉
② 제1항에도 불구하고 다음 각 호의 어느 하나에 해당하는 채권은 사용자의 총재산에 대하여 질권·저당권 또는 「동산·채권 등의 담보에 관한 법률」에 따른 담보권에 따라 담보된 채권, 조세·공과금 및 다른 채권에 우선하여 변제되어야 한다. 〈개정 2010. 6. 10.〉
1. 최종 3개월분의 임금
2. 재해보상금

제39조(사용증명서) ① 사용자는 근로자가 퇴직한 후라도 사용 기간, 업무 종류, 지위와 임금, 그 밖에 필요한 사항에 관한 증명서를 청구하면 사실대로 적은 증명서를 즉시 내주어야 한다.
② 제1항의 증명서에는 근로자가 요구한 사항만을 적어야 한다.

제40조(취업 방해의 금지) 누구든지 근로자의 취업을 방해할 목적으로 비밀 기호 또는 명부를 작성·사용하거나 통신을 하여서는 아니 된다.

제41조(근로자의 명부) ① 사용자는 각 사업장별로 근로자 명부를 작성하고 근로자의 성명, 생년월일, 이력, 그 밖에 대통령령으로 정하는 사항을 적어야 한다.
② 제1항에 따라 근로자 명부에 적을 사항이 변경된 경우에는 지체 없이 정정하여야 한다.

제42조(계약 서류의 보존) 사용자는 근로자 명부와 대통령령으로 정하는 근로계약에 관한 중요한 서류를 3년간 보존하여야 한다.

제3장 임 금

제43조(임금 지급) ① 임금은 통화(通貨)로 직접 근로자에게 그 전액을 지급하여야 한다. 다만, 법령 또는 단체협약에 특별한 규정이 있는 경우에는 임금의 일부를 공제하거나 통화 이외의 것으로 지급할 수 있다.
② 임금은 매월 1회 이상 일정한 날짜를 정하여 지급하여야 한다. 다만, 임시로 지급하는 임금, 수당, 그 밖에 이에 준하는 것 또는 대통령령으로 정하는 임금에 대하여는 그러하지 아니하다.

제43조의2(체불사업주 명단 공개) ① 고용노동부장관은 제36조, 제43조, 제56조에 따른 임금, 보상금, 수당, 그 밖에 일체의 금품(이하 "임금등"이라 한다)을 지급하지 아니한 사업주(법인인 경우에는 그 대표자를 포함한다. 이하 "체불사업주"라 한다)가 명단 공개 기준일 이전 3년 이내 임금등을 체불하여 2회 이상 유죄가 확정된 자로서 명단 공개 기준일 이전 1년 이내 임금등의 체불총액이 3천만원 이상인 경우에는 그 인적사항 등을 공개할 수 있다. 다만, 체불사업주의 사망·폐업으로 명단 공개의 실효성이 없는 경우 등 대통령령으로 정하는 사유가 있는 경우에는 그러하지 아니하다.
② 고용노동부장관은 제1항에 따라 명단 공개를 할 경우에 체불사업주에게 3개월 이상의 기간을 정하여 소명 기회를 주어야 한다.
③ 제1항에 따른 체불사업주의 인적사항 등에 대한 공개 여부를 심의하기 위하여 고용노동부에 임금체불정보심의위원회(이하 이 조에서 "위원회"라 한다)를 둔다. 이 경우 위원회의 구성·운영 등 필요한 사항은 고용노동부령으로 정한다.
④ 제1항에 따른 명단 공개의 구체적인 내용, 기간 및 방법 등 명단 공개에 필요한 사항은 대통령령으로 정한다.
[본조신설 2012. 2. 1.]

제43조의3(임금등 체불자료의 제공) ① 고용노동부장관은 「신용정보의 이용 및 보호에 관한 법률」 제25조제2항제1호에 따른 종합신용정보집중기관이 임금등 체불자료 제공일 이전 3년 이내 임금등을 체불하여 2회 이상 유죄가 확정된 자로서 임금등 체불자료 제공일 이전 1년 이내 임금등의 체불총액이 2천만원 이상인 체불사업주의 인적사항과 체불액 등에 관한 자료(이하 "임금등 체불자료"라 한다)를 요구할 때에는 임금등의 체불을 예방하기 위하여 필요하다고 인정하는 경우에 그 자료를 제공할 수 있다. 다만, 체불사업주의 사망·

폐업으로 임금등 체불자료 제공의 실효성이 없는 경우 등 대통령령으로 정하는 사유가 있는 경우에는 그러하지 아니하다.
② 제1항에 따라 임금등 체불자료를 받은 자는 이를 체불사업주의 신용도·신용거래능력 판단과 관련한 업무 외의 목적으로 이용하거나 누설하여서는 아니 된다.
③ 제1항에 따른 임금등 체불자료의 제공 절차 및 방법 등 임금등 체불자료의 제공에 필요한 사항은 대통령령으로 정한다.
[본조신설 2012. 2. 1.]

제44조(도급 사업에 대한 임금 지급) ① 사업이 여러 차례의 도급에 따라 행하여지는 경우에 하수급인(下受給人)이 직상(直上) 수급인의 귀책사유로 근로자에게 임금을 지급하지 못한 경우에는 그 직상 수급인은 그 하수급인과 연대하여 책임을 진다. 다만, 직상 수급인의 귀책사유가 그 상위 수급인의 귀책사유에 의하여 발생한 경우에는 그 상위 수급인도 연대하여 책임을 진다. 〈개정 2012. 2. 1.〉
② 제1항의 귀책사유 범위는 대통령령으로 정한다. 〈개정 2012. 2. 1.〉

제44조의2(건설업에서의 임금 지급 연대책임) ① 건설업에서 사업이 2차례 이상 「건설산업기본법」 제2조제11호에 따른 도급(이하 "공사도급"이라 한다)이 이루어진 경우에 같은 법 제2조제7호에 따른 건설사업자가 아닌 하수급인이 그가 사용한 근로자에게 임금(해당 건설공사에서 발생한 임금으로 한정한다)을 지급하지 못한 경우에는 그 직상 수급인은 하수급인과 연대하여 하수급인이 사용한 근로자의 임금을 지급할 책임을 진다. 〈개정 2011. 5. 24., 2019. 4. 30.〉
② 제1항의 직상 수급인이 「건설산업기본법」 제2조제7호에 따른 건설사업자가 아닌 때에는 그 상위 수급인 중에서 최하위의 같은 호에 따른 건설사업자를 직상 수급인으로 본다. 〈개정 2011. 5. 24., 2019. 4. 30.〉
[본조신설 2007. 7. 27.]

제44조의3(건설업의 공사도급에 있어서의 임금에 관한 특례) ① 공사도급이 이루어진 경우로서 다음 각 호의 어느 하나에 해당하는 때에는 직상 수급인은 하수급인에게 지급하여야 하는 하도급 대금 채무의 부담 범위에서 그 하수급인이 사용한 근로자가 청구하면 하수급인이 지급하여야 하는 임금(해당 건설공사에서 발생한 임금으로 한정한다)에 해당하는 금액을 근로자에게 직접 지급하여야 한다.

1. 직상 수급인이 하수급인을 대신하여 하수급인이 사용한 근로자에게 지급하여야 하는 임금을 직접 지급할 수 있다는 뜻과 그 지급방법 및 절차에 관하여 직상 수급인과 하수급인이 합의한 경우
2. 「민사집행법」 제56조제3호에 따른 확정된 지급명령, 하수급인의 근로자에게 하수급인에 대하여 임금채권이 있음을 증명하는 같은 법 제56조제4호에 따른 집행증서, 「소액사건심판법」 제5조의7에 따라 확정된 이행권고결정, 그 밖에 이에 준하는 집행권원이 있는 경우
3. 하수급인이 그가 사용한 근로자에 대하여 지급하여야 할 임금채무가 있음을 직상 수급인에게 알려주고, 직상 수급인이 파산 등의 사유로 하수급인이 임금을 지급할 수 없는 명백한 사유가 있다고 인정하는 경우

② 「건설산업기본법」 제2조제10호에 따른 발주자의 수급인(이하 "원수급인"이라 한다)으로부터 공사도급이 2차례 이상 이루어진 경우로서 하수급인(도급받은 하수급인으로부터 재하도급 받은 하수급인을 포함한다. 이하 이 항에서 같다)이 사용한 근로자에게 그 하수급인에 대한 제1항제2호에 따른 집행권원이 있는 경우에는 근로자는 하수급인이 지급하여야 하는 임금(해당 건설공사에서 발생한 임금으로 한정한다)에 해당하는 금액을 원수급인에게 직접 지급할 것을 요구할 수 있다. 원수급인은 근로자가 자신에 대하여 「민법」 제404조에 따른 채권자대위권을 행사할 수 있는 금액의 범위에서 이에 따라야 한다. 〈개정 2011. 5. 24.〉
③ 직상 수급인 또는 원수급인이 제1항 및 제2항에 따라 하수급인이 사용한 근로자에게 임금에 해당하는 금액을 지급한 경우에는 하수급인에 대한 하도급 대금 채무는 그 범위에서 소멸한 것으로 본다.
[본조신설 2007. 7. 27.]

제45조(비상시 지급) 사용자는 근로자가 출산, 질병, 재해, 그 밖에 대통령령으로 정하는 비상(非常)한 경우의 비용에 충당하기 위하여 임금 지급을 청구하면 지급기일 전이라도 이미 제공한 근로에 대한 임금을 지급하여야 한다.

제46조(휴업수당) ① 사용자의 귀책사유로 휴업하는 경우에 사용자는 휴업기간 동안 그 근로자에게 평균임금의 100분의 70 이상의 수당을 지급하여야 한다. 다만, 평균임금의 100분의 70에 해당하는 금액이 통상임금을 초과하는 경우에는 통상임금을 휴업수당으로 지급할 수 있다.
② 제1항에도 불구하고 부득이한 사유로 사업을 계속하는 것이 불가능하여 노동위원회의 승인을 받은 경우에는 제1항의 기준에 못 미치는 휴업수당을 지급할 수 있다.

제47조(도급 근로자) 사용자는 도급이나 그 밖에 이에 준하는 제도로 사용하는 근로자에게 근로시간에 따라 일정액의 임금을 보장하여야 한다.

제48조(임금대장) 사용자는 각 사업장별로 임금대장을 작성하고 임금과 가족수당 계산의 기초가 되는 사항, 임금액, 그 밖에 대통령령으로 정하는 사항을 임금을 지급할 때마다 적어야 한다.

제49조(임금의 시효) 이 법에 따른 임금채권은 3년간 행사하지 아니하면 시효로 소멸한다.

제4장 근로시간과 휴식

제50조(근로시간) ① 1주 간의 근로시간은 휴게시간을 제외하고 40시간을 초과할 수 없다.
② 1일의 근로시간은 휴게시간을 제외하고 8시간을 초과할 수 없다.
③ 제1항 및 제2항에 따른 근로시간을 산정함에 있어 작업을 위하여 근로자가 사용자의 지휘·감독 아래에 있는 대기시간 등은 근로시간으로 본다. 〈신설 2012. 2. 1.〉

제51조(탄력적 근로시간제) ① 사용자는 취업규칙(취업규칙에 준하는 것을 포함한다)에서 정하는 바에 따라 2주 이내의 일정한 단위기간을 평균하여 1주 간의 근로시간이 제50조제1항의 근로시간을 초과하지 아니하는 범위에서 특정한 주에 제50조제1항의 근로시간을, 특정한 날에 제50조제2항의 근로시간을 초과하여 근로하게 할 수 있다. 다만, 특정한 주의 근로시간은 48시간을 초과할 수 없다.
② 사용자는 근로자대표와의 서면 합의에 따라 다음 각 호의 사항을 정하면 3개월 이내의 단위기간을 평균하여 1주 간의 근로시간이 제50조제1항의 근로시간을 초과하지 아니하는 범위에서 특정한 주에 제50조제1항의 근로시간을, 특정한

날에 제50조제2항의 근로시간을 초과하여 근로하게 할 수 있다. 다만, 특정한 주의 근로시간은 52시간을, 특정한 날의 근로시간은 12시간을 초과할 수 없다.

1. 대상 근로자의 범위
2. 단위기간(3개월 이내의 일정한 기간으로 정하여야 한다)
3. 단위기간의 근로일과 그 근로일별 근로시간
4. 그 밖에 대통령령으로 정하는 사항

③ 제1항과 제2항은 15세 이상 18세 미만의 근로자와 임신 중인 여성 근로자에 대하여는 적용하지 아니한다.

④ 사용자는 제1항 및 제2항에 따라 근로자를 근로시킬 경우에는 기존의 임금 수준이 낮아지지 아니하도록 임금보전방안(賃金補塡方案)을 강구하여야 한다.

제52조(선택적 근로시간제) 사용자는 취업규칙(취업규칙에 준하는 것을 포함한다)에 따라 업무의 시작 및 종료 시각을 근로자의 결정에 맡기기로 한 근로자에 대하여 근로자대표와의 서면 합의에 따라 다음 각 호의 사항을 정하면 1개월 이내의 정산기간을 평균하여 1주간의 근로시간이 제50조제1항의 근로시간을 초과하지 아니하는 범위에서 1주 간에 제50조제1항의 근로시간을, 1일에 제50조제2항의 근로시간을 초과하여 근로하게 할 수 있다.

1. 대상 근로자의 범위(15세 이상 18세 미만의 근로자는 제외한다)
2. 정산기간(1개월 이내의 일정한 기간으로 정하여야 한다)
3. 정산기간의 총 근로시간
4. 반드시 근로하여야 할 시간대를 정하는 경우에는 그 시작 및 종료 시각
5. 근로자가 그의 결정에 따라 근로할 수 있는 시간대를 정하는 경우에는 그 시작 및 종료 시각
6. 그 밖에 대통령령으로 정하는 사항

제53조(연장 근로의 제한) ① 당사자 간에 합의하면 1주 간에 12시간을 한도로 제50조의 근로시간을 연장할 수 있다.

② 당사자 간에 합의하면 1주 간에 12시간을 한도로 제51조의 근로시간을 연장할 수 있고, 제52조제2호의 정산기간을 평균하여 1주 간에 12시간을 초과하지 아니하는 범위에서 제52조의 근로시간을 연장할 수 있다.

③ 상시 30명 미만의 근로자를 사용하는 사용자는 다음 각 호에 대하여 근로자대표와 서면으로 합의한 경우 제1항 또는 제2항에 따라 연장된 근로시간에 더하여 1주 간에 8시간을 초과하지 아니하는 범위에서 근로시간을 연장할 수 있다. 〈신설 2018. 3. 20.〉

1. 제1항 또는 제2항에 따라 연장된 근로시간을 초과할 필요가 있는 사유 및 그 기간
2. 대상 근로자의 범위

④ 사용자는 특별한 사정이 있으면 고용노동부장관의 인가와 근로자의 동의를 받아 제1항과 제2항의 근로시간을 연장할 수 있다. 다만, 사태가 급박하여 고용노동부장관의 인가를 받을 시간이 없는 경우에는 사후에 지체 없이 승인을 받아야 한다. 〈개정 2010. 6. 4., 2018. 3. 20.〉

⑤ 고용노동부장관은 제4항에 따른 근로시간의 연장이 부적당하다고 인정하면 그 후 연장시간에 상당하는 휴게시간이나 휴일을 줄 것을 명할 수 있다. 〈개정 2010. 6. 4., 2018. 3. 20.〉

⑥ 제3항은 15세 이상 18세 미만의 근로자에 대하여는 적용하지 아니한다. 〈신설 2018. 3. 20.〉

[법률 제15513호(2018. 3. 20.) 부칙 제2조의 규정에 의하여 이 조 제3항 및 제6항은 2022년 12월 31일까지 유효함.]
[시행일 : 2021. 7. 1.] 제53조제3항, 제53조제6항

제54조(휴게) ① 사용자는 근로시간이 4시간인 경우에는 30분 이상, 8시간인 경우에는 1시간 이상의 휴게시간을 근로시간 도중에 주어야 한다.

② 휴게시간은 근로자가 자유롭게 이용할 수 있다.

제55조(휴일) ① 사용자는 근로자에게 1주에 평균 1회 이상의 유급휴일을 보장하여야 한다. 〈개정 2018. 3. 20.〉

② 사용자는 근로자에게 대통령령으로 정하는 휴일을 유급으로 보장하여야 한다. 다만, 근로자대표와 서면으로 합의한 경우 특정한 근로일로 대체할 수 있다. 〈신설 2018. 3. 20.〉
[시행일] 제55조제2항의 개정규정은 다음 각 호의 구분에 따른 날부터 시행한다.

1. 상시 300명 이상의 근로자를 사용하는 사업 또는 사업장, 「공공기관의 운영에 관한 법률」 제4조에 따른 공공기관, 「지방공기업법」 제49조 및 같은 법 제76조에 따른 지방공사 및 지방공단, 국가·지방자치단체 또는 정부투자기관이 자본금의 2분의 1 이상을 출자하거나 기본재산의 2분의 1 이상을 출연한 기관·단체와 그 기관·단체가 자본금의 2분의 1 이상을 출자하거나 기본재산의 2분의 1 이상을 출연한 기관·단체, 국가 및 지방자치단체의 기관: 2020년 1월 1일
2. 상시 30명 이상 300명 미만의 근로자를 사용하는 사업 또는 사업장: 2021년 1월 1일
3. 상시 5인 이상 30명 미만의 근로자를 사용하는 사업 또는 사업장: 2022년 1월 1일

제56조(연장·야간 및 휴일 근로) ① 사용자는 연장근로(제53조·제59조 및 제69조 단서에 따라 연장된 시간의 근로를 말한다)에 대하여는 통상임금의 100분의 50 이상을 가산하여 근로자에게 지급하여야 한다. 〈개정 2018. 3. 20.〉

② 제1항에도 불구하고 사용자는 휴일근로에 대하여는 다음 각 호의 기준에 따른 금액 이상을 가산하여 근로자에게 지급하여야 한다. 〈신설 2018. 3. 20.〉

1. 8시간 이내의 휴일근로: 통상임금의 100분의 50
2. 8시간을 초과한 휴일근로: 통상임금의 100분의 100

③ 사용자는 야간근로(오후 10시부터 다음 날 오전 6시 사이의 근로를 말한다)에 대하여는 통상임금의 100분의 50 이상을 가산하여 근로자에게 지급하여야 한다. 〈신설 2018. 3. 20.〉

제57조(보상 휴가제) 사용자는 근로자대표와의 서면 합의에 따라 제56조에 따른 연장근로·야간근로 및 휴일근로에 대하여 임금을 지급하는 것을 갈음하여 휴가를 줄 수 있다.

제58조(근로시간 계산의 특례) ① 근로자가 출장이나 그 밖의 사유로 근로시간의 전부 또는 일부를 사업장 밖에서 근로하여 근로시간을 산정하기 어려운 경우에는 소정근로시간을 근로한 것으로 본다. 다만, 그 업무를 수행하기 위하여 통상적으로 소정근로시간을 초과하여 근로할 필요가 있는 경우에는 그 업무의 수행에 통상 필요한 시간을 근로한 것으로 본다.

② 제1항 단서에도 불구하고 그 업무에 관하여 근로자대표와의 서면 합의를 한 경우에는 그 합의에서 정하는 시간을 그 업무의 수행에 통상 필요한 시간으로 본다.

③ 업무의 성질에 비추어 업무 수행 방법을 근로자의 재량에 위임할 필요가 있는 업무로서 대통령령으로 정하는 업무는

사용자가 근로자대표와 서면 합의로 정한 시간을 근로한 것으로 본다. 이 경우 그 서면 합의에는 다음 각 호의 사항을 명시하여야 한다.
1. 대상 업무
2. 사용자가 업무의 수행 수단 및 시간 배분 등에 관하여 근로자에게 구체적인 지시를 하지 아니한다는 내용
3. 근로시간의 산정은 그 서면 합의로 정하는 바에 따른다는 내용

④ 제1항과 제3항의 시행에 필요한 사항은 대통령령으로 정한다.

제59조(근로시간 및 휴게시간의 특례) ①「통계법」 제22조제1항에 따라 통계청장이 고시하는 산업에 관한 표준의 중분류 또는 소분류 중 다음 각 호의 어느 하나에 해당하는 사업에 대하여 사용자가 근로자대표와 서면으로 합의한 경우에는 제53조제1항에 따른 주(週) 12시간을 초과하여 연장근로를 하게 하거나 제54조에 따른 휴게시간을 변경할 수 있다.
1. 육상운송 및 파이프라인 운송업. 다만, 「여객자동차 운수사업법」 제3조제1항제1호에 따른 노선(路線) 여객자동차 운송사업은 제외한다.
2. 수상운송업
3. 항공운송업
4. 기타 운송관련 서비스업
5. 보건업

② 제1항의 경우 사용자는 근로일 종료 후 다음 근로일 개시 전까지 근로자에게 연속하여 11시간 이상의 휴식 시간을 주어야 한다.

[전문개정 2018. 3. 20.]
[시행일 : 2018. 7. 1.] 제59조
[시행일 : 2018. 9. 1.] 제59조제2항

제60조(연차 유급휴가) ① 사용자는 1년간 80퍼센트 이상 출근한 근로자에게 15일의 유급휴가를 주어야 한다. 〈개정 2012. 2. 1.〉

② 사용자는 계속하여 근로한 기간이 1년 미만인 근로자 또는 1년간 80퍼센트 미만 출근한 근로자에게 1개월 개근 시 1일의 유급휴가를 주어야 한다. 〈개정 2012. 2. 1.〉

③ 삭제 〈2017. 11. 28.〉

④ 사용자는 3년 이상 계속하여 근로한 근로자에게는 제1항에 따른 휴가에 최초 1년을 초과하는 계속 근로 연수 매 2년에 대하여 1일을 가산한 유급휴가를 주어야 한다. 이 경우 가산휴가를 포함한 총 휴가 일수는 25일을 한도로 한다.

⑤ 사용자는 제1항부터 제4항까지의 규정에 따른 휴가를 근로자가 청구한 시기에 주어야 하고, 그 기간에 대하여는 취업규칙 등에서 정하는 통상임금 또는 평균임금을 지급하여야 한다. 다만, 근로자가 청구한 시기에 휴가를 주는 것이 사업 운영에 막대한 지장이 있는 경우에는 그 시기를 변경할 수 있다.

⑥ 제1항 및 제2항을 적용하는 경우 다음 각 호의 어느 하나에 해당하는 기간은 출근한 것으로 본다. 〈개정 2012. 2. 1., 2017. 11. 28.〉
1. 근로자가 업무상의 부상 또는 질병으로 휴업한 기간
2. 임신 중의 여성이 제74조제1항부터 제3항까지의 규정에 따른 휴가로 휴업한 기간
3. 「남녀고용평등과 일·가정 양립 지원에 관한 법률」 제19조제1항에 따른 육아휴직으로 휴업한 기간

⑦ 제1항부터 제4항까지의 규정에 따른 휴가는 1년간 행사하지 아니하면 소멸된다. 다만, 사용자의 귀책사유로 사용하지 못한 경우에는 그러하지 아니하다.

제61조(연차 유급휴가의 사용 촉진) 사용자가 제60조제1항 및 제4항에 따른 유급휴가의 사용을 촉진하기 위하여 다음 각 호의 조치를 하였음에도 불구하고 근로자가 휴가를 사용하지 아니하여 제60조제7항 본문에 따라 소멸된 경우에는 사용자는 그 사용하지 아니한 휴가에 대하여 보상할 의무가 없고, 제60조제7항 단서에 따른 사용자의 귀책사유에 해당하지 아니하는 것으로 본다. 〈개정 2012. 2. 1., 2017. 11. 28.〉
1. 제60조제7항 본문에 따른 기간이 끝나기 6개월 전을 기준으로 10일 이내에 사용자가 근로자별로 사용하지 아니한 휴가 일수를 알려주고, 근로자가 그 사용 시기를 정하여 사용자에게 통보하도록 서면으로 촉구할 것
2. 제1호에 따른 촉구에도 불구하고 근로자가 촉구를 받은 때부터 10일 이내에 사용하지 아니한 휴가의 전부 또는 일부의 사용 시기를 정하여 사용자에게 통보하지 아니하면 제60조제7항 본문에 따른 기간이 끝나기 2개월 전까지 사용자가 사용하지 아니한 휴가의 사용 시기를 정하여 근로자에게 서면으로 통보할 것

제62조(유급휴가의 대체) 사용자는 근로자대표와의 서면 합의에 따라 제60조에 따른 연차 유급휴가일을 갈음하여 특정한 근로일에 근로자를 휴무시킬 수 있다.

제63조(적용의 제외) 이 장과 제5장에서 정한 근로시간, 휴게와 휴일에 관한 규정은 다음 각 호의 어느 하나에 해당하는 근로자에 대하여는 적용하지 아니한다. 〈개정 2010. 6. 4.〉
1. 토지의 경작·개간, 식물의 재식(栽植)·재배·채취 사업, 그 밖의 농림 사업
2. 동물의 사육, 수산 동식물의 채포(採捕)·양식 사업, 그 밖의 축산, 양잠, 수산 사업
3. 감시(監視) 또는 단속적(斷續的)으로 근로에 종사하는 자로서 사용자가 고용노동부장관의 승인을 받은 자
4. 대통령령으로 정하는 업무에 종사하는 근로자

제5장 여성과 소년

제64조(최저 연령과 취직인허증) ① 15세 미만인 자(「초·중등교육법」에 따른 중학교에 재학 중인 18세 미만인 자를 포함한다)는 근로자로 사용하지 못한다. 다만, 대통령령으로 정하는 기준에 따라 고용노동부장관이 발급한 취직인허증(就職認許證)을 지닌 자는 근로자로 사용할 수 있다. 〈개정 2010. 6. 4.〉

② 제1항의 취직인허증은 본인의 신청에 따라 의무교육에 지장이 없는 경우에는 직종(職種)을 지정하여서만 발행할 수 있다.

③ 고용노동부장관은 거짓이나 그 밖의 부정한 방법으로 제1항 단서의 취직인허증을 발급받은 자에게는 그 인허를 취소하여야 한다. 〈개정 2010. 6. 4.〉

제65조(사용 금지) ① 사용자는 임신 중이거나 산후 1년이 지나지 아니한 여성(이하 "임산부"라 한다)과 18세 미만자를 도덕상 또는 보건상 유해·위험한 사업에 사용하지 못한다.

② 사용자는 임산부가 아닌 18세 이상의 여성을 제1항에 따른 보건상 유해·위험한 사업 중 임신 또는 출산에 관한 기능에 유해·위험한 사업에 사용하지 못한다.

③ 제1항 및 제2항에 따른 금지 직종은 대통령령으로 정한다.

제66조(연소자 증명서) 사용자는 18세 미만인 자에 대하여는 그 연령을 증명하는 가족관계기록사항에 관한 증명서와 친권자 또는 후견인의 동의서를 사업장에 갖추어 두어야 한다. 〈개정 2007. 5. 17.〉

제67조(근로계약) ① 친권자나 후견인은 미성년자의 근로계약을 대리할 수 없다.

② 친권자, 후견인 또는 고용노동부장관은 근로계약이 미성년자에게 불리하다고 인정하는 경우에는 이를 해지할 수 있다. 〈개정 2010. 6. 4.〉

③ 사용자는 18세 미만인 자와 근로계약을 체결하는 경우에는 제17조에 따른 근로조건을 서면으로 명시하여 교부하여야 한다. 〈신설 2007. 7. 27.〉

제68조(임금의 청구) 미성년자는 독자적으로 임금을 청구할 수 있다.

제69조(근로시간) 15세 이상 18세 미만인 자의 근로시간은 1일에 7시간, 1주에 35시간을 초과하지 못한다. 다만, 당사자 사이의 합의에 따라 1일에 1시간, 1주에 5시간을 한도로 연장할 수 있다. 〈개정 2018. 3. 20.〉

제70조(야간근로와 휴일근로의 제한) ① 사용자는 18세 이상의 여성을 오후 10시부터 오전 6시까지의 시간 및 휴일에 근로시키려면 그 근로자의 동의를 받아야 한다.

② 사용자는 임산부와 18세 미만자를 오후 10시부터 오전 6시까지의 시간 및 휴일에 근로시키지 못한다. 다만, 다음 각 호의 어느 하나에 해당하는 경우로서 고용노동부장관의 인가를 받으면 그러하지 아니하다. 〈개정 2010. 6. 4.〉

1. 18세 미만자의 동의가 있는 경우
2. 산후 1년이 지나지 아니한 여성의 동의가 있는 경우
3. 임신 중의 여성이 명시적으로 청구하는 경우

③ 사용자는 제2항의 경우 고용노동부장관의 인가를 받기 전에 근로자의 건강 및 모성 보호를 위하여 그 시행 여부와 방법 등에 관하여 그 사업 또는 사업장의 근로자대표와 성실하게 협의하여야 한다. 〈개정 2010. 6. 4.〉

제71조(시간외근로) 사용자는 산후 1년이 지나지 아니한 여성에 대하여는 단체협약이 있는 경우라도 1일에 2시간, 1주에 6시간, 1년에 150시간을 초과하는 시간외근로를 시키지 못한다. 〈개정 2018. 3. 20.〉

제72조(갱내근로의 금지) 사용자는 여성과 18세 미만인 자를 갱내(坑內)에서 근로시키지 못한다. 다만, 보건·의료, 보도·취재 등 대통령령으로 정하는 업무를 수행하기 위하여 일시적으로 필요한 경우에는 그러하지 아니하다.

제73조(생리휴가) 사용자는 여성 근로자가 청구하면 월 1일의 생리휴가를 주어야 한다.

제74조(임산부의 보호) ① 사용자는 임신 중의 여성에게 출산 전과 출산 후를 통하여 90일(한 번에 둘 이상 자녀를 임신한 경우에는 120일)의 출산전후휴가를 주어야 한다. 이 경우 휴가 기간의 배정은 출산 후에 45일(한 번에 둘 이상 자녀를 임신한 경우에는 60일) 이상이 되어야 한다. 〈개정 2012. 2. 1., 2014. 1. 21.〉

② 사용자는 임신 중인 여성 근로자가 유산의 경험 등 대통령령으로 정하는 사유로 제1항의 휴가를 청구하는 경우 출산 전 어느 때 라도 휴가를 나누어 사용할 수 있도록 하여야 한다. 이 경우 출산 후의 휴가 기간은 연속하여 45일(한 번에 둘 이상 자녀를 임신한 경우에는 60일) 이상이 되어야 한다. 〈신설 2012. 2. 1., 2014. 1. 21.〉

③ 사용자는 임신 중인 여성이 유산 또는 사산한 경우로서 그 근로자가 청구하면 대통령령으로 정하는 바에 따라 유산·사산 휴가를 주어야 한다. 다만, 인공 임신중절 수술(「모자보건법」 제14조제1항에 따른 경우는 제외한다)에 따른 유산의 경우는 그러하지 아니하다. 〈개정 2012. 2. 1.〉

④ 제1항부터 제3항까지의 규정에 따른 휴가 중 최초 60일(한 번에 둘 이상 자녀를 임신한 경우에는 75일)은 유급으로 한다. 다만, 「남녀고용평등과 일·가정 양립 지원에 관한 법률」 제18조에 따라 출산전후휴가급여 등이 지급된 경우에는 그 금액의 한도에서 지급의 책임을 면한다. 〈개정 2007. 12. 21., 2012. 2. 1., 2014. 1. 21.〉

⑤ 사용자는 임신 중의 여성 근로자에게 시간외근로를 하게 하여서는 아니 되며, 그 근로자의 요구가 있는 경우에는 쉬운 종류의 근로로 전환하여야 한다. 〈개정 2012. 2. 1.〉

⑥ 사업주는 제1항에 따른 출산전후휴가 종료 후에는 휴가 전과 동일한 업무 또는 동등한 수준의 임금을 지급하는 직무에 복귀시켜야 한다. 〈신설 2008. 3. 28., 2012. 2. 1.〉

⑦ 사용자는 임신 후 12주 이내 또는 36주 이후에 있는 여성 근로자가 1일 2시간의 근로시간 단축을 신청하는 경우 이를 허용하여야 한다. 다만, 1일 근로시간이 8시간 미만인 근로자에 대하여는 1일 근로시간이 6시간이 되도록 근로시간 단축을 허용할 수 있다. 〈신설 2014. 3. 24.〉

⑧ 사용자는 제7항에 따른 근로시간 단축을 이유로 해당 근로자의 임금을 삭감하여서는 아니 된다. 〈신설 2014. 3. 24.〉

⑨ 제7항에 따른 근로시간 단축의 신청방법 및 절차 등에 필요한 사항은 대통령령으로 정한다. 〈신설 2014. 3. 24.〉

[시행일] 제74조제7항, 제74조제8항, 제74조제9항의 개정규정은 다음 각 호의 구분에 따른 날

1. 상시 300명 이상의 근로자를 사용하는 사업 또는 사업장: 공포 후 6개월이 경과한 날
2. 상시 300명 미만의 근로자를 사용하는 사업 또는 사업장: 공포 후 2년이 경과한 날

제74조의2(태아검진 시간의 허용 등) ① 사용자는 임신한 여성 근로자가 「모자보건법」 제10조에 따른 임산부 정기건강진단을 받는데 필요한 시간을 청구하는 경우 이를 허용하여 주어야 한다.

② 사용자는 제1항에 따른 건강진단 시간을 이유로 그 근로자의 임금을 삭감하여서는 아니 된다.

[본조신설 2008. 3. 21.]

제75조(육아 시간) 생후 1년 미만의 유아(乳兒)를 가진 여성 근로자가 청구하면 1일 2회 각각 30분 이상의 유급 수유 시간을 주어야 한다.

제6장 안전과 보건

제76조(안전과 보건) 근로자의 안전과 보건에 관하여는 「산업안전보건법」에서 정하는 바에 따른다.

제6장의2 직장 내 괴롭힘의 금지 〈신설 2019. 1. 15.〉

제76조의2(직장 내 괴롭힘의 금지) 사용자 또는 근로자는 직장에서의 지위 또는 관계 등의 우위를 이용하여 업무상 적정범위를 넘어 다른 근로자에게 신체적·정신적 고통을 주거나

근무환경을 악화시키는 행위(이하 "직장 내 괴롭힘"이라 한다)를 하여서는 아니 된다.
[본조신설 2019. 1. 15.]

제76조의3(직장 내 괴롭힘 발생 시 조치) ① 누구든지 직장 내 괴롭힘 발생 사실을 알게 된 경우 그 사실을 사용자에게 신고할 수 있다.
② 사용자는 제1항에 따른 신고를 접수하거나 직장 내 괴롭힘 발생 사실을 인지한 경우에는 지체 없이 그 사실 확인을 위한 조사를 실시하여야 한다.
③ 사용자는 제2항에 따른 조사 기간 동안 직장 내 괴롭힘과 관련하여 피해를 입은 근로자 또는 피해를 입었다고 주장하는 근로자(이하 "피해근로자등"이라 한다)를 보호하기 위하여 필요한 경우 해당 피해근로자등에 대하여 근무장소의 변경, 유급휴가 명령 등 적절한 조치를 하여야 한다. 이 경우 사용자는 피해근로자등의 의사에 반하는 조치를 하여서는 아니 된다.
④ 사용자는 제2항에 따른 조사 결과 직장 내 괴롭힘 발생 사실이 확인된 때에는 피해근로자가 요청하면 근무장소의 변경, 배치전환, 유급휴가 명령 등 적절한 조치를 하여야 한다.
⑤ 사용자는 제2항에 따른 조사 결과 직장 내 괴롭힘 발생 사실이 확인된 때에는 지체 없이 행위자에 대하여 징계, 근무장소의 변경 등 필요한 조치를 하여야 한다. 이 경우 사용자는 징계 등의 조치를 하기 전에 그 조치에 대하여 피해근로자의 의견을 들어야 한다.
⑥ 사용자는 직장 내 괴롭힘 발생 사실을 신고한 근로자 및 피해근로자등에게 해고나 그 밖의 불리한 처우를 하여서는 아니 된다.
[본조신설 2019. 1. 15.]

제7장 기능 습득

제77조(기능 습득자의 보호) 사용자는 양성공, 수습, 그 밖의 명칭을 불문하고 기능의 습득을 목적으로 하는 근로자를 혹사하거나 가사, 그 밖의 기능 습득에 관계없는 업무에 종사시키지 못한다.

제8장 재해보상

제78조(요양보상) ① 근로자가 업무상 부상 또는 질병에 걸리면 사용자는 그 비용으로 필요한 요양을 행하거나 필요한 요양비를 부담하여야 한다.
② 제1항에 따른 업무상 질병과 요양의 범위 및 요양보상의 시기는 대통령령으로 정한다. 〈개정 2008. 3. 21.〉

제79조(휴업보상) ① 사용자는 제78조에 따라 요양 중에 있는 근로자에게 그 근로자의 요양 중 평균임금의 100분의 60의 휴업보상을 하여야 한다. 〈개정 2008. 3. 21.〉
② 제1항에 따른 휴업보상을 받을 기간에 그 보상을 받을 자가 임금의 일부를 지급받은 경우에는 사용자는 평균임금에서 그 지급받은 금액을 뺀 금액의 100분의 60의 휴업보상을 하여야 한다. 〈신설 2008. 3. 21.〉
③ 휴업보상의 시기는 대통령령으로 정한다. 〈신설 2008. 3. 21.〉

제80조(장해보상) ① 근로자가 업무상 부상 또는 질병에 걸리고, 완치된 후 신체에 장해가 있으면 사용자는 그 장해 정도에 따라 평균임금에 별표에서 정한 일수를 곱한 금액의 장해보상을 하여야 한다. 〈개정 2008. 3. 21.〉
② 이미 신체에 장해가 있는 자가 부상 또는 질병으로 인하여 같은 부위에 장해가 더 심해진 경우에 그 장해에 대한 장해보상 금액은 장해 정도가 더 심해진 장해등급에 해당하는 장해보상의 일수에서 기존의 장해등급에 해당하는 장해보상의 일수를 뺀 일수에 보상청구사유 발생 당시의 평균임금을 곱하여 산정한 금액으로 한다. 〈신설 2008. 3. 21.〉
③ 장해보상을 하여야 하는 신체장해 등급의 결정 기준과 장해보상의 시기는 대통령령으로 정한다. 〈신설 2008. 3. 21.〉

제81조(휴업보상과 장해보상의 예외) 근로자가 중대한 과실로 업무상 부상 또는 질병에 걸리고 또한 사용자가 그 과실에 대하여 노동위원회의 인정을 받으면 휴업보상이나 장해보상을 하지 아니하여도 된다.

제82조(유족보상) ① 근로자가 업무상 사망한 경우에는 사용자는 근로자가 사망한 후 지체 없이 그 유족에게 평균임금 1,000일분의 유족보상을 하여야 한다. 〈개정 2008. 3. 21.〉
② 제1항에서의 유족의 범위, 유족보상의 순위 및 보상을 받기로 확정된 자가 사망한 경우의 유족보상의 순위는 대통령령으로 정한다. 〈신설 2008. 3. 21.〉

제83조(장의비) 근로자가 업무상 사망한 경우에는 사용자는 근로자가 사망한 후 지체 없이 평균임금 90일분의 장의비를 지급하여야 한다. 〈개정 2008. 3. 21.〉

제84조(일시보상) 제78조에 따라 보상을 받는 근로자가 요양을 시작한 지 2년이 지나도 부상 또는 질병이 완치되지 아니하는 경우에는 사용자는 그 근로자에게 평균임금 1,340일분의 일시보상을 하여 그 후의 이 법에 따른 모든 보상책임을 면할 수 있다.

제85조(분할보상) 사용자는 지급 능력이 있는 것을 증명하고 보상을 받는 자의 동의를 받으면 제80조, 제82조 또는 제84조에 따른 보상금을 1년에 걸쳐 분할보상을 할 수 있다.

제86조(보상 청구권) 보상을 받을 권리는 퇴직으로 인하여 변경되지 아니하고, 양도나 압류하지 못한다.

제87조(다른 손해배상과의 관계) 보상을 받게 될 자가 동일한 사유에 대하여 「민법」이나 그 밖의 법령에 따라 이 법의 재해보상에 상당한 금품을 받으면 그 가액(價額)의 한도에서 사용자는 보상의 책임을 면한다.

제88조(고용노동부장관의 심사와 중재) ① 업무상의 부상, 질병 또는 사망의 인정, 요양의 방법, 보상금액의 결정, 그 밖에 보상의 실시에 관하여 이의가 있는 자는 고용노동부장관에게 심사나 사건의 중재를 청구할 수 있다. 〈개정 2010. 6. 4.〉
② 제1항의 청구가 있으면 고용노동부장관은 1개월 이내에 심사나 중재를 하여야 한다. 〈개정 2010. 6. 4.〉
③ 고용노동부장관은 필요에 따라 직권으로 심사나 사건의 중재를 할 수 있다. 〈개정 2010. 6. 4.〉
④ 고용노동부장관은 심사나 중재를 위하여 필요하다고 인정하면 의사에게 진단이나 검안을 시킬 수 있다. 〈개정 2010. 6. 4.〉
⑤ 제1항에 따른 심사나 중재의 청구와 제2항에 따른 심사나 중재의 시작은 시효의 중단에 관하여는 재판상의 청구로 본다.
[제목개정 2010. 6. 4.]

제89조(노동위원회의 심사와 중재) ① 고용노동부장관이 제88조제2항의 기간에 심사 또는 중재를 하지 아니하거나 심사와 중재의 결과에 불복하는 자는 노동위원회에 심사나 중재

를 청구할 수 있다. 〈개정 2010. 6. 4.〉

② 제1항의 청구가 있으면 노동위원회는 1개월 이내에 심사나 중재를 하여야 한다.

제90조(도급 사업에 대한 예외) ① 사업이 여러 차례의 도급에 따라 행하여지는 경우의 재해보상에 대하여는 원수급인(元受給人)을 사용자로 본다.

② 제1항의 경우에 원수급인이 서면상 계약으로 하수급인에게 보상을 담당하게 하는 경우에는 그 수급인도 사용자로 본다. 다만, 2명 이상의 하수급인에게 똑같은 사업에 대하여 중복하여 보상을 담당하게 하지 못한다.

③ 제2항의 경우에 원수급인이 보상의 청구를 받으면 보상을 담당한 하수급인에게 우선 최고(催告)할 것을 청구할 수 있다. 다만, 그 하수급인이 파산의 선고를 받거나 행방이 알려지지 아니하는 경우에는 그러하지 아니하다.

제91조(서류의 보존) 사용자는 재해보상에 관한 중요한 서류를 재해보상이 끝나지 아니하거나 제92조에 따라 재해보상 청구권이 시효로 소멸되기 전에 폐기하여서는 아니 된다. 〈개정 2008. 3. 21.〉

제92조(시효) 이 법의 규정에 따른 재해보상 청구권은 3년간 행사하지 아니하면 시효로 소멸한다.

제9장 취업규칙

제93조(취업규칙의 작성·신고) 상시 10명 이상의 근로자를 사용하는 사용자는 다음 각 호의 사항에 관한 취업규칙을 작성하여 고용노동부장관에게 신고하여야 한다. 이를 변경하는 경우에도 또한 같다. 〈개정 2008. 3. 28., 2010. 6. 4., 2012. 2. 1., 2019. 1. 15.〉

1. 업무의 시작과 종료 시각, 휴게시간, 휴일, 휴가 및 교대 근로에 관한 사항
2. 임금의 결정·계산·지급 방법, 임금의 산정기간·지급 시기 및 승급(昇給)에 관한 사항
3. 가족수당의 계산·지급 방법에 관한 사항
4. 퇴직에 관한 사항
5. 「근로자퇴직급여 보장법」 제4조에 따라 설정된 퇴직급여, 상여 및 최저임금에 관한 사항
6. 근로자의 식비, 작업 용품 등의 부담에 관한 사항
7. 근로자를 위한 교육시설에 관한 사항
8. 출산전후휴가·육아휴직 등 근로자의 모성 보호 및 일·가정 양립 지원에 관한 사항
9. 안전과 보건에 관한 사항

9의2. 근로자의 성별·연령 또는 신체적 조건 등의 특성에 따른 사업장 환경의 개선에 관한 사항

10. 업무상과 업무 외의 재해부조(災害扶助)에 관한 사항
11. 직장 내 괴롭힘의 예방 및 발생 시 조치 등에 관한 사항
12. 표창과 제재에 관한 사항
13. 그 밖에 해당 사업 또는 사업장의 근로자 전체에 적용될 사항

제94조(규칙의 작성, 변경 절차) ① 사용자는 취업규칙의 작성 또는 변경에 관하여 해당 사업 또는 사업장에 근로자의 과반수로 조직된 노동조합이 있는 경우에는 그 노동조합, 근로자의 과반수로 조직된 노동조합이 없는 경우에는 근로자의 과반수의 의견을 들어야 한다. 다만, 취업규칙을 근로자에게 불리하게 변경하는 경우에는 그 동의를 받아야 한다.

② 사용자는 제93조에 따라 취업규칙을 신고할 때에는 제1항의 의견을 적은 서면을 첨부하여야 한다.

제95조(제재 규정의 제한) 취업규칙에서 근로자에 대하여 감급(減給)의 제재를 정할 경우에 그 감액은 1회의 금액이 평균임금의 1일분의 2분의 1을, 총액이 1임금지급기의 임금 총액의 10분의 1을 초과하지 못한다.

제96조(단체협약의 준수) ① 취업규칙은 법령이나 해당 사업 또는 사업장에 대하여 적용되는 단체협약과 어긋나서는 아니 된다.

② 고용노동부장관은 법령이나 단체협약에 어긋나는 취업규칙의 변경을 명할 수 있다. 〈개정 2010. 6. 4.〉

제97조(위반의 효력) 취업규칙에서 정한 기준에 미달하는 근로조건을 정한 근로계약은 그 부분에 관하여는 무효로 한다. 이 경우 무효로 된 부분은 취업규칙에 정한 기준에 따른다.

제10장 기숙사

제98조(기숙사 생활의 보장) ① 사용자는 사업 또는 사업장의 부속 기숙사에 기숙하는 근로자의 사생활의 자유를 침해하지 못한다.

② 사용자는 기숙사 생활의 자치에 필요한 임원 선거에 간섭하지 못한다.

제99조(규칙의 작성과 변경) ① 부속 기숙사에 근로자를 기숙시키는 사용자는 다음 각 호의 사항에 관하여 기숙사규칙을 작성하여야 한다.

1. 기상(起床), 취침, 외출과 외박에 관한 사항
2. 행사에 관한 사항
3. 식사에 관한 사항
4. 안전과 보건에 관한 사항
5. 건설물과 설비의 관리에 관한 사항
6. 그 밖에 기숙사에 기숙하는 근로자 전체에 적용될 사항

② 사용자는 제1항에 따른 규칙의 작성 또는 변경에 관하여 기숙사에 기숙하는 근로자의 과반수를 대표하는 자의 동의를 받아야 한다.

③ 사용자와 기숙사에 기숙하는 근로자는 기숙사규칙을 지켜야 한다.

제100조(부속 기숙사의 설치·운영 기준) 사용자는 부속 기숙사를 설치·운영할 때 다음 각 호의 사항에 관하여 대통령령으로 정하는 기준을 충족하도록 하여야 한다.

1. 기숙사의 구조와 설비
2. 기숙사의 설치 장소
3. 기숙사의 주거 환경 조성
4. 기숙사의 면적
5. 그 밖에 근로자의 안전하고 쾌적한 주거를 위하여 필요한 사항

[전문개정 2019. 1. 15.]

제100조의2(부속 기숙사의 유지관리 의무) 사용자는 제100조에 따라 설치한 부속 기숙사에 대하여 근로자의 건강 유지, 사생활 보호 등을 위한 조치를 하여야 한다.

[본조신설 2019. 1. 15.]

제11장 근로감독관 등

제101조(감독 기관) ① 근로조건의 기준을 확보하기 위하여 고

용노동부와 그 소속 기관에 근로감독관을 둔다. 〈개정 2010. 6. 4.〉

② 근로감독관의 자격, 임면(任免), 직무 배치에 관한 사항은 대통령령으로 정한다.

제102조(근로감독관의 권한) ① 근로감독관은 사업장, 기숙사, 그 밖의 부속 건물을 현장조사하고 장부와 서류의 제출을 요구할 수 있으며 사용자와 근로자에 대하여 심문(尋問)할 수 있다. 〈개정 2017. 11. 28.〉

② 의사인 근로감독관이나 근로감독관의 위촉을 받은 의사는 취업을 금지하여야 할 질병에 걸릴 의심이 있는 근로자에 대하여 검진할 수 있다.

③ 제1항 및 제2항의 경우에 근로감독관이나 그 위촉을 받은 의사는 그 신분증명서와 고용노동부장관의 현장조사 또는 검진지령서(檢診指令書)를 제시하여야 한다. 〈개정 2010. 6. 4., 2017. 11. 28.〉

④ 제3항의 현장조사 또는 검진지령서에는 그 일시, 장소 및 범위를 분명하게 적어야 한다. 〈개정 2017. 11. 28.〉

⑤ 근로감독관은 이 법이나 그 밖의 노동 관계 법령 위반의 죄에 관하여 「사법경찰관리의 직무를 행할 자와 그 직무범위에 관한 법률」에서 정하는 바에 따라 사법경찰관의 직무를 수행한다.

제103조(근로감독관의 의무) 근로감독관은 직무상 알게 된 비밀을 엄수하여야 한다. 근로감독관을 그만 둔 경우에도 또한 같다.

제104조(감독 기관에 대한 신고) ① 사업 또는 사업장에서 이 법 또는 이 법에 따른 대통령령을 위반한 사실이 있으면 근로자는 그 사실을 고용노동부장관이나 근로감독관에게 통보할 수 있다. 〈개정 2010. 6. 4.〉

② 사용자는 제1항의 통보를 이유로 근로자에게 해고나 그 밖에 불리한 처우를 하지 못한다.

제105조(사법경찰권 행사자의 제한) 이 법이나 그 밖의 노동 관계 법령에 따른 현장조사, 서류의 제출, 심문 등의 수사는 검사와 근로감독관이 전담하여 수행한다. 다만, 근로감독관의 직무에 관한 범죄의 수사는 그러하지 아니하다. 〈개정 2017. 11. 28.〉

제106조(권한의 위임) 이 법에 따른 고용노동부장관의 권한은 대통령령으로 정하는 바에 따라 그 일부를 지방고용노동관서의 장에게 위임할 수 있다. 〈개정 2010. 6. 4.〉

제12장 벌 칙

제107조(벌칙) 제7조, 제8조, 제9조, 제23조제2항 또는 제40조를 위반한 자는 5년 이하의 징역 또는 5천만원 이하의 벌금에 처한다. 〈개정 2017. 11. 28.〉

제108조(벌칙) 근로감독관이 이 법을 위반한 사실을 고의로 묵과하면 3년 이하의 징역 또는 5년 이하의 자격정지에 처한다.

제109조(벌칙) ① 제36조, 제43조, 제44조, 제44조의2, 제46조, 제56조, 제65조, 제72조 또는 제76조의3제6항을 위반한 자는 3년 이하의 징역 또는 3천만원 이하의 벌금에 처한다. 〈개정 2007. 7. 27., 2017. 11. 28., 2019. 1. 15.〉

② 제36조, 제43조, 제44조, 제44조의2, 제46조 또는 제56조를 위반한 자에 대하여는 피해자의 명시적인 의사와 다르게 공소를 제기할 수 없다. 〈개정 2007. 7. 27.〉

제110조(벌칙) 다음 각 호의 어느 하나에 해당하는 자는 2년 이하의 징역 또는 2천만원 이하의 벌금에 처한다. 〈개정 2009. 5. 21., 2012. 2. 1., 2017. 11. 28., 2018. 3. 20.〉

1. 제10조, 제22조제1항, 제26조, 제50조, 제53조제1항 · 제2항 · 제3항 본문, 제54조, 제55조, 제59조제2항, 제60조제1항 · 제2항 · 제4항 및 제5항, 제64조제1항, 제69조, 제70조제1항 · 제2항, 제71조, 제74조제1항부터 제5항까지, 제75조, 제78조부터 제80조까지, 제82조, 제83조 및 제104조제2항을 위반한 자
2. 제53조제4항에 따른 명령을 위반한 자

제110조(벌칙) 다음 각 호의 어느 하나에 해당하는 자는 2년 이하의 징역 또는 2천만원 이하의 벌금에 처한다. 〈개정 2009. 5. 21., 2012. 2. 1., 2017. 11. 28., 2018. 3. 20.〉

1. 제10조, 제22조제1항, 제26조, 제50조, 제53조제1항 · 제2항, 같은 조 제4항 본문, 제54조, 제55조, 제59조제2항, 제60조제1항 · 제2항 · 제4항 및 제5항, 제64조제1항, 제69조, 제70조제1항 · 제2항, 제71조, 제74조제1항부터 제5항까지, 제75조, 제78조부터 제80조까지, 제82조, 제83조 및 제104조제2항을 위반한 자
2. 제53조제5항에 따른 명령을 위반한 자

[시행일 : 2021. 7. 1.] 제110조제1호, 제110조제2호

제111조(벌칙) 제31조제3항에 따라 확정되거나 행정소송을 제기하여 확정된 구제명령 또는 구제명령을 내용으로 하는 재심판정을 이행하지 아니한 자는 1년 이하의 징역 또는 1천만원 이하의 벌금에 처한다.

제112조(고발) ① 제111조의 죄는 노동위원회의 고발이 있어야 공소를 제기할 수 있다.

② 검사는 제1항에 따른 죄에 해당하는 위반행위가 있음을 노동위원회에 통보하여 고발을 요청할 수 있다.

제113조(벌칙) 제45조를 위반한 자는 1천만원 이하의 벌금에 처한다.

제114조(벌칙) 다음 각 호의 어느 하나에 해당하는 자는 500만원 이하의 벌금에 처한다. 〈개정 2007. 7. 27., 2008. 3. 28., 2009. 5. 21., 2012. 2. 1.〉

1. 제6조, 제16조, 제17조, 제20조, 제21조, 제22조제2항, 제47조, 제53조제3항 단서, 제67조제1항 · 제3항, 제70조제3항, 제73조, 제74조제6항, 제77조, 제94조, 제95조, 제100조 및 제103조를 위반한 자
2. 제96조제2항에 따른 명령을 위반한 자

제114조(벌칙) 다음 각 호의 어느 하나에 해당하는 자는 500만원 이하의 벌금에 처한다. 〈개정 2007. 7. 27., 2008. 3. 28., 2009. 5. 21., 2012. 2. 1., 2018. 3. 20.〉

1. 제6조, 제16조, 제17조, 제20조, 제21조, 제22조제2항, 제47조, 제53조제4항 단서, 제67조제1항 · 제3항, 제70조제3항, 제73조, 제74조제6항, 제77조, 제94조, 제95조, 제100조 및 제103조를 위반한 자
2. 제96조제2항에 따른 명령을 위반한 자

[시행일 : 2021. 7. 1.] 제114조제1호

제115조(양벌규정) 사업주의 대리인, 사용인, 그 밖의 종업원이 해당 사업의 근로자에 관한 사항에 대하여 제107조, 제109조부터 제111조까지, 제113조 또는 제114조의 위반행위를 하면 그 행위자를 벌하는 외에 그 사업주에게도 해당 조문의 벌금형을 과(科)한다. 다만, 사업주가 그 위반행위를 방지하기 위하여 해당 업무에 관하여 상당한 주의와 감독을 게을리하지 아니한 경우에는 그러하지 아니하다.

[전문개정 2009. 5. 21.]

제116조(과태료) ① 다음 각 호의 어느 하나에 해당하는 자에게는 500만원 이하의 과태료를 부과한다. 〈개정 2009. 5. 21., 2010. 6. 4., 2014. 3. 24., 2017. 11. 28.〉

1. 제13조에 따른 고용노동부장관, 노동위원회 또는 근로감독관의 요구가 있는 경우에 보고 또는 출석을 하지 아니하거나 거짓된 보고를 한 자
2. 제14조, 제39조, 제41조, 제42조, 제48조, 제66조, 제74조제7항, 제91조, 제93조, 제98조제2항 및 제99조를 위반한 자
3. 제102조에 따른 근로감독관 또는 그 위촉을 받은 의사의 현장조사나 검진을 거절, 방해 또는 기피하고 그 심문에 대하여 진술을 하지 아니하거나 거짓된 진술을 하며 장부·서류를 제출하지 아니하거나 거짓 장부·서류를 제출한 자

② 제1항에 따른 과태료는 대통령령으로 정하는 바에 따라 고용노동부장관이 부과·징수한다. 〈개정 2010. 6. 4.〉

③ 삭제 〈2009. 5. 21.〉

④ 삭제 〈2009. 5. 21.〉

⑤ 삭제 〈2009. 5. 21.〉

부 칙 〈제16415호, 2019. 4. 30.〉 (건설산업기본법)

제1조(시행일) ① 이 법은 공포 후 6개월이 경과한 날부터 시행한다. 〈단서 생략〉

② 생략

제2조(다른 법률의 개정) ① 부터 ④ 까지 생략

⑤ 근로기준법 일부를 다음과 같이 개정한다.

제44조의2제1항 및 제2항 중 "건설업자"를 각각 "건설사업자"로 한다.

⑥ 부터 ⑪ 까지 생략

제3조 생략

최저임금법

[시행 2019. 1. 1] [법률 제15666호, 2018. 6. 12, 일부개정]

제1장 총 칙 〈개정 2008. 3. 21.〉

제1조(목적) 이 법은 근로자에 대하여 임금의 최저수준을 보장하여 근로자의 생활안정과 노동력의 질적 향상을 꾀함으로써 국민경제의 건전한 발전에 이바지하는 것을 목적으로 한다.
[전문개정 2008. 3. 21.]

제2조(정의) 이 법에서 "근로자", "사용자" 및 "임금"이란 「근로기준법」 제2조에 따른 근로자, 사용자 및 임금을 말한다.
[전문개정 2008. 3. 21.]

제3조(적용 범위) ① 이 법은 근로자를 사용하는 모든 사업 또는 사업장(이하 "사업"이라 한다)에 적용한다. 다만, 동거하는 친족만을 사용하는 사업과 가사(家事) 사용인에게는 적용하지 아니한다.
② 이 법은 「선원법」의 적용을 받는 선원과 선원을 사용하는 선박의 소유자에게는 적용하지 아니한다.
[전문개정 2008. 3. 21.]

제2장 최저임금 〈개정 2008. 3. 21.〉

제4조(최저임금의 결정기준과 구분) ① 최저임금은 근로자의 생계비, 유사 근로자의 임금, 노동생산성 및 소득분배율 등을 고려하여 정한다. 이 경우 사업의 종류별로 구분하여 정할 수 있다.
② 제1항에 따른 사업의 종류별 구분은 제12조에 따른 최저임금위원회의 심의를 거쳐 고용노동부장관이 정한다. 〈개정 2010. 6. 4.〉
[전문개정 2008. 3. 21.]

제5조(최저임금액) ① 최저임금액(최저임금으로 정한 금액을 말한다. 이하 같다)은 시간·일(日)·주(週) 또는 월(月)을 단위로 하여 정한다. 이 경우 일·주 또는 월을 단위로 하여 최저임금액을 정할 때에는 시간급(時間給)으로도 표시하여야 한다.
② 1년 이상의 기간을 정하여 근로계약을 체결하고 수습 중에 있는 근로자로서 수습을 시작한 날부터 3개월 이내인 자에 대하여는 대통령령으로 정하는 바에 따라 제1항에 따른 최저임금액과 다른 금액으로 최저임금액을 정할 수 있다. 다만, 단순노무업무로 고용노동부장관이 정하여 고시한 직종에 종사하는 근로자는 제외한다. 〈개정 2017. 9. 19.〉
③ 임금이 통상적으로 도급제나 그 밖에 이와 비슷한 형태로 정하여져 있는 경우로서 제1항에 따라 최저임금액을 정하는 것이 적당하지 아니하다고 인정되면 대통령령으로 정하는 바에 따라 최저임금액을 따로 정할 수 있다.
[전문개정 2008. 3. 21.]

제5조의2(최저임금의 적용을 위한 임금의 환산) 최저임금의 적용 대상이 되는 근로자의 임금을 정하는 단위기간이 제5조제1항에 따른 최저임금의 단위기간과 다른 경우에 해당 근로자의 임금을 최저임금의 단위기간에 맞추어 환산하는 방법은 대통령령으로 정한다.
[전문개정 2008. 3. 21.]

제6조(최저임금의 효력) ① 사용자는 최저임금의 적용을 받는 근로자에게 최저임금액 이상의 임금을 지급하여야 한다.
② 사용자는 이 법에 따른 최저임금을 이유로 종전의 임금수준을 낮추어서는 아니 된다.
③ 최저임금의 적용을 받는 근로자와 사용자 사이의 근로계약 중 최저임금액에 미치지 못하는 금액을 임금으로 정한 부분은 무효로 하며, 이 경우 무효로 된 부분은 이 법으로 정한 최저임금액과 동일한 임금을 지급하기로 한 것으로 본다.
④ 제1항과 제3항에 따른 임금에는 매월 1회 이상 정기적으로 지급하는 임금을 산입(算入)한다. 다만, 다음 각 호의 어느 하나에 해당하는 임금은 산입하지 아니한다. 〈개정 2018. 6. 12.〉
1. 「근로기준법」 제2조제1항제8호에 따른 소정(所定)근로시간(이하 "소정근로시간"이라 한다) 또는 소정의 근로일에 대하여 지급하는 임금 외의 임금으로서 고용노동부령으로 정하는 임금
2. 상여금, 그 밖에 이에 준하는 것으로서 고용노동부령으로 정하는 임금의 월 지급액 중 해당 연도 시간급 최저임금액을 기준으로 산정된 월 환산액의 100분의 25에 해당하는 부분
3. 식비, 숙박비, 교통비 등 근로자의 생활 보조 또는 복리후생을 위한 성질의 임금으로서 다음 각 목의 어느 하나에 해당하는 것
  가. 통화 이외의 것으로 지급하는 임금
  나. 통화로 지급하는 임금의 월 지급액 중 해당 연도 시간급 최저임금액을 기준으로 산정된 월 환산액의 100분의 7에 해당하는 부분

⑤ 제4항에도 불구하고 「여객자동차 운수사업법」 제3조 및 같은 법 시행령 제3조제2호다목에 따른 일반택시운송사업에서 운전업무에 종사하는 근로자의 최저임금에 산입되는 임금의 범위는 생산고에 따른 임금을 제외한 대통령령으로 정하는 임금으로 한다.
⑥ 제1항과 제3항은 다음 각 호의 어느 하나에 해당하는 사유로 근로하지 아니한 시간 또는 일에 대하여 사용자가 임금을 지급할 것을 강제하는 것은 아니다.
1. 근로자가 자기의 사정으로 소정근로시간 또는 소정의 근로일의 근로를 하지 아니한 경우
2. 사용자가 정당한 이유로 근로자에게 소정근로시간 또는 소정의 근로일의 근로를 시키지 아니한 경우

⑦ 도급으로 사업을 행하는 경우 도급인이 책임져야 할 사유로 수급인이 근로자에게 최저임금액에 미치지 못하는 임금을 지급한 경우 도급인은 해당 수급인과 연대(連帶)하여 책임을 진다.

⑧ 제7항에 따른 도급인이 책임져야 할 사유의 범위는 다음 각 호와 같다.

1. 도급인이 도급계약 체결 당시 인건비 단가를 최저임금액에 미치지 못하는 금액으로 결정하는 행위
2. 도급인이 도급계약 기간 중 인건비 단가를 최저임금액에 미치지 못하는 금액으로 낮춘 행위

⑨ 두 차례 이상의 도급으로 사업을 행하는 경우에는 제7항의 "수급인"은 "하수급인(下受給人)"으로 보고, 제7항과 제8항의 "도급인"은 "직상(直上) 수급인(하수급인에게 직접 하도급을 준 수급인)"으로 본다.

[전문개정 2008. 3. 21.]

[시행일:2012. 7. 1.] 제6조제5항 중「지방자치법」제2조제1항제1호의 특별시 및 광역시와 제주특별자치도 및「지방자치법」제2조제1항제2호의 시지역를 제외한 지역

제6조의2(최저임금 산입을 위한 취업규칙 변경절차의 특례) 사용자가 제6조제4항에 따라 산입되는 임금에 포함시키기 위하여 1개월을 초과하는 주기로 지급하는 임금을 총액의 변동 없이 매월 지급하는 것으로 취업규칙을 변경하려는 경우에는「근로기준법」제94조제1항에도 불구하고 해당 사업 또는 사업장에 근로자의 과반수로 조직된 노동조합이 있는 경우에는 그 노동조합, 근로자의 과반수로 조직된 노동조합이 없는 경우에는 근로자의 과반수의 의견을 들어야 한다.

[본조신설 2018. 6. 12.]

제7조(최저임금의 적용 제외) 다음 각 호의 어느 하나에 해당하는 자로서 사용자가 대통령령으로 정하는 바에 따라 고용노동부장관의 인가를 받은 자에 대하여는 제6조를 적용하지 아니한다. 〈개정 2010. 6. 4.〉

1. 정신장애나 신체장애로 근로능력이 현저히 낮은 자
2. 그 밖에 최저임금을 적용하는 것이 적당하지 아니하다고 인정되는 자

[전문개정 2008. 3. 21.]

제3장 최저임금의 결정 〈개정 2008. 3. 21.〉

제8조(최저임금의 결정) ① 고용노동부장관은 매년 8월 5일까지 최저임금을 결정하여야 한다. 이 경우 고용노동부장관은 대통령령으로 정하는 바에 따라 제12조에 따른 최저임금위원회(이하 "위원회"라 한다)에 심의를 요청하고, 위원회가 심의하여 의결한 최저임금안에 따라 최저임금을 결정하여야 한다. 〈개정 2010. 6. 4.〉

② 위원회는 제1항 후단에 따라 고용노동부장관으로부터 최저임금에 관한 심의 요청을 받은 경우 이를 심의하여 최저임금안을 의결하고 심의 요청을 받은 날부터 90일 이내에 고용노동부장관에게 제출하여야 한다. 〈개정 2010. 6. 4.〉

③ 고용노동부장관은 제2항에 따라 위원회가 심의하여 제출한 최저임금안에 따라 최저임금을 결정하기가 어렵다고 인정되면 20일 이내에 그 이유를 밝혀 위원회에 10일 이상의 기간을 정하여 재심의를 요청할 수 있다. 〈개정 2010. 6. 4.〉

④ 위원회는 제3항에 따라 재심의 요청을 받은 때에는 그 기간 내에 재심의하여 그 결과를 고용노동부장관에게 제출하여야 한다. 〈개정 2010. 6. 4.〉

⑤ 고용노동부장관은 위원회가 제4항에 따른 재심의에서 재적위원 과반수의 출석과 출석위원 3분의 2 이상의 찬성으로 제2항에 따른 당초의 최저임금안을 재의결한 경우에는 그에 따라 최저임금을 결정하여야 한다. 〈개정 2010. 6. 4.〉

[전문개정 2008. 3. 21.]

제9조(최저임금안에 대한 이의 제기) ① 고용노동부장관은 제8조제2항에 따라 위원회로부터 최저임금안을 제출받은 때에는 대통령령으로 정하는 바에 따라 최저임금안을 고시하여야 한다. 〈개정 2010. 6. 4.〉

② 근로자를 대표하는 자나 사용자를 대표하는 자는 제1항에 따라 고시된 최저임금안에 대하여 이의가 있으면 고시된 날부터 10일 이내에 대통령령으로 정하는 바에 따라 고용노동부장관에게 이의를 제기할 수 있다. 이 경우 근로자를 대표하는 자나 사용자를 대표하는 자의 범위는 대통령령으로 정한다. 〈개정 2010. 6. 4.〉

③ 고용노동부장관은 제2항에 따른 이의가 이유 있다고 인정되면 그 내용을 밝혀 제8조제3항에 따라 위원회에 최저임금안의 재심의를 요청하여야 한다. 〈개정 2010. 6. 4.〉

④ 고용노동부장관은 제3항에 따라 재심의를 요청한 최저임금안에 대하여 제8조제4항에 따라 위원회가 재심의하여 의결한 최저임금안이 제출될 때까지는 최저임금을 결정하여서는 아니 된다. 〈개정 2010. 6. 4.〉

[전문개정 2008. 3. 21.]

제10조(최저임금의 고시와 효력발생) ① 고용노동부장관은 최저임금을 결정한 때에는 지체 없이 그 내용을 고시하여야 한다. 〈개정 2010. 6. 4.〉

② 제1항에 따라 고시된 최저임금은 다음 연도 1월 1일부터 효력이 발생한다. 다만, 고용노동부장관은 사업의 종류별로 임금교섭시기 등을 고려하여 필요하다고 인정하면 효력발생 시기를 따로 정할 수 있다. 〈개정 2010. 6. 4.〉

[전문개정 2008. 3. 21.]

제11조(주지 의무) 최저임금의 적용을 받는 사용자는 대통령령으로 정하는 바에 따라 해당 최저임금을 그 사업의 근로자가 쉽게 볼 수 있는 장소에 게시하거나 그 외의 적당한 방법으로 근로자에게 널리 알려야 한다.

[전문개정 2008. 3. 21.]

제4장 최저임금위원회 〈개정 2008. 3. 21.〉

제12조(최저임금위원회의 설치) 최저임금에 관한 심의와 그 밖에 최저임금에 관한 중요 사항을 심의하기 위하여 고용노동부에 최저임금위원회를 둔다. 〈개정 2010. 6. 4.〉

[전문개정 2008. 3. 21.]

제13조(위원회의 기능) 위원회는 다음 각 호의 기능을 수행한다. 〈개정 2010. 6. 4.〉

1. 최저임금에 관한 심의 및 재심의
2. 최저임금 적용 사업의 종류별 구분에 관한 심의
3. 최저임금제도의 발전을 위한 연구 및 건의
4. 그 밖에 최저임금에 관한 중요 사항으로서 고용노동부장관이 회의에 부치는 사항의 심의

[전문개정 2008. 3. 21.]

제14조(위원회의 구성 등) ① 위원회는 다음 각 호의 위원으로 구성한다.

1. 근로자를 대표하는 위원(이하 "근로자위원"이라 한다) 9명
2. 사용자를 대표하는 위원(이하 "사용자위원"이라 한다) 9명
3. 공익을 대표하는 위원(이하 "공익위원"이라 한다) 9명

② 위원회에 2명의 상임위원을 두며, 상임위원은 공익위원

이 된다.
③ 위원의 임기는 3년으로 하되, 연임할 수 있다.
④ 위원이 궐위(闕位)되면 그 보궐위원의 임기는 전임자(前任者) 임기의 남은 기간으로 한다.
⑤ 위원은 임기가 끝났더라도 후임자가 임명되거나 위촉될 때까지 계속하여 직무를 수행한다.
⑥ 위원의 자격과 임명・위촉 등에 관하여 필요한 사항은 대통령령으로 정한다.
[전문개정 2008. 3. 21.]

제15조(위원장과 부위원장) ① 위원회에 위원장과 부위원장 각 1명을 둔다.
② 위원장과 부위원장은 공익위원 중에서 위원회가 선출한다.
③ 위원장은 위원회의 사무를 총괄하며 위원회를 대표한다.
④ 위원장이 불가피한 사유로 직무를 수행할 수 없을 때에는 부위원장이 직무를 대행한다.
[전문개정 2008. 3. 21.]

제16조(특별위원) ① 위원회에는 관계 행정기관의 공무원 중에서 3명 이내의 특별위원을 둘 수 있다.
② 특별위원은 위원회의 회의에 출석하여 발언할 수 있다.
③ 특별위원의 자격 및 위촉 등에 관하여 필요한 사항은 대통령령으로 정한다.
[전문개정 2008. 3. 21.]

제17조(회의) ① 위원회의 회의는 다음 각 호의 경우에 위원장이 소집한다. 〈개정 2010. 6. 4.〉
1. 고용노동부장관이 소집을 요구하는 경우
2. 재적위원 3분의 1 이상이 소집을 요구하는 경우
3. 위원장이 필요하다고 인정하는 경우
② 위원장은 위원회 회의의 의장이 된다.
③ 위원회의 회의는 이 법으로 따로 정하는 경우 외에는 재적위원 과반수의 출석과 출석위원 과반수의 찬성으로 의결한다.
④ 위원회가 제3항에 따른 의결을 할 때에는 근로자위원과 사용자위원 각 3분의 1 이상의 출석이 있어야 한다. 다만, 근로자위원이나 사용자위원이 2회 이상 출석요구를 받고도 정당한 이유 없이 출석하지 아니하는 경우에는 그러하지 아니하다.
[전문개정 2008. 3. 21.]

제18조(의견 청취) 위원회는 그 업무를 수행할 때에 필요하다고 인정하면 관계 근로자와 사용자, 그 밖의 관계인의 의견을 들을 수 있다.
[전문개정 2008. 3. 21.]

제19조(전문위원회) ① 위원회는 필요하다고 인정하면 사업의 종류별 또는 특정 사항별로 전문위원회를 둘 수 있다.
② 전문위원회는 위원회 권한의 일부를 위임받아 제13조 각 호의 위원회 기능을 수행한다.
③ 전문위원회는 근로자위원, 사용자위원 및 공익위원 각 5명 이내의 같은 수로 구성한다.
④ 전문위원회에 관하여는 위원회의 운영 등에 관한 제14조제3항부터 제6항까지, 제15조, 제17조 및 제18조를 준용한다. 이 경우 "위원회"를 "전문위원회"로 본다.
[전문개정 2008. 3. 21.]

제20조(사무국) ① 위원회에 그 사무를 처리하게 하기 위하여 사무국을 둔다.
② 사무국에는 최저임금의 심의 등에 필요한 전문적인 사항을 조사・연구하게 하기 위하여 3명 이내의 연구위원을 둘 수 있다.
③ 연구위원의 자격・위촉 및 수당과 사무국의 조직・운영 등에 필요한 사항은 대통령령으로 정한다.
[전문개정 2008. 3. 21.]

제21조(위원의 수당 등) 위원회 및 전문위원회의 위원에게는 대통령령으로 정하는 바에 따라 수당과 여비를 지급할 수 있다.
[전문개정 2008. 3. 21.]

제22조(운영규칙) 위원회는 이 법에 어긋나지 아니하는 범위에서 위원회 및 전문위원회의 운영에 관한 규칙을 제정할 수 있다.
[전문개정 2008. 3. 21.]

제5장 보 칙 〈개정 2008. 3. 21.〉

제23조(생계비 및 임금실태 등의 조사) 고용노동부장관은 근로자의 생계비와 임금실태 등을 매년 조사하여야 한다. 〈개정 2010. 6. 4.〉
[전문개정 2008. 3. 21.]

제24조(정부의 지원) 정부는 근로자와 사용자에게 최저임금제도를 원활하게 실시하는 데에 필요한 자료를 제공하거나 그 밖에 필요한 지원을 하도록 최대한 노력하여야 한다.
[전문개정 2008. 3. 21.]

제25조(보고) 고용노동부장관은 이 법의 시행에 필요한 범위에서 근로자나 사용자에게 임금에 관한 사항을 보고하게 할 수 있다. 〈개정 2010. 6. 4.〉
[전문개정 2008. 3. 21.]

제26조(근로감독관의 권한) ① 고용노동부장관은 「근로기준법」 제101조에 따른 근로감독관에게 대통령령으로 정하는 바에 따라 이 법의 시행에 관한 사무를 관장하도록 한다. 〈개정 2010. 6. 4.〉
② 근로감독관은 제1항에 따른 권한을 행사하기 위하여 사업장에 출입하여 장부와 서류의 제출을 요구할 수 있으며 그 밖의 물건을 검사하거나 관계인에게 질문할 수 있다.
③ 제2항에 따라 출입・검사를 하는 근로감독관은 그 신분을 표시하는 증표를 지니고 이를 관계인에게 내보여야 한다.
④ 근로감독관은 이 법 위반의 죄에 관하여 「사법경찰관리의 직무를 행할 자와 그 직무범위에 관한 법률」로 정하는 바에 따라 사법경찰관의 직무를 행한다.
[전문개정 2008. 3. 21.]

제26조의2(권한의 위임) 이 법에 따른 고용노동부장관의 권한은 대통령령으로 정하는 바에 따라 그 일부를 지방고용노동관서의 장에게 위임할 수 있다. 〈개정 2010. 6. 4.〉
[전문개정 2008. 3. 21.]

제27조 삭제 〈2008. 3. 21.〉

제6장 벌 칙 〈개정 2008. 3. 21.〉

제28조(벌칙) ① 제6조제1항 또는 제2항을 위반하여 최저임금액보다 적은 임금을 지급하거나 최저임금을 이유로 종전의 임금을 낮춘 자는 3년 이하의 징역 또는 2천만원 이하의 벌금에 처한다. 이 경우 징역과 벌금은 병과(倂科)할 수 있다. 〈개정 2012. 2. 1.〉
② 도급인에게 제6조제7항에 따라 연대책임이 발생하여 근로감독관이 그 연대책임을 이행하도록 시정지시하였음에도

불구하고 도급인이 시정기한 내에 이를 이행하지 아니한 경우 2년 이하의 징역 또는 1천만원 이하의 벌금에 처한다. 〈신설 2012. 2. 1.〉

③ 제6조의2를 위반하여 의견을 듣지 아니한 자는 500만원 이하의 벌금에 처한다. 〈신설 2018. 6. 12.〉

[전문개정 2008. 3. 21.]

제29조 삭제 〈1999. 2. 8.〉

제30조(양벌규정) ① 법인의 대표자, 대리인, 사용인, 그 밖의 종업원이 그 법인의 업무에 관하여 제28조의 위반행위를 하면 그 행위자를 벌할 뿐만 아니라 그 법인에도 해당 조문의 벌금형을 과(科)한다.

② 개인의 대리인, 사용인, 그 밖의 종업원이 그 개인의 업무에 관하여 제28조의 위반행위를 하면 그 행위자를 벌할 뿐만 아니라 그 개인에게도 해당 조문의 벌금형을 과한다.

[전문개정 2008. 3. 21.]

제31조(과태료) ① 다음 각 호의 어느 하나에 해당하는 자에게는 100만원 이하의 과태료를 부과한다.

1. 제11조를 위반하여 근로자에게 해당 최저임금을 같은 조에서 규정한 방법으로 널리 알리지 아니한 자
2. 제25조에 따른 임금에 관한 사항의 보고를 하지 아니하거나 거짓 보고를 한 자
3. 제26조제2항에 따른 근로감독관의 요구 또는 검사를 거부·방해 또는 기피하거나 질문에 대하여 거짓 진술을 한 자

② 제1항에 따른 과태료는 대통령령으로 정하는 바에 따라 고용노동부장관이 부과·징수한다. 〈개정 2010. 6. 4.〉

③ 제2항에 따른 과태료 처분에 불복하는 자는 그 처분을 고지받은 날부터 30일 이내에 고용노동부장관에게 이의를 제기할 수 있다. 〈개정 2010. 6. 4.〉

④ 제2항에 따른 과태료 처분을 받은 자가 제3항에 따라 이의를 제기하면 고용노동부장관은 지체 없이 관할 법원에 그 사실을 통보하여야 하며, 그 통보를 받은 관할 법원은 「비송사건절차법」에 따른 과태료 재판을 한다. 〈개정 2010. 6. 4.〉

⑤ 제3항에 따른 기간에 이의를 제기하지 아니하고 과태료를 내지 아니하면 국세 체납처분의 예에 따라 징수한다.

[전문개정 2008. 3. 21.]

부 칙 〈제15666호, 2018. 6. 12.〉

제1조(시행일) 이 법은 2019년 1월 1일부터 시행한다.

제2조(최저임금의 효력에 관한 적용 특례) ① 제6조제4항제2호의 개정규정에도 불구하고 같은 호에서 규정하고 있는 “100분의 25”는 다음 각 호에 따른 비율로 한다.

1. 2020년은 100분의 20
2. 2021년은 100분의 15
3. 2022년은 100분의 10
4. 2023년은 100분의 5
5. 2024년부터는 100분의 0

② 제6조제4항제3호의 개정규정에도 불구하고 같은 호 나목에서 규정하고 있는 “100분의 7”은 다음 각 호에 따른 비율로 한다.

1. 2020년은 100분의 5
2. 2021년은 100분의 3
3. 2022년은 100분의 2
4. 2023년은 100분의 1
5. 2024년부터는 100분의 0

근로자참여 및 협력증진에 관한 법률(약칭: 근로자참여법)

[시행 2019. 7. 17] [법률 제16320호, 2019. 4. 16, 일부개정]

제1장 총 칙 〈개정 2007. 12. 27.〉

제1조(목적) 이 법은 근로자와 사용자 쌍방이 참여와 협력을 통하여 노사 공동의 이익을 증진함으로써 산업 평화를 도모하고 국민경제 발전에 이바지함을 목적으로 한다.
[전문개정 2007. 12. 27.]

제2조(신의성실의 의무) 근로자와 사용자는 서로 신의를 바탕으로 성실하게 협의에 임하여야 한다.
[전문개정 2007. 12. 27.]

제3조(정의) 이 법에서 사용하는 용어의 뜻은 다음과 같다.
1. "노사협의회"란 근로자와 사용자가 참여와 협력을 통하여 근로자의 복지증진과 기업의 건전한 발전을 도모하기 위하여 구성하는 협의기구를 말한다.
2. "근로자"란 「근로기준법」 제2조에 따른 근로자를 말한다.
3. "사용자"란 「근로기준법」 제2조에 따른 사용자를 말한다.

[전문개정 2007. 12. 27.]

제4조(노사협의회의 설치) ① 노사협의회(이하 "협의회"라 한다)는 근로조건에 대한 결정권이 있는 사업이나 사업장 단위로 설치하여야 한다. 다만, 상시(常時) 30명 미만의 근로자를 사용하는 사업이나 사업장은 그러하지 아니하다.
② 하나의 사업에 지역을 달리하는 사업장이 있을 경우에는 그 사업장에도 설치할 수 있다.
[전문개정 2007. 12. 27.]

제5조(노동조합과의 관계) 노동조합의 단체교섭이나 그 밖의 모든 활동은 이 법에 의하여 영향을 받지 아니한다.
[전문개정 2007. 12. 27.]

제2장 협의회의 구성 〈개정 2007. 12. 27.〉

제6조(협의회의 구성) ① 협의회는 근로자와 사용자를 대표하는 같은 수의 위원으로 구성하되, 각 3명 이상 10명 이하로 한다.
② 근로자를 대표하는 위원(이하 "근로자위원"이라 한다)은 근로자가 선출하되, 근로자의 과반수로 조직된 노동조합이 있는 경우에는 노동조합의 대표자와 그 노동조합이 위촉하는 자로 한다.
③ 사용자를 대표하는 위원(이하 "사용자위원"이라 한다)은 해당 사업이나 사업장의 대표자와 그 대표자가 위촉하는 자로 한다.
④ 근로자위원이나 사용자위원의 선출과 위촉에 필요한 사항은 대통령령으로 정한다.
[전문개정 2007. 12. 27.]

제7조(의장과 간사) ① 협의회에 의장을 두며, 의장은 위원 중에서 호선(互選)한다. 이 경우 근로자위원과 사용자위원 중 각 1명을 공동의장으로 할 수 있다.
② 의장은 협의회를 대표하며 회의 업무를 총괄한다.
③ 노사 쌍방은 회의 결과의 기록 등 사무를 담당하는 간사 1명을 각각 둔다.
[전문개정 2007. 12. 27.]

제8조(위원의 임기) ① 위원의 임기는 3년으로 하되, 연임할 수 있다.
② 보궐위원의 임기는 전임자 임기의 남은 기간으로 한다.
③ 위원은 임기가 끝난 경우라도 후임자가 선출될 때까지 계속 그 직무를 담당한다.
[전문개정 2007. 12. 27.]

제9조(위원의 신분) ① 위원은 비상임·무보수로 한다.
② 사용자는 협의회 위원으로서의 직무 수행과 관련하여 근로자위원에게 불이익을 주는 처분을 하여서는 아니 된다.
③ 위원의 협의회 출석 시간과 이와 직접 관련된 시간으로서 제18조에 따른 협의회규정으로 정한 시간은 근로한 시간으로 본다.
[전문개정 2007. 12. 27.]

제10조(사용자의 의무) ① 사용자는 근로자위원의 선출에 개입하거나 방해하여서는 아니 된다.
② 사용자는 근로자위원의 업무를 위하여 장소의 사용 등 기본적인 편의를 제공하여야 한다.
[전문개정 2007. 12. 27.]

제11조(시정명령) 고용노동부장관은 사용자가 제9조제2항을 위반하여 근로자위원에게 불이익을 주는 처분을 하거나 제10조제1항을 위반하여 근로자위원의 선출에 개입하거나 방해하는 경우에는 그 시정(是正)을 명할 수 있다. 〈개정 2010. 6. 4.〉
[전문개정 2007. 12. 27.]

제3장 협의회의 운영 〈개정 2007. 12. 27.〉

제12조(회의) ① 협의회는 3개월마다 정기적으로 회의를 개최하여야 한다.
② 협의회는 필요에 따라 임시회의를 개최할 수 있다.
[전문개정 2007. 12. 27.]

제13조(회의 소집) ① 의장은 협의회의 회의를 소집하며 그 의장이 된다.
② 의장은 노사 일방의 대표자가 회의의 목적을 문서로 밝혀 회의의 소집을 요구하면 그 요구에 따라야 한다.
③ 의장은 회의 개최 7일 전에 회의 일시, 장소, 의제 등을 각 위원에게 통보하여야 한다.
[전문개정 2007. 12. 27.]

제13조의2[제14조로 이동 〈2007. 12. 27.〉]

제14조(자료의 사전 제공) 근로자위원은 제13조제3항에 따라 통보된 의제 중 제20조제1항의 협의 사항 및 제21조의 의결 사항과 관련된 자료를 협의회 회의 개최 전에 사용자에게 요구할 수 있으며 사용자는 이에 성실히 따라야 한다. 다만, 그

요구 자료가 기업의 경영·영업상의 비밀이나 개인정보에 해당하는 경우에는 그러하지 아니하다.
[전문개정 2007. 12. 27.]
[제13조의2에서 이동, 종전 제14조는 제15조로 이동 〈2007. 12. 27.〉]

제15조(정족수) 회의는 근로자위원과 사용자위원 각 과반수의 출석으로 개최하고 출석위원 3분의 2 이상의 찬성으로 의결한다.
[전문개정 2007. 12. 27.]
[제14조에서 이동, 종전 제15조는 제16조로 이동 〈2007. 12. 27.〉]

제16조(회의의 공개) 협의회의 회의는 공개한다. 다만, 협의회의 의결로 공개하지 아니할 수 있다.
[전문개정 2007. 12. 27.]
[제15조에서 이동, 종전 제16조는 제17조로 이동 〈2007. 12. 27.〉]

제17조(비밀 유지) 협의회의 위원은 협의회에서 알게 된 비밀을 누설하여서는 아니 된다.
[전문개정 2007. 12. 27.]
[제16조에서 이동, 종전 제17조는 제18조로 이동 〈2007. 12. 27.〉]

제18조(협의회규정) ① 협의회는 그 조직과 운영에 관한 규정(이하 "협의회규정"이라 한다)을 제정하고 협의회를 설치한 날부터 15일 이내에 고용노동부장관에게 제출하여야 한다. 이를 변경한 경우에도 또한 같다. 〈개정 2010. 6. 4.〉
② 협의회규정의 규정 사항과 그 제정·변경 절차 등에 관하여 필요한 사항은 대통령령으로 정한다.
[전문개정 2007. 12. 27.]
[제17조에서 이동, 종전 제18조는 제19조로 이동 〈2007. 12. 27.〉]

제19조(회의록 비치) ① 협의회는 다음 각 호의 사항을 기록한 회의록을 작성하여 갖추어 두어야 한다.
1. 개최 일시 및 장소
2. 출석 위원
3. 협의 내용 및 의결된 사항
4. 그 밖의 토의사항

② 제1항에 따른 회의록은 작성한 날부터 3년간 보존하여야 한다.
[전문개정 2007. 12. 27.]
[제18조에서 이동, 종전 제19조는 제20조로 이동 〈2007. 12. 21.〉]

제4장 협의회의 임무 〈개정 2007. 12. 27.〉

제20조(협의 사항) ① 협의회가 협의하여야 할 사항은 다음 각 호와 같다. 〈개정 2019. 4. 16.〉
1. 생산성 향상과 성과 배분
2. 근로자의 채용·배치 및 교육훈련
3. 근로자의 고충처리
4. 안전, 보건, 그 밖의 작업환경 개선과 근로자의 건강증진
5. 인사·노무관리의 제도 개선
6. 경영상 또는 기술상의 사정으로 인한 인력의 배치전환·재훈련·해고 등 고용조정의 일반원칙
7. 작업과 휴게 시간의 운용
8. 임금의 지불방법·체계·구조 등의 제도 개선
9. 신기계·기술의 도입 또는 작업 공정의 개선
10. 작업 수칙의 제정 또는 개정
11. 종업원지주제(從業員持株制)와 그 밖에 근로자의 재산형성에 관한 지원
12. 직무 발명 등과 관련하여 해당 근로자에 대한 보상에 관한 사항
13. 근로자의 복지증진
14. 사업장 내 근로자 감시 설비의 설치
15. 여성근로자의 모성보호 및 일과 가정생활의 양립을 지원하기 위한 사항
16. 「남녀고용평등과 일·가정 양립 지원에 관한 법률」 제2조제2호에 따른 직장 내 성희롱 및 고객 등에 의한 성희롱 예방에 관한 사항
17. 그 밖의 노사협조에 관한 사항

② 협의회는 제1항 각 호의 사항에 대하여 제15조의 정족수에 따라 의결할 수 있다.
[전문개정 2007. 12. 27.]
[제19조에서 이동, 종전 제20조는 제21조로 이동 〈2007. 12. 27.〉]

제21조(의결 사항) 사용자는 다음 각 호의 어느 하나에 해당하는 사항에 대하여는 협의회의 의결을 거쳐야 한다.
1. 근로자의 교육훈련 및 능력개발 기본계획의 수립
2. 복지시설의 설치와 관리
3. 사내근로복지기금의 설치
4. 고충처리위원회에서 의결되지 아니한 사항
5. 각종 노사공동위원회의 설치

[전문개정 2007. 12. 27.]
[제20조에서 이동, 종전 제21조는 제22조로 이동 〈2007. 12. 27.〉]

제22조(보고 사항 등) ① 사용자는 정기회의에 다음 각 호의 어느 하나에 해당하는 사항에 관하여 성실하게 보고하거나 설명하여야 한다.
1. 경영계획 전반 및 실적에 관한 사항
2. 분기별 생산계획과 실적에 관한 사항
3. 인력계획에 관한 사항
4. 기업의 경제적·재정적 상황

② 근로자위원은 근로자의 요구사항을 보고하거나 설명할 수 있다.
③ 근로자위원은 사용자가 제1항에 따른 보고와 설명을 이행하지 아니하는 경우에는 제1항 각 호에 관한 자료를 제출하도록 요구할 수 있으며 사용자는 그 요구에 성실히 따라야 한다.
[전문개정 2007. 12. 27.]
[제21조에서 이동, 종전 제22조는 제23조로 이동 〈2007. 12. 27.〉]

제23조(의결 사항의 공지) 협의회는 의결된 사항을 신속히 근로자에게 널리 알려야 한다.
[전문개정 2007. 12. 27.]
[제22조에서 이동, 종전 제23조는 제24조로 이동 〈2007. 12. 27.〉]

제24조(의결 사항의 이행) 근로자와 사용자는 협의회에서 의결된 사항을 성실하게 이행하여야 한다.
[전문개정 2007. 12. 27.]
[제23조에서 이동, 종전 제24조는 제25조로 이동 〈2007.

12. 27.〉]

제25조(임의 중재) ① 협의회는 다음 각 호의 어느 하나에 해당하는 경우에는 근로자위원과 사용자위원의 합의로 협의회에 중재기구(仲裁機構)를 두어 해결하거나 노동위원회나 그 밖의 제삼자에 의한 중재를 받을 수 있다.

1. 제21조에 따른 의결 사항에 관하여 협의회가 의결하지 못한 경우
2. 협의회에서 의결된 사항의 해석이나 이행 방법 등에 관하여 의견이 일치하지 아니하는 경우

② 제1항에 따른 중재 결정이 있으면 협의회의 의결을 거친 것으로 보며 근로자와 사용자는 그 결정에 따라야 한다.

[전문개정 2007. 12. 27.]

[제24조에서 이동, 종전 제25조는 제26조로 이동 〈2007. 12. 27.〉]

제5장 고충처리 〈개정 2007. 12. 27.〉

제26조(고충처리위원) 모든 사업 또는 사업장에는 근로자의 고충을 청취하고 이를 처리하기 위하여 고충처리위원을 두어야 한다. 다만, 상시 30명 미만의 근로자를 사용하는 사업이나 사업장은 그러하지 아니하다.

[전문개정 2007. 12. 27.]

[제25조에서 이동, 종전 제26조는 제27조로 이동 〈2007. 12. 27.〉]

제27조(고충처리위원의 구성 및 임기) ① 고충처리위원은 노사를 대표하는 3명 이내의 위원으로 구성하되, 협의회가 설치되어 있는 사업이나 사업장의 경우에는 협의회가 그 위원 중에서 선임하고, 협의회가 설치되어 있지 아니한 사업이나 사업장의 경우에는 사용자가 위촉한다.

② 위원의 임기에 관하여는 협의회 위원의 임기에 관한 제8조를 준용한다.

[전문개정 2007. 12. 27.]

[제26조에서 이동, 종전 제27조는 제28조로 이동 〈2007. 12. 27.〉]

제28조(고충의 처리) ① 고충처리위원은 근로자로부터 고충사항을 청취한 경우에는 10일 이내에 조치 사항과 그 밖의 처리결과를 해당 근로자에게 통보하여야 한다.

② 고충처리위원이 처리하기 곤란한 사항은 협의회의 회의에 부쳐 협의 처리한다.

[전문개정 2007. 12. 27.]

[제27조에서 이동 〈2007. 12. 27.〉]

제6장 보 칙 〈개정 2007. 12. 21.〉

제29조(권한의 위임) 이 법에 따른 고용노동부장관의 권한은 대통령령으로 정하는 바에 따라 그 일부를 지방고용노동관서의 장에게 위임할 수 있다. 〈개정 2010. 6. 4.〉

[전문개정 2007. 12. 27.]

제7장 벌 칙 〈개정 2007. 12. 21.〉

제30조(벌칙) 다음 각 호의 어느 하나에 해당하는 자는 1천만원 이하의 벌금에 처한다.

1. 제4조제1항에 따른 협의회의 설치를 정당한 사유 없이 거부하거나 방해한 자
2. 제24조를 위반하여 협의회에서 의결된 사항을 정당한 사유 없이 이행하지 아니한 자
3. 제25조제2항을 위반하여 중재 결정의 내용을 정당한 사유 없이 이행하지 아니한 자

[전문개정 2007. 12. 27.]

제31조(벌칙) 사용자가 정당한 사유 없이 제11조에 따른 시정명령을 이행하지 아니하거나 제22조제3항에 따른 자료제출 의무를 이행하지 아니하면 500만원 이하의 벌금에 처한다.

[전문개정 2007. 12. 27.]

제32조(벌칙) 사용자가 제12조제1항을 위반하여 협의회를 정기적으로 개최하지 아니하거나 제26조에 따른 고충처리위원을 두지 아니한 경우에는 200만원 이하의 벌금에 처한다.

[전문개정 2007. 12. 27.]

제33조(과태료) ① 사용자가 제18조를 위반하여 협의회규정을 제출하지 아니한 때에는 200만원 이하의 과태료를 부과한다.

② 제1항에 따른 과태료는 대통령령으로 정하는 바에 따라 고용노동부장관이 부과·징수한다. 〈개정 2010. 6. 4.〉

③ 삭제 〈2016. 1. 27.〉

④ 삭제 〈2016. 1. 27.〉

⑤ 삭제 〈2016. 1. 27.〉

[전문개정 2007. 12. 27.]

부 칙 〈제16320호, 2019. 4. 16.〉

이 법은 공포 후 3개월이 경과한 날부터 시행한다.

노동위원회법

[시행 2019. 4. 30] [법률 제16413호, 2019. 4. 30, 타법개정]

제1장 총 칙 〈개정 2015. 1. 20.〉

제1조(목적) 이 법은 노동관계에 관한 판정 및 조정(調整) 업무를 신속·공정하게 수행하기 위하여 노동위원회를 설치하고 그 운영에 관한 사항을 규정함으로써 노동관계의 안정과 발전에 이바지함을 목적으로 한다.
[전문개정 2015. 1. 20.]

제2조(노동위원회의 구분·소속 등) ① 노동위원회는 중앙노동위원회, 지방노동위원회 및 특별노동위원회로 구분한다.
② 중앙노동위원회와 지방노동위원회는 고용노동부장관 소속으로 두며, 지방노동위원회의 명칭·위치 및 관할구역은 대통령령으로 정한다.
③ 특별노동위원회는 관계 법률에서 정하는 사항을 관장하기 위하여 필요한 경우에 해당 사항을 관장하는 중앙행정기관의 장 소속으로 둔다.
[전문개정 2015. 1. 20.]

제2조의2(노동위원회의 소관 사무) 노동위원회의 소관 사무는 다음 각 호와 같다. 〈개정 2019. 4. 30.〉
1. 「노동조합 및 노동관계조정법」, 「근로기준법」, 「근로자참여 및 협력증진에 관한 법률」, 「교원의 노동조합 설립 및 운영 등에 관한 법률」, 「공무원의 노동조합 설립 및 운영 등에 관한 법률」, 「기간제 및 단시간근로자 보호 등에 관한 법률」 및 「파견근로자 보호 등에 관한 법률」에 따른 판정·결정·의결·승인·인정 또는 차별적 처우 시정 등에 관한 업무
2. 「노동조합 및 노동관계조정법」, 「교원의 노동조합 설립 및 운영 등에 관한 법률」 및 「공무원의 노동조합 설립 및 운영 등에 관한 법률」에 따른 노동쟁의 조정(調停)·중재 또는 관계 당사자의 자주적인 노동쟁의 해결 지원에 관한 업무
3. 제1호 및 제2호의 업무수행과 관련된 조사·연구·교육 및 홍보 등에 관한 업무
4. 그 밖에 다른 법률에서 노동위원회의 소관으로 규정된 업무

[전문개정 2015. 1. 20.]

제3조(노동위원회의 관장) ① 중앙노동위원회는 다음 각 호의 사건을 관장한다.
1. 지방노동위원회 및 특별노동위원회의 처분에 대한 재심사건
2. 둘 이상의 지방노동위원회의 관할구역에 걸친 노동쟁의의 조정(調整)사건
3. 다른 법률에서 그 권한에 속하는 것으로 규정된 사건

② 지방노동위원회는 해당 관할구역에서 발생하는 사건을 관장하되, 둘 이상의 관할구역에 걸친 사건(제1항제2호의 조정사건은 제외한다)은 주된 사업장의 소재지를 관할하는 지방노동위원회에서 관장한다.
③ 특별노동위원회는 관계 법률에서 정하는 바에 따라 그 설치목적으로 규정된 특정사항에 관한 사건을 관장한다.
④ 중앙노동위원회 위원장은 제1항제2호에도 불구하고 효율적인 노동쟁의의 조정을 위하여 필요하다고 인정하는 경우에는 지방노동위원회를 지정하여 해당 사건을 처리하게 할 수 있다.
⑤ 중앙노동위원회 위원장은 제2항에 따른 주된 사업장을 정하기 어렵거나 주된 사업장의 소재지를 관할하는 지방노동위원회에서 처리하기 곤란한 사정이 있는 경우에는 직권으로 또는 관계 당사자나 지방노동위원회 위원장의 신청에 따라 지방노동위원회를 지정하여 해당 사건을 처리하게 할 수 있다.
[전문개정 2015. 1. 20.]

제3조의2(사건의 이송) ① 노동위원회는 접수된 사건이 다른 노동위원회의 관할인 경우에는 지체 없이 해당 사건을 관할 노동위원회로 이송하여야 한다. 제23조에 따른 조사를 시작한 후 다른 노동위원회의 관할인 것으로 확인된 경우에도 또한 같다.
② 제1항에 따라 이송된 사건은 관할 노동위원회에 처음부터 접수된 것으로 본다.
③ 노동위원회는 제1항에 따라 사건을 이송한 경우에는 그 사실을 지체 없이 관계 당사자에게 통지하여야 한다.
[본조신설 2015. 1. 20.]

제4조(노동위원회의 지위 등) ① 노동위원회는 그 권한에 속하는 업무를 독립적으로 수행한다.
② 중앙노동위원회 위원장은 중앙노동위원회 및 지방노동위원회의 예산·인사·교육훈련, 그 밖의 행정사무를 총괄하며, 소속 공무원을 지휘·감독한다.
③ 중앙노동위원회 위원장은 제2항에 따른 행정사무의 지휘·감독권 일부를 대통령령으로 정하는 바에 따라 지방노동위원회 위원장에게 위임할 수 있다.
[전문개정 2015. 1. 20.]

제5조(특별노동위원회의 조직 등) ① 특별노동위원회에 대해서는 제6조제3항부터 제7항까지, 제9조제2항 및 제4항을 적용하지 아니한다.
② 다음 각 호의 어느 하나에 해당하는 사항에 대해서는 해당 특별노동위원회의 설치 근거가 되는 법률에서 다르게 정할 수 있다.
1. 제6조제2항에 따른 근로자위원, 사용자위원 및 공익위원의 수
2. 제11조에 따른 상임위원

③ 특별노동위원회에 대하여 제15조제3항부터 제5항까지의 규정을 적용하는 경우에 제6조제6항에 따른 심판담당 공익위원, 차별시정담당 공익위원 및 조정담당 공익위원은 특별노동위원회의 공익위원으로 본다.
[전문개정 2015. 1. 20.]

제2장 조 직 〈개정 2015. 1. 20.〉

제6조(노동위원회의 구성 등) ① 노동위원회는 근로자를 대표하는 위원(이하 "근로자위원"이라 한다)과 사용자를 대표하는 위원(이하 "사용자위원"이라 한다) 및 공익을 대표하는 위원(이하 "공익위원"이라 한다)으로 구성한다.

② 노동위원회 위원의 수는 다음 각 호의 구분에 따른 범위에서 노동위원회의 업무량을 고려하여 대통령령으로 정한다. 이 경우 근로자위원과 사용자위원은 같은 수로 한다.

1. 근로자위원 및 사용자위원: 각 10명 이상 50명 이하
2. 공익위원: 10명 이상 70명 이하

③ 근로자위원은 노동조합이 추천한 사람 중에서, 사용자위원은 사용자단체가 추천한 사람 중에서 다음 각 호의 구분에 따라 위촉한다.

1. 중앙노동위원회: 고용노동부장관의 제청으로 대통령이 위촉
2. 지방노동위원회: 지방노동위원회 위원장의 제청으로 중앙노동위원회 위원장이 위촉

④ 공익위원은 해당 노동위원회 위원장, 노동조합 및 사용자단체가 각각 추천한 사람 중에서 노동조합과 사용자단체가 순차적으로 배제하고 남은 사람을 위촉대상 공익위원으로 하고, 그 위촉대상 공익위원 중에서 다음 각 호의 구분에 따라 위촉한다.

1. 중앙노동위원회 공익위원: 고용노동부장관의 제청으로 대통령이 위촉
2. 지방노동위원회 공익위원: 지방노동위원회 위원장의 제청으로 중앙노동위원회 위원장이 위촉

⑤ 제4항에도 불구하고 노동조합 또는 사용자단체가 공익위원을 추천하는 절차나 추천된 공익위원을 순차적으로 배제하는 절차를 거부하는 경우에는 해당 노동위원회 위원장이 위촉대상 공익위원을 선정할 수 있다.

⑥ 공익위원은 다음 각 호와 같이 구분하여 위촉한다.

1. 심판사건을 담당하는 심판담당 공익위원
2. 차별적 처우 시정사건을 담당하는 차별시정담당 공익위원
3. 조정사건을 담당하는 조정담당 공익위원

⑦ 노동위원회 위원의 추천절차, 공익위원의 순차배제의 방법, 그 밖에 위원의 위촉에 필요한 사항은 대통령령으로 정한다.

[전문개정 2015. 1. 20.]

제6조의2(사회취약계층에 대한 권리구제 대리) ① 노동위원회는 제2조의2제1호 중 판정·결정·승인·인정 및 차별적 처우 시정 등에 관한 사건에서 사회취약계층을 위하여 변호사나 공인노무사로 하여금 권리구제업무를 대리하게 할 수 있다.

② 제1항에 따라 변호사나 공인노무사로 하여금 사회취약계층을 위한 권리구제업무를 대리하게 하려는 경우의 요건, 대상, 변호사·공인노무사의 보수 등에 관하여 필요한 사항은 고용노동부령으로 정한다.

[전문개정 2015. 1. 20.]

제7조(위원의 임기 등) ① 노동위원회 위원의 임기는 3년으로 하되, 연임할 수 있다.

② 노동위원회 위원이 궐위(闕位)된 경우 보궐위원의 임기는 전임자 임기의 남은 기간으로 한다. 다만, 노동위원회 위원장 또는 상임위원이 궐위되어 후임자를 임명한 경우 후임자의 임기는 새로 시작된다.

③ 임기가 끝난 노동위원회 위원은 후임자가 위촉될 때까지 계속 그 직무를 집행한다.

④ 노동위원회 위원의 처우에 관하여는 대통령령으로 정한다.

[전문개정 2015. 1. 20.]

제8조(공익위원의 자격기준 등) ① 중앙노동위원회의 공익위원은 다음 각 호의 구분에 따라 노동문제에 관한 지식과 경험이 있는 사람을 위촉하되, 여성의 위촉이 늘어날 수 있도록 노력하여야 한다.

1. 심판담당 공익위원 및 차별시정담당 공익위원
   가. 노동문제와 관련된 학문을 전공한 사람으로서 「고등교육법」 제2조제1호부터 제6호까지의 학교에서 부교수 이상으로 재직하고 있거나 재직하였던 사람
   나. 판사·검사·군법무관·변호사 또는 공인노무사로 7년 이상 재직하고 있거나 재직하였던 사람
   다. 노동관계 업무에 7년 이상 종사한 사람으로서 2급 또는 2급 상당 이상의 공무원이나 고위공무원단에 속하는 공무원으로 재직하고 있거나 재직하였던 사람
   라. 그 밖에 노동관계 업무에 15년 이상 종사한 사람으로서 심판담당 공익위원 또는 차별시정담당 공익위원으로 적합하다고 인정되는 사람
2. 조정담당 공익위원
   가. 「고등교육법」 제2조제1호부터 제6호까지의 학교에서 부교수 이상으로 재직하고 있거나 재직하였던 사람
   나. 판사·검사·군법무관·변호사 또는 공인노무사로 7년 이상 재직하고 있거나 재직하였던 사람
   다. 노동관계 업무에 7년 이상 종사한 사람으로서 2급 또는 2급 상당 이상의 공무원이나 고위공무원단에 속하는 공무원으로 재직하고 있거나 재직하였던 사람
   라. 그 밖에 노동관계 업무에 15년 이상 종사한 사람 또는 사회적 덕망이 있는 사람으로서 조정담당 공익위원으로 적합하다고 인정되는 사람

② 지방노동위원회의 공익위원은 다음 각 호의 구분에 따라 노동문제에 관한 지식과 경험이 있는 사람을 위촉하되, 여성의 위촉이 늘어날 수 있도록 노력하여야 한다.

1. 심판담당 공익위원 및 차별시정담당 공익위원
   가. 노동문제와 관련된 학문을 전공한 사람으로서 「고등교육법」 제2조제1호부터 제6호까지의 학교에서 조교수 이상으로 재직하고 있거나 재직하였던 사람
   나. 판사·검사·군법무관·변호사 또는 공인노무사로 3년 이상 재직하고 있거나 재직하였던 사람
   다. 노동관계 업무에 3년 이상 종사한 사람으로서 3급 또는 3급 상당 이상의 공무원이나 고위공무원단에 속하는 공무원으로 재직하고 있거나 재직하였던 사람
   라. 노동관계 업무에 10년 이상 종사한 사람으로서 4급 또는 4급 상당 이상의 공무원으로 재직하고 있거나 재직하였던 사람
   마. 그 밖에 노동관계 업무에 10년 이상 종사한 사람으로서 심판담당 공익위원 또는 차별시정담당 공익위원으로 적합하다고 인정되는 사람
2. 조정담당 공익위원
   가. 「고등교육법」 제2조제1호부터 제6호까지의 학교에서 조교수 이상으로 재직하고 있거나 재직하였던 사람
   나. 판사·검사·군법무관·변호사 또는 공인노무사로 3년 이상 재직하고 있거나 재직하였던 사람

다. 노동관계 업무에 3년 이상 종사한 사람으로서 3급 또는 3급 상당 이상의 공무원이나 고위공무원단에 속하는 공무원으로 재직하고 있거나 재직하였던 사람
라. 노동관계 업무에 10년 이상 종사한 사람으로서 4급 또는 4급 상당 이상의 공무원으로 재직하고 있거나 재직하였던 사람
마. 그 밖에 노동관계 업무에 10년 이상 종사한 사람 또는 사회적 덕망이 있는 사람으로서 조정담당 공익위원으로 적합하다고 인정되는 사람

[전문개정 2015. 1. 20.]

제9조(위원장) ① 노동위원회에 위원장 1명을 둔다.
② 중앙노동위원회 위원장은 제8조제1항에 따라 중앙노동위원회의 공익위원이 될 수 있는 자격을 갖춘 사람 중에서 고용노동부장관의 제청으로 대통령이 임명하고, 지방노동위원회 위원장은 제8조제2항에 따라 지방노동위원회의 공익위원이 될 수 있는 자격을 갖춘 사람 중에서 중앙노동위원회 위원장의 추천과 고용노동부장관의 제청으로 대통령이 임명한다.
③ 중앙노동위원회 위원장은 정무직으로 한다.
④ 노동위원회 위원장(이하 "위원장"이라 한다)은 해당 노동위원회의 공익위원이 되며, 심판사건, 차별적 처우 시정사건, 조정사건을 담당할 수 있다.

[전문개정 2015. 1. 20.]

제10조(위원장의 직무) ① 위원장은 해당 노동위원회를 대표하며, 노동위원회의 사무를 총괄한다.
② 위원장이 부득이한 사유로 직무를 수행할 수 없을 때에는 대통령령으로 정하는 공익위원이 그 직무를 대행한다.

[전문개정 2015. 1. 20.]

제11조(상임위원) ① 노동위원회에 상임위원을 두며, 상임위원은 해당 노동위원회의 공익위원이 될 수 있는 자격을 갖춘 사람 중에서 중앙노동위원회 위원장의 추천과 고용노동부장관의 제청으로 대통령이 임명한다.
② 상임위원은 해당 노동위원회의 공익위원이 되며, 심판사건, 차별적 처우 시정사건, 조정사건을 담당할 수 있다.
③ 노동위원회에 두는 상임위원의 수와 직급 등은 대통령령으로 정한다.

[전문개정 2015. 1. 20.]

제11조의2(위원의 행위규범) ① 노동위원회의 위원은 법과 양심에 따라 공정하고 성실하게 업무를 수행하여야 한다.
② 중앙노동위원회는 노동위원회 위원이 제1항에 따라 업무를 수행하기 위하여 준수하여야 할 행위규범과 그 운영에 관한 사항을 제15조에 따른 전원회의의 의결을 거쳐 정할 수 있다.
③ 제2항에 따른 노동위원회 위원의 행위규범에는 다음 각 호의 사항이 포함되어야 한다.
1. 업무수행과 관련하여 향응·금품 등을 받는 행위의 금지에 관한 사항
2. 관계 당사자 중 어느 한쪽에 편파적이거나 사건 처리를 방해하는 등 공정성과 중립성을 훼손하는 행위의 금지·제한에 관한 사항
3. 직무수행과 관련하여 알게 된 사항을 자기나 다른 사람의 이익을 위하여 이용하거나 다른 사람에게 제공하는 행위의 금지에 관한 사항
4. 제15조에 따른 부문별 위원회의 출석 등 노동위원회 위원으로서의 성실한 업무수행에 관한 사항
5. 그 밖에 품위 유지 등을 위하여 필요한 사항

[전문개정 2015. 1. 20.]

제12조(결격사유) 「국가공무원법」 제33조 각 호의 어느 하나에 해당하는 사람은 노동위원회 위원이 될 수 없다.

[전문개정 2015. 1. 20.]

제13조(위원의 신분보장) ① 노동위원회 위원은 다음 각 호의 어느 하나에 해당하는 경우를 제외하고는 그 의사에 반하여 면직되거나 위촉이 해제되지 아니한다.
1. 「국가공무원법」 제33조 각 호의 어느 하나에 해당하는 경우
2. 장기간의 심신쇠약으로 직무를 수행할 수 없는 경우
3. 직무와 관련된 비위사실이 있거나 노동위원회 위원직을 유지하기에 적합하지 아니하다고 인정되는 비위사실이 있는 경우
4. 제11조의2에 따른 행위규범을 위반하여 노동위원회 위원으로서 직무를 수행하기 곤란한 경우
5. 공익위원으로 위촉된 후 제8조에 따른 공익위원의 자격기준에 미달하게 된 것으로 밝혀진 경우
② 노동위원회 위원은 제1항제1호에 해당하는 경우에 당연히 면직되거나 위촉이 해제된다.

[전문개정 2015. 1. 20.]

제14조(사무처와 사무국) ① 중앙노동위원회에는 사무처를 두고, 지방노동위원회에는 사무국을 둔다.
② 사무처와 사무국의 조직·운영 등에 필요한 사항은 대통령령으로 정한다.
③ 고용노동부장관은 노동위원회 사무처 또는 사무국 소속 직원을 고용노동부와 노동위원회 간에 전보할 경우 중앙노동위원회 위원장의 의견을 들어야 한다.

[전문개정 2015. 1. 20.]

제14조의2(중앙노동위원회 사무처장) ① 중앙노동위원회에는 사무처장 1명을 둔다.
② 사무처장은 중앙노동위원회 상임위원 중 1명이 겸직한다.
③ 사무처장은 중앙노동위원회 위원장의 명을 받아 사무처의 사무를 처리하며 소속 직원을 지휘·감독한다.

[전문개정 2015. 1. 20.]

제14조의3(조사관) ① 노동위원회 사무처 및 사무국에 조사관을 둔다.
② 중앙노동위원회 위원장은 노동위원회 사무처 또는 사무국 소속 공무원 중에서 조사관을 임명한다.
③ 조사관은 위원장, 제15조에 따른 부문별 위원회의 위원장 또는 제16조의2에 따른 주심위원의 지휘를 받아 노동위원회의 소관 사무에 필요한 조사를 하고, 제15조에 따른 부문별 위원회에 출석하여 의견을 진술할 수 있다.
④ 조사관의 임명·자격 등에 관하여 필요한 사항은 대통령령으로 정한다.

[전문개정 2015. 1. 20.]

제3장 회 의 〈개정 2015. 1. 20.〉

제15조(회의의 구성 등) ① 노동위원회에는 전원회의와 위원회의 권한에 속하는 업무를 부문별로 처리하기 위한 위원회로서 다음 각 호의 부문별 위원회를 둔다. 다만, 다른 법률에 특별한 규정이 있는 경우에는 그러하지 아니하다.
1. 심판위원회

2. 차별시정위원회
3. 조정(調停)위원회
4. 특별조정위원회
5. 중재위원회
6. 「교원의 노동조합 설립 및 운영 등에 관한 법률」 제11조제1항에 따른 교원 노동관계 조정위원회
7. 「공무원의 노동조합 설립 및 운영 등에 관한 법률」 제14조제1항에 따른 공무원 노동관계 조정위원회

② 전원회의는 해당 노동위원회 소속 위원 전원으로 구성하며, 다음 각 호의 사항을 처리한다.
1. 노동위원회의 운영 등 일반적인 사항의 결정
2. 제22조제2항에 따른 근로조건의 개선에 관한 권고
3. 제24조 및 제25조에 따른 지시 및 규칙의 제정(중앙노동위원회만 해당한다)

③ 제1항제1호에 따른 심판위원회는 심판담당 공익위원 중 위원장이 지명하는 3명으로 구성하며, 「노동조합 및 노동관계조정법」, 「근로기준법」, 「근로자참여 및 협력증진에 관한 법률」, 그 밖의 법률에 따른 노동위원회의 판정·의결·승인 및 인정 등과 관련된 사항을 처리한다.

④ 제1항제2호에 따른 차별시정위원회는 차별시정담당 공익위원 중 위원장이 지명하는 3명으로 구성하며, 「기간제 및 단시간근로자 보호 등에 관한 법률」 또는 「파견근로자 보호 등에 관한 법률」에 따른 차별적 처우의 시정과 관련된 사항을 처리한다. 〈개정 2019. 4. 30.〉

⑤ 제1항제3호부터 제5호까지의 규정에 따른 조정위원회·특별조정위원회 및 중재위원회는 「노동조합 및 노동관계조정법」에서 정하는 바에 따라 구성하며, 같은 법에 따른 조정·중재, 그 밖에 이와 관련된 사항을 각각 처리한다. 이 경우 공익위원은 조정담당 공익위원 중에서 지명한다.

⑥ 위원장은 제3항 및 제4항에 따라 부문별 위원회를 구성할 때 위원장 또는 상임위원의 업무가 과도하여 정상적인 업무수행이 곤란하게 되는 등 제25조에 따라 중앙노동위원회가 제정하는 규칙으로 정하는 부득이한 사유가 있는 경우 외에는 위원장 또는 상임위원 1명이 포함되도록 위원을 지명하여야 한다.

⑦ 위원장은 제3항부터 제5항까지의 규정에도 불구하고 부문별 위원회를 구성할 때 특정 부문별 위원회에 사건이 집중되거나 다른 분야의 전문지식이 필요하다고 인정하는 경우에는 심판담당 공익위원, 차별시정담당 공익위원 또는 조정담당 공익위원을 담당 분야와 관계없이 다른 부문별 위원회의 위원으로 지명할 수 있다.

⑧ 제1항제6호에 따른 교원 노동관계 조정위원회는 「교원의 노동조합 설립 및 운영 등에 관한 법률」에서 정하는 바에 따라 설치·구성하며, 같은 법에 따른 조정·중재, 그 밖에 이와 관련된 사항을 처리한다.

⑨ 제1항제7호에 따른 공무원 노동관계 조정위원회는 「공무원의 노동조합 설립 및 운영 등에 관한 법률」에서 정하는 바에 따라 설치·구성하며, 같은 법에 따른 조정·중재, 그 밖에 이와 관련된 사항을 처리한다.
[전문개정 2015. 1. 20.]

제15조의2(단독심판 등) 위원장은 다음 각 호의 어느 하나에 해당하는 경우에 심판담당 공익위원 또는 차별시정담당 공익위원 중 1명을 지명하여 사건을 처리하게 할 수 있다.
1. 신청기간을 넘기는 등 신청 요건을 명백하게 갖추지 못한 경우
2. 관계 당사자 양쪽이 모두 단독심판을 신청하거나 단독심판으로 처리하는 것에 동의한 경우

[전문개정 2015. 1. 20.]

제15조의3(「행정심판법」 등의 준용) 사건 처리와 관련하여 선정대표자, 당사자의 지위 승계, 대리인의 선임에 관하여는 「행정심판법」 제15조, 제16조 및 제18조를 준용하고, 대리의 흠과 추인, 대리의 범위에 관하여는 「민사소송법」 제60조 및 제90조를 준용한다.
[본조신설 2015. 1. 20.]

제16조(회의의 소집) ① 부문별 위원회 위원장은 다른 법률에 특별한 규정이 있는 경우를 제외하고는 부문별 위원회의 위원 중에서 호선(互選)한다.

② 위원장 또는 부문별 위원회 위원장은 전원회의 또는 부문별 위원회를 각각 소집하고 회의를 주재한다. 다만, 위원장은 필요하다고 인정하는 경우에 부문별 위원회를 소집할 수 있다.

③ 위원장 또는 부문별 위원회 위원장은 전원회의 또는 부문별 위원회를 구성하는 위원의 과반수가 회의 소집을 요구하는 경우에 이에 따라야 한다.

④ 위원장 또는 부문별 위원회 위원장은 업무수행과 관련된 조사 등 노동위원회의 원활한 운영을 위하여 필요한 경우 노동위원회가 설치된 위치 외의 장소에서 부문별 위원회를 소집하게 하거나 제15조의2에 따른 단독심판을 하게 할 수 있다.
[전문개정 2015. 1. 20.]

제16조의2(주심위원) 부문별 위원회 위원장은 부문별 위원회의 원활한 운영을 위하여 필요하다고 인정하는 경우에 주심위원을 지명하여 사건의 처리를 주관하게 할 수 있다.
[전문개정 2015. 1. 20.]

제16조의3(화해의 권고 등) ① 노동위원회는 「노동조합 및 노동관계조정법」 제29조의4 및 제84조, 「근로기준법」 제30조에 따른 판정·명령 또는 결정이 있기 전까지 관계 당사자의 신청을 받아 또는 직권으로 화해를 권고하거나 화해안을 제시할 수 있다.

② 노동위원회는 화해안을 작성할 때 관계 당사자의 의견을 충분히 들어야 한다.

③ 노동위원회는 관계 당사자가 화해안을 수락하였을 때에는 화해조서를 작성하여야 한다.

④ 화해조서에는 다음 각 호의 사람이 모두 서명하거나 날인하여야 한다.
1. 관계 당사자
2. 화해에 관여한 부문별 위원회(제15조의2에 따른 단독심판을 포함한다)의 위원 전원

⑤ 제3항 및 제4항에 따라 작성된 화해조서는 「민사소송법」에 따른 재판상 화해의 효력을 갖는다.

⑥ 제1항부터 제4항까지의 규정에 따른 화해의 방법, 화해조서의 작성 등에 필요한 사항은 제25조에 따라 중앙노동위원회가 제정하는 규칙으로 정한다.
[전문개정 2015. 1. 20.]

제17조(의결) ① 노동위원회의 전원회의는 재적위원 과반수의 출석으로 개의하고, 출석위원 과반수의 찬성으로 의결한다.

② 부문별 위원회의 회의는 구성위원 전원의 출석으로 개의하고, 출석위원 과반수의 찬성으로 의결한다.

③ 제2항에도 불구하고 제15조제1항제7호의 공무원 노동관계 조정위원회의 회의(「공무원의 노동조합 설립 및 운영 등에 관한 법률」 제15조에 따른 전원회의를 말한다)는 재적위원 과반수의 출석으로 개의하고, 출석위원 과반수의 찬성으로 의결한다.

④ 전원회의 또는 부문별 위원회의 회의에 참여한 위원은 그 의결 사항에 대하여 서명하거나 날인하여야 한다.

[전문개정 2015. 1. 20.]

제17조의2(의결 결과의 송달 등) ① 노동위원회는 부문별 위원회의 의결 결과를 지체 없이 당사자에게 서면으로 송달하여야 한다.

② 노동위원회는 처분 결과를 당사자에게 서면으로 송달하여야 하며, 처분의 효력은 판정서·명령서·결정서 또는 재심판정서를 송달받은 날부터 발생한다.

③ 제1항 및 제2항에 따른 송달의 방법과 절차에 필요한 사항은 대통령령으로 정한다.

[전문개정 2015. 1. 20.]

제17조의3(공시송달) ① 노동위원회는 서류의 송달을 받아야 할 자가 다음 각 호의 어느 하나에 해당하는 경우에는 공시송달을 할 수 있다.

1. 주소가 분명하지 아니한 경우
2. 주소가 국외에 있거나 통상적인 방법으로 확인할 수 없어 서류의 송달이 곤란한 경우
3. 등기우편 등으로 송달하였으나 송달을 받아야 할 자가 없는 것으로 확인되어 반송되는 경우

② 제1항에 따른 공시송달은 노동위원회의 게시판이나 인터넷 홈페이지에 게시하는 방법으로 한다.

③ 공시송달은 제2항에 따라 게시한 날부터 14일이 지난 때에 효력이 발생한다.

④ 제1항에 따른 공시송달의 요건과 제2항에 따른 공시송달의 방법 및 절차에 필요한 사항은 대통령령으로 정한다.

[본조신설 2015. 1. 20.]

제18조(보고 및 의견 청취) ① 위원장 또는 부문별 위원회의 위원장은 소관 회의에 부쳐진 사항에 관하여 구성위원 또는 조사관으로 하여금 회의에 보고하게 할 수 있다.

② 제15조제1항제1호 및 제2호의 심판위원회 및 차별시정위원회는 의결하기 전에 해당 노동위원회의 근로자위원 및 사용자위원 각 1명 이상의 의견을 들어야 한다. 다만, 근로자위원 또는 사용자위원이 출석요구를 받고 정당한 이유 없이 출석하지 아니하는 경우에는 그러하지 아니하다.

[전문개정 2015. 1. 20.]

제19조(회의의 공개) 노동위원회의 회의는 공개한다. 다만, 해당 회의에서 공개하지 아니하기로 의결하면 공개하지 아니할 수 있다.

[전문개정 2015. 1. 20.]

제20조(회의의 질서유지) 위원장 또는 부문별 위원회의 위원장은 소관 회의의 공정한 진행을 방해하거나 질서를 문란하게 하는 사람에 대하여 퇴장명령, 그 밖에 질서유지에 필요한 조치를 할 수 있다.

[전문개정 2015. 1. 20.]

제21조(위원의 제척·기피·회피 등) ① 위원은 다음 각 호의 어느 하나에 해당하는 경우에 해당 사건에 관한 직무집행에서 제척(除斥)된다. 〈개정 2016. 1. 27.〉

1. 위원 또는 위원의 배우자이거나 배우자였던 사람이 해당 사건의 당사자가 되거나 해당 사건의 당사자와 공동권리자 또는 공동의무자의 관계에 있는 경우
2. 위원이 해당 사건의 당사자와 친족이거나 친족이었던 경우
3. 위원이 해당 사건에 관하여 진술이나 감정을 한 경우
4. 위원이 당사자의 대리인으로서 업무에 관여하거나 관여하였던 경우

4의2. 위원이 속한 법인, 단체 또는 법률사무소가 해당 사건에 관하여 당사자의 대리인으로서 관여하거나 관여하였던 경우

5. 위원 또는 위원이 속한 법인, 단체 또는 법률사무소가 해당 사건의 원인이 된 처분 또는 부작위에 관여한 경우

② 위원장은 제1항에 따른 사유가 있는 경우에 관계 당사자의 신청을 받아 또는 직권으로 제척의 결정을 하여야 한다.

③ 당사자는 공정한 심의·의결 또는 조정 등을 기대하기 어려운 위원이 있는 경우에 그 사유를 적어 위원장에게 기피신청을 할 수 있다.

④ 위원장은 제3항에 따른 기피신청이 이유 있다고 인정되는 경우에 기피의 결정을 하여야 한다.

⑤ 위원장은 사건이 접수되는 즉시 제2항에 따른 제척신청과 제3항에 따른 기피신청을 할 수 있음을 사건 당사자에게 알려야 한다.

⑥ 위원에게 제1항 또는 제3항에 따른 사유가 있는 경우에는 스스로 그 사건에 관한 직무집행에서 회피할 수 있다. 이 경우 해당 위원은 위원장에게 그 사유를 소명하여야 한다.

[전문개정 2015. 1. 20.]

제4장 권 한 〈개정 2015. 1. 20.〉

제22조(협조 요청 등) ① 노동위원회는 그 사무집행을 위하여 필요하다고 인정하는 경우에 관계 행정기관에 협조를 요청할 수 있으며, 협조를 요청받은 관계 행정기관은 특별한 사유가 없으면 이에 따라야 한다.

② 노동위원회는 관계 행정기관으로 하여금 근로조건의 개선에 필요한 조치를 하도록 권고할 수 있다.

[전문개정 2015. 1. 20.]

제23조(위원회의 조사권 등) ① 노동위원회는 제2조의2에 따른 소관 사무(제3호의 업무는 제외한다)와 관련하여 사실관계를 확인하는 등 그 사무집행을 위하여 필요하다고 인정할 때에는 근로자, 노동조합, 사용자, 사용자단체, 그 밖의 관계인에 대하여 출석·보고·진술 또는 필요한 서류의 제출을 요구하거나 위원장 또는 부문별 위원회의 위원장이 지명한 위원 또는 조사관으로 하여금 사업 또는 사업장의 업무상황, 서류, 그 밖의 물건을 조사하게 할 수 있다. 〈개정 2016. 1. 27.〉

② 제1항에 따라 조사하는 위원 또는 조사관은 그 권한을 표시하는 증표를 관계인에게 보여 주어야 한다.

③ 노동위원회는 제1항에 따라 관계 당사자 외에 필요하다고 인정되어 출석한 사람에게 대통령령으로 정하는 바에 따라 비용을 변상한다.

④ 노동위원회는 심판사건과 차별적 처우 시정사건의 신청인이 제출한 신청서 부본을 다른 당사자에게 송달하고 이에 대한 답변서를 제출하도록 하여야 한다.

⑤ 노동위원회는 제4항에 따라 다른 당사자가 제출한 답변서의 부본을 지체 없이 신청인에게 송달하여야 한다.

[전문개정 2015. 1. 20.]

제24조(중앙노동위원회의 지시권 등) 중앙노동위원회는 지방노동위원회 또는 특별노동위원회에 대하여 노동위원회의 사무처리에 관한 기본방침 및 법령의 해석에 관하여 필요한 지시를 할 수 있다.
[전문개정 2015. 1. 20.]

제25조(중앙노동위원회의 규칙제정권) 중앙노동위원회는 중앙노동위원회, 지방노동위원회 또는 특별노동위원회의 운영, 부문별 위원회가 처리하는 사건의 지정방법 및 조사관이 처리하는 사건의 지정방법, 그 밖에 위원회 운영에 필요한 사항에 관한 규칙을 제정할 수 있다.
[전문개정 2015. 1. 20.]

제26조(중앙노동위원회의 재심권) ① 중앙노동위원회는 당사자의 신청이 있는 경우 지방노동위원회 또는 특별노동위원회의 처분을 재심하여 이를 인정·취소 또는 변경할 수 있다.
② 제1항에 따른 신청은 관계 법령에 특별한 규정이 있는 경우를 제외하고는 지방노동위원회 또는 특별노동위원회가 한 처분을 송달받은 날부터 10일 이내에 하여야 한다.
③ 제2항의 기간은 불변기간으로 한다.
[전문개정 2015. 1. 20.]

제27조(중앙노동위원회의 처분에 대한 소송) ① 중앙노동위원회의 처분에 대한 소송은 중앙노동위원회 위원장을 피고(被告)로 하여 처분의 송달을 받은 날부터 15일 이내에 제기하여야 한다.
② 이 법에 따른 소송의 제기로 처분의 효력은 정지하지 아니한다.
③ 제1항의 기간은 불변기간으로 한다.
[전문개정 2015. 1. 20.]

제5장 보 칙 〈개정 2015. 1. 20.〉

제28조(비밀엄수 의무 등) ① 노동위원회의 위원이나 직원 또는 그 위원이었거나 직원이었던 사람은 직무에 관하여 알게 된 비밀을 누설하면 아니 된다.
② 노동위원회의 사건 처리에 관여한 위원이나 직원 또는 그 위원이었거나 직원이었던 변호사·공인노무사 등은 영리를 목적으로 그 사건에 관한 직무를 하면 아니 된다.
[전문개정 2015. 1. 20.]

제29조(벌칙 적용에서 공무원 의제) 노동위원회의 위원 중 공무원이 아닌 위원은 「형법」이나 그 밖의 법률에 따른 벌칙을 적용할 때에는 공무원으로 본다.
[전문개정 2015. 1. 20.]

제6장 벌 칙 〈개정 2015. 1. 20.〉

제30조(벌칙) 제28조를 위반한 사람은 1년 이하의 징역 또는 1천만원 이하의 벌금에 처한다.
[전문개정 2015. 1. 20.]

제31조(벌칙) 제23조제1항에 따른 노동위원회의 조사권 등과 관련하여 다음 각 호에 해당하는 자는 500만원 이하의 벌금에 처한다.
1. 노동위원회의 보고 또는 서류제출 요구에 응하지 아니하거나 거짓으로 보고하거나 거짓의 서류를 제출한 자
2. 관계 위원 또는 조사관의 조사를 거부·방해 또는 기피한 자
[전문개정 2015. 1. 20.]

제32조(양벌규정) 법인 또는 단체의 대표자, 법인·단체 또는 개인의 대리인·사용인, 그 밖의 종업원이 그 법인·단체 또는 개인의 업무에 관하여 제31조의 위반행위를 하면 그 행위자를 벌하는 외에 그 법인·단체 또는 개인에게도 같은 조의 벌금형을 과(科)한다.
[전문개정 2015. 1. 20.]

제33조(과태료) ① 제20조에 따른 퇴장명령에 따르지 아니한 사람에게는 100만원 이하의 과태료를 부과한다.
② 제1항에 따른 과태료는 대통령령이 정하는 바에 따라 노동위원회가 부과·징수한다.
[전문개정 2015. 1. 20.]

부 칙 〈제16413호, 2019. 4. 30.〉
(파견근로자 보호 등에 관한 법률)

제1조(시행일) 이 법은 공포한 날부터 시행한다.
제2조(다른 법률의 개정) ① 부터 ⑧ 까지 생략
⑨ 노동위원회법 일부를 다음과 같이 개정한다.
제2조의2제1호 및 제15조제4항 중 "「파견근로자보호 등에 관한 법률」"을 각각 "「파견근로자 보호 등에 관한 법률」"로 한다.
⑩ 부터 ⑭ 까지 생략

고용보험법

[시행 2020. 8. 28] [법률 제16557호, 2019. 8. 27, 일부개정]

제1장 총 칙

제1조(목적) 이 법은 고용보험의 시행을 통하여 실업의 예방, 고용의 촉진 및 근로자의 직업능력의 개발과 향상을 꾀하고, 국가의 직업지도와 직업소개 기능을 강화하며, 근로자가 실업한 경우에 생활에 필요한 급여를 실시하여 근로자의 생활안정과 구직 활동을 촉진함으로써 경제 · 사회 발전에 이바지하는 것을 목적으로 한다.

제2조(정의) 이 법에서 사용하는 용어의 뜻은 다음과 같다. 〈개정 2008. 12. 31., 2010. 1. 27., 2010. 6. 4., 2011. 7. 21.〉

1. "피보험자"란 다음 각 목에 해당하는 자를 말한다.
  가. 「고용보험 및 산업재해보상보험의 보험료징수 등에 관한 법률」(이하 "보험료징수법"이라 한다) 제5조제1항 · 제2항, 제6조제1항, 제8조제1항 · 제2항에 따라 보험에 가입되거나 가입된 것으로 보는 근로자
  나. 보험료징수법 제49조의2제1항 · 제2항에 따라 고용보험에 가입하거나 가입된 것으로 보는 자영업자(이하 "자영업자인 피보험자"라 한다)
2. "이직(離職)"이란 피보험자와 사업주 사이의 고용관계가 끝나게 되는 것을 말한다.
3. "실업"이란 근로의 의사와 능력이 있음에도 불구하고 취업하지 못한 상태에 있는 것을 말한다.
4. "실업의 인정"이란 직업안정기관의 장이 제43조에 따른 수급자격자가 실업한 상태에서 적극적으로 직업을 구하기 위하여 노력하고 있다고 인정하는 것을 말한다.
5. "보수"란 「소득세법」 제20조에 따른 근로소득에서 대통령령으로 정하는 금품을 뺀 금액을 말한다. 다만, 휴직이나 그 밖에 이와 비슷한 상태에 있는 기간 중에 사업주 외의 자로부터 지급받는 금품 중 고용노동부장관이 정하여 고시하는 금품은 보수로 본다.
6. "일용근로자"란 1개월 미만 동안 고용되는 자를 말한다.

제3조(보험의 관장) 고용보험(이하 "보험"이라 한다)은 고용노동부장관이 관장한다. 〈개정 2010. 6. 4.〉

제4조(고용보험사업) ① 보험은 제1조의 목적을 이루기 위하여 고용보험사업(이하 "보험사업"이라 한다)으로 고용안정 · 직업능력개발 사업, 실업급여, 육아휴직 급여 및 출산전후휴가 급여 등을 실시한다. 〈개정 2012. 2. 1.〉

② 보험사업의 보험연도는 정부의 회계연도에 따른다.

제5조(국고의 부담) ① 국가는 매년 보험사업에 드는 비용의 일부를 일반회계에서 부담하여야 한다. 〈개정 2015. 1. 20.〉

② 국가는 매년 예산의 범위에서 보험사업의 관리 · 운영에 드는 비용을 부담할 수 있다.

제6조(보험료) ① 이 법에 따른 보험사업에 드는 비용을 충당하기 위하여 징수하는 보험료와 그 밖의 징수금에 대하여는 보험료징수법으로 정하는 바에 따른다.

② 보험료징수법 제13조제1항제1호에 따라 징수된 고용안정 · 직업능력개발 사업의 보험료 및 실업급여의 보험료는 각각 그 사업에 드는 비용에 충당한다. 다만, 실업급여의 보험료는 제55조의2제1항에 따른 국민연금 보험료의 지원, 제70조제1항에 따른 육아휴직 급여의 지급, 제73조의2제1항에 따른 육아기 근로시간 단축 급여의 지급 및 제75조에 따른 출산전후휴가 급여등의 지급에 드는 비용에 충당할 수 있다. 〈개정 2012. 2. 1., 2019. 1. 15.〉

③ 제2항에도 불구하고 자영업자인 피보험자로부터 보험료징수법 제49조의2에 따라 징수된 고용안정 · 직업능력개발 사업의 보험료 및 실업급여의 보험료는 각각 자영업자인 피보험자를 위한 그 사업에 드는 비용에 충당한다. 다만, 실업급여의 보험료는 자영업자인 피보험자를 위한 제55조의2제1항에 따른 국민연금 보험료의 지원에 드는 비용에 충당할 수 있다. 〈신설 2011. 7. 21., 2019. 1. 15.〉

제7조(고용보험위원회) ① 이 법 및 보험료징수법(보험에 관한 사항만 해당한다)의 시행에 관한 주요 사항을 심의하기 위하여 고용노동부에 고용보험위원회(이하 이 조에서 "위원회"라 한다)를 둔다. 〈개정 2010. 6. 4.〉

② 위원회는 다음 각 호의 사항을 심의한다.

1. 보험제도 및 보험사업의 개선에 관한 사항
2. 보험료징수법에 따른 보험료율의 결정에 관한 사항
3. 제11조의2에 따른 보험사업의 평가에 관한 사항
4. 제81조에 따른 기금운용 계획의 수립 및 기금의 운용 결과에 관한 사항
5. 그 밖에 위원장이 보험제도 및 보험사업과 관련하여 위원회의 심의가 필요하다고 인정하는 사항

③ 위원회는 위원장 1명을 포함한 20명 이내의 위원으로 구성한다.

④ 위원회의 위원장은 고용노동부차관이 되고, 위원은 다음 각 호의 사람 중에서 각각 같은 수(數)로 고용노동부장관이 임명하거나 위촉하는 사람이 된다. 〈개정 2010. 6. 4.〉

1. 근로자를 대표하는 사람
2. 사용자를 대표하는 사람
3. 공익을 대표하는 사람
4. 정부를 대표하는 사람

⑤ 위원회는 심의 사항을 사전에 검토 · 조정하기 위하여 위원회에 전문위원회를 둘 수 있다.

⑥ 위원회 및 전문위원회의 구성 · 운영과 그 밖에 필요한 사항은 대통령령으로 정한다.

[전문개정 2008. 12. 31.]

제8조(적용 범위) 이 법은 근로자를 사용하는 모든 사업 또는 사업장(이하 "사업"이라 한다)에 적용한다. 다만, 산업별 특성 및 규모 등을 고려하여 대통령령으로 정하는 사업에 대하여는 적용하지 아니한다.

제9조(보험관계의 성립 · 소멸) 이 법에 따른 보험관계의 성립 및 소멸에 대하여는 보험료징수법으로 정하는 바에 따른다.

제10조(적용 제외) ① 다음 각 호의 어느 하나에 해당하는 자에게는 이 법을 적용하지 아니한다. 〈개정 2008. 3. 21., 2012. 12. 11., 2013. 6. 4., 2019. 1. 15.〉

1. 삭제 〈2019. 1. 15.〉
2. 소정(所定)근로시간이 대통령령으로 정하는 시간 미만인 자
3. 「국가공무원법」과 「지방공무원법」에 따른 공무원. 다만, 대통령령으로 정하는 바에 따라 별정직공무원, 「국가공무원법」 제26조의5 및 「지방공무원법」 제25조의5에 따른 임기제공무원의 경우는 본인의 의사에 따라 고용보험(제4장에 한한다)에 가입할 수 있다.
4. 「사립학교교직원 연금법」의 적용을 받는 자
5. 그 밖에 대통령령으로 정하는 자

② 65세 이후에 고용(65세 전부터 피보험 자격을 유지하던 사람이 65세 이후에 계속하여 고용된 경우는 제외한다)되거나 자영업을 개시한 사람에게는 제4장 및 제5장을 적용하지 아니한다. 〈신설 2019. 1. 15.〉

[제목개정 2013. 6. 4.]

제10조의2(외국인근로자에 대한 적용) ① 「외국인근로자의 고용 등에 관한 법률」의 적용을 받는 외국인근로자에게는 이 법을 적용한다. 다만, 제4장 및 제5장은 고용노동부령으로 정하는 바에 따른 신청이 있는 경우에만 적용한다.

② 제1항에 해당하는 외국인근로자를 제외한 외국인근로자에게는 대통령령으로 정하는 바에 따라 이 법의 전부 또는 일부를 적용한다.

[본조신설 2019. 1. 15.]

제11조(보험 관련 조사 · 연구) ① 고용노동부장관은 노동시장 · 직업 및 직업능력개발에 관한 연구와 보험 관련 업무를 지원하기 위한 조사 · 연구 사업 등을 할 수 있다. 〈개정 2010. 6. 4.〉

② 고용노동부장관은 필요하다고 인정하면 제1항에 따른 업무의 일부를 대통령령으로 정하는 자에게 대행하게 할 수 있다. 〈개정 2010. 6. 4.〉

제11조의2(보험사업의 평가) ① 고용노동부장관은 보험사업에 대하여 상시적이고 체계적인 평가를 하여야 한다. 〈개정 2010. 6. 4.〉

② 고용노동부장관은 제1항에 따른 평가의 전문성을 확보하기 위하여 대통령령으로 정하는 기관에 제1항에 따른 평가를 의뢰할 수 있다. 〈개정 2010. 6. 4.〉

③ 고용노동부장관은 제1항 및 제2항에 따른 평가 결과를 반영하여 보험사업을 조정하거나 제81조에 따른 기금운용 계획을 수립하여야 한다. 〈개정 2010. 6. 4.〉

[본조신설 2008. 12. 31.]

제12조(국제교류 · 협력) 고용노동부장관은 보험사업에 관하여 국제기구 및 외국 정부 또는 기관과의 교류 · 협력 사업을 할 수 있다. 〈개정 2010. 6. 4.〉

제2장 피보험자의 관리

제13조(피보험자격의 취득일) ① 피보험자는 이 법이 적용되는 사업에 고용된 날에 피보험자격을 취득한다. 다만, 다음 각 호의 경우에는 각각 그 해당되는 날에 피보험자격을 취득한 것으로 본다. 〈개정 2011. 7. 21., 2019. 1. 15.〉

1. 제10조 및 제10조의2에 따른 적용 제외 근로자였던 자가 이 법의 적용을 받게 된 경우에는 그 적용을 받게 된 날
2. 보험료징수법 제7조에 따른 보험관계 성립일 전에 고용된 근로자의 경우에는 그 보험관계가 성립한 날

② 제1항에도 불구하고 자영업자인 피보험자는 보험료징수법 제49조의2제1항 및 같은 조 제12항에서 준용하는 같은 법 제7조제3호에 따라 보험관계가 성립한 날에 피보험자격을 취득한다. 〈신설 2011. 7. 21.〉

제14조(피보험자격의 상실일) ① 피보험자는 다음 각 호의 어느 하나에 해당하는 날에 각각 그 피보험자격을 상실한다. 〈개정 2011. 7. 21., 2019. 1. 15.〉

1. 피보험자가 제10조 및 제10조의2에 따른 적용 제외 근로자에 해당하게 된 경우에는 그 적용 제외 대상자가 된 날
2. 보험료징수법 제10조에 따라 보험관계가 소멸한 경우에는 그 보험관계가 소멸한 날
3. 피보험자가 이직한 경우에는 이직한 날의 다음 날
4. 피보험자가 사망한 경우에는 사망한 날의 다음 날

② 제1항에도 불구하고 자영업자인 피보험자는 보험료징수법 제49조의2제10항 및 같은 조 제12항에서 준용하는 같은 법 제10조제1호부터 제3호까지의 규정에 따라 보험관계가 소멸한 날에 피보험자격을 상실한다. 〈신설 2011. 7. 21.〉

제15조(피보험자격에 관한 신고 등) ① 사업주는 그 사업에 고용된 근로자의 피보험자격의 취득 및 상실 등에 관한 사항을 대통령령으로 정하는 바에 따라 고용노동부장관에게 신고하여야 한다. 〈개정 2010. 6. 4.〉

② 보험료징수법 제9조에 따라 원수급인(元受給人)이 사업주로 된 경우에 그 사업에 종사하는 근로자 중 원수급인이 고용하는 근로자 외의 근로자에 대하여는 그 근로자를 고용하는 다음 각 호의 하수급인(下受給人)이 제1항에 따른 신고를 하여야 한다. 이 경우 원수급인은 고용노동부령으로 정하는 바에 따라 하수급인에 관한 자료를 고용노동부장관에게 제출하여야 한다. 〈개정 2010. 2. 4., 2010. 6. 4., 2011. 5. 24., 2016. 1. 19., 2019. 4. 30.〉

1. 「건설산업기본법」 제2조제7호에 따른 건설사업자
2. 「주택법」 제4조에 따른 주택건설사업자
3. 「전기공사업법」 제2조제3호에 따른 공사업자
4. 「정보통신공사업법」 제2조제4호에 따른 정보통신공사업자
5. 「소방시설공사업법」 제2조제1항제2호에 따른 소방시설업자
6. 「문화재수리 등에 관한 법률」 제14조에 따른 문화재수리업자

③ 사업주가 제1항에 따른 피보험자격에 관한 사항을 신고하지 아니하면 대통령령으로 정하는 바에 따라 근로자가 신고할 수 있다.

④ 고용노동부장관은 제1항부터 제3항까지의 규정에 따라 신고된 피보험자격의 취득 및 상실 등에 관한 사항을 고용노동부령으로 정하는 바에 따라 피보험자 및 원수급인 등 관계인에게 알려야 한다. 〈개정 2010. 6. 4.〉

⑤ 제1항이나 제2항에 따른 사업주, 원수급인 또는 하수급인은 같은 항의 신고를 고용노동부령으로 정하는 전자적 방법으로 할 수 있다. 〈개정 2010. 6. 4.〉

⑥ 고용노동부장관은 제5항에 따라 전자적 방법으로 신고를 하려는 사업주, 원수급인 또는 하수급인에게 고용노동부령으로 정하는 바에 따라 필요한 장비 등을 지원할 수 있다. 〈개정 2010. 6. 4.〉

⑦ 제1항에도 불구하고 자영업자인 피보험자는 피보험자격의 취득 및 상실에 관한 신고를 하지 아니한다. 〈신설 2011. 7. 21.〉

제16조 삭제 〈2019. 8. 27.〉

제17조(피보험자격의 확인) ① 피보험자 또는 피보험자였던 자는 언제든지 고용노동부장관에게 피보험자격의 취득 또는 상실에 관한 확인을 청구할 수 있다. 〈개정 2010. 6. 4.〉

② 고용노동부장관은 제1항에 따른 청구에 따르거나 직권으로 피보험자격의 취득 또는 상실에 관하여 확인을 한다. 〈개정 2010. 6. 4.〉

③ 고용노동부장관은 제2항에 따른 확인 결과를 대통령령으로 정하는 바에 따라 그 확인을 청구한 피보험자 및 사업주 등 관계인에게 알려야 한다. 〈개정 2010. 6. 4.〉

제18조(피보험자격 이중 취득의 제한) 근로자가 보험관계가 성립되어 있는 둘 이상의 사업에 동시에 고용되어 있는 경우에는 고용노동부령으로 정하는 바에 따라 그 중 한 사업의 근로자로서의 피보험자격을 취득한다. 〈개정 2010. 6. 4.〉

제3장 고용안정 · 직업능력개발 사업

제19조(고용안정 · 직업능력개발 사업의 실시) ① 고용노동부장관은 피보험자 및 피보험자였던 자, 그 밖에 취업할 의사를 가진 자(이하 "피보험자등"이라 한다)에 대한 실업의 예방, 취업의 촉진, 고용기회의 확대, 직업능력개발 · 향상의 기회 제공 및 지원, 그 밖에 고용안정과 사업주에 대한 인력 확보를 지원하기 위하여 고용안정 · 직업능력개발 사업을 실시한다. 〈개정 2010. 6. 4.〉

② 고용노동부장관은 제1항에 따른 고용안정 · 직업능력개발 사업을 실시할 때에는 근로자의 수, 고용안정 · 직업능력개발을 위하여 취한 조치 및 실적 등 대통령령으로 정하는 기준에 해당하는 기업(이하 "우선지원 대상기업"이라 한다)을 우선적으로 고려하여야 한다. 〈개정 2010. 6. 4., 2019. 8. 27.〉

제20조(고용창출의 지원) 고용노동부장관은 고용환경 개선, 근무형태 변경 등으로 고용의 기회를 확대한 사업주에게 대통령령으로 정하는 바에 따라 필요한 지원을 할 수 있다. 〈개정 2010. 6. 4.〉

제21조(고용조정의 지원) ① 고용노동부장관은 경기의 변동, 산업구조의 변화 등에 따른 사업 규모의 축소, 사업의 폐업 또는 전환으로 고용조정이 불가피하게 된 사업주가 근로자에 대한 휴업, 휴직, 직업전환에 필요한 직업능력개발 훈련, 인력의 재배치 등을 실시하거나 그 밖에 근로자의 고용안정을 위한 조치를 하면 대통령령으로 정하는 바에 따라 그 사업주에게 필요한 지원을 할 수 있다. 이 경우 휴업이나 휴직 등 고용안정을 위한 조치로 근로자의 임금(「근로기준법」 제2조제1항제5호에 따른 임금을 말한다. 이하 같다)이 대통령령으로 정하는 수준으로 감소할 때에는 대통령령으로 정하는 바에 따라 그 근로자에게도 필요한 지원을 할 수 있다. 〈개정 2010. 6. 4., 2013. 1. 23., 2019. 8. 27.〉

② 고용노동부장관은 제1항의 고용조정으로 이직된 근로자를 고용하는 등 고용이 불안정하게 된 근로자의 고용안정을 위한 조치를 하는 사업주에게 대통령령으로 정하는 바에 따라 필요한 지원을 할 수 있다. 〈개정 2010. 6. 4.〉

③ 고용노동부장관은 제1항에 따른 지원을 할 때에는 「고용정책 기본법」 제32조에 따른 업종에 해당하거나 지역에 있는 사업주 또는 근로자에게 우선적으로 지원할 수 있다. 〈개정 2009. 10. 9., 2010. 6. 4., 2013. 1. 23.〉

제22조(지역 고용의 촉진) 고용노동부장관은 고용기회가 뚜렷이 부족하거나 산업구조의 변화 등으로 고용사정이 급속하게 악화되고 있는 지역으로 사업을 이전하거나 그러한 지역에서 사업을 신설 또는 증설하여 그 지역의 실업 예방과 재취업 촉진에 기여한 사업주, 그 밖에 그 지역의 고용기회 확대에 필요한 조치를 한 사업주에게 대통령령으로 정하는 바에 따라 필요한 지원을 할 수 있다. 〈개정 2010. 6. 4.〉

제23조(고령자등 고용촉진의 지원) 고용노동부장관은 고령자 등 노동시장의 통상적인 조건에서는 취업이 특히 곤란한 자(이하 "고령자등"이라 한다)의 고용을 촉진하기 위하여 고령자등을 새로 고용하거나 이들의 고용안정에 필요한 조치를 하는 사업주 또는 사업주가 실시하는 고용안정 조치에 해당된 근로자에게 대통령령으로 정하는 바에 따라 필요한 지원을 할 수 있다. 〈개정 2010. 6. 4.〉

제24조(건설근로자 등의 고용안정 지원) ① 고용노동부장관은 건설근로자 등 고용상태가 불안정한 근로자를 위하여 다음 각 호의 사업을 실시하는 사업주에게 대통령령으로 정하는 바에 따라 필요한 지원을 할 수 있다. 〈개정 2010. 6. 4.〉

1. 고용상태의 개선을 위한 사업
2. 계속적인 고용기회의 부여 등 고용안정을 위한 사업
3. 그 밖에 대통령령으로 정하는 고용안정 사업

② 고용노동부장관은 제1항 각 호의 사업과 관련하여 사업주가 단독으로 고용안정 사업을 실시하기 어려운 경우로서 대통령령으로 정하는 경우에는 사업주 단체에 대하여도 지원을 할 수 있다. 〈개정 2010. 6. 4.〉

제25조(고용안정 및 취업 촉진) ① 고용노동부장관은 피보험자등의 고용안정 및 취업을 촉진하기 위하여 다음 각 호의 사업을 직접 실시하거나 이를 실시하는 자에게 필요한 비용을 지원 또는 대부할 수 있다. 〈개정 2010. 6. 4.〉

1. 고용관리 진단 등 고용개선 지원 사업
2. 피보험자등의 창업을 촉진하기 위한 지원 사업
3. 그 밖에 피보험자등의 고용안정 및 취업을 촉진하기 위한 사업으로서 대통령령으로 정하는 사업

② 제1항에 따른 사업의 실시와 비용의 지원 · 대부에 필요한 사항은 대통령령으로 정한다.

제26조(고용촉진 시설에 대한 지원) 고용노동부장관은 피보험자등의 고용안정 · 고용촉진 및 사업주의 인력 확보를 지원하기 위하여 대통령령으로 정하는 바에 따라 상담 시설, 어린이집, 그 밖에 대통령령으로 정하는 고용촉진 시설을 설치 · 운영하는 자에게 필요한 지원을 할 수 있다. 〈개정 2010. 6. 4., 2011. 6. 7.〉

제26조의2(지원의 제한) 고용노동부장관은 제20조부터 제26조까지의 규정에 따른 지원을 할 때 사업주가 다른 법령에 따른 지원금 또는 장려금 등의 금전을 지급받은 경우 등 대통령령으로 정하는 경우에는 그 금액을 빼고 지원할 수 있다. [본조신설 2011. 7. 21.]

제27조(사업주에 대한 직업능력개발 훈련의 지원) ① 고용노동부장관은 피보험자등의 직업능력을 개발 · 향상시키기 위하여 대통령령으로 정하는 직업능력개발 훈련을 실시하는 사업주에게 대통령령으로 정하는 바에 따라 그 훈련에 필요한 비용을 지원할 수 있다. 〈개정 2010. 6. 4., 2016. 12. 27.〉

② 고용노동부장관은 사업주가 다음 각 호의 어느 하나에 해당하는 사람에게 제1항에 따라 직업능력개발 훈련을 실시하는 경우에는 대통령령으로 정하는 바에 따라 우대 지원할 수 있다. 〈신설 2016. 12. 27., 2019. 4. 30.〉

1. 「기간제 및 단시간근로자 보호 등에 관한 법률」 제2조제1호의 기간제근로자
2. 「근로기준법」 제2조제1항제8호의 단시간근로자
3. 「파견근로자 보호 등에 관한 법률」 제2조제5호의 파견근로자
4. 일용근로자
5. 「고용상 연령차별금지 및 고령자고용촉진에 관한 법률」 제2조제1호 또는 제2호의 고령자 또는 준고령자
6. 그 밖에 대통령령으로 정하는 사람

제28조(비용 지원의 기준 등) 고용노동부장관이 제27조에 따라 사업주에게 비용을 지원하는 경우 지원 금액은 보험료징수법 제16조의3에 따른 해당 연도 고용보험료 또는 같은 법 제17조에 따른 해당 연도 고용보험 개산보험료 중 고용안정·직업능력개발 사업의 보험료에 대통령령으로 정하는 비율을 곱한 금액으로 하되, 그 한도는 대통령령으로 정한다. 〈개정 2010. 1. 27., 2010. 6. 4.〉

제29조(피보험자등에 대한 직업능력개발 지원) ① 고용노동부장관은 피보험자등이 직업능력개발 훈련을 받거나 그 밖에 직업능력 개발·향상을 위하여 노력하는 경우에는 대통령령으로 정하는 바에 따라 필요한 비용을 지원할 수 있다. 〈개정 2010. 6. 4.〉

② 고용노동부장관은 필요하다고 인정하면 대통령령으로 정하는 바에 따라 피보험자등의 취업을 촉진하기 위한 직업능력개발 훈련을 실시할 수 있다. 〈개정 2010. 6. 4.〉

③ 고용노동부장관은 대통령령으로 정하는 저소득 피보험자등이 직업능력개발 훈련을 받는 경우 대통령령으로 정하는 바에 따라 생계비를 대부할 수 있다. 〈신설 2008. 12. 31., 2010. 6. 4.〉

제30조(직업능력개발 훈련 시설에 대한 지원 등) 고용노동부장관은 피보험자등의 직업능력 개발·향상을 위하여 필요하다고 인정하면 대통령령으로 정하는 바에 따라 직업능력개발 훈련 시설의 설치 및 장비 구입에 필요한 비용의 대부, 그 밖에 고용노동부장관이 정하는 직업능력개발 훈련 시설의 설치 및 장비 구입·운영에 필요한 비용을 지원할 수 있다. 〈개정 2010. 6. 4.〉

제31조(직업능력개발의 촉진) ① 고용노동부장관은 피보험자등의 직업능력 개발·향상을 촉진하기 위하여 다음 각 호의 사업을 실시하거나 이를 실시하는 자에게 그 사업의 실시에 필요한 비용을 지원할 수 있다. 〈개정 2010. 5. 31., 2010. 6. 4.〉

1. 직업능력개발 사업에 대한 기술지원 및 평가 사업
2. 자격검정 사업 및 「숙련기술장려법」에 따른 숙련기술 장려 사업
3. 그 밖에 대통령령으로 정하는 사업

② 고용노동부장관은 직업능력 개발·향상과 인력의 원활한 수급(需給)을 위하여 필요하다고 인정하면 대통령령으로 정하는 바에 따라 고용노동부장관이 정하는 직종에 대한 직업능력개발 훈련 사업을 위탁하여 실시할 수 있다. 〈개정 2010. 6. 4.〉

제32조(건설근로자 등의 직업능력개발 지원) ① 고용노동부장관은 건설근로자 등 고용상태가 불안정한 근로자를 위하여 직업능력 개발·향상을 위한 사업으로 대통령령으로 정하는 사업을 실시하는 사업주에게 그 사업의 실시에 필요한 비용을 지원할 수 있다. 〈개정 2010. 6. 4.〉

② 고용노동부장관은 제1항의 사업과 관련하여 사업주가 단독으로 직업능력개발 사업을 실시하기 어려운 경우로서 대통령령으로 정하는 경우에는 사업주 단체에 대하여도 지원할 수 있다. 〈개정 2010. 6. 4.〉

제33조(고용정보의 제공 및 고용 지원 기반의 구축 등) ① 고용노동부장관은 사업주 및 피보험자등에 대한 구인·구직·훈련 등 고용정보의 제공, 직업·훈련 상담 등 직업지도, 직업소개, 고용안정·직업능력개발에 관한 기반의 구축 및 그에 필요한 전문 인력의 배치 등의 사업을 할 수 있다. 〈개정 2010. 6. 4.〉

② 고용노동부장관은 필요하다고 인정하면 제1항에 따른 업무의 일부를 「직업안정법」 제4조의4에 따른 민간직업상담원에게 수행하도록 할 수 있다. 〈개정 2010. 6. 4.〉

제34조(지방자치단체 등에 대한 지원) 고용노동부장관은 지방자치단체 또는 대통령령으로 정하는 비영리법인·단체가 그 지역에서 피보험자등의 고용안정·고용촉진 및 직업능력개발을 위한 사업을 실시하는 경우에는 대통령령으로 정하는 바에 따라 필요한 지원을 할 수 있다. 〈개정 2010. 6. 4.〉

제35조(부정행위에 따른 지원의 제한 등) ① 고용노동부장관은 거짓이나 그 밖의 부정한 방법으로 이 장의 규정에 따른 고용안정·직업능력개발 사업의 지원을 받은 자 또는 받으려는 자에게는 해당 지원금 중 지급되지 아니한 금액 또는 지급받으려는 지원금을 지급하지 아니하고, 1년의 범위에서 대통령령으로 정하는 바에 따라 지원금의 지급을 제한하며, 거짓이나 그 밖의 부정한 방법으로 지원받은 금액을 반환하도록 명하여야 한다. 〈개정 2008. 12. 31., 2010. 6. 4., 2015. 1. 20.〉

② 고용노동부장관은 제1항에 따라 반환을 명하는 경우에는 이에 추가하여 고용노동부령으로 정하는 기준에 따라 그 거짓이나 그 밖의 부정한 방법으로 지급받은 금액의 5배 이하의 금액을 징수할 수 있다. 〈개정 2008. 12. 31., 2010. 6. 4.〉

③ 고용노동부장관은 고용안정·직업능력개발 사업의 지원을 받은 자에게 잘못 지급된 지원금이 있으면 그 지급금의 반환을 명할 수 있다. 〈신설 2019. 8. 27.〉

④ 제1항 및 제2항에도 불구하고 거짓이나 그 밖의 부정한 방법으로 직업능력개발 사업의 지원을 받은 자 또는 받으려는 자에 대한 지원의 제한, 반환 및 추가징수에 관하여는 「근로자직업능력 개발법」 제55조제1항·제2항, 제56조제1항부터 제3항까지의 규정을 준용한다. 〈신설 2008. 12. 31., 2010. 5. 31., 2019. 8. 27.〉

⑤ 고용노동부장관은 보험료를 체납한 자에게는 고용노동부령으로 정하는 바에 따라 이 장의 규정에 따른 고용안정·직업능력개발 사업의 지원을 하지 아니할 수 있다. 〈개정 2008. 12. 31., 2010. 6. 4., 2011. 7. 21., 2019. 8. 27.〉

[2015. 1. 20. 법률 제13041호에 의하여 2013. 8. 29. 위헌 결정된 제35조제1항을 개정함]

제36조(업무의 대행) 고용노동부장관은 필요하다고 인정하면 제19조 및 제27조부터 제31조까지의 규정에 따른 업무의 일부를 대통령령으로 정하는 자에게 대행하게 할 수 있다. 〈개정 2010. 6. 4.〉

제4장 실업급여

제1절 통 칙

제37조(실업급여의 종류) ① 실업급여는 구직급여와 취업촉진

수당으로 구분한다.
② 취업촉진 수당의 종류는 다음 각 호와 같다.
1. 조기(早期)재취업 수당
2. 직업능력개발 수당
3. 광역 구직활동비
4. 이주비

제37조의2(실업급여수급계좌) ① 직업안정기관의 장은 제43조에 따른 수급자격자의 신청이 있는 경우에는 실업급여를 수급자격자 명의의 지정된 계좌(이하 "실업급여수급계좌"라 한다)로 입금하여야 한다. 다만, 정보통신장애나 그 밖에 대통령령으로 정하는 불가피한 사유로 실업급여를 실업급여수급계좌로 이체할 수 없을 때에는 현금 지급 등 대통령령으로 정하는 바에 따라 실업급여를 지급할 수 있다.
② 실업급여수급계좌의 해당 금융기관은 이 법에 따른 실업급여만이 실업급여수급계좌에 입금되도록 관리하여야 한다.
③ 제1항에 따른 신청 방법·절차와 제2항에 따른 실업급여수급계좌의 관리에 필요한 사항은 대통령령으로 정한다.
[본조신설 2015. 1. 20.]

제38조(수급권의 보호) ① 실업급여를 받을 권리는 양도 또는 압류하거나 담보로 제공할 수 없다. 〈개정 2015. 1. 20.〉
② 제37조의2제1항에 따라 지정된 실업급여수급계좌의 예금 중 대통령령으로 정하는 액수 이하의 금액에 관한 채권은 압류할 수 없다. 〈신설 2015. 1. 20.〉

제38조의2(공과금의 면제) 실업급여로서 지급된 금품에 대하여는 국가나 지방자치단체의 공과금(「국세기본법」 제2조제8호 또는 「지방세기본법」 제2조제1항제26호에 따른 공과금을 말한다)을 부과하지 아니한다.
[본조신설 2013. 3. 22.]

제39조 삭제 〈2013. 6. 4.〉

제2절 구직급여

제40조(구직급여의 수급 요건) ① 구직급여는 이직한 피보험자가 다음 각 호의 요건을 모두 갖춘 경우에 지급한다. 다만, 제5호와 제6호는 최종 이직 당시 일용근로자였던 자만 해당한다. 〈개정 2019. 1. 15., 2019. 8. 27.〉
1. 제2항에 따른 기준기간(이하 "기준기간"이라 한다) 동안의 피보험 단위기간(제41조에 따른 피보험 단위기간을 말한다. 이하 같다)이 통산(通算)하여 180일 이상일 것
2. 근로의 의사와 능력이 있음에도 불구하고 취업(영리를 목적으로 사업을 영위하는 경우를 포함한다. 이하 이 장 및 제5장에서 같다)하지 못한 상태에 있을 것
3. 이직사유가 제58조에 따른 수급자격의 제한 사유에 해당하지 아니할 것
4. 재취업을 위한 노력을 적극적으로 할 것
5. 다음 각 목의 어느 하나에 해당할 것
 가. 제43조에 따른 수급자격 인정신청일 이전 1개월 동안의 근로일수가 10일 미만일 것
 나. 건설일용근로자(일용근로자로서 이직 당시에 「통계법」 제22조제1항에 따라 통계청장이 고시하는 한국표준산업분류의 대분류상 건설업에 종사한 사람을 말한다. 이하 같다)로서 수급자격 인정신청일 이전 14일간 연속하여 근로내역이 없을 것
6. 최종 이직 당시의 기준기간 동안의 피보험 단위기간 중 다른 사업에서 제58조에 따른 수급자격의 제한 사유에 해당하는 사유로 이직한 사실이 있는 경우에는 그 피보험 단위기간 중 90일 이상을 일용근로자로 근로하였을 것

② 기준기간은 이직일 이전 18개월로 하되, 피보험자가 다음 각 호의 어느 하나에 해당하는 경우에는 다음 각 호의 구분에 따른 기간을 기준기간으로 한다. 〈개정 2019. 8. 27.〉
1. 이직일 이전 18개월 동안에 질병·부상, 그 밖에 대통령령으로 정하는 사유로 계속하여 30일 이상 보수의 지급을 받을 수 없었던 경우: 18개월에 그 사유로 보수를 지급 받을 수 없었던 일수를 가산한 기간(3년을 초과할 때에는 3년으로 한다)
2. 다음 각 목의 요건에 모두 해당하는 경우: 이직일 이전 24개월
 가. 이직 당시 1주 소정근로시간이 15시간 미만이고, 1주 소정근로일수가 2일 이하인 근로자로 근로하였을 것
 나. 이직일 이전 24개월 동안의 피보험 단위기간 중 90일 이상을 가목의 요건에 해당하는 근로자로 근로하였을 것

제41조(피보험 단위기간) ① 피보험 단위기간은 피보험기간 중 보수 지급의 기초가 된 날을 합하여 계산한다. 다만, 자영업자인 피보험자의 피보험 단위기간은 제50조제3항 단서 및 제4항에 따른 피보험기간으로 한다. 〈개정 2010. 1. 27., 2011. 7. 21.〉
② 제1항에 따라 피보험 단위기간을 계산할 때에는 최후로 피보험자격을 취득한 날 이전에 구직급여를 받은 사실이 있는 경우에는 그 구직급여와 관련된 피보험자격 상실일 이전의 피보험 단위기간은 넣지 아니한다. 〈개정 2008. 12. 31., 2010. 1. 27., 2011. 7. 21.〉

제42조(실업의 신고) ① 구직급여를 지급받으려는 자는 이직 후 지체없이 직업안정기관에 출석하여 실업을 신고하여야 한다.
② 제1항에 따른 실업의 신고에는 구직 신청과 제43조에 따른 수급자격의 인정신청을 포함하여야 한다.
③ 제1항에 따라 구직급여를 지급받기 위하여 실업을 신고하려는 사람은 이직하기 전 사업의 사업주에게 피보험 단위기간, 이직 전 1일 소정근로시간 등을 확인할 수 있는 자료(이하 "이직확인서"라 한다)의 발급을 요청할 수 있다. 이 경우 요청을 받은 사업주는 고용노동부령으로 정하는 바에 따라 이직확인서를 발급하여 주어야 한다. 〈신설 2019. 8. 27.〉

제43조(수급자격의 인정) ① 구직급여를 지급받으려는 자는 직업안정기관의 장에게 제40조제1항제1호부터 제3호까지·제5호 및 제6호에 따른 구직급여의 수급 요건을 갖추었다는 사실(이하 "수급자격"이라 한다)을 인정하여 줄 것을 신청하여야 한다. 〈개정 2019. 1. 15.〉
② 직업안정기관의 장은 제1항에 따른 수급자격의 인정신청을 받으면 그 신청인에 대한 수급자격의 인정 여부를 결정하고, 대통령령으로 정하는 바에 따라 신청인에게 그 결과를 알려야 한다.
③ 제2항에 따른 신청인이 다음 각 호의 요건을 모두 갖춘 경우에는 마지막에 이직한 사업을 기준으로 수급자격의 인정 여부를 결정한다. 다만, 마지막 이직 당시 일용근로자로서 피보험 단위기간이 1개월 미만인 자가 수급자격을 갖추지 못한 경우에는 일용근로자가 아닌 근로자로서 마지막으로 이직한 사업을 기준으로 결정한다. 〈개정 2008. 12. 31.〉
1. 피보험자로서 마지막에 이직한 사업에 고용되기 전에 피

보험자로서 이직한 사실이 있을 것

2. 마지막 이직 이전의 이직과 관련하여 구직급여를 받은 사실이 없을 것

④ 직업안정기관의 장은 제2항 및 제3항에 따라 신청인에 대한 수급자격의 인정 여부를 결정하기 위하여 필요하면 신청인이 이직하기 전 사업의 사업주에게 고용노동부령으로 정하는 바에 따라 이직확인서의 제출을 요청할 수 있다. 이 경우 요청을 받은 사업주는 고용노동부령으로 정하는 바에 따라 이직확인서를 제출하여야 한다. 〈신설 2019. 8. 27.〉

⑤ 제2항에 따라 수급자격의 인정을 받은 자(이하 "수급자격자"라 한다)가 제48조 및 제54조제1항에 따른 기간에 새로 수급자격의 인정을 받은 경우에는 새로 인정받은 수급자격을 기준으로 구직급여를 지급한다. 〈개정 2019. 8. 27.〉

제44조(실업의 인정) ① 구직급여는 수급자격자가 실업한 상태에 있는 날 중에서 직업안정기관의 장으로부터 실업의 인정을 받은 날에 대하여 지급한다.

② 실업의 인정을 받으려는 수급자격자는 제42조에 따라 실업의 신고를 한 날부터 계산하기 시작하여 1주부터 4주의 범위에서 직업안정기관의 장이 지정한 날(이하 "실업인정일"이라 한다)에 출석하여 재취업을 위한 노력을 하였음을 신고하여야 하고, 직업안정기관의 장은 직전 실업인정일의 다음 날부터 그 실업인정일까지의 각각의 날에 대하여 실업의 인정을 한다. 다만, 다음 각 호에 해당하는 자에 대한 실업의 인정 방법은 고용노동부령으로 정하는 기준에 따른다. 〈개정 2010. 6. 4.〉

1. 직업능력개발 훈련 등을 받는 수급자격자
2. 천재지변, 대량 실업의 발생 등 대통령령으로 정하는 사유가 발생한 경우의 수급자격자
3. 그 밖에 대통령령으로 정하는 수급자격자

③ 제2항에도 불구하고 수급자격자가 다음 각 호의 어느 하나에 해당하면 직업안정기관에 출석할 수 없었던 사유를 적은 증명서를 제출하여 실업의 인정을 받을 수 있다.

1. 질병이나 부상으로 직업안정기관에 출석할 수 없었던 경우로서 그 기간이 계속하여 7일 미만인 경우
2. 직업안정기관의 직업소개에 따른 구인자와의 면접 등으로 직업안정기관에 출석할 수 없었던 경우
3. 직업안정기관의 장이 지시한 직업능력개발 훈련 등을 받기 위하여 직업안정기관에 출석할 수 없었던 경우
4. 천재지변이나 그 밖의 부득이한 사유로 직업안정기관에 출석할 수 없었던 경우

④ 직업안정기관의 장은 제1항에 따른 실업을 인정할 때에는 수급자격자의 취업을 촉진하기 위하여 재취업 활동에 관한 계획의 수립 지원, 직업소개 등 대통령령으로 정하는 조치를 하여야 한다. 이 경우 수급자격자는 정당한 사유가 없으면 직업안정기관의 장의 조치에 따라야 한다.

제45조(급여의 기초가 되는 임금일액) ① 구직급여의 산정 기초가 되는 임금일액[이하 "기초일액(基礎日額)"이라 한다]은 제43조제1항에 따른 수급자격의 인정과 관련된 마지막 이직 당시 「근로기준법」 제2조제1항제6호에 따라 산정된 평균임금으로 한다. 다만, 마지막 이직일 이전 3개월 이내에 피보험자격을 취득한 사실이 2회 이상인 경우에는 마지막 이직일 이전 3개월간(일용근로자의 경우에는 마지막 이직일 이전 4개월 중 최종 1개월을 제외한 기간)에 그 근로자에게 지급된 임금 총액을 그 산정의 기준이 되는 3개월의 총 일수로 나눈 금액을 기초일액으로 한다.

② 제1항에 따라 산정된 금액이 「근로기준법」에 따른 그 근로자의 통상임금보다 적을 경우에는 그 통상임금액을 기초일액으로 한다. 다만, 마지막 사업에서 이직 당시 일용근로자였던 자의 경우에는 그러하지 아니하다.

③ 제1항과 제2항에 따라 기초일액을 산정하는 것이 곤란한 경우와 보험료를 보험료징수법 제3조에 따른 기준보수(이하 "기준보수"라 한다)를 기준으로 낸 경우에는 기준보수를 기초일액으로 한다. 다만, 보험료를 기준보수로 낸 경우에도 제1항과 제2항에 따라 산정한 기초일액이 기준보수보다 많은 경우에는 그러하지 아니하다. 〈개정 2010. 1. 27.〉

④ 제1항부터 제3항까지의 규정에도 불구하고 이들 규정에 따라 산정된 기초일액이 그 수급자격자의 이직 전 1일 소정근로시간에 이직일 당시 적용되던 「최저임금법」에 따른 시간 단위에 해당하는 최저임금액을 곱한 금액(이하 "최저기초일액"이라 한다)보다 낮은 경우에는 최저기초일액을 기초일액으로 한다. 이 경우 이직 전 1일 소정근로시간은 고용노동부령으로 정하는 방법에 따라 산정한다. 〈개정 2015. 1. 20.〉

⑤ 제1항부터 제3항까지의 규정에도 불구하고 이들 규정에 따라 산정된 기초일액이 보험의 취지 및 일반 근로자의 임금 수준 등을 고려하여 대통령령으로 정하는 금액을 초과하는 경우에는 대통령령으로 정하는 금액을 기초일액으로 한다.

제46조(구직급여일액) ① 구직급여일액은 다음 각 호의 구분에 따른 금액으로 한다. 〈개정 2019. 8. 27.〉

1. 제45조제1항부터 제3항까지 및 제5항의 경우에는 그 수급자격자의 기초일액에 100분의 60을 곱한 금액
2. 제45조제4항의 경우에는 그 수급자격자의 기초일액에 100분의 80을 곱한 금액(이하 "최저구직급여일액"이라 한다)

② 제1항제1호에 따라 산정된 구직급여일액이 최저구직급여일액보다 낮은 경우에는 최저구직급여일액을 그 수급자격자의 구직급여일액으로 한다.

제47조(실업인정대상기간 중의 취업 등의 신고) ① 수급자격자는 실업의 인정을 받으려 하는 기간(이하 "실업인정대상기간"이라 한다) 중에 고용노동부령으로 정하는 기준에 해당하는 취업을 한 경우에는 그 사실을 직업안정기관의 장에게 신고하여야 한다. 〈개정 2011. 7. 21., 2019. 1. 15.〉

② 직업안정기관의 장은 필요하다고 인정하면 수급자격자의 실업인정대상기간 중의 취업 사실에 대하여 조사할 수 있다. 〈개정 2011. 7. 21., 2019. 1. 15.〉

[제목개정 2011. 7. 21., 2019. 1. 15.]

제48조(수급기간 및 수급일수) ① 구직급여는 이 법에 따로 규정이 있는 경우 외에는 그 구직급여의 수급자격과 관련된 이직일의 다음 날부터 계산하기 시작하여 12개월 내에 제50조제1항에 따른 소정급여일수를 한도로 하여 지급한다.

② 제1항에 따른 12개월의 기간 중 임신·출산·육아, 그 밖에 대통령령으로 정하는 사유로 취업할 수 없는 자가 그 사실을 수급기간에 직업안정기관에 신고한 경우에는 12개월의 기간에 그 취업할 수 없는 기간을 가산한 기간(4년을 넘을 때에는 4년)에 제50조제1항에 따른 소정급여일수를 한도로 하여 구직급여를 지급한다.

③ 다음 각 호의 어느 하나에 해당하는 경우에는 해당 최초 요양일에 제2항에 따른 신고를 한 것으로 본다. 〈신설 2008. 12. 31.〉

1. 「산업재해보상보험법」 제40조에 따른 요양급여를 받는 경우
2. 질병 또는 부상으로 3개월 이상의 요양이 필요하여 이직하였고, 이직 기간 동안 취업활동이 곤란하였던 사실이 요양기간과 상병상태를 구체적으로 밝힌 주치의사의 소견과 요양을 위하여 이직하였다는 사업주의 의견을 통하여 확인된 경우

제49조(대기기간) 제44조에도 불구하고 제42조에 따른 실업의 신고일부터 계산하기 시작하여 7일간은 대기기간으로 보아 구직급여를 지급하지 아니한다. 다만, 최종 이직 당시 건설일용근로자였던 사람에 대해서는 제42조에 따른 실업의 신고일부터 계산하여 구직급여를 지급한다. 〈개정 2019. 1. 15.〉

제50조(소정급여일수 및 피보험기간) ① 하나의 수급자격에 따라 구직급여를 지급받을 수 있는 날(이하 "소정급여일수"라 한다)은 대기기간이 끝난 다음날부터 계산하기 시작하여 피보험기간과 연령에 따라 별표 1에서 정한 일수가 되는 날까지로 한다. 〈개정 2011. 7. 21.〉

② 수급자격자가 소정급여일수 내에 제48조제2항에 따른 임신·출산·육아, 그 밖에 대통령령으로 정하는 사유로 수급기간을 연장한 경우에는 그 기간만큼 구직급여를 유예하여 지급한다.

③ 피보험기간은 그 수급자격과 관련된 이직 당시의 적용 사업에서 고용된 기간(제10조 및 제10조의2에 따른 적용 제외 근로자로 고용된 기간은 제외한다. 이하 이 조에서 같다)으로 한다. 다만, 자영업자인 피보험자의 경우에는 그 수급자격과 관련된 폐업 당시의 적용 사업에의 보험가입기간 중에서 실제로 납부한 고용보험료에 해당하는 기간으로 한다. 〈개정 2011. 7. 21., 2019. 1. 15.〉

④ 제3항에도 불구하고 피보험기간을 계산할 때에 다음 각 호의 경우에는 해당 호에 따라 각각 피보험기간을 계산한다. 〈개정 2011. 7. 21.〉

1. 종전의 적용 사업에서 피보험자격을 상실한 사실이 있고 그 상실한 날부터 3년 이내에 현재 적용 사업에서 피보험자격을 취득한 경우: 종전의 적용 사업에서의 피보험기간을 합산한다. 다만, 종전의 적용 사업의 피보험자격 상실로 인하여 구직급여를 지급받은 사실이 있는 경우에는 그 종전의 적용 사업에서의 피보험기간은 제외한다.
2. 자영업자인 피보험자가 종전에 근로자로서 고용되었다가 피보험자격을 상실한 사실이 있고 그 상실한 날부터 3년 이내에 자영업자로서 피보험자격을 다시 취득한 경우: 종전의 적용 사업에서의 피보험기간을 합산하지 아니하되, 본인이 종전의 피보험기간을 합산하여 줄 것을 원하는 때에 한정하여 합산한다. 다만, 종전의 적용 사업의 피보험자격 상실로 인하여 구직급여를 지급받은 사실이 있는 경우에는 그 종전의 적용 사업에서의 피보험기간은 제외한다.

⑤ 피보험자격 취득에 관하여 신고가 되어 있지 아니하였던 피보험자의 경우에는 하나의 피보험기간에 피보험자가 된 날이 다음 각 호의 어느 하나에 해당하는 날부터 소급하여 3년이 되는 해의 1월 1일 전이면 제3항에도 불구하고 그 해당하는 날부터 소급하여 3년이 되는 날이 속하는 보험연도의 첫 날에 그 피보험자격을 취득한 것으로 보아 피보험기간을 계산한다. 다만, 사업주가 다음 각 호의 어느 하나에 해당하는 날부터 소급하여 3년이 되는 해의 1월 1일 전부터 해당 피보험자에 대한 고용보험료를 계속 납부한 사실이 증명된 경우에는 고용보험료를 납부한 기간으로 피보험기간을 계산한다. 〈개정 2015. 1. 20.〉

1. 제15조에 따른 피보험자격 취득신고를 한 날
2. 제17조에 따른 피보험자격 취득이 확인된 날

[제목개정 2011. 7. 21.]

제51조(훈련연장급여) ① 직업안정기관의 장은 수급자격자의 연령·경력 등을 고려할 때 재취업을 위하여 직업능력개발 훈련 등이 필요하면 그 수급자격자에게 직업능력개발 훈련 등을 받도록 지시할 수 있다.

② 직업안정기관의 장은 제1항에 따라 직업능력개발 훈련 등을 받도록 지시한 경우에는 수급자격자가 그 직업능력개발 훈련 등을 받는 기간 중 실업의 인정을 받은 날에 대하여는 소정급여일수를 초과하여 구직급여를 연장하여 지급할 수 있다. 이 경우 연장하여 지급하는 구직급여(이하 "훈련연장급여"라 한다)의 지급 기간은 대통령령으로 정하는 기간을 한도로 한다.

③ 제1항에 따른 훈련대상자·훈련 과정, 그 밖의 필요한 사항은 고용노동부령으로 정한다. 〈개정 2010. 6. 4.〉

제52조(개별연장급여) ① 직업안정기관의 장은 취업이 특히 곤란하고 생활이 어려운 수급자격자로서 대통령령으로 정하는 자에게는 그가 실업의 인정을 받은 날에 대하여 소정급여일수를 초과하여 구직급여를 연장하여 지급할 수 있다.

② 제1항에 따라 연장하여 지급하는 구직급여(이하 "개별연장급여"라 한다)는 60일의 범위에서 대통령령으로 정하는 기간 동안 지급한다.

제53조(특별연장급여) ① 고용노동부장관은 실업의 급증 등 대통령령으로 정하는 사유가 발생한 경우에는 60일의 범위에서 수급자격자가 실업의 인정을 받은 날에 대하여 소정급여일수를 초과하여 구직급여를 연장하여 지급할 수 있다. 다만, 이직 후의 생활안정을 위한 일정 기준 이상의 소득이 있는 수급자격자 등 고용노동부령으로 정하는 수급자격자에 대하여는 그러하지 아니하다. 〈개정 2010. 6. 4.〉

② 고용노동부장관은 제1항 본문에 따라 연장하여 지급하는 구직급여(이하 "특별연장급여"라 한다)를 지급하려면 기간을 정하여 실시하여야 한다. 〈개정 2010. 6. 4.〉

제54조(연장급여의 수급기간 및 구직급여일액) ① 제51조부터 제53조까지의 규정에 따른 연장급여를 지급하는 경우에 그 수급자격자의 수급기간은 제48조에 따른 그 수급자격자의 수급기간에 연장되는 구직급여일수를 더하여 산정한 기간으로 한다.

② 제51조에 따라 훈련연장급여를 지급하는 경우에 그 일액은 해당 수급자격자의 구직급여일액의 100분의 100으로 하고, 제52조 또는 제53조에 따라 개별연장급여 또는 특별연장급여를 지급하는 경우에 그 일액은 해당 수급자격자의 구직급여일액의 100분의 70을 곱한 금액으로 한다. 〈개정 2008. 3. 21.〉

③ 제2항에 따라 산정된 구직급여일액이 제46조제2항에 따른 최저구직급여일액보다 낮은 경우에는 최저구직급여일액을 그 수급자격자의 구직급여일액으로 한다.

제55조(연장급여의 상호 조정 등) ① 제51조부터 제53조까지의 규정에 따른 연장급여는 제48조에 따라 그 수급자격자가 지급받을 수 있는 구직급여의 지급이 끝난 후에 지급한다.

② 훈련연장급여를 지급받고 있는 수급자격자에게는 그 훈

련연장급여의 지급이 끝난 후가 아니면 개별연장급여 및 특별연장급여를 지급하지 아니한다.

③ 개별연장급여 또는 특별연장급여를 지급받고 있는 수급자격자가 훈련연장급여를 지급받게 되면 개별연장급여나 특별연장급여를 지급하지 아니한다.

④ 특별연장급여를 지급받고 있는 수급자격자에게는 특별연장급여의 지급이 끝난 후가 아니면 개별연장급여를 지급하지 아니하고, 개별연장급여를 지급받고 있는 수급자격자에게는 개별연장급여의 지급이 끝난 후가 아니면 특별연장급여를 지급하지 아니한다.

⑤ 그 밖에 연장급여의 조정에 관하여 필요한 사항은 고용노동부령으로 정한다. 〈개정 2010. 6. 4.〉

제55조의2(국민연금 보험료의 지원) ① 고용노동부장관은 「국민연금법」 제19조의2제1항에 따라 구직급여를 받는 기간을 국민연금 가입기간으로 추가 산입하려는 수급자격자에게 국민연금 보험료의 일부를 지원할 수 있다.

② 제1항에 따른 지원금액은 「국민연금법」 제19조의2제3항에 따른 연금보험료의 100분의 25의 범위로 한다.

③ 제1항에 따른 지원 절차 · 방법, 제2항에 따른 지원금액 등에 필요한 사항은 대통령령으로 정한다.

[본조신설 2016. 5. 29.]

제56조(지급일 및 지급 방법) ① 구직급여는 대통령령으로 정하는 바에 따라 실업의 인정을 받은 일수분(日數分)을 지급한다.

② 직업안정기관의 장은 각 수급자격자에 대한 구직급여를 지급할 날짜를 정하여 당사자에게 알려야 한다.

제57조(지급되지 아니한 구직급여) ① 수급자격자가 사망한 경우 그 수급자격자에게 지급되어야 할 구직급여로서 아직 지급되지 아니한 것이 있는 경우에는 그 수급자격자의 배우자(사실상의 혼인 관계에 있는 자를 포함한다) · 자녀 · 부모 · 손자녀 · 조부모 또는 형제자매로서 수급자격자와 생계를 같이하고 있던 자의 청구에 따라 그 미지급분을 지급한다.

② 수급자격자가 사망하여 실업의 인정을 받을 수 없었던 기간에 대하여는 대통령령으로 정하는 바에 따라 제1항에 따라 지급되지 아니한 구직급여의 지급을 청구하는 자가 그 수급자격자에 대한 실업의 인정을 받아야 한다. 이 경우 수급자격자가 제47조제1항에 해당하면 지급되지 아니한 구직급여를 청구하는 자가 같은 조 제1항에 따라 직업안정기관의 장에게 신고하여야 한다.

③ 제1항에 따라 지급되지 아니한 구직급여를 지급받을 수 있는 자의 순위는 같은 항에 열거된 순서로 한다. 이 경우 같은 순위자가 2명 이상이면 그 중 1명이 한 청구를 전원(全員)을 위하여 한 것으로 보며, 그 1명에게 한 지급은 전원에 대한 지급으로 본다.

제58조(이직 사유에 따른 수급자격의 제한) 제40조에도 불구하고 피보험자가 다음 각 호의 어느 하나에 해당한다고 직업안정기관의 장이 인정하는 경우에는 수급자격이 없는 것으로 본다. 〈개정 2010. 6. 4.〉

1. 중대한 귀책사유(歸責事由)로 해고된 피보험자로서 다음 각 목의 어느 하나에 해당하는 경우
   가. 「형법」 또는 직무와 관련된 법률을 위반하여 금고 이상의 형을 선고받은 경우
   나. 사업에 막대한 지장을 초래하거나 재산상 손해를 끼친 경우로서 고용노동부령으로 정하는 기준에 해당하는 경우
   다. 정당한 사유 없이 근로계약 또는 취업규칙 등을 위반하여 장기간 무단 결근한 경우
2. 자기 사정으로 이직한 피보험자로서 다음 각 목의 어느 하나에 해당하는 경우
   가. 전직 또는 자영업을 하기 위하여 이직한 경우
   나. 제1호의 중대한 귀책사유가 있는 자가 해고되지 아니하고 사업주의 권고로 이직한 경우
   다. 그 밖에 고용노동부령으로 정하는 정당한 사유에 해당하지 아니하는 사유로 이직한 경우

제59조 삭제 〈2015. 1. 20.〉

제60조(훈련 거부 등에 따른 급여의 지급 제한) ① 수급자격자가 직업안정기관의 장이 소개하는 직업에 취직하는 것을 거부하거나 직업안정기관의 장이 지시한 직업능력개발 훈련 등을 거부하면 대통령령으로 정하는 바에 따라 구직급여의 지급을 정지한다. 다만, 다음 각 호의 어느 하나에 해당하는 정당한 사유가 있는 경우에는 그러하지 아니하다. 〈개정 2010. 6. 4.〉

1. 소개된 직업 또는 직업능력개발 훈련 등을 받도록 지시된 직종이 수급자격자의 능력에 맞지 아니하는 경우
2. 취직하거나 직업능력개발 훈련 등을 받기 위하여 주거의 이전이 필요하나 그 이전이 곤란한 경우
3. 소개된 직업의 임금 수준이 같은 지역의 같은 종류의 업무 또는 같은 정도의 기능에 대한 통상의 임금 수준에 비하여 100분의 20 이상 낮은 경우 등 고용노동부장관이 정하는 기준에 해당하는 경우
4. 그 밖에 정당한 사유가 있는 경우

② 수급자격자가 정당한 사유 없이 고용노동부장관이 정하는 기준에 따라 직업안정기관의 장이 실시하는 재취업 촉진을 위한 직업 지도를 거부하면 대통령령으로 정하는 바에 따라 구직급여의 지급을 정지한다. 〈개정 2010. 6. 4.〉

③ 제1항 단서 및 제2항에서의 정당한 사유의 유무(有無)에 대한 인정은 고용노동부장관이 정하는 기준에 따라 직업안정기관의 장이 행한다. 〈개정 2010. 6. 4.〉

④ 제1항과 제2항에 따라 구직급여의 지급을 정지하는 기간은 1개월의 범위에서 고용노동부장관이 정하여 고시한다. 〈개정 2010. 6. 4.〉

제61조(부정행위에 따른 급여의 지급 제한) ① 거짓이나 그 밖의 부정한 방법으로 실업급여를 받았거나 받으려 한 자에게는 그 급여를 받은 날 또는 받으려 한 날부터의 구직급여를 지급하지 아니한다. 다만, 그 급여와 관련된 이직 이후에 새로 수급자격을 취득한 경우 그 새로운 수급자격에 따른 구직급여에 대하여는 그러하지 아니하다.

② 제1항 본문에도 불구하고 거짓이나 그 밖의 부정한 방법이 제47조제1항에 따른 신고의무의 불이행 또는 거짓의 신고 등 대통령령으로 정하는 사유에 해당하면 그 실업인정대상기간에 한하여 구직급여를 지급하지 아니한다. 다만, 2회 이상의 위반행위를 한 경우에는 제1항 본문에 따른다.

③ 거짓이나 그 밖의 부정한 방법으로 실업급여를 지급받았거나 받으려 한 자가 제1항 또는 제2항에 따라 구직급여를 지급받을 수 없게 된 경우에도 제50조제3항 및 같은 조 제4항을 적용할 때는 그 구직급여를 지급받은 것으로 본다.

④ 거짓이나 그 밖의 부정한 방법으로 실업급여를 지급받았거나 받으려 한 자가 제1항 또는 제2항에 따라 구직급여를 지급받을 수 없게 된 경우에도 제63조제2항을 적용할 때는

그 지급받을 수 없게 된 일수분의 구직급여를 지급받은 것으로 본다.

⑤ 제1항 단서에도 불구하고 거짓이나 그 밖의 부정한 방법으로 구직급여를 받았거나 받으려 한 사람이 그 구직급여를 받은 날 또는 제44조에 따른 실업인정의 신고를 한 날부터 소급하여 10년간 3회 이상 제1항 본문에 따라 구직급여를 받지 못한 경우에는 대통령령으로 정하는 바에 따라 거짓이나 그 밖의 부정한 방법으로 구직급여를 받은 날 또는 제44조에 따른 실업인정의 신고를 한 날부터 3년의 범위에서 새로운 수급자격에 따른 구직급여를 지급하지 아니한다. 〈신설 2019. 8. 27.〉

제62조(반환명령 등) ① 직업안정기관의 장은 거짓이나 그 밖의 부정한 방법으로 구직급여를 지급받은 사람에게 고용노동부령으로 정하는 바에 따라 지급받은 구직급여의 전부 또는 일부의 반환을 명할 수 있다.

② 직업안정기관의 장은 제1항에 따라 반환을 명하는 경우에 고용노동부령으로 정하는 바에 따라 거짓이나 그 밖의 부정한 방법으로 지급받은 구직급여액의 2배 이하의 금액을 추가로 징수할 수 있다. 다만, 사업주(사업주의 대리인 · 사용인, 그 밖에 사업주를 위하여 행위하는 자를 포함한다. 이하 이 조 및 제116조제1항에서 같다)와 공모(거짓이나 그 밖의 부정한 방법에 사업주의 거짓된 신고 · 보고 또는 증명 등 사업주의 귀책사유가 포함되어 있는 경우를 말한다. 이하 같다)하여 거짓이나 그 밖의 부정한 방법으로 구직급여를 지급받은 경우에는 지급받은 구직급여액의 5배 이하의 금액을 추가로 징수할 수 있다.

③ 거짓이나 그 밖의 부정한 방법으로 구직급여를 지급받은 사람이 사업주와 공모한 경우에는 그 사업주도 그 구직급여를 지급받은 사람과 연대(連帶)하여 제1항 및 제2항에 따른 책임을 진다.

④ 직업안정기관의 장은 구직급여의 수급자격이 있는 사람 또는 수급자격이 있었던 사람에게 잘못 지급된 구직급여가 있으면 그 지급금의 반환을 명할 수 있다.

⑤ 직업안정기관의 장은 제1항 · 제2항 또는 제4항에 따라 구직급여 지급금을 반환하거나 추가징수금을 납부하여야 하는 사람이 이 법에 따라 지급받을 구직급여가 있는 경우에는 이를 대통령령으로 정하는 바에 따라 제1항 · 제2항 또는 제4항에 따른 반환금 · 추가징수금에 충당할 수 있다.

[전문개정 2019. 8. 27.]

제63조(질병 등의 특례) ① 수급자격자가 제42조에 따라 실업의 신고를 한 이후에 질병 · 부상 또는 출산으로 취업이 불가능하여 실업의 인정을 받지 못한 날에 대하여는 제44조제1항에도 불구하고 그 수급자격자의 청구에 의하여 제46조의 구직급여일액에 해당하는 금액(이하 "상병급여"라 한다)을 구직급여에 갈음하여 지급할 수 있다. 다만, 제60조제1항 및 제2항에 따라 구직급여의 지급이 정지된 기간에 대하여는 상병급여(傷病給與)를 지급하지 아니한다.

② 상병급여를 지급할 수 있는 일수는 그 수급자격자에 대한 구직급여 소정급여일수에서 그 수급자격에 의하여 구직급여가 지급된 일수를 뺀 일수를 한도로 한다. 이 경우 상병급여를 지급받은 자에 대하여 이 법의 규정(제61조 및 제62조는 제외한다)을 적용할 때에는 상병급여의 지급 일수에 상당하는 일수분의 구직급여가 지급된 것으로 본다.

③ 제1항에 따른 상병급여는 그 취업할 수 없는 사유가 없어진 이후에 최초로 구직급여를 지급하는 날(구직급여를 지급하는 날이 없는 경우에는 직업안정기관의 장이 정하는 날)에 지급한다. 다만, 필요하다고 인정하면 고용노동부장관이 따로 정하는 바에 따라 지급할 수 있다. 〈개정 2010. 6. 4.〉

④ 제1항에도 불구하고 수급자격자가 「근로기준법」 제79조에 따른 휴업보상, 「산업재해보상보험법」 제52조부터 제56조까지의 규정에 따른 휴업급여, 그 밖에 이에 해당하는 급여 또는 보상으로서 대통령령으로 정하는 보상 또는 급여를 지급받을 수 있는 경우에는 상병급여를 지급하지 아니한다. 〈개정 2019. 1. 15.〉

⑤ 상병급여의 지급에 관하여는 제47조, 제49조, 제57조, 제61조(제4항은 제외한다) 및 제62조를 준용한다. 이 경우 "실업인정대상기간"은 "실업의 인정을 받지 못한 날"로, "구직급여"는 "상병급여"로 본다. 〈개정 2019. 8. 27.〉

제3절 취업촉진 수당

제64조(조기재취업 수당) ① 조기재취업 수당은 수급자격자(「외국인근로자의 고용 등에 관한 법률」 제2조에 따른 외국인 근로자는 제외한다)가 안정된 직업에 재취직하거나 스스로 영리를 목적으로 하는 사업을 영위하는 경우로서 대통령령으로 정하는 기준에 해당하면 지급한다.

② 제1항에도 불구하고 수급자격자가 안정된 직업에 재취업한 날 또는 스스로 영리를 목적으로 하는 사업을 시작한 날 이전의 대통령령으로 정하는 기간에 조기재취업 수당을 지급받은 사실이 있는 경우에는 조기재취업 수당을 지급하지 아니한다.

③ 조기재취업 수당의 금액은 구직급여의 소정급여일수 중 미지급일수의 비율에 따라 대통령령으로 정하는 기준에 따라 산정한 금액으로 한다.

④ 조기재취업 수당을 지급받은 자에 대하여 이 법의 규정(제61조 및 제62조는 제외한다)을 적용할 때에는 그 조기재취업 수당의 금액을 제46조에 따른 구직급여일액으로 나눈 일수분에 해당하는 구직급여를 지급한 것으로 본다.

⑤ 수급자격자를 조기에 재취업시켜 구직급여의 지급 기간이 단축되도록 한 자에게는 대통령령으로 정하는 바에 따라 장려금을 지급할 수 있다.

제65조(직업능력개발 수당) ① 직업능력개발 수당은 수급자격자가 직업안정기관의 장이 지시한 직업능력개발 훈련 등을 받는 경우에 그 직업능력개발 훈련 등을 받는 기간에 대하여 지급한다.

② 제1항에도 불구하고 제60조제1항 및 제2항에 따라 구직급여의 지급이 정지된 기간에 대하여는 직업능력개발 수당을 지급하지 아니한다.

③ 직업능력개발 수당의 지급 요건 및 금액에 필요한 사항은 대통령령으로 정한다. 이 경우 인력의 수급 상황을 고려하여 고용노동부장관이 특히 필요하다고 인정하여 고시하는 직종에 관한 직업능력개발 훈련 등에 대하여는 직업능력개발 수당의 금액을 다르게 정할 수 있다. 〈개정 2010. 6. 4.〉

제66조(광역 구직활동비) ① 광역 구직활동비는 수급자격자가 직업안정기관의 소개에 따라 광범위한 지역에 걸쳐 구직 활동을 하는 경우로서 대통령령으로 정하는 기준에 따라 직업안정기관의 장이 필요하다고 인정하면 지급할 수 있다.

② 광역 구직활동비의 금액은 제1항의 구직 활동에 통상 드

는 비용으로 하되, 그 금액의 산정은 고용노동부령으로 정하는 바에 따른다. 〈개정 2010. 6. 4.〉

제67조(이주비) ① 이주비는 수급자격자가 취업하거나 직업안정기관의 장이 지시한 직업능력개발 훈련 등을 받기 위하여 그 주거를 이전하는 경우로서 대통령령으로 정하는 기준에 따라 직업안정기관의 장이 필요하다고 인정하면 지급할 수 있다.

② 이주비의 금액은 수급자격자 및 그 수급자격자에 의존하여 생계를 유지하는 동거 친족의 이주에 일반적으로 드는 비용으로 하되, 그 금액의 산정은 고용노동부령으로 정하는 바에 따라 따른다. 〈개정 2010. 6. 4.〉

제68조(취업촉진 수당의 지급 제한) ① 거짓이나 그 밖의 부정한 방법으로 실업급여를 받았거나 받으려 한 자에게는 그 급여를 받은 날 또는 받으려 한 날부터의 취업촉진 수당을 지급하지 아니한다. 다만, 그 급여와 관련된 이직 이후에 새로 수급자격을 취득하면 그 새로운 수급자격에 따른 취업촉진 수당은 그러하지 아니하다.

② 제1항 본문에도 불구하고 거짓이나 그 밖의 부정한 방법이 제47조제1항에 따른 신고의무의 불이행 또는 거짓의 신고 등 대통령령으로 정하는 사유에 해당하면 취업촉진 수당의 지급을 제한하지 아니한다. 다만, 2회 이상의 위반행위를 한 경우에는 제1항 본문에 따른다.

③ 거짓이나 그 밖의 부정한 방법으로 실업급여를 지급받았거나 받으려 한 자가 제1항 또는 제2항에 따라 취업촉진 수당을 지급받을 수 없게 되어 조기재취업 수당을 지급받지 못하게 된 경우에도 제64조제4항을 적용할 때는 그 지급받을 수 없게 된 조기재취업 수당을 지급받은 것으로 본다.

제69조(준용) 취업촉진 수당에 관하여는 제57조제1항 · 제3항 및 제62조를 준용한다. 이 경우 "수급자격자"는 "취업촉진 수당을 지급받을 수 있는 자"로, "구직급여"는 "취업촉진 수당"으로 본다. 〈개정 2019. 8. 27.〉

제4절 자영업자인 피보험자에 대한 실업급여 적용의 특례
〈신설 2011. 7. 21.〉

제69조의2(자영업자인 피보험자의 실업급여의 종류) 자영업자인 피보험자의 실업급여의 종류는 제37조에 따른다. 다만, 제51조부터 제55조까지의 규정에 따른 연장급여와 제64조에 따른 조기재취업 수당은 제외한다.
[본조신설 2011. 7. 21.]

제69조의3(구직급여의 수급 요건) 구직급여는 폐업한 자영업자인 피보험자가 다음 각 호의 요건을 모두 갖춘 경우에 지급한다.
1. 폐업일 이전 24개월간 제41조제1항 단서에 따라 자영업자인 피보험자로서 갖춘 피보험 단위기간이 통산(通算)하여 1년 이상일 것
2. 근로의 의사와 능력이 있음에도 불구하고 취업을 하지 못한 상태에 있을 것
3. 폐업사유가 제69조의7에 따른 수급자격의 제한 사유에 해당하지 아니할 것
4. 재취업을 위한 노력을 적극적으로 할 것

[본조신설 2011. 7. 21.]

제69조의4(기초일액) ① 자영업자인 피보험자이었던 수급자격자에 대한 기초일액은 다음 각 호의 구분에 따른 기간 동안 본인이 납부한 보험료의 산정기초가 되는 보험료징수법 제49조의2제3항에 따라 고시된 보수액을 전부 합산한 후에 그 기간의 총일수로 나눈 금액으로 한다.
1. 수급자격과 관련된 피보험기간이 3년 이상인 경우: 마지막 폐업일 이전 3년의 피보험기간
2. 수급자격과 관련된 피보험기간이 3년 미만인 경우: 수급자격과 관련된 그 피보험기간

② 제1항에도 불구하고 자영업자인 피보험자이었던 수급자격자가 제50조제4항에 따라 피보험기간을 합산하게 됨에 따라 제69조의6에서 정한 소정급여일수가 추가로 늘어나는 경우에는 그 늘어난 일수분에 대한 기초일액은 제1항에 따라 산정된 기초일액으로 하되, 그 기초일액이 다음 각 호에 해당하는 경우에는 각각 해당 호에 따른 금액으로 한다.
1. 기초일액이 최저기초일액에 미치지 못하는 경우에는 최저기초일액
2. 기초일액이 제45조제5항에 따라 대통령령으로 정하는 금액을 초과하는 경우에는 그 대통령령으로 정하는 금액

[본조신설 2011. 7. 21.]

제69조의5(구직급여일액) 자영업자인 피보험자로서 폐업한 수급자격자에 대한 구직급여일액은 그 수급자격자의 기초일액에 100분의 60을 곱한 금액으로 한다. 〈개정 2019. 8. 27.〉
[본조신설 2011. 7. 21.]

제69조의6(소정급여일수) 자영업자인 피보험자로서 폐업한 수급자격자에 대한 소정급여일수는 제49조에 따른 대기기간이 끝난 다음 날부터 계산하기 시작하여 피보험기간에 따라 별표 2에서 정한 일수가 되는 날까지로 한다.
[본조신설 2011. 7. 21.]

제69조의7(폐업사유에 따른 수급자격의 제한) 제69조의3에도 불구하고 폐업한 자영업자인 피보험자가 다음 각 호의 어느 하나에 해당한다고 직업안정기관의 장이 인정하는 경우에는 수급자격이 없는 것으로 본다.
1. 법령을 위반하여 허가 취소를 받거나 영업 정지를 받음에 따라 폐업한 경우
2. 방화(放火) 등 피보험자 본인의 중대한 귀책사유로서 고용노동부령으로 정하는 사유로 폐업한 경우
3. 매출액 등이 급격하게 감소하는 등 고용노동부령으로 정하는 사유가 아닌 경우로서 전직 또는 자영업을 다시 하기 위하여 폐업한 경우
4. 그 밖에 고용노동부령으로 정하는 정당한 사유에 해당하지 아니하는 사유로 폐업한 경우

[본조신설 2011. 7. 21.]

제69조의8(자영업자인 피보험자에 대한 실업급여의 지급 제한) 고용노동부장관은 보험료를 체납한 사람에게는 고용노동부령으로 정하는 바에 따라 이 장에 따른 실업급여를 지급하지 아니할 수 있다.
[본조신설 2011. 7. 21.]

제69조의9(준용) ① 자영업자인 피보험자의 실업급여에 관하여는 제38조, 제42조부터 제44조까지, 제47조부터 제49조까지, 제56조, 제57조, 제60조부터 제63조까지, 제65조부터 제68조까지를 준용한다. 이 경우 제42조제1항 · 제43조제3항 중 "이직"은 "폐업"으로 보고, 제43조제1항 중 "제40조제1항제1호부터 제3호까지 · 제5호 및 제6호"는 "제69조의3"으로 보며, 제63조제1항 중 "제46조"는 "제69조의5"로 보고, 제48조제1항 중 "제50조제1항"은 "제69조의

6"으로 본다. 〈개정 2013. 6. 4.〉
② 자영업자인 피보험자의 취업촉진 수당(조기재취업 수당은 제외한다)에 관하여는 제57조제1항·제3항 및 제62조를 준용한다. 이 경우 제57조제1항 중 "수급자격자"는 "취업촉진 수당을 지급받을 수 있는 자"로 본다.
[본조신설 2011. 7. 21.]

제5장 육아휴직 급여 등

제1절 육아휴직 급여 및 육아기 근로시간 단축 급여 〈개정 2011. 7. 21.〉

제70조(육아휴직 급여) ① 고용노동부장관은 「남녀고용평등과 일·가정 양립 지원에 관한 법률」 제19조에 따른 육아휴직을 30일(「근로기준법」 제74조에 따른 출산전후휴가기간과 중복되는 기간은 제외한다) 이상 부여받은 피보험자 중 육아휴직을 시작한 날 이전에 제41조에 따른 피보험 단위기간이 통산하여 180일 이상인 피보험자에게 육아휴직 급여를 지급한다. 〈개정 2007. 12. 21., 2010. 6. 4., 2011. 7. 21., 2012. 2. 1., 2014. 1. 21., 2019. 8. 27.〉
1. 삭제 〈2019. 8. 27.〉
2. 삭제 〈2019. 8. 27.〉
3. 삭제 〈2011. 7. 21.〉
② 제1항에 따른 육아휴직 급여를 지급받으려는 사람은 육아휴직을 시작한 날 이후 1개월부터 육아휴직이 끝난 날 이후 12개월 이내에 신청하여야 한다. 다만, 해당 기간에 대통령령으로 정하는 사유로 육아휴직 급여를 신청할 수 없었던 사람은 그 사유가 끝난 후 30일 이내에 신청하여야 한다. 〈신설 2011. 7. 21.〉
③ 피보험자가 제2항에 따라 육아휴직 급여 지급신청을 하는 경우 육아휴직 기간 중에 이직하거나 고용노동부령으로 정하는 기준에 해당하는 취업을 한 사실이 있는 경우에는 해당 신청서에 그 사실을 기재하여야 한다. 〈신설 2019. 1. 15.〉
④ 제1항에 따른 육아휴직 급여액은 대통령령으로 정한다. 〈개정 2011. 7. 21., 2019. 1. 15.〉
⑤ 육아휴직 급여의 신청 및 지급에 관하여 필요한 사항은 고용노동부령으로 정한다. 〈개정 2010. 6. 4., 2011. 7. 21., 2019. 1. 15.〉

제71조(육아휴직의 확인) 사업주는 피보험자가 제70조에 따른 육아휴직 급여를 받으려는 경우 고용노동부령으로 정하는 바에 따라 사실의 확인 등 모든 절차에 적극 협력하여야 한다. 〈개정 2010. 6. 4.〉

제72조 삭제 〈2019. 1. 15.〉

제73조(육아휴직 급여의 지급 제한 등) ① 피보험자가 육아휴직 기간 중에 그 사업에서 이직한 경우에는 그 이직하였을 때부터 육아휴직 급여를 지급하지 아니한다. 〈개정 2019. 1. 15.〉
② 피보험자가 육아휴직 기간 중에 제70조제3항에 따른 취업을 한 경우에는 그 취업한 기간에 대해서는 육아휴직 급여를 지급하지 아니한다. 〈신설 2019. 1. 15.〉
③ 피보험자가 사업주로부터 육아휴직을 이유로 금품을 지급받은 경우 대통령령으로 정하는 바에 따라 급여를 감액하여 지급할 수 있다. 〈개정 2019. 1. 15.〉
④ 거짓이나 그 밖의 부정한 방법으로 육아휴직 급여를 받았거나 받으려 한 사람에게는 그 급여를 받은 날 또는 받으려 한 날부터의 육아휴직 급여를 지급하지 아니한다. 다만, 그 급여와 관련된 육아휴직 이후에 새로 육아휴직 급여 요건을 갖춘 경우 그 새로운 요건에 따른 육아휴직 급여는 그러하지 아니하다. 〈개정 2019. 1. 15.〉
⑤ 제4항 본문에도 불구하고 제70조제3항을 위반하여 육아휴직 기간 중 취업한 사실을 기재하지 아니하거나 거짓으로 기재하여 육아휴직 급여를 받았거나 받으려 한 사람에 대해서는 위반횟수 등을 고려하여 고용노동부령으로 정하는 바에 따라 지급이 제한되는 육아휴직 급여의 범위를 달리 정할 수 있다. 〈신설 2019. 1. 15.〉
[제목개정 2019. 1. 15.]

제73조의2(육아기 근로시간 단축 급여) ① 고용노동부장관은 「남녀고용평등과 일·가정 양립 지원에 관한 법률」 제19조의2에 따른 육아기 근로시간 단축(이하 "육아기 근로시간 단축"이라 한다)을 30일(「근로기준법」 제74조에 따른 출산전후휴가기간과 중복되는 기간은 제외한다) 이상 실시한 피보험자 중 육아기 근로시간 단축을 시작한 날 이전에 제41조에 따른 피보험 단위기간이 통산하여 180일 이상인 피보험자에게 육아기 근로시간 단축 급여를 지급한다. 〈개정 2012. 2. 1., 2014. 1. 21., 2019. 8. 27.〉
1. 삭제 〈2019. 8. 27.〉
2. 삭제 〈2019. 8. 27.〉
② 제1항에 따른 육아기 근로시간 단축 급여를 지급받으려는 사람은 육아기 근로시간 단축을 시작한 날 이후 1개월부터 끝난 날 이후 12개월 이내에 신청하여야 한다. 다만, 해당 기간에 대통령령으로 정하는 사유로 육아기 근로시간 단축 급여를 신청할 수 없었던 사람은 그 사유가 끝난 후 30일 이내에 신청하여야 한다.
③ 제1항에 따른 육아기 근로시간 단축 급여액은 대통령령으로 정한다.
④ 육아기 근로시간 단축 급여의 신청 및 지급에 필요한 사항은 고용노동부령으로 정한다.
[본조신설 2011. 7. 21.]

제74조(준용) ① 육아휴직 급여에 관하여는 제62조를 준용한다. 이 경우 "구직급여"는 "육아휴직 급여"로 본다. 〈개정 2011. 7. 21.〉
② 육아기 근로시간 단축 급여에 관하여는 제62조, 제71조부터 제73조까지의 규정을 준용한다. 이 경우 제62조 중 "구직급여"는 "육아기 근로시간 단축 급여"로 보고, 제71조부터 제73조까지의 규정 중 "육아휴직"은 "육아기 근로시간 단축"으로 본다. 〈신설 2011. 7. 21.〉

제2절 출산전후휴가 급여 등 〈개정 2012. 2. 1.〉

제75조(출산전후휴가 급여 등) 고용노동부장관은 「남녀고용평등과 일·가정 양립 지원에 관한 법률」 제18조에 따라 피보험자가 「근로기준법」 제74조에 따른 출산전후휴가 또는 유산·사산휴가를 받은 경우와 「남녀고용평등과 일·가정 양립 지원에 관한 법률」 제18조의2에 따른 배우자 출산휴가를 받은 경우로서 다음 각 호의 요건을 모두 갖춘 경우에 출산전후휴가 급여 등(이하 "출산전후휴가 급여등"이라 한다)을 지급한다. 〈개정 2007. 12. 21., 2010. 6. 4., 2012. 2. 1., 2014. 1. 21., 2019. 8. 27.〉
1. 휴가가 끝난 날 이전에 제41조에 따른 피보험 단위기간이

통산하여 180일 이상일 것

2. 휴가를 시작한 날[출산전후휴가 또는 유산·사산휴가를 받은 피보험자가 속한 사업장이 우선지원 대상기업이 아닌 경우에는 휴가 시작 후 60일(한 번에 둘 이상의 자녀를 임신한 경우에는 75일)이 지난 날로 본다] 이후 1개월부터 휴가가 끝난 날 이후 12개월 이내에 신청할 것. 다만, 그 기간에 대통령령으로 정하는 사유로 출산전후휴가 급여등을 신청할 수 없었던 자는 그 사유가 끝난 후 30일 이내에 신청하여야 한다.

[제목개정 2012. 2. 1.]

제75조의2(출산전후휴가 급여등의 수급권 대위) 사업주가 출산전후휴가 급여등의 지급사유와 같은 사유로 그에 상당하는 금품을 근로자에게 미리 지급한 경우로서 그 금품이 출산전후휴가 급여등을 대체하여 지급한 것으로 인정되면 그 사업주는 지급한 금액(제76조제2항에 따른 상한액을 초과할 수 없다)에 대하여 그 근로자의 출산전후휴가 급여등을 받을 권리를 대위한다. 〈개정 2012. 2. 1.〉

[본조신설 2008. 12. 31.]

[제목개정 2012. 2. 1.]

제76조(지급 기간 등) ① 제75조에 따른 출산전후휴가 급여등은 다음 각 호의 휴가 기간에 대하여 「근로기준법」의 통상임금(휴가를 시작한 날을 기준으로 산정한다)에 해당하는 금액을 지급한다. 〈개정 2012. 2. 1., 2014. 1. 21., 2019. 8. 27.〉

1. 「근로기준법」 제74조에 따른 출산전후휴가 또는 유산·사산휴가 기간. 다만, 우선지원 대상기업이 아닌 경우에는 휴가 기간 중 60일(한 번에 둘 이상의 자녀를 임신한 경우에는 75일)을 초과한 일수(30일을 한도로 하되, 한 번에 둘 이상의 자녀를 임신한 경우에는 45일을 한도로 한다)로 한정한다.
2. 「남녀고용평등과 일·가정 양립 지원에 관한 법률」 제18조의2에 따른 배우자 출산휴가 기간 중 최초 5일. 다만, 피보험자가 속한 사업장이 우선지원 대상기업인 경우에 한정한다.

② 제1항에 따른 출산전후휴가 급여등의 지급 금액은 대통령령으로 정하는 바에 따라 그 상한액과 하한액을 정할 수 있다. 〈개정 2012. 2. 1.〉

③ 제1항과 제2항에 따른 출산전후휴가 급여등의 신청 및 지급에 필요한 사항은 고용노동부령으로 정한다. 〈개정 2010. 6. 4., 2012. 2. 1.〉

제77조(준용) 출산전후휴가 급여등에 관하여는 제62조, 제71조부터 제73조까지의 규정을 준용한다. 이 경우 제62조 중 "구직급여"는 "출산전후휴가 급여등"으로, 제71조부터 제73조까지의 규정 중 "육아휴직"은 "출산전후휴가, 유산·사산휴가 또는 배우자 출산휴가"로 각각 본다. 〈개정 2012. 2. 1., 2019. 8. 27.〉

제6장 고용보험기금

제78조(기금의 설치 및 조성) ① 고용노동부장관은 보험사업에 필요한 재원에 충당하기 위하여 고용보험기금(이하 "기금"이라 한다)을 설치한다. 〈개정 2010. 6. 4.〉

② 기금은 보험료와 이 법에 따른 징수금·적립금·기금운용 수익금과 그 밖의 수입으로 조성한다.

제79조(기금의 관리·운용) ① 기금은 고용노동부장관이 관리·운용한다. 〈개정 2010. 6. 4.〉

② 기금의 관리·운용에 관한 세부 사항은 「국가재정법」의 규정에 따른다.

③ 고용노동부장관은 다음 각 호의 방법에 따라 기금을 관리·운용한다. 〈개정 2010. 6. 4.〉

1. 금융기관에의 예탁
2. 재정자금에의 예탁
3. 국가·지방자치단체 또는 금융기관에서 직접 발행하거나 채무이행을 보증하는 유가증권의 매입
4. 보험사업의 수행 또는 기금 증식을 위한 부동산의 취득 및 처분
5. 그 밖에 대통령령으로 정하는 기금 증식 방법

④ 고용노동부장관은 제1항에 따라 기금을 관리·운용할 때에는 그 수익이 대통령령으로 정하는 수준 이상 되도록 하여야 한다. 〈개정 2010. 6. 4.〉

제80조(기금의 용도) ① 기금은 다음 각 호의 용도에 사용하여야 한다. 〈개정 2008. 3. 21., 2012. 2. 1., 2019. 1. 15.〉

1. 고용안정·직업능력개발 사업에 필요한 경비
2. 실업급여의 지급

2의2. 제55조의2에 따른 국민연금 보험료의 지원

3. 육아휴직 급여 및 출산전후휴가 급여등의 지급
4. 보험료의 반환
5. 일시 차입금의 상환금과 이자
6. 이 법과 보험료징수법에 따른 업무를 대행하거나 위탁받은 자에 대한 출연금
7. 그 밖에 이 법의 시행을 위하여 필요한 경비로서 대통령령으로 정하는 경비와 제1호 및 제2호에 따른 사업의 수행에 딸린 경비

② 제1항제6호에 따라 기금으로부터 「국민건강보험법」 제13조에 따른 국민건강보험공단에 출연하는 금액은 징수업무(고지·수납·체납 업무를 말한다)가 차지하는 비율 등을 기준으로 산정한다. 〈신설 2019. 1. 15.〉

③ 제1항제6호에 따른 출연금의 지급기준, 사용 및 관리에 관하여 필요한 사항은 대통령령으로 정한다. 〈신설 2008. 3. 21., 2019. 1. 15.〉

제81조(기금운용 계획 등) ① 고용노동부장관은 매년 기금운용 계획을 세워 제7조에 따른 고용보험위원회 및 국무회의의 심의를 거쳐 대통령의 승인을 받아야 한다. 〈개정 2008. 12. 31., 2010. 6. 4.〉

② 고용노동부장관은 매년 기금의 운용 결과에 대하여 제7조에 따른 고용보험위원회의 심의를 거쳐 공표하여야 한다. 〈개정 2008. 12. 31., 2010. 6. 4.〉

제82조(기금계정의 설치) ① 고용노동부장관은 한국은행에 고용보험기금계정을 설치하여야 한다. 〈개정 2010. 6. 4.〉

② 제1항의 고용보험기금계정은 고용안정·직업능력개발 사업 및 실업급여, 자영업자의 고용안정·직업능력개발 사업 및 자영업자의 실업급여로 구분하여 관리한다. 〈개정 2011. 7. 21.〉

제83조(기금의 출납) 기금의 관리·운용을 하는 경우 출납에 필요한 사항은 대통령령으로 정한다.

제84조(기금의 적립) ① 고용노동부장관은 대량 실업의 발생이나 그 밖의 고용상태 불안에 대비한 준비금으로 여유자금을 적립하여야 한다. 〈개정 2010. 6. 4.〉

② 제1항에 따른 여유자금의 적정규모는 다음 각 호와 같다.

1. 고용안정·직업능력개발 사업 계정의 연말 적립금: 해당 연도 지출액의 1배 이상 1.5배 미만
2. 실업급여 계정의 연말 적립금: 해당 연도 지출액의 1.5배 이상 2배 미만

[전문개정 2008. 12. 31.]

제85조(잉여금과 손실금의 처리) ① 기금의 결산상 잉여금이 생기면 이를 적립금으로 적립하여야 한다.

② 기금의 결산상 손실금이 생기면 적립금을 사용하여 이를 보전(補塡)할 수 있다.

제86조(차입금) 기금을 지출할 때 자금 부족이 발생하거나 발생할 것으로 예상되는 경우에는 기금의 부담으로 금융기관·다른 기금과 그 밖의 재원 등으로부터 차입을 할 수 있다.

제7장 심사 및 재심사청구

제87조(심사와 재심사) ① 제17조에 따른 피보험자격의 취득·상실에 대한 확인, 제4장의 규정에 따른 실업급여 및 제5장에 따른 육아휴직 급여와 출산전후휴가 급여등에 관한 처분[이하 "원처분(原處分)등"이라 한다]에 이의가 있는 자는 제89조에 따른 심사관에게 심사를 청구할 수 있고, 그 결정에 이의가 있는 자는 제99조에 따른 심사위원회에 재심사를 청구할 수 있다. 〈개정 2012. 2. 1.〉

② 제1항에 따른 심사의 청구는 같은 항의 확인 또는 처분이 있음을 안 날부터 90일 이내에, 재심사의 청구는 심사청구에 대한 결정이 있음을 안 날부터 90일 이내에 각각 제기하여야 한다.

③ 제1항에 따른 심사 및 재심사의 청구는 시효중단에 관하여 재판상의 청구로 본다.

제88조(대리인의 선임) 심사청구인 또는 재심사청구인은 법정대리인 외에 다음 각 호의 어느 하나에 해당하는 자를 대리인으로 선임할 수 있다.

1. 청구인의 배우자, 직계존속·비속 또는 형제자매
2. 청구인인 법인의 임원 또는 직원
3. 변호사나 공인노무사
4. 제99조에 따른 심사위원회의 허가를 받은 자

제89조(고용보험심사관) ① 제87조에 따른 심사를 행하게 하기 위하여 고용보험심사관(이하 "심사관"이라 한다)을 둔다.

② 심사관은 제87조제1항에 따라 심사청구를 받으면 30일 이내에 그 심사청구에 대한 결정을 하여야 한다. 다만, 부득이한 사정으로 그 기간에 결정할 수 없을 때에는 1차에 한하여 10일을 넘지 아니하는 범위에서 그 기간을 연장할 수 있다.

③ 심사관의 정원·자격·배치 및 직무에 필요한 사항은 대통령령으로 정한다.

④ 당사자는 심사관에게 심리·결정의 공정을 기대하기 어려운 사정이 있으면 그 심사관에 대한 기피신청을 고용노동부장관에게 할 수 있다. 〈개정 2010. 6. 4.〉

⑤ 심사청구인이 사망한 경우 그 심사청구인이 실업급여의 수급권자이면 제57조에 따른 유족이, 그 외의 자인 때에는 상속인 또는 심사청구의 대상인 원처분등에 관계되는 권리 또는 이익을 승계한 자가 각각 심사청구인의 지위를 승계한다.

제90조(심사의 청구 등) ① 제87조제1항에 따른 심사를 청구하는 경우 제17조에 따른 피보험자격의 취득·상실 확인에 대한 심사의 청구는 「산업재해보상보험법」 제10조에 따른 근로복지공단(이하 "근로복지공단"이라 한다)을, 제4장에 따른 실업급여 및 제5장에 따른 육아휴직 급여와 출산전후휴가 급여등에 관한 처분에 대한 심사의 청구는 직업안정기관의 장을 거쳐 심사관에게 하여야 한다. 〈개정 2019. 1. 15.〉

② 직업안정기관 또는 근로복지공단은 심사청구서를 받은 날부터 5일 이내에 의견서를 첨부하여 심사청구서를 심사관에게 보내야 한다. 〈개정 2019. 1. 15.〉

제91조(청구의 방식) 심사의 청구는 대통령령으로 정하는 바에 따라 문서로 하여야 한다.

제92조(보정 및 각하) ① 심사의 청구가 제87조제2항에 따른 기간이 지났거나 법령으로 정한 방식을 위반하여 보정(補正)하지 못할 것인 경우에 심사관은 그 심사의 청구를 결정으로 각하(却下)하여야 한다.

② 심사의 청구가 법령으로 정한 방식을 어긴 것이라도 보정할 수 있는 것인 경우에 심사관은 상당한 기간을 정하여 심사청구인에게 심사의 청구를 보정하도록 명할 수 있다. 다만, 보정할 사항이 경미한 경우에는 심사관이 직권으로 보정할 수 있다.

③ 심사관은 심사청구인이 제2항의 기간에 그 보정을 하지 아니하면 결정으로써 그 심사청구를 각하하여야 한다.

제93조(원처분등의 집행 정지) ① 심사의 청구는 원처분등의 집행을 정지시키지 아니한다. 다만, 심사관은 원처분등의 집행에 의하여 발생하는 중대한 위해(危害)를 피하기 위하여 긴급한 필요가 있다고 인정하면 직권으로 그 집행을 정지시킬 수 있다.

② 심사관은 제1항 단서에 따라 집행을 정지시키려고 할 때에는 그 이유를 적은 문서로 그 사실을 직업안정기관의 장 또는 근로복지공단에 알려야 한다. 〈개정 2019. 1. 15.〉

③ 직업안정기관의 장 또는 근로복지공단은 제2항에 따른 통지를 받으면 지체 없이 그 집행을 정지하여야 한다. 〈개정 2019. 1. 15.〉

④ 심사관은 제2항에 따라 집행을 정지시킨 경우에는 지체 없이 심사청구인에게 그 사실을 문서로 알려야 한다.

제94조(심사관의 권한) ① 심사관은 심사의 청구에 대한 심리를 위하여 필요하다고 인정하면 심사청구인의 신청 또는 직권으로 다음 각 호의 조사를 할 수 있다.

1. 심사청구인 또는 관계인을 지정 장소에 출석하게 하여 질문하거나 의견을 진술하게 하는 것
2. 심사청구인 또는 관계인에게 증거가 될 수 있는 문서와 그 밖의 물건을 제출하게 하는 것
3. 전문적인 지식이나 경험을 가진 제삼자로 하여금 감정(鑑定)하게 하는 것
4. 사건에 관계가 있는 사업장 또는 그 밖의 장소에 출입하여 사업주·종업원이나 그 밖의 관계인에게 질문하거나 문서와 그 밖의 물건을 검사하는 것

② 심사관은 제1항제4호에 따른 질문과 검사를 하는 경우에는 그 권한을 나타내는 증표를 지니고 이를 관계인에게 내보여야 한다.

제95조(실비변상) 제94조제1항제1호에 따라 지정한 장소에 출석한 자와 같은 항 제3호에 따라 감정을 한 감정인에게는 고용노동부장관이 정하는 실비를 변상한다. 〈개정 2010. 6. 4.〉

제96조(결정) 심사관은 심사의 청구에 대한 심리(審理)를 마쳤을 때에는 원처분등의 전부 또는 일부를 취소하거나 심사청

구의 전부 또는 일부를 기각한다.

제97조(결정의 방법) ① 제89조에 따른 결정은 대통령령으로 정하는 바에 따라 문서로 하여야 한다.

② 심사관은 결정을 하면 심사청구인 및 원처분등을 한 직업안정기관의 장 또는 근로복지공단에 각각 결정서의 정본(正本)을 보내야 한다. 〈개정 2019. 1. 15.〉

제98조(결정의 효력) ① 결정은 심사청구인 및 직업안정기관의 장 또는 근로복지공단에 결정서의 정본을 보낸 날부터 효력이 발생한다. 〈개정 2019. 1. 15.〉

② 결정은 원처분등을 행한 직업안정기관의 장 또는 근로복지공단을 기속(羈束)한다. 〈개정 2019. 1. 15.〉

제99조(고용보험심사위원회) ① 제87조에 따른 재심사를 하게 하기 위하여 고용노동부에 고용보험심사위원회(이하 "심사위원회"라 한다)를 둔다. 〈개정 2010. 6. 4.〉

② 심사위원회는 근로자를 대표하는 자 및 사용자를 대표하는 자 각 1명 이상을 포함한 15명 이내의 위원으로 구성한다.

③ 제2항의 위원 중 2명은 상임위원으로 한다.

④ 다음 각 호의 어느 하나에 해당하는 자는 위원에 임명될 수 없다. 〈개정 2015. 1. 20.〉

1. 피성년후견인·피한정후견인 또는 파산의 선고를 받고 복권되지 아니한 자
2. 금고 이상의 형을 선고받고 그 형의 집행이 종료되거나 집행을 받지 아니하기로 확정된 후 3년이 지나지 아니한 자

⑤ 위원 중 공무원이 아닌 위원이 다음 각 호의 어느 하나에 해당되는 경우에는 해촉(解囑)할 수 있다. 〈개정 2019. 1. 15.〉

1. 심신장애로 인하여 직무를 수행할 수 없게 된 경우
2. 직무와 관련된 비위사실이 있는 경우
3. 직무태만, 품위손상이나 그 밖의 사유로 인하여 위원으로 적합하지 아니하다고 인정되는 경우
4. 위원 스스로 직무를 수행하는 것이 곤란하다고 의사를 밝히는 경우

⑥ 상임위원은 정당에 가입하거나 정치에 관여하여서는 아니 된다.

⑦ 심사위원회는 제87조제1항에 따라 재심사의 청구를 받으면 50일 이내에 재결(裁決)을 하여야 한다. 이 경우 재결기간의 연장에 관하여는 제89조제2항을 준용한다.

⑧ 심사위원회에 사무국을 둔다.

⑨ 심사위원회 및 사무국의 조직·운영 등에 필요한 사항은 대통령령으로 정한다.

제100조(재심사의 상대방) 재심사의 청구는 원처분등을 행한 직업안정기관의 장 또는 근로복지공단을 상대방으로 한다. 〈개정 2019. 1. 15.〉

제101조(심리) ① 심사위원회는 재심사의 청구를 받으면 그 청구에 대한 심리 기일(審理期日) 및 장소를 정하여 심리 기일 3일 전까지 당사자 및 그 사건을 심사한 심사관에게 알려야 한다.

② 당사자는 심사위원회에 문서나 구두로 그 의견을 진술할 수 있다.

③ 심사위원회의 재심사청구에 대한 심리는 공개한다. 다만, 당사자의 양쪽 또는 어느 한 쪽이 신청한 경우에는 공개하지 아니할 수 있다.

④ 심사위원회는 심리조서(審理調書)를 작성하여야 한다.

⑤ 당사자나 관계인은 제4항의 심리조서의 열람을 신청할 수 있다.

⑥ 위원회는 당사자나 관계인이 제5항에 따른 열람 신청을 하면 정당한 사유 없이 이를 거부하여서는 아니 된다.

⑦ 재심사청구의 심리에 관하여는 제94조 및 제95조를 준용한다. 이 경우 "심사관"은 "심사위원회"로, "심사의 청구"는 "재심사의 청구"로, "심사청구인"은 "재심사청구인"으로 본다.

제102조(준용 규정) 심사위원회와 재심사에 관하여는 제89조제4항·제5항, 제91조부터 제93조까지, 제96조부터 제98조까지의 규정을 준용한다. 이 경우 제89조제4항 중 "심사관"은 "심사위원회의 위원"으로, 제89조제4항·제97조·제98조 중 "결정"은 각각 "재결"로, 제91조·제93조·제96조 중 "심사의 청구"는 각각 "재심사의 청구"로, 제93조·제96조·제97조 중 "심사관"은 각각 "심사위원회"로, 제93조·제97조·제98조 중 "심사청구인"은 각각 "재심사청구인"으로 본다.

제103조(고지) 직업안정기관의 장 또는 근로복지공단이 원처분등을 하거나 심사관이 제97조제2항에 따라 결정서의 정본을 송부하는 경우에는 그 상대방 또는 심사청구인에게 원처분등 또는 결정에 관하여 심사 또는 재심사를 청구할 수 있는지의 여부, 청구하는 경우의 경유(經由) 절차 및 청구 기간을 알려야 한다. 〈개정 2019. 1. 15.〉

제104조(다른 법률과의 관계) ① 재심사의 청구에 대한 재결은 「행정소송법」 제18조를 적용할 경우 행정심판에 대한 재결로 본다.

② 심사 및 재심사의 청구에 관하여 이 법에서 정하고 있지 아니한 사항은 「행정심판법」의 규정에 따른다.

제8장 보 칙

제105조(불이익 처우의 금지) 사업주는 근로자가 제17조에 따른 확인의 청구를 한 것을 이유로 그 근로자에게 해고나 그 밖의 불이익한 처우를 하여서는 아니 된다.

제106조(준용) 이 법에 따른 다음 각 호의 징수금의 징수에 관하여는 보험료징수법 제27조부터 제30조까지·제32조·제39조·제41조 및 제42조를 준용한다. 〈개정 2011. 7. 21.〉

1. 고용안정·직업능력개발 사업의 지원금액의 반환금 또는 추가징수금
2. 실업급여의 반환금 또는 추가징수금
3. 육아휴직 급여 등의 반환금 또는 추가징수금

제107조(소멸시효) ① 다음 각 호의 어느 하나에 해당하는 권리는 3년간 행사하지 아니하면 시효로 소멸한다. 〈개정 2019. 1. 15.〉

1. 제3장에 따른 지원금을 지급받거나 반환받을 권리
2. 제4장에 따른 취업촉진 수당을 지급받거나 반환받을 권리
3. 제4장에 따른 구직급여를 반환받을 권리
4. 제5장에 따른 육아휴직 급여, 육아기 근로시간 단축 급여 및 출산전후휴가 급여등을 반환받을 권리

② 소멸시효의 중단에 관하여는 「산업재해보상보험법」 제113조를 준용한다. 〈개정 2015. 1. 20.〉

제108조(보고 등) ① 고용노동부장관은 필요하다고 인정하면 피보험자 또는 수급자격자를 고용하고 있거나 고용하였던 사업주, 보험료징수법 제33조에 따른 보험사무대행기관(이하 "보험사무대행기관"이라 한다) 및 보험사무대행기관이

었던 자에게 피보험자의 자격 확인, 부정수급(不正受給)의 조사 등 이 법의 시행에 필요한 보고, 관계 서류의 제출 또는 관계인의 출석을 요구할 수 있다. 〈개정 2010. 6. 4.〉

② 이직한 자는 종전의 사업주 또는 그 사업주로부터 보험 사무의 위임을 받아 보험 사무를 처리하는 보험사무대행기관에 실업급여를 지급받기 위하여 필요한 증명서의 교부를 청구할 수 있다. 이 경우 청구를 받은 사업주나 보험사무대행기관은 그 청구에 따른 증명서를 내주어야 한다.

③ 고용노동부장관은 피보험자, 수급자격자 또는 지급되지 아니한 실업급여의 지급을 청구하는 자에게 피보험자의 자격 확인, 부정수급의 조사 등 이 법의 시행에 필요한 보고를 하게 하거나 관계 서류의 제출 또는 출석을 요구할 수 있다. 〈개정 2010. 6. 4.〉

제109조(조사 등) ① 고용노동부장관은 피보험자의 자격 확인, 부정수급의 조사 등 이 법의 시행을 위하여 필요하다고 인정하면 소속 직원에게 피보험자 또는 수급자격자를 고용하고 있거나 고용하였던 사업주의 사업장 또는 보험사무대행기관 및 보험사무대행기관이었던 자의 사무소에 출입하여 관계인에 대하여 질문하거나 장부 등 서류를 조사하게 할 수 있다. 〈개정 2010. 6. 4.〉

② 고용노동부장관이 제1항에 따라 조사를 하는 경우에는 그 사업주 등에게 미리 조사 일시·조사 내용 등 조사에 필요한 사항을 알려야 한다. 다만, 긴급하거나 미리 알릴 경우 그 목적을 달성할 수 없다고 인정되는 경우에는 그러하지 아니하다. 〈개정 2010. 6. 4.〉

③ 제1항에 따라 조사를 하는 직원은 그 신분을 나타내는 증표를 지니고 이를 관계인에게 내보여야 한다.

④ 고용노동부장관은 제1항에 따른 조사 결과를 그 사업주 등에게 서면으로 알려야 한다. 〈개정 2010. 6. 4.〉

제110조(자료 제공의 요청) ① 고용노동부장관은 다음 각 호의 사무를 수행하기 위하여 필요하면 주민등록정보, 가족관계등록사항, 군복무에 관한 자료, 토지·건물에 관한 자료, 국민연금·건강보험 등 각종 연금·보험에 관한 자료, 출입국정보 등을 관계 기관의 장에게 요청할 수 있다. 이 경우 요청을 받은 관계 기관의 장은 특별한 사유가 없으면 그 요청에 따라야 한다.

1. 제15조에 따른 피보험자격의 취득 및 상실 등의 신고 내용 확인
2. 제17조에 따른 피보험자격의 취득 또는 상실에 관한 확인
3. 제18조에 따른 피보험자격 이중 취득 확인
4. 제35조에 따른 부정행위로 인한 고용안정·직업능력개발 사업의 지원 제한
5. 제40조 및 제69조의3에 따른 구직급여의 수급 요건 확인
6. 제57조(제63조제5항, 제69조 및 제69조의9제1항·제2항에 따라 준용되는 경우를 포함한다)에 따른 지급되지 아니한 구직급여 등의 지급
7. 제61조(제63조제5항 및 제69조의9제1항에 따라 준용되는 경우를 포함한다)에 따른 부정행위로 인한 구직급여 등의 지급 제한
8. 제62조(제63조제5항, 제69조, 제69조의9제1항·제2항, 제74조 및 제77조에 따라 준용되는 경우를 포함한다)에 따른 구직급여 등 지급금의 반환 및 추가징수
9. 제68조(제69조의9제1항에 따라 준용되는 경우를 포함한다)에 따른 취업촉진 수당의 지급 제한
10. 제73조(제74조제2항 및 제77조에 따라 준용되는 경우를 포함한다)에 따른 육아휴직 급여 등의 지급 제한
11. 제113조의2에 따른 「국민기초생활 보장법」의 수급자의 피보험자격 취득

② 고용노동부장관은 제1항제4호부터 제11호까지의 사무를 수행하기 위하여 필요하면 납세자의 인적 사항 및 사용 목적을 적은 문서로 관할 세무관서의 장에게 다음 각 호에 해당하는 과세정보의 제공을 요청할 수 있다.

1. 「소득세법」 제4조제1항제1호에 따른 종합소득
2. 「부가가치세법」 제8조, 「법인세법」 제111조 또는 「소득세법」 제168조에 따른 사업자등록정보

③ 제1항에 따라 요청할 수 있는 자료 또는 정보의 구체적인 범위는 대통령령으로 정한다.

[전문개정 2019. 8. 27.]

제111조(진찰명령) 직업안정기관의 장은 실업급여의 지급을 위하여 필요하다고 인정하면 제44조제3항제1호에 해당하는 자로서 같은 조 제2항에 따른 실업의 인정을 받았거나 받으려는 자 및 제63조에 따라 상병급여를 지급받았거나 지급받으려는 자에게 고용노동부장관이 지정하는 의료기관에서 진찰을 받도록 명할 수 있다. 〈개정 2010. 6. 4.〉

제112조(포상금의 지급) ① 고용노동부장관은 이 법에 따른 고용안정·직업능력개발 사업의 지원·위탁 및 실업급여·육아휴직 급여 또는 출산전후휴가 급여등의 지원과 관련한 부정행위를 신고한 자에게 예산의 범위에서 포상금을 지급할 수 있다. 〈개정 2010. 6. 4., 2012. 2. 1.〉

② 제1항에 따른 부정행위의 신고 및 포상금의 지급에 필요한 사항은 고용노동부령으로 정한다. 〈개정 2010. 6. 4.〉

제113조 삭제 〈2011. 7. 21.〉

제113조의2(「국민기초생활 보장법」의 수급자에 대한 특례) ① 제8조에도 불구하고 「국민기초생활 보장법」 제15조제1항제4호에 따라 자활을 위한 근로기회를 제공하기 위한 사업은 이 법의 적용을 받는 사업으로 본다. 이 경우 해당 사업에 참가하여 유급으로 근로하는 「국민기초생활 보장법」 제2조제2호에 따른 수급자는 이 법의 적용을 받는 근로자로 보고, 같은 법 제2조제4호에 따른 보장기관(같은 법 제15조제2항에 따라 사업을 위탁하여 행하는 경우는 그 위탁기관을 말한다)은 이 법의 적용을 받는 사업주로 본다.

② 제1항 후단에 따른 수급자가 「국민기초생활 보장법」 제8조제2항에 따른 수급권자인 경우에는 해당 수급자에 대하여는 제3장의 규정만을 적용한다. 〈개정 2016. 12. 27.〉

③ 제18조에도 불구하고 제2항에 따라 제3장의 규정만 적용되는 수급자는 보험관계가 성립되어 있는 다른 사업에 고용되어 있는 경우에는 그 다른 사업의 근로자로서만 피보험자격을 취득한다.

④ 제1항에 따라 수급자가 사업에 참가하고 받은 자활급여는 제41조에 따른 피보험 단위기간 산정의 기초가 되는 보수 및 제45조에 따른 임금일액의 기초가 되는 임금으로 본다.

[본조신설 2011. 7. 21.]

제114조(시범사업의 실시) ① 고용노동부장관은 보험사업을 효과적으로 시행하기 위하여 전면적인 시행에 어려움이 예상되거나 수행 방식 등을 미리 검증할 필요가 있는 경우 대통령령으로 정하는 보험사업은 시범사업을 할 수 있다. 〈개정 2010. 6. 4.〉

② 고용노동부장관은 제1항에 따른 시범사업에 참여하는 사

업주, 피보험자등 및 직업능력개발 훈련 시설 등에 재정·행정·기술이나 그 밖에 필요한 지원을 할 수 있다. 〈개정 2010. 6. 4.〉

③ 제1항에 따른 시범사업의 대상자·실시지역·실시방법과 제2항에 따른 지원 내용 등에 관하여 필요한 사항은 고용노동부장관이 정하여 고시한다. 〈개정 2010. 6. 4.〉

제115조(권한의 위임·위탁) 이 법에 따른 고용노동부장관의 권한은 대통령령으로 정하는 바에 따라 그 일부를 직업안정기관의 장에게 위임하거나 대통령령으로 정하는 자에게 위탁할 수 있다. 〈개정 2010. 6. 4.〉

제115조의2(벌칙 적용 시의 공무원 의제) ① 제36조와 제115조에 따라 업무를 대행하거나 위탁하도록 하는 경우에 그 대행하거나 위탁받은 업무에 종사하는 자는 「형법」 제129조부터 제132조까지의 규정에 따른 벌칙을 적용할 때에는 공무원으로 본다. 〈개정 2019. 1. 15.〉

② 심사위원회의 위원 중 공무원이 아닌 위원은 「형법」 제127조 및 제129조부터 제132조까지의 규정을 적용할 때에는 공무원으로 본다. 〈신설 2019. 1. 15.〉

[본조신설 2008. 12. 31.]

제9장 벌 칙

제116조(벌칙) ① 사업주와 공모하여 거짓이나 그 밖의 부정한 방법으로 다음 각 호에 따른 지원금 또는 급여를 받은 자와 공모한 사업주는 각각 5년 이하의 징역 또는 5천만원 이하의 벌금에 처한다.

1. 제3장에 따른 고용안정·직업능력개발 사업의 지원금
2. 제4장에 따른 실업급여
3. 제5장에 따른 육아휴직 급여, 육아기 근로시간 단축 급여 및 출산전후휴가 급여등

② 다음 각 호의 어느 하나에 해당하는 자는 3년 이하의 징역 또는 3천만원 이하의 벌금에 처한다.

1. 제105조를 위반하여 근로자를 해고하거나 그 밖에 근로자에게 불이익한 처우를 한 사업주
2. 거짓이나 그 밖의 부정한 방법으로 제1항 각 호에 따른 지원금 또는 급여를 받은 자. 다만, 제1항에 해당하는 경우는 제외한다.

[전문개정 2019. 8. 27.]

제117조(양벌규정) 법인의 대표자나 법인 또는 개인의 대리인, 사용인, 그 밖의 종업원이 그 법인 또는 개인의 업무에 관하여 제116조의 위반행위를 하면 그 행위자를 벌하는 외에 그 법인 또는 개인에게도 해당 조문의 벌금형을 과(科)한다. 다만, 법인 또는 개인이 그 위반행위를 방지하기 위하여 해당 업무에 관하여 상당한 주의와 감독을 게을리하지 아니한 경우에는 그러하지 아니하다.

[전문개정 2008. 12. 31.]

[제118조에서 이동, 종전의 117조는 제118조로 이동 〈2008. 12. 31.〉]

제118조(과태료) ① 다음 각 호의 어느 하나에 해당하는 사업주, 보험사무대행기관의 대표자 또는 대리인·사용인, 그 밖의 종업원에게는 300만원 이하의 과태료를 부과한다. 〈개정 2008. 12. 31., 2019. 8. 27.〉

1. 제15조를 위반하여 신고를 하지 아니하거나 거짓으로 신고한 자
2. 제42조제3항 후단을 위반하여 이직확인서를 발급하여 주지 아니하거나 거짓으로 작성하여 발급하여 준 자
3. 제43조제4항 후단을 위반하여 이직확인서를 제출하지 아니하거나 거짓으로 작성하여 제출한 자
4. 제108조제1항에 따른 요구에 불응하여 보고를 하지 아니하거나 거짓으로 보고한 자, 같은 요구에 불응하여 문서를 제출하지 아니하거나 거짓으로 적은 문서를 제출한 자 또는 출석하지 아니한 자
5. 제108조제2항에 따른 요구에 불응하여 증명서를 내주지 아니한 자
6. 제109조제1항에 따른 질문에 답변하지 아니하거나 거짓으로 진술한 자 또는 조사를 거부·방해하거나 기피한 자

② 다음 각 호의 어느 하나에 해당하는 피보험자, 수급자격자 또는 지급되지 아니한 실업급여의 지급을 청구하는 자에게는 100만원 이하의 과태료를 부과한다. 〈개정 2008. 12. 31.〉

1. 제108조제3항에 따라 요구된 보고를 하지 아니하거나 거짓으로 보고한 자, 문서를 제출하지 아니하거나 거짓으로 적은 문서를 제출한 자 또는 출석하지 아니한 자
2. 제109조제1항에 따른 질문에 답변하지 아니하거나 거짓으로 진술한 자 또는 검사를 거부·방해하거나 기피한 자

③ 제87조에 따른 심사 또는 재심사의 청구를 받아 하는 심사관 및 심사위원회의 질문에 답변하지 아니하거나 거짓으로 진술한 자 또는 검사를 거부·방해하거나 기피한 자에게는 100만원 이하의 과태료를 부과한다. 〈개정 2008. 12. 31.〉

④ 제1항부터 제3항까지의 규정에 따른 과태료는 대통령령으로 정하는 바에 따라 고용노동부장관이 부과·징수한다. 〈개정 2010. 6. 4.〉

⑤ 삭제 〈2008. 12. 31.〉

⑥ 삭제 〈2008. 12. 31.〉

⑦ 삭제 〈2008. 12. 31.〉

[제117조에서 이동, 종전의 제118조는 제117조로 이동 〈2008. 12. 31.〉]

부 칙 〈제16557호, 2019. 8. 27.〉

제1조(시행일) 이 법은 공포 후 1년이 경과한 날부터 시행한다. 다만, 제19조제2항, 제40조, 제46조제1항, 제69조의5, 제75조, 제76조제1항, 제77조 후단, 별표 1 및 별표 2의 개정규정은 2019년 10월 1일부터 시행하고, 제70조제1항 및 제73조의2제1항의 개정규정은 공포 후 6개월이 경과한 날부터 시행한다.

제2조(구직급여의 수급 요건에 관한 적용례) 제40조제2항제2호의 개정규정은 같은 개정규정 시행 전에 이직한 근로자에게도 적용한다.

제3조(구직급여 수급자격 확인을 위한 자료 요청에 관한 적용례) 제43조제4항의 개정규정은 이 법 시행 당시 신청인에 대한 수급자격의 인정 여부를 결정 중에 있는 경우에도 적용한다.

제4조(반복적인 구직급여 부정수급자에 대한 구직급여 지급 제한에 관한 적용례) 제61조제5항의 개정규정에 따른 구직급여를 받지 못한 횟수는 이 법 시행 이후 제61조제1항 본문에 따라 구직급여를 받지 못한 경우부터 산정한다.

제5조(구직급여 등의 충당에 관한 적용례) 제62조제5항의 개정규정은 이 법 시행 이후에 지급사유가 발생한 구직급여를 이 법 시행 이후에 반환 결정된 구직급여 반환금 또는 추가

징수금에 충당하는 경우부터 적용한다.

제6조(육아휴직 급여 및 육아기 근로시간 단축 급여에 관한 적용례) 제70조제1항 및 제73조의2제1항의 개정규정은 같은 개정규정 시행 전에 부모가 동시에 육아휴직 또는 육아기 근로시간 단축을 사용한 경우 같은 개정규정 시행 이후의 육아휴직 또는 육아기 근로시간 단축 기간에 대하여도 적용한다.

제7조(출산전후휴가 급여 등에 관한 적용례) 제75조, 제76조제1항 및 제77조 후단의 개정규정은 같은 개정규정 시행 후 최초로 배우자 출산휴가를 사용하는 사람부터 적용한다.

제8조(구직급여일액에 관한 경과조치) ① 제46조제1항 및 제69조의5의 개정규정 시행 전에 이직한 자에 대한 구직급여일액에 대해서는 같은 개정규정에도 불구하고 종전의 규정에 따른다.

② 제46조제1항제2호의 개정규정에 따라 산정한 최저구직급여일액이 같은 개정규정 시행 전 최저구직급여일액보다 낮은 경우에는 같은 개정규정 시행 전 최저구직급여일액을 해당 연도 최저구직급여일액으로 한다.

제9조(부정행위에 따른 구직급여의 추가 징수에 관한 경과조치) 이 법 시행 전에 거짓이나 그 밖의 부정한 방법으로 구직급여를 지급받은 사람에 대한 구직급여의 추가 징수 금액에 대해서는 제62조제2항의 개정규정에도 불구하고 종전의 규정에 따른다.

제10조(구직급여의 소정급여일수에 관한 경과조치) 별표 1 및 별표 2의 개정규정 시행 전에 이직한 자에 대한 구직급여의 소정급여일수에 대해서는 같은 개정규정에도 불구하고 종전의 규정에 따른다.

제11조(다른 법률의 개정) 사법경찰관리의 직무를 수행할 자와 그 직무범위에 관한 법률 일부를 다음과 같이 개정한다.

제6조제48호 중 "「고용보험법」 제116조제2항"을 "「고용보험법」 제116조제1항 및 제2항제2호"로 한다.

파견근로자 보호 등에 관한 법률(약칭: 파견법)

[시행 2019. 4. 30] [법률 제16413호, 2019. 4. 30, 일부개정]

제1장 총 칙 〈개정 2019. 4. 30.〉

제1조(목적) 이 법은 근로자파견사업의 적정한 운영을 도모하고 파견근로자의 근로조건 등에 관한 기준을 확립하여 파견근로자의 고용안정과 복지증진에 이바지하고 인력수급을 원활하게 함을 목적으로 한다.
[전문개정 2019. 4. 30.]

제2조(정의) 이 법에서 사용하는 용어의 뜻은 다음과 같다.
1. "근로자파견"이란 파견사업주가 근로자를 고용한 후 그 고용관계를 유지하면서 근로자파견계약의 내용에 따라 사용사업주의 지휘·명령을 받아 사용사업주를 위한 근로에 종사하게 하는 것을 말한다.
2. "근로자파견사업"이란 근로자파견을 업(業)으로 하는 것을 말한다.
3. "파견사업주"란 근로자파견사업을 하는 자를 말한다.
4. "사용사업주"란 근로자파견계약에 따라 파견근로자를 사용하는 자를 말한다.
5. "파견근로자"란 파견사업주가 고용한 근로자로서 근로자파견의 대상이 되는 사람을 말한다.
6. "근로자파견계약"이란 파견사업주와 사용사업주 간에 근로자파견을 약정하는 계약을 말한다.
7. "차별적 처우"란 다음 각 목의 사항에 있어서 합리적인 이유 없이 불리하게 처우하는 것을 말한다.
   가. 「근로기준법」 제2조제1항제5호의 임금
   나. 정기상여금, 명절상여금 등 정기적으로 지급되는 상여금
   다. 경영성과에 따른 성과금
   라. 그 밖에 근로조건 및 복리후생 등에 관한 사항

[전문개정 2019. 4. 30.]

제3조(정부의 책무) 정부는 파견근로자를 보호하고 근로자의 구직(求職)과 사용자의 인력확보를 쉽게 하기 위하여 다음 각 호의 시책을 마련·시행함으로써 근로자가 사용자에게 직접 고용될 수 있도록 노력하여야 한다.
1. 고용정보의 수집·제공
2. 직업에 관한 연구
3. 직업지도
4. 직업안정기관의 설치·운영

[전문개정 2019. 4. 30.]

제4조(근로자파견사업의 조사·연구) ① 정부는 필요한 경우 근로자대표·사용자대표·공익대표 및 관계전문가에게 근로자파견사업의 적정한 운영과 파견근로자의 보호에 관한 주요사항을 조사·연구하게 할 수 있다.
② 제1항에 따른 조사·연구에 필요한 사항은 고용노동부령으로 정한다.
[전문개정 2019. 4. 30.]

제2장 근로자파견사업의 적정 운영 〈개정 2019. 4. 30.〉

제5조(근로자파견 대상 업무 등) ① 근로자파견사업은 제조업의 직접생산공정업무를 제외하고 전문지식·기술·경험 또는 업무의 성질 등을 고려하여 적합하다고 판단되는 업무로서 대통령령으로 정하는 업무를 대상으로 한다.
② 제1항에도 불구하고 출산·질병·부상 등으로 결원이 생긴 경우 또는 일시적·간헐적으로 인력을 확보하여야 할 필요가 있는 경우에는 근로자파견사업을 할 수 있다.
③ 제1항 및 제2항에도 불구하고 다음 각 호의 어느 하나에 해당하는 업무에 대하여는 근로자파견사업을 하여서는 아니 된다.
1. 건설공사현장에서 이루어지는 업무
2. 「항만운송사업법」 제3조제1호, 「한국철도공사법」 제9조제1항제1호, 「농수산물 유통 및 가격안정에 관한 법률」 제40조, 「물류정책기본법」 제2조제1항제1호의 하역(荷役)업무로서 「직업안정법」 제33조에 따라 근로자공급사업 허가를 받은 지역의 업무
3. 「선원법」 제2조제1호의 선원의 업무
4. 「산업안전보건법」 제28조에 따른 유해하거나 위험한 업무
5. 그 밖에 근로자 보호 등의 이유로 근로자파견사업의 대상으로는 적절하지 못하다고 인정하여 대통령령으로 정하는 업무

④ 제2항에 따라 파견근로자를 사용하려는 경우 사용사업주는 해당 사업 또는 사업장에 근로자의 과반수로 조직된 노동조합이 있는 경우에는 그 노동조합, 근로자의 과반수로 조직된 노동조합이 없는 경우에는 근로자의 과반수를 대표하는 자와 사전에 성실하게 협의하여야 한다.
⑤ 누구든지 제1항부터 제4항까지의 규정을 위반하여 근로자파견사업을 하거나 그 근로자파견사업을 하는 자로부터 근로자파견의 역무(役務)를 제공받아서는 아니 된다.
[전문개정 2019. 4. 30.]

제5조(근로자파견 대상 업무 등) ① 근로자파견사업은 제조업의 직접생산공정업무를 제외하고 전문지식·기술·경험 또는 업무의 성질 등을 고려하여 적합하다고 판단되는 업무로서 대통령령으로 정하는 업무를 대상으로 한다.
② 제1항에도 불구하고 출산·질병·부상 등으로 결원이 생긴 경우 또는 일시적·간헐적으로 인력을 확보하여야 할 필요가 있는 경우에는 근로자파견사업을 할 수 있다.
③ 제1항 및 제2항에도 불구하고 다음 각 호의 어느 하나에 해당하는 업무에 대하여는 근로자파견사업을 하여서는 아니 된다. 〈개정 2019. 1. 15.〉
1. 건설공사현장에서 이루어지는 업무
2. 「항만운송사업법」 제3조제1호, 「한국철도공사법」 제9조제1항제1호, 「농수산물 유통 및 가격안정에 관한 법률」 제40조, 「물류정책기본법」 제2조제1항제1호의 하역

(荷役)업무로서 「직업안정법」 제33조에 따라 근로자공급사업 허가를 받은 지역의 업무
3. 「선원법」 제2조제1호의 선원의 업무
4. 「산업안전보건법」 제58조에 따른 유해하거나 위험한 업무
5. 그 밖에 근로자 보호 등의 이유로 근로자파견사업의 대상으로는 적절하지 못하다고 인정하여 대통령령으로 정하는 업무

④ 제2항에 따라 파견근로자를 사용하려는 경우 사용사업주는 해당 사업 또는 사업장에 근로자의 과반수로 조직된 노동조합이 있는 경우에는 그 노동조합, 근로자의 과반수로 조직된 노동조합이 없는 경우에는 근로자의 과반수를 대표하는 자와 사전에 성실하게 협의하여야 한다.

⑤ 누구든지 제1항부터 제4항까지의 규정을 위반하여 근로자파견사업을 하거나 그 근로자파견사업을 하는 자로부터 근로자파견의 역무(役務)를 제공받아서는 아니 된다.

[전문개정 2019. 4. 30.]

[시행일 : 2020.1.16.] 제5조

제6조(파견기간) ① 근로자파견의 기간은 제5조제2항에 해당하는 경우를 제외하고는 1년을 초과하여서는 아니 된다.

② 제1항에도 불구하고 파견사업주, 사용사업주, 파견근로자 간의 합의가 있는 경우에는 파견기간을 연장할 수 있다. 이 경우 1회를 연장할 때에는 그 연장기간은 1년을 초과하여서는 아니 되며, 연장된 기간을 포함한 총 파견기간은 2년을 초과하여서는 아니 된다.

③ 제2항 후단에도 불구하고 「고용상 연령차별금지 및 고령자고용촉진에 관한 법률」 제2조제1호의 고령자인 파견근로자에 대하여는 2년을 초과하여 근로자파견기간을 연장할 수 있다.

④ 제5조제2항에 따른 근로자파견의 기간은 다음 각 호의 구분에 따른다.
1. 출산ㆍ질병ㆍ부상 등 그 사유가 객관적으로 명백한 경우: 해당 사유의 해소에 필요한 기간
2. 일시적ㆍ간헐적으로 인력을 확보할 필요가 있는 경우: 3개월 이내의 기간. 다만, 해당 사유가 해소되지 아니하고 파견사업주, 사용사업주, 파견근로자 간의 합의가 있는 경우에는 3개월의 범위에서 한 차례만 그 기간을 연장할 수 있다.

[전문개정 2019. 4. 30.]

제6조의2(고용의무) ① 사용사업주가 다음 각 호의 어느 하나에 해당하는 경우에는 해당 파견근로자를 직접 고용하여야 한다.
1. 제5조제1항의 근로자파견 대상 업무에 해당하지 아니하는 업무에서 파견근로자를 사용하는 경우(제5조제2항에 따라 근로자파견사업을 한 경우는 제외한다)
2. 제5조제3항을 위반하여 파견근로자를 사용하는 경우
3. 제6조제2항을 위반하여 2년을 초과하여 계속적으로 파견근로자를 사용하는 경우
4. 제6조제4항을 위반하여 파견근로자를 사용하는 경우
5. 제7조제3항을 위반하여 근로자파견의 역무를 제공받은 경우

② 제1항은 해당 파견근로자가 명시적으로 반대의사를 표시하거나 대통령령으로 정하는 정당한 이유가 있는 경우에는 적용하지 아니한다.

③ 제1항에 따라 사용사업주가 파견근로자를 직접 고용하는 경우의 파견근로자의 근로조건은 다음 각 호의 구분에 따른다.
1. 사용사업주의 근로자 중 해당 파견근로자와 같은 종류의 업무 또는 유사한 업무를 수행하는 근로자가 있는 경우: 해당 근로자에게 적용되는 취업규칙 등에서 정하는 근로조건에 따를 것
2. 사용사업주의 근로자 중 해당 파견근로자와 같은 종류의 업무 또는 유사한 업무를 수행하는 근로자가 없는 경우: 해당 파견근로자의 기존 근로조건의 수준보다 낮아져서는 아니 될 것

④ 사용사업주는 파견근로자를 사용하고 있는 업무에 근로자를 직접 고용하려는 경우에는 해당 파견근로자를 우선적으로 고용하도록 노력하여야 한다.

[전문개정 2019. 4. 30.]

제7조(근로자파견사업의 허가) ① 근로자파견사업을 하려는 자는 고용노동부령으로 정하는 바에 따라 고용노동부장관의 허가를 받아야 한다. 허가받은 사항 중 고용노동부령으로 정하는 중요사항을 변경하는 경우에도 또한 같다.

② 제1항 전단에 따라 근로자파견사업의 허가를 받은 자가 허가받은 사항 중 같은 항 후단에 따른 중요사항 외의 사항을 변경하려는 경우에는 고용노동부령으로 정하는 바에 따라 고용노동부장관에게 신고하여야 한다.

③ 사용사업주는 제1항을 위반하여 근로자파견사업을 하는 자로부터 근로자파견의 역무를 제공받아서는 아니 된다.

[전문개정 2019. 4. 30.]

제8조(허가의 결격사유) 다음 각 호의 어느 하나에 해당하는 자는 제7조에 따른 근로자파견사업의 허가를 받을 수 없다.
1. 미성년자, 피성년후견인, 피한정후견인 또는 파산선고를 받고 복권(復權)되지 아니한 사람
2. 금고 이상의 형(집행유예는 제외한다)을 선고받고 그 집행이 끝나거나 집행을 받지 아니하기로 확정된 후 2년이 지나지 아니한 사람
3. 이 법, 「직업안정법」, 「근로기준법」 제7조, 제9조, 제20조부터 제22조까지, 제36조, 제43조, 제44조, 제44조의2, 제45조, 제46조, 제56조 및 제64조, 「최저임금법」 제6조, 「선원법」 제110조를 위반하여 벌금 이상의 형(집행유예는 제외한다)을 선고받고 그 집행이 끝나거나 집행을 받지 아니하기로 확정된 후 3년이 지나지 아니한 자
4. 금고 이상의 형의 집행유예를 선고받고 그 유예기간 중에 있는 사람
5. 제12조에 따라 해당 사업의 허가가 취소된 후 3년이 지나지 아니한 자
6. 임원 중 제1호부터 제5호까지의 어느 하나에 해당하는 사람이 있는 법인

[전문개정 2019. 4. 30.]

제9조(허가의 기준) ① 고용노동부장관은 제7조에 따라 근로자파견사업의 허가신청을 받은 경우에는 다음 각 호의 요건을 모두 갖춘 경우에 한정하여 근로자파견사업을 허가할 수 있다.
1. 신청인이 해당 근로자파견사업을 적정하게 수행할 수 있는 자산 및 시설 등을 갖추고 있을 것
2. 해당 사업이 특정한 소수의 사용사업주를 대상으로 하여 근로자파견을 하는 것이 아닐 것

② 제1항에 따른 허가의 세부기준은 대통령령으로 정한다.

[전문개정 2019. 4. 30.]

제10조(허가의 유효기간 등) ① 근로자파견사업 허가의 유효기간은 3년으로 한다.

② 제1항에 따른 허가의 유효기간이 끝난 후 계속하여 근로자파견사업을 하려는 자는 고용노동부령으로 정하는 바에 따라 갱신허가를 받아야 한다.

③ 제2항에 따른 갱신허가의 유효기간은 그 갱신 전의 허가

의 유효기간이 끝나는 날의 다음 날부터 기산(起算)하여 3년으로 한다.
④ 제2항에 따른 갱신허가에 관하여는 제7조부터 제9조까지의 규정을 준용한다.
[전문개정 2019. 4. 30.]

제11조(사업의 폐지) ① 파견사업주는 근로자파견사업을 폐지하였을 때에는 고용노동부령으로 정하는 바에 따라 고용노동부장관에게 신고하여야 한다.
② 제1항에 따른 신고가 있을 때에는 근로자파견사업의 허가는 신고일부터 그 효력을 잃는다.
[전문개정 2019. 4. 30.]

제12조(허가의 취소 등) ① 고용노동부장관은 파견사업주가 다음 각 호의 어느 하나에 해당하는 경우에는 근로자파견사업의 허가를 취소하거나 6개월 이내의 기간을 정하여 영업정지를 명할 수 있다. 다만, 제1호 또는 제2호에 해당하는 경우에는 그 허가를 취소하여야 한다.
1. 제7조제1항 또는 제10조제2항에 따른 허가를 거짓이나 그 밖의 부정한 방법으로 받은 경우
2. 제8조에 따른 결격사유에 해당하게 된 경우
3. 제5조제5항을 위반하여 근로자파견사업을 한 경우
4. 제6조제1항ㆍ제2항 또는 제4항을 위반하여 근로자파견사업을 한 경우
5. 제7조제1항 후단을 위반하여 허가를 받지 아니하고 중요사항을 변경한 경우
6. 제7조제2항에 따른 변경신고를 하지 아니하고 신고사항을 변경한 경우
7. 제9조에 따른 허가의 기준에 미달하게 된 경우
8. 제11조제1항에 따른 폐지신고를 하지 아니한 경우
9. 제13조제2항을 위반하여 영업정지 처분의 내용을 사용사업주에게 통지하지 아니한 경우
10. 제14조에 따른 겸업금지의무를 위반한 경우
11. 제15조를 위반하여 명의를 대여한 경우
12. 제16조제1항을 위반하여 근로자를 파견한 경우
13. 제17조에 따른 준수사항을 위반한 경우
14. 제18조에 따른 보고를 하지 아니하거나 거짓으로 보고한 경우
15. 제20조제1항에 따른 근로자파견계약을 서면으로 체결하지 아니한 경우
16. 제24조제2항을 위반하여 근로자의 동의를 받지 아니하고 근로자파견을 한 경우
17. 제25조를 위반하여 근로계약 또는 근로자파견계약을 체결한 경우
18. 제26조제1항을 위반하여 파견근로자에게 제20조제1항제2호 및 제4호부터 제12호까지의 사항을 알려주지 아니한 경우
19. 제28조에 따른 파견사업 관리책임자를 선임하지 아니하거나 결격사유가 있는 사람을 선임한 경우
20. 제29조에 따른 파견사업관리대장을 작성하지 아니하거나 보존하지 아니한 경우
21. 제35조제5항을 위반하여 건강진단 결과를 사용사업주에게 보내지 아니한 경우
22. 제37조에 따른 근로자파견사업의 운영 및 파견근로자의 고용관리 등에 관한 개선명령을 이행하지 아니한 경우
23. 제38조에 따른 보고 명령을 위반하거나 관계 공무원의 출입ㆍ검사ㆍ질문 등의 업무를 거부ㆍ방해 또는 기피한 경우

② 고용노동부장관은 법인이 제8조제6호에 따른 결격사유에 해당되어 허가를 취소하려는 경우에는 미리 해당 임원의 교체임명에 필요한 기간을 1개월 이상 주어야 한다.
③ 고용노동부장관은 제1항에 따라 허가를 취소하려면 청문을 하여야 한다.
④ 제1항에 따른 근로자파견사업의 허가취소 또는 영업정지의 기준은 고용노동부령으로 정한다.
[전문개정 2019. 4. 30.]

제13조(허가취소 등의 처분 후의 근로자파견) ① 제12조에 따른 허가취소 또는 영업정지 처분을 받은 파견사업주는 그 처분 전에 파견한 파견근로자와 그 사용사업주에 대하여는 그 파견기간이 끝날 때까지 파견사업주로서의 의무와 권리를 가진다.
② 제1항의 경우에 파견사업주는 그 처분의 내용을 지체 없이 사용사업주에게 통지하여야 한다.
[전문개정 2019. 4. 30.]

제14조(겸업금지) 다음 각 호의 어느 하나에 해당하는 사업을 하는 자는 근로자파견사업을 할 수 없다.
1. 「식품위생법」 제36조제1항제3호의 식품접객업
2. 「공중위생관리법」 제2조제1항제2호의 숙박업
3. 「결혼중개업의 관리에 관한 법률」 제2조제2호의 결혼중개업
4. 그 밖에 대통령령으로 정하는 사업
[전문개정 2019. 4. 30.]

제15조(명의대여의 금지) 파견사업주는 자기의 명의로 타인에게 근로자파견사업을 하게 하여서는 아니 된다.
[전문개정 2019. 4. 30.]

제16조(근로자파견의 제한) ① 파견사업주는 쟁의행위 중인 사업장에 그 쟁의행위로 중단된 업무의 수행을 위하여 근로자를 파견하여서는 아니 된다.
② 누구든지 「근로기준법」 제24조에 따른 경영상 이유에 의한 해고를 한 후 대통령령으로 정하는 기간이 지나기 전에는 해당 업무에 파견근로자를 사용하여서는 아니 된다.
[전문개정 2019. 4. 30.]

제17조(파견사업주 등의 준수사항) 파견사업주 및 제28조에 따른 파견사업관리책임자는 근로자파견사업을 할 때 고용노동부령으로 정하는 사항을 준수하여야 한다.
[전문개정 2019. 4. 30.]

제18조(사업보고) 파견사업주는 고용노동부령으로 정하는 바에 따라 사업보고서를 작성하여 고용노동부장관에게 제출하여야 한다.
[전문개정 2019. 4. 30.]

제19조(폐쇄조치 등) ① 고용노동부장관은 허가를 받지 아니하고 근로자파견사업을 하거나 허가취소 또는 영업정지 처분을 받은 후 계속하여 사업을 하는 자에 대하여는 그 사업을 폐쇄하기 위하여 관계 공무원에게 다음 각 호의 조치를 하게 할 수 있다.
1. 해당 사무소 또는 사무실의 간판이나 그 밖의 영업표지물의 제거ㆍ삭제
2. 해당 사업이 위법한 것임을 알리는 게시물의 부착
3. 해당 사업의 운영을 위하여 필수불가결한 기구 또는 시설물을 사용할 수 없게 하는 봉인(封印)

② 제1항에 따른 조치를 하려는 경우에는 미리 해당 파견사업주 또는 그 대리인에게 서면으로 알려주어야 한다. 다만, 급박한 사유가 있는 경우에는 그러하지 아니하다.
③ 제1항에 따른 조치는 그 사업을 할 수 없게 하는 경우 필

요한 최소한의 범위에 그쳐야 한다.
④ 제1항에 따라 조치를 하는 관계 공무원은 그 권한을 표시하는 증표를 관계인에게 보여 주어야 한다.
[전문개정 2019. 4. 30.]

제3장 파견근로자의 근로조건 등 〈개정 2019. 4. 30.〉

제1절 근로자파견계약 〈개정 2019. 4. 30.〉

제20조(계약의 내용 등) ① 근로자파견계약의 당사자는 고용노동부령으로 정하는 바에 따라 다음 각 호의 사항을 포함하는 근로자파견계약을 서면으로 체결하여야 한다.
1. 파견근로자의 수
2. 파견근로자가 종사할 업무의 내용
3. 파견 사유(제5조제2항에 따라 근로자파견을 하는 경우만 해당한다)
4. 파견근로자가 파견되어 근로할 사업장의 명칭 및 소재지, 그 밖에 파견근로자의 근로 장소
5. 파견근로 중인 파견근로자를 직접 지휘·명령할 사람에 관한 사항
6. 근로자파견기간 및 파견근로 시작일에 관한 사항
7. 업무 시작 및 업무 종료의 시각과 휴게시간에 관한 사항
8. 휴일·휴가에 관한 사항
9. 연장·야간·휴일근로에 관한 사항
10. 안전 및 보건에 관한 사항
11. 근로자파견의 대가
12. 그 밖에 고용노동부령으로 정하는 사항

② 사용사업주는 제1항에 따라 근로자파견계약을 체결할 때에는 파견사업주에게 제21조제1항을 준수하도록 하기 위하여 필요한 정보를 제공하여야 한다. 이 경우 제공하여야 하는 정보의 범위와 제공방법 등에 관한 사항은 대통령령으로 정한다.
[전문개정 2019. 4. 30.]

제21조(차별적 처우의 금지 및 시정 등) ① 파견사업주와 사용사업주는 파견근로자라는 이유로 사용사업주의 사업 내의 같은 종류의 업무 또는 유사한 업무를 수행하는 근로자에 비하여 파견근로자에게 차별적 처우를 하여서는 아니 된다.
② 파견근로자는 차별적 처우를 받은 경우 「노동위원회법」에 따른 노동위원회(이하 "노동위원회"라 한다)에 그 시정을 신청할 수 있다.
③ 제2항에 따른 시정신청, 그 밖의 시정절차 등에 관하여는 「기간제 및 단시간근로자 보호 등에 관한 법률」 제9조부터 제15조까지 및 제16조제2호·제3호를 준용한다. 이 경우 "기간제근로자 또는 단시간근로자"는 "파견근로자"로, "사용자"는 "파견사업주 또는 사용사업주"로 본다.
④ 제1항부터 제3항까지의 규정은 사용사업주가 상시 4명 이하의 근로자를 사용하는 경우에는 적용하지 아니한다.
[전문개정 2019. 4. 30.]

제21조의2(고용노동부장관의 차별적 처우 시정요구 등) ① 고용노동부장관은 파견사업주와 사용사업주가 제21조제1항을 위반하여 차별적 처우를 한 경우에는 그 시정을 요구할 수 있다.
② 고용노동부장관은 파견사업주와 사용사업주가 제1항에 따른 시정요구에 따르지 아니한 경우에는 차별적 처우의 내용을 구체적으로 명시하여 노동위원회에 통보하여야 한다. 이 경우 고용노동부장관은 해당 파견사업주 또는 사용사업주 및 근로자에게 그 사실을 통지하여야 한다.
③ 노동위원회는 제2항에 따라 고용노동부장관의 통보를 받은 경우에는 지체 없이 차별적 처우가 있는지 여부를 심리하여야 한다. 이 경우 노동위원회는 해당 파견사업주 또는 사용사업주 및 근로자에게 의견을 진술할 수 있는 기회를 주어야 한다.
④ 제3항에 따른 노동위원회의 심리, 그 밖의 시정절차 등에 관하여는 「기간제 및 단시간근로자 보호 등에 관한 법률」 제15조의2제4항에 따라 준용되는 같은 법 제9조제4항, 제11조부터 제15조까지 및 제15조의2제5항을 준용한다. 이 경우 "시정신청을 한 날"은 "통지를 받은 날"로, "기각결정"은 "차별적 처우가 없다는 결정"으로, "관계 당사자"는 "해당 파견사업주 또는 사용사업주 및 근로자"로, "시정신청을 한 근로자"는 "해당 근로자"로 본다.
[전문개정 2019. 4. 30.]

제21조의3(확정된 시정명령의 효력 확대) ① 고용노동부장관은 제21조제3항 또는 제21조의2제4항에 따라 준용되는 「기간제 및 단시간근로자 보호 등에 관한 법률」 제14조에 따라 확정된 시정명령을 이행할 의무가 있는 파견사업주 또는 사용사업주의 사업 또는 사업장에서 해당 시정명령의 효력이 미치는 근로자 이외의 파견근로자에 대하여 차별적 처우가 있는지를 조사하여 차별적 처우가 있는 경우에는 그 시정을 요구할 수 있다.
② 파견사업주 또는 사용사업주가 제1항에 따른 시정요구에 응하지 아니할 경우에는 제21조의2제2항부터 제4항까지의 규정을 준용한다.
[본조신설 2014. 3. 18.]

제22조(계약의 해지 등) ① 사용사업주는 파견근로자의 성별, 종교, 사회적 신분, 파견근로자의 정당한 노동조합의 활동 등을 이유로 근로자파견계약을 해지하여서는 아니 된다.
② 파견사업주는 사용사업주가 파견근로에 관하여 이 법 또는 이 법에 따른 명령, 「근로기준법」 또는 같은 법에 따른 명령, 「산업안전보건법」 또는 같은 법에 따른 명령을 위반하는 경우에는 근로자파견을 정지하거나 근로자파견계약을 해지할 수 있다.
[전문개정 2019. 4. 30.]

제2절 파견사업주가 마련하여야 할 조치 〈개정 2019. 4. 30.〉

제23조(파견근로자의 복지 증진) 파견사업주는 파견근로자의 희망과 능력에 적합한 취업 및 교육훈련 기회의 확보, 근로조건의 향상, 그 밖에 고용 안정을 도모하기 위하여 필요한 조치를 마련함으로써 파견근로자의 복지 증진에 노력하여야 한다.
[전문개정 2019. 4. 30.]

제24조(파견근로자에 대한 고지 의무) ① 파견사업주는 근로자를 파견근로자로서 고용하려는 경우에는 미리 해당 근로자에게 그 취지를 서면으로 알려 주어야 한다.
② 파견사업주는 그가 고용한 근로자 중 파견근로자로 고용하지 아니한 사람을 근로자파견의 대상으로 하려는 경우에는 미리 해당 근로자에게 그 취지를 서면으로 알리고 그의 동의를 받아야 한다.
[전문개정 2019. 4. 30.]

제25조(파견근로자에 대한 고용제한의 금지) ① 파견사업주는 파견근로자 또는 파견근로자로 고용되려는 사람과 그 고용관계가 끝난 후 그가 사용사업주에게 고용되는 것을 정당한

이유 없이 금지하는 내용의 근로계약을 체결하여서는 아니 된다.
② 파견사업주는 파견근로자의 고용관계가 끝난 후 사용사업주가 그 파견근로자를 고용하는 것을 정당한 이유 없이 금지하는 내용의 근로자파견계약을 체결하여서는 아니 된다.
[전문개정 2019. 4. 30.]

제26조(취업조건의 고지) ① 파견사업주는 근로자파견을 하려는 경우에는 미리 해당 파견근로자에게 제20조제1항 각 호의 사항과 그 밖에 고용노동부령으로 정하는 사항을 서면으로 알려 주어야 한다.
② 파견근로자는 파견사업주에게 제20조제1항제11호에 따른 해당 근로자파견의 대가에 관하여 그 내역을 제시할 것을 요구할 수 있다.
③ 파견사업주는 제2항에 따라 그 내역의 제시를 요구받았을 때에는 지체 없이 그 내역을 서면으로 제시하여야 한다.
[전문개정 2019. 4. 30.]

제27조(사용사업주에 대한 통지) 파견사업주는 근로자파견을 할 경우에는 파견근로자의 성명 등 고용노동부령으로 정하는 사항을 사용사업주에게 통지하여야 한다.
[전문개정 2019. 4. 30.]

제28조(파견사업관리책임자) ① 파견사업주는 파견근로자의 적절한 고용관리를 위하여 제8조제1호부터 제5호까지에 따른 결격사유에 해당하지 아니하는 사람 중에서 파견사업관리책임자를 선임하여야 한다.
② 파견사업관리책임자의 임무 등에 필요한 사항은 고용노동부령으로 정한다.
[전문개정 2019. 4. 30.]

제29조(파견사업관리대장) ① 파견사업주는 파견사업관리대장을 작성·보존하여야 한다.
② 제1항에 따른 파견사업관리대장의 기재사항 및 그 보존기간은 고용노동부령으로 정한다.
[전문개정 2019. 4. 30.]

제3절 사용사업주가 마련하여야 할 조치 〈개정 2019. 4. 30.〉

제30조(근로자파견계약에 관한 조치) 사용사업주는 제20조에 따른 근로자파견계약에 위반되지 아니하도록 필요한 조치를 마련하여야 한다.
[전문개정 2019. 4. 30.]

제31조(적정한 파견근로의 확보) ① 사용사업주는 파견근로자가 파견근로에 관한 고충을 제시한 경우에는 그 고충의 내용을 파견사업주에게 통지하고 신속하고 적절하게 고충을 처리하도록 하여야 한다.
② 제1항에 따른 고충의 처리 외에 사용사업주는 파견근로가 적정하게 이루어지도록 필요한 조치를 마련하여야 한다.
[전문개정 2019. 4. 30.]

제32조(사용사업관리책임자) ① 사용사업주는 파견근로자의 적절한 파견근로를 위하여 사용사업관리책임자를 선임하여야 한다.
② 사용사업관리책임자의 임무 등에 필요한 사항은 고용노동부령으로 정한다.
[전문개정 2019. 4. 30.]

제33조(사용사업관리대장) ① 사용사업주는 사용사업관리대장을 작성·보존하여야 한다.
② 제1항에 따른 사용사업관리대장의 기재사항 및 그 보존기간은 고용노동부령으로 정한다.
[전문개정 2019. 4. 30.]

제4절 「근로기준법」 등의 적용에 관한 특례 〈개정 2019. 4. 30.〉

제34조(「근로기준법」의 적용에 관한 특례) ① 파견 중인 근로자의 파견근로에 관하여는 파견사업주 및 사용사업주를 「근로기준법」 제2조제1항제2호의 사용자로 보아 같은 법을 적용한다. 다만, 「근로기준법」 제15조부터 제36조까지, 제39조, 제41조부터 제43조까지, 제43조의2, 제43조의3, 제44조, 제44조의2, 제44조의3, 제45조부터 제48조까지, 제56조, 제60조, 제64조, 제66조부터 제68조까지 및 제78조부터 제92조까지의 규정을 적용할 때에는 파견사업주를 사용자로 보고, 같은 법 제50조부터 제55조까지, 제58조, 제59조, 제62조, 제63조, 제69조부터 제74조까지, 제74조의2 및 제75조를 적용할 때에는 사용사업주를 사용자로 본다.
② 파견사업주가 대통령령으로 정하는 사용사업주의 귀책사유(歸責事由)로 근로자의 임금을 지급하지 못한 경우에는 사용사업주는 그 파견사업주와 연대하여 책임을 진다. 이 경우 「근로기준법」 제43조 및 제68조를 적용할 때에는 파견사업주 및 사용사업주를 같은 법 제2조제1항제2호의 사용자로 보아 같은 법을 적용한다.
③ 「근로기준법」 제55조, 제73조 및 제74조제1항에 따라 사용사업주가 파견근로자에게 유급휴일 또는 유급휴가를 주는 경우 그 휴일 또는 휴가에 대하여 유급으로 지급되는 임금은 파견사업주가 지급하여야 한다.
④ 파견사업주와 사용사업주가 「근로기준법」을 위반하는 내용을 포함한 근로자파견계약을 체결하고 그 계약에 따라 파견근로자를 근로하게 함으로써 같은 법을 위반한 경우에는 그 계약 당사자 모두를 같은 법 제2조제1항제2호의 사용자로 보아 해당 벌칙규정을 적용한다.
[전문개정 2019. 4. 30.]

제35조(「산업안전보건법」의 적용에 관한 특례) ① 파견 중인 근로자의 파견근로에 관하여는 사용사업주를 「산업안전보건법」 제2조제3호의 사업주로 보아 같은 법을 적용한다. 이 경우 「산업안전보건법」 제31조제2항을 적용할 때에는 "근로자를 채용할 때"를 "근로자파견의 역무를 제공받은 경우"로 본다.
② 제1항에도 불구하고 「산업안전보건법」 제5조, 제43조제5항(작업 장소의 변경, 작업의 전환 및 근로시간 단축의 경우만 해당한다), 제43조제6항 단서 및 제52조제2항을 적용할 때에는 파견사업주 및 사용사업주를 같은 법 제2조제3호의 사업주로 본다.
③ 사용사업주는 파견 중인 근로자에 대하여 「산업안전보건법」 제43조에 따른 건강진단을 실시하였을 때에는 같은 조 제6항에 따라 그 건강진단 결과를 설명하여야 하며, 그 건강진단 결과를 지체 없이 파견사업주에게 보내야 한다.
④ 제1항 및 제3항에도 불구하고 「산업안전보건법」 제43조제1항에 따라 사업주가 정기적으로 실시하여야 하는 건강진단 중 고용노동부령으로 정하는 건강진단에 대해서는 파견사업주를 같은 법 제2조제3호의 사업주로 본다.
⑤ 파견사업주는 제4항에 따른 건강진단을 실시하였을 때에는 「산업안전보건법」 제43조제6항에 따라 그 건강진단 결과를 설명하여야 하며, 그 건강진단 결과를 지체 없이 사용사업주에게 보내야 한다.
⑥ 파견사업주와 사용사업주가 「산업안전보건법」을 위반하는 내용을 포함한 근로자파견계약을 체결하고 그 계약에 따라 파견근로자를 근로하게 함으로써 같은 법을 위반한 경우에는 그 계약당사자 모두를 같은 법 제2조제3호의 사업주로 보아 해당 벌칙규정을 적용한다.

[전문개정 2019. 4. 30.]

제35조(「산업안전보건법」의 적용에 관한 특례) ① 파견 중인 근로자의 파견근로에 관하여는 사용사업주를 「산업안전보건법」 제2조제4호의 사업주로 보아 같은 법을 적용한다. 이 경우 「산업안전보건법」 제29조제2항을 적용할 때에는 "근로자를 채용할 때"를 "근로자파견의 역무를 제공받은 경우"로 본다. 〈개정 2019. 1. 15.〉

② 제1항에도 불구하고 「산업안전보건법」 제5조, 제132조제2항 단서, 같은 조 제4항(작업장소 변경, 작업 전환 및 근로시간 단축의 경우로 한정한다), 제157조제3항을 적용할 때에는 파견사업주 및 사용사업주를 같은 법 제2조제4호의 사업주로 본다. 〈개정 2019. 1. 15.〉

③ 사용사업주는 파견 중인 근로자에 대하여 「산업안전보건법」 제129조부터 제131조까지의 규정에 따른 건강진단을 실시하였을 때에는 같은 법 제132조제2항에 따라 그 건강진단 결과를 설명하여야 하며, 그 건강진단 결과를 지체 없이 파견사업주에게 보내야 한다. 〈개정 2019. 1. 15.〉

④ 제1항 및 제3항에도 불구하고 「산업안전보건법」 제129조 및 제130조에 따라 사업주가 정기적으로 실시하여야 하는 건강진단 중 고용노동부령으로 정하는 건강진단에 대해서는 파견사업주를 같은 법 제2조제4호의 사업주로 본다. 〈개정 2019. 1. 15.〉

⑤ 파견사업주는 제4항에 따른 건강진단을 실시하였을 때에는 「산업안전보건법」 제132조제2항에 따라 그 건강진단 결과를 설명하여야 하며, 그 건강진단 결과를 지체 없이 사용사업주에게 보내야 한다. 〈개정 2019. 1. 15.〉

⑥ 파견사업주와 사용사업주가 「산업안전보건법」을 위반하는 내용을 포함한 근로자파견계약을 체결하고 그 계약에 따라 파견근로자를 근로하게 함으로써 같은 법을 위반한 경우에는 그 계약당사자 모두를 같은 법 제2조제4호의 사업주로 보아 해당 벌칙규정을 적용한다. 〈개정 2019. 1. 15.〉

[전문개정 2019. 4. 30.]

[시행일 : 2020.1.16.] 제35조

제4장 보 칙 〈개정 2019. 4. 30.〉

제36조(지도·조언 등) 고용노동부장관은 이 법의 시행을 위하여 필요하다고 인정할 때에는 파견사업주 및 사용사업주에 대하여 근로자파견사업의 적정한 운영 또는 적정한 파견근로를 확보하는 데 필요한 지도 및 조언을 할 수 있다.

[전문개정 2019. 4. 30.]

제37조(개선명령) 고용노동부장관은 적정한 파견근로의 확보를 위하여 필요하다고 인정할 때에는 파견사업주에게 근로자파견사업의 운영 및 파견근로자의 고용관리 등에 관한 개선을 명할 수 있다.

[전문개정 2019. 4. 30.]

제38조(보고와 검사) ① 고용노동부장관은 이 법의 시행을 위하여 필요하다고 인정할 때에는 고용노동부령으로 정하는 바에 따라 파견사업주 및 사용사업주에 대하여 필요한 사항의 보고를 명할 수 있다.

② 고용노동부장관은 필요하다고 인정할 때에는 관계 공무원으로 하여금 파견사업주 및 사용사업주의 사업장이나 그 밖의 시설에 출입하여 장부·서류 또는 그 밖의 물건을 검사하거나 관계인에게 질문하게 할 수 있다.

③ 제2항에 따라 출입·검사를 하는 공무원은 그 권한을 표시하는 증표를 관계인에게 내보여야 한다.

[전문개정 2019. 4. 30.]

제39조(자료의 요청) ① 고용노동부장관은 관계 행정기관이나 그 밖의 공공단체 등에 이 법의 시행에 필요한 자료의 제출을 요청할 수 있다.

② 제1항에 따라 자료 제출을 요청받은 자는 그 요청을 거부할 정당한 사유가 없으면 이에 따라야 한다.

[전문개정 2019. 4. 30.]

제40조(수수료) 제7조 및 제10조에 따른 허가를 받으려는 자는 고용노동부령으로 정하는 바에 따라 수수료를 내야 한다.

[전문개정 2019. 4. 30.]

제41조(권한의 위임) 이 법에 따른 고용노동부장관의 권한은 대통령령으로 정하는 바에 따라 그 일부를 지방고용노동관서의 장에게 위임할 수 있다.

[전문개정 2019. 4. 30.]

제5장 벌 칙 〈개정 2019. 4. 30.〉

제42조(벌칙) ① 다음 각 호의 어느 하나에 해당하는 업무에 취업시킬 목적으로 근로자파견을 한 자는 5년 이하의 징역 또는 5천만원 이하의 벌금에 처한다.

1. 「성매매알선 등 행위의 처벌에 관한 법률」 제2조제1항제1호에 따른 성매매 행위가 이루어지는 업무
2. 「보건범죄 단속에 관한 특별조치법」 제2조제1항에 따른 부정식품 제조 등 행위가 이루어지는 업무
3. 「보건범죄 단속에 관한 특별조치법」 제3조제1항에 따른 부정의약품 제조 등 행위가 이루어지는 업무
4. 「보건범죄 단속에 관한 특별조치법」 제4조제1항에 따른 부정유독물 제조 등 행위가 이루어지는 업무
5. 「보건범죄 단속에 관한 특별조치법」 제5조에 따른 부정의료 행위가 이루어지는 업무
6. 「식품위생법」 제4조에 따른 위해식품등의 판매 등 행위가 이루어지는 업무
7. 「식품위생법」 제5조에 따른 병든 동물 고기 등의 판매 등 행위가 이루어지는 업무
8. 그 밖에 제1호부터 제7호까지의 규정에 준하는 행위가 이루어지는 업무로서 대통령령으로 정하는 업무

② 제1항의 미수범은 처벌한다.

[전문개정 2019. 4. 30.]

제43조(벌칙) 다음 각 호의 어느 하나에 해당하는 자는 3년 이하의 징역 또는 3천만원 이하의 벌금에 처한다.

1. 제5조제5항, 제6조제1항·제2항·제4항 또는 제7조제1항을 위반하여 근로자파견사업을 한 자
2. 제5조제5항, 제6조제1항·제2항·제4항 또는 제7조제3항을 위반하여 근로자파견의 역무를 제공받은 자
3. 거짓이나 그 밖의 부정한 방법으로 제7조제1항에 따른 허가 또는 제10조제2항에 따른 갱신허가를 받은 자
4. 제15조 또는 제34조제2항을 위반한 자

[전문개정 2019. 4. 30.]

제43조의2(벌칙) 제21조제3항에 따라 준용되는 「기간제 및 단시간근로자 보호 등에 관한 법률」 제16조제2호 또는 제3호를 위반한 자는 2년 이하의 징역 또는 1천만원 이하의 벌금에 처한다.

[전문개정 2019. 4. 30.]

제44조(벌칙) 다음 각 호의 어느 하나에 해당하는 자는 1년 이하의 징역 또는 1천만원 이하의 벌금에 처한다.

1. 제12조제1항에 따른 영업정지 명령을 위반하여 근로자파

견사업을 계속한 자
2. 제16조를 위반한 자
[전문개정 2019. 4. 30.]

제45조(양벌규정) 법인의 대표자나 법인 또는 개인의 대리인, 사용인, 그 밖의 종업원이 그 법인 또는 개인의 업무에 관하여 제42조 · 제43조 · 제43조의2 또는 제44조의 위반행위를 하면 그 행위자를 벌하는 외에 그 법인 또는 개인에게도 해당 조문의 벌금형을 과(科)한다. 다만, 법인 또는 개인이 그 위반행위를 방지하기 위하여 해당 업무에 관하여 상당한 주의와 감독을 게을리하지 아니한 경우에는 그러하지 아니하다.
[전문개정 2009. 5. 21.]

제46조(과태료) ① 제21조제3항, 제21조의2제4항 및 제21조의3제2항에 따라 준용되는 「기간제 및 단시간근로자 보호 등에 관한 법률」 제14조제2항 또는 제3항에 따라 확정된 시정명령을 정당한 이유 없이 이행하지 아니한 자에게는 1억원 이하의 과태료를 부과한다. 〈개정 2019. 4. 30.〉
② 제6조의2제1항을 위반하여 파견근로자를 직접 고용하지 아니한 자에게는 3천만원 이하의 과태료를 부과한다. 〈개정 2019. 4. 30.〉
③ 제26조제1항을 위반하여 근로자파견을 할 때에 미리 해당 파견근로자에게 제20조제1항 각 호의 사항 및 그 밖에 고용노동부령으로 정하는 사항을 서면으로 알리지 아니한 파견사업주에게는 1천만원 이하의 과태료를 부과한다. 〈신설 2009. 5. 21., 2010. 6. 4.〉
④ 제21조제3항, 제21조의2제4항 및 제21조의3제2항에 따라 준용되는 「기간제 및 단시간근로자 보호 등에 관한 법률」 제15조제1항에 따른 고용노동부장관의 이행상황 제출요구를 정당한 이유 없이 따르지 아니한 자에게는 500만원 이하의 과태료를 부과한다. 〈개정 2019. 4. 30.〉
⑤ 다음 각 호의 어느 하나에 해당하는 자에게는 300만원 이하의 과태료를 부과한다. 〈개정 2019. 4. 30.〉
1. 제11조제1항에 따른 신고를 하지 아니하거나 거짓으로 신고한 자
2. 제18조 또는 제38조제1항에 따른 보고를 하지 아니하거나 거짓으로 보고한 자
3. 제26조제3항을 위반한 자
4. 제27조, 제29조 또는 제33조를 위반한 자
5. 제35조제3항 또는 제5항을 위반하여 해당 건강진단 결과를 파견사업주 또는 사용사업주에게 보내지 아니한 자
6. 제37조의 개선명령을 위반한 자
7. 제38조제2항에 따른 검사를 정당한 이유 없이 거부 · 방해 또는 기피한 자

⑥ 제1항부터 제5항까지에 따른 과태료는 대통령령으로 정하는 바에 따라 고용노동부장관이 부과 · 징수한다. 〈개정 2019. 4. 30.〉
⑦ 삭제 〈2009. 5. 21.〉
⑧ 삭제 〈2009. 5. 21.〉
[제목개정 2019. 4. 30.]

부 칙 〈제16413호, 2019. 4. 30.〉

제1조(시행일) 이 법은 공포한 날부터 시행한다.

제2조(다른 법률의 개정) ① 결혼중개업의 관리에 관한 법률 일부를 다음과 같이 개정한다.
제7조 중 "「파견근로자보호 등에 관한 법률」"을 "「파견근로자 보호 등에 관한 법률」"로 한다.
② 경제자유구역의 지정 및 운영에 관한 특별법 일부를 다음과 같이 개정한다.
제17조제5항 중 "「파견근로자보호 등에 관한 법률」"을 "「파견근로자 보호 등에 관한 법률」"로 한다.
③ 고용보험법 일부를 다음과 같이 개정한다.
제27조제2항제3호 중 "「파견근로자보호 등에 관한 법률」"을 "「파견근로자 보호 등에 관한 법률」"로 한다.
④ 국제과학비즈니스벨트 조성 및 지원에 관한 특별법 일부를 다음과 같이 개정한다.
제30조제3항 중 "「파견근로자보호 등에 관한 법률」"을 "「파견근로자 보호 등에 관한 법률」"로 한다.
⑤ 근로복지기본법 일부를 다음과 같이 개정한다.
제3조제3항 중 "「파견근로자보호 등에 관한 법률」"을 "「파견근로자 보호 등에 관한 법률」"로 한다.
⑥ 근로자직업능력 개발법 일부를 다음과 같이 개정한다.
제3조제4항제10호 중 "「파견근로자보호 등에 관한 법률」"을 "「파견근로자 보호 등에 관한 법률」"로 한다.
⑦ 기업도시개발 특별법 일부를 다음과 같이 개정한다.
제34조의2제2항제8호다목 중 "「파견근로자보호 등에 관한 법률」"을 "「파견근로자 보호 등에 관한 법률」"로 한다.
⑧ 남녀고용평등과 일 · 가정 양립 지원에 관한 법률 일부를 다음과 같이 개정한다.
제19조제5항 및 제34조 중 "「파견근로자보호 등에 관한 법률」"을 각각 "「파견근로자 보호 등에 관한 법률」"로 한다.
⑨ 노동위원회법 일부를 다음과 같이 개정한다.
제2조의2제1호 및 제15조제4항 중 "「파견근로자보호 등에 관한 법률」"을 각각 "「파견근로자 보호 등에 관한 법률」"로 한다.
⑩ 사법경찰관리의 직무를 수행할 자와 그 직무범위에 관한 법률 일부를 다음과 같이 개정한다.
제6조의2제1항제12호를 다음과 같이 한다.
12. 「파견근로자 보호 등에 관한 법률」
⑪ 새만금사업 추진 및 지원에 관한 특별법 일부를 다음과 같이 개정한다.
제58조의2제3항 중 "「파견근로자보호 등에 관한 법률」"을 "「파견근로자 보호 등에 관한 법률」"로 한다.
⑫ 조세특례제한법 일부를 다음과 같이 개정한다.
제30조의2제1항 중 "「파견근로자보호 등에 관한 법률」"을 각각 "「파견근로자 보호 등에 관한 법률」"로 한다.
⑬ 지방세특례제한법 일부를 다음과 같이 개정한다.
제117조제1항 중 "「파견근로자보호 등에 관한 법률」"을 각각 "「파견근로자 보호 등에 관한 법률」"로 한다.
⑭ 직업안정법 일부를 다음과 같이 개정한다.
제2조의2제7호 단서 중 "「파견근로자보호 등에 관한 법률」"을 "「파견근로자 보호 등에 관한 법률」"로 한다.

찾아보기

ㄱ

ㄴ

저자소개

윤대혁

[학력 및 경력]

동아대학교 대학원 졸업
경영학박사/ 경영지도사
전, 부산외국어대학교 교수
전, 동아대학교/ 경북대학교 초빙교수
(사) 한국인적자원관리학회 회장
(사) 동남지식서비스산업연합회 이사장
(사) 부산메세나진흥원 이사장

[연구실적 및 저서]

인간관계의 이해(탑북스)
인간관계와 커뮤니케이션(탑북스)
경영조직론(탑북스)
글로벌시대의 기업경영(피앤씨미디어)
인간행동의 이해(피앤씨미디어)
조직행동론(무역경영사)
글로벌시대의 윤리경영론(탑북스)
인적자원관리론(삼영사) 외 다수

박중규

[학력 및 경력]

동아대학교 경영대학원 졸업(경영학석사)
동의대학교 대학원 경영학과 졸업(경영학박사)
전, 동구여성인력개발센터운영위원
참빛학원 · 참빛장학재단 이사장
참빛개발주식회사 대표이사
참빛종합건설주식회사 대표이사
중흥개발주식회사 대표이사
동의대학교 경영학과 겸임교수
위덕대학교 경영학과 외래교수
신라대학교 경영학과 외래교수
부산광역시의회 의정자문위원
현, 부산경상대학교 경영학과 학과장
부산지방국세청 동래세무서 세정자문위원
중소기업청, 소상공인창업지원센터 심사위원
부산광역시 북구인사위원회 위원
부산광역시 연제구 인사위원회 위원

[저서 및 논문]

경영학원론(탑북스)
대인관계와 리더십(세종출판사)
이해와 실천을 위한 경영학(학원사)
실전인적자원관리(세종출판사)
인간행동의 이해(도서출판 두남)
조직유연화에 관한연구
건설업 종업원의 스트레스가 직무태도에 미치는 영향

글로벌시대
노사관계의 이해

2020년 2월 10일 1판 1쇄 인쇄
2020년 2월 20일 1판 1쇄 발행

저 자 윤 대 혁 · 박 중 규
발행인 김 광 식
조 판 아 람 기 획

07285
발행처 서울특별시 영등포구 선유로3길 10, 617호
도서출판 **탑 북 스**
등 록 2009.12.21 제2016-000101호
전 화 **02)365-2223** 팩스 **02)365-2224**

정가 33,000 원

ISBN 979-11-90247-13-9-93320